醴陵年鉴

LILING YEARBOOK

2011

醴陵市人民政府 主办
醴陵市档案史志局 编

方志出版社

图书在版编目(CIP)数据

醴陵年鉴. 2011/ 醴陵市档案史志局编.--北京:
方志出版社, 2011. 10

ISBN 978-7-5144-0296-4

Ⅰ.①醴… Ⅱ.①醴… Ⅲ.①醴陵市-2011-年鉴
Ⅳ.① Z526.43

中国版本图书馆 CIP 数据核字(2011)第218433号

醴陵年鉴(2011)

编　　者: 醴陵市档案史志局
责任编辑: 陈海力

出 版 者: 方 志 出 版 社
(北京市建国门内大街 5 号中国社会科学院科研大楼 12 层)
邮编　100732
网址　http: //www.fzph.org
发　　行: 方志出版社发行部
(010) 85195814　85196281
经　　销: 新华书店总店北京发行所
法律顾问: 北京市大禹律师事务所
印　　刷: 长沙市星联印刷厂
排　　版: 湖南省越来越好印务有限公司　☎(0731) 84453344

开　　本: 889×1194　1/16
印　　张: 32.75
字　　数: 849 千
版　　次: 2011 年 11 月第 1 版　2011 年 11 月第 1 次印刷
印　　数: 0001-1600 册

ISBN 978-7-5144-0296-4 / K·241　定价: 160.00 元

醴陵年鉴编辑委员会

醴陵年鉴编辑部

编 辑 说 明

一、《醴陵年鉴》是由醴陵市人民政府主办、市档案史志局编纂的一部综合性、纪实性、权威性的大型年刊。创刊于1987年，2011年卷是创刊后的第25部年鉴。本年鉴系统翔实地记载了2010年度醴陵的政治、国防、经济、文化和社会生活等方面的基本情况和大事、要事，汇集了较为全面的信息资料，为领导决策提供了重要参考依据，为中外人士了解和研究醴陵提供了翔实资料。

二、《醴陵年鉴》(2011年卷)仍采用分类编辑法。设类目、分目和条目，部分条目下设有子目，以条目作为记述的主要形式。并以“特载”的形势刊登了醴陵市委、市政府、市人大、市政协主要领导指导全市的工作报告。本卷的框架结构设置除部分类目标题和分目内容稍作了调整外，其他基本与上年一致。为充实年鉴内容，拓展年鉴结构、范围、信息，使读者了解醴陵市未来五年国民经济和社会发展的宏伟目标和趋势，在卷首特设置了《专辑》(即醴陵市国民经济和社会发展第十二个五年规划纲要)。同时，结合市“城市三创”、“三大战役”中心工作，新增设了“城市三创”、“重点工程建设”、“招商工作”、“旅游工作”、“醴陵大道建设”、“长庆示范区”分目；因编制结构调整等因素，撤销了“爱国卫生”、“城市物价”分目。全卷共设专辑、特载、概述、大事记、党政社团、国防、法制、经济管理、农业、工业、陶瓷产业园区、贸易、城建·环保、交通·邮政·通信、财政·税务、金融·保险·证券、科技·教育、文化·体育·新闻、卫生·医疗、社会生活、区·办事处·乡镇、人物、荣誉谱、文件选登24个类目。有231分目、1286条目，近90万字；有彩版156幅、照片1248张，有表格30个。

三、本卷在采编过程中，力求内容真实，注重资料性、实用性和可读性。年鉴资料由全市各级、各(垂直管理)部门及省、株洲市驻醴陵单位(企业)、部队提供，并经单位负责人审稿、醴陵年鉴编辑部编辑和审核，具有可靠性、真实性、权威性。卷中主要数据以市统计局提供的《2010年醴陵市国民经济和社会发展统计公报》数据为准(其中，地区生产总值、各产业增加值绝对数按现价计算，速度按可比价格计算)，人口数以市公安年报数为准(因本年度为全国人口普查年份，国家规定暂不公布人口及相关数据)，区、街道办事处、乡镇及企业的有关数据除大部分按各单位的数据外，其他以《统计公报》或统计局提供的数据为准；个别数据按部门年报数据。同时，本卷所记载内容的时间，除少数条目的少部分数据涉及2009年或2011年外，其他数据均限2010年度以内。

四、本卷内所列的组织机构及领导人及驻醴陵的垂直管理部门、双重领导单位领导人名录均由市委组织部提供，时间为2010年1月1日起至12月31日止。少部分驻醴陵的垂直管理部门、双重领导单位领导名录和企业领导人名录由各单位(企业)提供。

五、本卷的编辑出版，得到了市委、市人大、市政府、市政协的高度重视和全市各级、各部门(企事业)及驻醴陵各单位领导的大力支持和社会各界人士的真诚关怀，在此深表谢意。由于编辑时间和编辑人员水平有限，疏漏、错误之处在所难免，敬请领导、专家、学者及广大读者批评指正。

目　　录

专　　辑

特　　载

概　　述

大事记

党政社团

国　　防

法　制

经 济 管 理

农　业

工　　业

陶瓷产业园区

贸易

城建·环保

交通·邮政·通信

财政·税务

金融·保险·证券

科技·教育

文化·体育·新闻

卫生·医疗

社　会　生　活

区·办事处·乡镇

人　　物

荣 誉 谱

文 件 选 登

彩　图

株洲市委常委、政法委书记，醴陵市委书记谢清纯（左二）；市人大常委会主任李理（左一）；市委副书记、市人民政府市长蒋永清（右二）；市政协主席陈立耀（右一）出席市第三届房产交易会开幕式。

中共醴陵市委常委

ZHONGGONGLILINGSHIWEICHANGWEI

上排左起：株洲市委常委、政法委书记，醴陵市委书记谢清纯；市委副书记、市人民政府市长蒋永清；市委副书记罗绍昀；市委常委、市委组织部部长刘伟；市委常委、市人民政府常务副市长刘正平

下排左起：市委常委、市人民政府副市长、市委统战部部长易顶峰，市委常委、市委政法委书记林伯芝，市委常委、市纪委书记罗立新，市委常委、市委秘书长、办公室主任丁奇志，市委常委、市人武部部长周刚，市委常委、市委宣传部部长赖晓智

醴陵市人大常委会领导成员

LILINGSHIRENDACHANGWEIHUILINGDAOCHENGYUAN

上排左起：党组书记、主任李理，党组副书记徐林娟，党组副书记、副主任李运波，党组成员、副主任刘跃峰

下排左起：党组成员、副主任冯志明，副主任刘苏朝，党组成员、副主任李亿平，党组成员、秘书长、办公室主任甘毅

醴陵市人民政府正、副市长

LILINGSHIRENMINZHENGFUZHENGFUSHIZHANG

上排左起：市委副书记、市人民政府市长蒋永清，市委常委、市人民政府常务副市长刘正平，市委常委、市人民政府副市长、市委统战部部长易顶峰，市人民政府副市长汤云辉

下排左起：市人民政府副市长李忆湘、市人民政府副市长李荣佳，市人民政府副市长廖宏力，市人民政府副市长曾市南(挂职)，市人民政府副市长贺小玲

政协醴陵市委员会领导成员

ZHENGXIELILINGSHIWEIYUANHUILINGDAOCHENGYUAN

上排左起：党组书记、政协主席陈立耀，党组副书记杨龙，党组副书记、副主席陈建军，党组成员、副主席易磊

下排左起：副主席乔德良，副主席唐青柏，党组副书记、正县级干部张建辉，党组成员、副县级干部汪孝凡，党组成员、秘书长熊习军

中共醴陵市纪委　醴陵市监察局

市委常委、纪委书记　罗立新

纪委副书记、监察局局长　宋友红

领导班子成员

湖南省委常委、省纪委书记许云昭（前排右三）在市委书记谢清纯（前排右二）的陪同下，视察本市规范权力运行工作。

2010年，在省、株洲市纪委和市委、市政府的领导下，醴陵市纪委、监察局认真履职，扎实工作，注重创新，多措并举推动反腐倡廉工作，全市党风廉政建设和反腐败工作方向更加明确、思路更加清晰、措施更加有力、成效更加明显。其中廉政风险防范，规范权力运行工作得到中央、省、株洲市纪委的充分肯定。在株洲市党风廉政建设和反腐败工作目标管理考核中，醴陵市被株洲市评为“先进单位”。

株洲市纪委授予市公安局交通警察大队和工商行政管理局为“廉政文化创建示范点”。图为株洲市纪委领导视察本市工商局廉政文化长廊建设。

年内，市纪检监察系统开展了以“做党的忠诚卫士、当群众贴心人”为题的演讲比赛。图为演讲比赛一角。

市委书记谢清纯（右一）率市120名正科级以上领导干部到株洲市警示教育基地——桥头堡接受警示教育。

中共醴陵市委宣传部

部　长　赖晓智

组织央视台的《从怎么看到怎么办》光盘赠送活动

2010年，全市宣传思想工作按照“高举旗帜、围绕大局、服务人民、改革创新”的总体要求，以服务“三三方略”为重点，为大力推进“争一进百、科学跨越”提供了强有力的思想保证和舆论支持。以市委中心组为龙头，把深化理论武装作为学习型党组织建设的首位，组织全市党员领导干部集中学习5次，举办务虚会议3次。在全市范围内选择2个乡镇、部分市直机关、农村党支部和非公企业共9个单位作为创建活动示范点，以点带面推动创建活动的开展。2010年先后有22条新闻和专题报道在国家级媒体刊发（播出）。其中中央电视台《世博传奇——瓷瓶上的世博故事》等在全国引起强烈反响；人民日报发稿3条，湖南日报发稿61条，头条3条。株洲日报发稿250条，头条28条；醴陵电视台有10条新闻稿件在央视台播发。举办了“首届十大杰出青年”和“首届十佳新闻工作者”评选、“金荣杯”湘赣自行车邀请赛、“首届绝技绝活大比拼活动”、“第二届中国陶瓷艺术大师评审”等系列活动。全年“送戏下乡”共演出210场，观众人数达11万人。全年农村公益电影放映4060场，惠及群众100万人次。全年完成120家农家书屋的建设任务，共发放辅导资料1200册，下乡辅导320人次。组织专家对本市音乐文化遗产进行挖掘，成功创作出歌曲《红拂女》和《再唱思情鬼歌》。年内，中共醴陵市委宣传部被中共株洲市委宣传部评为“宣传思想工作”、“党报党刊发行工作”先进单位。

表彰道德模范瞿志英

组织部署记者小分队深入抗洪一线

连续两年成功举办全国自行车邀请赛

新闻宣传干部培训

湖南醴陵陶

党工委书记　向　平

主　任　江曙明

李铎将军夫妇（右三、右四）亲临陶瓷艺术城奠基仪式现场

园区企业新貌

园区主干道——凤凰大道

瓷产业园区

华联电瓷电器产业园

◀工作人员正在安装部分机械组件

◀产业园个别生产线已投入生产

2010年，湖南醴陵陶瓷产业园区紧紧围绕“工业新城、城市新区”的发展定位和“百亿园区、千亿产业”发展目标，快速推进了“中国醴陵釉下五彩艺术陶瓷园”、“电瓷电器产业园”、“汽车零配件及汽车用品产业园”项目建设；启动了“建筑陶瓷园”等项目。全年累计完成投资42亿元，建成面积200余公顷，已构建成了方便快捷的交通网络，水、电、气、通讯等基础设施基本到位。截至12月，有入园企业54家，其中投产企业45家。

即将投入生产的汽车零部件及汽车用品产业园

全年园区各项经济指标实现快速增长，累计完成固定资产投资20.2亿元，比上年增长190.21%；技工贸总收入63.15亿元，比上年增长63.1%。实现园区工业增加值15.65亿元、比上年增长51.94%，高新技术产值15.18亿元、比上年增长72.72%，招商引资到位资金6.8亿元、比上年增长83.8%，上缴税金2.8亿元、比上年增长47.4%。全年园区劳动力达2.33万人。截至12月，园区储备国有土地226公顷。

溢佰利瓷业有限公司

醴陵市城市管理行政执法局
醴陵市城市管理委员会

城市管理委员会书记兼城管局书记　郭向晖

城市管理委员会主任兼城管局局长　翁菊清

市长蒋永清（右三）深入现场督导拆违工作

班子成员

文明执法

清扫积雪

整齐的执法队伍

醴陵市人民检察院

检察长、书记　李　大

院全体干警赴江西瑞金接受革命传统教育

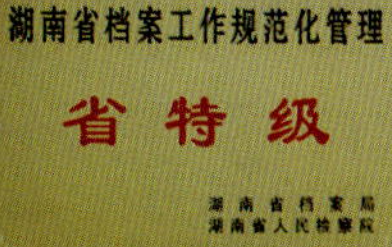

1	2
3	4
5	

1.邀请市人大代表、政协委员见证“创先争优”公开承诺。

2.2010年，市检察院在白兔潭等6个乡镇(街道办事处）分别设立检察联络室。图为联络室授牌大会。

3.检察干警开展“平安醴陵·满意万家”大走访活动。

4.检察院干警参加市组织举办的“唱响主旋律、红歌献给党”合唱赛，成功进入决赛并获优胜奖。

5.院陈列室。

中共醴陵

市委常委、市委秘书长、
市委办公室主任　丁奇志

市委办正副主任、工会主席

市委办科级以上负责人

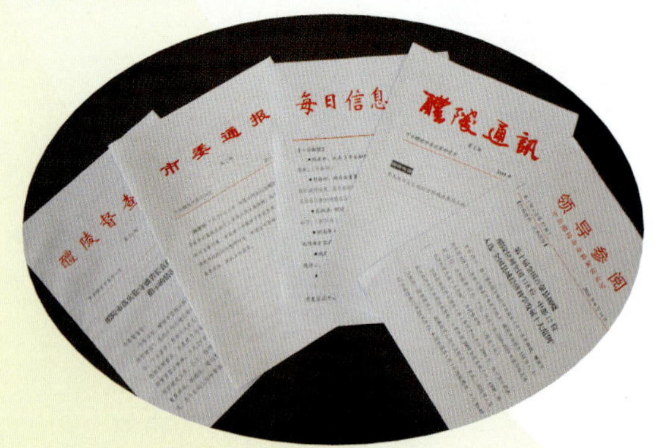

市委办编印的《醴陵督查》、《市委通报》、《醴陵通讯》等刊物

2010年，市委办公室紧紧围绕全市各项中心工作，按照“规范管理、首重执行”的要求，以“创一流、争一类”为目标，主动出击、靠前服务、狠抓落实，为促进全市经济社会又好又快发展作出积极贡献。参政设谋主动超前。按照文字综合巧当“喉舌”、调查研究争当“外脑”、信息工作勤当“耳目”的要求，精心撰写文稿。全年共完成领导讲话、工作汇报、经验总结等各类材料180余万字，推出有价值的调研报告20余篇，编辑《市委通报》7期、《醴陵通讯》4期、《领导参阅》8期、《每日信息》近200期，在中央和省市级报刊杂志上发表领导署名文章10余篇。督查落实坚决快速。紧紧围绕市委、市政府重大决策和重大工作部署、市委主要领导的批件、市委常委会议定的重大事项抓好落实、推动执行。先后对粮食生产、重点工程建设、“城市三创”等多项工作进行专项督查50余次，完成株洲市领导批示件10件，采编《督查专报》34期。日常管理规范高效。精心编印《办公室日常工作规范》，力求办文把握政策、高效快捷；办会有条不紊、不出纰漏；办事件件有着落、事事高标准。全年办文260余份，组织各类活动100余次，机要保密、行政后勤等日常工作有效运转，得到市委领导的充分肯定。

市委办公室

◀市委办公室为中国共产党醴陵市第十一次代表大会的召开做了大量精心细致的工作。图为市第十一次党代会开幕式。

市委办与政府办共同承办的醴陵大道竣工通车典礼

市委办公室承办的中共醴陵市委第十届十次全体（扩大）会议

政研室工作人员正在认真工作

市委办系统合唱队参加庆祝建党九十周年合唱比赛

醴陵市人民

市人民政府秘书长、政府办主任　谢圣才

2010年，市人民政府办公室按照“提升服务，赢在创新”的工作思路，围绕全市中心工作，突出主动、靠前服务，在当高参上下工夫，在设大谋上出实招，在推精品上见成效，真正做到了以文辅政水平明显提高、办文办会质量明显提升、督查督办力度明显加大、协调服务能力明显加强、应急管理措施明显到位、机关管理机制明显优化、队伍整体素质明显增强，圆满完成了各项工作任务，确保了政府机关的正常有序运转，为推动醴陵经济社会又好又快发展作出了应有的贡献。年内，荣获湖南省“文明卫生单位”、株洲市“科普文明大院”等称号。

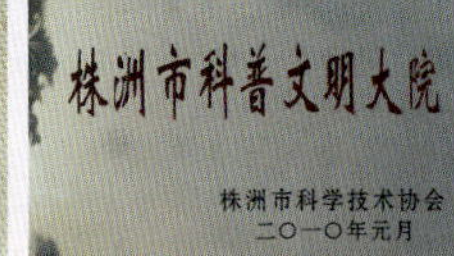

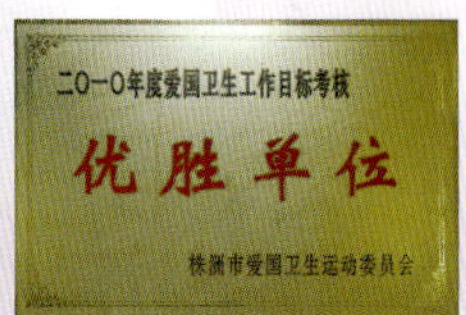

政府办正副主任、科室负责人

政府办公室

承办株洲市政府系统办公室工作联系会议

办公室开展“创先争优”活动

办公室承办的醴陵大投资项目推介会

由本办编印的《醴陵政报》、《政务督查》、《调研与督查》、《学习与交流》等刊物

值班人员忠于职守

醴 陵 市 房

局　长　廖胜云

书　记　姚　武

团结务实的领导班子正在研究房产开发和发展大计

2010年，市房产管理局以“服务民生”为目标，以“培育市场”为重点，规范管理，依法行政，实现了本市房地产业持续、健康、稳定发展。全市共有房地产开发企业36家，在建开发项目31个。完成房地产开发投资14.26亿元、比上年增长99.2%，其中商品房住宅建设投资10.07亿元、商品房销售面积79.97万平方米，分别比上年增长65.1%、87.53%；全市城镇人均居住面积达32.7平方米。年内，新建了办证大厅，全面推行了“一站式窗口”服务，优质服务水平进一步提高。全年办理各类房屋登记13557宗。完成房屋测绘535宗、面积154.08万平方米，整理档案8114卷，提供档案利用1200余卷，出具无房证明1100余份；完成白蚁预防施工面积47.75万平方米、灭治面积8300平方米；灭治率达100%，并连续三年被省白蚁防治专业委员会授予“湖南省白蚁防治优质服务先进单位”。年末，被株洲市评为“2010年度文明建设先进单位”、被本市评为“计划生育综合治理工作先进单位”、“社会治安综合治理工作先进单位”、“党建帮扶工作先进单位”。太一市场管理所被本市授予“三创工作红旗单位”。

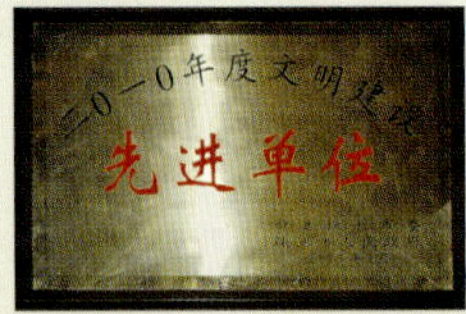

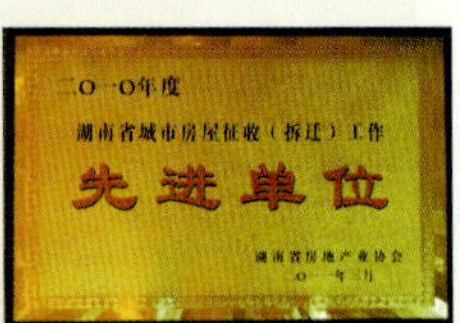

2011年醴陵市第十一次党代会党代表视察金石保障性住房项目

新建的办证大厅

产 管 理 局

◀省委常委、省纪委书记许云昭（前排左二）到醴陵检查指导廉租住房建设工作

省住房和城乡建设厅副厅长高东山（左四）到醴陵视察住房和城乡建设工作

市委书记谢清纯深入施工工地考察房产开发项目

2010年，全市新建、续建三刀石廉租房共868套、42801.6平方米，其中新建二期房120套。图为三刀石廉租房——金石小区一角。

醴陵市第三届房交会现场

醴陵市总工会

市委副调研员、主席 谭书龙

市委副调研员、党支部书记 龙映秋

市领导与部分劳动模范合影

2010年，市总工会开拓创新，扎实工作，团结动员广大职工为打好“三大战役”、实现“争一进百、科学跨越”发挥了工会组织的应有作用。年内，被株洲市工会评为“工会工作先进单位”、“工会组建工作先进单位”、株洲市“‘安康杯’竞赛组织工作优秀单位”称号。

慰问一线执勤干警

庆“五一”劳动模范座谈会

2010年，全市“十佳清扫保洁员”表彰

专　辑

醴陵市国民经济和社会发展第十二个五年规划纲要

国民经济和社会发展第十二个五年规划期间(2011年~2015年),是醴陵实现"科学跨越、争一进百"战略目标的关键时期,也是醴陵建设社会主义新农村和构建和谐社会的重要时期。在科学发展观的指导下,编制和实施好醴陵市国民经济和社会发展第十二个五年规划,对组织动员全市人民团结一心、抓住机遇、求实创新、艰苦奋斗,促进国民经济和社会事业持续、稳定、协调发展具有十分重要的意义。

第一章　发展基础

"十一五"期间,在市委、市政府的正确领导下,全市上下认真贯彻落实科学发展观,积极应对国内外环境发展变化,坚持实施"城市发展带动、优势产业带动、先进文化带动"三大战略,全市经济社会持续、健康、快速发展。"十一五"规划的各项指标全面完成,为"十二五"规划时期的发展奠定了坚实基础。

一、"十一五"规划目标全面完成

国民经济快速发展,综合实力显著增强。全市生产总值由2005年的116亿元增加到2010年的265.75亿元,完成"十一五"规划的130%,年均增长14.6%;三次产业结构更加优化,一产业比重下降近4个百分点,二产业比重上升3个多百分点,三产业比重稳中有升;财政总收入由6.1亿元增加到20.2亿元,完成"十一五"规划的155%,五年平均增长27.1%;全社会固定资产由19.7亿元增加到124.79亿元,完成"十一五"规划的158%,五年平均增长44.2%;社会消费品零售总额由33.2亿元增加到83.11亿元,五年平均增长20.5%。陶瓷产业被列为全省50个重点产业集群之一。2010年,实现陶瓷税收3.69亿元、烟花税收1.5亿元,两大支柱产业税收分别占总税收的28%、11.4%;陶瓷产业实现产值210亿元、花炮产值120亿元;陶瓷产业园区成为省级高新技术开发园区,园区工业总产值突破44亿元。万元GDP能耗累计下降21.5%,超额完成"十一五"规划。第三产业增加值由31.3亿元增加到74.01亿元,五年平均增长13.9%;连锁、超市、专卖等新兴产业大量涌现,物流、信息、保险、邮政、通讯等服务业长足发展,县域经济综合实力在全省县、市中名列第五,并连续五年获全省"经济强县"称号。

基础设施加速推进,城乡面貌大为改观。城市建成区面积由18.4平方公里扩展至25平方公里。五年累计完成全社会固定资产投资323亿元,建制镇、村级镇得到长足发展。顺利实现"川气入醴",全市有使用天然气企业近300家,树起了本市能源建设史上一座重要的里程碑。城市污水处理厂、城市生活垃圾无害化处理场相继投入使用,环境保护设施居全省县级领先水平。莲易高等级公路完成改造、G106全线升级、醴潭高速建成通车,江源大桥、渌江书院桥竣工通车,对外交通大格局基本形成。醴陵大道建设工程顺利启动,沪昆高铁设站的成功争取,城市东拓序幕拉开,掀起了城市建设和交通升级的又一高潮。新农村建设加速推进,农村出行条件极大改善,硬化乡村道路2400余公里,除险加固病险水库37座。改造大中型灌区渠道63.5公里,农业抵御自然灾害能力明显增强。实施农村安全饮水工程,为14.43万余人解决了饮水困难。圆满完成第二期农网改造,实现城乡同网同价。顺利启动巩固了退耕还林项目。森林覆盖率达53.6%。绿化造林、水土治理、污染整治力度加大,人居环境、生态环境持续好转。

体制机制不断完善,对外开放成果丰硕。市属国有、集体企业改革全面清盘,累计置换企业76家。行政审批制度改革不断深化,农村综合改革深入推进,撤并乡镇11个、社区居委会24个、行政村313个。全面免征农业税和农业特产税。政府采购、部门预算等

制度全面实施。国有资产监管、投融资、要素市场等领域的改革全面推进。商检、海关驻醴陵办事机构相继开通营运。自营进出口企业诚信增加,累计完成外贸出口总额23.3亿美元、年均增长16.4%,利用外资2.4亿美元、年均增长19.2%。

社会事业协调发展,文明程度显著提高。连续五年获"全国科技进步先进县(市)"称号。市第二、第四中学升格为省示范性普通高级中学,农村免费义务教育全面实现,并获"全国推进义务教育均衡发展先进地区"称号。新型农村合作医疗工作经验在全国推广,并获全国、全省先进县(市)称号。文化事业加速推进,竞技体育和全民健身运动深入开展,人民精神文化生活日益丰富。因人口和计划生育工作连年获得"全省优质服务县(市)"称号。广播电视实现"村村通"目标,城区电视网络实现数字化。顺利完成三峡移民和大中型库区移民接收工作。国防、民兵、预备役、消防、气象、民族、对台、宗教、外事、残疾人、妇女、老年人、关心下一代工作均有新的进步。

农业生产稳定发展,基础地位不断增强。2010年,实现农林牧渔业总产值46.5亿元,粮食作物播种面积68.6千公顷,粮食总产量47.48万吨。超级稻高产高效等实用技术普遍推广,稻米品质明显提高。

民生民利得到保障,人民实惠越来越多。圆满完成省、株洲市和本市各件实事,较好地解决了人民群众最关心、最直接、最现实的问题。城镇居民人均可支配性收入由8034元增加至18280元,农民人均纯收入由3994元增加至9034.25元。城镇职工养老、医疗、失业、生育、工伤保险全面推行,五年共发放城乡低保金21477万元,新型农村合作医疗266.3万人,共获得3亿元医疗补助。城乡居民低保对象月均补助分别增至155元/人、55元/人。"一免三补、两取消"等惠农政策得到落实。新改、扩、建农村敬老院32所,集中供养2300人。计划生育工作再上台阶,出生人口质量不断提高。帮建农村特困户安居房1139栋,新增城镇就业人员3.6万人,下岗失业人员再就业1.6万人。建设经济适用房17.7万平方米,居民家庭财产普遍增多,高档电器进入寻常百姓家。基本实现了老有所养、病有所医、劳有其岗、居有所房。

"十一五"期间,醴陵经济社会发展成效显著,综合实力明显提升,人民生活日益富裕,社会环境不断优化,呈现出稳定、和谐、科学发展的良好局面。但也要清醒地认识到发展中的困难和问题。主要是:经济总量不大,经济结构不优,传统产业科技含量不高,城市品位、功能亟待提高,社会保障体系尚需进一步健全,安全生产还有待进一步加强。这些困难和问题必须在"十二五"期间采取有效措施加以解决。

二、"十二五"展望

未来五年,全球经济将步入后危机时代的调整阶段,既要实现经济的持续、健康、快速发展,又要解决经济发展方式的转变和经济结构调整中的问题。从总体看,既面临难得的机遇,又面临新的挑战。

世界经济总体有所好转,国际金融市场趋稳,主要经济体系开始走出衰退,一些新兴经济体和发展中国家经济增速加快。我国经济刺激政策仍将保持连续稳定,很多政策的效应将进一步发挥,中央财政投资力度不会减弱,稳健的货币政策及积极的财政政策有利于本市产业转型和升级。我国将由重视经济增长转为更加注重全面和可持续发展,由主要依靠出口和投资转为更加注重消费。加快经济发展方式转变,推进经济结构调整,更加注重发展社会事业和改善民生,更加注重经济社会协调发展,更加注重公平正义和人权尊严,将是今后经济社会发展的主旋律。着眼湖南,加快科学发展、推进富民强省势头强劲,省委确立"四化两型"发展战略,着力建设"四个湖南",吹响了科学跨越的进军号角。聚焦株洲,实施科教先导、产业转型、城镇带动、民生优先"四大战略",建设智慧、实力、绿色、幸福"四个株洲",为我们指明了前进方向。本市经济企稳回升势头增强,基础不断巩固,市内融资平台不断夯实,融资渠道不断拓展。醴陵大道、沪昆高铁、岳汝高速建设的扎实推进,使支撑发展的能力不断释放。本市交通优势明显,地理位置得天独厚,产业基础牢固,文化底蕴深厚,民风淳朴,并拥有"两型"社会建设综合配套改革试验区、省级陶瓷产业园区、沪昆高铁(醴陵站)的独特优势。全市人民心更齐、气更顺、劲更足,呈现昂扬向上,信心充沛的精神风貌,这是我们谋取新发展,创造新业绩的巨大动力。一批大规模、起点高、带动力强的基础设施、基础产业项目正极大地改善本市的发展条件,这是我们实现经济腾飞、"争一进百"的坚实基础。

第二章　发展目标

一、指导思想

我们要高举中国特色社会主义伟大旗帜,坚持以"邓小平理论、'三个代表'重要思想"为指导,深入贯彻落实科学发展观,以"加快转变发展方式"为主线,围绕彰显山水人文特色的宜居城市定位,全面推进"四化两型"建设,大力实施城市发展带动、优势产业带动、先进文化带动"三大战略",深入持久打好城市提质、园区攻坚、旅游升温"三大战役",努力建设绿色醴陵、人文醴陵、和谐醴陵、创新型醴陵"四个醴陵",实现经济社会又好又快发展。

二、发展目标

未来五年,全市经济社会发展的基本思路是"123456"。即:"围绕一个定位"(彰显山水人文特色的宜居城市定位)、"达到两个率先"(在株洲地区率先基本建成全面小康社会、率先基本建成"两型"社会示范区)、"实施三大战略"(城市发展带动、优势产业带动、先进文化带动战略)、"建设四个醴陵"(绿色醴陵、人文醴陵、和谐醴陵、创新型醴陵)、"建成两个五"(50平方公里城市建成区面积、50万人城市人口)、"实现两个六”(600亿元地区生产总值、60亿元财政收入)。

主要目标是：

经济发展又好又快。地区生产总值保持15%以上的增长速度，到2015年超过600亿元；财政总收入年均增长25%以上，到2015年达60亿元；全社会固定资产投资年均增长30%以上，到2015年达458亿元；外贸出口总额年均增长15%以上，到2015年超过13亿美元。

结构调整成效显著。一、二、三产业结构比调整为7：62：31；非公经济占国民生产总值比重超过85%。城镇化率达到60%。

人民生活更加幸福。农民人均纯收入年均增长速度达15%以上、到2015年达到18600元，城镇居民可支配性收入年均增长15%以上、到2015年达到37500元，均在2010年基础上翻一番；社会消费品零售总额年均增长18.5%以上，到2015年达到190亿元。

社会更加和谐稳定。城乡居民最低生活保障率达到100%；城镇职工基本养老保险覆盖率达到100%；城镇职工失业保险覆盖率达到100%；新型农村合作医疗覆盖率达到100%。人口年均自然增长率控制在7.5‰以内，城镇登记失业率控制在4%以内。万元GDP能耗降低20%；城市空气、水环境质量得到明显改善，主要污染物排放总量下降12%，工业废气废水排放达标率分别达95%、85%；城镇生活垃圾无害化处理率达85%；耕地保有量5.1万公顷，基本农田保护面积4.5万公顷；森林覆盖率达55%。确保成功创建省级园林城市、文明城市，积极争创国家卫生城市和中国历史文化名城。

第三章　发展重点

一、推进新型工业化

以“项目建设”为载体，以“产业集聚”为平台，以“科技创新”为支撑，充分应用信息化技术，坚定不移地走新型工业化道路，加速发展步伐。坚持以“产业集群发展规划”为引领，按照“集约、低碳、高效”的要求，大力扶持优势产业、支柱产业、特色产业加快发展。深入推进“1511”工程(即：到2015年打造1000亿元陶瓷产业集群、500亿元花炮产业集群、100亿元产业园区，培育1个新兴支柱产业)，强力推进新型工业化。

(一)改造提升传统产业

要把传统产业的改造提升作为转方式、调结构的重中之重，在做大总量中提升质量，在做强产业中调优结构，构建“特色鲜明、布局合理、结构优化、竞争力强”的现代产业体系。按照传统产业“高端化、高新化”目标，坚持壮大规模与提升品质并举、优势优先与整合提升并举，推动陶瓷、花炮两大传统产业转型升级。

抓住长株潭城市群获批“两型”社会建设综合配套改革试验区的机遇，以“结构调整”为主线，推动全市传统陶瓷产业提质升级。重点抓好日用陶瓷、电瓷两个主导行业的提质升级，加快高新技术陶瓷(特种陶瓷及新材料陶瓷)、建筑卫浴陶瓷、釉下五彩文化艺术陶瓷的发展步伐，延伸以“装备制造业、瓷泥采掘业、色釉料业、包装业”等为主的配套产业链条；以“园区建设和技术创新”为突破口，提升产业集聚和科技发展水平；进一步加强品牌建设，强化资源整合，加大节约资源和环境生态保护力度，不断开拓国内外市场，努力推动陶瓷产业健康快速发展；做强做大陶瓷产业园区，打造核心经济增长极。至2015年，力争形成一个以“日用陶瓷、电瓷、釉下五彩文化艺术陶瓷生产”为核心，有较完整的装备制造、新材料研发、陶瓷物流等配套产业，产值达到1000亿元的陶瓷产业集群。有效整合现有花炮资源，实现“两省四地”花炮产业一体化，组建花炮产业集团，大力扶植龙头企业，打造“醴陵花炮”品牌，建立健全花炮安全生产监督管理机制，确保企业安全生产，促使花炮产业持续、快速、健康发展。以“龙头企业”为核心，以“区域协同”为构架，分别组建神马、高鹏、熊猫3个花炮企业集团，南桥、富里、浦口、白兔潭、王坊、王仙6个花炮特色产业镇和孙家湾–泗汾、东富–沈潭2个花炮产业带。至2015年，力争形成一个以“烟花鞭炮产品生产”为核心，有较完整的花炮机械生产、安全药物生产、花炮商贸、花炮物流等配套产业，产值达500亿元的花炮产业集群。

(二)培育和发展战略性新兴产业

抓住国家大力发展战略性新型产业的契机，按照新兴产业“两型化、规模化”的目标，选择一批适应市场需要、具有比较优势、最有可能率先突破和做大做强的领域，紧盯世界500强、国内500强企业，全力以赴争取一批符合“两型”要求的大企业、大集群、大项目落户醴陵，构建“两型”产业体系，培育规模新兴产业，实现由高投入、高消耗的传统发展模式向节能降耗、高附加值的现代发展模式转变。根据本市自身特点，在高端制造业方面寻求突破，重点抓好汽车零部件及汽车用品产业园的建设；抓好陶瓷电子元件、陶瓷复合材料高附加值的陶瓷产品研发；做优做精做强花炮机械制造业，进一步突破花炮产业的高危瓶颈，提高烟花鞭炮行业的安全生产系数和劳动生产效率。

(三)合理引导工业向园区集聚

按照园区“品牌化、特色化”的目标，遵循“人无我有、人有我优、人优我特”的思路，构筑一区多园格局，着力将陶瓷产业园区打造成全国陶瓷研发、创意、营销中心和基地，争创国家级产业园区。健全园区市场化运作机制，改革创新园区产业发展和投融资模式，推动园区滚动发展。立足以“百亿园区”支撑“千亿产业”，大力推进园区攻坚，逐步形成“大园+小园+工业小区”的园区布局，提高园区经济对产业经济发展的影响力、贡献力和带动力。引导资本、科技、人才等生产要素向园区集聚，建设工业新城、城市新区。坚持“差异发展、统筹并进”的方针，建设好釉下五彩创意园、电瓷电器园、建筑卫浴陶瓷园、日用炻瓷园、特种陶瓷园、汽车零部件及汽车用品产业园等特色“园中园”。统筹抓好浦口电瓷园、船湾服饰工业小区等乡镇工业小区的整合、提升,调整优化产业园区的区域、行业、产品、市场结构。到2015年底,园区总产值达到100亿元。

(四)加快科技创新步伐

鼓励企业加大新产品开发力度,调整产品结构,开发一批高技术含量、高市场容量、高附加值的“三高”产品。加快推进自主创新体系建设,以“科研院校、企业和园区”为依托,建立一批电瓷电器、炻瓷、高温细瓷、工业陶瓷、高空礼花、水上烟花等产学研相结合的技术创新基地。重点抓好釉下五彩瓷国家级实验基地、中国醴陵花炮机械研发中心等项目建设。加快新兴产业引进步伐,加快培育市场前景好、科技含量高、有发展前途的新兴产业,有力培育新的经济增长点。逐步提高财政对科技的投入比重,建立和落实技术创新的奖励机制,支持企业申报国家、省级重大科技项目。确保每年财政安排的科技投入高于经常性财政收入增长。同时,建立科技创新风险投资基金,完善风险投资机制。强化企业主体意识,提高R&D(研究与开发)支出的比例,到2015年,全市规模企业R&D支出占销售总额的比例达到2%以上。到“十二五”期末,力争建立3家国家级、8家省级企业技术中心,全市高新技术企业数达20家以上,新增2~3家企业参与或主持制订国家级技术标准。

(五)加强公共服务体系建设

打造公共技术服务平台,组建陶瓷研究所、花炮产品研发中心,为企业无偿提供技术和新产品开发的支持。加快湘东国际物流园和口岸大楼的建设步伐,壮大物流企业,形成与本市经济发展相适应的,与国际通行接轨的社会化、专业化现代物流服务综合网络体系。加快建设集会展、观礼、燃放等于一体的陶瓷花炮博物馆。与国内外知名企业管理咨询机构开展合作,为企业提供生产、经营、管理等全方位的咨询服务。做好工业各类人才的引进、培养工作。继续实施清华大学企业家培训工程,与知名培训机构合作对中层管理干部进行培训,依托省轻工高级技工学校和市陶瓷烟花职业技术学校等优势资源,培养一支高素质的技工队伍。

二、建设社会主义新农村

按照“生产发展、生活宽裕、乡风文明、村容整洁、管理民主”的要求,以“农业现代化”为目标,以“提升农业综合生产能力、增加农民收入”为重点,以“广泛调动农民积极参与”为前提,以“加强农村基础设施和扩大农村公共服务”为手段,稳步推进社会主义新农村建设。

(一)加强农村基础设施建设

加强支农资金投入,推进田、水、路、林、村综合整治,完善农村基础设施建设、维护机制。提高通乡通村公路质量,对全市各乡镇、部分行政村的公路提高路面等级改造,加快发展以“乡村公路”为主的交通系统。积极兴建各类水利工程,新建、续建、整治一批水库工程项目,启动中、小河流治理工程,全面完成官庄水库灌区续建配套建设。加大储水、人口饮水安全工程的建设力度,解决农村安全饮水问题。加强农田基本建设,充分利用国家巩固退耕还林成果规划项目进行以“改土、修路、建池等”为主的农田基本建设,建设高标准基本农田。加强耕地质量保护,杜绝“三废”污染,做好耕地地力分等定级工作,支持和鼓励种植绿肥、生产和施用有机肥料。科学、合理、安全使用农业投入品,减少耕地面源污染。抓紧市耕地质量监测区域站建设。不断完善农村电网和通讯体系,初步建成功能完善、运行良好的基础设施体系,增强农业发展后劲。加大基本农田保护力度,加强基层农技推广体系建设,力争建设30个乡镇、街道办事处农业技术推广机构和村级农技推广服务网络。

(二)稳定发展农业生产

粮食生产。本市是全省有名的水稻高产区,“十二五”期间主要从四个方面着手抓好粮食生产。一是稳定粮食生产面积。年均粮食播种面积6.67万公顷以上(其中,水稻6.33万公顷以上),常年粮食产量50万吨以上。“十二五”期末,保证全市无公害优质稻播种面积41.33千公顷(其中,早稻20千公顷、晚稻21.33千公顷)。二是抓住国家实施新增千亿斤粮食产能工程的契机,改造中低产田13.33千公顷,打造双季稻高产示范长廊,办好4个万亩高产示范基地。三是引进、推广一批粮油作物新品种、新技术、新机具,提高农产品质量,降低生产成本。四是建立灵活的土地流转制度,培育一批种粮大户,扶持龙头企业和农民专业合作社,促进粮食向产业化经营方向发展。

经济作物。“十二五”期间,全市经济作物生产以“发展蔬菜和果用瓜”为重点,实行“一乡一业、一村一品”,开展区域化布局,标准化生产,特别是在“两型”社会建设核心区的7个乡镇连片建设无公害蔬菜生产、深加工基地,扶优扶强1~2个经济作物产品加工龙头企业,打造本市经济作物品牌。在现有46.67千公顷油茶林中,改造低产林20千公顷、垦复26.67千公顷,使油茶丰产林面积达到26.67千公顷,建立油茶良种采穗圃和良种苗木繁育基地。“十二五”期末,全市经济作物总面积力争达到25.33千公顷。

养殖业。优化畜牧业区域布局,推进畜牧业规模化、专业化发展。健全以“动物防疫”为主的基层农技服务体系,加快站房建设及设备更新,加强专业技术人员培训,加大养殖污染治理力度,发展畜产品深加工,扩大畜产品出口。到2015年,力争建成500头以上草食动物场20家以上,健康水产养殖场5家以上,打造湘东“黑山羊”品牌。促进全市养殖业规模发展,进一步增加农民收入,提高畜牧业在农业经济中的比重。

(三)发展农村社会事业

建立健全以“乡镇中心卫生院”为核心的农村卫生服务网络和新型农村合作医疗制度,进一步加快建设甲级村卫生站，基本解决农民“就医难”的问题。“十二五”期末，全市乡村医生全部达到中专以上学历，农民就医基本实现小病不出村、常见病不出乡、大病不出县。财政要增加对农村文化发展的投入，加强农村广播电视和乡镇综合性文化站、村文化活动室等公共文化设施建设。

（四）改善农村生活环境

以“创建文明村镇活动”为载体，推进农村清洁工程，建设生态家园。把治理农村水源、生活污染，改善农村环境质量作为环境保护的重要任务，改变农村卫生面貌和传统生活习惯。杜绝禁用农、兽药流入市场或农产品生产环节，保障农产品消费安全。适当调整农村居民点布局，引导农村人口适度集中居住，改善农村居住环境。加快农村改厕、改灶工作及庭院建设，积极发展以沼气为主的清洁燃料，有效提升农民的生活质量。参照城镇社区功能标准，规划建设农村新型社区，杜绝资源浪费和重复建设，建设优美村庄。

（五）切实增加农民收入

加强政府对农村劳务输出的组织和协调。围绕农业产业化、农民增收，创造性地开展农民职业技能和实用技术培训工作。积极探索政府补贴农民工培训的模式，吸引更多的机构参与到培训中来，建立健全对农业、农民的支持与保护机制，调整政府财政支农资金的投入总量，保证投入资金逐年上升。鼓励发展劳动密集型企业，促进农村劳动力转移，增加工资性收入。推进农业综合、扶贫开发，促进欠发达地区农民增收。充分利用自然环境、乡村景观资源、完善的交通网络和潜在客源市场发展休闲农业，促进现代农业建设，解决当前农村剩余劳动力就业，创造农村新的经济增长点。

三、加快发展第三产业

加快发展第三产业，不断壮大第三产业的规模和实力，提高第三产业的总量和质量。以“市场化、产业化、社会化”为方向，大力推进生产性服务业与先进制造业有机融合，改造提升传统第三产业，推进第三产业规模化、品牌化、网络化经营。

（一）旅游业

围绕“绿色瓷城、休闲胜境”的目标，高起点、大手笔地做好各项旅游规划，创新发展思路，制定优惠政策，拓宽投融资渠道，全力营造旅游发展的良好环境。以“打造国家级旅游品牌”为目标，突出醴陵独有的“国瓷之美、中国之美”的陶瓷文化，创造陶瓷文化旅游的核心价值和品牌效应，打造以“‘红官窑’陶瓷文化感受”为核心的赏析文化旅游。紧贴醴陵红色历史，发展以“李立三故居、左权将军纪念园”等为代表的红色旅游。依托深厚的宗教文化背景，发展以“仙岳山仙岳寺、云岩寺”为重点的宗教旅游。利用丰富的自然资源条件，发展以“官庄自然风光和水域体验”为重点的观光、农家乐休闲旅游。挖掘深厚的文化底蕴，发展以“渌江书院文化感受”为重点的人文旅游。通过完善釉下五彩文化艺术陶瓷园、陶瓷花炮博物馆、仙岳山文化公园、渌江风光带、官庄风景区、云岩寺宗教文化旅游区、沩山文化景区等基础设施建设，加强区域旅游形象的营销，加强旅游业人才培训，完善旅游产品服务体系建设，推动醴陵旅游产业又好又快发展，逐步把旅游产业培育成市域经济的支柱产业。

（二）物流业

积极利用现代流通组织形式、新型经营方式，整合商贸流通资源，全面推进经营管理创新。加强《物流产业发展总体规划》与《长株潭城市群现代物流业发展总体规划》相衔接，与周边地区物流业发展规划相衔接，准确定位，加快发展。发展铁路、公路集装箱运输，吸引湘东、赣西地区与广州、深圳或上海等地之间的集装箱物流（陶瓷、花炮物流）在醴陵进行中转，形成陶瓷、花炮产品的集散中心。加强应急物流体系建设，提高应对灾害、重大疫情等突发性事件的能力。同时，结合本市市情，走农工商联合经营、共同发展的新路子，培育大型物流企业，改造和完善本市基础薄弱的集贸市场，新建大型专业市场。配套城乡一体化销售网络，发展连锁经营、物流配送，加强现代物流业发展的平台建设，建设好湘东国际物流园、醴陵花炮商贸物流园等项目，将本市打造成湘东赣西区域物流中心。

（三）商贸业

全面构建商贸流通新格局。编制《醴陵市商贸网点规划》，以“醴陵大道、渌江大道、沪昆高铁（醴陵站）”为基础，发展现代大型商贸中心。坚持扩大内需战略，完善消费政策，积极促进消费结构升级，营造便利、安全、放心的消费环境，合理引导消费行为，倡导低碳、绿色消费。以“全面激活农村消费市场”为重点，继续稳步推进“万村千乡”市场工程、“家电下乡”等工作。通过强化中心城区的带动作用，不断加快城乡市场、城区商业区建设，提升商业设施档次，完善综合服务功能。努力改造提升传统服务产业，扶持培育新型服务行业。切实维护市场秩序，保障消费者、企业的合法权益。“十二五”期末，实现社会消费品零售总额190亿元，年均增长18.5%以上；着力搞好外贸自营出口，外贸出口超过13亿美元，年均增长15%以上。

（四）房地产业

加强房地产用地、施工、商品房销售的规范管理，加大保障性安居工程建设力度，增加廉租房、公租房、经济适用房、中低价位普通商品住房供应比例，解决中低收入家庭住房困难问题，满足不同收入家庭的住房需要，促进全市房地产业健康、持续发展。

四、统筹城乡发展

坚持把统筹城乡发展作为落实科学发展观、突破城乡二元结构、扩大内需、促进消费、实现城乡经济社会协调发展的重要举措。优化配置城乡资源和生产要素，促进有条件的农业人口转移转化，加快重点镇发展，通过以点串线、以线带面，逐步实现城乡基础设施一体化、公共服务均等化、产业发展集聚化、社会保障同城化、社会管理社区化、土地利用集约化,形成以"城市为支撑、重点镇为节点的统筹城乡发展"的新格局。

(一)合理规划城乡发展布局

按照"集约高效、功能完善、生态友好、定位明确"的原则,加速构建"以城区为核心、中心集镇为重点、其他乡镇为节点"的新型城镇体系。根据资源环境承载能力、现有开发密度和发展潜力,统筹考虑未来人口、经济、国土利用和城镇化布局,统筹城乡发展。根据本市主题功能区规划,全市不同地域大致划分为"优化开发区、重点开发区、限制开发区和禁止开发区"。"十二五"期间,优化开发城区中的4个街道办事处,提升经济发展的档次和水平;重点开发区中的白兔潭、泗汾、均楚、黄达咀4个中心乡镇,优先发展居住、工业、商业等,集中人口和非农产业,改善生活条件,完善基础设施;市区周边乡镇,主要通过产业结构调整和升级,使之向专业化、集约化和高新技术方向迈进,形成以"工商、文教、旅游等产业领先,城郊农业和乡镇工业优化、高科技化"的发展格局,带动整个地区的城镇发展。在限制、禁止开发区内建设官庄和贺家桥2个生态区,充分利用丰富的森林资源、水资源和良好的生态环境及风景旅游资源,积极发展农林产业及其产品加工业、生态旅游业。在保护、培育良好的自然环境,保持水土、森林等自然资源和生态平衡的基础上,采取不同的发展模式,为地区经济发展留足空间和余地。

(二)加速城市扩容提质

城市发展战略。以"城镇规划"为导向,遵循"北连、南进、东扩、中提"的空间发展思路,全面会战城市新区,大力提质旧城,加快旧城与工业园区的融城步伐;以"城市基础设施建设"为重点,完善城市功能;以"文化与建设的融合"为课题,提升城市品位;以"加快片区深度开发"为模式,壮大建筑产业;以"推进天然气利用工程"为契机,推进能源革命,降低企业成本,改善城市环境,提高市民生活质量。

城市空间布局。结合城市现状布局、地形地貌和城市总体发展目标,中心城区空间布局结构概括为"一带(即:渌江风光带)、两心(即:旧城区中心、流星潭新城次中心)、三组团(即:北部工业园组团、旧城中心组团、高铁流星潭组团)"的结构,组成一个既分散布局又紧密相连,以"山水洲城"为特色的生态宜居的醴陵。

城区建设。加速湖南醴陵陶瓷产业园区建设;完成渌江防洪堤建设,城区防洪设施达到20年一遇的标准;推进城南工业园建设;建设醴陵会展中心;改造G320国道城区段;完成醴陵大道、李畋中路、阳三路、文化南路、玉瓷路、长庆大道、步行街等城市道路建设;在城区建设1~3个停车场;完成棚户区改造、左家洲改造;改造文化路、胜利路两厢旧城;改造建设电瓷厂片区及李畋中路两厢;启动阳三路沿线片区开发,打造全市重要的购物中心区、农贸综合市场和高尚住宅区;建好塔前路、国瓷路两厢建设;建设好渌江大道规划控制范围;建设胜利路步行街,改善老城区景观面貌;建设好寨子岭公园。盘活城市有形、无形资产,建立多元化城市开发建设机制。加大城市给排水、污水处理、垃圾处理等市政公用设施投入,改变城市面貌。

长庆示范区建设。着力打造成五个经济发展示范区:围绕"两型"社会建设,推进示范区学校、医院、公园、社区服务中心、将军广场、汽车客运服务中心等基础设施建设,依托人形山、伏子岭生态公园、邦和生态健康产业园等项目,打造"两型"社会建设的先导区;依托沪昆高铁(醴陵站)的建设,打造"高铁"经济窗口示范区;依托市行政中心、会议中心项目建设,打造行政办公中心示范区;大力发展房地产、商贸、流通、金融等现代服务业,建设商贸物流园项目、醴陵浙江商贸城项目,打造现代服务业发展示范区;依托新华联莱茵小镇、流星潭人工湖的开发建设,沩山"古窑址"、长庆寺的保护和开发,打造区域休闲旅游示范区。

加强城市管理。创新经营城市方法,全面树立"大城管"理念,进一步深化城镇管理体制改革,不断建立健全城市管理的长效机制,积极推行综合执法,强化城市综合整治,实现城市综合管理一盘棋。严格按照法定程序编制、审查、批准和调整规划,强化对规划实施的监控。加快破除城乡分割的体制障碍,统筹城乡发展。规划期内将醴陵建成"湖南省园林城市、文明城市",争创国家"卫生城市、中国历史文化名城"。

(三)加快完善交通网络

以"沪昆高铁(醴陵站)和S313绕城公路、G106环城公路建设"为契机,加快完善醴陵城乡交通网络,进一步彰显醴陵交通区位优势。

铁路建设。"十二五"期末,完成沪昆高铁醴陵站、连接线建设;改造、提升醴(陵)茶(陵)铁路;力争启动株洲至醴陵城际轨道交通建设。

公路建设。配套长株潭核心区建设,构建"三纵四横"干线网,初建"内外两环"运输圈,着手打造城域高速环线圈与县域快速交通网相结合的现代交通运输体系。至2015年,全市公路网总里程(不含通组公路总里程)达到2700公里。完成岳汝高速项目建设;建成麻石-市上坪、官庄-大障柴冲、龙井-蛇湾3条纵干线和塘坊-X015芷线桥互通口、株醴高速莲花冲-耿境坝、X005醴陵-张公岭、S313老关-石亭4条横干线;建设以S313绕城公路、G106环城公路为主的城域高速环线圈。

水运建设。在西山街道办事处的大西滩水文站处,建设醴陵渌水下游港口码头,建设金鱼石-渌口航道通航工程。

五、全面发展社会事业

统筹发展各项社会事业,把社会事业放在与经济发展同等重要的位置。

(一)文化

深入挖掘本市人文内涵,提升本市文化品位和底蕴,广泛拓展产业文化外延,用文化“软实力”推动发展“硬崛起”。实施《醴陵市文化发展战略纲要》,丰富群众文化生活。加强文化发展的政策引导,促进文化事业与文化产业同步发展、共同繁荣。积极实施重大文化惠民工程,强化公共文化服务,新建醴陵博物馆。精心规划和建设体育中心、文化综合广场,力争建设长庆、荆楚、思情、国瓷文化广场,完成公共图书馆、综合文化大楼等基础文化设施建设。加快完成广播电视升级、农村电影放映、农家书屋等项目建设任务。大力弘扬民族优秀文化,精心组织、举办陶瓷花炮文化艺术节,切实加强文物和非物质文化遗产的抢救和保护,对沩山“醴陵窑”、渌江桥、先农坛、渌江书院等文化遗产逐一落实保护措施。大力发展文化产业,重点培育数字媒体、数字出版、手机电视、网络游戏等新兴文化业态,促进现代传媒业、文化娱乐业发展,打造一批文化产业旗舰企业和知名品牌。加强城乡社区体育设施建设,丰富群众体育活动,进一步提高竞技体育水平。

(二)教育

到2015年,教育发展主要指标、整体水平和综合实力居全省前列,进入全国先进行列,率先在全省建成教育强市。全面普及学前教育、九年义务制教育及高中阶段教育,高中阶段毛入学率达到95%以上。逐步加大公共财政对学前教育的投入,抓好乡镇、街道中心幼儿园建设,创建“全国学前三年教育先进地区”。以“均衡发展”为指导,巩固义务教育在全国的先进地位,全面完成145所完小以上义务教育合格学校建设任务,将所有村级小学建成合格学校。进一步优化城区教育资源配置,做好长庆示范区学校布局规划。继续办好特殊教育。普通高中教育资源向城区、省示范性高中集中,逐步撤并市第七、八中学。大力发展中等职业教育,整合职业教育资源,创建陶瓷职业技术学院。鼓励民办教育发展。坚持教育公平,切实保障残疾儿童、农村留守儿童、进城务工人员随迁子女平等接受教育的权利。每年教师自然减员,按100%的比例定向、定岗公开招录教师,重点解决农村边远地区师资短缺困难。加强高端老师人才的引进与培训,做好中小学特级教师、知名教师(校长)、学科带头人等中青年骨干教师的选拔、培养,提高全市教师队伍的整体素质。加强教育督导工作,提高管理水平,实现科学发展。

(三)科技

坚持“科教兴市”,大力提高科技创新能力,加快教育改革发展,构筑人才高地,为经济社会发展奠定科技、人力资源基础。大力推进科技进步和创新,促进科技成果向现实生产力转化。全面贯彻科学发展观,以“产业兴市、科技强市”为目标,充分依托本市的综合优势,将科技作为引领开放强市、城市发展带动、县域经济发展和可持续发展的主导力量,提升“科技强市”战略的主体地位,把本市全国科技进步先进县(市)的金字招牌转变成产品产业的金字招牌,把无形资产转变为有形资产,为全市经济发展和现代化建设提供强大的科技支撑。全面落实国家知识产权保护政策,发挥企业家和科技领军人才在科技创新中的重要作用,大幅度提高科技进步对经济增长的贡献率。到2015年,力争高新技术企业达到20家,高新技术产值达到60亿元,规模以上工业企业技术研发经费逐年递增。利用科技支撑和经费投入,建成中国醴陵花炮研发中心。争取在“十二五”期间建成醴陵市科技馆。

(四)卫生

本着“控制总量、调整存量、优化增量、提高质量”的原则,建立与人民群众健康需求相适应的医疗服务体系,与疾病谱变化和人民生活水平提高相适应的预防保健体系,与社会主义法制建设相适应的卫生监督体系,完善突发疫情防控机制。加强养生保健、健体强身等健康教育,普及卫生、防疫知识。“十二五”期末,达到千人床位数3.5张、医生数2.15人、护士数1.56人。新建社区卫生服务中心4所,中心卫生院9所,一般卫生院18所。市中(一)医院、精神病医院综合楼竣工投入使用。城市社区卫生服务覆盖率达100%。农村初级卫生保健覆盖率达到98%。新型农村合作医疗制度覆盖农村人口达到100%。在长庆示范区交通便利处,争取预留66.67公顷左右的医疗用地,新建一所拥有500张床位的综合型医院。在湖南醴陵陶瓷产业园区争取预留33.33公顷左右医疗用地,新建一所拥有200张床位的综合型医院。

(五)其他社会事业

广泛开展全民健身活动,发展壮大体育事业,继续做好统计、老龄、人防、档案、文史、残疾人等工作。加强民兵、预备役、民族、宗教、拥军优属等工作,加强民族团结和军政军民团结。

六、构建和谐社会

把改善民生放在更加突出位置,确保人民群众学有所教、劳有所得、病有所医、老有所养、住有所居。倡导包容性增长,实现人与自然、人与人、人与社会和谐相处,提升幸福指数,合理调整收入分配关系,实现居民收入与经济发展速度同步。

(一)扩大促进就业

把扩大就业摆在经济社会发展更加突出的位置,努力实现“人有所事”。探索促进就业的长效机制,积极推进城乡统筹就业,努力做好城镇新增劳动力、农村劳动力、大中专毕业生、下岗失业人员及就业困难人员等各类群体的就业再就业工作。不断加强创业教育、提高创业意识、改善创业环境、优化创业服务,全面落实小额担保贷款扶持政策,逐步形成以“创业带动就业”的就业工作新格局。加快职业教育和培训发展步伐,从“服务就业、服务产业、服务发展”的宗旨出发,培养出一大批优秀的技能型人才。“十二五”期间,创建国家级创业型城市,全市新增城镇就业人员3万人,每年新增农村劳动力转移就业6500人,城镇登记失业率控制在4%以内。

(二)完善社会保障体系

建立健全社会保障制度和管理服务体系,实现管理体制统一、保障方式多层次、资金来源多渠道、管理服务社会化。进一步扩大城镇职工基本养老保险、医疗保险、失业保险、工伤保险和生育保险的覆盖范围,争取各大险种覆盖率均达100%。加强社会保险、救助、福利的衔接和协调,进一步提高社会保障统筹层次,扩大各类社会保险覆盖面,逐步提高保障标准。健全社会救助体系,发展社会福利、慈善事业。加快建立健全农村社会保障制度,启动农村社会养老保险,进一步健全统筹城乡的社会保障体系,基本实现人人享有社会保障,共享经济社会改革发展成果。

(三)加强民主法制建设

加强社会治安综合治理。继续推进社会治安防控体系建设,依法严厉打击各种犯罪活动,维护国家安全和社会稳定,保障人民群众安居乐业。健全人民内部矛盾纠纷排查调解处理机制,积极预防和化解人民内部矛盾。健全应急处置机制,依法妥善处理群体性事件。加强政法队伍建设,提高政法队伍的执法能力。

加快推进依法行政进程。加快行政管理和决策的制度化、法制化进程,全面推进依法行政。理顺行政执法体制,规范行政执法行为。推进司法改革,强化司法监督,促进司法公正,维护司法权威。依法打击经济犯罪,维护市场经济秩序,维护消费者合法权益。加强法律援助和法律服务体系建设,健全有财政保障的法律援助机构,维护劳动者合法权益,维护老人、妇女、未成年人和残疾人的合法权益。加强廉政建设,健全教育、监督并重的惩治和预防腐败体系。加强普法法制宣传等工作,形成全社会遵纪守法、依法维权的良好氛围。

社会主义民主建设。健全民主管理制度和政务公开制度,完善重大决策程序,拓宽社情民意反馈渠道,积极推行社会公示、听证和专家咨询等制度。扩大基层民主,完善村民自治、居民自治、企事业单位的民主管理制度。

(四)加强精神文明建设

大力弘扬爱国主义、集体主义和社会主义精神。积极开展市情教育,增强紧迫感和责任感,激发全市人民热爱家乡、建设发展家乡的热情,进一步增强向心力和凝聚力。大力提倡自力更生、艰苦奋斗的创业精神,形成奋发向上的强大动力。加强社会公德、职业道德和家庭美德教育,提高人民群众的文明素质和道德水平。加强科普宣传教育,抵制和反对各种封建迷信、伪科学和反科学的思想行为。广泛开展群众性精神文明创建活动,推进多层次、多样化的文明社区、文明村镇活动,倡导科学文明健康的生活方式,积极推进学习型社会建设。

(五)加强应急管理能力建设

加大公共安全投入,健全突发事件预警、应急处置体系,推动公共安全保障机制从被动应对向主动防控转变,全面提高预防和处置自然灾害、事故灾难、公共卫生和社会安全事件的能力。

公共事件应急处置。健全防灾减灾机制,加强综合预警系统建设,建立应急物资保障体系、避难场所,加快应急平台建设,充分发挥气象在防灾减灾中的重要作用,重点做好对洪灾、火灾、地震、泥石流等地质灾害的预警预报。完善应急救援体系,加强综合应急救援队伍建设和应急预案演练,提高综合防灾减灾能力,保障人民群众的生命财产安全。

安全生产。进一步完善安全生产监管网络体系,建立重大事故隐患建档、销号制度,提高监管效率。严把高危行业安全许可关,重点抓好煤矿、非煤矿山、危险化学品、烟花爆竹、消防等专项整治,严厉打击安全生产违法违规行为。

食品药品安全。高度重视和保证食品药品安全,千方百计保障公众身体健康和生命安全。积极推动食品药品安全责任、检验检测体系、信息体系、诚信评价体系、预警及应急体系、产业发展服务体系建设。建立完善覆盖城乡的安全监管网络,整合食品药品检测资源,加快食品药品安全监管检测中心建设,提升食品药品安全检验检测及预警应急能力。

国防动员和反恐。大力普及人民防空教育、国防教育基础知识,提高全民国防观念和防空防灾意识。对市域内的重要建筑和构筑物进行人防设计及建设,重要公路、铁路、桥梁、水厂、电站等重要设施均被列为重要人防目标。争取在北部、西部山区建设战争避难地。加强消防站建设,按规定设置消火栓等设施,新建2座消防站。加强森林防火,配备必要的灭火、预警及通信设施。健全国民动员体系和反分裂国家、反恐怖袭击应急体系,加强国防动员力量建设。

(六)加强生态环境保护

合理开发利用和保护自然资源。坚持基本农田保护、土地用途管制制度,合理安排建设用地的规模和布局。加强土地综合治理,严格控制非农建设占用耕地。开展矿山综合整治。加强水资源的保护和利用,启动渌江河的综合治理工程。增加水资源调蓄能力,加强地表水源地保护,严格控制水体污染,优化水资源的配置,提高供水能力、水质标准,大力推进节约用水。建设林业生态体系,推进集体林权制度改革,确保林地占补平衡,全面封山育林,加大森林病虫害防治。力争将仙岳山公园申办为"国家级森林公园"。到"十二五"期末,森林蓄积量增加70万立方米以上,森林覆盖率达到55%,森林火灾受害面积控制在1‰以下,基本建立布局合理、结构稳定、优质高效的现代林业,发展森林碳汇,使经济发展与环境保护并进,达到人与自然和谐共处。

加强环境综合治理,全面推广使用清洁能源,城市企业及瓷业生产集中区全部使用天然气等清洁能源。实行污染物总量控制和排污许可证制度,严格控制新污染,治理老污染,推行清洁生产工艺,淘汰落后的生产工艺和设备,提高能源、资源综合利用水平,降低能耗,减少碳排放,逐步实现循环经济。城市大气环境质量稳定达到国家空气质量二级标准，渌江水质达到地面水三类水质标准，集中式饮用水源达标率100%，农村集镇环境污染得到有效控制，城乡生态环境有所好转，基本实现山水园林城市的环境要求。至2015年，COD排放量为10200吨，二氧化硫排放量为2980吨；推进城市及重点乡镇污水处理和配套管网建设，城镇污水集中处理率为75%；建设城区及重点乡镇生活垃圾处理场，城镇生活垃圾无害化处理率为85%。

（七）提高人口素质

落实奖励扶助等利益导向机制，稳定低生育水平，注重人口安全，统筹解决人口数量、素质、结构问题，促进全市人口与经济、社会、资源、环境协调发展。"十二五"期末，全市总人口控制在106万人以内，年平均人口出生率控制在14‰以内，年平均自然增长率控制在7.5‰以内，符合政策生育率为86%以上。人口素质大幅度提高，出生缺陷率、孕产妇和婴儿死亡率持续下降，出生婴儿性别比趋于正常，建立完善调控有力、管理有效、政策完备的计划生育保障体系和工作机制。

七、加速"两型"社会建设

按照《"两型"社会建设醴陵市核心区发展规划》（核心区范围包括市城区和新阳、仙霞、板杉、枫林市、神福港、均楚、石亭7个乡镇，面积为725.8平方公里），依托"一中心（即：中心城区）、两带（即：渌江生态休闲发展带和霞阳低碳经济发展带）、三核（即：霞阳新型产业功能核心、楚亭现代农业综合功能核心、官庄休闲旅游功能核心）、四片（即：楚亭新农村多业复合发展片区、城效都市农业发展片区、霞阳现代农业发展片区和枫林新农村多业复合发展片区）"的差异化、集约型城乡空间发展结构，建设长株潭城市群的低碳经济示范区。

推进统筹城乡发展体制改革。以"增加农民收入"为主要目的，以"基础设施一体化、公共服务均等化、社会保障同城化、社会管理社区化、产业发展集聚化、土地利用集约化"为主要内容，在农民自愿基础上推进"村庄变社区、农民变市民、土地变国有"。加快发展农民专业合作社、农村服务组织，探索开展农村社区股份合作、土地股份合作试点。完善村镇规划，加强农村基础设施建设和公共服务体系建设。建立农业投入保障机制。抓好医药卫生体制改革，建立公共卫生和基本医疗保障机制。全面开展户籍管理制度改革。

推进土地管理体制改革。继续推进城乡建设用地增减挂钩改革。开展土地流转改革，推进土地集约利用，发展规模经营，扩大规模经营的土地面积，建立农村土地承包经营权流转市场体系。探索集体建设用地土地使用权入股、土地股份合作等多种形式的征地农民安置模式。

推进资源节约体制改革。建立完善节能机制，制定企业节能的优惠办法、奖惩制度。完善节能减排指标体系，支持新能源推广利用。建筑行业全面禁止使用实心黏土砖，鼓励在建筑中使用再生能源。推进节水型社会建设。大力推进公共服务场所节能降耗工作。坚持择优扶强，培育优势重点企业，以优势企业为龙头，以资产联系为纽带，促进生产要素的优势组合，把各种资源和生产要素配置在最有前景的产业上，争取效益最大化。

推进环境保护体制改革。完善政策体系，强化建设项目环保审批，建立完善污染物排放总量控制制度和水污染排放许可证制度。完善相关环保收费政策，建立城镇居民垃圾分类管理和回收制度。推进减排治污市场化，建立排污权有偿取得和有偿调剂、转让制度。进一步推广新型陶瓷窑炉设备（天然气）和余热利用技术。推进工业"三废"治理、落后产能退出工程。

推进金融财税体制改革。研究制定促进"两型"社会建设的财税政策及实施细则，支持"两型"产业和绿色消费。探索建立"两型"企业（项目）、节能产品和绿色产品认证制度。探索"两型"企业（项目）的税收政策。加大政府"绿色采购"力度。整合投融资公司，做大做强融资平台。开展村镇银行试点，积极支持村镇银行发展。探索农村房屋所有权及宅基地使用权抵押贷款试点。

推进自主创新体制改革。以"体制机制创新"为动力，以"人才队伍建设"为支撑，以"高新技术产业化和优势特色产业发展"为重点，突出企业创新主体地位，建立自主创新奖励制度，走具有醴陵特点的创新发展道路，建设创新型醴陵。

第四章　规划实施

一、进一步扩大对外开放

利用资源和市场，着力构建对外开放新格局。更大范围、更深程度地参与市域内外的经济合作和竞争，拓展对外开放空间，利用自身的区位优势主动融入长株潭经济发展区，并积极关注区域合作动向，发展产业合作和交流。对内进一步开放市场，加强市场建设，提高市场化水平，建立公平竞争、规范有序的市场体系，使经济外向度明显提高，对外开放达到新的水平。

加大争资引项力度，全面集聚发展动能。以市场为导向、效益为中心，切实做好项目的筛选和储备，重点在交通、新能源、新材料、水利、城镇建设、旅游开发、农产品加工等领域精心筛选、包装，推出一批具有比较优势的重点项目，增强争资引项的针对性。利用"两型"社会建设的政策优势，广辟信息渠道，拓展人际资源，全力争取上级扶持。加强对争资引项工作的领导，建立目标责任考核激励机制和争资引项跟进机制，做好项目的跟踪服务。营造承接产业转移的体制环境，建立全市统一招商平台和利益协调机制。探索公司化的招商模式，完善招商引资奖励办法。

大力改善投资环境，有效利用外资。提高办事效率和透明度,为外资投资提供服务和便利。对投资者全面实行“一个服务窗口、一个投诉中心、一个领导联系人、一个部门具体负责”的“四个一”工程,充分调动社会各方面参与招商引资的积极性。从实际出发,妥善处理招商引资工作中的一些特殊问题,达到“招商、安商、富商、以商招商”的目的。加强对大中型公司的引资工作,提高引资项目的前期准备工作质量,积极吸引投资者通过项目融资、股权投资和企业并购等方式到醴陵投资。

密切关注产业结构动向。按照国家产业政策发展方向,认真研究经济发达地区产业结构调整动向,积极选择和主动承接有利于本市经济发展的产业项目。按照“优势互补、互惠互利”原则,加强与经济发达地区的经济技术合作,营造吸引东部产业转移的良好环境。发挥本市资源丰富、交通便利、劳动力成本低的优势,引进东部地区人才、资金、技术、品牌和先进的管理经验、市场机制,促进中小企业产品结构、技术结构的升级。

二、切实优化发展环境

转变政府职能,规范政府行为。加快政府职能由直接管理向间接管理、由微观管理向宏观调控的转变。认真清理现行的各类行政许可、项目审批。改革审批制度,缩小审批范围,减少审批环节,简化审批程序,缩短审批时间。整合政务网络资源,强化政府网站公共服务功能,构建安全、可靠的电子政务网络。实行项目审批代理制、限时办结制、责任追究制。建立审批事务大厅,实行“一站式”服务。各部门对各自事务实行政策、内容、人员、结果公开制度。推进政府工作规范化,提高执法人员素质,依法行政。全面审查清理收费项目,推动收费监管工作步入法制化轨道。抓好治乱减负工作,惩治预防并重,依法依规治理各种乱收费、乱罚款、乱摊派、乱检查、乱评比现象。加大社会监督力度,积极推进政风、行风评议。

积极稳妥地推进政府机构改革。以“精简、统一、高效”为原则,形成各司其职、运作协调、反应快捷、行为规范的行政管理体系。推进干部制度改革,提高公务员队伍素质,建立起干部能上能下、能进能出、竞争择优的用人机制。牢固树立政府为企业服务、为经济发展服务的思想。建立符合科学发展观的政绩考核体系。

营造良好的人才环境。落实各项人才政策,增强人才意识,营造尊重知识、尊重人才的社会氛围。着力加强“五类”人才(即:党政人才、企业经营管理人才、专业技术人才、技能人才和农村实用人才)的培养。政府各有关部门要为引进、用好人才提供便利,特别是要加大高级人才引进力度。改善人才的工作条件和待遇,提供全方位服务,消除对人才流动的限制,建立和完善人才市场体系,改革人力资源管理体制,建立平等、竞争、择优的用人机制。

三、强化投融资体系建设

调整财政支出结构。财政支出要更加关注民生,增加市财政支农资金投入总量,形成稳定的支农资金投入渠道。财政支农支出的增长幅度要高于财政经常性收入的增长幅度,政府新增财力的使用要大幅度向“三农”倾斜。严格控制预算,切实解决资金部门化、使用分散化的问题,集中有限资金办大事。收缩政府投资战线,突出支持重点,确保科技、教育、农业、社会保障及其他公益性事业的需要。

管好用好国家资金。争取国家加大扶持资金投入,强化扶持资金管理,提高资金使用效率。充分利用退耕还林、节能减排、中小企业技术改造、产业结构优化升级、国土整治等项目的实施,争取国家更多的生态环境保护和建设专项资金。

合理利用银行信贷资金。针对不同项目,特别是产业结构优化升级项目,积极探索银行资金与政府资金、外资、民间资金、资本市场融资等相结合的方式解决项目资金短缺问题,积极推动资源资产化、资产资本化、资本证券化。对于本市具有稳定收益的大型项目,探索银行资金+外资+政府资金的模式建设。对基础设施项目,探索信贷资金+财政资金+债券的模式建设。

四、创新规划实施机制

为顺利推进“十二五”规划的实施,必须建立有效的政府主导、企业协同、舆论监督、社会参与、跟踪预警的实施机制,并逐步走向制度化、法制化。政府各部门、各单位要把“十二五”规划作为经济社会发展工作的重要依据,认真贯彻落实规划内容。要加强规划实施的沟通和协调,让全社会了解规划,让企业领会规划,积极主动地参与规划实施,把政府的规划目标与社会、企业和个人行动更好地结合起来。充分发挥新闻媒体的舆论监督作用,加大对“十二五”规划的宣传力度。对不符合“十二五”规划的错误做法要及时进行披露,保证“十二五”规划的顺利实施。政府规划部门在规划实施过程中,要定期向社会发布规划实施情况和重大变动情况。在全社会形成广泛关心规划、认同规划、自觉参与规划实施的氛围。政府有关部门要加强对规划实施的监测、预警眼踪分析,自觉接受市人民代表大会及其常委会对规划执行情况的监督。规划实施期间,当国内外环境发生重大变化或因其他重要原因使实际经济运行严重偏离规划目标时,规划编制部门要及时提出调整方案议案,由市政府报市人民代表大会常委会审议并批准实施。

特　　载

乘势而上　奋发赶超
努力实现“十二五”发展的良好开局

——在市委十届十次全体(扩大)会议上的讲话
(2011年1月9日)

中共醴陵市委书记　谢清纯

同志们:

今天会议的主题是,认真贯彻党的十七届五中全会精神,中央、省委经济工作会议和株洲市委经济工作会议精神,审议市委《关于制定醴陵市国民经济和社会发展第十二个五年规划的建议》;总结2010年工作,部署2011年工作,动员全市各级各部门,乘势而上,奋发赶超,努力实现“十二五”发展的良好开局。

下面,我根据市委常委会研究的意见,讲四个问题。

一、2010年和“十一五”成效显著

2010年是全市乘势而上、大干快上的一年。面对复杂的经济形势,全市上下按照“目标提高、标准提升、发展提速”的总体要求,紧扣“转方式、调结构”这一主线,深入实施“三三方略”(即:三大带动战略——城市发展带动、优势产业带动、先进文化带动,“三大战役”——城市提质战、园区攻坚战、旅游升温战,以及支撑“三大战役”和整体发展的30项重点工程项目)。经济社会发展呈现出高开高走、又好又快的良好势头。

(一)经济发展又好又快。全年始终保持高位增长的强劲势头,各项指标呈现出增长快、效益好、活力强的特点;总量迈上台阶。全年实现地区生产总值265.75亿元,增长16.6%;实现工业总产值473.45亿元,增长34%;社会消费品零售总额83.11亿元,增长18.6%。增幅均好于历史,好于预期,好于全省、全市平均水平。效益大幅提升,财政总收入比上年增长39.1%,达20.23亿元;完成一般预算收入13亿元,增长51.6%;税收收入13.16亿元,增长36.95%,占财政总收入比重分别为64.3%、65%。非公经济增加值达200亿元,占GDP的比重达76.9%,经济发展质量、活力显著提高。居民收入同步增长,城镇居民人均可支配性收入达18280元,增长13.2%;农民人均纯收入达9304.25元,增长20.8%。

(二)发展后劲明显增强。全年完成全社会固定资产投资总额124.79亿元,增长52.7%。其中,工业固定资产投资99.97亿元、增长73.3%;一大批项目相继开工或完成建设。釉下五彩创意园完成了高规格的规划设计,即将启动建设;华联火炬电瓷园项目完成投资1.1亿元;汽车零配件产业园完成投资7000万元。园区“一区四园”格局初步形成,全年实现产值44亿元,增长55%。全力加快沪昆高铁(在建)、岳汝高速(在建)、湘东国际物流园、花炮物流园和口岸建设,西气东输二线工程(醴陵段)建设速度排名全省第一。渌江拦河坝、左权南路延伸段建设、车顿桥广场、励节路等项目全面完工;渌江防洪堤、塔前路、泉湖体育馆等项目加速推进;渌江大道(三期、四期)、醴陵大道、国瓷路春节前可基本实现通车,城区路网进一步完善。仙岳山文化景区核心区建设进展迅速,官庄旅游景区、沪昆高铁醴陵片区和渌江风光带整体开发部分项目启动,旅游产业来势喜人。

(三)城乡环境明显改善。城市管理不断加强,市容环境明显好转,“城市三创”深入推进,顺利通过省级卫生城市考核验收。加快建设“绿色醴陵、生态醴陵”,绿化率达33.5%,空气质量良好天数达331天,渌江河沿岸、左权路、瓷城大道等城市主轴全面实现亮化。大力开展“农村创卫”,村容村貌明显改观;全面实行封山育林,森林覆盖率达53.6%,被评为“中国绿色

名县”。全年粮食播种面积达68.6千公顷,荣获“全国粮食生产先进县”、“全省粮食生产标兵县”。

(四)民生民利明显提升。全年各项民生支出18亿元,占财政一般预算支出的73.2%。安排教育支出3.88亿元,提前4年基本完成145所合格学校建设任务。加大住房保障力度,全年共建廉租房和经济适用房6.3万平方米,有效解决8000余户、3万余人的住房困难。稳步推进医疗卫生体制改革,198家卫生机构实施了普通门诊统筹。年内,符合政策生育率89.6%,人口自然增长率控制在7.4‰以内,因计生工作第七年获“全省优质服务先进单位”称号。全力抓好信访维稳,进京赴省上访人数分别下降58.9%、35.9%;集中开展“优化施工环境”、“秋季严打整治”专项行动;切实加强花炮、消防等重点领域的安全专项整治,杜绝了重特大事故发生。

(五)党的建设明显加强。全面加强党的思想建设、组织建设、作风建设、制度建设、廉政建设,党的战斗力不断增强。扎实开展“创先争优”活动,“一个支部一个堡垒、一个党员一面旗帜”,涌现出瞿志英等一批典型。学习型党组织深入推进,党员干部的学习氛围蔚然成风。坚持党建带团建,志愿者活动有声有色,温家宝总理曾两次批示关注“关爱生命万里行”活动及创始人肖敬。开展干事创业教育活动,干部作风进一步好转。注重从源头上防范廉政风险、规范权力运行,反腐倡廉建设取得良好成效。大力推进依法行政,认真开展行政复议和应诉工作,依法受理与应诉率为100%。深入开展普法依法治理工作,顺利通过省、株洲市“五五”普法考核验收。人大、政协、人武、工青妇等工作得到进一步加强。

站在历史的节点,回望“十一五”,我们收获了一个加速成长的精彩醴陵。

这是综合实力大跨越的五年。五年来,GDP年均增长14.6%,人均超2.5万元;财政总收入增长2.3倍,首次突破20亿元,位居全省第四;城镇居民人均可支配性收入、农民人均纯收入均保持15%以上的增速,实现翻番;各项主要指标年均增速均高于目标、高于“十五”平均水平。县域经济由全国193位上升至有望进入全国百强;在中部排名由25位上升至12位,连续五年位居全省县域五强。

这是产业活力大迸发的五年。坚持“一心一意谋产业、聚精会神抓集群”,工业经济强势崛起。五年来,完成了76家(全部)市属企业改制,规模企业发展到508家,五年新增173家;陶瓷、花炮两大传统产业更加坚实,产值分别达210亿元、120亿元,分别增长2.45倍、1.96倍。工业总产值年均增长23.6%,五年新增一个醴陵工业。外向型经济特征更加明显,外贸出口五年累计达23.3亿美元。区域品牌全面打响,釉下五彩瓷、醴陵花炮在“奥运会”、上海“世博会”上大放异彩;成功举办第二届中国陶瓷艺术大师评选活动,获评“中国陶瓷历史文化名城”。

这是基础建设大突破的五年。累计完成全社会固定资产投资323.7亿元,年均增长44.2%,城镇化率由28.5%提高到47.1%;5年完成城市建设项目60余项,投资总额相当于前20年的总和。有史以来单个投资最大的项目醴陵大道,将城区面积东扩13平方公里。醴潭高速建成通车,浙赣铁路复线、G320、G106、S313提质升级,岳汝高速开工建设,使城市区位交通优势凸显。特别是沪昆高铁(在建)掠城而过并在醴陵设站,将把城市发展带入高铁时代。完成投资8亿元,硬化乡、村道路2400余公里,3年时间实现了“村村通水泥路”目标,建设量相当于前30年的总和;投资4.5亿元,完成34个项目村的小型农田水利建设,整修、新建水利工程4.4万处,除险加固水库37座,连续两年夺得省水利建设“芙蓉杯”。环境治理力度加大,污水处理厂、垃圾处理厂建成使用,城区烟囱全面取缔。

这是民生事业大推进的五年。5年累计民生投入达52.7亿元,年均增长35%以上。社会事业全面发展,稳定农村转移就业20万人,城镇登记失业率控制在4.2%以内。实施“教育强市”战略,代表湖南省通过“两基”国检,被评为“全国推进义务教育均衡发展工作先进地区”。推动产学研深度融合,科技工作跻身国家首批知识产权强县行列,连续6次荣获全国先进。实现文体发展大繁荣,获评“全国文物先进县(市)”和“全国群众体育工作先进县(市)”。民生保障不断完善,“五大保险”共计参保人数60.8万人次,稳定城镇居民医疗保险参保人数8.5万人;新农合整体参合率稳定在95%以上,并获“全国先进县(市)”称号。新、改、扩建敬老院32所,实现“一个乡镇一所敬老院”的目标,被评为“全国农村五保供养工作先进县(市)”;社会救助水平提升,城乡低保对象月均补助分别增至155元/人、55元/人。平安创建有效推进,因综治工作获“全省社会治安综合治理先进县(市、区)”称号。强化交通安全管理,成功创建“全国优秀平安畅通县(市、区)”;安全生产事故总量连年下降,连续两年获“全省安全生产先进县市”称号。人民信访平稳有序,社会大局和谐稳定,群众安全感、幸福感明显提升。

这是党的建设大加强的五年。圆满完成学习科学发展观实践活动,认真抓好“创先争优”活动,被评为“全省基层组织建设先进县(市)”,市委班子被评为“株洲市学习实践活动领导班子建设优秀党委”。大力提倡“五个敢于”,深入开展“四治”、“千人评机关”、“千人评股所”活动,有效解决了“中梗阻”的问题,全市干部作风持续好转。顺利完成派出派驻纪检(监察)机构改革,权力运行不断规范。市几套班子团结奋斗,形成了人心思齐、人心思进的良好氛围。政绩考核连续四年被株洲市委评定为一等。在中组部组织工作满意度调查中,连续三年在全省县、市、区被列为一类且排名第一。

五年间,醴陵发展走了一条由突围到快跑、由蓄势到成势的上升曲线,开创了又好又快发展新局面,跑出了弯道超车加速度,为未来腾飞打下了坚实的基础。这是个难忘的五年,也是改写醴陵历史的五年。回首"十一五",我们一路风雨兼程,一路步履铿锵。五年不懈努力、五年不断探索,挥洒了辛勤汗水,收获了成功喜悦,留下了奋斗足迹。我们体会深刻,最重要的方法是解放思想,我们进行了醴陵试验;最宝贵的财富是战胜了历史罕见自然灾害和国际金融危机,我们收获了醴陵精神;最管用的措施是"抓科学发展就是抓大项目、好项目",我们展示了醴陵特色;最显著的成效是经济综合实力有望进入全国百强,我们证明了醴陵实力;最明显的变化是醴陵人找到了自信,我们找回了醴陵信心。

在总结成绩的同时,我们也要清醒地看到存在的困难和问题。主要是:解放思想还要加大力度,敢闯敢试的办法还不多;经济结构还不优,经济转型步伐不快;社会管理方式和群众工作创新不够;干部作风有待加强等问题仍然存在。对这些问题,必须高度重视,切实加以解决。

二、"十二五"展望及战略构想

未来五年,是本市大有作为的机遇期,也是率先实现全面小康的关键期,更是推进新型城市化的加速期。我们必须准确把握发展大势,时刻保持清醒头脑,科学谋划发展蓝图。

未来五年,挑战与机遇并存,困难与希望同在。困难虽多,希望更大;挑战虽存,机遇更好。我们要珍惜机遇、抓住机遇、用好机遇,更要迎接挑战、应对挑战、战胜挑战。环视全球,和平与发展是主流,世界经济总体呈现复苏向好的态势,国际产业转移趋势明显,科技创新孕育新的突破;纵观国内,今后五年仍然是加快发展的黄金期,总体趋势向好,宏观政策利好;着眼湖南,加快科学发展、推进富民强省势头强劲,省委确立"四化两型"发展战略,着力建设"四个湖南",吹响了科学跨越的进军号角;聚焦株洲,实施科教先导、产业转型、城镇带动、民生优先"四大战略",建设智慧、实力、绿色、幸福"四个株洲",为我们指明了前进方向;立足醴陵,通过这些年的改革发展,奠定了坚实基础,特别是一大批重大项目的落地建设,将在"十二五"期间充分释放拉动能量,为加速超越提供强大动力。总体来看,宏观环境大势看好,自身发展态势良好,我们可以大有作为,我们应当奋发有为。

未来五年,全市经济社会发展总的指导思想是:高举中国特色社会主义伟大旗帜,坚持以邓小平理论、"三个代表"重要思想为指导,深入贯彻落实科学发展观,以加快转变发展方式为主线,围绕彰显山水人文特色的宜居城市定位,全面推进"四化两型"(即:新型工业化、新型城镇化、农业现代化、信息化,资源节约型、环境友好型)建设,大力实施优势产业带动、城市发展带动、先进文化带动"三大战略",深入持久打好城市提质、园区攻坚、旅游升温"三大战役",努力建设绿色醴陵、人文醴陵、和谐醴陵、创新型醴陵"四个醴陵",实现经济社会又好又快发展。

未来五年,全市经济社会发展的基本思路是"123456"。

(一)围绕"一个定位"。彰显山水人文特色的宜居城市定位。

(二)达到"两个率先"。在株洲地区率先建成全面小康社会,率先基本建成"两型"社会示范区。

(三)实施"三大战略"。一是优势产业带动。围绕构建具有核心竞争优势的现代产业体系,改造升级传统产业,大力发展新兴产业,带动传统工业向先进制造业、战略性新兴产业转变。二是城市发展带动。以城市提升带动发展,增强城市的承载力、品牌力、辐射力。全面创建省级园林城市、省级文明城市、国家卫生城市。三是先进文化带动。发挥文化优势,提升市民的整体文明素质,提高城市的文明程度,实施品牌发展战略,争创中国历史文化名城,推动文化与经济有机融合。

(四)建设"四个醴陵"。一是绿色醴陵。注重抓好生态文明建设,注重资源节约和环境友好,坚持低碳发展、绿色发展和可持续发展,把醴陵建成生态宜居的现代化城市。二是人文醴陵。深入挖掘城市人文内涵,提升城市文化品位和底蕴,广泛拓展产业文化外延,用文化"软实力"推动发展"硬崛起"。三是和谐醴陵。把改善民生放在更加突出位置,确保人民群众学有所教、劳有所得、病有所医、老有所养、住有所居。倡导包容性增长,实现人与自然、人与人、人与社会和谐相处,提升幸福指数。四是创新型醴陵。坚定不移地走科技创新之路,提高核心竞争力,实现由醴陵制造向醴陵创造转变。大力推进体制、机制、社会管理创新,把改革创新作为未来发展的永恒动力和不竭源泉。

(五)建成"两个五"。到2015年末,基本达到城市建成区面积50平方公里,城市人口50万人。

(六)实现"两个六"。到2015年末,GDP过600亿元,财政收入过60亿元。

三、努力实现"十二五"精彩开局

五年看头年,开局最关键。2011年,是实施"十二五"规划的起步之年,也是建党90周年。中央明确了"稳增长、调结构、管通胀"的基调,株洲市委确立了"保增速、保提质、保民生"的要求。本市今年经济社会发展的主要目标是:GDP增长预期目标为16%以上,工作目标为18%以上;财政总收入增长预期目标为25%以上,工作目标为30%以上;全社会消费品零售总额增长预期目标为20%以上,工作目标为25%以上;固定资产投资增长预期目标为40%以上,工作目标为50%以上;城镇居民人均可支配性收入和农民人均纯收入增长预期目标为17.5%以上,工作目标为20%;人口自然增长率控制在7.5‰以内;万元GDP能耗下降5%,主要污染物排放总量下降3%;人民生活更加改善,社会发展更加和谐,党的建设进一步加强。实现上述目标和任务,必须全力突破以下四项重点工作。

(一)以提升做大传统产业为重点,大力推进新型工业化。后发赶超,关键靠产业。要把传统产业的改造、提升作为转方式、调结构的重中之重,在做大总量中提升质量,在做强产业中调优结构,构建特色鲜明、布局合理、结构优化、竞争力强的现代产业体系。

做大总量,力促传统产业"高端化、高新化"。传统产业的高端化、高新化,就是经济转型和发展方式转变。要坚持壮大规模与提升品质并举、优势优先与整合提升并举,做强内生动力,推动陶瓷、花炮两大传统产业内涵式转型升级。突出自主创新,重视科技成果转化。广泛采用高新技术和先进工艺改造传统产业,促进传统产业向高新化发展;瞄准产业链核心、价值链高端环节,整合资源,引进技术,形成一批占据产业发展前沿、引领产业发展方向的高端技术、产品,将陶瓷产业培育成以新型陶瓷材料为核心的战略性产业,将花炮产业培育成安全、环保、时尚产业。放大中国陶瓷历史文化名城概念,深入挖掘两大传统产业的文化内涵,提升文化对传统产业发展的带动力。加速实施"1511"工程,以华联、华鑫、神马等一批主业突出、竞争力强的核心企业为依托,充分发挥其集聚带动效应,引导中小企业参与大企业生产合作,加速生产要素的集约,将两大传统产业培育成特色鲜明、分工合理、协作完善的现代产业集群。充分发挥陶瓷、花炮协会等各类商会、行会组织在行业内部的引领、规范、自律作用,促进产业健康发展。

做大项目,力促新兴产业"两型化、规模化"。选择一批适应市场需要、具有比较优势、最有可能率先突破和做大做强的领域,紧盯世界500强、国内500强企业,全力以赴争取一批符合"两型"要求的大企业、大集群、大项目落户醴陵,构建"两型"产业体系;培育规模新兴产业,实现由高投入、高消耗的传统发展模式向节能降耗、高附加值的现代发展模式转变。把新兴产业培育与传统产业升级结合起来,突出抓好陶瓷、花炮机械制造业的培育壮大;主动对接周边城市优势产业,突出抓好轨道交通、汽车制造业的跟随配套。进一步加大承接产业转移的力度,力促沿海地区制造业产业链整体转移和企业抱团转移。大力发展现代物流、金融保险、科技服务、信息技术等生产性服务业,构建与新型工业化相配套的服务体系。积极推动资源资产化、资产资本化、资本证券化,加快华联、华鑫等优质企业上市步伐。

做大平台,力促产业园区"品牌化、特色化"。品牌垄断价值,特色铸造优势。瞄准"品牌园区、创新园区、特色园区"的目标,按照"人无我有、人有我优、人优我特"的思路,着力将陶瓷产业园区打造成全国陶瓷研发、创意、营销中心和基地,争创"国家级产业园区"。集中优势资源开发园区,引导大企业、大项目向园区集中,推动产业、资金向园区集聚,形成产业入园集群、企业入园共生、项目入园建设的良好态势,为传统产业提升改造搭建更大的平台。加快推进四大特色的"园中园"建设,"釉下五彩创意园"主体工程年内要力争完工;"电瓷产业园"要启动二期工程开发;"建筑陶瓷园"要做好项目前期工作;"汽车零配件园"入园企业要确保投产。力争年内陶瓷产业园区新增入园企业10家、实现产值60亿元、税收3亿元以上。要提升乡镇工业小区整体水平,引导企业向工业小区集聚,重点抓好"浦口电瓷园"和106国道沿线工业带建设,力争早日上规模、创特色、出效益。

(二)以提质扩容、做大三产为重点,加速推进新型城市化。城市是区域发展的核心。要大力实施"城市发展带动战略",以"新区建设、旧城改造、城市创建、做活三产"为重点,加速推进新型城市化。

加快新区建设。要按照"全覆盖设计、全功能开发"的要求,创新新区建设开发理念,加快建设速度,把新区建成为醴陵经济社会发展新的增长极、动力源。全力推进长庆大道、玉瓷路建设,进一步完善路网,形成城市环线,实现新区各功能分区、组团与中心城区直接相连。高标准建成醴陵大道,推进新区向东纵深拓展,加快造城步伐。创新征地、拆迁办法,积极破除政策瓶颈,破解拆迁难题,减少新区开发建设的阻力。创新土地管理方式,按照"先规划后拆迁、先储备后开发"的原则,推动土地由片块开发向组团开发的转变,最大限度地提高土地收益。

提速旧城改造。把旧城改造与遵循客观规律、维护民生民利、提升城市形象相结合,按照"突破瓶颈、带动全局"的要求,积极稳步推进泉湖体育馆、渌江防洪堤、阳三路等项目建设;启动江南路、胜利路、醴泉路改造等项目建设。突出抓好李畋中路改造,将其建成老城改造的核心区、城市拆迁的示范区。要科学选址,规划和建设好城市公交车总站,尽快启动第二自来水厂建设,不断完善城市功能,增强城市承载力。全面执行城中村拆迁、安置栋房改套房政策,加快农民变居民、平房变楼房步伐。

深化城市创建。创建是优化城市资源、改善人民群众生活的迫切需要。要把创建工作当作一个民生问题、一个经济问题、一个政治问题,加强组织调度,周密安排部署,确保力量到位、有效推进。在巩固"省级卫生城市创建"成果的基础上,不断提质、提标,力争从2011年开始,用3年时间创建"国家级卫生城市"。进一步改善提高城市园林绿化和设施水平,突出做好园林景观、单位庭院、道路、河道等植绿补绿工作,打造园林精品,提高绿化覆盖率,确保2011年成功创建"省级园林城市"。特别要充分挖掘、整合、提炼、推介醴陵特有的历史、产业、生态文化,推动文化与城市的有机融合,争创"中国历史文化名城"。

做活城市三产。三产活,则城市活;三产有生气,则城市有人气。要依托便利的交通优势,实现与长株潭城市消费圈无缝对接,打造区域消费中心。实行差异化的发展战略,深入推进旅游升温战,加快仙岳山文化景区、官庄景区、"红官窑"等景点建设,把醴陵旅游的景点做特、品牌打响、名气做大,以旅游业的发展带动三产的整体发展。完善硬件设施,坚持高标准、高起点、高要求，大力发展住宿、餐饮、家政、保健等生活性服务业，为城市聚集人气、提升档次提供有力支撑。切实搞活商贸流通，进一步繁荣市场，维护公平竞争市场秩序，改善扩大消费。优化房地产业发展思路，按照“两条腿走路”的要求，一手抓精品高档楼盘开发，提高准入门槛，引进一批国内一流房地产开发商，打造城市地标；一手抓公租房、廉租房建设，着力解决困难群众和低收入群众的住房保障工作。

（三）以发展现代农业为重点，加快建设新农村。“三农”是发展的基础。要始终重视农业的健康发展，以“新农村建设”为统领，以“生产发展”为核心，以“农民增收致富”为目标，全面做好“三农”工作。

稳粮食保供给。实施最严格的耕地保护制度，切实保护和调动农民的种粮积极性。通过稳定播种面积、扩大复种指数、提高单产水平、加快土地改良，确保粮食总产量稳中有升。打造双季稻高产示范长廊，办好4个万亩高产示范基地。大力发展生猪规模化养殖，扩大蔬菜基地建设规模，抓好优质油茶生产，稳定发展双低油菜，保障大宗农产品的有效供给。加强农产品质量安全管理，确保群众吃上放心食品。

兴水利强基础。以“抓水利、抓生态、抓洁净”为切入点，切实加强农业基础设施建设。以抗旱除涝为重点，突出抓好中小河流综合治理、水库除险加固、大中型灌区节水改造、骨干山塘清淤、农村饮水安全等基础建设。深化“农村创卫”工作，实施乡村清洁工程，大力改善农村面貌。加强生态建设，继续实行封山育林，严防森林火灾，优化农村生态环境。

抓改革添活力。扎实推进农村土地流转制度改革、金融体制改革等工作，增强现代农业发展活力。推进农村土地适度规模经营和土地承包经营权流转，开展农村征地制度改革，真正实现以地融资、以地兴业、以地增收。推进农村金融体制改革，促成一批村镇银行和农村贷款担保机构落户，引导资金向“三农”倾斜。推进农业发展方式转变，培育发展农民专业合作组织、农业公司。抓好城郊观光休闲农业产业带建设，培育集休闲度假、产品促销、体验农事为一体的休闲基地，力促农民增收。

（四）以改善民生为重点，加强社会建设和社会管理。抓民生改善就是抓经济发展。要持之以恒地改善民生，按老百姓所思、所想、所盼制定政策、执行政策，让人民群众更快更多更好地分享发展成果，实现包容性增长。

完善社会保障。建立健全统一、规范、完善的社会保险制度体系，扩大城镇基本养老保险覆盖面。建立健全低保、五保供养标准自然增长机制，努力推动低保、五保工作由“生存保障”向“生活保障”转变。建立健全完善的就业保障体系，拓宽就业渠道，以创业带动就业、培训促进就业、政策扶持就业、项目扩大就业、动态消除“零就业家庭”。建立健全职工工资正常增长机制，构建和谐劳动关系。

发展社会事业。集中力量办几件人民群众看得见、摸得着的大事、实事、好事，建立“普惠型”社会。继续建设教育强市，提高教育质量，促进各类教育均衡发展。深化医药卫生体制改革，建立健全覆盖城乡居民的基本医疗卫生制度，建立基本药物制度，为人民群众提供更加安全、方便、有效、价廉的医疗卫生服务。不断完善公共文化服务体系，让百姓享受更丰富多彩的文化生活。完善知识产权工作机构和管理体系，加强专利申请服务，依法做好知识产权保护工作。强化计划生育工作措施，巩固全省优质服务地位，争创全国先进。

维护社会稳定。社会稳定，是发展之需、群众之愿、执政之责。积极探索做好综治工作的新思路、新方法，加大群防群治和治安巡逻力度，始终保持“严打”高压态势，增强人民群众的安全感。坚持预防为主、调解优先，完善矛盾纠纷滚动排查、矛盾纠纷多元调处和信访工作长效机制，努力从源头上预防和化解矛盾。坚守安全生产这根“生命线”，全面抓好生产安全、交通安全、食品药品安全、群众人身安全等各项工作，加大对花炮、矿山、建筑等重点领域、行业、部位的监管力度，消除各类安全隐患，坚决遏制重特大事故的发生。

创新社会管理。要顺应新形势，建立新机制，认真研究不同阶层、不同群体出现的新情况、新问题，不断开创群众工作新局面。创新群众工作方式方法，综合运用法律、政策、经济、行政手段，提高群众工作的针对性和实效性。各级党员干部要牢固树立群众观念，增强群众工作本领，深入了解群众疾苦，做到人对人、面对面、手拉手、心连心，做好群众工作，赢得群众支持。

四、切实加强和改进党的领导

国运兴衰，关键在党；事业成败，关键在人。要全面加强党的建设，铸造一支素质全面、善打硬仗的领导干部队伍，为实现“十二五”规划和2011年目标任务提供坚强保障。

（一）思想要更解放。观念新，局面新；思想活，全盘活。要有定位一流的大气。今天的“定位”决定明天的“地位”。要跳出醴陵看醴陵，立足全国看醴陵，善于学习借鉴，博采众家之长为我所用；精于市场运作，整合他人资源为我所用；长于审时度势，借势借力借机为我所用。“十二五”期间，醴陵要紧盯全省三强，追赶前三强，以“奔跑”的速度来加速跨越、后发赶超。要有先行先试的勇气。要用好用准先行先试的武器，以“探索低碳经济发展新模式”为重点，创新资源节约体制和机制；以“推进生态补偿”为重点，创新生态环境保护体制机制；以“探索耕地占补平衡多种途径”为重点，创新土地管理体制机制；以“加强公共财政保障”为重点，创新财税体制机制；以“壮大投融资平台”为重点，创新投融资体制机制。要有鼓励创新的正气，要以宽松的政策、宽厚的心态、宽容的精神，理解探索中的失误，允许创新中的曲折，善待改革中的失利，不打棍子，不抓辫子，不扣帽子。对处于改革、发展一线的同志,更要重点关注、倾力支持,为他们鼓劲、为他们撑腰、为他们解困,让他们放开胆子干事、放开手脚做事。

(二)能力要再提升。事业不断进步,能力必须同步提升。要提高决策能力。按照“把握方向、谋划全局、提出战略、制定政策”的要求,注重用民主的方法集中民智,用市场的办法配置资源,用法律的手段解决矛盾和问题,真正做到科学决策、民主决策、依法决策。要提高服务能力。要强化服务意识,提升服务质量,自觉服务于全市经济发展的大局,推动效能建设有明显成效、政府职能有明显转变、发展环境有明显改善,最大限度地服务企业、方便群众,营造亲商、安商、敬商的良好氛围,为全市经济实现跨越式发展提供良好的环境支持。要提高协作能力,团结出生产力,团结出战斗力,团结出凝聚力。每一位同志都要坚持以事业为重,识大体、顾大局,倍加珍惜和维护心齐、气顺、劲足的局面,倍加珍惜团结共事的氛围,凝心聚力,和衷共济,心往一处想,劲往一处使,减少工作阻力,使各项事业发展得更好更快。要进一步加强民主政治建设,进一步巩固市委统揽全局、人大监督支持、政府依法行政、政协参政议政、军民团结一致、社会各界凝心聚力的良好政治局面。

(三)作风要更务实。工作靠抓,事业靠干。要重实干。实干就是要目标实、措施实、执行实。要以“火车头”的精神狠抓落实,以“推土机”的魄力促进落实,以“马拉松”的毅力推动落实,看准了的事就果断决策,定下了的事情就一抓到底,开工了的项目就强力推进,在实干中体现领导能力,在实干中展现岗位追求,在实干中实现人生价值。要超常规。慢,就会错失机遇、掉队出局;快,就能快人一拍、先人一步。要保持快节奏,提高加速度,以时间换空间,以效率换效益,推动更好更快发展。尤其是在项目建设上,要以时间倒逼程序、目标倒逼进度、责任倒逼落实,以超常规的速度做出超常规的效果、实现超常规的发展。要敢担当,为官避事平生耻。勇于担当是一种精神境界、人格修养,是一个领导干部必备的素质。要敢于负责、敢抓敢管,不回避矛盾、不掩盖问题,敬业、勤业、精业,带头抓工作落实,带头抓棘手问题的解决,带头抓具体事情的处理,带头承担急难险重任务,做勇于担当、执行落实的表率。

(四)基础要再夯实。基础不牢,地动山摇。要重视基层,夯实基础,充分发挥党组织的战斗堡垒作用和党员的先锋模范作用。要抓好“创先争优”活动。要以“创先争优活动”为抓手,统筹推进各领域基层党组织建设,引导基层党组织在完成中心任务上争先进,引导党员在本职岗位上创优秀。继续抓好公开承诺和实干践诺,切实做到“承诺不夸海口、践诺不放空炮”,赢得群众拥护。要抓好干部选用,始终坚持“三有”用人导向,引导各级干部争当想干事的进取型干部、会干事的创新型干部、干成事的实干型干部,不断提高党对经济工作的领导水平。认真做好2011年的市、乡党委和村级组织换届工作,正确对待个人的进退留转,通过换届增强凝聚力、提高战斗力。要抓好廉洁从政。世界上没有免费的午餐,世界上没有无缘无故的爱,世界上没有不透风的墙,世界上没有后悔药。要全面落实党风廉政建设责任制,全力构建、完善集教育、制度、监督、惩处于一体的惩治和预防腐败体系,着力整治发生在群众身边的腐败问题,着力防范权力运行中存在的廉政风险,着力打造党员干部清正廉洁的良好形象,以优良的党风带动和促进社会风气的根本好转。

同志们,“大鹏一日同风起,扶摇直上九万里”。让我们团结一心,奋发向上,以更加火热的激情,更加昂扬的斗志,更加有力的举措,更加扎实的作风,更加优异的成绩,向建党90周年和市第十一次党代会献礼!

醴陵市人民代表大会常务委员会工作报告

——在醴陵市第十四届人民代表大会第五次会议上

（2011 年 2 月 20 日）

市人大常委会主任　李　理

各位代表：

现在，我受醴陵市第十四届人民代表大会常务委员会的委托，向大会报告工作，请予审议。

2010 年，市人大常委会在市委的正确领导下，深入贯彻科学发展观，紧紧围绕全市工作大局，积极履行《中华人民共和国宪法》和法律赋予的职权，各项工作取得了明显的成效。2010 年，共召开常委会议 10 次，主任会议 29 次；听取和审议“一府两院”工作报告 32 项，作出决议、决定 12 项。在推动市委重大决策部署落实、促进发展方式转变、保障民生持续改善、维护社会和谐稳定、推进民主法治建设等方面作出了积极贡献。

一、依法履职，倾力推进科学发展

常委会坚持“紧跟核心、紧扣中心、紧贴民心”的工作思路，紧跟市委重大决策部署，全力助推全市经济社会跨越发展。

科学适时作出决议决定。为贯彻市委转方式、调结构，打造绿色生态醴陵的意图和主张，市人大常委会进行深入调研，广泛征求意见，市第十四届人民代表大会第四次会议对市人民政府《关于提请审议建设绿色生态醴陵的议案》进行了认真酝酿和讨论，依法作出了《关于建设绿色生态醴陵的决议》。为推进绿色生态醴陵建设，常委会第 28 次会议还听取和审议了《关于建设绿色生态醴陵的决议》贯彻执行情况的汇报，提出了进一步提高思想认识，加强组织领导，突出工作重点，健全保障体系，加大资金投入等建议、意见，有效加快了绿色生态醴陵建设步伐。面对 2010 年罕见、频发的洪涝、地质灾害，市人大常委会积极响应市委“大灾大爱、大灾大干”的号召，及时作出了《关于切实开展灾后恢复重建工作的决定》，为全市凝心聚力，开展灾后重建起到了积极的推动作用。在常委会的组织下，省、株洲代表及部分人大干部为支持灾后重建，专门举行了捐款仪式，共捐款 54.17 万元。为推进“两型”社会建设，科学编制了《醴陵核心区发展规划》，常委会依法作出了《关于〈醴陵市第五次城市总体规划成果〉的决定》，从树立长远发展意识、科学编制规划、依法依规组织实施等方面提出了具体建议，确保了规划成果的科学性、前瞻性和可操作性。为支持和促进全市经济社会事业发展特别是重点工程建设，坚持解放思想，特事特办，先后批准了《市人民政府关于渌江大道拓宽改造项目资金方案》、《醴陵大道两厢农村土地收储整理开发资金方案》等 5 项议案，依法支持政府融资 7.22 亿元，确保了重点工程项目的顺利推进。

注重监督重点工作。常委会按照市委“目标提高、标准提升、发展提速”的总体要求，围绕打好城市提质、园区攻坚、旅游升温“三大战役”，先后 8 次组织常委会组成人员和部分人大代表开展了视察、调研，听取相关工作情况汇报，就破解拆迁安置、融资引资难题，建立城市建设管理长效机制；创新园区管理模式，进一步优化园区发展环境；挖掘文化资源底蕴，加快旅游资源整合，加大旅游招商开发等提出了建议、意见。围绕“转方式、调结构”这一主线，听取了本市上半年经济运行情况的报告，分析了经济运行中存在的困难，建议政府在加快发展方式转变和经济结构调整中，注重统筹社会事业发展和民生改善，促进经济社会又好又快发展。听取预算执行情况报告和财政工作情况汇报，及时批准了年度财政决算、预算调整方案。为维护城市核心利益，在 2008 年工作基础上，再次组织人大代表开展整治违法建设工作督查视察活动。代表们认真调研、审议，提出了进一步统一思想认识，加大督查考评力度，严肃法纪，依法有序、强力推进违法建设整治工作等建议、意见，得到政府相关部门的高度重视，促进了违法建设整治工作的健康有序开展。

切实关注民生和社会事业发展。常委会就事关民生和社会事业发展的相关问题，开展视察、调研 11 次，听取和审议相关工作情况汇报 16 项，下发审议意见书 1 份。针对“看病难、看病贵”问题，提出积极推进医改，加强监督管理，提高服务质量和全面推行“新农合”制度，提高实际补助率，减轻农民负担等建议和意见；政府及卫生部门切实解决工作难题，“看病难、看病贵”矛盾得到一定程度缓解。针对事关群众切身利益的社会救助、城乡低保等问题,提出了要多方筹措资金,不断提高救助保障能力;完善审核机制,增强透明度等建议;政府及民政部门认真研究,积极作为,努力做到应保尽保,促进了全市社会救助水平的稳步提高。针对集体林权制度改革,认真开展视察、调研,听取工作情况汇报,提出加大林业投入,切实解决林业管理经费、林农林场问题等建议,得到政府及林业部门的认真落实,促进了林业事业的良性发展。此外,常委会还专门听取了科技、教育、廉租房建设等工作情况汇报,深入开展了“环保世纪行”、“农产品质量安全行”、“农民健康行”、“民族团结进步行”活动,积极推动民生和社会事业全面发展。

依法任免国家机关工作人员。坚持党管干部原则和人大依法任免干部相结合,审议并任免国家机关工作人员56人次,确保了市委人事安排意图的顺利实现,为全市经济社会科学跨越发展提供有力的人才支撑和可靠的组织保障。坚持实行任前了解、法律考试、任职发言、依法表决、颁发任命书等制度,任免工作程序进一步规范完善,任免过程进一步公开透明,被任命人员的法制意识、公仆意识、人大意识明显增强。

二、增强实效,着力加强法律监督

常委会按照《中华人民共和国监督法》的要求,充分运用各种有效监督形式,切实加强了法律监督。

认真开展执法检查。食品安全事关人民群众身体健康和生命安全,事关社会和谐稳定。针对这一群众普遍关心的热点问题,常委会把监督《中华人民共和国食品安全法》的贯彻实施作为2010年的工作重点,组成4个检查组,邀请人大代表参与,在全市广泛开展了《中华人民共和国食品安全法》综合执法检查活动。常委会听取和审议了《中华人民共和国食品安全法》综合执法检查情况汇报,针对食品安全法制意识亟待增强、监管基础仍然薄弱、机制仍不够顺畅、投入不足等问题,提出了提高认识、强化监管、完善食品安全长效机制等审议意见,并交由市政府相关部门落实,有力地促进了全市食品安全监督管理工作。常委会还听取和审议了《中华人民共和国水法》、《中华人民共和国建筑法》、《中华人民共和国招标投标管理法》、《中华人民共和国禁毒法》、《中华人民共和国专利法》、《中华人民共和国刑法》等法律法规贯彻执行的情况汇报,并就相关问题提出了具体建议,有效地保障了国家法律法规在本行政区域的正确实施。

精心组织专项工作评议。专项工作评议是常委会积极探索监督工作的新方法、新举措。常委会在总结经验的基础上,进一步拓展专项工作评议的深度和广度,依照《中华人民共和国监督法》和评议工作办法,分别对林业、工商、卫生、民政工作开展了专项工作评议。评议调查组坚持“客观、公正、民主、公开”的原则,开展了为期4个月的评议调查,广泛听取了建议和意见。常委会议对4个专项工作进行了集中评议和民主测评,既充分肯定成绩,又指出了问题,并将评议意见、建议形成审议意见书,交由市政府和责任单位整改落实,有力地支持和促进了市政府及责任部门依法行政。

切实加强司法监督。继续探索对“一府两院”法律监督的新模式。在总结2009年听审评议活动的基础上,常委会继续组织开展了代表听审评议案件活动,扩大了代表参加听审评议的规模和范围。全年共组织全市各级代表80余人次,听审、评议案件8件,反馈意见90余条,促进了法院审判质量的提高。针对监所检察工作反映的问题,提出进一步充实监所检察监督力量,加大监外执行检察力度,加强与公安机关、人民法院的沟通协调,确保监所管理工作依法、正常、有序地开展等建议;特别是支持检察机关建立监外执行审查试行听证制度,增加了司法透明度,提高了司法公信力。认真开展规范性文件备案审查工作,对市政府及有关部门报送备案的18件规范性文件进行了登记、备案和审查,有效维护了法制统一。

三、强化服务,全力发挥代表作用

坚持把代表工作作为人大工作的基础和依托,强化服务,创新机制,充分发挥代表作用。

创新机制,搭建代表履职平台。为打造好代表履职平台,畅通代表与选民联系渠道,丰富代表在闭会期间的活动,常委会创新机制,全面铺开“人大代表之家”创建活动。年初,积极争取财政投入资金30万元,支持各乡镇、街道办事处人大创建“人大代表之家”。截至12月底,全市各乡镇、街道办事处人大基本按照“六有”的要求,创建了高标准的“人大代表之家”,代表活动平台更宽,活动效果更好。

加强培训,提高代表素质。常委会始终重视对代表的培训,年初制定了代表培训计划,采取举办专题讲座、分组集中学习等多种形式,对全市各级人大代表进行履职培训。举办了省、株洲市、部分本级代表参加的培训班,邀请省人大法工委、联工委的专家授课。代表们较为系统地学习了人民代表大会制度、《中华人民共和国选举法》、《中华人民共和国代表法》和代表履职知识等,素质有了较大提高。

热心服务,丰富代表活动内容。坚持为代表订阅《中国人大》、《人民之友》,坚持邀请代表列席常委会会议,组织代表参加专项工作评议、综合执法检查、视察调研、听审评议等活动200余人次,较好地丰富了代表活动内容,代表知情知政的渠道更加畅通,代表参政、议政能力进一步提高。积极为上级人大代表开展活动做好服务工作。2010年,驻醴陵的省、株洲市代表向上级人大会议提交的42项建议,均得到大会秘书处高度肯定,其中6项建议被省、市人大列为重点督办件。

强化督办,激活代表履职积极性。办好代表建议是尊重代表民主权利,激活代表履职积极性,对人民负责的重要体现。为此,人大常委会召开了交办会议,采取了常委会集体向“一府两院”主要负责人交办方式，出台了《市人大常委会关于市十四届人大四次会议代表建议的交办意见》。之后，采取电话、会议、走访、视察等督办形式，了解办理情况，督促办理进度，着力提高代表建议办理实效。全年共收到代表建议60项，见面率、办结率和满意率均为100%。

四、求真务实，竭力加强自身建设

主动适应新形势、新任务、新要求，积极加强常委会及机关思想、组织、作风和制度建设，竭力提升人大工作水平。

积极“创先争优”，不断提高工作效能。按照市委的统一部署，积极开展了“创先争优”活动，努力做到强素质、转作风、求实效。注重学习领会中央、省、株洲市、本市市委有关重要会议精神，结合常委会审议议题和专项工作举办法律知识讲座，开展人民代表大会制度理论与实践等人大业务知识的专题学习，进一步提高常委会组成人员和机关干部的政治、法律、业务素质。在具体工作实践中机关干部按照“五带头”的要求，在带头学习、提升能力，改革创新、推动发展，认真履职、服务群众等方面创先争优，工作作风进一步转变，服务意识进一步增强。高度重视人大信访工作，全年接待群众来访169批、891人次，一批群众反映强烈的问题得到较好解决。

加强宣传交流，不断扩大人大工作影响。充分利用报纸、电视、网络等新闻媒体，做好代表大会、常委会会议和代表视察等重大活动的宣传报道。充分利用湖南省人大网站、《人民之友》、《株洲人大》等省、市级媒体宣传推介本市各级人大、代表的典型事迹，展示了醴陵人大及代表的良好形象。加强了对基层人大的指导与联系和与外地人大的横向交流、合作，扩大了醴陵及人大工作的影响。

总结工作经验，不断推动人大工作发展。2010年3月，召开了市人大常委会成立三十周年纪念大会，着力宣传了人民代表大会制度的优越性，全面总结了本市人大工作与民主法制建设的成效与经验，表彰了人大工作先进个人。市级领导、各级代表、市直单位负责人、乡镇和街道办事处人大负责人等500余人参加了会议。会上，市委书记谢清纯作了《承前启后创辉煌、继往开来促跨越》的讲话，为全市做好新时期人大工作指明了方向。这次会议的召开，对于进一步加强和改进党对人大工作的领导、大力推进全市民主政治建设、充分发挥地方国家权力机关在科学发展中的重要作用具有极其重大的意义。

各位代表，成绩的取得，是市委正确领导和上级人大指导的结果，是全体代表、常委会组成人员与机关工作人员辛勤工作、共同努力的结果，是“一府两院”及其工作部门积极配合、各乡镇人大主席团、街道办事处人大工作室大力支持的结果，是全市人民群众关心信任的结果。在此，我谨代表市人大常委会，向关心、支持人大工作的各级领导、社会各界和全市人民表示衷心的感谢！

我们清醒地认识到，常委会的工作还存在一些薄弱环节，主要是审议、决定重大事项和切实提高监督质效还需进一步探索和创新；代表建议的办理工作还需进一步改进和规范；对基层人大工作的联系和指导还需进一步加强和深化；人大工作中的一些程序和制度还需进一步完善等等。这些问题有待于今后的工作中高度重视，认真研究，切实改进。

五、奋发进取，努力做好2011年人大工作

2011年，是中国共产党建党90周年，也是实施“十二五”规划的开局之年，是大势看好、大有作为的一年。做好2011年的各项工作，意义重大，影响深远。市委十届十次全会描绘了“十二五”发展蓝图，现在大政方针已定，关键是抓落实、见实效。市人大常委会要发挥人大职能作用，积极推动市委决策部署的落实，努力开创科学跨越的新局面。在新的一年里，常委会工作的总体要求是：高举中国特色社会主义伟大旗帜，坚持以邓小平理论、“三个代表”重要思想为指导，深入贯彻落实科学发展观，以“加快转变发展方式”为主线，围绕彰显山水人文特色的宜居城市定位，认真履行《中华人民共和国宪法》和法律赋予的各项职权，团结和凝聚全市人民的力量，同心同德，奋发进取，为全面推进“四化两型”，大力实施“三大战略”，深入持久打好“三大战役”，建设绿色醴陵、人文醴陵、和谐醴陵、创新型醴陵“四个醴陵”而努力奋斗。根据这个总体要求，我们要着重做好以下几方面的工作。

（一）依法科学决定重大事项，更加有为地促进经济社会跨越发展。始终坚持党的领导、人民当家作主和依法治国的有机统一，始终做到人大工作服务全市的中心工作，始终注重把握经济社会发展的阶段性规律。紧紧抓住事关醴陵长远、可持续发展的重点项目、重要工作，多做全局性、前瞻性的思考和谋划，多做系统性、针对性的论证和调研。紧紧围绕市委提出的“保增速、保提质、保民生”的总体要求，依法、科学、民主审议、决定有利于促进全市经济社会发展，有利于体现市委主张和人民意愿的重大事项，适时就“四个醴陵”建设、实施“十二五”规划、转变发展方式、调整经济结构、改善民生、城市建设、重大项目融资、重要人事任免等事项作出决议、决定。通过法定程序来落实市委的决策意图，凝聚全市人民的力量与共识，从法律支撑与制度保障层面，着力推动全市经济与社会科学跨越发展。

（二）依法务实开展监督工作，更加有效地推动法律与市委决策落实。人大常委会对“一府两院”开展监督工作，既是法律赋予的重要职权，更是人大常委会工作的首要任务。要围绕实现市委提出的“一个定位、两个率先、三大战略、四个醴陵、两个五、两个六”的工作目标及2011年4项重点工作，更加扎实、有效地开展监督工作。着眼于创建省级园林城市、文明城市、国家卫生城市，推进绿色醴陵建设，常委会议将继续听取绿色生态醴陵建设情况报告。着眼于创建中国历史文化名城,听取文化事业发展情况汇报;着眼于改善民生,推进和谐醴陵建设,重点开展以《中华人民共和国安全生产监督法》为主要内容的综合执法检查,开展《中华人民共和国工会法》、《中华人民共和国道路交通安全法》、《中华人民共和国动物防疫法》等法律贯彻执行情况的检查;着眼于有效监督、有力支持,促进依法行政,依法对水利、商务、环保、公安等专项工作开展评议。着眼于大力推进新型工业化,听取产业发展、园区发展、新型清洁能源推广使用情况等专项工作报告。着眼于加速推进新型城市化,积极开展新区发展、城市管理、土地管理、融资工作、重点工程建设等专项工作视察、检查。着眼于加快建设新农村,听取"三农"工作情况汇报,开展水利工作、农村土地流转、农村金融体制改革情况调研;继续深入开展"环保世纪行"、"农产品质量安全行"、"农民健康行"、"民族团结进步行"活动。着眼于严格预算执行,进一步加强财政预算监督,适时就市级预算收支与执行情况,重大项目、重点工程、重要民生保障等重点支出资金的使用情况进行审查,增强预算执行的严肃性。着眼于维护法制统一,继续加强规范性文件备案审查工作,依法督促"一府两院"落实常委会有关决定、决议与审议意见。着眼于促进社会公平正义,加强对司法机关诉讼活动的监督,继续开展人大代表听审、评议法院庭审案件活动,尤其注重提高听审、评议的质量与效果。促进审判、公诉和侦查机关依法依程序规范办案行为,增强司法公信度,切实维护司法公正。

(三)依法到位发挥代表作用,更加有序地做好代表联系服务工作。人大代表是国家权力机关的组成人员,是推动科学发展的重要力量,是联系人民群众、反映社情民意的桥梁与纽带,地位崇高,使命神圣,责任重大。要高度发挥代表作用,充分尊重代表权利,切实保障代表履职。进一步加强代表履职培训,有效引导和调动代表参与管理国家和社会事务的积极性,有力保护和发挥代表建言献策、共商大计的履职热情与创造精神。组织代表开展异地视察、横向交流,列席常委会议,参加执法检查、专项工作评议等活动,进一步创新和丰富代表活动的形式与载体,进一步提升和强化代表履职的水平与能力。切实加强、改进代表议案和建议、批评、意见的提出与办理工作,健全建议督办与评价机制,继续坚持"一府两院"领导集中领办、常委会领导重点督办等制度,努力提高代表建议、意见反映问题的解决率。进一步宣传推介勤于履职、善于履职的代表,形成全社会尊重代表、信任代表,代表勇于为发展出力、为人民代言的生动局面。

(四)依法尽责履行法定职权,更加有力地加强常委会自身建设。要主动适应民主政治建设的新形势,顺应人民群众对地方国家权力机关的新期盼,大力加强常委会及机关自身建设。旗帜鲜明地坚持党对人大工作的领导,始终把握人大工作的正确方向;理直气壮地支持人民当家作主,团结和凝聚全市人民的智慧和力量,共同推进醴陵经济社会又好又快发展;尽职尽责地保证《中华人民共和国宪法》和法律的正确实施,严格依法按程序办事,不遗余力地推进民主政治建设。要加强常委会履职能力和纪律作风建设,提升人大机关办事效率与服务水平。要认真贯彻落实《中共株洲市委关于进一步加强和改进人大工作的意见》,通过督促检查、经验交流等形式,推动全市人大工作的创新发展。要积极开展"创先争优"活动,进一步提升创新能力,增强工作动力,激发队伍活力。要大力加强人大制度理论研究与创新,认真做好新时期的人大新闻宣传工作,切实加强和改进新形势下的人大信访工作,进一步加强对基层人大工作的指导和支持,加强与各级人大代表的联系和与外地人大的交往。通过发挥地方国家权力机关的职能作用,充分展示政治机关、工作机关、民意机关的良好形象。

各位代表,事业凝聚人心,使命催人奋进!让我们在中共醴陵市委的领导下,认真践行科学发展观,牢记使命,凝心聚力,务实创新,奋发进取,为推动全市经济又好又快发展和社会和谐进步,实现"十二五"精彩开局,早日建成"四个醴陵"而努力奋斗,以优异的成绩向建党90周年献礼!

政府工作报告

——在醴陵市第十四届人民代表大会第五次会议上
（2011年2月20日）

市人民政府市长　蒋永清

各位代表：

现在，我代表市人民政府向大会报告工作，请予审议，并请市政协委员和其他列席同志提出意见。

奋力跨越　“十一五”圆满结局

过去的五年，是醴陵发展最快、变化最大、成就最辉煌的五年。我们在市委的坚强领导下，在市人大、市政协的有效监督和大力支持下，认真履行政府职责，全力推进科学发展，超额完成了“十一五”规划的各项目标任务。

这五年，县域经济快速发展，综合实力迈上新台阶。积极应对国际金融危机、国内宏观环境变化以及自然灾害等困难和挑战，全力以赴保增长、促发展，各项主要经济指标提前实现翻番，年均增速高于目标，高于“十五”规划，高于全省、株洲市平均水平。GDP由2005年的116亿元增加到2010年的265.75亿元，年均增长14.6%；财政总收入由6.1亿元增加到20.2亿元，增长了2.3倍，年均增长27.1%。其中，一般预算收入由3.2亿元增加到13亿元，增长了3.1倍，年均增长32.5%；累计完成全社会固定资产投资323.7亿元，年均增长44.2%。县域经济基本竞争力由全国第193位上升到有望跻身百强，在中部排名由第25位上升到第12位，在全省排名由第7位上升到第5位。工业总产值和增加值分别由160亿元、61.1亿元增加到473.45亿元、146.1亿元，连续三年荣获“湖南省加速推进新型工业化红旗单位”称号。规模企业发展到508家，产值达310亿元。陶瓷、花炮产业产值分别达210亿元、120亿元。陶瓷产业园产值达44亿元。农业增加值由18.1亿元增加到32.62亿元。粮食播种面积、年产量分别达68.6千公顷、47.48万吨，荣获“全国粮食生产先进县”称号、获批国家粮食生产储备基地县（市）。三产业增加值由31.3亿元增加到74.01亿元。社会消费品零售总额由33.2亿元增加到83.11亿元。申注“中国驰名商标”2个、“湖南省著名商标”23个。金融机构存、贷款余额分别达122.77亿元、53.87亿元。开通醴陵至深圳盐田港的铁海联运“五定班列”（即：定点、定线、定车次、定时、定价的快速货物列车），获批设立铁路口岸。房产、旅游、住宿、餐饮、中介、社区服务不断成熟，信息、保险、邮政、通讯等服务业长足发展。

这五年，基础建设成绩斐然，城乡面貌焕然一新。城市建成区由18.4平方公里扩展到25平方公里，城镇化率达47.1%。浙赣复线电气化铁路、醴潭高速公路建成通车，G320、G106、S313提质升级，对外交通大格局基本形成。沪昆高铁在醴陵设站，城市发展步入“高铁时代”。醴陵大道完成基础路面建设，长庆示范区正式设立，拉开了城市东扩的序幕。江源路、状元洲文化公园等一批建改项目及50条小街小巷提质、改造相继完成，城市主轴亮化工程顺利完工，成功创建省级卫生城市，城市品质品位大幅提升。新农村建设扎实推进。硬化乡村道路2400多公里，3年实现“村村通水泥路”目标；整修、新建水利工程4.4万处，除险加固病险水库37座，连续两年夺得省水利建设“芙蓉杯”，基本完成“两年兴水利”的目标。实施安全饮水工程，解决了10万农民饮水困难。抓好农村电网改造，提高了供电保障水平。建设“绿色生态醴陵”，推广利用清洁能源，森林覆盖率达53.6%，主要污染物排放总量下降10%。

这五年，改革创新稳步推进，发展活力显著增强。城区和7个乡镇共725.8平方公里被纳入长株潭“两型”社会改革试验核心区。76家市属国有、集体企业改制全面完成。农村综合改革深入推进，全面免征农业税、农业特产税，积极推进土地流转和集体林权制度改革。政府采购、部门预算、省管县财政等制度全面实施，国资监管、投融资、土地储备及社会事业等领域的改革日显成效。国检、海关办事机构进驻醴陵。全市自营进出口企业由124家增加到173家，累计完成外贸出口总额23.3亿美元，年均增长16.4%。五年引进项目143个，实际到位外资2.4亿美元、内资57.7亿元；年均分别增长19.2%、21%。

这五年，社会事业全面进步，群众生活大幅改善。致力为民办实事，连续五年获评“全省十件实事先进县（市）”。城镇居民人均可支配性收入和农民人均纯收入分别达18280元、9304.25元，较2005年均实现翻番。养老、医疗、失业、生育、工伤“五大保险”全面推行。城乡低保对象月人均补助分别提高到155元和55

元,累计发放低保金2.1亿元。新、改、扩建敬老院32所、村级五保之家24所,实现"一个乡镇一所敬老院"目标。帮建农村特困户安居房1406栋,改造危房289间;新建经济适用房17.7万平方米、廉租住房7.8万平方米。新增城镇就业3.6万人,失业人员再就业1.6万人,城镇登记失业率控制在4.2%以内。科技工作跻身国家首批知识产权强县行列,连续七次获"全国科技进步先进县(市)"称号。各级各类教育全面、协调、均衡发展,荣获"全国推进义务教育均衡发展工作先进地区"称号。成功抵御甲型H1N1流感等重大疫情,获评"全国新型农村合作医疗先进试点县(市)"。釉下五彩瓷被列为国家地理标志保护产品,其烧制技艺入选第二批国家非物质文化遗产。因文化体育工作荣获"全国文物先进县(市)"、"全国群众体育工作先进县(市)"称号。人口和计划生育工作连续七年获得全省优质服务先进荣誉。广播电视实现"村村通"目标,城区电视网络实现数字化。第二次经济普查工作和统计基层基础建设均获全国先进荣誉。三峡移民和大中型库区移民接收工作顺利完成。

这五年,民主法制不断加强,政务水平明显提高。始终坚持市委领导,认真执行市人大及其常委会的决定、决议,定期向市政协通报工作,自觉接受各方面监督,规范权力运行。五年累计办理人大代表建议、议案342件,政协委员提案498件,办结率100%、满意率99%以上。扎实开展"五五"普法教育,圆满完成第六、第七届社区居委会和第七届村委会换届选举,全面推行政务、村(居)务、厂务和校务公开。大力开展"企业服务年"、"环境建设年"等活动,做好政风行风评议和股室干部公开测评,发展环境不断优化。落实党风廉政建设责任制,抓好行政、审计监督,从源头上遏制腐败。做好信访工作,有效防控了群体性事件发生。制定完善突发公共事件应急预案,社会预警体系和应急机制不断健全。加强安全生产监管,事故总量连年下降。强化交通安全管理,成功创建"全国优秀平安畅通县(市)"。抓好社会治安综合治理,社会大局保持稳定。

此外,国防、人防、民兵预备役、人事、编制、畜牧水产、农机、农业综合开发、档案史志、民族宗教、对台、物价、招投标、质监、药监、接待、市场服务、自来水、水文、气象、石油、烟草专卖、盐务、住房公积金、文联、新华书店等工作取得新成绩,妇女、儿童、老龄、残疾人等事业均有新进步。

2010年是"十一五"的收官之年。一年来,我们紧紧围绕"争一进百、科学跨越"战略目标,大力实施"三三方略"(即:三大带动战略——城市发展带动、优势产业带动、先进文化带动,"三大战役"——城市提质战、园区攻坚战、旅游升温战,以及支撑"三大战役"和整体发展的30项重点工程项目),超额完成了市十四届人大四次会议确定的各项任务。全年本市先后荣获"中国十佳和谐可持续发展城市"、"中国金融生态城市"、"中国陶瓷历史文化名城"、"中国绿色名县"、"全国粮食生产先进县"、"全国农村五保供养工作先进单位"、"国家林业有害生物防治工作先进单位"、"全国交通运输文明执法示范窗口"、"全国婚姻登记规范化单位"、"省级卫生城市"、"湖南省发展乡镇企业先进县(市)"、"全省引进外资工作先进县"、"全省水利建设'芙蓉杯'"、"全省建设教育强县(市)先进集体"、"全省学前三年教育先进县(市)"、"全省人口和计划生育工作优质服务先进单位"、"全省安全生产工作先进县(市)"、"全省政务公开工作先进单位"等20余项国家和省部级荣誉。经济社会发展呈现出了高开高走、高位高速、又好又快的发展态势。

(一)经济发展全面提速。2010年,是本市新世纪以来经济增长速度最快的年份。各项主要经济指标纵比提速、横比进位、自比跨越,高于全省、株洲市平均水平,快于历史,好于预期。全年GDP增长16.6%,比上年快2.5个百分点,总量稳居全省第四、跃居株洲市第一。其中,三次产业增加值分别增长4.0%、20.8%和12.3%。财政收入增长39.1%,比上年快19.1个百分点,高于株洲市平均水平14.1个百分点,总量位居全省第四。其中,一般预算收入增长51.6%,比上年快12.5个百分点,高于株洲市平均水平28.3个百分点,总量跻身全省三强。投资、消费、出口对经济的拉动作用明显,全社会固定资产投资增长52.7%,社会消费品零售总额增长18.6%,外贸出口总额增长20%。居民收入增速创近年新高,城镇居民人均可支配性收入和农民人均纯收入分别增长13.2%、20.8%,均高于株洲市平均水平。

(二)质量效益全面提升。突出抓好财税、产业、投资等领域的结构调整,经济发展质量效益进一步提升。财税结构逐步优化,地方可用财力不断增加。一般预算收入占财政收入的比重达64.3%,比上年提高5.2个百分点,在全省十强县中排名第二。税收收入超过13亿元,占财政收入的比重保持在65%以上。产业结构日趋合理,彰显了阶段性发展特征。三次产业结构比调整为12.3∶55.9∶27.8。工业增加值占GDP的57.4%,比上年提高5.5个百分点;规模工业增加值占全部工业的75.8%,比上年提高4个百分点;工业对经济增长的贡献率达69.1%。旅游升温成效明显,旅游综合收入达7.9亿元,增长38.5%。金融业健康发展,贷款增速是全省平均水平的2倍、株洲市的2.1倍,存贷比提高到44%。投资结构不断改善,体现了拉动经济的强劲动力。城镇固定资产投资占全社会固定资产投资的82.2%,比上年提高1.2个百分点。工业投资占全社会固定资产投资的75.3%,比上年提高9.9个百分点。技改、新兴产业投资占工业投资的98%,比上年提高4.1个百分点。

(三)基础后劲全面提强,基础进一步夯实。完成了励节路、渌江拦河坝等建改工程,渌江大道(三期、四期)、国瓷路基本实现通车,推进了阳三路、泉湖体育馆等项目建设,启动了沪昆高铁(醴陵片区)、长庆大道、渌江防洪堤等工程,带动了陶瓷产业园区、长庆示范区、高铁站区的整体联动开发。岳汝高速、沪昆高铁、西气东输二线工程建设速度均在全线、全省靠前。釉下五彩艺术陶瓷园、汽车零部件及汽车用品产业园、湘东国际物流园、仙岳山文化景区等产业项目建设加快。整修、新建水利工程9160处，除险加固病险水库23座，改造危桥15座，建设乡镇自来水厂3个。加强了5个重点集镇建设。机制进一步理顺，突出做好了财政、城管、安全生产、计划生育等工作机制的理顺革新，推动了工作重心下移、基础夯实。抓好农村土地流转和集体林权制度改革，流转土地14.67千公顷，集体林权发证率达98.3%。推进统筹城乡发展改革，启动了10万农民进城工程。全力推进驻醴陵株洲市属以上国有企业改制，基本完成2家企业的改制工作。瓶颈进一步缓解，解决用地指标200公顷，完成重点工程征地636.87公顷。争取上级资金9.9亿元，融资到位资金7.3亿元；成功引进汽车零部件等新兴产业；全年共引进项目24个，实际利用外资6560万美元、内联引资16.1亿元，同比均大幅增长。

（四）民生福祉全面提标。民生民利保障加强，全年投入18亿元发展民生事业，占财政一般预算支出的73.2%。积极抗击超历史的6次洪水灾害，取得了抗灾救灾和灾后重建工作的全面胜利。认真为民办实事，圆满完成省、株洲市及本级实事任务。社会保障水平全面提升，五大保险共有参保60.8万人次，支付各种待遇5.9亿元。创建“创业型城市”，新增城镇就业6506人、农村劳动力转移就业18133人。城乡低保应保尽保，全年发放低保金6624.7万元，补贴667.7万元，54633人受益。新改扩建敬老院2所、五保之家10所，“五保”集中供养率达37%。加强市场供应，建立健全价格调控目标责任制，保证了群众“米袋子”和“菜篮子”。社会事业发展加快，申报科技项目12个；完成合格学校建设59所；成功承办第二届中国陶瓷艺术大师评选活动；组织参加省十一届运动会，取得可喜成绩。新型农村合作医疗全年补偿医疗费用9834.5万元，17.5万人次受益。稳步推进“阳光管理、执法破冰、生育关怀”工作，人口和计划生育工作整体水平进一步提高。第六次全国人口普查工作顺利推进。社会维稳力度加大，全面完成烟花爆竹企业第二轮行政许可工作，加强安全生产专项整治，杜绝了重特大事故发生。完善应急长效机制，成功应对各类突发事件。做好信访维稳工作，抓好社会治安综合治理，社会大局保持稳定，人民群众安居乐业。

各位代表，回首过去，醴陵的发展走出了一条由突围到快跑、由蓄势到成势的上升曲线，跑出了弯道超车的加速度，开创了跨越发展的新局面，奠定了未来腾飞的坚实基础。我们深刻体会到，科学、跨越发展，必须把解放思想作为第一动力，坚持改革开放、开拓创新；必须把科学发展作为第一要务，坚持突出重点、统筹兼顾；必须把人民幸福作为第一追求，坚持以人为本、执政为民；必须把依法行政作为第一准则，坚持真抓实干、规范运行。

各位代表，醴陵的发展成就有目共睹，发展态势日趋向好，发展步伐愈加稳健。取得这样的成绩，是市委正确领导的结果，是市人大、市政协监督支持的结果，是各民主党派、工商联、无党派人士、各人民团体参政议政和全市人民共同努力的结果。在此，我代表市人民政府，向全体人大代表、政协委员，向全市广大干部群众，向驻醴陵部队、武警官兵，向关心、支持醴陵发展的社会各界人士表示衷心的感谢，并致以崇高的敬意！

在肯定成绩的同时，我们也清醒地认识到发展中还存在一些问题和不足，主要是：解放思想的力度还不够大，“两型”社会建设的突破不多；经济结构还不够优，产业转型步伐不快；大项目和战略性投资不多，发展后劲有待进一步增强；社会管理方式和群众工作创新不够，一些涉及群众切身利益的问题亟待解决等。在今后的工作中，我们将高度重视这些问题和不足，采取有力措施，切实加以解决。

奋起赶超　“十二五”再开新局

未来五年，是醴陵经济社会发展大有作为的机遇期、率先实现全面小康的关键期、建设“两型”社会的攻坚期、推进新型城市化的加速期。从外部环境看，世界经济总体呈现复苏向好的态势，国际产业转移趋势明显；国家促进中部崛起和长株潭“两型”社会建设的政策支持力度加大，国内经济进入消费升级、结构调优的新阶段；全省推进“四化两型”、富民强省势头强劲，发展开放型经济、县域经济和民营经济的导向更加明确；株洲实施科教先导、产业转型、城镇带动、民生优先“四大战略”，建设智慧、实力、绿色、幸福“四个株洲”，为我们指明了前进方向。从内部环境看，经过近年来的改革发展，本市一批事关全局、影响深远的重大项目相继实施，一些事关国计民生的重点工作取得突出成就，发展的基础更牢、潜力更大、势头更猛、后劲更强。站在新的起点，肩负新的使命，我们将切实增强责任意识和机遇意识，进一步解放思想，励精图治，乘势而上，奋发赶超，推动经济社会跨越发展。

未来五年，全市经济社会发展总的指导思想是：高举中国特色社会主义伟大旗帜，坚持以邓小平理论、“三个代表”重要思想为指导，深入贯彻落实科学发展观，以加快转变发展方式为主线，围绕彰显山水人文特色的宜居城市定位，全面推进“四化两型（即：新型工业化、新型城镇化、农业现代化、信息化、资源节约型、环境友好型）”建设，大力实施城市发展带动、优势产业带动、先进文化带动“三大战略”，深入持久打好城市提质、园区攻坚、旅游升温“三大战役”，努力建设绿色醴陵、人文醴陵、和谐醴陵、创新型醴陵“四个醴陵”，实现经济社会又好又快发展。

全市经济社会发展的基本思路是“123456”。

“围绕一个定位”。紧紧围绕彰显山水人文特色的宜居城市定位，结合长株潭“两型”社会核心区和区域次中心城市建设的要求，立足以山为骨、以水为魂、以绿为脉、以文为蕴，高起点、高标准编制和实施城市规划,高品质、大手笔建好一批城市精品工程,塑造独特的人文精神,打造青山环抱、渌水环绕、独具魅力的“山水瓷城”。

达到“两个率先”。在株洲地区,率先基本建成全面小康社会。统筹经济与社会发展,实现民生建设与经济建设同步;统筹城乡发展,协调推进新型城市化和新农村建设,促进城乡一体化;统筹人与自然发展,走和谐、可持续发展的路子。率先基本建成“两型”社会示范区。用好先试先行的权力,加快转型发展。加强生态环境建设,探索建立生态补偿机制和生态环境共建共享机制,打造“两型”环境;紧扣发展的体制机制、重点领域和关键环节,深化“两型”改革;打造一批“两型乡镇”、“两型园区”、“两型企业”、“两型社区”,推进“两型”示范。

实施“三大战略”。实施城市发展带动战略。加速推进新型城市化,增强城市承载能力、品牌力、辐射力。建好长庆示范区,打造新的增长极、动力源。加快旧城提质改造,创新城市管理方法,全面创建省级园林城市、省级文明城市和国家卫生城市。不断推进城市扩容,做大、做强、做活城市经济。加速构建以城区为核心、中心集镇为重点、其他乡镇为节点的新型城镇体系。实施优势产业带动战略。围绕构建具有核心竞争优势的现代产业体系,改造升级传统产业,大力发展新兴产业,带动传统工业向先进制造业、战略性新兴产业转变。到“十二五”末,基本形成以陶瓷、花炮两大产业为支柱,汽车零部件等新兴产业共同发展的区域梯度产业集群体系;逐步形成“大园+小园+工业小区”的园区布局;培育一批企业集团、行业旗舰,打造“千亿产业、百亿园区、十亿企业”。实施先进文化带动战略。发挥文化引导社会、教育人民、推动发展的功能,促进文化大发展大繁荣。挖掘特有的产业文化、红色文化、宗教文化、历史文化、生态文化资源,实施品牌发展战略,加快发展文化产业,推动文化与经济有机融合。深入实施公民道德建设工程,推进群众性精神文明创建活动,提高市民文明素质和城市文明程度。

建设“四个醴陵”。建设“绿色醴陵”。注重抓好生态文明建设,注重资源节约和环境友好,做好绿色生态建设规划,坚持低碳发展、绿色发展和可持续发展。加强城乡环境保护,加快城市生态园林建设,大力发展生态农业和生态林业,把醴陵建成生态宜居的现代化城市。到“十二五”末,万元GDP能耗降低20%,主要污染物排放量下降12%,森林覆盖率达55%以上,让醴陵“天更蓝、水更清、地更绿、环境更美”。建设“人文醴陵”。以实施先进文化带动战略为抓手,深入挖掘城市人文内涵,提升城市文化品位和底蕴,广泛拓展产业文化外延,用文化软实力推动发展“硬崛起”,争创“中国历史文化名城”。坚持把文化产业作为国民经济的重要支柱产业来抓,推动区域经济快速、高品位发展。建设“和谐醴陵”。坚持以人为本,把改善民生放在更加突出的位置,确保人民群众学有所教、劳有所得、病有所医、老有所养、住有所居。倡导包容性增长,实现人与自然、人与人、人与社会的和谐相处。加强民主法制建设,建立健全综治风险评估机制,建设法治醴陵和平安醴陵。到“十二五”末,基本建立覆盖城乡的基本公共服务体系,城镇居民人均可支配收入和农民人均纯收入分别达37500元、18600元,人口自然增长率控制在7.8‰以内,社会发展更加和谐,人民幸福指数显著提升。建设“创新型醴陵”。坚定不移地走科技创新之路,提高核心竞争力,实现由“醴陵制造”向“醴陵创造”的转变。大力推进思维观念更新、体制机制革新、社会管理创新,把改革创新作为未来发展的永恒动力和不竭源泉。到“十二五”末,力争建立国家级企业技术中心3家、省级企业技术中心8家。

建成“两个五”。大力实施“中提东扩、南进北连”城市空间发展战略,积极构建“一带、两心、三组团”(即:渌江风光带,旧城区中心、流星潭新城次中心;北部工业园组团、旧城中心组团、高铁流星潭组团)的城区空间布局,拉开城市框架,完善城市功能。进一步发挥城市“高地”效应,吸纳城市人口,吸引农民进城,引导人口集中、资源集聚、产业集群。到“十二五”末,基本达到城市建成区面积50平方公里,城市人口50万人,城镇化率达60%以上。

实现“两个六”。增强投资、消费、出口对经济发展的拉动力,保持发展速度处于全省县级前列,实现经济总量和质量效益的显著提高。发挥项目的支撑作用,五年内完成2000亿元以上投资,规划建设200个以上项目,重点建好20个以上重大项目,以项目引投资、调结构、促发展。到“十二五”末,实现GDP过600亿元,财政收入过60亿元。

上述任务,体现了时代发展的要求,反映了全市人民的愿望。我们将咬定青山不放松,坚持目标不动摇,加快执行,加紧落实。

奋发有为　实现2011年良好开局

2011年是“十二五”的开局之年。2011年,本市经济社会发展的主要目标是:GDP增长预期目标16%以上,工作目标18%以上;财政总收入增长预期目标25%以上,工作目标30%以上;全社会消费品零售总额增长预期目标20%以上,工作目标25%以上;固定资产投资增长预期目标40%以上,工作目标50%以上;城镇居民人均可支配收入和农民人均纯收入增长预期目标17.5%以上,工作目标20%;人口自然增长率控制在7.5‰以内;万元GDP能耗下降5%,主要污染物排放总量下降3%;人民生活更加改善,社会发展更加和谐。

围绕实现上述目标,我们将加快转变发展方式,继续实施“三三方略”,全力改善民生民利,突出抓好十大产业项目、十大基础工程和十大民生实事,为“十二五”发展开好局、起好步。十大产业项目即:中国醴陵釉下五彩艺术陶瓷园建设、仙岳山文化景区建设、香港新太阳集团“醴陵公园”建设、电瓷电器产业园建设、汽车零部件及汽车用品产业园建设、建筑卫生陶瓷产业园建设、湘东国际物流园建设、花炮商贸物流园建设、邦和健康产业园建设、新增亿斤粮食产能建设。十大基础工程即：沪昆高铁醴陵片区建设（包括沪昆高铁醴陵段及醴陵站建设、醴陵大道两厢整体提质）、岳汝高速公路建设（包括高速公路及其城区连接线建设）、西气东输二线建设、长庆大道建设、李畋中路建设、泉湖体育馆建设、渌江防洪堤建设、第二自来水厂建设、农村电网改造升级、渌江书院整修改造。十大民生实事即：①积极扩大就业。新增城镇就业6500人，失业人员再就业3300人，城镇“零就业家庭”实现动态就业援助100%；农村实用技术培训2万人次，农民职业技能培训4000人。②破解就医难题。新型农村合作医疗参合率达90%以上，新型农村合作医疗费补偿率达60%；改造医疗卫生单位3所。③发展教育文化事业。建设义务教育阶段合格学校42所，资助家庭贫困学生3800人；建设农家书屋91家，开放渌江书院。④加强住房保障。新建农村安居房200栋，新增廉租住房300套，住房租赁补贴4800户，直管公房维修、改造600户。⑤完善社保体系。城市低保月保障线标准提高到300元，月人均补助提高到165元；农村低保年保障线标准达到1067元，月人均补助提高到65元；稳定城镇居民医保参保人数8.5万人；城镇居民基本医疗保险住院医疗费补偿率达55%；新增企业养老保险参保人数8000人。⑥改善城乡居民生活条件。行政村实现互联网宽带上网21个；新建农村综合信息服务站10个；新增移动电话自然村80个、移动基站20个；新建农村沼气池1500口；建设农村清洁工程示范村1个；建设农村环境综合整治示范村1个；亮化城区大街小巷10条；硬化城区大街小巷10条。⑦加强交通水利设施建设。除险加固农村道路桥梁15座；解决农村饮水不安全3万人；实施灌溉续建配套工程4000米；除险加固病险水库10座。⑧创建平安醴陵。为困难群众办理法律援助案件150件；构建“数字城管”平台。⑨加大社会救助力度。改扩建乡镇敬老院2所，改扩建村级五保之家4所，五保对象集中供养率达38%；计划生育家庭特别扶助金发放到位率100%，符合条件的再生育夫妇施行出生干预到位率100%。⑩保障食品药品安全。生猪“瘦肉精”检出率低于1%；国家基本药物监管覆盖面100%；蔬菜农药残留超标率在8%以下。

围绕市委全会提出的工作目标任务，突出重点，狠抓落实。

（一）强化驱动促发展

进一步加大投入。争取上级支持。把握全省加快“两型”社会建设和县域经济发展的大好机遇，加强与上级有关部门的联系与对接，争取更多的项目和资金支持。加强财政引导，集中财力投资农村基础设施、教育、卫生、生态保护和战略性新兴产业等方面，带动民间投资和信贷融资更多地投向有利于转方式、调结构、惠民生的领域。大力融资攻坚，规范做强“七大融资平台”（即：市国有资产投资有限公司、市城市建设投资开发有限公司、市农业发展有限公司、市高新技术产业发展有限公司、市土地储备中心、长庆示范区建设投资公司、市交通建设投资有限公司），敢于融资贷款搞建设，力争全年融资突破20亿元。积极引进各类商业银行、股份制银行和担保公司在醴陵设立分支机构，成立村镇银行，完善担保体系，活跃金融市场。

进一步扩大消费。深化旅游升温，做好旅游规划，加快仙岳山、“红官窑”、渌江书院等景区景点建设，完善配套设施，提升接待水平。加强宣传促销，举办旅游推介会，做大做响特色旅游品牌。搞活商贸流通，大力发展文化娱乐、住宿餐饮、社区服务等生活性服务业。继续推进“家电下乡”、“万村千乡”市场工程，扩大农村消费，繁荣城乡市场。规范房产市场，优化房地产业发展思路，提高准入门槛，积极引进国内知名房产开发商，推进商品房项目开发。

进一步加速招商。完善政策。积极开展“招商引资年”活动，进一步加强招商引资宣传，落实招商激励措施，营造全民招商氛围。完善招商引资优惠政策，强化招商工作责任，增强工作积极性和主动性。突出重点，重点围绕传统产业提升、新兴产业壮大和重大基础项目建设，紧盯世界500强和国内500强企业，策划包装一批优势项目和重大项目。积极参加“粤洽周”、“沪洽周”等招商活动，争取一批符合“两型”要求、带动能力强的大项目、好项目落户醴陵。提升服务，立足意向项目抓签约、签约项目抓建设、建设项目抓投产，加强对招商项目的持续跟进，全程服务，争取项目早落户、早建设、早投产、早见效。

进一步深化改革。加快“两型”突破，以“两型”社会建设核心区为突破口，重点创新资源节约体制机制，探索低碳经济发展新模式；创新生态环境保护体制机制，探索生态补偿新方式；创新土地管理体制机制，探索耕地林地占补平衡新途径。理顺革新机制，健全土地承包经营制度，推进农村土地流转制度改革，增强农村发展活力。积极应对统计制度改革，加快财税、投融资等体制改革，完善重要商品、服务、要素价格形成机制。加快收入分配、社会保障、社会事业等领域改革。改革振兴国企，加速推进13家驻醴陵株洲市属以上国有企业改制。妥善安置改制企业职工，维护改制企业职工的合法权益。

（二）紧扣重点求突破

进一步夯实基层基础工作，加快产业转型和城市提质，以农固基，以工促农，以城带乡，推进城乡经济社会统筹发展。

强基础，惠“三农”。立足稳粮、兴业、固基、增收，加大“三农”工作力度。稳粮。实施最严格的耕地保护制度，加强耕地抛荒治理，坚决遏制稻田“双改单”，打造100公里双季稻高产示范长廊，办好4个万亩高产示范基地。兴业。办好东乡片和城区时鲜蔬菜、沿G106果用瓜等特色作物基地，发展生猪标准化规模养殖，抓好万亩油茶林和5万亩生态农林基地建设。支持5个农民专业合作社示范社建设，引导农产品加工企业加快发展,提高农业产业化水平。固基。整修、新建各类水利工程1万处,推进夏家坊河小流域治理,完成2个乡镇自来水厂建设。认真做好第一次全国水利普查工作。完成浦口大桥、庞田大桥建设和石亭大桥危改工程,确保神福港大桥3月底前正式通车。加速实施农村公路"通组到户"工程。升级改造农村电网。抓好三边、宜林荒山、火烧迹地等造林工作,打造醴潭高速、岳汝高速"绿色通道"。加快实施新农村建设整体规划和专项规划,建设4个新农村示范村。深入推进"农村创卫"工作,实施乡村清洁工程,净化、美化农村环境。增收。鼓励发展休闲农业,开展农民职业技能培训和引导性培训,推动农村富余劳动力有序流动。加强农业科技指导,提升科技支撑能力和农业比较效益,促进农民增收。

调结构,兴产业。紧扣转方式、调结构,继续打好园区攻坚战,大力推进新型工业化。提升传统产业,加速传统产业向高端化、高新化发展,采用高新技术和先进工艺改造传统产业。提升产业文化内涵,推广"醴陵国瓷"品牌。充分发挥行业商会组织的作用,规范引导行业发展,维护企业合法权益。帮扶重点企业做大做强,推动华联、华鑫公司尽快上市。加大人才引进和培训力度,引导劳动力资源优化配置,满足产业用人需求。培育新兴产业,按照"两型"化、规模化的思路,重点围绕传统产业配套,发展壮大机械制造业;围绕对接株洲千亿产业集群,引进培育汽车零部件、轨道交通配套产业;围绕完善新型工业化体系,发展现代物流、金融保险、信息技术等生产性服务业。壮大园区经济,以"品牌化、特色化"为方向,加快建设"工业新城、城市新区",着力打造全国陶瓷研发、创意、营销中心和基地。启动建设园区研发中心,建好4万平方米标准化厂房。完成"釉下五彩艺术陶瓷园"主体工程建设,启动"电瓷产业园"二期开发,做好"建筑卫生陶瓷园"项目前期工作,推动"汽车零部件及汽车用品产业园"已签约企业投产。进一步加大园区招商力度,重点引进一批附加值高、效益好的大企业、大项目。力争新增入园企业10家,实现产值60亿元、税收3亿元以上,争创国家级产业园区。统筹提升浦口电瓷园、G106沿线工业带等乡镇工业小区的发展水平。

抓提质,扩城区。纵深推进城市提质,以更宽阔的眼界、更严格的措施加速新型城市化。加强规划,提升规划设计水平,加快行政中心规划和选址,做好城市交通综合规划和岳汝高速城区连接线两厢控制性详规等规划。加强规划宣传,启动"规划展示馆"建设。强化规划实施,维护规划权威,铁腕整治和严查重处违法违规建设行为。加快建设,推进长庆示范区建设,加快城市东扩步伐。启动长庆大道、岳汝高速城区连接线等道路建设,完善新区路网,形成城市环线。加速推进泉湖体育馆、渌江防洪堤、李畋中路、阳三路等项目建设,实施中山南路、江南路、胜利路、醴泉路等改造工程,启动陶瓷博物馆、李铎艺术馆、人武部营房、公安业务用房、广电中心、城市公交车总站等项目建设。大力改造东岸村、碧山村、玉屏山村等城中村。全面推进规划区内拆迁"栋改套、集中安置"。严格工程质量监管,建设精品工程。强化管理。推动土地组团开发,提高土地收益。完善公交线路,打击非法营运,规范客运市场秩序。强化城管综合执法,积极构建"数字城管"(即:"数字化城市管理",指用信息化、移动通信技术手段来处理、分析和管理整个城市的所有城管部件、城管事件信息,促进城市管理现代化的信息化措施)平台,提高城市管理水平。全力创建。巩固创卫工作成果,启动"国家卫生城市创建"工作。建美城市园林景观,提高城区绿化覆盖率,确保成功创建"省级园林城市"。加大城市执法力度,严管重罚不文明行为,提高市民素质和城市文明程度,为2012年创建"省级文明城市"奠定基础。推动文化与城市的有机融合,争创"中国历史文化名城"。

(三)以人为本惠民生

始终把改善民生放在突出位置,持续加大公共财政对民生支出的投入,提升市民幸福指数。

为民解忧。认真做好就业再就业工作,促进"零就业家庭"动态清零。建立健全职工工资正常增长机制,构建和谐劳动关系。完善社会救助体系,加大对困难群体的救助力度。完善社会保险体系,稳步推进新型农村养老保险试点工作。抓好三刀石经济适用房和廉租住房建设,推进保障性住房进小区,改善困难群众居住条件。

为民谋利。做好知识产权工作,加强专利管理,推进国家知识产权强县(市)工程。继续推进"教育强市",建好省级合格学校,提高学前教育办学水平,推进特色高中建设,加快国家重点中等职业学校创建步伐。深化医药卫生体制改革,实施基本药物制度,加快建设中医院住院综合大楼等项目。启动"千年窑"考古活动。抓好乡镇综合文化站、农家书屋建设,开展各类文体活动,丰富群众生活。继续推进计划生育优质服务,严厉整治"两非"违法行为。加强市场价格监控,保持合理物价水平。

为民保安。以群众工作统揽信访工作,预防和减少群体性事件发生。完善应急管理机制,提高快速反应能力。落实安全生产责任制,加强对重点行业、领域、部位的监管,严防重特大事故发生。加强群防群治和治安巡逻,坚持"严打"方针,维护大局稳定。

同时,推进国防、人防、民兵预备役、人事、编制、统计、广播电视、档案史志、民族宗教、对台、农机、工商、审计、招投标、质监、海关、国检、口岸、接待、市场服务、移民、水文、气象、石油、邮政、通讯、烟草专卖、盐务、住房公积金、妇女、儿童、老龄、残疾人、文联、新华书店等工作全面进步。

(四)规范行政强自身

以"提高政府的执行力和公信力"为重点,进一步转变政府职能,规范行政行为,努力建设人民满意政府。

加快政府职能转变。在履行经济调控、市场监管职能的同时，强化社会管理和公共服务职能。进一步理顺政府与企业的关系，提高行政服务效率，为企业发展创造良好环境；进一步理顺政府与市场的关系，促进市场竞争和要素自由流动；进一步理顺政府与社会的关系，把政府工作和财政保障的重点向解决民生问题、发展社会事业倾斜。

提高依法行政水平。坚持市委领导，自觉接受人大法律监督、政协民主监督和社会舆论监督，认真办理人大代表建议、议案和政协委员提案，真诚听取各民主党派、工商联和无党派人士的意见和建议，不断改进政府工作。认真开展“六五”普法教育，增强全社会的法制观念。贯彻落实《中华人民共和国行政许可法》和《湖南省行政程序规定》等法律法规，严格按照法定权限和程序行使权力、履行职责。建立健全重大事项公示、听证、专家咨询等制度，提高依法行政和科学决策水平。严守《政府信息公开条例》，推进政务公开，提高政府工作透明度和公信力。

加强作风效能建设。把基层和企业发展的难点作为政务服务的重点，切实解决群众反映强烈的突出问题。抓好政府信息化、办公自动化和电子政务建设，降低行政成本，提高行政效率。健全工作目标管理责任制和考核制度，完善交办、督办机制，提高政府执行力，确保政令畅通。规范行政权力运行，抓好政风行风评议，提高政府各部门的服务意识和水平，进一步优化发展环境。强化勤政廉政建设，严格执行政府投资项目招投标、审计监督、财务监管等制度，加大对违法违纪案件的查处力度，以高效廉洁的良好形象服务于民、取信于民。

各位代表，蓝图已经绘就，事业凝聚人心，使命催人奋进。让我们在市委的坚强领导下，深入推进科学发展，大力促进社会和谐，奋发有为，奋力跨越，为实现“十二五”宏伟目标、谱写改革发展新篇章、开创富民强市新局面而努力奋斗！

中国人民政治协商会议
醴陵市第十二届委员会常务委员会工作报告

——在政协醴陵市第十二届委员会第五次会议上
(2011年2月19日)

市政协主席　陈立耀

各位领导,各位委员,同志们:

我受政协醴陵市第十二届委员会常务委员会的委托,向大会报告工作,请委员们予以审议,并请列席会议的同志提出意见和建议。

2010年工作回顾

2010年,全市上下在中共醴陵市委的坚强领导下,紧扣"转方式、调结构"这一主线,深入实施"三三方略"(即:城镇发展、优势产业、先进文化三大带动战略和城市提质、园区攻坚、旅游升温三大战役),经济社会发展呈现又好又快的良好态势。一年来,市政协坚持以邓小平理论和"三个代表"重要思想为指导,深入贯彻落实科学发展观,全力助推城市提质、园区攻坚、旅游升温"三大战役",圆满完成了十二届四次全会所确定的各项工作任务,为醴陵当前的大好局面作出了积极贡献。

一、政治协商展现新特色

人民政协是我国政治架构的重要组织形式之一。政治协商是党和国家实现科学民主决策的重要环节,是人民政协的首要职能。一年来,我们以地方的大政方针以及政治、经济、文化和社会生活中的大事为着眼点,有序和较为有效地开展了政治协商。

充分运用全会这一履职平台开展政治协商。政协全会是政协履行政治协商职能的首要平台,是各民主党派、工商联、社会各界人士与党委、政府共商大计的年度盛会。

在市政协十二届四次全会上,政协常委会工作报告大胆创新,就事关醴陵全局和长远的重大问题,经过深思熟虑,提出了"紧跟市委决策、助推'三三方略';不失时机,推动旅游、物流两大产业;抓住机遇,化解隐忧,积极稳妥地推进扩城战役"等6条政见,为市委、市政府提出了一些有价值的主张和建议。全会期间,政协委员对"一府两院"、计划、财政等工作报告进行了全面协商讨论,并提出了相关工作意见;大会围绕渌江河环境污染治理、封山育林、城市文化体育馆选址等重大问题,安排了3位委员在会上发言。这些建言和意见引起了大会的共鸣,产生了强烈的社会反响,市委、市政府予以高度重视并积极采纳。目前,"三三方略"已被纳入"十二五"规划纲要,作为指导醴陵今后发展的重要指导思想确定下来。

认真组织对"十二五"规划的协商。根据中央的统一部署,市委、市政府于2010年下半年开始组织编制本市"十二五"规划。按照"三在前、三在先"(即:重大决策协商在党委决策之前,人大通过之前,政府实施之前;制定经济和社会发展中长期规划要先协商后决策,对重大人事安排和关于人民群众切身利益的重大问题要先协商后决定,制定重要地方性政府法规要先协商后通过)的原则,市政府及其相关部门在"十二五"规划思路酝酿阶段,主动向政协介绍情况,征求意见。规划草案出台后,市委、市政府将政治协商作为必经程序,适时邀请了10名不同界别的政协委员对《规划纲要(草案)》进行了专题协商。会后,还向各委员活动小组发送《规划纲要(草案)》征求意见。各界别委员紧密结合实际,从不同角度、不同侧面为"十二五"规划献计献策,内容涉及工业、农业、金融、文化、教育、卫生和城市交通等方面,提出了30余条建议,为本市"十二五"规划的科学性付出了辛勤劳动。

二、调查研究取得新成果

过去的一年,我们根据市委确定的市政协2010年工作要点和安排,完成了长庆示范区规划建设和本市融资平台建设的调研。

开展长庆示范区规划建设调研。按照本市第五次城市总体规划修编所确定的城市空间布局和市委、市政府关于开辟城东新区的设想,规划中的长庆新区地处本市城区东北部,北至王仙镇清潭村,南至来龙门办事处上洲村,东至阳三石街道办事处黄沙村(渌江边),西至东堡乡樟段村,涉及11个行政村,261个村民小组,总面积27.5平方公里,总人口29412人。

2010年4月中旬,市政协由陈建军副主席牵头,成立了由市规划、建设、国土、交通、文化、长庆新区等部门负责人和部分政协机关干部组成的调研组,围绕长庆新区的规划建设,多次走访新区实地,先后赴省内长株潭地区，省外浙江江山、东阳、绍兴，上海，江苏扬州、无锡、昆山、南京，安徽黄山，江西婺源，广东东莞、深圳等地参观考察，学习取经，调研时跨4月有余。在赴外参观、考察过程中，调研组边走边看边研讨，从这些城市近三十年的建设历程中，总结出值得我们学习和借鉴的5条经验、3条教训。通过对长庆新区的实地调研与分析，摸清了该区域的独特资源，悟出了这片天地让人兴奋的潜在价值。

借鉴外地的经验教训，遵从城市总规的整体构想，根据长庆新区的自身特点，调研组对新区今后的规划建设提出了："找准新区的功能定位（即：城市客厅、商务会展、生态人居、休闲娱乐）、坚守4条规划原则（即：尽力保护自然山水、留出足够公共空间、彰显自身文化特色、确立建筑风格与色彩）、明晰三条建设思路（即：基础设施建设先行、采用市场运作方式推进新区综合管理建设、探索实施征地拆迁安置新方式）的建议，形成了《关于长庆新区规划建设的调研报告》。

开展融资平台建设调研。认真贯彻落实中共醴陵市委十届八次全会提出的"三三方略"，助推本市经济社会的快速发展。4～9月，由市政协副主席汪孝凡牵头，组织市政协部分机关干部和人民银行的株洲、醴陵两级支行负责人，围绕本市融资平台建设有关问题，进行了为期6个月的调查研究。调研组先后赴浏阳、宁乡、重庆垫江及重庆等地考察、学习，走访了全市金融机构、市政府有关部门和市内部分企业，组织召开了10余场研讨会。通过赴外考察学习，反思本市过去10余年来金融工作的状况，深感本市的金融工作，特别是在融资平台建设方面的确存在巨大差距；沉睡在金库里的巨大存款，是推动本市快速发展的潜在动力。调研组在总结浏阳、宁乡、重庆等地融资平台建设的经验与隐忧的基础上，根据醴陵当前的实际，提出了《不断深化认识、自觉加强领导、多措并举打造融资平台》的建议，形成了《关于我市融资平台建设》的调研报告。两个调研报告，是市政协和参与调研的相关部门集体智慧的结晶，它为长庆新区的规划建设、打造本市融资平台提供了较有价值的思路。2010年11月2日，市委召开常委扩大会议，听取了市政协的调研汇报，并对两个报告给予了高度肯定。两个报告在株洲市政协七届四次全会上分别获一等奖、三等奖。

三、民主监督富有新成效

组织视察，助推"城市提质"战役。为营造打击城市违法建设的社会氛围，按照市委常委会议的安排，市政协在年内，安排工青妇等8个委员活动小组、150名委员，先后赴4个街道办事处进行了3批次视察，并根据委员视察的情况和意见，向市委、市政府提交了《关于市政协委员视察城市规划区内"查违、拆违"工作情况的报告》。报告总结了本市"查违、拆违"的工作成绩，列举了工作中存在的问题，并根据存在的问题，提出了更加有效地打击违法建设的一系列具体建议。政协委员的视察活动，为打击城市的违法建设起到了一定的推动作用。

现场督查，再促调研成果转化。为进一步推动市政协调研成果中有价值的思想力转化为生产力，年内，继续对2008年形成的教育、房地产、物流三大调研报告的建议，再次进行跟踪督办。6月间，市政协分别到市教育、房产和商务局，听取了相关情况。三个部门落实采纳市政协调研建议各有特色，教育、房产效果尤显。

重点督办，加大提案办理力度。市政协十二届四次全会共收到集体提案40件，为让委员们反映的社情民意、议政建言落到实处，主席会议就事关本市全局性、前瞻性、关键性的提案进行归类挑选，确定了《关于对房产开发商进行醴陵文化和城市规划培训的建议》、《关于表彰"打击城市非法建设"有功人员的建议》、《关于尽快编制城市交通规划的建议》、《关于确保封山育林实效的建议》、《关于在市直机关、学校开展"垃圾不落地"运动的建议》等5件提案为主席重点督办提案。7～10月，市政协由主席、副主席带领提案人及相关专委会负责人到市政府办、林业局、规划局、城管局等单位督办，提案办理单位虚心听取委员意见，积极采纳委员建议，大多数建议已经落实或付诸实施。

四、自身建设迈上新台阶

加强自身建设，是人民政协强基固本、提高履职水平的关键所在。2010年，我们按照"三个一流"（即：一流的参政能力，一流的工作业绩，一流的服务机关）的标准，积极加强自身建设，力争提升履职能力与水平。

坚持集中培训。本届政协自身的工作实践证明，集中学习培训，是提升委员素质、增强委员把握全局能力的一个重要途径。5月，在市委党校举办了政协醴陵市第十二届委员会第三期委员学习培训班。邀请了省旅游局副局长和市级领导对本市旅游业发展前景和市委的"三三方略"进行了专题讲座。通过培训，广大委员增进了对全市工作的全面了解，提振了打好"旅游升温"战役的信心。

有效开展小组活动。市政协各委办用心指导、各小组精心组织，全年开展"专题调研、医卫下乡、关爱五保老人、义捐公益事业"等形式多样的活动70余次。为拓宽委员视野，市政协从促进本市旅游业发展的角度，指导各委员活动小组积极外出考察，学习和亲身体验外地发展旅游业的科学理念、先进经验和管理办法。全年各委员活动小组赴外考察20余次。

办好内部刊物。《渌江桥》是本届政协的机关刊物，在市政协机关干部的努力和部分委员的支持下，全年共编辑出版了三期。它较好地推介了市委治市理政的思路，拓展了委员建言献策的参政平台，彰显了底蕴丰厚的醴陵文化，交流了关乎民生的热点话题，展示了委员不平凡的风采业绩。

一年来，市政协机关干部队伍精诚团结，机关工作管理规范、运转高效,机关环境干净整洁。

各位领导、各位委员,一年来,市政协工作取得了一些新的成绩,这是中共醴陵市委正确领导的结果,是市人大、市政府及社会各界人士大力支持的结果,也是广大政协委员解放思想,与时俱进,开拓创新,辛勤努力的结果。在此,我代表市政协十二届常委会向关心和支持政协工作的领导,以及社会各界人士表示崇高的敬意和衷心的感谢!

在肯定成绩的同时,我们也清醒地看到,我会的工作还有一些差距,主要表现在:政协履职的"制度化、规范化、程序化"建设有待进一步改进;专委会的基础性作用有待进一步增强;少数委员的履职热情有待进一步提高等等。这些问题,需要我们在今后的工作实践中认真加以研究和解决。

2011年工作意见

2011年总的工作要求是:坚持以邓小平理论、"三个代表"重要思想和科学发展观为指导,全面贯彻落实市委十届十次全会精神,积极助推"三三方略",主动参与绿色醴陵、人文醴陵、和谐醴陵、创新型醴陵"四个醴陵"建设,继续按照"三个一流"的标准打造政协机关,为醴陵的更好更快发展作出新的贡献。

一、维护大局,协商议政抓大事

今日醴陵,在中共醴陵市委的正确领导下,可谓政通人和、优势(交通、区位、产业)凸显、前景看好,这是百万醴陵人的福祉,更是所有醴陵人的共同心愿。究其成因,首推市委、市政府果断提出、不断完善并一以贯之的发展战略——"三三方略"。

回顾历史,经验和教训告诉我们,正确的战略思路,是防止失误乃至失败、实现国家和地方科学发展的前提与基础;找到适合一个地方发展的战略思路,需要智慧和胸境、还需要不唯上、不唯书、只唯实的勇气与魄力;坚定和实施切合地方发展的战略思路,需要坚定的意志和毅力,更需要团队和大众的认同与合力。站在人民政协的政治舞台,按照《中华人民共和国宪法》和政协章程履行我们应尽的政治责任,市政协机关和全体政协委员在协商议政的过程中,必须牢牢把握三件大事(即:维护核心、凝聚人心、服务中心)。

维护核心,就是要维护中共醴陵市委的领导。

维护市委的领导,就当前而言,关键在于维护市委提出的、经过实践检验的、事关醴陵全局和长远的"三三方略",坚定不移地贯彻、执行市委的战略思路与决策。在贯彻、实施"城镇发展带动战略"的过程中,我们要抱着对子孙后代负责的态度,坚持"没有规划和高水准的建筑设计不能搞建设",并且,更要坚持"规划和建筑设计水准太低同样不能搞建设"的理念,加大对规划和建筑设计的智力与财力的投入,追求城市的品位与长远效益。城市的管理与建设者,要秉承"勿以恶小而为之,勿以善小而不为"的处事之道,精雕细琢醴陵城这个大家的"家",杜绝因质量问题而带来的重复建设这种无法容忍的罪过;我们要带头响应市委号召,彻底摒弃小农意识,积极倡导并坚决贯彻"工业进园区、住宅进小区、搬迁安置栋房改套房"的理念与思路,在快速推进的城市化进程中,实现搬迁对象与城市的共融与共赢;要坚定不移、毫不手软地推进拆违工作,这是因为:城市的违法建设大大降低了城市品位,白白浪费了城市资源,严重销蚀了城市价值,公然掠夺了城市的核心利益,任其存在,定将成为城市发展的巨大障碍和沉重包袱。拆除违法建设是绝大多数守法市民的共同意愿,并有强有力的法律支撑。全市上下,特别是相关职能部门、街道办事处和村(居委会),要自觉担当起历史责任。在此,市政协郑重建议市委、市政府,拿出足够的工作经费与行之有效的奖惩办法,尽快根治这一"毒瘤"。在贯彻、实施"优势产业带动战略"的过程中,我们要按照资源节约与环境友好的基本要求推动产业良性发展,从思想观念上进一步深化"转变经济增长方式、调整经济结构"的认识,不断提升陶瓷、花炮两大产业的科技与文化含量、着力推进两大产业专业分工与整合。同时,要积极支持扶植旅游、物流、机械加工等几大新型产业的快速起步。在贯彻、实施"先进文化带动战略"的过程中,我们要不断深化对文化的认识,自觉增强文化意识,积极参与对醴陵本土文化的挖掘保护、整合提炼、推介运作。

凝聚人心,就是要发挥政协优势,高举团结大旗,化解社会矛盾,促进全市和谐,为实现本市的美好愿景凝心聚力。

众所周知,世间一人能干成的事,像写字、画画,如果用心专一,容易出成果,少忧愁且快乐;凡要两个人以上才可干成的事,就须商量和谦让,甚至妥协,才有合力成事,才能获得成事的喜悦。否则,就会有矛盾,矛盾不化就有可能大事不成并烦恼。和合是中华文化的传统特质,其演化出来的和谐理念蕴含着平等、谦让、包容、协作的基本元素,是中华文化的核心价值观。纵观历史,不难发现,天时地利只有加上人和的政治环境,才能成就伟业。回眸醴陵改革开放三十年的发展历程,我们深深感悟,团结才有合力、和谐方成事业、成功带来快乐。醴陵今天的大好局面来之不易,需要我们倍加珍惜;实现本市"十二五"的宏伟蓝图,更需要全市上下、社会各界的共同努力。全体政协委员要充分发挥各自的优势,有效化解各种矛盾,广泛凝聚各方力量,为促进醴陵的更好更快发展献计出力。

服务中心,就是要服务于经济工作这个中心。

2011年1月9日,市委十届十次全会正式通过了《关于我市十二五规划的建议》,建议提出未来五年经济社会发展的基本构想是:围绕"一个定位"(即:建设彰显山水人文特色的宜居城市);达到"两个率先"(即:在株洲地区率先全面建成小康社会和基本建成"两型"社会示范区);实施"三三方略";建设"四个醴陵";突破"两个五"(即:建成区面积50平方公里、城市人口50万人);实现"两个六"(即:GDP过600亿元、财政收入过60亿元)。这是一幅宏伟的、诱人的画卷,它需要全市上下同心,倍加努力才能实现,市政协要服务于经济工作这个中心,就要为实现"十二五"规划倾注心力,经济领域的政协委员要跻身发展经济的前沿阵地,全体政协委员要成为本市城市提质、园区攻坚、旅游升温"三大战役"的一支生力军。

二、着眼长远,参政设谋献良策

人民政协一个十分重要的职能是参政议政,参政贵在良谋,良谋源于调研。我们要充分发挥政协组织人才荟萃的优势,运用政协机关工作团队心境已渐平和、经历些微丰富、岗位相对超脱的有利条件,进一步开展对事关醴陵全局和长远的大事进行调查研究,力争提出富有价值的意见与建议。在2011年的工作中,市政协将开展《醴陵卫生事业十年发展规划》、《醴陵文化元素在城市空间布局方案》的调研;完成《醴陵文化教程》、《文化醴陵》、《知我醴陵》(均暂定名)的撰写、编辑与出版工作。

卫生事业是国计民生的重要一环,关乎人民群众的切身利益。同时,健康水准的高低是衡量一个国家、一个民族、一个地方人民群众幸福指数的重要指标。改革开放以来,醴陵的卫生事业得到了长足的发展,人们的健康水平逐步提高,预期寿命大大延长。面对新的形势和人们的健康期望,也的确面临诸多问题,亟待研究与解决。世界卫生组织认为:人的健康由四大因素构成,父母遗传占15%、社会环境占17%、医疗占8%、生活方式与行为占60%。这说明卫生不仅仅是简单的医疗,它需要综合治理,特别是要注重倡导全社会养成科学的生活方式与行为。基于此,我们将会同市卫生系统开展《醴陵卫生事业十年发展规划》的调查与研究。

有智者云:"建筑固然可以把城市做大,但只有文化才有可能将城市做伟大。"随着近年来醴陵经济社会的快速发展,我们的城市在加速扩张。面对新的机遇与挑战,如何将醴陵城市做伟大,是摆在当政者与建设者面前一个十分重大的课题,更是一份不可推卸的责任。

值得庆幸的是:勤劳智慧的醴陵人,创造了独具特色且十分灿烂的农耕、陶瓷、花炮和人文(书院、宗教、名人)文化。这为我们将自己的城市做伟大提供了有利条件。如何将醴陵的四大文化元素用以适当的形式、科学合理地展现在城市空间的适当位置,这是我们在推进城市建设进程中必须尽快解决的重大议题。

在中共醴陵市委的领导下,市政协自2006年下半年以来,承担着对醴陵文化的挖掘、整合与提炼工作,经过几年的调研与思考,对于醴陵文化元素在城市空间的布局,已经有了一些较为成熟的主张。2011年,我们将会同有关方面,集合多方智慧,进一步调研论证,为市委、市政府提出醴陵文化元素在城市空间布局的方案。我们初步建议:将醴陵的四大文化元素主要安排在城区、沩山、官庄和云岩四大板块。通过打造文化景区,充分彰显醴陵"荆楚古邑、五彩瓷城、花炮之乡"的文化特质,建树醴陵品牌形象,构筑北、中、南三条旅游线路,为市民与游客提供快乐与智慧。

有学者曰:不能表达的文化约等于没有文化。如何表达推介醴陵文化,传承弘扬醴陵精神,用文化"软实力"带动经济和社会繁荣,是本届市委、市政府潜心思考、有所作为并富有成效的一大战略。经过近几年来对醴陵文化的挖掘和学习,我们这些亲身参与者深感醴陵文化的丰富与厚重。

两千多年间,醴陵人用开放包容的心境接收着先后从四面八方走来的移民,吸纳他们先进的生产生活方式,用豁达的人生观冲破封建意识,追求甜蜜的爱情("思情鬼歌"即为生动写照)。公元640年,醴陵麻石人李畋用竹筒装硝、引线接火、爆竹驱邪,创造发明了鞭炮,为人类带来了欢乐。公元827年至835年间,唐代高僧昙晟,云岩悟道,用"求索无住"(无住是不让心停留在一个地方而产生执著)的思维追寻人生哲理、探究佛学真谛,为禅宗曹洞宗开智慧之门、奠思想之基。公元1175年,继岳麓书院之后,醴陵人开湖湘书院文化先河,先后创办东莱、静思、渌江等7座书院,传承宋明理学。公元1905年,清政府官员熊希龄(后任民国总理)胸怀实业救国之志,会同醴籍举人文俊铎等人,在醴陵立学堂、设公司、建官窑,创造发明了釉下五彩瓷,被誉为东方陶瓷艺术的高峰,为世界陶瓷文明建树了新的里程碑。公元1924年,一代乡贤陈盛芳,心怀乐善好施的美德,用个人的财产作为奉献社会的资本,倡修渌江石拱桥,成为乐于奉献的榜样。近现代以来,程潜、宁调元、李立三、陈明仁、左权、宋时轮、耿飚等一批志士仁人,在国家危难、民族衰亡的关键时刻,舍个人顾民族、弃小家为国家,挺身而出,敢于担当。这些鲜活的史实,给我们的精神启示是:时尚开放、勇于创新、敢于担当、乐于奉献。这里仅仅是对醴陵精神的粗浅感悟,但它的确是醴陵先民们留给今日醴陵人引以为豪、取之不尽、用之不竭的宝贵精神财富。

为传承醴陵文化,弘扬醴陵精神,增强醴陵的向心力、内动力、智慧力,提升醴陵的影响力和"软实力",市政协将和有关部门一起,力争在2011年内,完成《醴陵文化教程》、《文化醴陵》和《知我醴陵》的撰写、编辑和出版工作。

三、助推发展,民主监督给力度

随着人类对自身社会管理认知的不断深化,人们发现,要让社会实现有序、高效的运转,必须对负有社会管理职能的权力及其运行过程进行有效监督。为此,在我们的政党、政权架构中,设立了形式各样的监督制约机制,对权力运行进行监督。这是因为,外在的监督是一种压力,压力导致内生动力,动力推动自身和社会发展,反之,必然内生懒惰和腐败。

为贯彻市委、市政府的战略部署,助推本市经济社会的快速发展,争取"十二五"的良好开局,实现醴陵的宏伟蓝图,我们要进一步提高民主监督的工作水平,准确把握民主监督的性质与特点,精选监督内容,创新监督形式,整合监督力量,提高民主监督的组织化程度,切实增强民主监督效果。

在2011年的政协工作中,我们将寓支持于民主监督之中,着力在如下三个方面的某一侧面加大监督力度:一是听取和评议几个职能部门对市委、市政府“三大战略”的认识与态度;二是视察相关职能部门在“三大战役”中的作为与业绩;三是督查有关职能部门办理和落实政协委员提案的过程与效果。

四、提升自我,尽职履责创一流

凭借全市上下的共同努力,醴陵即将步入“高铁时代”,迈进一个更新的快速发展期,面对新的机遇与挑战,市政协机关及全体政协委员,必须不断加强学习,吸纳新的知识,牢固树立科学发展意识,争做与时俱进的佼佼者;必须进一步做实做活委员活动小组这个平台,创新活动载体,强化委员管理,提升委员队伍素质,增强委员参政能力;必须按照“三个一流”和“行为规范、运转协调、办事高效”的标准加强市政协机关建设,进一步改进工作作风,提高服务水平,争做“控烟”和“垃圾不落地”的模范,塑造良好的机关形象。

各位领导、各位委员、各位同志,我们正站在醴陵新征程的起点上,市政协将不辱历史使命、不负人民重托,在中共醴陵市委的领导下,和全市人民一起努力开拓,为本市“十二五”的良好开局和醴陵的美好明天而奋斗。

概　述

自 然 地 理

【地理位置】 醴陵市位于湖南省东部中段，地处罗霄山脉西北边沿。东北连武功山，西南接九党荆山，属江南丘陵腹地。东与江西省萍乡市湘东区接界、东北连江西省上栗市，北界浏阳市，西接株洲县，南邻攸县。位于北纬 27° 21′ 15″ 至 27° 58′ 07″ ，东经 113° 09′ 49″ 至 113° 45′ 43″ 。全市南北长 66.75 公里，东西宽 58.51 公里，南北两端高，东西两侧偏低，即东北部与西南部隆起，形成一个以山丘为主的紫红盆地。全市总面积 2157.2 平方公里，占全省总面积的 1.1%。东端位于富里镇柏大村北斗坡，北端位于官庄乡半边山村花押岭，西端位于石亭镇(原长岭乡)长岭村凫冲，南端位于贺家桥镇新台村大富岭。

醴陵地处江南交通要冲，古为吴楚咽喉，今为湘东要道和物资集散地，也是华东与大西南之间的重要连接口和铁路、口岸的县级城市。境内浙赣电气化铁路复线、沪昆高速 (在建)、醴潭高速、320 国道、313 省道横穿东西，醴(陵)茶(陵)铁路线、岳汝高速(在建)、杭长高铁 (在建) 、106 国道纵贯南北。境内有醴陵开往南昌的始发列车和由醴陵开往深圳盐田港的国际集装箱始发专列。2010 年，境内有耕地 34.79 千公顷，其中水田 34 千公顷，旱土 0.085 千公顷。平原占总面积的 16.4%，岗地占总面积的 22.7%， 丘陵占总面积的 27.1%，山地占总面积的 28.8%，水域占总面积的 5%。

【自然资源】 醴陵属中亚热带，土地肥沃，物产丰富。境内矿产有金、银、铜、铁、钨、锡、锑、铀、铅、锌、萤石、高岭土、石灰石、煤等矿产资源 23 种，是湖南省重要矿产分布县(市)之一。境内动植物丰富，有国家保护的珍贵树种 18 种。其中，一级保护树种有水杉、银杏、苏铁 3 种；二级保护树种有香樟、半枫荷、闽楠、楠木、金铁松、三尖杉、红椿、中国蕨、紫荆木等 15 种。有药用植物 8 大类、413 种，有花卉植物 2 类、101 种，有野生饲料植物 51 科、431 种。境内有国家保护的野生动物 4 纲、17 目、34 科、63 种。醴陵境内河流属湘江水系，分渌江、涧江、昭陵河三大水系；有河溪 57 条、914.13 公里，其中湘江一级支流 2 条、二级支流 16 条、三级支流 25 条、四级支流 14 条。

【气候特征】 2010 年，在全球气候变暖的背景下，全年暴雨、洪涝、高温、干旱、雷电等天气气候灾害均有发生，极端气候事件增多。年平均气温明显偏高，降水量特多，日照时数偏多。全年平均气温达 18.2℃，高于常年平均值 0.7℃，属显著偏高年份；为新中国成立以来第七高值，是第 14 个气温持续偏高年。春季平均气温与历年同期持平，降水量明显偏多，日照时数略偏少；季内灾害性天气较多，暴雨、洪涝、低温冷害均有出现。夏季平均气温偏高，降水量偏多，日照时数偏多；季内暴雨、洪涝多，高温持续时间长，部分地区出现龙卷风、雷电等强对流天气。秋季平均气温偏高，总降水量略偏少，日照正常略偏少，中秋之后强冷空气入侵，导致气温大幅下降并出现寒露风天气。冬季气温偏高，降水基本正常，日照略偏少，有强寒潮、雨雪冰冻、大雾等灾害性天气气候。

气温 2010 年，年平均气温 18.2℃，高于常年平均值 0.7℃，比上年偏低 0.2℃，属显著偏高年份。年极端最低气温为 -1.4℃。冬、夏、秋季平均气温较历年同期分别偏高 1.0℃、0.6℃、0.9℃；春季气温为 16.8℃，与历年同期持平。

1 月，平均气温 6.9℃、偏高 1.5℃。2 月，平均气温 9.1℃、偏高 2.0℃(异常偏高) 。3 月，平均气温 12.3℃，较历年偏高 1.4℃。4 月，平均气温 15.7℃，较历年偏低 1.6℃。5 月，平均气温 22.4℃，较历年偏高 0.2℃。夏季平均气温 28.3℃，较常年偏高 0.6℃，为偏高年份。6 月，平均气温 24.7℃，较历年偏低 1.1℃。7 月，平均气温 30.5℃，较历年偏高 1.5℃。8 月，平均气温 29.7℃，较历年偏高 1.4℃。9 月，平均气温 25.5℃，较历年偏高 1.4℃，为显著偏高月份。10 月，平均气温 18.6℃，较历年偏低 0.2℃。11 月，平均气温 14.3℃，较历年偏高 1.3℃，为显著偏高月份。

日照 2010 年，全年总日照时数为 1647.7 小时，较历年偏多 79.8 小时，比上年偏少 60.3 小时，属偏多年份。年内，四季日照时数冬、秋季均偏少，春、夏季均偏多。除 12 月 (2009 年)、1 月 、4 月 、5 月、6 月、9 月、10 月日照时数偏少外,其余各月均偏多。

冬季日照时数为208.5小时,较常年偏少30.4小时。12月(2009年),日照时数为83.6小时,较常年偏少30.8小时。2010年1月,日照时数为47.1小时,较常年偏少19.8小时。2月,日照时数为77.8小时,较常年偏多20.2小时。3月,日照时数为120.9小时,较常年偏多55.6小时。4月,日照时数为73.2小时,较常年偏少21.8小时。5月,日照时数为114.9小时,较常年偏少20.1小时。6月,日照时数为83.9小时,较常年偏少68.7小时。7月,日照时数为274.3小时,较常年偏少偏多37.3小时。8月,日照时数为284.2小时,较常年偏多65.9小时。9月,日照时数为136.7小时,较常年偏少23.2小时。10月,日照时数为120.4小时,较常年偏少20.0小时。11月,日照时数为164.1小时,较常年偏多38.6小时。

降水 2010年,全年总降水量为2037.3毫米,较常年偏多558.7毫米,属异常偏多年份。为1971年以来降水量最多的一年,较上年偏多597.8毫米。年内,四季降水,冬季正常略偏少、秋季偏少、春季和夏季均偏多。

2009年12月,降水量为69.6毫米,较常年偏多23.7毫米。2010年1月,降水量为85.4毫米,较常年偏多5.5毫米。2月,降水量为72.7毫米,较常年偏少31.2毫米。3月,降水量为183.0毫米,较常年偏多26.3毫米。4月,降水量为282.3毫米,较常年偏多82.6毫米。5月,降水量为493.2毫米,较常年偏多280.7毫米,为异常偏多;降水距平百分率达132%。6月,降水量为373.6毫米,较常年偏多168.8毫米。7月,降水量为118.6毫米,较常年偏少0.1毫米。8月,降水量为81.3毫米,较常年偏少47.0毫米。9月,降水量为58.9毫米,较常年偏少16.4毫米。10月,降水量为43.1毫米,较常年偏少43.1毫米。11月,降水量为39.8毫米,较常年偏少26.9毫米。

历史文化

【建置沿革】 醴陵建置史长达2000余年,先秦即有醴陵之名。远古醴陵夏属“三苗”之国,商、周为“扬越”之地,夏禹时属荆州之域,春秋战国时属楚国黔中郡,秦朝时属长沙郡临湘县(“后为临湘”),西汉高帝五年(公元前202年)属长沙国临湘县,汉高后四年(公元前184年)封长沙相刘越为醴陵侯。

东汉光武帝建武十三年(公元37年)改长沙国为长沙郡,划出原属临湘县管辖的醴陵地域设置醴陵县,后又从原属湘南侯国、今株洲、湘潭邻近醴陵部分划入醴陵县。至此,醴陵建置伊始。三国时醴陵属吴国荆州长沙郡;西晋(公元280年)醴陵仍属荆州长沙郡;东晋、南朝醴陵一直属湘州长沙郡。隋朝初改湘州为潭州、废长沙郡,改临湘县为长沙县。大业三年(607年)浏阳、醴陵县被并入长沙县,后改州为郡,潭州复为长沙郡。唐武德四年(621年),复置醴陵县,属江南西道之潭州。五代,醴陵属楚国之潭州;宋朝属荆湖南路之潭州。元朝属湖广行省潭州路,元贞元年(1295年)醴陵升为中州,天历二年(1328年~1330年)由州降为县;元至正二十四年(1364年)复升为醴陵州。明朝洪武二年(1369年)由州改县、属湖广布政使司潭州。清朝康熙三年(1664年),湖南下辖四道,醴陵县属长宝道长沙府。民国元年(1912年),醴陵初属湖南省湘江道,二十七年(1938年),醴陵属第一行政督查区。1949年7月,醴陵和平解放,属湖南省长沙专员公署。1952年,属湘潭专员公署。1983年7月,醴陵划归株洲市管辖。1985年8月,醴陵撤县设市(县级)。

【人文历史】 醴陵历史悠久,置县2000余载,秉承湖湘文化传统,文化底蕴深厚,人文荟萃,地灵人杰,历代人才辈出。在清末民初以来,涌现出了大批叱咤风云的军政要员和科技精英。自1904年来,全市有将级以上军官291人,有部、省级以上党政要员38人。南宋,有名臣吴猎、杨大异、皮龙荣、丁应奎等为湖湘学派门人,主抗金、重实践、敢陈谏。中日甲午战争后,为探求救国救民之路,号召百姓,揭竿而起,惨遭清廷镇压的志士仁人有潘应光等。投入维新变法、办新学,兴实业、服务桑梓者有文俊铎、傅熊湘、文斐等。投身反对封建帝制斗争,英勇献身的民主革命先驱有宁太一、马福益、杨卓林等。投身民主革命,争取妇女解放的先驱有张汉英、张挹兰等。为推翻三座大山、宣传马克思主义、组织工农大众、创建苏维埃政权而英勇献身的革命先烈有军事家蔡申熙和孙筱山、陈觉、潘疆爪等。为抗击侵华日军、浴血奋战、为国捐躯者有著名军事家左权等。有能攻善守、屡创奇迹的兵团司令宋时轮等;有能征善战的红军杰出将领杨得志等;有无产阶级革命家、工人运动的杰出领袖李立三等。有长期与中国共产党合作共事的爱国将领李明灏等;有为湖南和平解放做出主要贡献的程潜、陈明仁等;有新中国杰出的将军、外交家耿飚等;有当代现役将军何永才(山西省军区副司令员、少将)、刘代志(二炮工程学院教授、少将、文职)等;有著名的科学家彭道儒、刘晨晖,文学家袁昌英,哲学家李石岑,历史学家黎澍,微生物学家汤飞凡,教育学家刘佛年,地理学家傅角今,书法家李铎(少将、文职);有著名教授、专家刘彦、易鼎新、刘旋天、杨东莼、林汉藩、傅道伸等;有釉下五彩传人吴寿棋。

有邮票上的醴陵人汤飞凡(国际著名医学家,微生物、病毒学家)、李立三(无产阶级革命家、中国工人运动杰出领导人之一)、左权(中国国民革命第八路军副参谋长,系中央军委认定的36位军事家之一)、蔡申熙(中国工农红军第十五军军长、鄂豫皖特委委员兼军委副主席,系中央军委认定的36位军事家之一)。有在第九届全国运动会上,以59.95米夺得女子标枪金牌的汤晓玲(醴陵籍运动员在全国运动会上夺金第一人)；有当代全国“关爱生命万里行”活动小组创始人肖敬。

岁月沧桑,在醴陵大地留下了转步古城、渌江书院、红拂墓、云岩寺、状元洲、文笔峰、先农坛、东富寺、李立三故居(国家“AAA”级旅游景区)、陈明仁故居等一大批历史文化古迹。醴陵人勤劳聪慧,花炮祖师李畋,开创了用火药做爆竹的先河,年内醴陵市花炮鼻祖李畋祭典入选为株洲市“非物质文化遗产”。现烟花鞭炮已成为醴陵工业中的主导(支柱)产业,风靡世界。独创了釉下五彩瓷、炻瓷、“红官窑”,为醴陵赢得了“瓷城”和“花炮之乡”的美誉。2010年4月,醴陵成功举办了首届“中国醴陵内销烟花炮竹经营高层座谈会”,是继1992年第十届醴陵花炮陶瓷订货会之后,首次举办的烟花爆竹产业大型活动。釉下五彩瓷烧制技艺已成为“国家非物质文化遗产”,“红官窑”的“醴陵瓷器”获国家地理标志产品保护。2010年,中央电视台综合频道《世博传奇》栏目中,播放了《瓷瓶上的世博故事》节目;醴陵华联瓷业公司为“广州亚运会”特制了一套陶瓷邮票。中央电视台中文国际频道播放了“走遍中国·株洲”专题片(共分五集),其中一集为“醴陵五彩瓷”。醴陵亚大陶瓷厂历经6年的精心研发,特制作了一块世上最大的釉下五彩双面瓷板画(长4.23米、宽1.73米)。具有幽默风趣、浓烈的醴陵风土气息的“思情鬼歌”已成为“国家非物质文化遗产”的民歌经典。醴陵民间艺术“皮影戏”等已被列为“国家非物质文化遗产”。“醴陵制造”品牌知名度不断攀升。

区划人口

2010年6月21日,市设立了“中共醴陵长庆示范区工作委员会”和“醴陵长庆示范区管理委员会”,分别为中共醴陵市委、市人民政府派出机构(其管辖范围尚未正式确定)。辖市城区管理委员会,长庆示范区,4个街道办事处、26个乡镇(其中8个乡、18个镇),342个行政村,56个居委会(其中有17个社区居委会)。年末,全市户籍人口为103.23万人。其中,农业人口88.01万人、非农业人口15.22万人。有男性52.85万人、女性50.38万人;男女性别比为1.048∶1。全年共出生11797人,其中政策内生育10576人、符合政策生育率为89.65%。人口出生率为11.59‰,计划生育率为89.85%;人口自然增长率为7.33‰,比上年降低0.03个千分点。城市化率达47.1%。

机构编制

【机构设立】 2010年,全市共有市直党政群机关机构60个。其中,党委组成部门8个,部门管理机构1个,议事协调机构的办事机构1个;人大系统机构7个;政府系统工作部门26个(不含监察局、民族宗教事务局),部门管理机构2个;政协系统机构5个;民主党派机构2个;群众团体系统机构7个;检察院机构1个、法院机构2个。有城市管理委员会1个,长庆示范区1个,街道办事处4个,乡镇26个(其中8个乡、18个镇)。全市市直党政群机关(不含政法部门)有行政编制2400名、实有2369人。全市共有事业单位机构573个、编制14856名、实有10822人。其中,全额拨款机构452个、编制11372名、实有人数8328人;差额补贴机构78个、编制2839名、实有人数1978人;经费自筹机构43个、编制636名、实有人数516人。

3月,成立了醴陵市财政税费统一征收管理局、驻醴陵株洲市国有企业改革办公室、醴陵市金融证券办公室(加挂“醴陵市融资管理办公室”牌子)、醴陵市乡镇(街道)经济发展考核评价工作办公室(加挂“醴陵市GDP核算办公室”牌子)。醴陵市机构编制委员会办公室设立了工资统发审核办公室;设立了醴陵市渌江书院管理所、醴陵市规划局乡村规划管理办公室。4月,设立了醴陵市森林防火办公室(加挂“醴陵市森林消防中队”牌子)。5月,设立了中共醴陵市委组织部企事业干部科。6月,设立了中共醴陵长庆示范区工作委员会(醴陵长庆示范区管理委员会)、醴陵市科学技术协会、醴陵市文学艺术界联合会、醴陵市招商局、醴陵市旅游局。7月,设立了醴陵市小额担保贷款中心。12月,设立了醴陵市财政监督局、醴陵市路灯管理所、醴陵市林业调查规划设计队、醴陵市畜牧水产养殖业综合执法大队、醴陵市交通行政综合执法大队、醴陵市残疾人权益维护中心(加挂“醴陵市残疾人辅助器具供应站”牌子)、醴陵市社区矫正工作办公室、醴陵市老干部活动中心和白兔潭、泗汾、板杉环境保护所。成立了醴陵市广播电视局新闻中心。

【机构调整】 2010年5月,醴陵市森林资源管理保护站加挂“醴陵市林业调查规划设计队”牌子;醴陵市白兔潭、王仙、泗汾、大障、神福港、均楚、东富、板杉、官庄、城郊10个农业技术推广站对应加挂“醴陵市农产品质量安全监管检测站”牌子。12月,全市各乡镇人民政府、街道办事处的社会事务办公室分别加挂“村镇(乡)规划管理办公室”牌子。

【机构升格】 2010年3月,醴陵市重点建设项目审计中心升格为副科级事业单位。

【机构更名】 2010年3月,醴陵市精神文明建设领导小组办公室更名为“醴陵市精神文明建设指导委员会办公室”;醴陵市城镇居民最低生活保障管理局更名为“醴陵市社会救助管理局”。4月,醴陵市城区农业技术推广站更名为“醴陵城郊农业技术推广站”;醴陵市职业中等专业学校更名为“醴陵市陶瓷烟花职业技术学校”。10月,醴陵市畜牧水产局更名为“醴陵市畜牧兽医水产局”。12月,醴陵市国库集中支付核算局更名为“醴陵市国库管理局”;醴陵市社会经济调查队更名为“醴陵市社会经济调查中心”(加挂“醴陵市普查中心”牌子)。

2010年区、街道办事处、乡镇、村(居)委会一览表

表1

区、街道办事处、乡镇	总面积 (平方公里)	总人口 (人)	政府 驻地	行政村 名称	社区、居民 委员会名称
长庆示范区					
来龙门街道办事处 (4个村、7个居委会)	18.4	61012	瓷城大道	珊田 马脑潭 东岸 上洲	文庙 胜利 北门 狮子坡 马放塘 四塘 丁家坊
黄泥坳街道办事处 (6个村、5个居委会)	33.8	48865	龙凤路3号	老龙井 石子岭 姜村 横店 石塅 华塘	姜湾 车顿桥 国光 八里庵 五里牌
阳三石街道办事处 (7个村、3个居委会)	23	43468	县阳路1号	泉湖 立三 阳东 企石 东门塘 玉屏山 黄沙	向阳 阳三 渌江
西山街道办事处 (9个村、4个居委会)	38	42000	左权路71号	石成金 石门口 万宜 碧山岭 河西 江源 滴水井 五里墩 枫树塘	南门 财源塔 碧山 书院
南桥镇 (15个村、1个居委会)	98.9	43338	南桥集镇	东塘 星火 潼塘 将塘 立新树村 星湖 清水 大草坪 南桥 凤形 裕民 明兰 石溪 洪源 花麦	南园
富里镇 (10个村、1个居委会)	46	36773	马道岭	华埠 塘坊 车上 乌石境 富里 长庆 麻石 柏大 荷田 双江	海棠
白兔潭镇 (10个村、2个居委会)	48	36030	白兔潭集镇	田心 余溪 洙塘 湖下 黄甲 栎塘 泉园 峤岭 蛇青 山水	金牛 白市
浦口镇 (15个村、2个居委会)	58	41407	浦口集镇	李洲 保丰 三铺 天符 荣坪 河泉 山塘 花椒 冷水坑 碧泉 贯古 茅坪 仙石 东方 合水	官山 大桥
王坊镇 (10个村、2个居委会)	48.1	31603	桥头	联盟 王坊 荷花垅 灌冲 温泉 大屏山 石山 泮川 渌石 杨林	桥头 三角坪
王仙镇 (12个村、3个居委会)	74	40577	王仙集镇	司徒 香水 石燕 三狮 李山 马桥 书堂 观口 王仙 清潭 庄埠 双江	中心 新民 瓷泥矿

续表 1-1

街道办事处、乡镇	总面积（平方公里）	总人口（人）	政府驻地	行政村名称	社区、居民委员会名称
东堡乡（16个村）	97.2	26846	黄土坳	竹湖 樟塅 东堡 土埠桥 新庵 大塘坳 望仙桥 沩山 漏水坪 大林 老鸦山 泉源 赤竹 东坑 山峰 钟鼓	
东富镇（24个村、1个居委会）	101	47429	岔路口	东富 立芷泉 小洞塘 石坝上 北冲 西林 凤仪塘 立新 包冲 桐桥 楚东桥 新莲 龙源冲 花木 石里浦 伏龙 荆潭 建新 横烟 黄土坝 狮湾 莲石塘 森冲 潭湾	四杨
孙家湾乡（6个村）	52.3	21960	龙虎湾	观前 李家山 孙家湾 西岸 龙虎湾 文家湾	
泗汾镇（12个村、3个居委会）	62.5	39659	泗汾集镇	符田 淇田 茶埠塘 双塘 石虎 何家垅 枧上 石湾 泗汾 陈家垅 茂田 经堂	车站 农场 林田
沈潭镇（12个村、3个居委会）	53.8	27925	大坪里	美田桥 双龙 荆仙 鳌仙 柞市 三星里 沈潭 新田 江口 夏星 庞龙 新塘	星湖 坪里 马坡里
清水江乡（9个村）	53.3	24522	桥碧潭	增加滩 国强富 清水江 杨木垱 荆村 界陂 垅塘 东山 文山	
船湾镇（8个村、2个居委会）	68.3	26659	下岭湾	玉堂 星桥 乐家 蛇湖 丽山 台前 船湾 狮力	四方 金子坪
大障镇（16个村、4个居委会）	108	50088	大障集镇	东江 双桥 江边铺 罗夹口 柴冲 新联 盐山 湾富 申明 汪家垅 马恋 西林 斋江 弹子坑 汪家桥 陶家垅	潇湘 建湘 大障 白果

续表 1-2

街道办事处、乡镇	总面积（平方公里）	总人口（人）	政府驻地	行政村名称	社区、居民委员会名称
贺家桥镇（9个村、2个居委会）	62.2	22769	贺家桥集镇	妙泉 琥玛 新台 水口山 寺冲 贺市 档梓山 洪罗 七星	云岩 明月
嘉树乡（12个村）	65	24242	蜡树下	罗儒 杉仙 枫林 嘉树 荷树 荆林 乌石 玉茶 里都 井冲 新大塘 渗泉	
栗山坝镇（12个村、3个居委会）	101	35655	茶山集镇	冷水 南塘 梅筱 上湖 东岗 双滂 南源 大石桥 茶溪 石均塘 长马 营田	栗山 龙井 茶山
神福港镇（9个村、2个居委会）	65	29336	神福港集镇	铁河口 枫树山 汤家坪 西塘坪 大西垅 转步 筱溪 龙虎 下三洲	长沙岭 神福港
石亭镇（12个村、1个居委会）	106.7	38613	石亭集镇	妙泉 上保 长岭 高冲 永红 樟树 长塘 渔潭洲 苏家垅 石塘岭 聂湖 花溪	石亭
均楚镇（17个村、2个居委会）	167	41909	均楚集镇	军山 大垅洲 赵公岭 李婆塘 岱兴桥 周坊 殷家冲 樟桥 老湾 青山 潘家冲 马家垅 荷叶坝 长岭坳 日新桥 黄田 黄谷	金山 均楚桥
板杉乡（19个村）	102	44335	长坡口	长坡口 土珠岭 杨家湾 大石桥 竹花山 上坪 夏坪桥 红光 耿境 流碧桥 唐家冲 擂鼓桥 八步桥 大屋垅 枫树桥 寨下 古城 东冲铺 黄塘	
仙霞镇（9个村、1个居委会）	58.7	21437	莫家咀	狮形岭 清安铺 油田 篾织街 仙霞 杉仙店 赵高塅 玉潘 东江冲	莫家咀

续表 1-3

街道办事处、乡镇	总面积（平方公里）	总人口（人）	政府驻地	行政村名称	社区、居民委员会名称
新阳乡（10 个村）	63.4	24451	大　土	荷　塘　陈家湾 青　泥　渔梁桥 石　羊　楠竹山 花　桥　湖　潭 新　阳　将　军	
黄达咀镇（9 个村、2 个居委会）	50	23710	黄达咀集镇	金　鸡　隆兴坳 狮形山　台　洲 大　湾　双　井 杨家垅　蕉　源 株抱樟	黄达咀 社　冲
枫林市乡（9 个村）	50	17562	五　石	唐家坳　五　石 枫林市　白眉冲 马家冲　黄　村 蒋家桥　肖家冲 太阳桥	
官庄乡（14 个村）	183.4	18110	涧　江	长　连　大　坝 新　桥　鹅　颈 小横江　利　川 大横江　桃　花 大阳坑　小阳坑 潭　塘　大口坪 瓦子坪　半边山	

注:表中人口数为市公安局年报的户籍人口数。

国民经济和社会发展

【概况】 2010 年,全市在市委、市政府的正确领导下,认真贯彻落实党的十七届五中全会精神和中央、省委、株洲市委经济工作会议精神,坚持以邓小平理论和“三个代表”重要思想为指导,以科学发展观为统领,以“城市三创”、推进新型工业化为契机,围绕“争一进百、科学跨越”的战略目标和“两型社会”建设,按照“目标提高、标准提升、发展提速”的总体要求,紧扣“转方式、调结构”这一主线,深入实施“三三方略”,加快推进“一化三基”建设进程,积极应对全球金融危机、国内宏观环境变化以及自然灾害等困难和挑战,全力以赴保增长、促发展,年均增速高于年初目标、“十一五”目标、全省、株洲市平均水平,全市经济社会发展呈现出高开高走、又好又快的良好势头。2010 年,全市经济和社会发展、“十一五”规划成绩显著,经济发展全面提速,质量效益、民利民生福祉明显提升,基础后劲全面提强,城市环境明显改善,党的建设明显加强。

年内,醴陵市被评为“全国科技进步先进县(市、区)”、“全国粮食生产先进县”,同时获批“国家粮食生产储备基地县(市)”、“全国推进义务教育均衡发展工作先进市”、“全国人口和计划生育工作优质服务先进单位”、“全国婚姻登记规范化单位”、“全国农村五保供养工作先进县(市)”、“中国十佳和谐可持续发展城市 (中小城市)”、“中国金融生态城市”、“中国绿色名县”、“中国陶瓷历史文化名城”、“湖南省卫生城市”、“湖南省发展乡镇企业先进县(市)”、“湖南省建设教育强县(市、区)先进集体”、“湖南省学前三年教育先进县(市)”、“湖南省安全生产监督管理工作先进县(市)”、“湖南省‘芙蓉杯’水利建设先进县(市、区)”、“湖南省推进新型工业化工作红旗单位”。

2010 年,全市实现地区生产总值 265.75 亿元,比上年增长 16.6%。其中,第一产业实现增加值 32.62 亿元,增长 4.0%;第二产业实现增加值 159.2 亿元,增长 20.1%;第三产业实现增加值 74.01 亿元,增长 14.9%。三次产业结构比由上年的 13.4∶57.1∶29.5 调整为 12.3∶55.9∶27.8。人均生产总值达 28050 元。

“十一五”期间,主要经济发展成果显著,县域经济基本竞争力从省第五届的 193 位上升到第十届的 118 位,年均上升 15 位,并连续 5 年跻身全省经济强县行列。主要经济指标实现全面翻番。2010 年,地区生产总值比 2005 年净增 147.73 亿元,增长 1.3 倍;财政总收入净增 14 亿元,增长 2.3 倍;城镇居民人均可支配性收入和农民人均纯收入分别增加 9396 元、4835 元,增长 1.1 倍;全社会固定资产投资总额增长 5.3 倍,社会消费品零售总额增长 1.5 倍,外贸出口总额增长1.1倍。发展速度普遍加快。“十一五”期间,醴陵的主要经济指标发展速度普遍快于“十五”时期。这五年,地区生产总值年均增长14.4%,同比(与“十五”相比,下同)提高2.9个百分点;财政总收入年均增长26.6%、同比提高11.4个百分点;一般预算收入年均增长32.5%,同比提高19.8个百分点;工业总产值年均增长24.2%,同比提高8个百分点;固定资产投资年均增长44.6%,同比提高5.6个百分点;社会消费品零售总额年均增长20.2%,同比提高8.2个百分点。支柱产业更优更强。2010年,全市陶瓷产业实现总产值210亿元,是2005年的3.4倍,年均增长28.1%;花炮产业实现总产值120亿元,是2005年的3倍,年均增长24.5%。

2010年,全市财政总收入突破20亿元、达20.23亿元,比上年增长39.1%。其中,上划中央两税6.16亿元、增长20.2%;上划省级收入1.07亿元、增长27.3%;完成一般预算收入13亿元,增长51.6%,占财政总收入的比重达64.3%;一般预算支出25.07亿元,增长40.7%。教育、医疗、社会保障等民生领域支出18.3亿元,占一般预算支出的72.8%。城乡居民收入稳步增长,全年全市城镇居民人均可支配性收入为18280元,比上年增加2130元、增长13.2%;农民人均纯收入为9304.25元,比上年增加1603.22元、增长20.8%。消费市场持续走旺,全年城镇居民人均生活消费性支出12497.7元,比上年增长12.1%;农民人均生活消费性支出6245.13元,比上年增长14.3%。金融市场快速发展,年末全市金融机构各项存款余额达122.77亿元,比上年增长25.6%,其中城乡居民储蓄存款92.5亿元、比上年增长18.4%。各项贷款余额53.87亿元,比上年增长34.2%、提高2.8个百分点。社会保障水平不断加强。年内,完成农村安居房150栋、灾后倒房重建房411栋、危房改造289栋;全年新增廉租住房868套、新增廉租住房保障户748户。就业和再就业工作稳步推进,全年新增城镇就业人数6505人,帮助3302名下岗失业人员实现再就业;新增农村劳动力转移就业人员18133人,年末城镇人口登记失业率控制在4.3%以内。社会保障工作全面推进、力度加大,养老、失业、医疗保险覆盖面不断扩大,全市企业养老保险新增参保人数11019人,失业保险新增参保人数4868人,医疗保险新增参保人数2550人;城镇居民医疗保险参保人数达85180人,新增生育保险参保人数945人。城乡享受低保人数分别为24919人、29714人。2010年,方正证券有限责任公司醴陵胜利路证券营业部为广大客户提供多样化服务,搭建良好的投资平台,开办了A、B股,基金、国债等交易,代理业务、商品期货理财咨询,可为客户提供网上交易、电话委托、手机炒股、热键自助、磁卡自助等交易方式。全年交易客户、交易额比上年稳中有升,经营状况良好。

【农业】 2010年,全市农业工作以科学发展观为统领,围绕“争一进百、科学跨越”的战略目标和“两型社会”建设,加快推进“一化三基”,实现“保二争一”的目标。强力推进农业产业化,在抓好传统农业生产的基础上,进一步加大农业产业结构调整和支农投入力度,全面落实强农惠农政策,加大推进新农村整建规划建设力度;以市场为导向,大力推进农业产业化经营,加快农产品加工、农业产业化和农民专业合作社的发展步伐,全面改善农村人居环境,有力促进了特色农产品加工增值和农业农村经济的提质增效,确保了全市农村经济的平稳发展。综合能力明显提高,基础设施建设明显加快,综合配套改革明显深化,新农村建设稳步推进,农村民生保障明显改善,民政事业发展明显进步。2010年,农业经济平稳发展,全年实现农林牧渔业总产值46.5亿元,比上年增长4%。其中,农业产值20.53亿元、林业产值2.61亿元、牧业产值20.07亿元、渔业产值1.85亿元、农林牧渔服务业产值1.45亿元。

粮食生产形势稳定,醴陵被评为“全国粮食生产先进县”,并获批“国家粮食生产储备基地县(市)”。全年粮食总产量达47.48万吨,比上年增加0.16万吨,其中稻谷产量45.39万吨。全年农作物播种面积为93.72千公顷,比上年增加5.26千公顷。其中,粮食作物种植面积68.59千公顷,比上年增加1.3千公顷。全年实现蔬菜产量50.91万吨。

从2010年1月1日起至2014年12月31日止,全市全面实行封山育林,全年查处各类涉林案件263起,其中立刑事案件38起、破获31起。全年完成造林面积4.44千公顷,其中“三边”造林面积1.41千公顷、油茶造林面积0.83千公顷、面上造林面积2.13千公顷、退耕荒山造林面积0.07千公顷。年内,完成了全市集体林权制度主体改革,全市124.33千公顷的集体林地年内已完成外业勘界123.47公顷,发证率达99.3%。全年义务植树230万株;编辑了《醴陵市古树名木选集》,完成了1019株古树名木的挂牌、建档工作。

养殖业全面快速发展,按照“应急与预防并重、常态与非常态相结合”的原则,认真贯彻落实各项生猪扶持政策,加大了重大动物疫病的防控、规模养殖场管理和渔业渔政监管,积极推广科学养殖,全年实现肉类总产量9.77万吨,增长1.7%。全年出栏肉猪113.9万头,比上年增加1.22万头;出栏羊31.63万头,与上年持平;出笼家禽682.65万羽,比上年增加1.5万羽。全年水产品产量达2.06万吨,比上年增长5.1%。

新农村建设稳步推进,启动了新农村示范村建设和50个村整建规划工作;投入项目资金1870万元,落实并实施项目29项,整建规划设计村50个、规范示范村4个。全年改造县乡公路8.7公里,新建乡村水泥路30公里。全市新建、整修、配套、清淤各类水利工程9160处,除险加固病险水库23座,农田有效灌溉面积达3.433万公顷,农业综合生产能力明显提高,抗御自然灾害能力明显增强。全年投入2037万元,建设饮水解困工程,解决了48458人的饮水困难。年末,拥有农业机械总动力60.04万千瓦,比上年增长7.8%。全年新建农村沼气池2101个,清洁能源的使用进一步推广。全年完成双季稻机耕面积60.68千公顷,机械植保面积15.73千公顷,机电排灌面积16.67千公顷,机械收割面积56千公顷。

集镇建设紧扣市“城市发展带动”战略,积极推进新型城镇化建设,围绕“突出重点、整体推进、以点带面、以线带片”的原则,强力促推全市小城镇建设的快速发展。年内,省示范镇白兔潭镇投资800万余元,完善了镇域基础设施项目建设。省重点镇船湾镇投资200万余元,完成了集镇垃圾处理和排污等基础设施建设;泗汾镇投资200万余元,完成了垃圾场拓宽、下水道建设、自来水管网延伸等设施工程。株洲市重点镇石亭镇投资300万余元,完成了垃圾场改造、绿化、道路硬化等工程;官庄乡投资150万余元,完成了长连新村、道路的硬化、亮化工程。

2010年,全市共有享受扶持大中型水库移民18613人,其中三峡移民374人。全年水库移民整合资源4000万元,改造农田173.33公顷,新建库区、移民安置区道路54公里,自来水入户26户。

年内,以“工作上水平、群众得实惠”为目标,按照“为民、务实、公正、规范、准确、及时”的服务宗旨,全市新型农村合作医疗工作得到快速推进。全年全市新型农村合作医疗参合人数达80.17万人,参合率达93.64%;全年17.54万人次参合农民享受住院医疗补助总额达9834.47万元,受益面达12.08%,整体受益度为53.01%。

年内,调整了医疗补助报销比例,乡镇卫生院和社区卫生服务中心报销比例由原70%提高到75%;县(市级医院)、湘东医院、市外医院报销比例提高了2个百分点。每人每年累计补偿封顶由原3万元提高到6万元。

【工业】 2010年,全市工业经济发展以深入贯彻落实科学发展观为统领,围绕市委、市政府“争一进百、科学跨越”的战略目标,紧扣“保增长、保民生、保稳定”主旋律,努力实现“弯道超车”,工业主导作用继续增强,支柱产业更优更强,新型工业化步伐加快,建筑业继续保持快速增长,项目建设超常推进。全年全市新增500万元主营业务收入工业企业80家,全年全市有500万元的工业企业508家。全年实现工业总产值473.45亿元、增长34%,其中规模以上工业企业完成产值315.78亿元、增长41.9%。实现工业增加值147.03亿元、增长21.4%,其中规模以上工业企业实现增加值120.58亿元、增长28.7%。工业经济拉动GDP增长5.4个百分点,对经济增长贡献率达69.1%。规模工业增加值占全部工业增加值的比重达82%,比上年提高10.2个百分点;工业经济效益综合指标达410.07%,比上年提高79.03个百分点。

支柱产业发展强劲,全年陶瓷产业实现产值158.2亿元、增长20%;全市有规模以上陶瓷企业177家,实现工业总产值118.3亿元、比上年增长39.97%。全年完成日用陶瓷40.2亿件,增长16.5%;工业陶瓷产量54.51万吨,增长25%。年内,华联瓷业为广州“亚运会”增光添彩,特制作了一套“陶瓷邮票”;“瓷光秀映——湖南醴陵釉下五彩珍瓷暨广锈艺术展”,在澳门金碧文娱中心开展;中央电视台中文国际频道播放了“走遍中国·株洲”,其中一集为“醴陵五彩瓷”。全市有规模以上烟花鞭炮企业193家,实现产量2767万箱、增长28.1%;实现花炮产业产值136.22亿元、增长22%,实现增加值47.75亿元、利润4.85亿元。全年陶瓷产业上缴税收3.69亿余元、增长10.5%,烟花鞭炮产业上缴税收1.50亿元、增长15.5%。陶瓷、鞭炮烟花两大支柱产业的税收分别占全市财政总收入的18.3%、7.4%;花炮鼻祖李畋祭典入选株洲市“非物质文化遗产”。年内,湖南醴陵陶瓷产业园区有入园企业54家,其中已投产企业45家,累计完成投资42亿元,园区建成区面积达200余公顷。全年实现工业增加值15.56亿元,高新技术产值15.18亿元;完成固定资产投资20.2亿元。园区规模工业增加值占全部规模工业增加值的比重达14.59%;启动了凤凰大道对接工程,“釉下五彩艺术陶瓷园”、“电瓷电器产业园”、“汽车零配件及汽车用品产业园”、“建筑陶瓷园”等项目建设工程进展顺利。建筑业平稳较快增长,全市拥有资质等级以上建筑安装企业34家,其中劳务分包企业11家。全年实现建筑业总产值26.82亿元,增长18.3%;实现增加值13.01亿元,增长13.7%。全年完成房屋施工面积200.81万平方米,房屋竣工面积96.95万平方米。

新型化工业扎实推进,工业增加值占GDP的比重达55.5%、比上年提高3.6个百分点;规模工业全部资产利税率达26.4%,万元规模工业增加值能耗比上年降低17.4%,高新技术产品增加值占工业增加值比重达7%,工业固定资本投资总额达92.83%、比上年增长73.7%,工业技术改造投资比上年增长80.5%。

固定资产投资高位增长,全年完成全社会固定资产投资124.79亿元,增长52.7%。其中,城镇以上投资99.97亿元、农村投资10.9亿元、农户投资3.8亿元。全年完成了励节路、渌江栏河坝等建设工程,渌江大道(三、四期)工程基本完工,国瓷路竣工通车;推进了阳三路、泉湖体育馆等项目建设,启动了沪昆高铁(醴陵段)、长庆大道、渌江防洪堤等工程。岳汝高速(醴陵段)、沪昆高铁(醴陵段)、西气东输二线工程建设进展顺利。市城区主干道路网建设不断推进,带动了工业新区、长庆示范区、沪昆高铁站区的整体联动开发,初步构筑起50平方公里的城区框架。

房地产投资快速发展,全市有房地产开发企业33家,全年完成房地产开发投资12.7亿元,比上年增长12.3%。全年完成商品房施工面积95.03万平方米、比上年增长11.7%,竣工面积43.56万平方米,销售面积50.73万平方米;实现销售额14.94亿元、增长34.4%。

【城乡建设】 2010年,全市城乡建设和规划认真贯彻落实党的十七大和十七届五中全会精神,以科学发展观和市委、市政府"争一进百、科学跨越"工作目标为统领,以市"城市三创"为契机,以"城市提质战役"为抓手,继续围绕"关注规划、参与规划、监督规划、坚持规划"的理念,全面贯彻实施"优势产业带动、城市发展带动、先进文化带动"战略,提升城市形象,逐步打造"绿色宜居城市"、"山水园林特色生态宜居城市",城市基础设施日趋完善,城乡建设明显提速。截至12月,城市建成区面积达25平方公里,常住人口达25万人(城区4个街道办事处人口);城区道路总里程142公里、总面积186万平方米。城镇化率达47.1%。全年12个城市建设重点项目总投资规模达18亿元。完成了上正街、中兴街等城市次干道的改性沥青铺设和胜利路、中山南路的前期工程改造,启动了马放塘处棚户区的改造工程,维护、维修了左权路、青云路、醴泉路、瓷城大道、滨河路等城市主次干道路面坑洼,完成了建设巷、由是巷、道口巷等12条小街小巷的道路亮化,实施了玉屏山村等10条小街小巷和珊田村委员会、立三故居、桔园小区等道路的水泥硬化。全年完成通畅项目里程172.5公里、通达里程7.7公里。截至12月,"十一五"规划通畅通达工程项目620项、1267.4公里目标,完成通乡公路提质改造项目280余公里;"村村通水泥路"目标全面实现。全年投入各类水利工程建设资金1.2亿元,新建、整修大小水利工程9160处,新建小型水源120余处。年内,醴陵电视台新台标正式启用(由圆球和"S"组成)。广播电台发射塔搬迁获批,新址建设工程启动,主体工程完工。安装直播卫星设备120套,解决了3个行政村、覆盖了15个自然盲村。继续加大有线电视网络覆盖力度,全年发展有钱电视用户6205户、宽带用户1682户。8月,城区"双向网改"工程全面启动,5万余台数字机顶盒成功升级改造,共敷设一级主干道光纤26.4公里,共入户5020户,覆盖用户4.22万户。年内,围绕"高起点、高标准,科学规划"这一中心,充分发挥规划对城乡建设、产业发展的作用,按照"五彩醴陵、魅力瓷城"的城市定位原则,科学编制了《第五次城市总体规划》、《醴陵大道沿线控制性详细规划》、《沪昆高铁片区控制性详细规划》;组织编制了全市50个村庄整建规划和仙岳山文化景区、李铎艺术广场(左家洲)规划及玉瓷路、李畋中路、迎宾路、江南路、青云北路(延伸段)规划线型方案设计。完成了《东堡总体规划编制》和白兔潭、王仙镇的总体修编。完成了迎宾路、玉瓷路、李畋中路、城南路、碧山路等城市主干道的测量。完成了仙岳山文化景区5平方公里、陶瓷产业园征用地7平方公里、市土地储备用地2平方公里的地形测量。年内,自来水供水管网总长419公里、总用户数为4.65万余户;全年自来水供水量为1348.41万立方米,实现产值1840.46万元、水费收入2234.04万元。年内,西气东输二线工程建设启动,进展顺利。全市拥有10万立方米/日CNG加气母站和天然气汽车加气站各1座,高中压站调压站8座。全年完成次高压管网71公里、中压管网114公里;全市累计工业企业用气户232家,居民用气户8700户;日均供气总量达45万立方米。年内,城市环境保护工作以市"创建省级卫生城市"为载体,以"两型社会"和绿色生态醴陵建设为契机,实出"保民生、保增长、保稳定",加大污染整治、监管力度,城市环境质量持续改善。全年投资3500万元,治理污染项目50余项,建造清洁能源窖炉48座,治理废水22项,拆除燃煤窑炉33座,减排二氧化硫274吨、削减率为11.55%;减少COD排放1100吨、削减率为20.18%。拆除兆荣瓷厂等企业烟囱24个,改造永和瓷业等20家企业炉窑33座;城市建成区内基本实现了燃煤窑炉;全市有198家企业使用了天然气,年用气量达3.2亿立方米。全年处理污水543万吨,城镇污水处理率达85.1%,水质达到国家一级标准。

【建筑施工】 2010年,按照"省八件实事、株洲市十件实事"要求,以"关注民生"为核心,以"落实政策"为保障,初步建立了"全覆盖、宽领域"的住房保障体系,建筑业呈现稳中有升的局面。全市拥有等级以上建筑安装企业34家,其中施工总承包企业15家、专业承包企业7家、劳务分包企业14家;实现建筑业总产值26.82亿元,比上年增长18.3%;实现增加值13.01亿元,增长13.7%。全年完成房屋施工面积200.81万平方米,房屋竣工面积96.95万平方米。全年共审查报建工程项目32项,总面积43.37万平方米,总造价33.87亿元。全年投入保障住房建设、廉租住房维修改造、租赁补贴发放等资金1.09亿余元,其中中央投资2121.2万元、省级配套资金281万元、本市级配套资金8504万元。全年竣工廉租住房868套、面积4.28万平方米;竣工经济适用住房222套、面积2万平方米。

年内,住房租赁补贴严格公示审核,为4831户租赁户发放补贴635万元。投入620万元,维修、改造廉租房屋670套。启动了湖南省电力公司电瓷电器厂等2个棚户区的拆迁项目,共签订拆迁安置协议420户、面积2.94万平方米。全年完成房地产开发投资14.26亿元,比上年增长99.2%。其中,商品房住宅建设投资10.07亿元、比上年增长65.1%;完成房屋施工面积137万平方米,房屋竣工面积71万平方米。全年商品房销售面积79.97万平方米、比上年增长87.53%,成交5342套、金额22.37亿元。全年二手房成交面积20.9

万平方米,成交1501套、金额4.14亿元。全年全市住宅多层均价为2200元/平方米、比上年增长22.2%，住宅高层均价为2940元/平方米、增长27.8%。年内,完成了醴陵大道、岳汝高速(醴陵段)、杭长高铁(醴陵段)、渌江大道(三期)、产业园区等31项重点工程的房屋拆迁，共拆迁房屋1059栋、面积31.32万平方米。全年办理各类房屋登记1.36万宗，变更登记167宗、面积7.22万平方米;房屋转移登记3423起、成交面积44.21万平方米、成交额5.51亿元;办理房屋他项权利登记1936起、面积69.5万平方米、权证价值12.5亿元;办理在建工程抵押贷款14宗、金额1亿元。全年完成房屋测绘535宗、154.08万平方米;完成白蚁预防施工面积47.75万平方米,灭治面积8300平方米、灭治率达100%。

年内,成功举办了醴陵市第三届房地产交易展示会,实现商品房交易户1003户、成交面积22.46万平方米,成交额4.43亿元;二手房交易户196户、成交面积1.94万平方米,成交额2903万元;实现营销总额4.72亿元，意向购买房1365套、19.45万平方米、金额5.45亿元。全年完成房地产开发投资12.7亿元、比上年增长12.3%;实现销售额14.94亿元、增长34.4%。

【重点工程建设】 2010年，全市重点工程建设以“城市发展带动”战略和“城市提质战”战役为契机,城乡建设明显提速,项目建设加快推进。全年全市融资平台共融资8.2亿元。其中，市农发公司融资7.4亿元。全年拨付5630万元,其中醴陵大道4000万元、宝塔路1000万元、渌江防洪堤300万元、江源大桥300万元、渌江大道30万元。7月,总投资2300万元的左权南路延伸段建设工程竣工通车。8月,总投资1800万元的车顿桥广场重点工程建设项目竣工并投入使用。11月，总投资1800万元的励节路竣工通车；总投资1500万元的渌江栏河坝工程建设工程竣工。年内,“城市提质”战役的重点项目之一的渌江大道(三、四期)工程,其中三期工程基本完工,四期工程的路基土方工程完成90%,地下管线工程完成总量的70%,水稳层铺设工程完成总量的70%；预计2011年4月竣工。预算总投资1.65亿元、总面积5.13公顷、建筑面积1.03万平方米的泉湖体育馆工程建设，年内完成投资9000万元,主馆建设工程启动,可研、防洪评估、环境评估、立项、征地、拆迁、设计、预算和招标等工作完成；预计2011年10月完工。总投资2700万元的塔前路,完成了道路立项、规划、施工设计、征地、房屋拆迁等工作，路基土方施工已完成80%，雨污水管道完成70%；预计2011年6月竣工通车。渌江风光带建设工程共分三期，全长6公里。其中一期工程于2005年10月竣工。年内,预计总投资7亿元的二期工程建设启动，房屋拆迁、体育馆至渌江大桥段的防洪堤工程有序推进;三期工程建设正处前期各项准备工作之中。年内,总投资约8亿元,长6596米、宽100米的醴陵大道建设工程的路基工程完工,排水工程接近尾声;铺设沥青路面(底层)26.04万平方米、中层铺设20.98万平方米；完成预制人行道板8.86万平方米,安装侧石3.94万延米；全线共种植树木6262棵,路中绿化带栽培树木4.8公里;总投资1200万元的流星潭桥主体工程竣工。岳汝高速(醴陵段)完成投资2.2亿元,征地、拆迁工作全面完成,全线10个标段进入施工阶段。莲易高等级公路(G320、醴陵段)拓宽、改造工程已完成工可和评审;预计2011年启动。投资约3.78亿元的沪昆高铁(醴陵段)客运专线建设施工进展顺利。年内,投资近2000万元、长2650米的大林河引水工程全线贯通，预计2011年竣工并投入使用。启动了长庆大道、渌江防洪堤(二、三期)等工程。釉下五彩艺术陶瓷园、汽车零部件及汽车用品产业园、湘东国际物流园、仙岳山文化景区等产业项目建设步伐加快推进。年内,无水港(湘东国际物流园)项目建设被纳入全市全年30项重点工程，南昌铁路局同意将铁路土地纳入物流园建设规划范围并统一规划和铁路集装箱业务整合到物流园、下属多经企业参与铁路装车点的投资建设。启动了花炮商检海关联合监装点、花炮燃放试验场、电瓷检测实验室、口岸联检大楼等系列口岸配套设施建设,其中花炮燃放试验场投资900万元、占地20公顷。

【开放型经济】 2010年，继续大力实施大开放战略,围绕市“三大战役”目标,以“传统产业新型化、新兴产业特色化”和“项目园区化”为目标,全面贯彻“内外并举、繁荣商贸”战略,进一步强化沿海产业转移项目,对外开放进一步扩大,开放型经济迅速发展,招商引资成绩显著,外贸出口稳中有增,新型工业化稳步推进。全市有外商投资企业34家（其中陶瓷企业22家),完成外贸出口总额6.09亿美元,出口创汇2.43亿美元。全年工业经济拉动GDP增长5.4个百分点，对经济增长贡献率达69.1%；规模工业增加值占全部工业增加值的比重达82%。工业经济效益综合指数达410.07%,比上年提高79.03个百分点。工业增加值占GDP的比重达55 %、比上年提高3.1个百分点，高新技术产品增加值占工业增加值的比重达7%,省级园区规模企业增加值占全部规模工业增加值的比重提高到14.59%，工业技术改造投资增长80.5%。外向型经济继续调整,积极实施“走出去”战略,全力推介醴陵、宣传醴陵、展开醴陵,全年全市组织市相关企业参加了德国法兰克福陶瓷礼品展、德国汉诺威工业博览会、春夏“广交会”、上海“世博会”等。上海“世博会”期间,由中国奥组委主要领导向原国际奥委会主席萨马兰奇等官员赠送了由醴陵制作的“世界和瓶”;由省长周强向台湾亲民党主席等赠送了“盛世牡丹”、“国色天香”瓶等。年内,成功举办了醴陵首届“中国醴陵内销烟花炮竹经营高层座谈会”，有来自北京、新疆等19省市、近200名高端经营商与会。6月,醴陵制作的“万花赏瓶”,以市委、市政府名义赠送给了台湾“影、视、歌”三栖明星刘若英（醴陵籍人)。7月,市组织参加了湖南省“上海世博”招商活动周和湖南省、株洲市项目推介会暨重大项目投资签约仪式,其间“醴陵釉下五彩陶瓷创意园”等项目成功签约。8月,市长蒋永清随同湖南省“2010年台湾湖南周暨第六届湘台经贸交流合作论坛”代表团,赴台参加了论坛。全年新批自营进出口权企业14家，年末全市拥有自营进出口权企业183家。年内,市组团参加了“上海世博活动周”、“第五届中博会”、“湘台经贸活动周”等招商活动;举行了产业招商推介会,组织开展了建筑陶瓷招商恳谈会和大型项目签约活动。全年签约引进新项目24项,实际利用外资6560万美元,实际到位内资16.132亿元。

【服务业】 2010年，全市服务业(第三产业）实现增加值72.05亿元,比上年增长12.3%。交通运输业稳步发展,全市境内公路总里程3085.21公里，其中高速公路96.5公里、国道129.96公里、省道51.57公里、县道296.36公里、乡道381.72公里、村道2129.11公里。全市有东、南、西、北客运站、株洲集团醴陵汽车站和嘉树等13个农村客运站，共拥有营运货车3242辆、营运客车623辆。全市拥有公交线路5条，公交车109辆。市境内渌江水系航道总里程124公里,其中渌水82公里、澄水29公里、铁水13公里。拥有各类船舶119艘,其中运输船25艘、挖沙船27艘、渡船24艘；有渡口28处、码头56个、自建浮桥26座。境内有浙赣电气化铁路复线、岳汝高速、醴潭高速、沪昆高速(在建)、320、106国道、313省道,醴(陵)茶(陵)铁路线、醴陵开往南昌始发列车和醴陵开往深圳盐田港国际集装箱专列。全年完成客货运换算周转量87.1亿吨公里,其中完成货运量8550万吨、货物周转量86.2亿吨公里、客运量7180万人次、旅客周转量30.1亿人公里。邮电通信业稳健发展,全年完成邮电通信业务总量4.56亿元,增长12.3%。年末拥有固定电话用户19.9万户,其中农村电话用户12.1万户。有移动电话用户54.6万户，互联网用户5.3万户。

消费品市场持续走旺,全年全市实现社会消费品零售总额83.11亿元,比上年增长18.6%。城市消费品零售额为72.62亿元、增长18.4%，农村消费品零售额10.49亿元、增长19.8%;批发和零售业零售额为72.66亿元,增长18.1%;住宿和餐饮业零售额10.45亿元，增长22.3%。全市共设立家电下乡备案网点224家,汽摩下乡备案网点56家，全年共销售下乡产品16.07万台,销售额达4.87亿元。

【社会事业】 2010年，全市社会事业工作仍然坚持“以民为本、为民解困、为民服务”的宗旨,牢固树立以“民生为重”的执政理念,解决民生、落实民权、维护民利,强化“阳光政策”宣传,深入开展“创优争先”,贯彻落实《醴陵市文化发展战略纲要》，不断加大财政投入和建设力度，社会事业统筹发展,民生民利和人民生活水平不断改善,城乡居民收入稳步提高,就业和再就业稳步推进，社会保障机制、公共卫生体系不断健全,科技创新能力不断提高，文明程度显著提升,文化事业健康发展,社会政治稳定有序,市民安居乐业。年内,沩山古窑址的沩山村成功申报为“湖南省历史文化名村”,李立三故居被评为国家“AAA”级优秀旅游景区。文艺创作硕果累累,在参加湖南省第二届“湘人湘歌”大赛中,史晓林创作的歌曲《家乡的油纸伞》获银奖;《科学发展好前程》节目，在参加“中华颂第二届全国小戏小品曲艺大展”中,被评为二等奖;《非常年夜饭》小戏小品获株洲市第三届“炎帝文艺奖”三等奖。《思情鬼歌》在湖南省首届农民文艺会演中获“丰收奖”。群众文化体育事业蓬勃发展,市获“全国全民健身工作先进县(市)”称号。在参加湖南省第十一届运动会中获5金、17银、21铜。成功举办了“2010年春节联欢晚会”、《烟花故里闹新春》文艺晚会、首届“中秋赏月晚会”、全市抗洪救灾慰问演出、神韵湘西写生汇报展、醴陵市广场舞暨全民健身社会体育指导员培训启动仪式等大型文艺活动20余场。全年新建9个乡镇综合文化站、120家“农家书屋”;送戏下乡演出210场,下乡放映电影4060场、送书1270册。全年演出花鼓戏202场,恢复并排练了《三子贵》、《认祖为宗》、《三打平贵》大型古装戏。年内,非物质文化遗产的保护和传承进一步深入,确立了“红官窑”等一批陶瓷企业传承基地;设计、启用了“非遗产产品标志”,出版了“醴陵釉下五彩瓷烧制技艺”的宣传画册,申报了民间舞蹈（星子灯）李家仁、张辉,民间音乐(思情鬼歌)肖维奇、陈杨辉,民间风俗(婚俗)杨大福,民间文学(状元洲的传说)屈良球,民间戏曲(皮影戏)陈金祥、温学复等13位株洲市级非遗产项目代表性传承人。年内,组织市传承基地企业参加了“上海世博会”、第二届“中国(福保)乡村文化艺术节——中国乡村非物质文化遗产百名工艺展”、文化部组织的“巧夺天工——中国非物质文化遗产百名工艺美术大师技艺大展”等活动。

年内,制订了《市游泳人才培训计划》,成功承办了“湖南省中老年人健身球操”比赛,举办了市首届“金荣杯”湘赣自行车邀请赛。张建安受国家体育总局和第十六届“亚运会”组委会的指派,参加了龙舟项目的比赛,并多次赴外地参加国际龙舟大赛裁判及组织工作。广播电视紧扣市委、市政府中心工作,坚持主动策划、正确引导、诠释党委、政府的决策。全年宣传报道了《三创在行动》、《两会新词典》、《市委全会》、《精彩跨越——聚焦“十一五”》、《天南地北醴陵人》等30余组系列报道。推出了聚焦“三大战役”的《突破——大步流星进百强》专栏，拍摄了“三创工作”的《三创托起新瓷城》汇报片和抗洪抢险的《抗击洪灾》专题片，采拍了反映全市经济、民生发展和教育均衡发展情况的《江山新姿看今朝》、《百姓的欣慰》等专题片。《第二届陶瓷艺术大师评审在湖南醴陵落下帷幕》、《湖南醴陵：首套陶瓷亚运纪念邮票烧制成功》等11条新闻稿件在中央电视台播出，其中《釉下五彩瓷赠联合国》、《各类补贴落实到位、多措并举确保秋粮丰收》等，分别在《新闻联播》中播发。

年内，科技兴市战略进一步推进，投资力度加大，科技工作跻身国家首批知识产权强县行列，连续7年保持“全国科技进步先进县(市)”称号。全年全市安排各类科技计划项目45项，投入科技三项费用2550万元；申报国家级科技项目6项、省级5项，引进科技项目发展资金465万元；申请专利590件，其中企业申请专利427件。年末，全市拥有高新技术企业11家，实现高新技术产值22亿元。教育事业围绕市“教育强市”和市“争一进百、科学跨越”的工作目标，牢固树立“讲学习、讲政治、讲正气、炼作风、铸师魂、重德育”新风尚，求真务实，团结奋进，推行素质教育，不断规划办学行为，各项教育事业协调发展。年内，醴陵市荣获“湖南省建设教育强县(市、区)先进集体”、“全省推进义务教育均衡发展工作先进市”称号。全年全市财政性教育经费支出44021万元，教育财政拨款35149万元。全年征收教育费附加1999万元、城市教育费附加1000万元。年内，总投资1251万元的陶瓷烟花实训大楼竣工并投入使用。认真落实“两免一补”政策，全年免除城乡义务教育阶段学杂费2697万元，发放义务教育阶段贫困寄宿生生活补助费360.3万元，惠及10123人次。全市小学入学率100%，辍学率为“零”，升学率为100%；初中入学率为100%，辍学率控制在0.4%以内。全年拥有普通中学49所，在校学生33173；小学177所，在校学生51837人。投资6500万元，新建校舍3.6万平方米，维修、改造校舍6.5万平方米；投资5000万元，改造、扩容了城区实验小学等3所学校。全年全市高考二本以上一次性上线人数达1769人，三本以上一次性上线人数3129人，上线率65.7%。其中，本科录取2158人、专科录取1817人。卫生事业全面发展，新型农村合作医疗工作继续保持全省领先地位，全年参合农民达80.17万人、参合率为93.46%；全年累计补助17.54万人次，补助金额9834.47万元。着力推进乡镇卫生院项目建设，促进了基本公共卫生均等化。投资250万元，提升、改造了白兔潭、大障镇等2所中心卫生院的综合大楼；总投资8000万元的市中(一)医院住院综合大楼启动；总投资725万元，改、扩、建了来龙门、西山街道办事处社区卫生服务中心。切实加强了妇幼保健、免疫、卫生执法、卫生应急、队伍建设等工作，逐步形成了覆盖城乡的公共卫生服务体系和医疗服务体系。广播电视“村村通”目标全面实现；年末全市电视综合覆盖率达100%、广播综合覆盖率达99.39%。全市环境保护工作以“创建省级卫生城市”为载体，深入开展“蓝天碧水”行动，积极推进“两型”社会和绿色生态醴陵建设，环境质量持续改善。全面开展了城区炉窑整治工作，拆除烟囱24座，改造窑炉33座。全年投入治理污染资金3500万元，治理污染项目50余项、废水22项，建造清洁能源窑炉48座，减排二氧化硫274吨，减少COD排放1100吨。人民生活水平不断提高，城镇居民收入稳步增长，全市城镇居民人均可支配收入达18280元，农民人均纯收入9304.25元。城镇居民人均生活消费性支出12497.7元，农民人均生活消费性支出6245.13元。就业和再就业工作稳步推进，全年新增城镇就业人员6506人，帮助3302名国有、集体企业下岗失业人员实现再就业；新增农村劳动力转移就业人员18133人，城镇人口登记失业率在4.3%以内。社会保障体制进一步加强，城镇居民医疗保险工作进展顺利，保险覆盖面不断扩大，全年企业养老保险新增参保人数11019人，失业保险新增参保人数4868人，医疗保险新增参保人数2550人，城镇居民医疗保险参保人数85180人，新增生育保险参保人数945人。全年享受城乡低保人员分别达24919人、9714人。

【社会治安】 2010年，全市法制建设以党的“十七大”精神、“三个代表”重要思想为指导，紧扣市“三大战役”目标、“城市三创”和“创建平安醴陵、构建和谐社会”的工作主题，始终坚持“稳定压倒一切”的方针，围绕“群众满意”的总目标，认真履行“促稳定、打犯罪、保民安”，保持“严打”高压态势，以“严打整治”为手段、以“夯实综治基础”为依托、以“服务积极”为宗旨、以“教育管理”为核心，进一步健全法制机制，强化措施，巩固基层基础，进一步完善处置群体性事件应急预案，打造综治工作新平台，建立“大防范”工作格局，加强政法队伍建设，严格考核奖惩。继续全面推进“平安乡镇（街道办事处）”、“平安村（居委会）”、“平安单位”、“平安学校”、“和谐家庭”等基层平安创建活动，全市法制建设工作迈上了新的台阶。全市公安工作坚持防范与打击、服务与管理、队伍建设和业务工作相结合，紧紧抓住“打防结合”工作主线，强势推出“严打、严防”系列举措，出实招、创实绩、顺民意、赢民心、正警风、铸警魂，有效维护了全市社会治安的大局稳定，开展了“亮剑行动”、“雷霆行动”、“飓风行动”、“两打三清”等专项行动。7月，在王仙镇召开了公开打击处理大会，对一批破坏重点工程建设秩序的犯罪嫌疑人公开宣布逮捕和刑事拘留。全年接处警1.19万起，立刑事案件2495起，破获各类刑事案件1224起，打击处理724人，追捕逃犯208人，治安拘留1468人。全年侦破命案13起，摧毁犯罪团伙17个；侦破黄、赌、毒案件116起，打击处理146人；破获各类毒品刑事案件51起、治安案件68起,摧毁毒品犯罪团伙3个，收缴海洛因、冰毒、麻古等毒品354.74克。看守所全年共羁押犯罪嫌疑人589人;变动出所565人，其中刑满释放121人,投送监狱148人、缓刑释放47人。拘留所全年收拘1535人,其中行政拘留1490人、司法拘留45人。年内，交通警察工作以市“城市三创”为平台,紧扣“稳定、发展、民生、形象”工作主题,全年维护各类政治、经贸、视察、文化等交通秩序339次,侦破交通肇事逃逸案件5起、抓逃3人。开展秩序整治专项行动205次,查处交通违法行为7万余起，扣留违法车辆3154辆,治安拘留65人。检察工作紧紧围绕“社会矛盾化解、社会管理创新、公正廉洁执法”工作重点,紧扣“强化法律监督、维护公平正义”的主题,保持对严重暴力、黑恶势力、多发性侵权犯罪及危害民生等犯罪的高压打击态势,不断提高办案质量和执法水平。全年共批准逮捕各类刑事犯罪案件252件、415人，提起公诉364件、581人;不批准逮捕34件、68人,不起诉40件、58人。办理未成年犯罪案件26件、53人。依法立案查处贪污贿赂犯罪案件15件、21人，立案查处渎职侵权犯罪案件9件、10人。全年依法立刑事案、民事监督案件8件、13人,依法决定追加逮捕11件、14人，追诉漏犯漏罪17件、20人，提请刑事抗诉8件、10人。林业检察工作共受理公安机关提请批准逮捕案件13件、13人,其中批准逮捕11件、11人。法治工作全年受理各类案件3167件,审(执)结3115件,为当事人挽回经济损失8096.78万元;全年受理刑事案件412件，审结407件、672人,其中判处十年以上有期徒刑19人、判处三年以上十年以下有期徒刑105人。全年审结民商事案件2130件，审结2086件;执结各类执行案件579件、标的2723.05万元,执结积案121件;审结破产案3件,金额机构借贷纠纷案195件。司法工作围绕市“城市提质、园区攻坚、旅游升温”三大战役的工作思路,以“应对金融风险、促进富民强市”专项法律服务活动为总抓手,以“构建平安和谐醴陵”为目标，突出抓好基层基础综治、专项法律服务、创建法治醴陵三项工作。全年调处各类矛盾纠纷671起、成功调处662起、调处率98%。年内,防群众性上访26起、防自杀24起、防群众性械斗16起、防民转刑15起。全年接待咨询服务980人次,办理法律援助案件252件。全年办理各类事务970件,办理各类公证1910件、其中涉外513件。

【组织建设】 2010年，全市共有党组织1193个，其中党委64个、党总支51个、党支部1078个;有党员4.26万余名，其中在职在岗党员1.36万余名、农牧渔民党员2.16万余名。全年发展新党员667名，创建第二批先进基层党组织32个、党员标兵34名。全市有副科级以上干部1589名，其中副科职以上干部952人、副科级以上非领导职务干部637人。全年公开选拔了市招商局、旅游局副局长和陶瓷烟花职业学校副校长等副科级干部及28名事业单位干部，解决了60名公、检、法系统干部的正、副科级待遇。

年内,党的组织建设工作认真贯彻落实党的“十七大”和十七届五中全会精神,认真落实中央《干部选拔任用工作四项监督制度》、《严厉整治干部选拔任用工作中行贿受贿行为实施方案》。深入开展“创先争优”活动,围绕市“争一进百、科学跨越”、“三大战役”战略目标和市“城市三创”中心工作,始终把贯彻落实保持共产党员先进性长效机制作为党建工作的主线,协助起草了《中国共产党员醴陵市代表大会代表任期制实施细则(试行)》,下发了《醴陵市党务公开实施办法(试行)》,出台了《醴陵市2010年度发展党员工作指导意见》、制订了《2010年度各单位绩效考核目标》和《全年人才工作要点》,开展了“亮剑主战场、促进新跨越”主题实践、“四赛四比争一流活动”和“强党性、学先进、争先锋”、“我身边的优秀共产党员”等活动。全年派出100个后盾单位对全市34个新农村建设示范村、贫困村和社区进行建整帮扶。进一步规范了“醴陵党员之家”网站、“两新”、党建“双百”等建设。组织开展了20个行政单位的领导干部经济责任审计。全年公开招考各类人才187名,举行大型招聘会3次,有342家企业参加,共招聘各类人才1157人。试点推进了农村支部电子化办公建设,建立了党员“飞信”平台和网络互动平台,增设了乡镇、街道办事处党委书记和全市398个村(居)支部书记信息群发平台。

全年人才工作全面实施“人才强市”战略,深化人事制度改革,严格遵循“凡进必考、公平竞争”的原则,切实加强公务员队伍建设和管理,全年公开招录公务员64名,选拔4名应届高校毕业生充实基层一线。年内,共有1.28万名机关事业单位工作人员参加考核,其中被评为优秀等级1947人、称职等级10847人、基本称职等级19人、不称职等级5人、不定等次152人。全年评定荣立三等功223人。年内,绩效评估(为民办实事)考核进一步推进,全年投入为民办实事经费4.87亿元，比上年增加1.47亿元、增长43.4%。年内,市纪检监察工作坚持“标本兼治、综合治理、惩防并举、注重预防”的方针,以党风廉政建设和反腐败斗争的新成效取信于民,切实维护党的纪律和人民群众的根本利益。全年受理来信来访和群众举报162件,立案查处党员干部党纪政纪案件90起，其中大案要案12件;移送司法机关处理1人,收缴违纪资金87万元。深入推进“小金库”等整治工作,查处违纪违法案件7起、纪律处分3人，挽回经济损失300万元。全年受理投诉4件,查处不作为、乱作为案件8起,问责10人。

(汪建平)

大 事 记

2010年

1月

2日　湖南省电力公司副总经理牛黎军等一行到电力电瓷电器厂视察、指导工作。

5日　湖南省监察厅纪检监察专员(副厅级)汪伟,率湖南省政府污水处理设施建设三年行动计划检查组,到醴陵检查市污水处理厂运行情况。

15日　醴陵市十四届人大常委会第19次会议召开。任命蒋永清为市人民政府副市长、代市长。

16日　中共醴陵市委十届八次全体(扩大)会议在醴陵大剧院召开。

18日　国家动物疫病防控中心副主任李明等一行到醴陵督察春节期间重大动物疫病防控工作。

19日　国家安监局安全监督专员王海军等一行到醴陵检查烟花鞭炮企业安全生产情况。

是月　李立三故居旅游区晋升为国家"AAA"级旅游景区。

2月

4日　国家质量监督检验检疫总局副局长魏传忠一行到醴陵市质量技术监督局视察工作。

22日　醴陵市十四届人民政府第五次全体(扩大)会议在醴陵大剧院召开。

23日　湖南省农机局副局长周洪武等一行到醴陵调研农机春耕备耕工作。

24日　株洲市市委副书记、市长王群到醴陵栗山坝镇石均塘村考察当地农村建设发展情况。

25日　醴陵市政协第十二届委员会第六次常委(扩大)会议召开。

3月

2日　湖南省副省长徐明华等一行到醴陵视察农业农村及春耕备耕工作情况。

当日　全国"两会"安全保卫工作电视电话会议在市公安局召开。市委副书记、代市长蒋永清等市领导参加。

2~4日　政协醴陵市第十二届委员会第四次会议在醴陵大剧院召开。

3日　湖南省财政厅厅长郭秀宏一行醴陵调研市财政工作及贯彻"省直管县"财政体制改革工作。

3~5日　醴陵市第十四届人民代表大会第四次会议在醴陵大剧院召开。蒋永清副市长当选为醴陵市人民政府市长。

4日　深圳深业集团总裁徐汝心等一行到醴陵考察官庄水库旅游开发项目情况。

11日　湖南省爱卫办调研组一行到醴陵调研、指导创建"省级卫生城市"工作情况。

当日　当代投资集团董事会主席张雷一行到醴陵考察市情、城市规划、产业发展等基本情况。

12日　湖南省住房和城乡建设厅副厅长高东山等一行到醴陵调研房地产开发项目情况。

17日　市委经济工作会议在醴陵大剧院召开。

当日　花炮鼻祖李畋祭典入选株洲市"非物质文化遗产"。

18日　株洲市政协副秘书长刘润生一行到醴陵调研发展旅游产业工作。

20日　中国人民银行长沙中支行副行长张庆舫一行到醴陵调研金融支持工业的发展情况。

28~30日　日本东京大学艺术学院岛田文雄教授和清华大学美术学院陶瓷艺术系主任郑宁教授,到市瓷艺堂进行为期3天的陶瓷艺术创作。

29日　中国储备粮总公司副总经理姚瑞坤等一行到醴陵考察粮食生产、粮油物流中心建设情况。

4月

2日　湖南省人民政府督查室督查组一行到醴陵督查春季动物疫病防控工作。

7日　上海世博园艺萃馆中的"醴陵陶瓷展馆"成功布展,并通过验收。

当日　湖南省交通运输厅党组成员、省高管局局长冯伟林一行到醴陵视察,指导岳汝高速(醴陵段)建设情况。

8日　株洲市人大常委会主任姜玉泉一行到醴陵督察防汛抗旱工作。

9日　江西省萍乡湘东区政

协主席汤其安一行到醴陵考察城市和园区建设情况。

12～21日　醴陵市成功举办首届“中国醴陵内销烟花爆竹经营高层座谈会”。此次座谈会是继1992年第十届醴陵花炮陶瓷订货会之后,首次举办的一次烟花爆竹产业大型活动。有来自北京、天津、新疆、内蒙古等19个省市、近200名高端经营客商与会。

14日　国家税务总局货物劳务司副司长王振华等一行到醴陵调研陶瓷企业出口退税有关情况。

17日　湖南省省委常委、省军区政委杨忠民到醴陵孙家湾乡孙家湾村调研预备役工作。

19日　在市仙山公园李畋殿举行了公祭爆竹祖师李畋大典。全国花炮界有关人士参加。

当日　全国工商联副主席、新华联集团董事局主席兼总裁傅军等一行到醴陵考察石油油库建设项目。

20日　湖南省人力资源和社会保障厅副厅长杨春林等一行到醴陵督查政府绩效评估开展情况。

22日　安仁县政协副主席伍万龙一行到醴陵考察蔬菜产业发展情况。

5月

1日　位于上海世博园艺萃馆内的“醴陵陶瓷展馆”开馆。

3日　农业部党组副书记、常务副部长危朝安,在国家农业部种植业司司长叶贞琴、湖南省农业厅厅长田家贵等一行陪同下,到醴陵视察粮食生产、双季稻生产情况。

5日　湖南省经济信息化委员会党组成员、副主任曾柯立一行到湖南电瓷电器厂专题考察、调研新型产业关键技术项目和省级技术中心申报工作。

6日　湖南省副省长陈肇雄一行到醴陵调研陶瓷产业发展情况。

7日　株洲市人大常委会主任姜玉泉到醴陵指导防汛救灾工作。

11日　湖南省发改委主任蒋作斌、株洲市市委书记陈君文等一行到醴陵督察、指导防汛救灾工作。

12日　湖南省发改委主任蒋作斌等一行，在株洲市市委书记陈君文的陪同下，到醴陵视察受灾情况。

当日　世界华人华侨社团联合总会执行副主席马侨禧一行到醴陵考察和交流投资环境。

13日　湖南省人民政府副秘书长、省信访局局长李皋等一行到醴陵调研信访工作。

当日　湖南省军分区杨政委到孙家湾乡孙家湾村调研预备役基层党组织建设工作。

20日　株洲市市委书记陈君文等一行到醴陵视察了华联火炬电瓷电器产业园等单位。

26日　湖南省轻工盐业集团总经理郭剑萍到省轻工高级学校进行调研。

28日　在醴陵大剧院召开了醴陵市杭长铁路客运专线(沪昆高铁醴陵段)建设动员大会。

6月

1日　驻醴陵株洲市属国有改制企业临时党委成立。

4日　中央电视台驻湘联络站站长谢宝军等一行到醴陵调研市情和陶瓷发展情况。

6日　湖南省委“创先争优”活动领导小组办公室主任、组织部副部长郭树人一行到醴陵检查、指导“创先争优”活动开展情况。

10日　湖南省省委副书记梅克保等一行在株洲市市委副书记、市长王群陪同下,到醴陵视察“创先争优”活动开展情况。

17日　国家农业发展银行副行长鲍建安一行到醴陵调研金融工作如何服务“三农”、支持地方经济发展工作。

17日　中央电视台一台系列片《世博传奇》摄制组到醴陵拍摄、推介醴陵釉下五彩瓷专题纪录片。

18日　由国家级美术大师王坚义主持创作的《万花赏瓶》,以市委、市政府名义赠送给了醴陵籍台湾影、视、歌“三栖明星”刘若英和她的父亲刘纬文、叔父刘纬武。

21日　株洲市人大常委会主任姜玉泉到醴陵视察“创先争优”活动联系点(市第一中学)和党建帮扶点(白兔潭镇田心村)情况。

当日　醴陵市设立了中共醴陵长庆示范区工作委员会和醴陵长庆示范区管理委员会，为市委、市政府派出的正科级事业机构。

22日　湖南省基层农技推广体系改革与建设现场会在醴陵召开。

23日　市委、市政府在市东风大酒店举行了招商引资项目签约仪式。其中,汽车零配件、兴华啤酒、迎宾路建设等5个项目被签约。

23～24日　国家统计局湖南调查总队党组书记、总队长程子林等一行到醴陵调研统计调查工作践行“三个提高”(即:提高统计能力、提高统计数据质量、提高公信力)情况。

24日　株洲市人大常委会主任姜玉泉到醴陵指导抗洪救灾工作。

28日　湖南省宁乡县政协主席俞亚军一行到醴陵学习政协工作经验。

7月

1日　公安部装备财务局副局长刘明望等一行到市公安局调研警务保障工作情况。

5日　湖南省人大常委会委员、环资委主任委员邹学明一行到醴陵调研住房保障工作情况。

6日　湖南省超级杂交稻“种三产四”丰产工程早稻现场会在醴陵召开。全国政协常委、省政协副主席、中国工程院院士、“杂交水稻之父”袁隆平,省农业厅厅长田家贵等一行出席了会议。

7日　中央电视台新闻综合频道《世博传奇》栏目播放了《瓷瓶上的世博故事》,宣传、推介了醴陵百年釉下五彩瓷。

9日　湖南省安委办副主任、

省安监局副局长李大剑一行到醴陵督导烟花爆竹安全生产工作。

12日　湖南省人力资源和社会保障厅副厅长赵永杰一行到醴陵检查开展整治非法用工、打击违法犯罪工作情况。

14日　中国水稻所副所长廖西元等一行到醴陵参观了泗汾镇农场、石湾村粮食高产示范片的水稻种植情况。

18～25日　醴陵市人民政府参加了湖南省“上海世博”招商活动周和湖南省、株洲市项目推介会暨重大项目投资签约仪式。其间，醴陵釉下五彩陶瓷创意园、60万台汽车零配件生产、仙岳山文化景区开发建设等项目签约。

19日　市委十届九次全体(扩大)会议在醴陵大剧院召开。

19～20日　湖南省农村工作部副部长、省农村办副主任等一行到醴陵检查、指导能源工作情况。

20日　株洲市四大家领导陈君文、王群、姜玉泉、刘岁文等一行到醴陵检阅、参观“三大战役”工作成果。

27日　株洲市人大常委会主任姜玉泉率团到醴陵视察农产品质量、安全监管工作。

当日　湖南省公安厅国保总队副总队长杨丙炎一行到醴陵调研、督导国保基础工作情况。

29日　在市王仙镇召开了全市公开打击处理大会，公开逮捕、刑事拘留了一批破坏市重点工程建设的犯罪嫌疑人。

8月

3日　湖南省公安厅副厅长张朝维等一行到醴陵调研、指导国保工作。

10日　醴陵市公安局协助衡阳和江西警方,分别破获了一起绑架和故意杀人案。

12日　在市黄泥坳街道办事处华塘村发现一清朝乾隆年间墓志石碑。

13～14日　株洲市市委书记陈君文等一行到醴陵考察、调研打造陶瓷千亿产业集群、抓好安全生产、打好“旅游升温”战等工作情况。

14日　株洲市市委书记陈君文等一行到官庄乡视察官庄水库保护性开发工作。

20日　湖南省林业厅厅长邓三龙等一行到醴陵考察林业造林绿化工作。

26日　湖南省检察院检察长龚佳禾等一行到醴陵调研、落实“三项重点”工作推进情况。

30日　醴陵市市委、市政府在东风大酒店举行了醴陵首届汽车零配件产业招商推介会。有分别来自台湾、北汽、福建、浙江等地客商23家参加。其中,湖南三合汽车零配件项目成功签约。

9月

1日　国家体育总局副局长段世杰在湖南省体育局副局长熊倪陪同下,到醴陵考察醴陵瓷艺。

9日　湖南省煤矿安全监察局副局长丁国强一行到醴陵检查安全生产工作情况。

10日　湖南省财政厅党组成员、总经济师欧阳煌到醴陵调研建设好出口公共服务平台工作情况。

13日　卫生部孙学军调研员一行到醴陵督导儿童麻诊疫苗强化免疫工作。

17日　湖南省农业厅巡视员青先国一行到醴陵考核、验收粮食生产工作情况。

25日　株洲市市委常委、纪委书记刘力量到醴陵视察反腐倡廉工作情况。

29日　中国陶瓷工业协会专家组到醴陵实地考核“中国陶瓷历史文化名城”、“国瓷醴陵”的申报情况。

10月

4日　湖南省加速推进新型工业化工作领导小组副组长、中南大学党委书记高文兵等一行到醴陵调研陶瓷产业发展情况。

8日　株洲市市委副书记、市长王群等一行到醴陵调研“十二五”规划编制及县城建设规划情况。

9日　湖南省残联理事长肖红林一行到醴陵调研有关残疾人托养服务工作情况。

14日　湖南省水利厅厅长一行到醴陵视察贺家桥寺冲、藕塘水库除险加固工程、大障镇马恋村小农水重点县建设项目工作、渌江防洪工程建设情况。

当日　山西省左权县政协副主席刘二梅一行到醴陵考察教育均衡发展情况。

15日　中组部原部长张全景等一行到醴陵先后视察了李立三故居、“红官窑”、渌江书院、华联瓷业等。

18日　湖南电力电瓷电器厂举行了建厂六十周年庆典活动。湖南省人大常委会副主任肖雅瑜、株洲市人大常委会主任姜玉泉、湖南省科技厅副厅长杨治平等参加庆典。

19～21日　在首届中国湘绣文化艺术节暨第三届湖南省工艺美术品博览会上,全国人大原副委员长、工艺美术协会理事长李铁映亲临醴陵展厅,并在陶瓷制作现场的瓷瓶坯胎上题“义子道”。

22日　农业部副部长张桃林一行到醴陵视察、指导农业机械化工作。

23日　在广东省佛山市举行了醴陵 (佛山) 建筑陶瓷招商恳谈会，市长蒋永清等领导全程参加。此次恳谈会对接了新中原、新明珠、蒙娜丽莎等知名企业。

27日　中国工程院常务副院长潘云鹤、湖南省科协主席(院士)何继善等一行到醴陵参观了省陶瓷研究所、“红官窑”。

28日　国家安监总局监管三司副巡视员刘幼贞督导组一行到醴陵视察安全生产工作。

30日　在第五届中国金融市长年会、“欧洲和中国战略合作与发展论坛”上，醴陵市获“中国金融生态城市”称号。

当月 湖南醴陵华联瓷业公司为广州“亚运会”特制了一套陶瓷邮票。

11 月

4 日 在第 108 届中国进出口商品交易会上,全市 37 家外向型陶瓷企业参展,共签订贸易合同 5195 万美元。

7 日 中储粮总公司党组书记、总经理包克辛在中储粮湖南分公司总经理周毅的陪同下,到醴陵调研粮食生产工作情况。

16 日 湖南省政府人力资源和社会保障厅副厅长刘正华率省打击传销工作检查考核组,到醴陵检查打击传销工作情况。

17 日 湖南省司法厅副厅长刘道龙率省综治维稳检查组到醴陵考察矛盾纠纷调处中心和城市治安电子防控系统建设情况。

18 日 湖南省物价局局长龚秀松等一行到醴陵检查物价工作情况。

19 日 湖南省财政厅副厅长石建辉等一行到醴陵珊田村视察新农村建设情况。湖南省农业厅副巡视员文培正等一行到醴陵督查秋、冬种植生产情况。

当日 广东省东莞市政协副主席袁德和一行、嘉禾县政协副主席曾钟斌一行,分别到醴陵考察、学习政协工作经验。

26 日 中国邮政储蓄银行湖南省分行行长肖天星一行到醴陵支行考察邮政储蓄工作。

29 日 中央信访工作督导组副组长、国家信访局副局长张恩玺一行到醴陵督查、指导信访工作。

30 日 由中央电视台中文国际频道制作的《走遍中国·株洲》专辑片开拍。该专辑片共 5 集,其中一集为“五彩醴陵瓷”。

当月 文化部非物质文化遗产司副司长屈盛瑞率省文化厅非物质文化遗产中心主任一行到醴陵考察非物质文化遗产工作。

当月 在广州南沙奥林匹克广场揭幕仪式上,湖南醴陵华联瓷业 将“欢乐羊城滴水瓶”赠予国际奥委会主席罗格。

12 月

1 日 株洲市人大常委会主任姜玉泉一行到市白兔潭镇田心村考察新农村建设情况。

3 日 湖南省监察厅副厅长李利君率检查组到醴陵考核廉政风险防范、规范权利运行工作情况。

8 日 湖南省省委常委、纪委书记许云昭一行在株洲市市委书记陈君文的陪同下,到醴陵考察、指导醴陵大道、安居房、廉租房建设项目、劳动和社会保障、醴陵交警等工作情况。

9 日 湖南省省委副书记梅克保在省政府党组成员、省教育厅厅长张放平、省委副秘书长龚文密、省委组织部副部长郭树人、省团委书记张值恒及株洲市市委书记陈君文等领导的陪同下,到醴陵视察“创先争优”活动开展情况。

当日 湖南省文明办主任宋智富等一行到市第一中学调研“关爱生命万里行”活动小组组织工作情况。

10 日 原湖南省常务副省长、省计划生育协会会长董志文到醴陵调研计划生育协会工作情况。

14 日 为期 8 天的 “瓷光秀映——湖南醴陵釉下五彩珍瓷暨广绣艺术展”, 在澳门金碧文娱中心开幕。共展出 100 余件艺术陶瓷及广绣精品。

14 ~ 15 日 株洲市市委副书记、市长王群一行到醴陵检查反腐倡廉建设情况。

17 日 湖南省卫生厅副厅长陈小春一行到醴陵督导 2010 年度重点卫生工作。并现场查看了市中(一)医院、白兔潭镇田心村卫生室等就医环境情况。

19 日 醴陵亚太陶瓷厂经长达 6 年的精心研制, 研制出了长 4.23 米、宽 1.73 米, 世界最大的 “釉下五彩双面瓷板画”。

21 日 中国人民革命军事博物馆副馆长向荣高率考察组到醴陵商谈筹建李铎将军艺术馆的有关工作。

29 日 湖南省委副书记梅克保一行到醴陵, 在本市市委书记谢清纯、市长蒋永清的陪同下,在东风大酒店与“关爱生命万里行” 创始人肖敬等志愿者进行亲切交谈。

(罗秀媛 汪建平)

党 政 社 团

中国共产党醴陵市委员会

【中国共产党醴陵市第十届委员会】

书　记　谢清纯

副书记　蒋永清（2010.1 任）
　　　　罗绍昀
　　　　冯建湘（2010.1 止）

常　委　谢清纯
　　　　蒋永清（2010.1 任）
　　　　罗绍昀　徐林娟（女）
　　　　杨　龙　刘　伟
　　　　刘正平（2010.5 任）
　　　　易顶峰　林伯芝
　　　　罗立新
　　　　向　平（2010.5 任）
　　　　丁奇志（2010.5 任）
　　　　冯建湘（2010.1 止）
　　　　苏　涛（2010.5 止）
　　　　周建新（2010.5 止）
　　　　郭海云（挂职、2010.2 止）
　　　　贺建军（2010.11 止）

秘书长　向　平（2010.5 任）
　　　　刘正平（2010.5 止）

委　员　（按姓氏笔画为序）
　　　　丁奇志　付访华
　　　　冯建湘（2010.1 止）
　　　　向　平（2010.5 任）
　　　　刘　伟　刘正平
　　　　刘金堂　刘跃峰
　　　　汤云辉　汤乐田
　　　　苏　涛（2010.5 止）
　　　　李　理
　　　　李亿平（女）　李志龙
　　　　李运波（女）　杨　龙
　　　　邹明麟　宋友红
　　　　张先华　张建辉
　　　　陈立耀　陈建球
　　　　林志祥　林伯芝
　　　　易顶峰　罗立新
　　　　罗绍昀
　　　　周建新（2010.5 止）
　　　　周承进
　　　　贺建军（2010.11 止）
　　　　徐　辉　徐林娟（女）
　　　　翁菊清　高建明
　　　　郭向晖
　　　　郭海云（挂职、2010.2 止）
　　　　谢清纯
　　　　蒋永清（2010.3 任）
　　　　谭书龙

候补委员　刘运桃（女）　谢圣才
　　　　　贺小玲（女）　林建辉
　　　　　程曙光　　　　张有余

副调研员　谭书龙　　　　王乐生
　　　　　龙映秋

副县（处）级职级
　　　　　李志龙　彭德清
　　　　　钟武查

【概况】 2010 年，是醴陵乘势而上、大干快上的一年。面对复杂的经济形势，全市上下按照“目标提高、标准提升、发展提速”的总体要求，紧扣“转方式、调结构”这一主线，深入实施“三三方略”，经济社会发展呈现出高开高走、又好又快的良好势头。

经济发展又好又快。全年始终保持高位高速的强劲势头，各项指标呈现出增长快、效益好、活力强的特点。全年实现地区生产总值 265.75 亿元，比上年增长 16.6%。实现工业总产值 473.45 亿元，比上年增长 34%；实现社会消费品零售总额 83.11 亿元，比上年增长 18.6%。实现财政总收入 20.23 亿元，比上年增长 39.1%，位居全省第四。其中，一般预算收入 13 亿元，比上年增长 51.6%，位居全省第三。实现税收收入 13.16 亿元，比上年增长 36.95%。非公经济增加值达 200 亿元，占 GDP 的比重达 76.9%，经济发展质量、活力显著提高。城镇居民人均可支配性收入达 18280 元、比上年增长 13.2%，农民人均纯收入达 9304.25 元、比上年增长 20.8%。

发展后劲明显增强。全年完成全社会固定资产投资总额 124.79 亿元，比上年增长 52.7%，其中工业固定资产投资 92.6 亿元、比上年增长 73.3%。年内，“釉下五彩创意园”完成了高规格规划设计，“华联火炬电瓷园”项目完成投资 1.1 亿元，“汽车零配件产业园”完成投资 7000 万元。全市“一区四园”的园区格局初步形成，全年园区共实现产值 44 亿元，比上年增长 55%。年内，全力加快了沪昆高铁（醴陵段）、岳汝高速（醴陵段）、湘东国际物流园、花炮物流园和口岸建设；西气东输二线工程（醴陵段）建设速度排名全省第一。渌江拦河坝、左权南路（延伸段）建设、车顿桥广场、励节路等项目全面完工；渌江防洪堤、塔前路、泉湖体育馆等项目加速推进；渌江大道（三期、四期）、醴陵大道、国瓷路春节前可望基本实现通车。旅游产业来势喜人，仙岳山文化景区核心区建设进展迅速，官庄旅游景区、沪昆高铁片区和渌江风光带整体开发项目已部分启动。全年金融机构各项存款余额达 122.77 亿元，比上年增长 25.6%；各项贷款余额达53.87亿元，比上年增长34.2%；增速高于全省和株洲平均水平。

城乡环境明显改善。城市管理不断加强，市容环境明显好转，“城市三创”深入推进，顺利通过省级卫生城市考核验收。加快建设“绿色醴陵、生态醴陵”步伐，全市绿化率达33.5%；空气质量良好天数达331天，渌江河沿岸、左权路、瓷城大道等城市主轴全面实现亮化。大力开展农村“创卫”，村容村貌明显改观；全面封山育林，森林覆盖率达53.6%；醴陵市被评为“中国绿色名县”。全年粮食作物种植面积68.59千公顷。年末，醴陵市获“全国粮食生产先进县”、“全省粮食生产标兵县”称号。

民生民利明显提升。全年各项民生支出达18亿元，占一般预算支出73.2%。安排教育支出3.88亿元，提前4年基本完成145所合格学校建设任务。加大住房保障力度，全年共建廉租房、经济适用房面积6.3万平方米，有效解决8000余户、3万余人的住房困难。稳步推进医疗卫生体制改革，全市198家卫生机构实施了普通门诊统筹。全年符合政策生育率89.6%，人口自然增长率控制在7.4‰以内，计生工作连续七年获评“全省优质服务先进单位”。全力抓好信访维稳，进京赴省上访人数分别下降58.9%、35.9%。集中开展了“优化施工环境”、“秋季严打整治”专项行动；切实加强花炮、消防等重点领域的安全专项整治，杜绝了重特大事故发生。（孙　喆）

【市委十届八次全体(扩大)会议】市委十届八次全体(扩大)会议于2010年1月16日在醴陵大剧院召开。参加会议的有全体市委委员、候补委员，列席会议的有不是市委委员的市人大、市政府、市政协在职市级领导，市纪委委员、市人武部部长、产业园管委会主任、党工委副书记、纪工委书记、管委会副主任，市城管委书记、主任，市人民法院院长、市人民检察院检察长、市公安局局长、市委党校校长、市烟花检测中心书记、主任，调研员、副调研员，其他副处级领导，市人大、市政府、市政协秘书长，市人大、市政协各专门委员会主任，产业园内设办(局)主要负责人，常委单位牵头副职，各乡镇、街道办事处党政主要负责人，市直正科级单位党政主要负责人，驻醴陵各单位党政主要负责人，市直部分副科级单位党政主要负责人。会议的主题是：认真贯彻党的十七届四中全会精神，中央、省委经济工作会议和株洲市委全会暨经济工作会议精神，总结2009年工作，部署2010年工作，动员全市各级各部门乘势而上，顽强拼搏，开拓创新，团结奋进，努力开创“争一进百、科学跨越”新局面。市委书记谢清纯作了题为《乘势而上，顽强拼搏，努力开创“争一进百、科学跨越”新局面》的工作报告。报告第一部分，客观总结了2009年全市的工作成绩，充分认识到跨越发展的良好态势。第二部分，科学谋划，坚定信心，把握跨越发展的大势。明确指出2010年的工作要求，就是坚持以邓小平理论和“三个代表”重要思想为指导，深入贯彻落实科学发展观，突出“转方式、调结构、抓改革、强基础、惠民生、促和谐”，深入实施优势产业带动、城市发展带动、先进文化带动“三大战略”，全力打好城市提质、园区攻坚、旅游升温“三大战役”，统筹推进城乡发展，切实保障民生民利，全面加强党的建设，大力推进“争一进百、科学跨越”。第三部分，号召全市上下敢于担当，强势推动，鼓足跨越发展的气势。一是转方式、调结构，加速推进新型工业化。重点抓好“两化”(即：集约化、集群化)、“两型”(即：绿色型、低碳型)、“两大”(即：大投入、大项目)三项工作。二是抓“三创”、做文化，快速推进新型城市化。重点注重规划先行，维护城市利益；注重文化内涵，打造城市特色；注重建管并重，加快城市发展；注重政策配套，提高城市化率。三是稳增长、强基础，扎实推进新农村建设。重点是稳粮增收，强化基础，改革创新。四是惠民生、保稳定，全力促进社会和谐。重点是千方百计扩大就业，统筹推进社会事业，切实维护社会稳定。第四部分，围绕加强领导，提升能力，确保跨越发展的胜势。重点是强化班子建设，夯实基层基础，改进工作作风，树立廉洁形象，凝聚和谐合力。

【市委十届九次全体(扩大)会议】市委十届九次全体(扩大)会议于2010年7月19日在醴陵大剧院召开。参加会议的有全体市委委员、候补委员，列席会议的有不是市委委员的市人大、市政府、市政协在职市级领导，市纪委委员，市人武部部长，产业园管委会主任、党工委副书记、纪工委书记、管委会副主任，市城管委书记、主任，市人民法院院长、市人民检察院检察长、市公安局局长，市委党校校长，花炮检测中心书记、主任，调研员、副调研员，其他副处级领导，市长助理，市人大、市政府、市政协秘书长，市人大、市政协各委办主任，产业园内设办(局)主要负责人，常委单位牵头副职，各乡镇、街道办事处、长庆示范区党政主要负责人，市直正科级单位党政主要负责人，驻醴陵各单位党政主要负责人，市直部分副科级单位党政主要负责人。会议的主要议题是：总结分析2010年上半年工作，安排部署下半年任务，动员全市上下转方式、促“两型”，全面掀起“三大战役”新高潮，努力开创科学发展新局面。市委书记谢清纯作了题为《转变发展方式，打好“三大战役”，努力开创科学发展新局面》的工作报告。报告第一部分，客观总结了2010年上半年的工作成绩，认真分析了当前面临的发展形势。第二部分，号召各级各部门大胆实践，力推发展方式转变。一是突出结构调整，推进园区攻坚。二是突出外拓内提，推进城市提质。以更大的气魄会战新城，以更新的理念改造旧城，以更高的标准抓好“城市三创”，以更活的举措引导农民进城。三是突出三产优先，推进旅游升温。立足推动品牌升温、规模升温、市场升温，以旅游升温，带来物流升温、人气升温、产业升温。同时，大力发展面向生产、面向民生、面向农村的服务业。四是突出城乡统筹，加快新农村建设。紧扣“村民富、村庄美、村风好”的要求，打破城乡二元体制，统筹城乡一体发展，大力推进灾后重建，环境改善，农民增收。五是突出福祉提升，改善民生民利。努力扩大社会就业，着力加强社会保障，大力发展社会事业。六是突出矛盾化解，维护社会稳定。重点是化解社会矛盾，抓好综合治理，落实维稳责任，加强安生生产，整治重点工程施工环境。第三部分，号召全市上下大力解放思想，转变干部作风，加强党的建设，努力为转变发展方式提供坚强政治保障。

【市委经济工作会议】 2010年3月17日，市委经济工作会议在醴陵大剧院召开。参加会议的有全体市委常委，市人大常委会主任、副主任，市人民政府副市长，市政协主席、副主席，市人武部部长，工业园管委会主任、党工委副书记、纪工委书记、管委会副主任，市城管委书记、主任，市人民检察院检察长，人民法院院长，市委、市政府在岗的调研员、副调研员，市长助理，市人大、市政府、市政协秘书长，市人大、市政协各委办主任，工业园内设办(局)主要负责人，常委单位牵头副职，各乡镇、街道办事处党政主要负责人，市直正科级单位党政主要负责人，市直部分副科级以上单位党政主要负责人，各村、居委会(社区)党支部书记，市行业能手、技术骨干代表，受表彰单位负责人及个人。会议的主要任务是：贯彻落实市委十届八次全会和“两会”精神，总结2009年工作，部署2010年经济工作，动员全市上下进一步认清形势，把握大势，鼓足气势，全面落实“三大战略”，会战“三大战役”，在“争一进百、科学跨越”的快车道上奋勇前进。市委书记谢清纯在会上作了重要报告。报告第一部分，实事求是地总结了2009年的工作成绩，并指出了工作中存在的困难和问题。第二部分，提出了2010年的指导思想，明确了主要目标和工作重点。一是会战“三大战役”。通过城市“三创”提质、基础建设提质、管理水平提质，打好城市提质战。通过壮大产业规模、建设特色园区完善支撑体系，打好园区攻坚战。二是推进新农村建设。全力提高农民收入，着力发展现代农业，大力夯实基层基础。三是增进社会和谐。提高保障水平，发展社会事业，维护社会稳定。第三部分，号召全市上下真抓实干，致力推动科学跨越。一是迅速落实见行动；二是全力以赴抓推进；三是着力营造好氛围。 （谢　煌）

【政研工作】 2010年，政研工作紧紧围绕全市工作大局，以“提高文稿的思想性、针对性、指导性”为目标，认真领会领导意图，按照“有逻辑、重实效、出精品”的要求，协助领导起草讲话文稿、汇报材料、署名文章、经验总结等综合性材料，切实做到了“言之有物、言之有理、言之有度”。高质量起草市委十届八次、九次全会报告及全市经济工作会议等重要讲话稿60余篇，较好地体现了市委领导的思想。高规格完成梅克保、许云昭、陈君文、王群等省、市领导到醴陵考察汇报材料30余篇，取得了上级领导及有关部门对醴陵的高度重视和大力支持。全年在《学习与研究》、《湖南日报》、《株洲日报》等报纸杂志上发表稿件10余篇。突出上级政策与醴陵工作的结合点、外地经验与醴陵发展的切入点及醴陵经济社会发展的着力点，组织、参与各类调研20余次，推出有价值的调研报告20余篇。全年编辑发行《市委通报》7期、《醴陵通讯》4期、《领导参阅》8期，为市委领导决策提供有益参考。 （何柳望）

【保密工作】 2010年，在株洲市保密局和醴陵市委的正确领导下，保密工作突出重点，体现特色，成效显著。以市委党校为保密教育主阵地，积极开展保密宣传教育活动。全年组织干部开展保密专题教育4次，观看专题片4次，培训4100余人次。全年向《保密工作》、《湖南保密工作》刊物投稿、上报信息10条，撰写调研文章1篇。全年征订《保密工作》154份。加强了对重大涉密会议、活动的保密管理，全程参与了高考、成考的接送卷保密工作。加大了对党政领导机关、重要涉密单位、重点部门保密工作的指导和检查力度，建立健全了各级涉密人员登记备案制度，严格落实保密工作责任制，对失泄密事件严格执行责任追究和领导问责。坚决贯彻落实《国家秘密载体销毁管理规定》，确保了党和国家秘密在销毁环节的绝对安全。加强技术防范，对全市各个单位的计算机实行分级管理，切实提升了信息化条件下的保密管理水平。 （叶　红）

【机要密码工作】 2010年，机要密码工作紧紧围绕密码工作规范化建设，扎实工作，开拓进取，为各级党政领导、领导机关提供了优质、高效的密码通信服务。全年投入17.3万元，更新了机要设备，检修了机房UPS电源和备用发电机，保证了在外部停电的情况下，机要重地的无间断供电。全年接收明传电报201份，密码电报151份，无漏发、漏收、压误、延误电报等现象，充分发挥了机要通信“生命线、保障线、指挥线”的作用。 （凌树生）

【督查工作】 2010年，督查工作紧紧围绕全市工作大局和市委、市政府重大决策、重大工作部署，突出重点促落实，全方位地开展督查活动。全年组织各类督查50余次，报送专题督查报告23篇，编发《市委通报》2期、《督查通报》2期、《督查专报》36期，调研文章1篇。完成株洲市级以上领导批示件、交办件10件，本市市委书记批示件、交办件26件，其他函件4件；接受处理群众来信来访27起，办结率为100%。 （刘铁华）

【综调工作】 2010年，综合调研

工作按照“贴近中心、贴近领导、贴进实际”的原则,紧扣方向性、苗头性、全局性问题,认真组织调查研究,形成了一系列有较高参考价值的调研报告,为领导决策提供了科学依据。全年组织各类调研10余次,撰写了《关于加快农民进城的调查与支持农民进城的建议》、《城市社区建设情况调查及建议》等调研报告,协助起草了中共醴陵市委、醴陵市人民政府《关于加强城市社区建设的若干规定(建议稿)》,中共醴陵市委、醴陵市人民政府《关于鼓励和支持农民进城的若干政策(试行)(建议稿)》等。全年收到基层上报各类调研报告500余篇。同时,及时总结全市经济建设、社会发展和稳定等典型经验,向省委办公厅、株洲市委办公室上报材料10余篇。(吴远香)

【信息工作】 2010年,信息工作本着“勤当耳目”的原则,紧紧围绕市委工作中心,认真做好重大信息、紧急信息的报送处理。全年向省委办公厅、株洲市委办公室上报信息1000余条,信息报送量、信息质量居全省县、市(区)前列。全年编发《每日信息》200余期。年内,采用“飞信”渠道,第一时间向市委主要领导通报有关信息情况,信息服务速度、质量均得到了明显提高。(胡战坚)

机关工委工作

2010年,市直机关工委按照新时期党建工作的新要求,认真落实发展新党员“四制”,严把发展党员质量关,切实做好了机关党建工作。全年举办了为期6天的入党积极分子培训班,共有120名入党积极分子参训。完成了市直副科级以上单位机关党组织换届、选举和党员审批、转正工作。全年审批预备党员31人,转正29人,总支和支部换届8个。同时,协助市直机关党组织开展了“创先争优”、“学习型党组织创建”活动。

(胡修文)

组 织 工 作

【党员、干部队伍情况】 一、党员队伍基本情况。全市有党组织1193个,其中党委64个、党总支51个、党支部1078个。有党员4.26万余名。其中,全市在职在岗党员1.36万余名,占党员总数的32%;农牧渔民党员2.16万名、占党员总数的51%。35岁以下党员8551名、占党员总数的20%;女党员5326名、占党员总数的12%;具有高中以上学历党员2.23万余名、占党员总数的52%。

二、干部队伍基本情况。全市有副科级以上干部1589名。其中,副科职以上干部952人,占干部总数的61%;副科级以上非领导职务干部637人,占干部总数的39%。在全市952名副科职以上干部中,有副厅级1人、占总数的0.1%,县处级38人、占总数的4%,科级913名、占总数的95.9%。性别比例为男808名、占总数的84.9%,女144名、占总数的15.1%。学历结构为研究生以上22人、占总数的2.3%,本科521人、占总数的54.7%,大专351人、占总数的36.9%,大专以下58人、占总数的6.1%。年龄结构为50岁以上46人、占总数的5%,50~40岁526人、占总数的55%,40~30岁301人、占总数的31%,30岁以下(含“80后”)79人、占总数的9%。有中共党员903人、占总数的95%,有党外干部49人、占总数的5%。

【党员队伍建设】 一是突出中心,深入开展“创先争优”活动。进一步总结、巩固和提高学习实践活动成果,召开了总结大会,表彰了一批先进,完成了40余册资料归纳整理,形成了一批理论和制度成果。深入开展了“创先争优”活动。高质量地抓好了承诺、履诺、点评等工作,推出了“四看三定两公开”(“四看”即:一看是否突出党的建设、二看是否推动当前工作、三看是否解决群众困难、四看是否做到自我加压;“三定”一是与基层群众商定、二是承诺对象拟定、三是党组织确定;“两公开”向社会公开、在所有岗位公开)承诺法,开展了“亮剑主战场、促进新跨越”主题实践、“四赛四比创一流”(即:赛干劲、比岗位胜任度,赛质量、比群众满意度,赛速度、比工作推进度,赛贡献、比社会美誉度;争创一流业绩)和“强党性、学先进、争先锋——千场‘创先争优’系列影片瓷城基层行”、“我身边的优秀共产党员”群众推荐等活动。省委副书记、“创先争优”活动领导小组组长梅克保曾2次到醴陵视察,对本市“创先争优”活动开展给予了高度肯定。

二是突出责任,努力形成党建工作合力。继续实行市级领导“五个一”(即:市级领导每人联系一个乡镇、街道办事处,联系一个村、居委会、社区,指导一个产业、联系一个企业、联系一项重点项目)、党建工作指导员、联络员制度。坚持党群共建,实行党建帮扶,全年派出100个后盾单位对全市34个新农村建设示范村、贫困村、社区进行党建帮扶。认真做好党代表联络工作,整理、完善了第十次党代会党代表花名册等。完成了党代表任期制相关材料的收集、整理和归档等基础性工作,走访41名基层党代表,听取了对党代表任期制等工作的想法和建议;下发了《致全市党代表的公开信》。协助株洲市党代表联络办,对1+X方案(《中国共产党株洲市代表大会代表任期制实施办法〈试行〉》及有关单项制度)进行了调研和征求意见,并将征求意见、建议向上级进行了反馈。起草了《中国共产党醴陵市代表大会代表任期制实施细则(试行)》,为全面实行党代表大会代表任期制打好了基础。

三是突出重点,全力稳定农村基层队伍。重点抓好了在职村干部、大学生村官、离任村干部等基层干部队伍建设。(一)提高了在职村干部待遇。年内,市财政给全市每个村增加村级运转经费1万元，全年用于村级组织运转经费达3087.59万元。实行了村干部工资制，在职村书记、村主任每人每月工资为300元，在职村会计、村妇女主任等每人每月工资为260元；全年1517名村发放干部误工补助费555.4万元。组织全市村主任、100名科学发展指导员进行了全面体检。(二)完成了大学生村官考核、全省选调生考试工作。对近3年内选派到本市任职的33名大学生村官进行了聘期、年度考核。组织大学生村官进行了统一培训，其中符合条件的11名(2008届)村官参加了全省选调生考试、考取7名。年内，继续下派18名大学生村官到村任职。(三)加强离任村干部审批管理。进一步规范了审批程序，乡镇严格初审，并实行公示，组织部对公示情况进行抽查，对公示审批对象进行回访，接受群众监督，增强审批工作透明度。

四是突出规范，着力夯实党建工作基础。(一)规范党务公开制度。制订、下发了《醴陵市党务公开实施办法(试行)》，党内事务公开规范。(二)规范党员发展程序。出台了《醴陵市2010年度发展党员工作指导意见》，加大对组织委员的业务指导。严格执行党员发展“四制”(即：党员培训制、党员公开制、党员票决制、发展党员责任制)，使党员发展工作更加规范、严肃、有序，全年发展新党员667名。(三)规范了“醴陵党员之家”网站维护工作。安排了专人负责维护，发布党建动态、交流党建成果，展示党员风采、做好各项服务工作。(四)规范“两新”(即：新经济组织和新社会组织)组织台账。对全市非公制经济、社会组织建立党组织的情况进行了重新摸底，建立了全市非公有制经济组织和社会组织的台账。(五)规范党建“双百”(即：100位为新中国成立作出突出贡献的英雄模范人物，100位新中国成立以来感动中国人物)示范工程创建。对上年度创建对象进行考核、测评。年内，创建第二批先进基层党组织32个、党员标兵34名。

【干部队伍建设】 一是抓关键，选优配强领导班子。按照《干部工作任免条例》，坚持“德才兼备、注重实绩、注重基层、注重考察结果”的原则，全年调整干部3次，使各单位领导班子成员的年龄、性别、知识结构，形成了比较合理的梯次配备，进一步优化了科级领导班子结构。配合株洲市委集中调整了县处级后备干部，确定县处级正职后备干部4名、副职后备干部20名，民主推荐副处级干部2名。全年解决公、检、法系统干部的正、副科级待遇60名、退休后符合条件的干部职级待遇22名。公开选拔了市招商局、旅游局副局长和陶瓷烟花职业学校副校长等副科级干部及事业单位干部28名。

二是抓提升，加强干部培训和监督。(一)加强干部教育培训。进一步加强了干部教育阵地建设，先后选派8批次、15名干部参加了省、株洲市举办的县处级、科级干部进修班进修。精心组织了中青班、科干班等主体班次的学习培训。(二)加强干部监管。健全、落实了领导干部诫勉谈话和谈心谈话、出境审批等制度，全年审批领导干部因私出境31人次，因公出境9人次。组织开展了领导干部经济责任审计，全年对20个单位的党政一把手进行了经济责任审计。认真执行领导干部收入申报、个人重大事项报告制度，全年组织科级以上领导干部收入申报2次、1700余人。认真贯彻落实中央《干部选拔任用工作四项监督制度》、《严厉整治干部选拔任用工作中行贿受贿行为实施方案》，迎接了上级检查，并将四项制度编印成册，下发到各基层。

三是抓考核，健全领导班子与中层干部考核体系。协调市委办、市政府办制订了《2010年度各单位绩效考核目标》。考核目标在上年基础上，乡镇、街道办事处新增了“三大战役”、绿色生态建设、“两型”社会建设、农村“创卫”、依法行政等内容；市直单位将政绩考核指标逐项进行了细化、新增了“三大战役”、“两型”社会建设、创建创业型城市、依法行政等工作考核。继续推行由市委、市政府考核市直机关中层股(室)干部制度。制订、完善了《2010年市直机关职能股室正职干部考核办法》。考核办法在上年基础上，新增了减分条款，考核结果与科级领导干部绩效考核挂钩。中层干部考核排名后3位者，其所在单位领导班子绩效考核不能进入一类单位，并取消评先资格。

四是抓突破，加强企事业干部管理。成立了企事业干部管理科，主要负责对副科级事业单位、双重和垂直管理单位的领导班子、领导干部的管理、联系、协调等。年内，组织有关人员对全市36家驻醴陵单位进行全面的走访、调研，详细了解了各单位职责职能、领导班子成员、责任分工等情况，建立了《驻醴单位领导干部名册》、《驻醴单位常用电话号码本》等台账。

五是抓基础，规范干部档案管理。改造了档案库房，配置了档案柜、电脑等硬件设备，完善了档案信息管理硬件。加强了信息系统建设，严格规范、执行档案材料收集、整理、归档、查借阅、传递等制度。大力推进信息化建设，完成了“大组工网”专网接入设备安装和调试，实现了与“全国组工专网”的顺利对接。大力推进干部管理信息库建设，进一步完善、充实了《干部人事档案管理系统》。对库房内的档案进行了新的分区分类管理，补充收集了短缺的档案材料，对整理、清查了在职公务员档案。

【人才队伍建设】 一是坚持一项原则，管好人才。坚持党管人才，加强对人才工作的组织领导和宏观指导。制订了《全年人才工作要点》，将人才工作各项任务分解到各成员单位并纳入绩效考核范围，形成了人才工作齐抓共管局面。继续改进和完善了“醴陵人事人才网”，开通了人才创业政策、信息、典型和专家咨询等栏目。加大人才工作宣传，在市中心的电子显示屏上，经常发布人才工作宣传标语和有关信息。年内，本市成功迎接并承办了中国“陶瓷艺术大师评选”活动。

二是紧扣“两大”环节,激活人才。抓住人才培养、智力引进“两大”环节,激发人才队伍活力。全年指导企业发展促进局举办企业中层管理人才培训班2期;组成专家组赴乡镇集中授课6次;免费举办了残疾人职业技能培训班6期。市劳动和社会保障局专门设立了“SYB青年自主创业培训班”,全年培训创业青年3期、116人次。加强了与清华大学、湖南工大等省内外校企合作力度,采取到企业办班、到高校集中授课等形式培养人才。大力引进人才,市人事局全年公开招考各类人才187名,举办大型招聘会3次,有342家企业参加,共招聘各类人才1157人。在“醴陵人事人才网”设立了人才需求信息库,提供了便捷的人才供求对话平台。

三是突出“三项”重点,提升人才。全年组织下派第4批农村科技特派员。5月,组织特派员、科技专家开展了“科技活动周”活动。9月,实地抽样督查了特派员派驻地。开展干部双向挂职工作,全年接收株洲市下挂(派)本市干部4名,本市输送到株洲市直单位上挂锻炼干部4名。三是完善了人才队伍调研和发展规划纲要编制工作,走访30家非公企业,听取企业对人才工作建议和意见。组织开展了市教卫系统人才情况调研,为全市中长期人才发展规划纲要(2010~2020年)编制提供了依据,初步完成了系列调研报告、中长期人才发展规划纲要。

【自身建设】 一是以过硬的素质赢得人民群众满意。努力构建学习型机关,提升组工干部能力与形象。将每周五下午定为集体学习日。开展了以每月“读一本好书、写一篇心得体会、进行一次学习交流”为主要内容的“三个一”活动。深入基层,加强调研,圆满完成了省委、株洲市委给本市下达的《科学考评促发展方式转变问题研究》、《关于乡镇党委书记思想工作生活状况调查与研究》、《关于培养德才兼备年轻干部的对策与思考》等课题。年末,被株洲市市委评为“株洲市调研工作先进单位”。二是以良好的形象赢得人民群众满意。深入开展了“讲党性、重品行、作表率”活动和“三个为什么”(即:进组织部为了什么、到组织部干了什么、在组织部和人家比什么)等大讨论,统一了组工干部思想。制定了组工干部“五条禁令”(即:严禁违反程序处理组工业务,严禁在干部问题上跑风漏气、封官许愿,严禁接受单位和工作对象的宴请、礼品和礼金,严禁工作日中午饮酒,严禁参与带有赌博、敛财和低俗性质的活动)。年内,从“两代表一委员”、乡镇党委书记、村党组织书记、公司企业法人代表中,选聘了50名“部风监督员”,实行组织工作监督。三是以周到的服务赢得人民群众满意。坚持“组织部长下基层、组工干部进一线”原则,组织了“大走访”和“三访三送”(即:访困难党员、送党内关怀,访基层干部、送组织温暖,访专业人才、送服务项目)活动。组织全体组工干部,分组赴全市各市直单位、乡镇了解基层需求,化解各种矛盾,热情做好服务。开展了组工干部“四联系”(即:每名组工干部联系一个乡镇、一个村、一个困难户、一个非公企业)和“五带头”(即:带头到基层开展专题调研、带头深入到重点工程协调工程进展、带头帮扶贫困党员、带头开展城市“三创”工作、带头开展信访排查活动)活动。全年帮助解决实际问题180余个;为困难党员、基层干部发放慰问金4万余元。

【远程教育】 一是强基础。集中维护、检查全市远程教育站点2次,站点设备运行良好率100%。举办组织委员、远教专干、站点管理员培训班2期、200余人。二是抓学用。开展了“远程教育三个一”评选活动,培树了30余名学用典型、30余个学用先进站点。开展了“远教牵手、专家下乡”专题活动,建立贺家桥镇贺市村辣椒种植基地等远程教育示范基地10个。三是创特色。推出了《瓷城远教》电视专栏。开展了农村商务信息服务试点工作,促进全市农业产业化、信息化的融合。试点推进了农村支部电子化办公建设,建立了党员“飞信”和网络互动平台,增设了乡镇(街道办事处)党委书记和398个村(居)书记信息群发平台。 (朱玉婷)

机构编制

【概况】 2010年,市直党政群机关共有机构60个。其中,党委组成部门机构8个、部门管理机构1个、议事协调机构的办事机构1个,政府系统工作部门26个(不含监察局、民族宗教事务局),人大机构7个,政协系统机构5个,民主党派机构2个,群众团体系统机构7个,检察院机构1个,法院机构2个。全市有区、乡镇、街道办事处区划数31个,其中区1个(长庆示范区)、乡8个、镇18个、街道办事处4个。全市有行政编制2400名,实有2369人。有事业单位573个、编制14856名、实有10822人。其中,全额拨款机构452个、编制11372名、实有8328人;差额补贴机构78个、编制2839名、实有1978人;经费自筹机构43个、编制636名、实有516人。

【机构设立】 2010年3月,成立醴陵市财政税费统一征收管理局,为市财政局下属全额拨款副科级事业单位;成立驻醴陵株洲市国有企业改革办公室,为市人民政府直属副科级全额拨款事业单位;成立醴陵市金融证券办公室(加挂“醴陵市融资管理办公室”牌子),为市人民政府办公室下属的副科级全额拨款事业单位;成立市乡镇(街道)经济发展考核评价工作办公室(加挂“市GDP核算办公室”牌子)。醴陵市机构编制委员会办公室设立了工资统发审核办公室,设立了醴陵市渌江书院管理所,醴陵市规划局设立了乡村规划管理办公室。4月,设立了醴陵市森林防火办公室(加挂“醴陵市森林消防中队”牌子)。5月,设立了中共醴陵市委组织部企事业干部科。6月,设立了中共醴陵长庆示范区工作委员会和醴陵长庆示范区管理委员会,为市委、市人民政府派出的正科级事业机构;设立了醴陵市科学技术协会、醴陵市文学艺术界联合会,均为正科级群团机构;设立了醴陵市招商局、醴陵市旅游局,均为正科级事业单位。7月,设立了醴陵市小额担保贷款中心。12月,组建了中共醴陵市委农村工作部(加挂醴陵市人民政府农村工作办公室牌子),为市委工作部门;设立了醴陵市财政监督局,为市财政局下属的副科级全额拨款事业单位;设立了醴陵市路灯管理所、市林业调查规划设计队、市畜牧水产养殖业综合执法大队、市交通行政综合执法大队、市残疾人权益维护中心(加挂“市残疾人辅助器具供应站”牌子)、市社区矫正工作办公室、市老干部活动中心和白兔潭、泗汾、板杉环境保护所。成立了醴陵市广播电视局新闻中心,为市广播电视(中心)局下属的副科级事业单位。

【机构调整】 2010年5月,醴陵市森林资源管理保护站加挂“市林业调查规划设计队”牌子,醴陵市白兔潭、王仙、泗汾、大障、神福港、均楚、东富、板杉、官庄、城郊10个农业技术推广站对应加挂“市××农产品质量安全监管检测站”牌子。12月,全市各乡镇人民政府、街道办事处的社会事务办公室均加挂“村镇(乡)规划管理办公室”的牌子。

【机构升格】 2010年3月,醴陵市重点建设项目审计中心升格为副科级事业单位。

【机构更名】 2010年3月,醴陵市精神文明建设领导小组办公室更名为“醴陵市精神文明建设指导委员会办公室”;醴陵市城镇居民最低生活保障管理局更名为“醴陵市社会救助管理局”。4月,醴陵市城区农业技术推广站更名为“醴陵城郊农业技术推广站”;醴陵市职业中等专业学校更名为“醴陵市陶瓷烟花职业技术学校”。10月,醴陵市畜牧水产局更名为“醴陵市畜牧兽医水产局”。12月,醴陵市国库集中支付核算局更名为“醴陵市国库管理局”;醴陵市社会经济调查队更名为“醴陵市社会经济调查中心”(加挂“醴陵市普查中心”牌子)。

(何岳祥)

宣传工作

【理论学习】 1.抓引领,强化示范带动作用。一是领导带动。制定了全市《关于推进学习型党组织建设的实施意见》,以“市委中心组”为龙头,引领全市党员、领导干部围绕中国特色社会主义体系、科学发展观、十七届四中及五中全会、廉政准则、市“三三方略”等,深入开展理论学习。全年集中学习5次,召开务虚会议3次。二是制度促动。把建设学习型党组织纳入年度领导班子绩效考核体系和文明建设考评内容,将考核成绩作为考核领导班子、选拔任用干部、文明建设、评先评优的重要依据。建立了学习通报制度,及时把中心组学习情况、成果向上级汇报和向社会通报。三是典型催动。在全市范围内选择3个乡镇(街道办事处)、9个部分市直机关、农村党支部和非公企业单位作为创建活动示范点,以点带面推动创建活动的开展。启动了“争创学习型党组织、争做学习型党员、争当学习型干部”的评选工作。

2. 抓载体,创新理论宣传方法。一是开辟宣传窗口。在主要新闻媒体、内部刊物和主要宣传窗口,开辟了以“重学习、强素质、促发展”为主题的学习型党组织建设专版专栏、专题专窗,及时反映各部门、单位在建设学习型党组织过程中的具体举措和主要成效。二是举办专题报告会。邀请了深圳证券交易所副总经理陈鸿桥到醴陵作专场报告。三是组织专题辅导班。结合学习型党组织建设,在全市科级干部、中青年干部中,组织举办了争做学习型党员、争当学习型干部培训。

3. 抓实践,注重学习成果转化。一是围绕“旅游升温”战役,开展了以“挖掘历史人文资源、推动旅游产业发展”为主题的有奖征文、以“倡导全民阅读、共建文明醴陵”为主题的“你读书、我买单”和“汽车书店”、“六进”等活动。二是开展了“联民心、问民计、解民难”大型调研活动。在全市领导干部中,开展了“五带头五集中”(即:带头领会、集中抓学习,带头宣讲、集中上党课,带头讨论、集中听意见,带头调研、集中谋对策,带头落实、集中解难题)学习调研活动;在各级党组织中,开展了以“五个一”(即:下派一名指导员、赠送一批书籍、建设一个学习阵地、开展一次主题活动、建立健全一套学习制度)为主要内容的“结对互学、群组共学、定向帮学”、“送学下基层”活动。三是开展了“重学习、强素质、促发展”系列活动。在党员干部中,开展了“四学四促”(即:向书本学、促进理论修养,向实践学、促进技能提高,向群众学、促进作风养成,向先进学、促进经验提升)的主题学习活动。

【新闻宣传】 2010年,全市新闻宣传工作紧密结合市委、市政府的中心工作,主动联络、利用上级媒体平台,积极整合本级新闻媒体宣传资源,采取先行策划、集中宣传、主动出击等形式,积极做好新闻宣传报道工作。一是主流媒体上稿率有新突破。把握正确的舆论导向,加强向中央、省、市级主要新闻媒体投稿力度,严把稿件质量,努力提升醴陵的知名度。全年先后有22条新闻、专题报道在国家级新闻媒体上刊发(播出)。其中,中央电视台播发了《世博传奇——瓷瓶上的世博故事》等新闻专题报道,在国内引起了反响。年内,《人民日报》发稿3条,《湖南日报》发稿61条、其中头版头条3条,《株洲日报》发稿 250 条、其中头版头条 28 条；醴陵电视台全年先后有 10 条新闻稿件在中央台播发，有 79 条新闻稿件在省级媒体中播出。二是媒体宣传引导效果显著。年内，媒体宣传引导工作的重点，是做好市委、市政府中心工作、重大会议精神、重大主题活动、民生民利等宣传。同时，开展了 2010 年经济形势宣传。充分发挥醴陵电视台、《今日醴陵》报刊等新闻媒体作用，改进新闻报道方式，不断提升了新闻宣传质量和品位。采取“有效监管、重点引导”原则，对广播电视台、《今日醴陵》报进行了业务指导和新闻管理，成功实现了《今日醴陵》报的改、扩版。年内，编撰了《醴陵宣传动态》，筹建了“红网醴陵站”、醴陵新闻网。结合全市各类重大活动，完成了“首届十大杰出青年”、“首届十佳新闻工作者”评选，“金荣杯”湘赣自行车邀请赛、“首届绝技绝活大比拼”活动、“第二届中国陶瓷艺术大师评审”、读书月等系列活动、“三大战役”成果展示等宣传。策划组织开展了上海“世博会”、“第二届中国陶瓷艺术大师评审”、“关爱生命万里行”、广州“亚运会”等国际国内重大活动的外宣报道。

【文明创建】 一是 2009 年度文明建设、文明创建表彰工作顺利完成。盛世华庭·苑小区被评为“省级文明小区”，钟建平家庭被评为“省级文明家庭”。市农业局被株洲市评为“文明建设红旗单位”、孙家湾乡等 12 个单位被株洲市评为“文明建设先进单位”、彭喜平等 27 人被评为“先进个人”。市纪律检查委员会机关等 6 个单位被评为株洲市“文明创建先进单位”、王建辉等 25 人被评为“文明公民”、邱再平和易果双家庭等 3 户被评为株洲市“文明家庭”。市国家税务局等 10 个单位被评为本市“文明建设红旗单位”、市工商行政管理局等 47 个单位被评为“先进单位”，谢圣才等 139 人被评为“先进个人”。此外，在“文明创建”中，评出文明村 7 个、文明社区 4 个、文明机关 3 个、文明窗口 3 个、文明家庭 10 户、文明公民 10 名。二是出台了精神文明创建指导性意见。制订下发了《醴陵市 2010 年精神文明创建活动实施意见》，对全年文明建设和文明创建活动作出了周密部署。各乡镇、街道办事处根据创建要求，明确了 1～2 个村(社区、居委会)作为辖内文明创建示范点。全年走访 26 个乡镇、4 个街道办事处确定了 42 个行政村（社区、居委会）。三是完成省“文明单位”、“文明村镇”、株洲市“文明创建示范点”的申报工作。市人民检察院、湖南华联瓷业有限公司被推荐为 2010 年度省“文明单位”；孙家湾乡被推荐为省“文明村镇”评比对象；市交通局机关等 5 个单位被推荐为“株洲市 2010 年度文明创建示范点”。

【公民道德建设】 一是完成了株洲市首届道德模范的推荐、投票。市清水江乡添福敬老院院长瞿志英被株洲市评为“首届道德模范”。二是以“城市创卫”为契机，引导广大学生积极参与道德实践。各有关单位把未成年人思想道德教育与当前的“创建省级卫生城市”活动有机结合起来。市教育局组织各学校举行了“新学期第一课”专题班团队和文娱活动，引导学生积极参与校内外的环境清扫和“小手拉大手”等道德实践活动。团市委通过多种形式，充分调动广大团员青年积极参与、投入“城市创卫”、宣传、环境整治活动中。三是开展“四创”活动，推进文明交通行动计划。为深化全市精神文明创建活动，进一步加强交通秩序管理，推动“城市创卫”工作，与市交通警察大队联合制定了《醴陵市文明交通行动计划实施方案》，并会同市有关单位，开展了交通文明示范单位、示范社区(小区)、示范企业、示范学校的“四创”活动，确定了每类创建 3 个、共计 12 个创建示范点。

【网络舆情】 2010 年，网络舆情工作以网站、论坛、微博等载体为平台，加强网上新闻管理与舆论引导。建立了信息收集上报制度，及时发现和处理重大、热点、敏感舆情，防止恶意炒作。加强网络舆情信息的监查、研究和处置，组织开展了网上重大主题宣传活动和涉醴的正面报道，确保了第一时间发现最新舆情信息。全年刊发《涉醴舆情》22 期。

【未成年人教育】 2010 年，加强了未成年人的教育和引导工作力度。强化校园网络监督，严格社会网吧管理。在全市 154 家网吧中，推行了“网吧集中视频监控”技术平台建设。组织开展了“关爱明天、普法先行”青少年法制教育启动仪式和青少年书画大赛。组织学生和广大团员青年参加了“颂伟大祖国、看瓷城巨变”主题征文大赛，总结表彰暨“挖掘历史人物、推动旅游产业发展”的主题征文和“读书月”活动。

【党报党刊发行】 2010 年，全市发行《人民日报》696 份，《湖南日报》2871 份，《株洲日报》4827 份，《求是》杂志 351 份，《光明日报》71 份，《经济日报》80 份，《新华每日电讯报》201 份，《中国日报》35 份，《新湘评论》2100 份。年末，本部被评为“2010 年度株洲市党报党刊发行工作先进单位”。（瞿利娟）

统 战 工 作

【民主政治建设】 一是加强民主政治建设。年内，与市组织、人事部门制定了《党外干部培训使用计划及措施》，举办了党外干部培训班，培训党外干部 20 人。12 月，市委召开了全市党外干部座谈会，有 13 名党外干部分别介绍了工作、思想情况。二是不断加大培养选拔党外干部工作力度。全年有 7 名党外干部被提拔为副科级职务、有 11 人被交流重用。全年全市有副科级以上党外干部 48 名，其中副处级以上党外干部 5 人、正科级党外干部 4 人。三是围绕市委工作目标，深入开展调研。年内，指导民主党派围绕市委全年工作目标,着重就陶瓷产业、花炮产业、旅游产业发展、工业园区建设和优化软环境建设等进行深入调研,撰写并向市递交了有关调研报告,引起了市主要领导重视。四是加强民主党派组织建设。指导民革醴陵市委完成了届中调整选举和九三学社醴陵支社的换届选举工作。年内,全市5个民主党派新培养成员10余人。

【招商引资】 2010年,充分发挥统一战线联系广泛的优势,积极为市搭建招商平台。全年先后3次组织市招商局、工业园招商局及市工商联负责人前往广东等地招商,并加强与当地醴陵老乡及商会联系。中秋前夕,在广东省佛山市组织召开了“佛山醴陵籍同乡座谈会”,并就醴陵如何承接沿海产业转移、发展建筑陶瓷及其他新兴产业对接事宜,与数个外(异)地商会进行了交流,与沿海众多知名企业进行了对接。11月,部长随市长一行参加了在广东省佛山市召开的建筑陶瓷招商恳谈会。会上有30余名知名企业老总参加了座谈,其中有6家企业共达成意向投资10亿元。

【服务企业】 2010年,努力营造“亲商、扶商、安商、重商”的良好氛围,为企业融资、用工等牵线搭桥。5月20日,在全市举行的银企合作交流洽谈会上,有22个项目达成合作协议,协议贷款总额4.8亿元。年内,与市工商银行合作,为20余位企业负责人办理了30万元~100万元的“牡丹白金卡”服务,缓解了企业短期小额资金周转。主动与株洲世富投资有限公司协调,邀请该公司对本市传统产业进行调研,引导他们对本市的传统产业进行扶持。截至12月,已与升华科技、德兴瓷业共达成近2000万元的融资协议。帮助市飞力达鞋业等企业解决了“用工荒”及天然气难到位问题。免费为非公企业提供政策法律、企业管理等培训,组织企业家听取各种报告会、讲座5次。组织部分非公企业代表人士参加了第六届新疆喀什交易会、广州交易博览会。

【“万企联村”工作】 2010年,“万企联村”工作坚持“村企对接、项目带动、合作双赢”的原则,全年新增3个市级示范点。截至12月,全市“万企联村”活动共引导89对村企实现联系帮扶,实施帮扶项目100余项,投资2亿余元。同时,组织全市非公有制经济组织、社会组织深入开展了“创先争优”活动,建立了“三级联系点”制度。

【民族宗教】 一是服务重点工程。紧紧围绕市“旅游升温”战略中的仙岳山文化景区项目建设,积极搞好服务。着眼于整合全市宗教资源,优化场所布局,完成了仙岳山老祖殿的整体搬迁,有力地支持了市重点项目工程建设。积极参与仙岳山文化景区整体规划设计,协调涉及宗教场所的规划设计、报批报建等工作。启动了与景区中的云岩寺改、扩、建规划论证、勘探设计等前期工作。指导搬迁了天尊宫道教场所,支持了工业园建设。二是开展“和谐寺观教堂”创建活动。年内,根据“和谐寺观教堂”创建活动方案及有关要求,在全市各宗教场所中,开展了认真查找差距、落实整改措施活动。按照国家宗教局的有关创建标准、内容,重点抓好了财务、民主管理和制度建设,使各宗教场所步入规范化、民主化、制度化轨道。年内,全市有36处宗教活动场所通过了省、市宗教主管部门的验收。同时,积极引导民间信仰活动场所与新农村建设相适应,其做法得到国家宗教局充分肯定。三是积极引导宗教界行善。年内,在四川省玉树地震、本市“6·24”特大洪灾、“捐资助学”、“扶贫济困”等公益慈善活动中,组织引导宗教界人士捐款捐物共计10万余元(折合人民币)。四是调处矛盾纠纷、解决遗留问题。会同市有关部门调处了小南海观音寺的土地、青云禅寺的经济纠纷,协助解决了东堡慈林寺宗教文物的保管和广目天山寺建筑质量安全隐患问题。

【对台、侨务】 一是开展了对台联络联谊工作。健全了对台工作网络,重新确立了醴陵籍在台第二、三代重点联系对象,为实施有针对性、重点性的对台工作奠定了基础。二是加强与重点对象联络。年内,市委、市政府将醴陵特制花瓶分别赠送给了台湾影、视、歌“三栖明星”刘若英及其父亲刘纬文、叔父刘纬武。积极配合接待“在台湘籍后裔湖南行”活动有关工作,共接待回乡省亲的台湾湖南同乡会长谢世闻、台中湖南同乡会理事长匡危。三是做好节日慰问工作,全年累计慰问20人次。四是依托《醴陵文学》杂志,做好入岛宣传工作。全年向在台醴陵人士发放《醴陵文学》10期、1000余册。五是积极为市外向型经济发展服务。积极与台商接洽,为海南元创机械有限公司、台湾全益汽车配件有限公司等台资企业的入园搞好服务。此外,加强与上级台办的联系,争取了明德小学项目落户醴陵。

(冯义洲)

党校工作

【概况】 2010年,市委党校内设办公室、教研室、干部教育培训办公室和总务室。有在职在岗14人,其中高级讲师3人、讲师7人、助讲2人。学校是全市干部培训、会议中心,年干训能力达3000人。年内,在全省县级党校办学水平评估中,被评为“甲等”。

【干部教育培训】 2010年,全市干部教育培训工作从更新干训工作理念、改革干训工作模式、拓展干训工作空间等入手,全力做好干训工作。全年举办各类培训班45期,培训、轮训干部4532人。

一是更新干训工作理念。突破“经验式、封闭式、灌输式”传统方法,实践“开放式培训”新理念。以“按需培训”为原则,实行训前“三带”(即:带来一个当前社会上的热点和重点问题,带来一个实际工作中最迫切需要解决的问题,带来一条本地区、本部门改革发展的好经验)、训中“三评”(即:学员评教,学员对教师的教学内容、教学方法、教学效果进行评价;教师评学,教师对学员的学习态度、上课表现、学习成绩进行评价;学员互评,学员之间对对方的学习情况进行评价)、训后“三访”(即:一访学员,访问对学校管理、培训收获、好的建议;二访送训单位,访问对培训内容、培训方法、培训管理、培训效果;三访组织,通过访问市委、政府领导,了解市委、政府对整个培训的满意度)。二是改革干训工作模式。外聘了专家学者、相关领导,坚持集体备课,开设了学员论坛,开展了专题调研活动,运用案例、情境、体验教学,研讨答疑、军训、主题班会和演讲比赛。通过军训、演讲、拔河、篮球、论文比赛、献爱心、一对一帮扶、拓展训练、参观考察、“破冰”训练、模拟教学、实地演练等各种活动,全面提高了学员的组织纪律性和吃苦耐劳的精神,锻炼了学员的口才和胆量,激发了学员爱国爱家的高尚情操,增强了团体意识,切实提高了干部学习能力。三是拓展干训工作空间。在办好传统干部培训班次基础上,做优做强了主体班的非公经济党组织负责人和经营管理人员培训。以最优的培训,服务于本市非公经济发展,对建设本市高素质企业干部队伍、实现大规模干部培训,促进全市经济社会跨越发展起到了重要的推动作用。

【理论科研】 2010年,理论科研围绕市“三三方略”,深入机关、企业、农村调研,撰写了《醴陵“文化游”发展研究》、《我市“三大战役”情况综述》等调研报告。同时,校本课程《醴陵文化教程》已送市文化发展战略领导小组审稿,预计2011年出版发行。年内,省级社科课题《积极稳妥化解乡村债务研究》、株洲市社科课题《醴陵市陶瓷产业发展战略研究》全面结题。省级社科课题《农民合作组织发展研究》已申请立项。全年有11篇论文获株洲市党校系统奖励、5篇获省级奖励,有3篇论文分别在国家级、省级刊物上发表。《醴陵党校》校刊全年出版4期。

【基础设施建设】 2010年,总投资1000万元的学员宿舍楼主体工程完工。预计2011年竣工并交付使用。同时,修缮了教学楼、办公楼、食堂等。

【校园文化建设】 2010年,校园文化建设致力于打造“两种文化”(即:塑造校园精神文化、校园建设宣传文化),结合市“创先争优”活动,深入开展了“三注重三争做”(即:注重党性修养,争做模范党员;注重业务水平,争做干训里手;注重服务奉献,争做岗位楷模)活动,开展了以“加强党性锻炼、提高自身素质”为主题的征文活动;以“庆七一、比党性”等系列活动为载体,营造了“解放思想、实事求是”的校风、“开拓创新、与时俱进”的教风。加大学校网站建设力度,全面发行《醴陵党校》(季刊),扩大对外宣传和辐射范围。通过制作宣传牌、张贴宣传标语、布置宣传栏等方式,着力打造环境优美、充满文化气息的校园环境。

【师资队伍建设】 2010年,师资队伍建设紧密结合全市推进学习型党组织建设活动,组织全体教师认真学习,不断增强自身知识功底和业务水平。全年组织集中学习24次。年内,按公务员招考形式,引进公务员(研究生学历)1名。

(曾玄凤)

老干部工作

【概况】 2010年,全市老干部工作坚持以“以人为本、构建和谐醴陵”为准则,以“让党放心、让老干部满意”为根本标准,以“提高老干部幸福感”为重点,紧紧抓住“落实老干部政治、生活待遇”这条主线,着力解决老干部工作面临的重点、难点问题,以高度的政治责任感和满腔的工作热情,牢固树立“团结、务实、和谐、发展”的服务理念,创新工作思路,注重工作实效,促进了老干部工作全面协调、健康发展,取得了新的成绩。全年全市有离休干部242人。其中,行政单位66人、事业单位89人、企业87人(其中接收株洲市属以上企业离休干部16人)。有享受副县级以上待遇退休干部58名,外地回醴陵安置离退休干部7名。5月,市人大常委会原主任金德凡任关工委主任。

【落实老干部政治待遇】 一是组织老干部参政议政,服务地方发展。2月5日,市委、市政府邀请曾任副县级以上职务离退休老领导参加了市组织的迎春茶话会,共商醴陵发展大计。11月,市组织部分正县级实职老干部赴外学习考察。二是深入开展“创先争优”活动。按照上级要求和统一部署,在全市离退休干部党组织和党员中,深入开展了“创先争优”活动,并将其活动与所属基层党组织和在职党员的“创先争优”活动统筹安排,整体推进。召开了“创先争优”动员大会、电视电话会议;组织老同志参与“创先争优”专题学习、讨论、交流等,并与“我为‘三大战役’作贡献”活动结合起来,引导他们深刻理解“创先争优”精神实质和根本要求,进一步增强对“五重五比”的理解。在“创先争优”活动中,全市离退休干部积极参与,创作“创先争优”诗词12首,其中离休教师彭骏创作的《瓷城醴陵》获株洲市老干系统三等奖。在“创先争优”活动点评阶段,全面推行“一讲二评三公示”(即:“一讲”,每个党支部每月召开一次支部生活会,每个党员在会上讲上个月履行岗位职责、完成承诺事项、转变工作作风、参与创先争优活动等情况,支部书记和其他党员对其进行点评,找出不足、剖析原因、提出整改要求;“二评”,各党支部根据党员讲的情况和会议点评的情况,按照15%比例,评出上个月本支部的先进党员,也可根据实际评出表现最差党员;"三公示",各支部制作创先争优活动展示台、每个月将评比情况公示)制度,对涌现出的典型个人进行宣传推介,激励引导广大离退休干部始终与党同心、思想常新、永葆本色、支持发展。年内,阳三石离退休干部党支部的"创先争优"活动先进经验在全省推介;支部书记何泉生被评为"湖南省省三好老干部"。三是认真做好抗震、抗洪救灾捐款工作。4月14日,青海玉树发生7.1级地震,灾情牵动着全国各族人民的心,也牵动着醴陵百万市民和全体老干部们的心。灾后,本局全体机关干部、离退休老干部等为灾区人民重建家园纷纷捐款,共捐款3450元。其中,电瓷厂离休干部廖炳生在灾后第二天,就前来本局捐款200元;副县级退休干部吴章令慷慨解囊、捐款1000元。6月23日,本市遭受50年一遇特大暴雨、导致洪涝灾害,全市上下受害严重。在灾情期间,及时向老干部受灾情况进行摸底排查,并对吴本清等一批受灾老干部家庭进行了慰问和捐款。

【落实老干部生活待遇】 一是认真落实离休干部共享改革发展成果政策。根据株洲市《关于解决离休人员有关问题的通知》精神,积极向市委、市政府汇报,并加强与市财政等部门的协调,将市离休人员津补贴由原85%提高到90%(津补贴全部由财政负担,按月按级别发放到人)。二是建立健全离休干部乡镇联络员制度。为更好地做好"双高期"老干部亲情化服务工作,健全、完善了离休干部乡镇(街道办事处)联络员制度,进一步规范了联络员职责,并将联络员工作纳入组织工作考核范畴,切实发挥了联络员作用。三是关心、重视老干健康。11~12月间,组织全市离休干部和副县级以上退休干部分别赴市中(一)医院、湘东医院体检。四是做好日常管理服务工作。开展"送真情、送服务、送温暖"活动,切实为他们解决实际困难。全年发放春节物资和慰问金10万元(折合人民币),对鲁仁杰、王启福、丁敦炎等困难老干部进行了慰问。全年慰问农村老干部30余人次、过生日老干部26人次、生病老干部318人次,吊唁过世老干部21人;为18位离休干部办理了因瘫痪等原因导致生活长期完全不能自理而产生的护理费用。五是做好老干部来信来访工作。对来访老干部,始终坚持一杯热茶相迎、一张笑脸相送,无论事情大小,无论是否合理,都耐心解答,尽力解决,决不推诿或回避矛盾。对有不符合政策要求的老干部,积极做好疏导解释工作,真正收到让老干部满腹牢骚而来、满脸带笑而走,带惑而来、释怀而去的良好效果。

【老干部接收安置】 一是以"建党89周年"为契机,围绕市"争先创优"活动方案和内容,组织接收安置老干部党员、机关党员。认真学习"创先争优"有关精神,以"三贴近、三推动"(即:贴近群众、贴近生活、贴近个性,推动党员党性大增强、推动支部建设大发展、推动醴陵新跨越的方式),开展了"亮身份、作承诺"活动。9月,按照"一讲二评三公示"制度,对"创先争优"活动进行了点评,从而激发了老党员干部继续发挥余热、再作贡献的热情。二是妥善安置老干部。将接收的老干部安排在市委机关离休干部一支部,每月15日,组织老党员干部认真学习党的路线、方针、政策等内容,让他们真正做到思想常新、理想永存。三是妥善安置老干部、老党员。真正做到安置到位、待遇落实到位、服务管理到位。

【关心下一代工作】 一是加强领导,健全机构。5月,市调整了关工委主要负责人,由市人大常委会原主任金德凡任市关工委主任,由老干部局书记黄玲香任秘书长。6月,召开了由13个成员单位组成的负责人会议,各单位结合各自实际情况,落实了具体措施和做法。二是认真贯彻《中共中央关于加强未成年人思想道德建设的意见》,制订了实施方案。三是开展了"爱心满六一"活动。6月1日,市关工委与教育局联合开展了"爱心满六一"活动。爱心活动为全市65名孤儿和单亲学生分别赠送了书包、衣服、鞋子及慰问金200元。四是组织开展"关爱明天、普法先行"、"泉湘杯"书画大赛、知识竞赛、演讲比赛等活动,不断增强青少年遵纪守法观念和依法维权意识。五是开展了创建"四无"(即:青少年无辍学、无赌博、无吸毒、无犯罪)社区、乡村、学校活动;举办了校外辅导员培训班,把关心下一代工作真正落到实处。

【老年大学】 一是加强领导。健全了市老年教育领导小组,全小云任副校长。二是丰富课程内容。开设了京剧、书画、保健、腰鼓、秧歌和花鼓剧。三是营造浓厚学习氛围。年内,自我保健、跳舞、唱歌已成为老年人必修课。太极拳在参加株洲市局组织的比赛中获二等奖。四是服务社会。老年人的威风锣鼓、秧歌等备受社会各界青睐,成为市内新开业店面首邀庆贺内容之一。

【老干部活动】 一是为老干部提供活动场所。年内,老干部活动室、状元洲门球场天天开放,为喜欢下棋、阅览和打门球的老干部提供了理想的活动场所,有益老干部的身心健康。二是开展有益健康活动。在老人节期间,组织开展了象棋、门球比赛活动,让有共同爱好的老同志相互切磋棋艺、球艺,以达到彼此交流感情的目的。三是举办庆祝活动。在老人节期间,开展了庆祝活动,老年大学学员们载歌载舞,用特有的方式隆重庆祝节日。老年人排练的柔力球节目,在参加省军干系统组织的比赛中,得到了上级充分肯定。

【自身建设】 一是建设学习型党组织,狠抓学习,苦练内功。坚持每周五学习制度,认真学习邓小平理论、时事政治、法律知识、业务知识等。二是加强技能培训,推进信息化办公进程。通过完善机制、营造氛围,激发学习兴趣,全局干部由原“枯燥学”转变为“快乐学”,让学习成为了一种时尚、一种享受、一种追求。通过学习,广大党员干部综合素质和业务水平得到了很大提升。三是积极开展“创先争优”活动。确立了“讲党性、重品行、作表率,深怀感情、倾情服务离退休干部”的“创先争优”主题活动,紧紧围绕“建设一流机关、打造一流队伍、创造一流业绩”目标,以“五比五创”(即:比学习、创一流素质,比团结、创一流队伍,比工作、创一流业绩,比干劲、创一流风貌,比服务、创一流作风)为活动载体,丰富活动内容。开展了“强化机关管理”活动,进一步转变机关工作作风,抓重点、明责任,在落实目标管理任务上实现新突破;抓队伍、树形象,在争先进单位上实现新突破。通过“创先争优”活动的开展,健全、完善了以岗位责任制为主的各种规章制度,从而使局机关成为职责明确、高效统一的整体,提高了工作效率和服务水平。四是加强老干部宣传工作力度。全年发行《老年人》杂志2741份。

(全小云　朱春玲)

中国共产党醴陵市纪律检查委员会

【概况】 2010年,全市纪检监察工作坚持惩防并举,服务发展大局,以党风廉政建设和反腐败斗争的新成效取信于民。全市各单位党组织、纪检组织高度重视反腐倡廉建设,认真履职,扎实工作,注重创新,多措并举推动反腐倡廉工作,全市党风廉政建设和反腐败工作方向更加明确、思路更加清晰、措施更加有力、成效更加明显。纪检监察组织在“确保政令畅通、确保人民群众利益、确保干部健康成长”等方面取得突出成效。年内,纪检监察管理体制改革、廉政风险防范管理、廉政文化宣传、查办案件、工程领域专项治理、农村基层党风廉政建设、强农惠农资金管理、作风建设等工作,分别在省、株洲市有关会议上作典型发言。年内,全国各地先后有44批次到醴陵考察学习。年末,分别被评为全省和全国“纪检监察系统先进单位”。

【行政监察】 一是确保政令畅通。年内,会同市发展和改革局等部门,先后开展新增投资项目财政性资金和国债资金管理使用情况的监督检查2次,及时纠正了政策执行中存在的问题;会同市环境保护局,对全市非法采金、采矿、企业违规排污等进行了专项治理,关闭非法矿点4个,关停排污不达标企业3家;会同市财政局、建设局,深入推进了“小金库”和工程建设领域突出问题专项治理,共查处违纪违法案件7起,纪律处分3人,挽回经济损失300万余元;会同市安全生产监督管理局强化了安全生产监督,参与9起安全事故调查,纪律处分13人。加强对城市基建项目、国有资产拍卖监督,为市政府节约资金400万余元、增收860万余元。围绕市委、市政府中心工作,全力服务“三大战役”,深入30个重点工程项目实施全程跟踪监督,对部分项目进行重点监察,严查党员干部损害施工环境行为,确保重点工程建设顺利推进。同时,对“城市三创”、粮食生产、计划生育、税收征管、机关作风等进行多次督查。市效能投诉中心全年受理投诉4件,办结4件,查处不作为、乱作为案件8起,问责10人。二是确保群众利益。会同市财政等部门,开展了“强农惠农”资金使用管理情况的专项清理、检查,发现违规违纪使用资金9起、22.8万元,纪律处分和其他处理4人。对教育收费、农民减负、食品药品安全、医药购销和医疗服务、行业协会和中介机构收费等行为开展了监督检查,共查处不正之风行为130起,给予纪律处分或其他处理16人。在公路“三乱”治理中,组织有关人员明察暗访12次,发现并纠正“三乱”行为18起,查处“三乱”案件1起,切实维护了群众的根本利益。三是确保环境优化。不断完善了政风行风评议和市直机关职能股(室)正职干部评议办法,使民主评议工作更加公平、科学,促进了机关干部作风进一步好转。督促市有关部门规范行政事业性收费项目,查处涉企乱收费、乱罚款和各种摊派11起。深入130家企业,全面调查、了解各职能部门和工作人员在依法行政、工作作风、服务质量、办事效率和廉洁自律等情况,共收集意见或建议200余条。走访180个行政村(居委会),对群众关心的低保金发放、惠农政策落实、教育收费、村务公开等热点问题进行了监督检查,帮助群众解决困难140余个。全年查处损害群众利益和经济发展环境案件13起,纪律处分9人。

【反腐倡廉建设】 一是坚持惩治与保护并重。2010年,全市纪检监察组织共受理群众信访、举报162件,立案查处党员干部违纪违法案件90起、其中大案要案12起,移送司法机关处理1人,收缴违纪资金87万元。坚持自办与合作并重,注重与市公、检、法等部门协同作战,合力办案。按照“二十四字”方针要求,依纪依法开展了案件审理,经认真审理无一起申诉案件复查,审结率100%、优质率95%,确保了办案质量。在严厉惩处腐败分子的同时,注重保护党员干部的健康成长和干事创业积极性,通过调查核实,为22名党员干部澄清了事实,既不让腐败者得逞,又不使廉洁者蒙冤。二是坚持“治标与治本”并重。坚持惩防并举,以防为主,做到查处一案、治理一线、教育一片。充分发挥查案治本功能,对案件中暴露出来的问题,及时帮助发案单位找原因、提出建议,督促发案单位完善制度。对查案中发现的带苗头性、倾向性问题,采取诫勉谈话、责令整改等措施,从源头上起到了预防和警示作用。年内,通过查办案件、行政监察,向发案单位、相关职能部门提出督促落实整改建议14件,新建和修订制度32项,信访诫勉谈话党员干部9名,增强了党员干部廉洁自律意识。

【廉政教育】 一是掀起廉政学习热潮。市委、市政府高度重视《中国共产党领导干部廉洁从政若干准则》的学习、教育和宣传，召开了专题会议进行部署，并将其纳入理论学习中心组学习内容。向全市副科级以上领导干部配发了《廉政准则》单行本和《廉政准则》释义1600余本，开展专题宣讲活动30余场，组织近千名党员干部参加《廉政准则》考试，以考促学。各单位各部门党组织采取多种形式，组织党员干部深入学习。二是开展廉政警示教育。廉政警示教育坚持以"正面宣传"为主，加大警示教育力度，继续抓好王瑛、贺秀连、王俊飞等先进典型示范教育，着力筑牢思想防线。组织全体市级领导和市部分科局级党政正职120余人赴株洲市(桥头堡)反腐倡廉基地开展廉政教育。全市有18个单位组织1000余名党员干部分赴岳阳、茶陵监狱和市警示教育基地接受了警示教育。开展了"盛夏送清凉"活动，采取包接送包午餐方式，由乡镇（街道办事处)纪（工）委书记分别组织千名"村官"，分期分批到反腐倡廉预防职务犯罪中心接受廉政教育培训。三是强化廉政文化建设。全市各单位、各部门结合自身实际，深入开展了廉政文化"六进"活动，推动了廉政文化建设。在城市主干道、广场设置大屏幕电视墙、宣传播放廉政广告牌4块；数百家单位建立了1000米廉政文化长廊，公开党员干部廉政承诺，接受社会监督。市工商行政管理局积极搭建廉政文化平台，开展了廉政广告创作比赛，受到群众好评。

【廉政制度建设】 一是注重制度创新。紧紧抓住党风廉政建设及反腐败工作重要领域和关键环节，以"查找廉政风险点、规范和制约权力"为核心，着力探索预防腐败机制。年内，创造性地开展了廉政风险点查找活动，在全市选择16个市直单位作为示范点。全年各单位各部门查找作风建设、制度机制等风险点1100余条，并分别制订了避险措施，为各项公共权力戴上了一道"紧箍咒"。12月3日，组织召开了廉政风险防范规范权力运行工作现场会，省纪委监察厅领导等到会指导。市劳动和社会保障局、市建设局、市卫生局、市交通警察大队分别在现场会上作典型发言。年内，醴陵廉政风险防范、规范权力运行工作做法，得到中央、省、株洲市纪委高度评价，并在中纪委《反腐倡廉建设通讯》刊物上予以推介。探索让理财小组成员、有威信的村干部和上访人员等村民代表见证监督案件调查的做法，在《中国纪检监察报》、《湖南日报》上作为创新工作予以刊登。推行党风廉政巡察制度，对市教育局、市林业局、市安全生产监督管理局、市国土资源局进行了廉政巡察，针对巡察中发现的问题，及时下发行政监察建议并督促整改。启动了科局级行政正职和"村官"公开述廉评议制度，全年选择6名市直单位行政一把手和部分"村官"进行了公开述廉，当场测评，接受社会监督。创新选人用人制度和教育方式方法，其中加强农村党员干部队伍建设的做法，在株洲市农村党风廉政建设会议上作了典型发言，中纪委干部室任建华副主任到醴陵调研时给予了充分肯定。二是注重制度落实。严格落实党风廉政建设责任制，将党风廉政建设和反腐败工作任务进行责任分解，严格检查考核，健全了分工明确、责任明确、上下协调、齐抓共管、全员参与的工作体系。对拟提拔重用人选、拟表彰先进单位和个人的廉政情况进行了严格把关。严格执行领导干部操办婚丧喜庆事宜报告及回复制度，全年有57名领导干部履行了有关手续。严格执行纪委负责人与下级党政主要负责人谈话制度，全年与单位党政主要负责人谈话12人次，任前谈话50人次，诫勉谈话35人次。在市直各单位中，开展了落实《关于印发〈醴陵市纪检监察派出(驻)机构统一管理改革工作实施方案〉的通知》情况的专项督查。通过再宣传、再贯彻、再落实，各单位领导对党风廉政建设和反腐败工作更加重视，接受监督更加主动，落实工作更加有力。

【自身建设】 一是抓组织建设，重落实强监督。认真贯彻落实中纪委《关于加强地方县级纪检监察机关建设的若干意见》、《关于县级纪检监察机关办公办案装备配置标准和实施办法的通知》、省纪委《关于加强地方县级纪检监察机关建设的若干意见》精神，纪检监察机关的政治建设、组织建设、装备建设、能力建设进一步加强。充分发挥派出纪工委、监察分局的日常监督作用，将预防腐败关口前移，延伸监督触角，实现了监督全面覆盖无空档，由"双重领导"向"直接领导"、"分散管理"向"集中管理"、"弱势监督"向"强势监督"的三大转变。严格落实乡镇(街道办事处)纪(工)委"六个一"(即：上一堂廉政党课，开展一次廉政谈话，进行一次警示教育，开展一次政务、村务、党务公开检查，办结一件以上立案件，写一篇有价值的信息或文章)考核，强化基层纪检组织的履职能力。二是抓队伍建设，提素质树形象。坚持内强素质，外树形象，切实做到科学履职、忠诚履职。以开展"创先争优"活动为契机，建立学习型机关，打造事业型干部。出台了学习制度，建立了图书室，搭建学习平台。全年举办各类业务授课、辅导60余场，闭卷考试6次。加大教育培训力度，先后选送6批、61人次参加了中纪委、省、株洲市纪委培训；派选2名干部分赴省、株洲市纪委机关跟班学习。开展了演讲、爬山、篮球比赛，迎新年文艺联欢会，看望、扶助农户贫困学生等活动。全面实施"规范管理、效能考核"制度，有力地调动了干部工作积极性，提升了工作效能。 （周述尧）

醴陵市人民代表大会

【醴陵市第十四届人大常委会】
主 任 李 理

副主任 李运波(女) 刘跃峰 冯志明 刘苏朝(兼) 李亿平(女)

委 员 兰国再 王迪祥 林万财 易大儒 宋文革(女) 傅晓江(女) 何细珠 陈治平(女) 谭书龙 杨月香(女) 李美龙 王大祥 杨水根 李 雪 李曙霞(女) 丁立萍(2010.3 任) 何 柢(女,2010.3 任)

【市第十四届人大四次会议】 市第十四届人大四次会议于 3 月 2 日至 5 日在醴陵大剧院举行。会议听取和审议了市人大常委会主任李理所作的《市人大常委会工作报告》、市人民政府代市长蒋永清所作的《政府工作报告》、市人民法院院长高建明所作的《市人民法院工作报告》和市人民检察院检察长李大所作的《市人民检察院工作报告》,审议了《关于醴陵市 2009 年国民经济和社会发展计划执行情况及 2010 年计划草案的报告》、《醴陵市 2009 年财政预算执行情况和 2010 年财政预算草案的报告》,并通过了有关决议决定。听取和审议了市人民政府《关于提请审议建设绿色生态醴陵的议案》,作出了《关于建设绿色生态醴陵的决议》。选举了蒋永清为市人民政府市长,丁立萍、何柢为市人大常委会委员。

【市第十四届人大常委会第 19 次至 29 次会议】 市十四届人大常委会第 19 次会议,于 1 月 15 日在市人大常委会会议室举行。会议作出了《关于调整醴陵市第十四届人大第四次会议召开时间的决定》。听取审议了市人民政府《关于提请审议追加 2009 年财政支出预算的议案》,作出了《关于批准追加 2009 年财政支出预算的决定》。决定任命了蒋永清为市人民政府副市长、代理市长。

市十四届人大常委会第 20 次会议,于 2 月 24 日在市人大常委会会议室举行。会议听取了市十四届人大四次会议筹备工作情况汇报。审议并原则通过了各项工作报告,提交大会审议。听取审议了市人民政府《关于建设绿色生态醴陵的议案》、《关于提请审议醴陵市渌江大道拓宽改造工程项目资金方案的议案》、《关于提请审议市非税收入征收管理局向中国建设银行醴陵市支行申请周转贷款的议案》,作出了《关于批准醴陵市渌江大道拓宽改造工程项目资金方案的决定》、《关于批准市非税收入征收管理局向中国建设银行醴陵市支行申请周转贷款的决定》。会议听取了代表异动情况报告。

市十四届人大常委会第 21 次会议,于 3 月 25 日在市人大常委会会议室举行。会议对十四届人大四次会议期间收到的代表建议进行了交办,分别审议通过了市人大常委会主任会议和市人民政府、市人民法院的人事任免议案。

市十四届人大常委会第 22 次会议,于 3 月 29 日在市人大机关会议室举行。会议通报了十四届人大代表胡雪雨涉案情况。

市十四届人大常委会第 23 次会议,于 5 月 25 日在市人大常委会会议室举行。会议审议通过了《市人民政府、市人民检察院的人事任免议案》;听取审议了《中华人民共和国食品安全法》执法检查情况汇报。

市十四届人大常委会第 24 次会议,于 7 月 29 日在市人大常委会会议室举行。会议听取了市人民政府关于 2010 年上半年经济工作情况汇报,听取审议了 2009 年市本级财政决算报告,审查批准了 2009 年市本级财政决算,听取和审议了 2010 年上半年国民经济和社会发展计划及财政预算执行情况汇报。听取审议了市人民政府《关于提请审议教育融资有关问题的议案》、十四届人大四次会议代表所提议案、建议、批评和意见办理情况汇报;作出了《关于批准市人民政府教育融资有关问题的决定》、《关于切实开展灾后恢复重建的决定》。

市十四届人大常委会第 25 次会议,于 8 月 13 日在市规划局会议室举行。会议听取审议了《醴陵市第五次城市总体规划成果》,作出了《关于批准醴陵市第五次城市总体规划成果的决定》。

市十四届人大常委会第 26 次会议,于 9 月 29 日在市人大常委会会议室举行。会议对林业、民政、工商、卫生工作进行了专项工作评议;听取、审议并表决通过了《市人大常委会主任、市人民政府市长、市人民法院院长、市人民检察院检察长分别提出的人事任免议案》。

市十四届人大常委会第 27 次会议,于 10 月 19 日在市人大常委会会议室举行。会议听取审议了市人民政府《关于醴陵大道两厢农村土地收储整理开发项目建设资金有关问题的议案》,作出了《关于批准醴陵大道两厢农村土地收储整理开发项目建设资金有关问题的决定》。审议并表决通过了《对十四届人大代表邓元平进行刑事审判的决定》。

市十四届人大常委会第 28 次会议,于 11 月 30 日在市人大常委会会议室举行。会议听取审议了市人民政府关于建设绿色生态醴陵决议执行情况的汇报,听取审议了专项工作评议整改落实情况汇报、市人民政府《关于提请审议醴陵大道两厢农村土地收储整理开发项目建设资金有关问题的议案》、《关于提请审议醴陵市陶瓷烟花职业技术学校创办国家级重点职业技术学校工程项目资金方案的议案》,作出了《关于批准醴陵大道两厢农村土地收储整理开发项目建设资金有关问题的决定》、《关于批准醴陵市陶瓷烟花职业技术学校创办国家级重点职业技术学校工程项目资金方案的决定》。会议还听取审议了旅游产业发展情况、《中华人民共和国刑法》贯彻执行情况汇报;补选了许君明、张建美为株洲市第十三届人大代表;作出了《召开市十四届人大五次会议的决定》。

市十四届人大常委会第 29 次会议,于 12 月 28 日在市人大

醴陵市发展和改革局

局　长　徐　辉

书　记　邹汉华

局机关工作人员在渌江河沿岸植树

积极参与“城市三创”活动

2010年，按照国家、省、市项目建设有关精神，全市引资工作重点放在保障性住房、农村民生工程、农村基础设施、交通等建设项目及卫生、教育等社会事业、生态环境工程、企业技术进步与改造等领域。全年为市湖南丰德利瓷业有限公司、新华联等企业争取上级技改资金1000万元。年内，粮食产能项目顺利启动，争取上级资金600万元。全年争取上级项目资金12774.2万元，为醴陵的经济和社会发展做出了应有的贡献。

年内，固定资产投资审批、核准、备案工作严格执行国家产业发展政策，共审批、核准、备案项目114项，总投资55.7亿元。其中，本级批准70项、总投资37.1亿元；上报省、株洲市批准44项、总投资18.6亿元。

局领导班子成员

省发改委主任蒋作斌（中）在株洲市委书记陈君文（右一）、本市市长蒋永清（左一）等的陪同下视察本市洪涝灾情。

醴 陵 市

局　长　陈建球

书　记　柳林祥

2010年是醴陵财政工作乘势而上、大干快上的一年。面对复杂多变的国内外经济环境及自然界的严峻挑战，全市财税系统在市委、市政府的正确领导下，在市人大、市政协的监督支持下，按照“目标提高、标准提升、发展提速”的总体要求，牢牢把握经济工作主动权，加快转变经济发展方式，加快经济结构调整步伐，有效巩固和扩大了应对国际金融危机冲击成果，财政经济工作呈现出高开高走、又好又快的良好发展势头。全年完成财政总收入20.23亿元，比年初预算增加3.42亿元，比上年增加5.69亿元、增长39.1%。全年完成财政一般预算支出25.07亿元，比上年增加7.26亿元、增长40.7%。

年内，市财政局被湖南省财政厅评为省“乡镇财政精细化管理先进单位”、“财政投资评审工作先进单位”、“家电下乡工作先进单位”；嘉树乡财税所被评为省“先进财政所”、黄泥坳财税所被评为省“家电下乡工作先进财税所”。

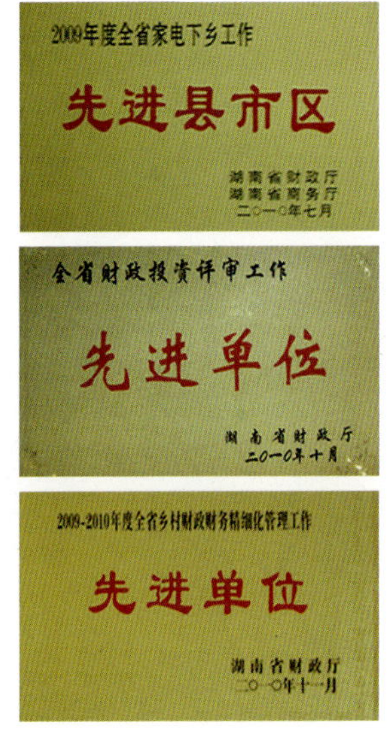

局长陈建球在全市财政工作会议上作工作报告

财　政　局

立足岗位作贡献　我为财政添光彩

全市财政系统规范权力运行警示教育大会在市委党校举行

2010年财政工作先进单位获表彰

2007~2010年财政系统新录用公务员集中培训

财政系统广大干部职工踊跃为全市“两为”活动捐款

醴陵市劳动

局 长 徐德军

书 记 潘 英

2010年，市劳动和社会保障局辖市社会劳动保险局、劳动就业管理局等5个二级机构。内设办公室、仲裁股、工资福利股等8个股室；有在职在编职工78人。年内，有608家企业参加养老保险，参保人数4.56万余人，征缴基金1.8亿元。有机关事业养老保险参保单位216家，参保人数1.22万余人，征缴基金7928万元。全市城镇新增就业人数6506人，下岗失业人员再就业3302人。全年为7348人办理了社保补助、金额1257万元。圆满完成了培训、公共职介、劳动监察仲裁、劳动工资管理、基金监督等工作。年末，被市委、市政府评为“文明建设先进单位”、“计划生育、综合治理工作先进单位”、“维护稳定工作先进单位”。

局务会正在研究劳动和社会保障工作

和社会保障局

党建九十周年演讲比赛

社会福利保障营业厅一角

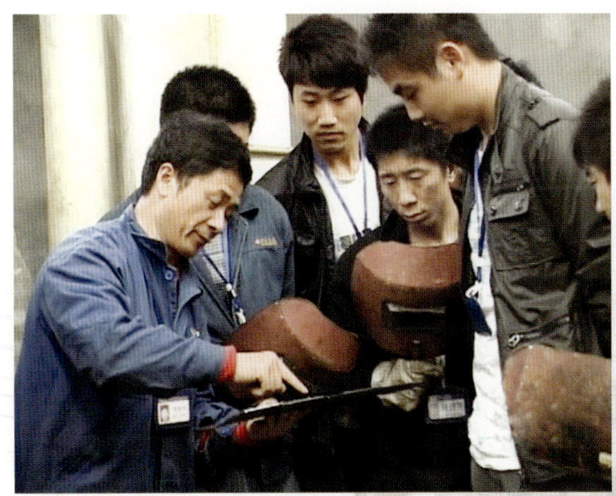

技术培训现场

群众积极参加养老保险

创业培训现场

新春招聘会场面火爆

醴陵市人民法院

高建明院长（右一）走访泗汾镇双塘村

人大代表听审

作风建设动员大会

指导人民调解

2010年，醴陵市人民法院在市委、市人大、市政府、市政协的领导、监督、支持下，在上级法院的精心指导下，认真贯彻党的十七届四中、五中全会精神，以“三个至上”重要思想为指导，深入贯彻落实科学发展观，紧密围绕“三项重点工作”，积极依法履行职责，促进了法院各项工作的跨越发展。全年共受理各类案件3167件，审（执）结3115件，审结率达98.36%，涉案标的总额3.87亿元，为当事人挽回经济损失8096.78万元。年内，司法绩效考核继续位居全省先进行列；被株洲中院评为“五型”法院先进单位。

法制宣传

法官送法到工地

送法进学校

醴陵市公安局

LILINGSHIGONGANJU

市长蒋永清（右一）到局慰问干警（图中右二为局长文树忠）

公安局政委刘炳炎（前排左一）到交通警察大队指导经营文化建设

局志愿者服务队开展公益活动

网上追逃专项督察"清网行动"调度会

"6·26"国际禁毒日宣传一角

警务技能训练

民警走访社区群众

局 长 钟国建

书 记 唐宏伟

醴陵市

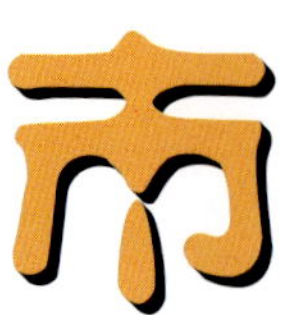

2010年，全市有各类学校234所，其中普通高中7所、中职学校7所、初级中学及九年一贯制学校42所、小学177所、特殊教育学校1所。有在校学生9.2万人。有幼儿园242所，入园幼儿2.9万人。年内，醴陵教育全面发展，硕果累累。荣获“全国推进义务教育均衡发展先进地区”、湖南省“建设教育强县（市、区）先进集体”和“学前三年教育先进县（市）”等称号。

2011年，局领导班子带领广大教职员工坚持以“教育强市”为指导，深化教育体制改革，促进各类教育协调发展。拟将市陶瓷烟花职业技术学校打造为国家级重点中等职业学校和湖南省示范性（特色）中等职业学校；实现教育质量稳步提高，高考各项指标居全省和株洲地区前列，上线率达93.8%，其中二本以上上线率43.8%。

▲2010年全市教育工作会议，深入部署和推进『教育强市』工作

▲国家教育督导团在五里牌小学督查体卫艺工作

建设教育强县（市、区）
先进集体
湖南省人民政府
二〇一〇年十二月

县级人民政府职业教育工作
优秀单位
二〇一一年一月

醴陵市教育局
生命关怀教育
先进组织单位
中国生命关怀协会
二〇一〇年十二月

湖南省语言文字工作
先进集体
湖南省教育厅
湖南省语言文字工作委员会
二〇一一年一月

湖南省学生资助工作
先进单位
湖南省家庭经济困难学生资助工作领导小组
二〇一一年三月

教育局

市第一中学办公楼

市第四中学校园全貌

市第二中学校门

全国教育系统先进集体——浦口中学

湖南省现代教育技术实验学校——渌江中学

新落成的现代化学校——江源小学

市陶瓷烟花职业技术学校塑胶运动场和实训大楼

新建成的城区实验小学教学楼

株洲市示范性幼儿园——市机关幼儿园

◀醴陵市青少年校外活动中心外景

醴陵市交通局

2011 年 7 月 11 日，市交通局更名为“市交通运输局”。图为接牌仪式现场（左五为局长谢洪华、左四为书记刘运桃）。

2010 年，是交通建设“十一五”规划收官、“十二五”规划布局的转承之年，是交通运输对接市“两型”社会、支持市“三大战役”的服务之年，是交通系统理顺内部体制、强化交通执法管理之年。全年全市交通工作在市委、市政府及上级主管部门的正确领导和支持下，交通基础设施建设进展顺利，行业管理不断规范，行政执法全面提升，安全综治态势平稳，各项中心工作圆满完成。全年完成通畅项目里程 7.7 公里，“十一五”通畅通达工程全面完成。全年查处各类违章车辆 890 辆，查扣“黑车”130 余辆。

交通运输安全宣传一角

开展“规范权力运行”学习交流

局长谢洪华（中）抽查执法文书

行政执法培训现场

农村道路建设一角

公路技术人员冒酷暑实地测量

连接神福港镇和新阳乡的神福港大桥竣工通车。李铎将军夫妇亲临通车典礼现场。

执法人员文明检查过境车辆

为驾培企业提供上门服务

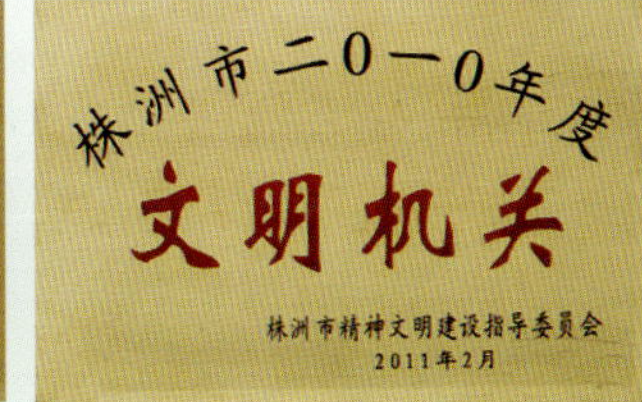

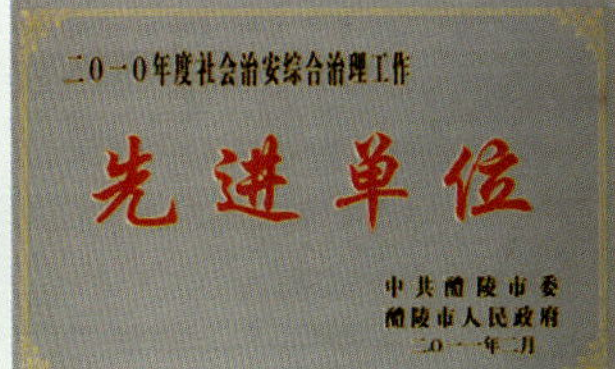

醴陵市水利局

LILINGSHISHUILIJU

局　长　宋水良

2010年，全市有大型水库1座，中型水库5座，小Ⅰ型水库14座、小Ⅱ型水库109座。有水库、河坝和机电排灌工程主干渠、支渠1700余条，总里程约3100公里。有大小山平塘3.1万口，其中蓄水量为1万立方米以上688口；可灌溉农田面积5.67千公顷。全年全市投入各级各类水利建设资金1.2亿元，整修、新建大小水利工程9160处，新建小型水源120余处，新增蓄引堤有效水量1000万方，新增和恢复灌溉面积2000公顷，新增保收面积2.67千公顷，改善灌溉面积800公顷。年内，被株洲市评为“2010年防汛抗旱指挥部办公室规范化建设先进单位”。

市委书记谢清纯（右二）、水利局局长宋水良（右一）陪同省水利厅厅长戴军勇（左二）视察本市水利建设工作

防汛抗旱工作汇报会

◀渌江防洪堤工程建设开工典礼

冬修水利督查工作会议

市水利局开展的反腐倡廉教育一角

局长宋水良（右）深入基层指导水利建设工作

酒埠江灌区北干渠船湾镇大界村防渗工程建设现场

石亭镇石亭居委会“小农水”建设

冬修水利热火朝天

鸭塘水库施工现场

龙龟山水库除险加固工程

水土保持工程

醴陵市国

局长、书记　周旺炎

局领导班子正在研究全市国土资源发展工作

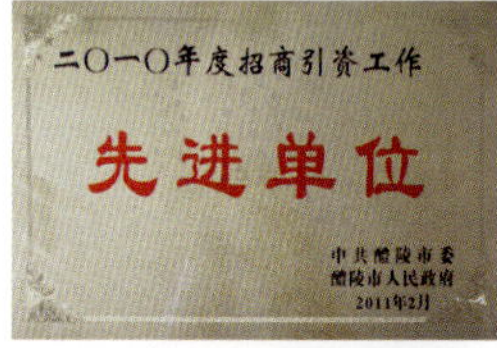

醴陵市国土资源局坐落于立三村与阳东村交界处，占地面积9656平方米。

年内，围绕中心工作，为全市招商引资、城市建设、民营经济发展、国企改革和重点工程项目提供了良好的国土资源保障。全年办理招、拍、挂出让土地48宗、面积92.3公顷，共收缴纯出让金1.3亿元；新增建设用地有偿使用费2306.3万元，耕地开垦费1193.6万元。全年上报国家级项目1项、省级项目16项、株洲市级项目10项。局先后被评为省“土地执法监察模范县（市）”、“文明卫生单位”，株洲市“国土资源工作目标管理红旗单位”、“矿山安全和地质灾害防治先进单位”及本市“招商引资工作先进单位”、“行风建设先进单位”。

办公大楼效果图

土 资 源 局

▲省地籍处处长（左一）仔细对照图纸核对宅基地复垦现场

◀省国土资源厅和株洲市国土资源局领导视察醴陵国土资源工作

局长周旺炎陪同省国土资源厅颜厅长调研本市宅基地复垦项目

依法整治非法采矿行为。图为工作人员收缴非法采矿机械。

株洲市地质灾害防治与地质环境管理工作会议在醴陵召开

国土资源土地矿产市场办公楼

醴陵市民政局

省委副书记梅克保（右三）到醴陵视察市福利中心，实地查看了“五保”老人饮食起居，并充分肯定了本市“五保”供养工作。

2010年，醴陵市被评为“全国农村五保供养工作先进单位”。图为“五保”老人在环境优美的市福利中心幸福生活。

◀在『6·24』洪涝灾害中，市民政局组织全局机关干部分赴东、南、西、北各乡镇，积极参与抗洪救灾，开展救灾慰问。

局抗洪救灾募捐暨“天天慈善一元捐”活动。活动共捐款2.72万元。

市福彩刮刮乐“淘金者”彩票刮出百万元大奖。这是“即开型福利彩票”中奖最高纪录，也是刮刮乐“淘金者”在湖南省境内的首个百万元大奖。

醴陵市审计局

LILINGSHISHENJIJU

局　长　朱卫兵

书　记　张咏梅

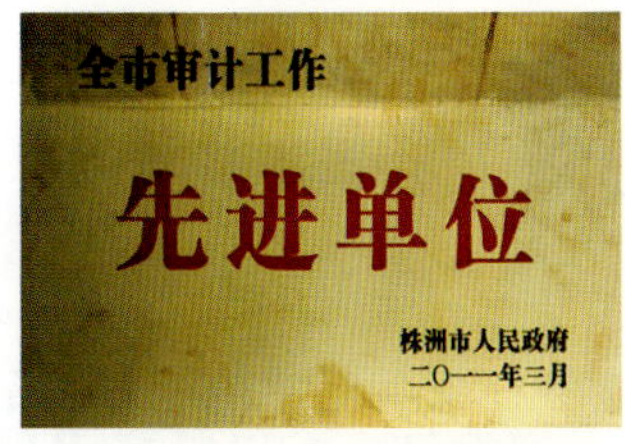

2010年，局内设办公室和法制、财政金融审计、行政事业审计、基建外资审计5股室和经济责任审计科、重点建设项目审计中心。年末有在职人员26人。主要负责对全市26个乡镇、4个街道办事处和98个副科级以上的行政事业单位及政府投资项目进行审计监督。全年共完成审计及审计调查项目32个，查处违纪违规金额38763万元，向市纪检监察部门移送案件2件；收缴违纪金额和罚款78万元；向上级审计机关和本级政府提交审计报告、审计专项调查报告32篇；提出审计建议72条；促使市相关部门完善管理制度12项。年内，审计监督工作在推进法治、维护民生、促进发展中发挥了积极作用。

审计人员深入泉湖体育馆施工现场测量工程材料

局领导班子成员

新审计法规培训

醴陵市环

局　长　王爱国

办公大楼一角

◀局领导班子正在研究环保工作发展大计

2010年，全局认真贯彻落实科学发展观，紧紧围绕市委、市政府“保二争一、科学跨越”战略目标，着力打响“三大战役”，以“创建省级卫生城市”为载体，突出保民生、保增长、保稳定，深入开展“蓝天碧水”行动，加大污染治理力度，落实污染减排措施，加强环境监管执法，积极推动“两型”社会和绿色生态醴陵建设，环境保护各项工作取得显著成效，环境质量持续改善。城市大气环境质量达到国家二级标准，空气良好天数达331天；城市水功能达到区划标准，饮用水源水质达标率为100%。“创卫”环境保护工作通过省级验收。城区炉窑整治工作取得显著成效，城市建成区基本消灭燃煤炉窑；圆满完成了省政府下达的“十一五”减排任务。年内，被湖南省评为“第一次全国污染源普查工作先进集体”、“十一五”环境保护宣教工作先进集体”，被本市评为“依法行政优秀单位”。

境保护局

◀市长蒋永清（左二）和环保局局长王爱国（右一）陪同省环保厅副厅长李继军（前排右一）、株洲市环保局局长李必农（左一）到乡镇环境保护中心所视察环境保护工作。

省环保厅副厅长王会龙（右二）在株洲市副市长李异健（左二）、醴陵市市委常委、副市长易顶峰（左一）的陪同下到本市企业检查环境保护工作。

市环保中心所揭牌成立。市长蒋永清在仪式上作重要讲话。

◀▲ "6·5" 环保日宣传

醴陵市国家税务局

国家税务总局出口退税司领导到本市调研陶瓷企业

局长肖国平（左一）走访重点税源乡镇

2010 年度国税行业纳税十强表彰暨座谈会

醴陵市国家税务局地处市李畋东路，现有干部职工 244 人，其中在职干部 201 人。内设 12 个科室和 5 个税务分局，担负着全市近 1640 户企业、6534 户个体工商户的国税征管工作。年内，深入贯彻实践科学发展观，紧紧围绕“为国聚财、为民收税”的工作宗旨，全力组织税收收入，强化税源管理，优化纳税服务，规范依法行政，加强队伍建设，圆满完成了各项工作任务。全年共组织入库各项税收收入 7.18 亿元，比上年增收 1.13 亿元，增长 18.78%。年末，被湖南省总工会评为“湖南市职工职业道德建设先进单位”，被省纪委定为“廉政工作调研联系点”，被株洲市评为“社会治安综合治理先进单位”，被株洲市总工会评为“芙蓉标兵岗”。颜建明被评为“全国先进工作者”。

改造后的机关庭院一角

2010 年下半年经济工作分析会

“贴心服务促发展、和谐国税在瓷城”专题恳谈会

2010 年度“十佳办税员”代表表彰

全国先进工作者——颜建民在京受表彰

2010 年度“国税行业纳税十强企业”代表受表彰

醴陵市科学技术局

局 长 李忠业

2010年，全年全市安排各类科技计划项目45项，安排科技三项经费2550万元，重点支持了750~1000千伏高强度大瓷套项目、千亿陶瓷产业集群建设、陶瓷窑炉技术改造、油茶产品综合开发等32个项目。全年全市申报国家级科技项目6项、省级5项，引进科技发展资金465万元；申请专利590件，其中发明专利17项、实用新型70项，专利成果产业化率达80%以上。

年内，全市科技工作跻身国家首批知识产权强县行列，连续七次获“全国科技进步先进县（市）”称号。同时，获“全国科技管理系统先进集体”称号。

北京专家组为打造醴陵陶瓷千亿产业集群献计献策。图为筹备工作座谈会现场。

局长李忠业下基层指导农业科技工作

“科技活动周”宣传活动

市花炮机械研发中心揭牌，副市长李忆湘亲临仪式现场。

局长李忠业带领机关干部深入仙凤瓷业有限公司进行调研

醴陵市司法局

局 长 盛 勇

书 记 杨光秋

湖南省
十佳法律援助机构
湖南省司法厅
二〇一一年二月

全市司法行政工作二〇一〇年度目标管理考核
先进单位
株洲市司法局
二〇一一年二月

2010年，在市委、市政府的领导和上级业务部门的指导下，认真贯彻党的十七大和十七届五中全会精神，深入落实科学发展观，按照中央关于《司法体制和工作机制改革》的总体部署，根据上级政法工作会议及司法行政工作会议的整体安排，紧紧围绕市“争一进百、科学跨越”战略目标，深入推进“社会矛盾化解、社会管理创新、公正廉洁执法”三项重点工作，在基层矛盾纠纷排查调处、普法依法治理、法律服务、人民调解、社区矫正、基层建设、队伍建设等方面取得了明显的成绩。年内，本局有11项工作、10人（次）分别受到全国、省、市级表彰；来龙门司法所张本忠被评为“全国模范调解员”，市法律援助中心被省司法厅评为“十佳法律援助机构”，孙家湾乡孙家湾村和阳三石街道办事处企石村被评为全省第五批“民主法治示范村”。

株洲市司法局领导视察本市司法宣传工作

江西省司法行政厅领导到醴陵交流

局领导班子成员

法律宣传，接受群众咨询

醴陵市来龙门街道办事处

LILINGSHILAILONGMENJIEDAOBANSHICHU

人大工作室主任　钟光荣

党工委书记　李华定

主　任　刘天汉

醴陵市来龙门街道办事处地处城区中心，是醴陵城区政治、经济、文化、商贸活动中心。2010年，办事处紧扣党工委年初既定的“六抓六上”整体工作思路，知难而上，锐意进取，各项社会事业全面进步。实现工业总产值8.677亿元，同比增长27.1%；规模以上工业企业实现产值2.971亿元，同比增长17.9%；完成工业固定资产投资4亿元，同比增长57.48%；完成招商引资2.44亿元，同比增长16.19%。完成国税1919万元、地税9600万元，分别为年计划任务的100.2%和110.5%、增长19.42%、28.19%。年末，经济普查工作获湖南省“先进单位”称号，被株洲市评为“文明建设先进单位”、“人口与计划生育工作先进单位”，被本市评为党风廉政建设、社会治安综合治理、教育、民政等工作“先进单位”。

团结奋进的班子成员

株洲市委常委、军分区司令员黄跃（左三）到本办检查预备役工作

市委副书记、市长蒋永清到本办视察工作

市委副书记罗绍昀到本办检查指导工作

“创建省级园林城市”宣传一角

村支两委换届选举

醴陵大道项目

◀省委常委、省纪委书记许云昭（左三）一行在地、市领导陪同下，视察醴陵大道施工建设。

醴陵大道位于市区东北角，是城市“一环六放射”交通骨架中的一条放射道路，西起醴泉路口，东至沪昆高速黄沙互通口，是醴陵内环线与沪昆高速的连接线。道路全长6.6公里，路幅宽100米，双向八车道。项目总征地114.6公顷，其中两侧各20米宽绿化带征地37.84公顷，需拆迁房屋320户，面积125078平方米。工程总投资约8亿元，是目前本市名副其实的“第一大道”。醴陵大道建成后，将成为本市联系外界的一个重要窗口，既是一条景观大道、生态大道、更是一条人文大道、现代大道。建设好醴陵大道，对于加快醴陵城市建设，推动经济社会发展，具有十分重要的意义。

截至2011年4月，整个工程财政累计投资4.6亿元，工程直接投入2.6亿元。6月底，大道全线通车。

株洲市委书记陈君文（左三）到醴陵视察醴陵大道施工建设

市领导指导醴陵大道施工建设。左二为市委书记谢清纯，左一为市人大主任李理，左三为市委副书记、市长蒋永清。

建设指挥部

醴陵大道施工计量测量

流星潭桥工程建设一角

醴陵大道竣工通车典礼现场

醴陵大道实景

为打造“绿色醴陵”，加快美化、绿化步伐，全市组织开展了“我为醴陵大道栽棵树，我为绿色醴陵作贡献”捐赠造林大型公益活动。李铎将军为支持家乡绿化建设，在醴陵大道捐赠并栽种了一片“将军思乡林”，并与夫人一道亲自参与植树。图中，前排右二为李铎将军、右三为将军夫人。

醴陵市文化体育新闻出版（版权）局

局　长　易小龙

市长蒋永清（左）视察沩山醴陵窑址群

书　记　杨若邻

国家新闻出版总署印刷发行管理司副司长曹宏遂一行，实地考察孙家湾乡的龙虎湾村农家书屋。

省版权局版权管理处主任科员宋亮率株洲市版权局版权科科长高凌、知识产权律师刘异到本市调研陶瓷版权保护工作。

副市长李忆湘在2010中国文化遗产保护与长城高峰论坛上作题为《在发展中进行非遗保护，在传承中促进产业发展》的演讲。

全市体彩工作会议

醴陵市卫生局

省卫生厅厅长张健（右三）一行到醴陵调研农村卫生工作

株洲市卫生局局长廖社庚（右三）一行到醴陵调研卫生项目建设工作

2010年全市卫生工作会议

庆祝“5·12”护士节座谈会

2010年，全市有各级医疗卫生机构564个，有在职职工2486人（含湘东医院），其中专业技术人员1895人。全市每千人口拥有医生2.4人、护士0.8人。全年全市新型农村合作医疗参合人数80.17万余人、参合率93.64%,参合人数比上年增加2.42万余人。截至12月底，全市受益参合农民17.54万人（次），补偿医疗费共计9834.47万元；受益面12.08%、整体受益度53.01%。年内，与省儿童医院、株洲市中医院等5家医疗机构签订了直补协议，实现了新农合住院费用“即时结报”。

年内，完成了白兔潭、大障中心卫生院改扩建项目；努力争取了市中医院综合大楼、泗汾中心卫生院、来龙门和西山街道社区卫生服务中心、白兔潭田心村卫生室、孙家湾卫生院公转房等12个卫生建设项目。

全市产科医师培训一角

◀局机关工作人员进行街头防灾减灾宣传活动

醴陵市王仙镇

LILINGSHIWANGXIANZHEN

人大主席　陈韶军

党委书记　赖　洪

镇　长　彭庆纪

积极开展“农村创卫”工作，拆除违章建筑。

镇领导指导春耕春作

镇旅游景点之一——宝源禅寺

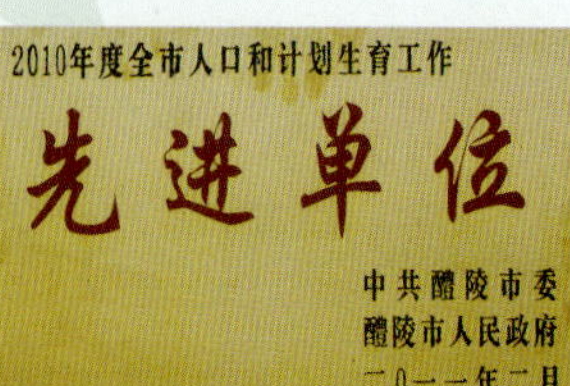

二〇一〇年度经济发展综合实力

五强乡镇(街道)

中共醴陵市委
醴陵市人民政府
2011年2月

醴陵市商务局

局　长　林建辉

书　记　吴远斌

局领导班子成员

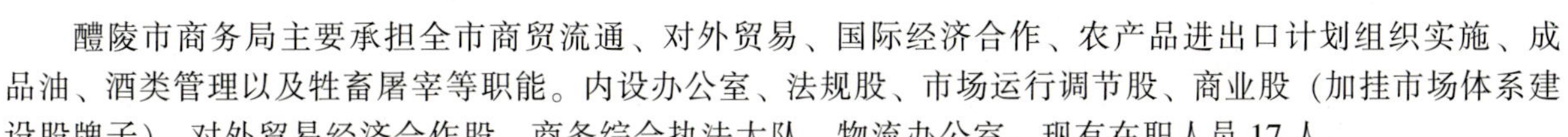

醴陵市商务局主要承担全市商贸流通、对外贸易、国际经济合作、农产品进出口计划组织实施、成品油、酒类管理以及牲畜屠宰等职能。内设办公室、法规股、市场运行调节股、商业股（加挂市场体系建设股牌子）、对外贸易经济合作股、商务综合执法大队、物流办公室。现有在职人员17人。

2010年，醴陵市商务局紧紧围绕经济建设中心，积极发挥职能作用，全年全市实现社会消费品零售总额84.1亿元，比上年增长20.3%；实现外贸出口总额6.09亿美元，比上年增长20%；出口创汇2.43亿美元，比上年增长17.7%。引进新华联国际石油贸易有限公司投资醴陵，建设战略性储备油库。完成了均楚、贺家桥等4个农村农产品市场监测网点布局、选址；进一步完善“家电下乡”监管工作，启动了家电以旧换新工作；加强了“三电”整改，进一步推动了本市商务综合执法。

醴陵市酒业协会成立大会暨第一届会员大会现场

◀湘菜获奖。这是醴陵烹饪史上，第一次有厨师和醴陵菜在国家级烹饪大赛中获奖。

醴陵市枫林市乡

人大主席　邹培锋

党委书记　王志强

乡 长 丁 瑜

乡党政人班子成员

乡第十二届党代会

境内沪昆高铁施工现场

农村创卫——镇中心小学组织学生进行创卫宣传

酒水车清洗街道

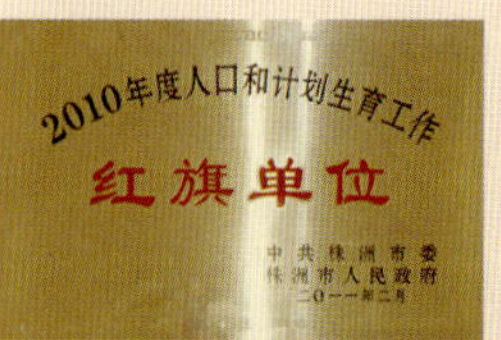

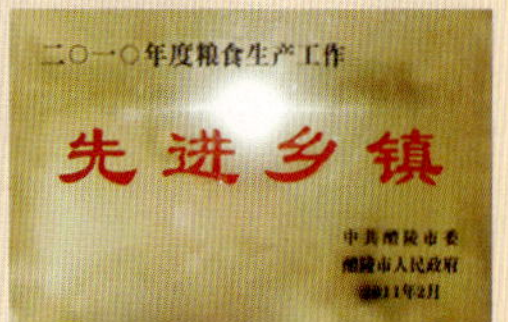

机关会议室举行。会议作出了《关于调整召开市十四届人大五次会议时间》的决定。表决通过了《关于黄仲娥辞去株洲市第十三届人大代表的议案》,林贵先、陈海凡、朱谋辞去市十四届人大代表的议案。会议听取审议并表决通过了市人民政府《关于提请审议中南航空港建设公司向中国工商银行股份有限公司醴陵支行申请贷款的议案》。

【工作监督】 2010年,市人大常委会按照市委"目标提高、标准提升、发展提速"的总体要求,围绕打好城市提质、园区攻坚、旅游升温"三大战役",先后组织常委会组成人员和部分人大代表开展了视察、调研活动8次,听取了相关工作情况汇报,就破解拆迁安置、融资引资难题,建立了城市建设管理长效机制;创新园区管理模式,进一步优化园区发展环境;挖掘文化资源底蕴,加快旅游资源整合,加大旅游招商开发等提出了建议、意见。围绕"转方式、调结构"这一主线,听取了全市上半年经济运行情况报告,分析了经济运行中存在的困难,建议市政府在加快发展方式转变和经济结构调整中,注重统筹社会事业发展和民生改善,促进经济社会又好又快发展。听取了预算执行、财政工作情况汇报,批准了年度财政决算和预算调整方案。为维护城市核心利益,开展了整治违法建设工作督查、视察活动,提出了进一步统一思想认识,加大督查考评力度,严肃法纪,依法有序、强力推进违法建设整治工作等建议、意见,得到市政府相关部门的高度重视,促进了全市违法建设整治工作的健康有序开展。

【法律监督】 食品安全事关人民群众身体健康、生命安全和社会和谐稳定。年内,针对这一群众普遍关心的热点问题,市人大常委会把监督《中华人民共和国食品安全法》的贯彻实施,作为全年的工作重点。成立了4个检查组,并邀请人大代表参与,在全市广泛开展了《中华人民共和国食品安全法》综合执法检查。常委会会议听取和审议了《中华人民共和国食品安全法》综合执法检查情况汇报,针对食品安全法制意识亟待增强、监管基础仍然薄弱、机制仍不够顺畅、投入不足等,提出了《提高认识、强化监管、完善食品安全长效机制》等审议意见,并交由市政府相关部门加以落实。通过执法检查,有力促进了全市食品安全监督管理工作。同时,听取和审议了《中华人民共和国水法》、《中华人民共和国建筑法》、《中华人民共和国招标投标管理法》、《中华人民共和国禁毒法》、《中华人民共和国专利法》、《中华人民共和国刑法》等法律法规贯彻执行情况汇报,并就相关问题提出了具体建议,有效地保障了国家法律法规在本市行政区域的正确实施。

继续探索"一府两院"法律监督新模式,全年组织全市各级代表80余人次,听审、评议案件8件,反馈意见90余条,促进了法院审判质量的提高。针对监所检察工作反映的问题,提出了《进一步充实监所检察监督力量,加大监外执行检察力度,加强与市公安机关、人民法院的沟通协调,确保监所管理工作依法、正常、有序地开展》等建议。

【代表工作】 2010年,坚持把代表工作作为人大工作的基础和依托,强化服务,创新机制,充分发挥代表作用。一是创新机制,搭建代表履职平台。为打造好代表履职平台,畅通代表与选民联系渠道,丰富代表在闭会期间的活动,全面铺开了"人大代表之家"创建活动。全年争取财政投资30万元,支持各乡镇(街道办事处)人大创建了"人大代表之家"。年内,全市各乡镇(街道办事处)人大基本按照"六有"要求,创建了高标准"人大代表之家",代表活动平台更宽,活动效果更好。二是加强培训,提高代表素质。始终重视代表的培训,制定了代表培训计划,采取举办专题讲座、分组集中学习等形式.对全市各级人大代表进行履职培训。举办了省、株洲市、部分本级代表等参加的培训班,并邀请了省人大法工委、联工委专家授课。参培代表较为系统地学习了人民代表大会制度、《中华人民共和国选举法》、《中华人民共和国代表法》和代表履职知识等。三是热心服务,丰富代表活动内容。坚持为代表订阅《中国人大》、《人民之友》,邀请代表列席常委会会议。全年组织代表参加专项工作评议、综合执法检查、视察调研、听审评议等活动200余人次,较好地丰富了代表活动内容,代表知情知政渠道更加畅通,代表参政、议政能力进一步提高。年内,驻醴陵的省、株洲市人大代表向上级人大会议提交了42件建议,均得到大会秘书处高度肯定,其中有6件建议被省、市人大列为重点督办件。四是强化督办,激活代表履职积极性。召开了交办会议,采取常委会集体向"一府两院"主要负责人交办方式,出台了《市人大常委会关于市十四届人大四次会议代表建议的交办意见》。全年共收到代表建议60件,见面率、办结率、满意率分别为100%。

【依法决策】 2010年,为认真贯彻市委"转方式、调结构"方针,开展了深入调研,广泛征求意见。在市第十四届人民代表大会第四次会议上,对市人民政府《关于提请审议建设绿色生态醴陵的议案》进行了认真酝酿和讨论,依法作出了《关于建设绿色生态醴陵的决议》。为推进绿色生态醴陵建设,在常委会第28次会议上,听取和审议了《关于建设绿色生态醴陵的决议》的贯彻执行情况汇报,提出了进一步提高思想认识、加强组织领导、突出工作重点、健全保障体系,加大资金投入等建议和意见,有效地加快了绿色生态醴陵建设步伐。面对年内全市罕见频发的洪涝、地质灾害,积极响应市委"大灾大爱、大灾大干"号召,作出了《关于切实开展灾后恢复重建工作的决定》,为全市凝心聚力,开展灾后重建起到了积极推动作用。同时,在常委会的组织、号召下,省、株洲及本市部分人大代表和干部为支持灾后重建共捐款54.17万元。为推进“两型”社会建设,科学编制了《醴陵核心区发展规划》,作出了《关于〈醴陵市第五次城市总体规划成果〉的决定》,确保了规划成果的科学性、前瞻性和可操作性。为支持和促进全市经济社会事业发展,特别是重点工程建设,坚持解放思想,特事特办,先后批准了市人民政府《关于渌江大道拓宽改造项目资金方案》、《醴陵大道两厢农村土地收储整理开发资金方案》等5项议案。同时,支持市政府融资7.22亿元,确保了全年全市重点工程项目的顺利推进。

年内,坚持“党管干部”原则和人大依法任免干部相结合,坚持实行任前了解、法律考试、任职发言、依法表决、颁发任命书等制度,审议并任免国家机关工作人员56人次,确保了市委人事安排意图的顺利实现,为本市经济社会科学跨越发展提供了有力的人才支撑和可靠的组织保障。

【关注民生民利】 2010年,市人大常委会就事关民生和社会事业发展相关问题,开展视察、调研活动11次,听取、审议了相关工作情况汇报16项,下发审议意见书1份。针对市民“看病难、看病贵”问题,提出了《积极推进医改、加强监督管理,提高服务质量》和《全面推行新农合制度,提高实际补助率,减轻农民负担》等建议和意见;市政府及卫生部门切实解决了工作难题,“看病难、看病贵”矛盾得到一定程度缓解。针对事关群众切身利益的社会救助、城乡低保等问题,提出了《要多方筹措资金,不断提高救助保障能力》、《完善审核机制,增强透明度》等建议;市政府及民政部门认真研究,积极作为,努力做到应保尽保,促进了全市社会救助水平稳步提高。针对集体林权制度改革,开展了视察调研,听取了工作情况汇报,提出了《加大林业投入,切实解决林业管理经费、林农林场问题》等建议,并得到市政府及林业部门的认真落实,促进了林业事业的良性发展。此外,专门听取了科技、教育、廉租房建设等工作情况汇报,深入开展了“环保世纪行”、“农产品质量安全行”、“农民健康行”、“民族团结进步行”等活动,积极推动民生和社会事业的全面发展。

【专项工作评议】 专项工作评议是市人大常委会积极探索监督工作的新方法、新举措。在总结经验基础上,进一步拓展专项工作评议的深度和广度。年内,依照《中华人民共和国监督法》和评议工作办法,分别对林业、工商、卫生、民政工作开展了专项工作评议。评议调查组坚持“客观、公正、民主、公开”的原则,开展了为期4个月的评议调查,广泛听取了建议和意见。常委会议对4个专项工作进行了集中评议和民主测评,既充分肯定成绩,又指出了问题,并将评议意见和建议形成审议意见书,交由市政府和责任单位整改落实,有力地支持和促进了市政府及责任部门依法行政。

【“三十周年纪念”活动】 为系统回顾、总结醴陵市人大常委会设立30年来的工作历程,为今后的人大工作提供历史经验和珍贵资料,促进新形势下人大工作的健康发展,市人大编辑出版了《醴陵市人大常委会三十年回眸》。3月,隆重召开了市人大常委会设立三十周年纪念大会,着力宣传了人民代表大会制度的优越性,全面总结了本市人大工作与民主法制建设的成效与经验,表彰了人大工作先进个人。市级领导、各级代表、市直单位负责人、乡镇、街道办事处人大负责人等500余人参加会议和纪念活动。会上,市委书记谢清纯作了《承前启后创辉煌、继往开来促跨越》的讲话,为全市做好新时期人大工作指明了方向。这次会议的召开,对于进一步加强和改进党对人大工作的领导、大力推进全市民主政治建设、充分发挥地方国家权力机关在科学发展中的重要作用具有极其重大的意义。(邹政大)

醴陵市人民政府

市　　长　蒋永清(2010.3任)
　冯建湘(2010.1止)

副 市 长　刘正平(2010.5任)
　易顶峰　汤云辉
　李忆湘　李荣佳
　廖宏力
　曾市南(挂职、2010.5任)
　苏　涛(2010.5止)

党组书记　蒋永清(2010.3任)
　冯建湘(2010.1止)

党组成员　刘正平(2010.5任)
　易顶峰　汤云辉
　李荣佳　廖宏力
　郭向晖　宋友红
　彭德清　文树忠
　黄升开
　曾市南(2010.6任)
　汤乐田(2010.3任)
　贺小玲(2010.3任)
　苏　涛(2010.5止)
　龙映秋(2010.3止)
　巫载清(2010.3止)

秘 书 长　谢圣才

调 研 员　廖达全
　王晓萍(2010.8止)

副调研员　刘育才　易声告
　巫栽清
　吴任华(2010.7止)

【概况】 2010年,是“十一五”的收官之年。一年来,全市上下紧紧围绕“争一进百、科学跨越”战略目标,大力实施“三三方略”,超额完成了市十四届人大四次会议确定的各项任务。年内,醴陵市荣获“中国十佳和谐可持续发展城市”、“中国金融生态城市”、“中国陶瓷历史文化名城”、“中国绿色名县”、“全国粮食生产先进县(市、区)”、“全国农村五保供养工作先进单位”、“国家林业有害生物防治工作先进单位”、“全国交通运输文明执法示范窗口”、“全国婚姻登记规范化单位”和湖南省“卫生城市”、“发展乡镇企业先进县(市)”、“引进外资工作先进县”、“‘芙蓉杯’水利建设先进县(市、区)”、“建设教育强县(市)先进集体”、“学前三年教育先进县(市)”、“人口和计划生育工作优质服务先进单位”、“安全生产工作先进县(市)”,株洲市“政务公开工作先进单位”等称号。全年全市经济社会发展呈现出高开高走、高位高速、又好又快的发展态势。

经济发展全面提速。2010年,是本市新世纪以来经济增长速度最快的年份。各项主要经济指标纵比提速、横比进位、自比跨越,高于全省、株洲市平均水平,快于历史、好于预期。全年地区生产总值比上年增长16.6%,提高2.5个百分点,总量稳居全省第四、跃居株洲市第一。其中,一、二、三产业增加值分别比上年增长4.0%、20.8%、12.3%。财政收入比上年增长39.1%、提高19.1个百分点,高于株洲市平均水平14.1个百分点,总量位居全省第四。其中,一般预算收入比上年增长51.6%,提高12.5个百分点,高于株洲市平均水平28.3个百分点,总量跻身全省三强。投资、消费、出口对经济的拉动作用明显,全社会固定资产投资比上年增长52.7%,社会消费品零售总额比上年增长18.6%,外贸出口总额比上年增长20%。居民收入增速创近年新高,全市城镇居民人均可支配性收入、农民人均纯收入分别比上年增长13.2%、20.8%,均高于株洲市平均水平。

质量效益全面提升。突出抓好了财税、产业、投资等领域结构调整,经济发展质量效益进一步提升。财税结构逐步优化,地方可用财力不断增加。一般预算收入占财政总收入的64.3%,比上年提高5.2个百分点,在全省十强县中排名第二。税收收入超13亿元,占财政总收入的比重保持在65%以上。产业结构日趋合理,彰显了阶段性发展特征。三次产业结构比调整为12.3∶60.5∶27.2。工业增加值占GDP的比重达57.4%,比上年提高5.5个百分点;规模工业增加值占全部工业增加值的比重为82%,比上年提高4个百分点;工业对经济增长的贡献率达69.1%。“旅游升温”战役成效明显,全年实现旅游综合收入7.9亿余元,比上年增长38.5%。金融业健康发展,贷款增速是全省平均水平的2倍、株洲市的2.1倍,存贷比提高到44%。投资结构不断改善,体现了拉动经济的强劲动力。城镇固定资产投资占全社会固定资产投资的82.2%,比上年提高1.2个百分点。工业投资占全社会固定资产投资的75.3%,比上年提高9.9个百分点。技改投资和新兴产业投资占工业投资的98%,比上年提高4.1个百分点。

基础后劲全面提强。完成了励节路、渌江拦河坝等建改工程;渌江大道(三、四期)、国瓷路基本实现通车;推进了阳三路、泉湖体育馆等项目建设;启动了沪昆高铁(醴陵片区)、长庆大道、渌江防洪堤等工程,带动了陶瓷产业园区、长庆示范区、高铁站区的整体联动开发。岳汝高速(醴陵段)、沪昆高铁(醴陵段)、西气东输二线工程建设速度均在全线、全省靠前。釉下五彩艺术陶瓷园、汽车零部件及汽车用品产业园、湘东国际物流园、仙岳山文化景区等产业项目建设加快。全年整修、新建水利工程9160处,除险加固病险水库23座,改造危桥15座,建设乡镇自来水厂3个。加强了5个重点集镇建设。完善了财政、城管、安全生产、计划生育等工作机制的理顺革新,推动了工作重心下移、基础夯实。抓好了农村土地流转和集体林权制度改革,全年全市流转土地14.67千公顷,集体林权发证率达98.3%。推进统筹城乡发展改革,启动了“10万农民进城”工程。全力推进驻醴陵的株洲市属以上国有企业改制,其中,2家企业改制基本完成。解决全市重点工程用地指标200公顷,完成重点工程征地636.87公顷。全年争取上级资金9.9亿元,融资到位资金7.3亿元。成功引进汽车零部件等新兴产业落户醴陵。全年引进项目24个,实际利用外资6560万美元,内联引资16.13亿元,比上年均大幅增长。

民生福祉全面提标。全年投入发展民生事业资金18亿元,占财政一般预算支出的73.2%。积极抗击超历史的洪水灾害,取得了抗灾救灾和灾后重建工作全面胜利。认真为民办实事,圆满完成省、株洲市及本级年度为民办实事任务。社会保障水平全面提升,全市“五大保险”共有参保人数60.8万人次,全年支付各种待遇5.9亿元。开展了创建“创业型城市”建设,全年新增城镇就业人员6506人、农村劳动力转移就业18133人。城乡低保应保尽保,全年发放低保金6624.7万元、补贴667.7万元、有5.46万余人受益。全年新改扩建敬老院2所、五保之家10所,全市五保集中供养率达37%。加强市场供应,建立健全价格调控目标责任制,保证了群众的“米袋子”、“菜篮子”。社会事业发展加快,全年申报科技项目12个。完成合格学校建设59所。成功承办了“第二届中国陶瓷艺术大师评选”活动。组织青少年参加省十一届运动会,取得可喜成绩。新型农村合作医疗全年补偿医疗费用9834.5万元、17.5万人次受益。稳步推进“阳光管理、执法破冰、生育关怀”工作,人口和计划生育工作整体水平进一步提高。第六次全国人口普查工作顺利推进。全面完成烟花爆竹企业第二轮行政许可工作,加强安全生产专项整治,杜绝了重特大事故发生。完善应急长效机制,成功应对各类突发事件。做好信访维稳工作,抓好社会治安综合治理,社会大局保持稳定,人民群众安居乐业。

2010年湖南省、株洲市、醴陵市十件民生实事完成情况

表 2

序号	事 项	考 核 项 目	工作目标	实际完成	占全年比%)
1	做好就业再就业工作	○新增农村劳动力转移就业人员	18000人	18133人	101
		△新增城镇就业人员	5800人	6516人	112.3
		○失业人员再就业人数	2800人	3305人	118
		△城镇“零就业家庭”实现动态就业援助	100%	100%	100
		农村实用技术培训人次	20000人次	20370人次	101.9
		农民职业技能培训人数	4000人	4000人	100
		残疾人职业技能及实用技术培训人数	110人	118人	107.3
2	加强城乡社会保障工作	○企业职工基本养老保险新增参保人数	4000人	11019人	275.5
		○城镇居民医保参保人数	85000人	85180人	100.2
3	改善城乡居民生活条件	△新增廉租房套数	490套	868套	177.1
		城镇廉租住房保障户数	748户	748户	100
		△新建农村综合信息服务示范点	25个	25个	100
		△新增行政村通宽带	25个	83个	332
4	发展教育文化卫生事业	○资助家庭贫困学生人数	3800人	10123人	266.4
		建设义务教育合格学校	59所	59所	100
			△省5所	5所	100
		博物馆免费开放	1处	1处	100
		△农家书屋工程建设	120家	120家	100
		医疗卫生单位改造	2所	2所	100
		△新型农村合作医疗住院补偿率	42%	64.1%	152.6
		○新型农村合作医疗参合率	90%	93.6%	104
5	加强农产品流通管理,加快农业产业发展	○城区蔬菜农药残留超标率	8%以下	1%	100
		商品材采伐指标入村到户率	100%	封山育林指标中止	
6	改善农民出行条件	农村道路、危桥改造和除险加固	15座	15座	100
7	加大社会救助力度	△城市低保对象月人均补助	150元	155元	103
		△农村低保对象月人均补助	50元	55元	110
		△改扩建乡镇敬老院	2所	2所	100
		改扩建村级五保之家	10所	14所	140
		计划生育家庭特别扶助金发放到位率	100%	100%	100
		符合条件的再生育夫妇施行出生干预到位率	100%	100%	100
8	推广清洁能源	△建设农村清洁工程示范村	1个	2个	200
		△新建农村沼气池	2000个	2190个	109.5
9	加强水利设施建设	△解决农村饮水不安全人数	40000人	48459人	121.1
		完成病险水库除险加固	23座	23座	100
		实施灌溉续建配套工程	3000米	26630米	887.7
10	改善市区环境质量	亮化城区小街小巷	10条	12条	120
		硬化城区小街小巷	5条	8条	160
		新建公厕	3座	3座	100
		新建垃圾站	7个	7个	100

注:带“△”的为省考核项目,带“○”的为株洲市考核项目,无符号标记的为本级考核项目。

2011年预计完成湖南省、株洲市、醴陵市十件民生实事指标

表 3

序号	事项	考核项目	工作目标
1	积极扩大就业	新增城镇就业人员	6500 人
		失业人员再就业人数	3300 人
		城镇"零就业家庭"动态就业援助	100%
		农村实用技术培训人数	20000 人
		农民职业技能培训人数	4000 人
2	破解就医难题	新型农村合作医疗参合率	90%以上
		新型农村合作医疗费补偿率	60%
		医疗卫生单位改造	3 所
3	发展教育文化事业	建设义务教育阶段合格学校	42 所(完全小学 14 所、村级小学 28 所)
		资助家庭贫困学生人数	3800 人
		农家书屋建设	91 家
		渌江书院开放	1 处
4	加强住房保障	新建农村安居房	200 栋
		新增廉租住房套数	300 套
		住房租赁补贴户数	4800 户
		直管公房维修改造	600 户
5	完善社保体系	城市低保月保障线标准	300 元
		城市低保对象月人均补助	165 元
		农村低保年保障线标准	1067 元
		农村低保对象月人均补助	65 元
		稳定城镇居民医保参保人数	85000 人
		城镇居民基本医疗保险住院医疗费补偿率	55%
		新增企业养老保险参保人数	8000 人
6	改善城乡居民生活条件	行政村实现互联网宽带上网	21 个
		新建农村综合信息服务站	10 个
		新增移动电话自然村	20 个移动基站、80 个电话自然村
		新建农村沼气池	1500 口
		建设农村清洁工程示范村	1 个
		建设农村环境综合整治示范村	1 个
		亮化城区大街小巷	10 条
		硬化城区大街小巷	10 条
7	加强交通、水利设施建设	农村道路桥梁除险加固	15 座
		解决农村饮水不安全人数	30000 人
		实施灌溉续建配套工程	4000 米
		完成病险水库除险加固	10 座
8	创建平安醴陵	为困难群众办理法律援助案件	150 件
		构建“数字城管”平台	启动建设

续表 3-1

序号	事项	考核项目	工作目标
9	加强社会救助	改扩建乡镇敬老院	2 所
		改扩建村级五保之家	4 所
		五保对象集中供养率	38%
		计划生育家庭特别扶助金发放到位率	100%
		符合条件的再生育夫妇施行出生干预到位率	100%
10	保障食品药品安全	生猪"瘦肉精"检出率	低于 1%
		国家基本药物监管覆盖面	100%
		蔬菜农药残留超标率	8%以下

(市政府办)

【外事交往】 2010 年，全市共有来自西班牙、韩国、日本、美国、马来西亚、埃及、法国、英国、巴西、加拿大、越南、德国、土耳其、委内瑞拉、印度、印度尼西亚、巴布达、阿联酋、孟加拉国、伊拉克、伊朗、巴基斯坦等 29 个国家和中国香港、澳门、台湾地区的外宾及港澳台同胞180 批、328 人次。其中，有 85 人次到醴陵从事经贸洽谈、投资办厂，有 243 人次友好访问、旅游观光、探亲访友等。年内，有 3 家外商投资企业落户醴陵，总投资 3600 万美元，实际到位 1400 万美元。全年合同利用外资 5600 万美元、实际利用外资 3500 万美元。1～11 月，商贸金额达 5238 万美元，完成出口创汇 2.43 亿美元。全年全市共有 2330 批、8215 人次赴美国、英国、法国、德国、日本、南非、泰国、马来西亚、印度、新加坡、俄罗斯等 32 个国家和中国香港、澳门、台湾地区经贸洽谈、学习考察、友好访问、留学、研修、旅游观光、技术交流协作等。全年邀请 10 个国家、68 名外国人到醴陵开展投资办厂、洽谈贸易、就业等工作。

(黎　婷)

城 市 三 创

【概况】 2009 年 3 月，成立了市"城市三创"工作领导小组办公室(以下简称"三创办")，是市政府办中心工作的临时机构，归口市政府办公室管辖。"三创办" 设在市政府办内。主要负责市"城市三创"工作的督查、协调、安排和调度。2010 年,有工作人员 16 人。

2010 年，市委、市政府顺势而发，抢抓机遇，果断决策，提出用三年时间"创建省级卫生城市、园林城市、文明城市"的目标。严格按照省级卫生城市标准，举全市之力，集全民之智，切实加强组织领导，严格落实工作责任，持续增加经费投入，有力地促进了省级卫生城市创建工作的深入开展，并取得圆满成功。2011 年 3 月 28 日，醴陵市被湖南省爱国卫生运动委员会授予"湖南省卫生城市"称号。

【创卫宣传】 一是大造宣传声势。在醴陵电视台、《今日醴陵》报、《潇湘晨报》"醴陵主页"等媒体，开设了"创卫"专栏，高密度、多视角、深层次宣传报道"创卫"工作。年内，各有关新闻媒体刊(播)发"创卫"稿件 500 余篇。编发《三创简报》65 期、6500 份。在全市范围内发放《"创卫"人人知》、《"做三创实践者"倡议书》、《文明公约倡议书》等 "创卫"宣传资料 10 万余份，设置宣传板报 210 余块，建立固定宣传栏 30 余处、温馨提示牌 40 余处，营造了全民参与、全面攻坚的舆论氛围。二是抓好主题活动。在"3·12"植树节、"4·7"世界卫生日、"5·31"世界无烟日等主题日中，组织机关干部先后开展了植树补绿、周末义务清扫、爱卫月突击、环保志愿者清洁母亲河、不文明行为劝导等活动;以"大手牵小手、创卫共参与"为主题，在全市中小学校开展了以"创卫"为主题的班会、"创卫"征文、"创卫"知识抢答大赛等活动; 组织开展了文明卫生单位、无烟单位、园林式单位等系列创建活动。广泛利用公益广告、宣传栏、宣传册、电子显示屏、网站、手机短信、出租车、公交车等阵地，全方位开展了"创卫"宣传，营造了浓厚的创建氛围。三是开展健康教育。在《今日醴陵》报、醴陵电视台开设了健教专栏，累计刊(播)280 期。将《文明卫生单位标准》、《行业单位卫生工作要求》、《健康知识读本》、《灾后防病知识要点》等知识读本下发到每个单位、部门和社区。利用主题日活动，组织机关干部走上街头、深入社区，开展健康咨询，普及健康知识。积极开展控烟工作，颁布了《公共场所禁止吸烟公告》，开展了"无烟单位"创建活动，在城区醒目地段设置大型禁烟广告牌，在公共场所、企事业单位、学校、医院、公交车、出租车等公共场所统一张贴禁烟标志，建成区内无烟草广告。通过多形式、多渠道的宣传教育，使 "城市创卫"工作家喻户晓，深入人心，极大地激发了社会各界和人民群众自觉参与的热情，推动了"城市创卫"工作扎实开展。

【爱卫管理】 坚持把爱国卫生运动摆在市委、市政府工作的重要议事日程，纳入社会经济发展规划同步实施。成立了市爱国卫生运动委员会，由市长任主任，成员由市

42个相关部门主要负责人组成。制定了《醴陵市爱国卫生运动委员会各部门职责分工》、《醴陵市爱国卫生运动委员会工作规划》、《醴陵市创建省级卫生城市工作方案》、《醴陵市城市环境卫生管理办法》、《醴陵市爱国卫生管理办法》、《醴陵市除四害管理办法》等。市爱卫办升格为正科级事业单位，归口市政府办公室管理，有工作人员4人。各单位、乡镇(街道办事处)、社区相应配备了爱卫工作专（兼）职人员，健全了市、乡镇(街道办事处)、村(社区)三级爱卫组织网络。在省、株洲市爱卫办的指导下，举办了全市爱卫专干专业技能培训。

【健康教育培训】 2009年8月，成立了市健康教育所，城区各街道办事处设立了健教室，配备了专(兼)职健教人员及设备。年内，市健康教育系统共培训学校、社区、行业、医院人员210人。城区各学校均建立了健康教育室，各中小学校均开设了健康教育课，并统一印发了学生健康教育教材，开发了有声读物，健康教育开课率100%。各医院建立了院、科、病室三级健教网络，有专(兼)职人员负责健教工作，不断提高了住院病人卫生知识知晓率。

【市容环境卫生】 城区各街道、环卫处共配备环卫清扫保洁人员625人，占城区人口比例的3.2‰；街道清扫保洁率100%，机械化清扫率52%。年内，垃圾无害化处理场建成并投入使用，城市生活垃圾实行容器化收集、密闭化运输、无害化处理，日产日清。按照“布局合理、标准合格、管理规范”的要求，新建城市公厕73座。其中，二类公厕10座，开放宾馆、单位、小区、加油站厕所54座。加大农村改厕力度，完成上级分配的500户农村改厕任务。新建城市垃圾站106座，其中垂直式压缩站17座、水平式压缩站台12座、垃圾收集站87座。在城区主、次干道安装环保型果皮箱3200个，投放密闭垃圾桶3440个，配备各种环卫专用车辆61台，环卫设备完好率95%以上。强化市容市貌管理，街道建筑物做到整洁美观，无乱贴乱画、乱设摊点、乱停车辆、乱搭乱建、违章饲养畜禽等现象；临街广告牌匾设置规范，店面“门前三包”落实率100%。城区主次干道、小街小巷路面全面实现硬化，上下水贯通，路灯亮化率达96%以上。严格执行城市绿地系统规划和绿线管理办法，城市建成区绿化覆盖率、绿地率、人均公共绿化面积分别达35.7%、31.3%和7.01平方米。

【环境监测保护】 城区设立空气自动监测点2个，每周在新闻媒体中播报空气质量状况，全年API指数<100的天数达324天，占全年总天数的88.8%。制定了《环境突发事件应急处理预案》，及时处理突发性环境污染事件。严格执行饮用水源保护管理法律法规，集中式饮用水源地水质达标率100 %。区域环境噪声平均值为55.8分贝。年内，生活污水处理厂竣工并投入使用。市城区有自来水厂1家，二次供水设施单位24家，自来水出厂水卫生合格率100%，饮用水卫生合格率100%。对672家公共场所，实行划片负责监督检查制，监督覆盖率、从业人员体检率、培训率、“五病”调离率分别达100%。

【食品卫生监督】 2010年，城区有食品生产经营单位570家，其中食品生产加工企业45家、流通企业127家、餐饮服务业和单位食堂398家。年内，食品卫生监督按照《中华人民共和国食品卫生法》中长期目标规划贯彻实施，全市食品生产、加工经营单位卫生许可证、工商营业执照、从业人员健康培训持证率均达100%，食品索证、索票制度覆盖率100%，监督覆盖率、从业人员体检率、培训率、“五病”及时调离率均达100%。

【传染病防治】 2010年，全市各级各类医院均设立了专门传染病管理部门，建立了快速、准确的疫情报告制度，医疗机构法定传染病漏报率低于2%。临床用血100%来自无偿献血。预防接种门诊全部实行周(日)门诊。年内，将流动儿童纳入常居儿童管理范围，建证建卡率、“五苗”接种率均达100%。成功抵御“非典”、手足口病和H1N1流感的传播，全市连续6年未发生甲、乙类传染病暴发疫情。

【城区除“四害”工作】 2010年，市落实了除“四害”工作人员和经费，“四害”密度控制在国家标准范围内。先后被省爱卫会评为“灭鼠先进市”、“灭蟑先进市”。制定了《醴陵市城区四害密度监测方案》，编印了《醴陵市病媒生物防治手册》，对公共区域、“五小行业”除“四害”工作实行市场化运作。广泛发动群众清洁室内环境卫生，全年投放鼠药8.9吨、灭蟑药5.9万余支、清除“四害”孳生场所3000余处、增设毒饵站2.3万余个。重点单位防鼠设施合格率达95%以上，城区“四害”密度得到有效控制。同时，统一使用化学药品，加强化学防制，强化病媒生物监测工作。

【城中村、城乡结合部卫生】 2010年，对城区城中13个行政村，均按规范健全了爱卫组织机构，完善了卫生管理制度，村(居)民及外来务工人员卫生意识明显增强。按照“路平、灯明、地绿、水通”的标准，改造城中村道路12条，拆除违章建筑3400平方米，绿化空坪隙地5800平方米。投入800万余元，整治了河港堤坝、铁路沿线的环境卫生；全面开展了清除垃圾、菜地和乱搭乱建窝棚、绿化美化，城中村和城乡结合部环境卫生明显改观。

【“城市创卫”设施建设】 2010年，“城市创卫”硬件设施建设按照“高起点规划、高标准建设、高效能管理”原则，突出抓好、夯实创建基础。一是实施“蓝天碧水”工程。加大城区燃煤瓷业企业治理力度，加快淘汰落后炉窑整治速度,积极推广新型陶瓷窑炉设备(天然气)和余热利用技术。截至12年,全市累计改造、关闭燃煤炉窑290余座,拆除烟囱220余座,城区实现天然气通气企业183家、年用气量达2.9亿立方米、折合减少燃煤50万吨、减少排放二氧化硫8000吨、烟尘5万吨。狠抓工业废水循环利用,全市规模陶瓷制造企业均配建了瓷泥废水处理设施,实现了瓷泥废水循环利用。全市累计投入陶瓷废水治理资金8000万余元,每年可回收瓷泥6万余吨,减少化学需氧量排放130吨。加大造纸企业整治力度,关闭造纸企业58家;投资近2000万元,停产整治造纸企业17家,单位产量的水污染物排放量减少95%以上,每年减少化学需氧量近1500吨。二是抓好城市路网建设。实施各类路网建设、改造工程43个,完成投资24.4亿元。强势推进了醴陵大道、国瓷路、渌江大道(三期、四期)、阳三路等道路建设,进一步拉开了城市道路骨架。投入6000万余元,实施了城市“五改”工程,共改造小街小巷12条、主次干道完成改性沥青路面3条;全市主次干道、小街小巷全部实现了改性沥青化。三是完善配套设施建设。市委、市政府加大创建投入力度,先后投入配套设施建设资金1.57亿元,新建了城市污水处理厂、垃圾无害化处理场、空气自动监测站;新建、改造了垃圾站、农贸市场、公厕,添置了果皮箱。四是抓好城市绿化、亮化。按照“谁建设、谁绿化,谁拥有、谁绿化”的原则,投入2000万元,推进了园林绿化建设,改造城市公园1个,新增广场、街头休闲绿地5个,新建、改造8条道路绿化,改造绿地3万平方米、新增绿地1.31万平方米,补植、增植各种乔木8500余株、花灌木35万余株。投入1000万元,实施城区夜景和标志性建筑物亮化工程,其中重点加强了渌江河沿岸、左权路、瓷城大道、渌江大道等道路“主轴”的夜景亮化,形成了灯光点、灯光带、灯光群和谐统一的城市夜景。

【城区环境卫生整治】 一是全力整治农贸市场环境。拆除违规搭建晴雨棚630个,不规范广告牌匾500余块,整治出店、占道经营户520户。二是全面规范“五小行业”经营。编印了《“五小行业”通用卫生要求》、《“五小行业”卫生知识问答》2万余册,免费发放到“五小行业”经营业主。成立了“五小行业”专项整治小组,采取下发整改通知书、对特困经营业主免费体检办证、整改达标后奖励消毒柜等措施,多次开展了对公共场所、“五小行业”门店进行集中整治,依法取缔不合格门店104家,打造样板店40家。三是加强市容环境卫生整治。对城区主次干道加强日常整治力度,对占道经营、流动摊点、露天烧烤、马路市场等进行重点整治。加大查禁非法营运“摩的”力度,规范机动车和非机动车停放秩序。严查渣土撒漏和车辆带泥运输现象,对违章单位及个人实行行政处罚,确保净车上路。城区主次干道清扫保洁实现了市场化运作,成立了道路机械清扫队,采取扫、洒、洗并举的方式,推行机械化、精细化洗街作业。采用微生物处理技术对城市生活垃圾进行灭蝇、除臭处理,有效减少再次污染。对城市“六乱”行为进行劝阻教育。对城区不规范广告进行提质改造,清理横幅3800余条,拆除户外竖牌广告1280块,拆除清理陈旧破损广告386块,城区面貌焕然一新。

(廖　莉)

人　事　工　作

【概况】 2010年,市人事局设办公室、干部股、工资福利股和市人才服务、干部考试培训中心。有机关工作人员13人。全年人事工作坚持以“三个代表”重要思想和科学发展观为指导,全面贯彻党的十七大、十七届五中全会精神,围绕市“争一进百、科学跨越”工作目标和年初工作思路,紧扣“三大战役”,充分发挥部门职能作用,服务大局,加强公务员队伍建设,深化人事制度改革,牵头抓好政府绩效评估和为民办实事工作,统筹做好其他各项人事人才工作,为全市经济社会发展提供坚强的智力支持。

【公务员队伍建设】 2010年,根据全市公务员队伍现状,完成了公务员职位申报工作,全年招录公务员64名。协助株洲市人事局组织开展了网上报考工作,及时发布职位相关信息64条。按照报考资格审查的有关要求,完成了1977名报考者的资格审查工作。全年选拔4名应届高校毕业生充实基层一线,协助市委组织部完成了10名选调生录用分配工作。

【事业单位改革】 2010年,全市事业单位人事工作坚持“凡进必考”制度,有力推动了事业单位人事制度改革的进一步深入。妥善安排了2009年事业单位公开招聘的卫、技人员91人,其他事业单位26人。为市卫生系统引进中级职称人才、全日制硕士研究生、本科生18名。与市教育局面向大学生,公开招聘中小学教师工作88名。开展了事业单位面向社会公开招聘工作,市国土资源局、市房产管理局、市交通局等8个主管部门全年计划招聘38名事业编制工作人员,经面向社会公开招聘,共有578人报考。招聘经笔试、面试、体检和政审等环节,正式招聘38人,并分别被聘用到各用人单位。

【机关事业单位人员考核】 2010年,机关事业单位工作人员考核工作按照《湖南省公务员考核实施办法(试行)》要求,本着“以人为本、客观公正、科学准确”原则,从德、能、勤、绩、廉对全市公务员、事业单位工作人员进行了综合考核。2009年,全市有参加考核的机关事业单位工作人员12790人,其中机关单位2988人、事业单位9982人。经考核,共评出优秀等次1947人,称职等次10847人,基本称职19人,不称职5人,不定等次152人;全年全市评定荣立三等功223人。

【工资福利】 2010年,按照2009年度考核结果,为12552名机关事业单位工作人员办理了年度工资晋级、调档手续;为2009年新招考(聘)的222名机关事业单位工作人员办理了工资套改手续。全年办理职务变动工资晋级、调档手续96人次,专业技术人员职称工资晋级手续465人次,工资关系接转手续107人次;办理机关工作人员工伤认定5人,审批、办理退休手续337人次,一次性丧葬费、抚恤金138人次,遗属生活困难补助费36人次。全面落实和调整有关岗位津贴补助、义务教育绩效工资发放。全面完成了2009年度机关事业单位工人技术等级升(定)级考试的考核发证工作。同时,对28名(2009年)受党纪、政纪处分的机关事业单位工作人员取消了当年晋升级别工资,对11名(2010年)受党纪、政纪处分的机关事业单位工作人员执行了纪律处分工资,进一步严肃了干部人事工资纪律。

【职称评审】 2010年,职称评审继续坚持公平、公正、公开的"阳光操作",严把职称申报条件、资格审查等环节。下发2009年度专业技术人员职务任职等文件21个,确认各级各类专业技术职务567人,其中高级109人(陶瓷、烟花高级工艺美术师16人)、中级304人、初级154人。全年申报高级职称评审157人(其中陶瓷、烟花高级工艺美术师52人)、中级364人。经专家评审委员会评审,有高级职称评审113人(其中陶瓷、烟花高级工艺美术师26人)、中级338人(其中陶瓷、烟花工艺美术师87人)通过。截至12月,全市有陶瓷、烟花高级工艺美术师83人。同时,根据株洲市人事局安排,组织2009年机关事业单位工人升级考试人员,参加了技能考核和相关人员网上报考经济师、会计师职称的资格审核等工作。

【绩效评估】 2010年,本市政府绩效评估指标有经济发展、重点工程和重点工作、为民办实事、社会发展、行政管理与机关效能建设等5大类、40项内容。年内,本局作为市政府绩效评估暨"为民办实事"考核的牵头单位,认真贯彻落实市委、市政府全年绩效考核的有关精神和要求,围绕市"三大战役"目标,以高度的政治责任感和工作使命感,切实履行职责,认真做好政府绩效评估暨"为民办实事"考核工作,确保工作有序进行。全年投入"为民办实事"经费4.87亿元,比上年增加1.47亿元、增长43.4%。12月,本市通过了株洲市政府绩效评估暨"为民办实事"工作考核组的检查验收。

一是加强宣传,营造工作氛围。要求全市各级各部门把绩效评估和"为民办实事"工作摆在重要位置,层层明确目标、任务和责任,认真部署,全力抓推进、抓落实。充分利用报刊、电视、网络等媒体,向基层、群众广泛宣传"为民办实事"的政策、目的和意义,争取各方面的支持、参与和配合。年内,《中国社会报》、《湖南日报》、《潇湘晨报》等新闻媒体多次专题报道了本市"为民办实事"工作。通过大力宣传、层层发动,在全市上下营造了浓厚的舆论氛围,为各项工作顺利开展打下了坚实基础。

二是强化领导,落实工作责任。调整了政府绩效评估暨"为民办实事"工作领导小组,制订下发了《2010年醴陵市为民办实事考核指标分解一览表》、《2010年为民办实事工作实施方案》、《醴陵市2010年政府绩效评估指标任务分解表》等。将指标、职责和任务分解到市各部门各单位。各责任单位通过建立健全目标管理责任制,将任务细化到股室、量化到具体责任人,形成了人人有责任、层层抓落实的工作格局。

三是狠抓落实,确保工作效果。完善了工作推进机制,开展了工作调度汇报,要求各责任部门定期上报工作进度,确保工作落实到位。完善目标考核责任制,把任务落实情况纳入各单位年度绩效考核重要内容,严格奖优罚劣,健全工作评价机制。将绩效评估与年初既定的目标相衔接,与省、株洲市对本市的工作要求相衔接,确保工作的实效性;加强与省、株洲市相关部门的沟通与对接,避免工作的盲目性;加强部门、单位之间的协作与配合,相互补台,增强工作的联动性。要求各责任单位定期对任务完成情况开展自查,查摆问题,制定对策,狠抓落实。同时,不定期地对各责任单位的工作落实情况进行督查督办,对机关管理、作风建设、服务质量等进行明察暗访,发现问题限期整改、跟踪落实。积极开展群众满意度调查,广泛接受社会公众的评议和监督。对各个工程项目,要求各责任单位制订切实可行的后续管理方案,建立健全维护、养护、管理等制度,做到职责明确、制度完善,确保各个重点工程和民生项目良性运行、发挥最大效益。

【人才资源开发】 一是强化市场招聘。协同市劳动和社会保障局整合资源,加大人才市场现场招聘力度,坚持每月20日与市劳动和社会保障局共同举办人才市场现场招聘会。2月,与市劳动和社会保障局联合举办了2010年新春大型招聘会,邀请了56家用人单位参加招聘,共提供职位176种、岗位1.14万个,吸引应聘人员6000名。招聘活动中,有2000余人次进行了求职登记,初步达成就业意向554人。二是优化网上招聘。依托醴陵人事人才网站,简化程序,贴心服务,优化人才招聘与求职网络平台。全年醴陵人事人才网更新、发布招聘信息500余条,审核求职信息800余条,达成招聘意向500人。

【"创先争优"活动】 2010年,根据市"创先争优"活动的有关精神和要求,结合本局开展了"作表率、重品行、讲党性"活动。按照市统一部署,要求各党员干部争当"五带头"优秀共产党员,共创"五个好"先进基层党组织。成立了"创先争优"活动领导小组,制定了"创先争优”活动实施方案。加强了宣传力度,制作了宣传标语、横幅,营造了“创先争优”的浓厚气氛。开展了党员示范岗、公开承诺、领导点评、群众评议等活动,主动邀请上级领导指导,自觉接受社会群众监督。完善了学习制度,要求党员干部坚持自主学习和集中学习相结合,理论学习和业务学习相结合,不断推进学习型机关建设。通过一系列“创先争优”活动,有效提高了全体人员办事效率,干部素质和机关形象进一步提升。

【行风评议】 一是建立健全规章制度。进一步完善机关目标管理细则、民主集中制、首问责任制和服务承诺制等规章制度,全面实现制度管人、制度管事。二是加强党风廉政建设力度。按照市《建立健全教育、制度、监督并重的惩治和预防腐败体系实施纲要》要求,进一步加强了全局干部的日常教育与管理,贯彻落实党风廉政建设责任制,严格执行各项廉洁自律制度,增强了全局干部的拒腐防变能力。三是有效防治廉政风险。根据市纪委《关于开展廉政风险点防范管理工作的通知》有关要求,全局上下高度重视,认真查找廉政风险点。全年股室共查出廉政风险点13个,个人岗位查出廉政风险点26个。同时,制订了切实可行的避险管理措施,广泛接受监督,有效防止廉政风险。 (张水安)

信访工作

【概况】 2010年,市信访局工作紧紧围绕“切实维护群众合法权益、密切党和政府同人民群众的血肉联系”这一主线,全力配合市打好“城市提质、园区攻坚、旅游升温”的三大战役,以“控制信访总量、降低重复访、越级访和非正常上访”为目标,着力抓好源头预防,进一步健全信访工作长效机制,强化工作措施,维护本市经济发展稳定大局,取得了全国“两会”、上海“世博会”、广州“亚运会”、残运会等重要、敏感时期上访零指标的较好成绩。全年受理来信119件,接待群众上访930批、3499人次。办理上级立案35件。其中,国家信访局立案8件,省信访局、省长信箱25件,株洲市立案2件;办结率达100%。全年全市信访工作呈现出本级来访批次增加、人数减少,越级访、重复访和非正常上访明显减少的态势。

【领导接待日制度】 2010年,全市信访工作规定每月5日为全市各乡镇长、党委书记、街道办事处主任、党工委书记接待日;每月25日为全市市直单位党政一把手接待日;每月15日为市长接待日。通过《今日醴陵》报、醴陵电视台等新闻媒体提前公告预约。值班市长有的放矢,针对分管范围的信访事项及时提出处理意见,提高了解决问题的针对性、有效性。全年市长接待日市级领导共接待群众548批、2476人次,解决信访问题165件。

【“两会”等信访维稳】 年内,在全国“两会”、上海“世博会”、广州“亚运会”、残运会等特护期间,全市各乡镇、街道办事处及市直单位均召开了专题会议,制定了维稳、接返方案。全年共排查各类矛盾纠纷726起,重点人220人,并全部按照“五包一”实行了稳控责任分解。特护期间,本市未发生一起集体上市、赴省、进京上访和群体性事件,实现了全国“两会”期间进京上访“零”指标。同时,科学安排、部署了上海“世博会”、广州“亚运会”(残运会)期间的信访维稳工作,实现了“世博会”、“亚运会”期间赴沪、粤上访“零”指标。

【驻长(京)维稳】 2010年,驻长(京)维稳工作继续坚持选派信访干部到省信访局接访二处值班,负责协调、理顺上下级关系;接待、劝返赴省上访群众;处置群众反映的信访问题。同时,按照株洲市信访局、株洲市驻京办的工作要求,曾多次委派公安、信访工作人员到北京维稳值班,确保了驻长(京)的维稳工作。

【社会矛盾纠纷调处】 2010年10月,市社会矛盾纠纷调处中心成立并与市信访局合署办公。调处中心以信访局工作人员为主,以抽调的部分市直机关单位工作人员共同参与联合接访,主要对乡镇、街道办事处、部门单位无法单独解决的矛盾纠纷,及时进行调度;召集相关部门联合会商协调处,防止因拖延、推诿延误解决问题时机,确保将社会矛盾纠纷消灭在萌芽状态。全年各级调处机构共调处各类矛盾纠纷544起,调处成功544起,成功率100%。

【基层信访工作】 2010年,继续夯实基层信访基础,全年聘用398名村(居)级信访信息员。通过信息员及时掌握基层矛盾纠纷动态,做到小矛盾纠纷调处不出村、社区。较大的基层矛盾,通过村级协调处理仍不能解决的,则由村(居)及时上报给乡镇、街道办事处及市相关职能部门协调处理,实现了全市基层信访工作信息的畅通。

(文喜良)

政务服务

【概况】 2010年,市政务中心与市政务公开办合署办公。内设政务公开办、综合室、业务室及21个部门窗口。年内,全市政务服务工作深入贯彻落实《中华人民共和国政府信息公开条例》、《湖南省行政程序规定》,以“建设和谐醴陵”为目标,从社会关注、群众关心问题入手,坚持深化与拓展并举、规范与创新齐抓,不断完善和规范新形势下政务公开制度和程序,丰富政务公开内容,强化监督检查,取得了显著成效。全年政府信息公开、政务中心建设、电子政务建设、公用事业单位办事公开进一步规范、深化。乡镇、街道办事处政务公开栏、行政村村务公开栏等各类固定性公开栏普及率均达100%,群众对政务公开满意率达98%以上。全年政务中心集中审批、办证项目3815件(其中基本建设“一表式”收费项目20件),受理委托代理项目14项,市组织部门联审联办16项、收取规费4288.5万元。年末,本市因政务公开工作被评为“株洲市政务公开工作先进单位”。

【政务公开】 2010年,政务公开进一步贯彻落实《政府信息公开条例》、《湖南省行政程序规定》、《中华人民共和国行政许可法》,深入推进政务公开。一是进一步建立健全政务公开制度。突出抓好了政府信息公开制度的执行,规范政务信息公开内容,创新政府信息公开形式,提升政府信息公开水平,依法制订了主动公开、发布协调、保密审查、申请公开制度和受理举报等制度,使政府信息公开有章可循。年内,编制并发布了《2010年政府信息公开工作年度报告》;公开政府信息5000余条。二是履行《湖南省行政程序规定》,推进行政权力公开透明运行。对行政许可、非许可、办事服务等项目进行职权清理,编制了《醴陵市行政职权目录》,制订了权力运行流程图、明确了各职能范围内审批项目依据、条件、数量、程序和收费标准等内容,有力推进了权力运行公开。

【行政审批代理】 2010年,行政审批代理工作按照“简化程序、规范收费、提高效率、热情服务”的要求,巩固深化行政审批代理。对进入政务中心办证的企业或工程项目,坚持召开与市相关单位联合审批会议,对立项、规划评审环评、注册登记、规费收取等程序,严格执行市政府有关政策规定,规范行政审批和行政收费行为,优化政务环境,服务招商引资工作。凡需要多个部门联合审批的基本建设项目,由市政务中心牵头,组织市规划、水利、市政、园林等有关部门进行实地勘探,出具预审意见,并集中在政务中心“一站式”办结。

【“一表式”收费】 年内,“一表式”收费继续贯彻落实市政府《关于规范我市基本建设项目非税收入征管有关问题的通知》,严格执行“一表式”收费和“一支笔”审批。对进入政务中心项目的收费计算、缓减免程序、收费等过程实行全程监督,确保各项非税收入按标准应收尽收。全年基本建设项目“一表式”收费项目20项,收取规费3660.7万元。 (贺爱玲)

档 案 史 志

【概况】 2010年,市档案史志局设办公室、档案馆(现行文件中心)、业务(法规)股、党史资料征集编研室、《醴陵年鉴》编辑办公室。有在职干部19人,离退休8人。醴陵市档案馆有馆藏档案250个全宗、146407卷。其中,民清档案1卷、革命历史档案4卷、民国档案1433卷。有全市各机关、乡镇(街道办事处)文书档案113747卷,科技档案788卷,特色档案1176卷,重大活动、重点工程档案201卷,人物、人事档案5669卷、会计档案17921卷,寄存档案5467卷。有馆藏资料3.54万余册。年末,因党史工作被株洲市市委评为“党史工作先进单位”、因档案工作被株洲市档案局评为“档案工作先进单位”。《醴陵年鉴》(2008卷)在中国地方志指导小组办公室和中国地方志协会举办的全国地方志系统第二届综合年鉴评比中,获“全国地方综合年鉴评比”二等奖。在湖南省第二届档案文化优秀成果评选活动中,《醴陵人民革命史(1919~1949)》获“省档案史料编研成果”二等奖、《渌水神韵——醴陵风物志》获三等奖。

【《醴陵年鉴(2010)》出版发行】 《醴陵年鉴》是由市人民政府主办,市档案史志局编辑的综合性、纪实性、权威性的大型年刊,由方志出版社出版发行的公开出版物。自1987年创刊以来,坚持一年一鉴,至今已连续编纂出版24部年鉴。

《醴陵年鉴》2010年卷系统、翔实地记载了2009年醴陵的政治、经济、国防、文化和社会发展等方面的基本情况和大事、要事,汇集了较为全面的信息资料,为领导决策提供了重要的参考依据,为中外人士了解和研究醴陵提供了翔实资料。全书除在编辑结构、内容、框架、记述、版面设计等方面沿袭以往形式外,在管理方法和内容编排等方面还稍作了改进。新增设了《醴陵市第二次经济普查主要数据公报》类目,直观、准确地反映了全市第二次经济普查结果。全书结构严谨,布局合理,而且紧密联系实际,得到全国地方志机构及业内人士、方志出版社、读者的高度评价和认可。《醴陵年鉴(2010)》于11月底出版,全书90万余字,设有专辑、特载等24个类目;共征集彩版150幅、照片1200余张,彩版征集数量创历史之最。

【档案、年鉴工作会议】 2010年12月,在市委党校召开了全市档案、年鉴工作会议。全市各乡镇、街道办事处、市直各单位,省、株洲市驻醴陵企事业单位的办公室主任、档案专(兼)职人员共140余人参加了会议。会议回顾总结了全市的档案、年鉴工作,安排部署了2011年工作任务。同时,对上年度全市档案、年鉴工作成绩突出的单位和个人给予了表彰和奖励,市房产管理局等10个单位获“2010年度档案史志工作先进单位”、张新潮等10人获“先进个人”称号。

【档案信息化建设】 2010年,市档案馆接收市烟草局等单位永久档案316卷,长期档案233卷。接收进馆资料20种、27本,其中族谱10余套;收集《湖南日报》有关醴陵的报道69篇,《株洲日报》、《新城市报》有关醴陵的报道587篇。全年接待来馆查、借阅利用人员600余人次,查阅档案、资料2000余卷次,出示证明245份。全年编辑档案利用实例汇编20例。

【《中国共产党醴陵历史》一、二卷

通过评审】 2010年8月,《中国共产党醴陵历史》第一、二卷评审会议在市东风大酒店隆重召开。参加会议的有省、株洲市党史办一行专家、领导,株洲、攸县、茶陵、炎陵县档案史志局局长和本市领导及党史正本编纂人员30余人。《中国共产党醴陵历史》编纂工作于2006年初启动,全书共分为三卷。分别介绍醴陵党组织在1921～1949年、1949～1978年、1978～2008年3个阶段,带领人民进行革命与建设的具体情况。年内参加评审的为第一、二卷,第三卷初稿已基本成形。

会议由醴陵市委常委、市委秘书长、办公室主任向平主持,省党史研究室主任陈克鑫传达了中央党史工作会议和中央4号文件精神,并作了重要指示。同时,对近年来醴陵市党史工作所取得的成绩给予了充分肯定,对今后党史工作的开展提出了明确的要求。市委副书记罗绍昀、副市长曾市南等分别发表了重要讲话。会上,各位专家、领导对《中国共产党醴陵历史》一、二卷评审稿的质量给予了高度评价,一致认为《中国共产党醴陵历史》一、二卷评审稿均符合党史正本的体例和要求,具有很强的地方特色,为地方党史正本奠定了坚实基础。同时,各位专家、领导均对《中国共产党醴陵历史》一、二卷提出了自己的真知灼见。会上,本市多位领导均表示,一定督促做好党史编纂的后续工作,把好发行关,充分发挥其"资政、育人"的重要作用。

【革命遗址普查】 2010年,根据湖南省《关于做好全省革命遗址普查工作的通知》的精神和株洲市委党史办的部署,组织开展了革命遗址普查工作。普查对象主要是市境内新民主主义革命时期(1919～1949年)的重要革命历史文化遗址。普查内容主要是名称、地址、面积、形成或利用时间、类别(旧址、纪念地、故居、烈士墓等)、保护级别、物品陈列、保护状况、历史由来、环境状况等内容。截至12月,通过普查人员的实地查找资料、拍摄,收录了毛泽东同志考察湖南农民运动旧址(先农坛、东富寺)、左权将军纪念碑、李立三同志故居(芋园)、陈明仁故居、渌江书院、秋收起义醴陵农民军攻城战斗旧址——渌江桥、大障革命烈士纪念碑,左权、宋时轮、耿飚将军故居,陈觉、孙小山、李隆光、蔡申熙烈士故居等32处革命遗址。并按上级要求,对每一处革命遗址统一填写了"全国革命遗址普查登记表",编写了文字说明。预计2011年5月完成革命遗址普查。

【《中国共产党湖南历史大典》醴陵部分辞条编写】 2010年上半年,根据湖南省委党史研究室的统一部署,组织编写人员,完成了《中国共产党湖南历史大典》有关醴陵部分的辞条编写。按上级要求,分"重要活动与事件"、"重要会议"、"重要建设成就"、"重要人物"、"重要革命遗址、遗迹及纪念设施"5个分类,共撰写20余个条目。6月,完成并上报株洲市委党史办。

【依法治档】 一是加大了对《中华人民共和国档案法》的宣传力度。针对一些单位和个人档案意识不强、档案法制观念淡薄问题,对全市近年来《中华人民共和国档案法》的实施情况进行了回顾总结,提出并完善了促进《中华人民共和国档案法》进一步贯彻落实的方案和对策,使市民进一步加深对档案工作的认识,促使全市档案工作不断走向规范化。二是加强档案法律法规的监督检查。重点检查了全市各单位档案管理规范化程度、有无积存零散文件材料、档案是否安全妥善保管等。并在执法过程中宣传档案法律法规,开展档案业务宣讲。全年下发整改通知书28份,查处了国光集团群力瓷厂档案室失火案。三是加强对机关、乡镇、企事业单位、重点建设项目单位档案业务监督指导。按照"8号令"要求,严格审查机关单位报送的《文件材料归档范围和文书档案保管期限表》,全年全市60余个正科级单位制定了《文件材料归档范围和文书档案保管期限表》,并经审查合格。年内,市烟草局、检察院档案室分别晋升为省特级综合档案室。加强了市民营企业档案管理工作力度,重点跟踪、指导了中油燃气有限公司、泰鑫瓷业有限公司、森达纸品公司和上洲、五里牌村等10家企业(村)的档案工作。

【新农村建档工作】 一是加强新农村建设建档工作力度。为抓好社会主义新农村档案阵地建设,进一步提高档案工作服务农民、农村社会和现代农业建设的水平,引导档案工作切实有效地服务社会主义新农村建设,在株洲市档案局的组织、号召下,确定了10个村(居)委会作为全年新农村档案工作示范村创建单位。二是学校档案工作进一步完善。为加强全市学校档案工作的整体建设,提高档案管理水平,使档案工作更好地为教育教学和学校管理服务,采取有力措施,扎实地推动学校档案工作建立和发展。注重宣传,提高档案意识,使广大教职员工充分认识做好档案工作的重要意义。督促学校加强业务建设,提高管理水平。年内,全市56所乡镇中学和市直高中启动了建档工作,对各个门类的档案资料进行规范化管理,完成率达90%。年内,启动了家庭建档工作,与市总工会、市妇联、市民政局等部门,在全市抽选了一批在全市各行各业有突出贡献、家庭和谐的家庭作为家庭建档的首批对象,为其提供档案用品,并主动上门将其档案资料按要求整理归档。家庭建档工作的成功启动充实了档案资源,丰富了档案门类。

【党建帮扶】 2010年,根据市全年党建帮扶的精神和安排,档案史志局与市粮食局、市石油公司组成党建帮扶小组,主要帮扶泗汾镇茂田村。在局资金相当困难的情况下,挤出帮扶资金3万元,帮助茂田村修好了100余米的村水渠。清明节期间,成立了驻泗汾镇森林防火值班小组，参加防火工作;支部书记杨水生被市评为“抗洪救灾先进个人”。全年看望、慰问该镇残疾军人、五保老人8人次，送去慰问金1600元。（罗秀媛）

政协醴陵市委员会

【政协醴陵市第十二届委员会常务委员会】

主　　席　陈立耀

副 主 席　张建辉(2010.3止)
陈建军(2010.3任)
汪孝凡　乔德良(兼)
程轶辉(女,兼)
唐青柏(兼)

秘 书 长　熊习军

常务委员　丁际秋　文万财
文建国　邓勇航
尹惠京　田联玉
兰　林　刘学礼
刘育艳(女)
刘炳坚　刘结根
刘海平　刘醴湘
关　震　李　伟
吴同久　张　辉
张龙兵　陈又得
陈扬龙　林建辉
易召群　罗敏生
周耀平　胡水桃(女)
赵石毛　钟　鹏
洪立群　高　雷
唐小武　黄　毅
黄红英(女)
傅宜陵
傅梓仁　释一苇(女)
曾德香　谢国强
魏碧云(女)

【市政协十二届四次全体会议】 2010年3月1～4日,在醴陵大剧院召开了市政协十二届四次全体委员会议。1日下午召开预备会议,统战部副部长刘炳坚通报了委员异动情况,市政协秘书长熊习军通报了调整委员活动小组及小组负责人情况及提请通过大会议程、日程(草案),市政协副主席唐青柏宣读了表彰委员活动先进小组、优秀组长、优秀委员和优秀提案的决定。2日上午8时30分大会开幕,市委、市人大、市政府、市人武部等主要领导出席大会。市政协主席陈立耀代表十二届委员会常务委员会向大会作工作报告;市政协副主席乔德良代表十二届委员会常务委员会向大会报告十二届三次会议以来提案工作情况;黎小林代表市政协调研组就渌江河环境污染调研报告作了大会发言，姚武飞、刘放年分别代表中共界委员活动组、特邀界委员活动组就认真落实政府《通告》、确保封山育林实效和关于尽快确定城市文化体育场馆选址作了大会发言。下午,全体政协委员分组协商讨论政协常务委员会、提案工作报告及大会发言内容等。3日上午,全体政协委员列席市十四届人民代表大会第四次会议，听取政府工作报告。下午,全体政协委员列席市十四届人民代表大会第四次会议,听取“一府两院”工作报告;全体政协委员分组协商讨论“一府两院”工作报告,审议政治决议(草案)、政协常务委员会工作报告决议(草案),研究确定2010年全小组活动，协商酝酿补选副主席、常务委员候选人名单及选举办法(草案)。4日上午8时30分,举行选举大会,表决通过了张建辉辞去政协醴陵市第十二届委员会副主席职务;补选了陈建军为政协醴陵市第十二届委员会副主席,文万财、兰林、刘学礼、罗敏生为政协醴陵市第十二届委员会常委。9时举行闭幕式,市政协提案委员会主任黎小林作本次大会提案审查报告;通过常委会政治决议和工作报告决议;市委书记谢清纯代表市委讲话,充分肯定了市政协上年度的工作成绩，并对2010年政协工作提出新的要求;陈建军副主席作闭幕讲话。

【市政协十二届六次、七次常委(扩大)会议】 2月25日上午,在市交通警察大队三楼会议室召开了市政协十二届六次常委（扩大）会议。市委常委、常务副市长苏涛通报了2009年全市经济社会发展情况和2009年政协提案、建议案办理情况;会议协商通过了政协醴陵市第十二届委员会第四次会议的相关事项;任免了市政协相关委员会主任、副主任(其中,柳才军任政协醴陵市委员会经济科技委员会主任,卢炼钢任政协醴陵市委员会办公室副主任,朱远东任政协醴陵市委员会提案工作委员会副主任;免去了何建军的政协醴陵市委员会经济科技委员会主任职务、孙平的政协醴陵市委员会办公室副主任职务、黎竹华的政协醴陵市委员会提案工作委员会副主任职务、唐昭剑的政协醴陵市委员会学习教卫文史委员会副主任职务);宣读了评优评先决定和《关于调整委员活动小组及小组负责人的通知》。会上，市政协主席陈立耀作了重要讲话。

8月10日上午，在市人民法院七楼会议室召开了市政协十二届七次常委(扩大)会议。蒋永清市长代表市政府通报了2010年上半年全市经济社会发展情况。会议协商通过了辞免委员及增补委员的建议名单;任免了市政协相关委员会主任、副主任(其中,陈长贵任政协醴陵市委员会学习教卫文史委员会主任,陈德政任政协醴陵市委员会办公室副主任;免去了杨水生的政协醴陵市委员会学习教卫文史委员会主任职务、黎小林的政协醴陵市委员会提案工作委员会主任职务)。会上,市政协主席陈立耀总结了上半年工作并对下半年工作进行了部署。

【政治协商】 一是充分运用全会这一履职平台开展政治协商。在市政协十二届四次全会上,政协常委会工作报告提出了“紧跟市委决策、助推‘三三方略’,不失时机、推动旅游、物流两大产业,抓住机遇、化解隐忧、积极稳妥地推进扩城战役”等六条政见。全会期间,政协委员对“一府两院”、计划、财政等工作报告进行了全面协商讨论,并提出了相关工作意见。围绕渌江河环境污染治理、封山育林、城市文化体育馆选址等重大问题,安排了3位委员在会上发言。二是认真组织对“十二五”规划的协商。根据中央的统一部署,市委、市政府于2010年下半年开始组织编制全市“十二五”规划。按照“三在前、三在先”原则,市政府及其相关部门在“十二五”规划思路酝酿阶段,主动向政协介绍情况,征求意见。《规划纲要(草案)》出台后,市委、市政府将政治协商作为必经程序,适时邀请了10位不同界别的政协委员对《规划纲要(草案)》进行了专题协商。会后,向各委员活动小组发送《规划纲要(草案)》征求意见。各界别委员紧密结合实际,从不同角度、不同侧面,为“十二五”规划献计献策,内容涉及工业、农业、金融、文化、教育、卫生和城市交通等,共提出30余条建议,为本市“十二五”规划的科学性付出了辛勤劳动。

【调查研究】 一是开展长庆示范区新区规划建设调研。4月中旬,由政协副主席陈建军牵头,成立了由市规划、建设、国土、交通、文化、长庆示范区新区等部门负责人和部分政协机关干部组成的调研组,围绕长庆示范区新区的规划建设,多次实地走访新区,先后赴省内长、株、潭地区,省外浙江江山、东阳、绍兴,上海,江苏扬州、无锡、昆山、南京,安徽黄山,江西婺源,广东东莞、深圳等地参观、考察。通过借鉴外地经验教训,遵从城市总规整体构想,根据长庆示范区新区自身特点,调研组对新区今后规划建设提出了:“找准新区的功能定位(即:城市客厅、商务会展、生态人居、休闲娱乐)、坚守四条规划原则(即:尽力保护自然山水、留出足够公共空间、彰显自身文化特色、确立建筑风格与色彩)、明晰三条建设思路(即:基础设施建设先行、采用市场运作方式推进新区综合管理建设、探索实施征地拆迁安置新方式)”的建议,并形成了《关于长庆新区规划建设的调研报告》。二是开展融资平台建设调研。为认真贯彻落实中共醴陵市委十届八次全会提出的“三三方略”,助推本市经济社会快速发展,4~9月,由政协副主席汪孝凡牵头,组织市政协部分机关干部和人民银行株洲、醴陵两级支行负责人,围绕本市融资平台建设的有关问题,进行了为期6个月的调查研究。调研组先后赴浏阳、宁乡、重庆垫江等地考察学习,走访了全市金融机构、市政府有关部门和市内部分企业,组织召开了研讨会10余场。在总结浏阳、宁乡、重庆等地融资平台建设经验与隐忧的基础上,根据醴陵当前实际,提出了“不断深化认识、自觉加强领导、多措并举打造融资平台”的建议,并形成了《关于本市融资平台建设的调研报告》。11月2日,市委召开常委扩大会议,听取了市政协的2个调研汇报,并对报告给予了高度肯定。

【民主监督】 一是组织视察,助推“城市提质”战役。为营造打击城市违法建设的社会氛围,按照市委常委会议的安排,市政协全年安排工青妇等8个委员活动小组、150名委员,先后赴4个街道办事处进行3批次视察,并根据委员视察的情况和意见,向市委、市政府提交了《关于市政协委员视察城市规划区内“查违、拆违”工作情况的报告》。二是现场督查,再促调研成果转化。年内,对2008年形成的教育、房地产、物流三大调研报告的建议,再次进行跟踪督办。6月间,分别赴市教育、房产和商务局,听取了相关情况汇报。三个部门对落实、采纳市政协调研建议各具特色,其中教育、房产效果尤显。三是重点督办,加大提案办理力度。市政协十二届四次全会共收集集体提案40件。其中,主席会议确定了《关于对房产开发商进行醴陵文化和城市规划培训的建议》、《关于表彰“打击城市非法建设”有功人员的建议》、《关于尽快编制城市交通规划的建议》、《关于确保封山育林实效的建议》、《关于在市直机关、学校开展“垃圾不落地”运动的建议》等提案为主席重点督办提案。7~10月,由政协主席、副主席带领提案人员及相关专委会负责人到市政府办、林业局、规划局、城管局等单位进行提案督办,提案办理单位虚心听取了委员意见,积极采纳委员建议。通过督查,大多数建议已落到实处或付诸实施。

【委员培训】 2010年5月,市政协在市委党校举办了政协醴陵市第十二届委员会第三期委员学习培训班。邀请了省旅游局副局长、市级领导,对本市旅游业发展前景和市委的“三三方略”进行了专题讲座。通过培训,增进了广大委员对全市工作的全面了解,提振了对打好“旅游升温”战役的信心。

【联络联谊】 3月18日,株洲市政协副秘书长刘润生一行到醴陵调研发展旅游产业。4月9日,江西省萍乡湘东区政协主席汤其安一行到醴陵考察、学习城市、园区建设情况。22日,安仁县政协副主席伍万龙一行到醴陵学习、考察蔬菜产业发展经验。6月12~14日,市政协副主席陈建军一行赴广西昭平参加第41次湘桂粤三省(区)毗连县(市、区)政协工作联系协作会。28~29日,宁乡县政协主席俞亚军一行到醴陵学习政协工作经验。8月24日,炎陵县政协党组成员霍志刚一行到醴陵学习乡镇招商引资、发展经济经验。10月14日,山西省左权县政协副主席刘二梅一行到醴陵考察教育均衡发展情况。11月1~3日,市政协副主席汪孝凡一行赴湖南嘉禾县参加第42次湘桂粤三省(区)毗连县(市、区)政协工作联系协作会;19日,嘉禾县政协副主席曾钟斌一行到醴陵学习政协工作经验,东莞市政协副主席袁德和一行到醴陵考察、学习。 (陈德政)

民主党派

中国国民党革命委员会醴陵市委员会

主任委员 李忆湘(女)
副主任委员 姚　丹(女)
唐小艳(女、兼)

【概况】 2010年，中国国民党民革委员会醴陵市委会（以下简称“民革醴陵市委”）下设8个支部，有党员157人。党员中有市十四届人大常委1人、代表3人，市第十二届政协常委3人、委员17人，株洲市第十三届人大代表1人，株洲市第七届政协委员1人；有担任科级以上行政实职10人（其中市人民政府副市长1人）。年内，姚丹任民革醴陵市委专职副主委(副科级)，王丽芳由均楚镇工会主席调任神福港镇副镇长，吴文辉由板杉乡副乡长调任市科协副主席。全年向省委统战部电子专网、三湘统战网、民革株洲市委等提供统战信息和社情民意稿件20余条。

【思想建设】 2010年，民革醴陵市委响应上级组织号召，深入开展了学习和践行社会主义核心价值体系活动，成立了活动领导小组，开展了座谈、邀请名师讲课、征文等系列活动，广大党员反响热烈。年内，邓立平、谭书冬、汪勃、杨冰河等积极参加征文活动，其中邓立平撰写的《民革党员要争做学习践行社会主义核心价值体系的典范》获湖南省知识分子联谊会、企业统战工作研究会联合举办的树立和践行社会主义核心价值体系“学与行”征文比赛一等奖，并获民革中央社会主义核心价值体系征文二等奖。

【组织建设】 2010年，民革醴陵市委会按照“坚持标准、保证质量、改善结构、慎重发展”的要求，认真贯彻“三个为主”(即：以协商确定的范围和对象为主、以大中城市为主、以有代表性人士为主)，坚持“注重政治素质、发展与巩固相结合、有计划地稳步发展”的方针，正确处理质量与数量、发展与巩固、重点与非重点、发展骨干成员与一般成员的关系。全年发展新成员9名。加强对骨干党员教育培训，全年有48名党员参加了各类培训。其中，林涛、殷凯、曾丽参加了“醴陵市2010年中青年干部培训班”，姚丹、刘良君参加了民革湖南省委机关干部培训班。9月，各支部完成了换届工作，选举产生了李潜滋、肖祥甫、胡志力、匡润利、黎江、谭书冬、熊利平、刘华主委。年末，市中(一)医院支部获民革湖南省委“创先争优”先进支部，二、五支部获民革株洲市先进支部称号。

【参政议政】 2010年，民革党员充分发挥民主监督、参政议政基本职能，为醴陵的快速发展建言献策。在“两会”上提交提案建议案16件。其中，刘华的《关于城镇合作医疗应与农村合作医疗同等待遇》、谭伟明等的《关于加大政府投入力度，加强职业病的防治工作的建议》、刘结根、关震等的《加快城市供水系统改革步伐，加速城市供水事业的发展》等提案，被市有关部门采纳和答复；邓立平撰写的《关于加强醴陵市油茶产业发展的建议》提案被市政协评为“2010年醴陵市优秀政协提案”。年内，民革醴陵市委课题组围绕本市社会热点、难点问题，广泛开展了调查研究，撰写了《醴陵陶瓷业走低碳之路的探索与对策分析》、《信息管税是解决当前税收征管中存在问题的有效途径》调研报告。同时，各支部积极响应号召，踊跃参与调研，撰写了许多有价值的调研报告。其中，汪发良撰写的《关于促进醴陵市城乡义务教育均衡发展的建议》、袁念的《关于我市旧城改造工作的调研报告》、邓立平的《进一步加强农村小水利建设迫在眉睫——以湖南省醴陵市为例》等调研报告，贴近实际，为促进本市经济社会全面发展提供了重要的参考意见。

【祖统联谊】 一是加大祖统宣传工作力度。利用民主生活会及时向党员传达国家最新对台政策，介绍台情，分析台湾形势；组织党员学习《祖统工作通讯》、《台湾研究》，使党员们掌握民革中央和其他地方组织的最新祖统工作动态，提高对祖统工作重要性的认识，政治上保持清醒和坚定，积极发挥自我优势，主动为维护社会稳定、促进祖国统一贡献力量。二是加强联络联谊工作。在“中秋节”期间，举行了迎中秋三胞亲属座谈会，刘结根、胡建国、邬正富等10位三胞亲属党员欢聚一堂，共谈祖国统一大业。8月，在三胞联谊会期间，走访了在长沙投资的二代台胞张宗霸先生，了解了他的企业投资情况，向他介绍了醴陵投资环境与政策。

(姚　丹)

中国民主同盟醴陵市总支委员会

主　　委 刘醴湘
名誉主委 刘苏朝
副 主 委 瞿孝林
总支委员 眭绍模　罗德高

【概况】 中国民主同盟醴陵市总支委员会(以下简称“总支”)下设陶瓷、教育、医卫三个支部，共有盟员31人。盟员中有醴陵市第十四届人大常委会副主任1人，醴陵市第十二届政协常委1人、委员2人；高级职称18人、中级职称8人，享受国务院中青年科技人才津贴1人，国家级工艺美术大师2人。

2010年，总支积极组织全体盟员认真履行参政议政职责，由总支副主委瞿孝林撰写的《醴陵物流业发展对策研究》、陶瓷支部主委胡勇波撰写的《醴陵支柱产业——日用瓷产业可持续发展的思考》、盟员熊江撰写的《醴陵市房产开发市场调研》等调研报告得到上级有关部门重视与好评。总支各位盟员积极参加社会公益活动，为支持教育事业，盟员熊江相继资助贫困学生金额达6万余元。年内,胡勇波负责的“环保节能新瓷种——锆镁质钢化瓷”项目正式投产。该项目实现了优化资源组合,大幅降低能耗,使产品节能幅度达40%以上,全年上缴税收100万余元,为醴陵的经济和社会发展做出了积极贡献。年末,瞿孝林、胡勇波、熊江、吴碧川被民盟株洲市委评为“先进个人”。（刘醴湘）

中国民主促进会醴陵总支委员会

主　任　魏碧云
副主任　付梓仁　杨先富
委　员　陈　蒙　陈金莲　钟国才　肖　洁

【概况】 2010年,中国民主促进会醴陵总支委员会(以下简称“总支”)下设三个支部。年内,总支完成了换届。原兼任支部主任的总支委员不再担任支部职务,新的支部班子更加年轻,更有活力。一、二、三支部分别由漆志红、陈卫明、张白鸽任主任。11月,总支协助老会员陈昌才举行了《百石颂醴陵》碑刻作品发布会。

【参政议政】 参政议政是民主党派本职工作,总支非常重视此项工作,组织相关人员深入调查研究,提交了部分较有分量的提案和调研报告。年内,总支主任魏碧云提交的《关于开展“垃圾不落地”运动》提案,已成为本市“城市三创”有关标准之一。总支提交的《打响“中国釉下五彩瓷”名片——醴陵釉下五彩瓷发展趋势及思考》调研报告,被民进株洲市委作为典型调研报告提交株洲市政协。总支部组织人员分别撰写了《充分发挥统战优势、全力服务“三大战役”》、《自由职业人员的基本状况》、《如何推动万企联村活动》等调研报告。蓝秀会员积极参加民进株洲市委组织的理论征文活动,撰写了《新形势的民主党派社会报告相关问题研究》论文。（杨先富）

九三学社醴陵支社

一支社主委　黄　毅
二支社主委　黄向阳
委　　员　匡　凡　黄　睿
委　　员　陈庆恩　史　良

【概况】 2010年,九三学社醴陵支社(以下简称“支社”)下设2个支部,有社员27人。其中,株洲市政协委员1人,醴陵市人大常委1人,醴陵市政协常委1人、委员4人。有任副科级以上行政实职3人。全年发展新社员4人。年内,为进一步完善组织建设,更好地开展组织活动,发挥基层支社的凝聚力和战斗力,经九三学社株洲市委五届二十次(扩大)会议讨论决定,将原醴陵支社撤销,成立了醴陵一支社、二支社,为2011年成立醴陵工作委员会作好了准备。

【参政议政】 2010年,支社紧紧围绕市“城市提质、园区攻坚、旅游升温”三大战役,组织社员积极参政议政,开展了一系列调研活动。组织社员到官庄水库库区进行调研,撰写了《重修大佛寺、促官庄旅游升温》、《官庄旅游开发的现状和对策》的调研报告,为官庄发展旅游业献计献策。参加株洲市政协和九三学社株洲市委组织的对株洲地区南四县调研,撰写了《株洲地区农村医疗卫生现状》、《中央惠农政策在株洲地区落实情况》调研报告,得到九三学社株洲市委的肯定。在市政协会议上,支社提交的《保护官庄水源,建设第二水厂》的提案,受到市委、市政府的高度重视。年内,唐田辉撰写的《打击非法建设、表彰有功之臣》、《倡导垃圾不落地的建议》获评本市2010年度“优秀政协提案”。

【社会服务】 2010年,支社组织社员开展了社会服务实践活动。五一期间,组织部分社员专程赶赴官庄乡长连村,帮助该村孤寡老人或子女均外出打工的家庭抛秧,以实际行动支持了当地农业生产。这次活动是支社认真履行参政党职能,同心同德服务区域经济建设和当地社会发展的具体体现。（黄向阳）

社 会 团 体

市总工会

【概况】 2010年,市总工会内设基层工作部、法律保障部、经济工作部、财务部和办公室。下辖市职工学校、市工人文化宫2个事业单位。有在编人员14人。全年在市委、市政府和上级工会的正确领导下,解放思想,破解难题,开拓创新,扎实工作,团结动员广大职工为打好“三大战役”、实现“争一进百、科学跨越”发挥了工会组织的应有作用。年末,被株洲市工会评为“工会工作先进单位”、“工会组建工作先进单位”、株洲市“‘安康杯’竞赛组织工作优秀单位”称号。10月,根据株洲市政府、总工会有关精神,原由株洲市瓷业行业工会管理的醴陵星火陶瓷实业有限公司等12家市属国有企业工会,正式移交给本市总工会管理。原职能中,除困难职工补助仍旧由株洲市总工会管理外,其他职能一并移交。年末各工会移交工作圆满完成。

【劳动竞赛】 2010年,积极组织各单位、各类企业深入开展劳动竞赛活动,以服务市“三大战役”、“创建省级卫生城市”为契机,以“创建新型工业化城市”为主题,开展了“工人先锋号”、“安康杯”、“芙蓉标兵岗”、季度“十佳优秀清扫保洁员”评选等劳动竞赛和职工技能比武活动。通过开展系列活动,充分调动了职工、群众的生产积极性,对稳定发展全市经济发挥了主力军作用。年内,投资近3万元,与市“城市三创”办举办了季度“十佳优秀清扫保洁员”评选活动，在全市营造了支持环卫工作、自觉维护城市环境、全民参与“创卫”的良好氛围。

【工会宣传】 2010年，进一步加大了工人阶级主力军的宣传力度，采取行之有效的方式，在株洲工会网、醴陵政务公开网、《今日醴陵》等报刊、网站上广泛宣传了工会工作和重大活动，收到了良好的效果，工会社会影响不断扩大。开展了“工人阶级新闻宣传月”活动，利用各种宣传媒体，突出宣传了工人阶级、劳动模范和工会工作，在全市营造了热爱劳动、尊重劳动者的良好氛围。大力弘扬劳模精神，举行了庆“五一”劳模座谈会和省级劳模载誉而归欢迎会，讴歌了劳模先进事迹，展现了劳模时代风貌，为加快全市经济发展凝聚了强大精神力量。全年征订《工人日报》120份，《湖南工人报》241份，超额完成了株洲市总工会下达的年度征订任务。

【职工服务】 一是切实维护职工就业权。进一步发挥工会“大学校”作用，重点抓好了职工技术和就业技能培训工作。加强下岗失业人员的就业再就业服务，做好了困难职工、返乡农民工的就业促进工作，全年培训困难、下岗职工、农民工150人，实现再就业120人。二是全面实施职工素质提升工程。开展了“创建学习型组织、争做知识型职工”和“芙蓉标兵岗”、“芙蓉百岗明星”竞赛活动，着力提高职工队伍整体素质，创新职工学习载体，加强职工道德品质教育和思想政治工作。利用各种社会教育培训资源，整合力量，努力造就与经济发展相适应的知识型、技术型、创新型职工队伍。三是开展职工文体活动。举办了醴陵市首届“国税杯‘我为三大战役鼓劲加油’”职工书法大赛、游泳比赛、职工篮球赛等文体活动，提高了职工综合素质，丰富了职工的业余文化生活。

【“两个普遍”工作】 一是全力推进“两个普遍”工作。10月，根据国家、株洲市总工会《关于推进“两个普遍”(即：依法推动企业普遍建立工会组织，依法推动企业普遍开展工资集体协商)工作会议》的有关精神和要求，组织召开了全市推进“两个普遍”工作会议。会议主要深入学习贯彻全国总工会十五届四次执委会议、株洲市推进“两个普遍”工作会议精神，认真落实全国总工会《关于进一步加强企业工会工作，充分发挥企业工会作用的决定》，研究、部署了全市推进“两个普遍”工作。同时，号召全市各级工会组织和广大工会干部凝聚一切智慧、集中一切力量，在落实“两个普遍”、维护职工合法权益、构建和谐劳动关系上创先争优，为打好“三大战役”，实现“争一进百、科学跨越”战略目标作出积极贡献。二是大力推进工资集体协商工作。工资集体协商是维护职工合法权益的一个重要途径，也是工会工作的一项重要职责。全市推进“两个普遍”会议召开后，将工资集体协商提到工会工作重要议事日程，列为工会维权的重点工作，并在全市全力推进。加强与市劳动保障部门协同配合，规范工资集体协商工作程序，将工资集体协商有关法规、政策标准、协议样本汇编成册，采取以会代训的形式，对全市乡镇、街道办事处工会主席和企业干部进行培训、指导。截至12月，全市有82家企业签订了《工资专项集体合同(协议)》。

【信访工作】 2010年，共接待职工来信来访52人次。主要涉及劳动关系、工伤事故、劳动合同等内容。全年诉讼立案66件、裁决62件，调解结案40件，撤诉22件，为职工挽回经济损失40万余元。

【劳动保护监督】 一是加强劳动保护监督，保护务工人员权益。年内，参与了深圳富士康醴陵籍员工跳楼自杀事故的调查和善后处理工作，并对在富士康工作的9000余名醴陵籍员工进行了安抚谈话。二是开展重点行业职工职业健康权益保障专题调研。增强用人单位和劳动者防治职业病意识，为切实保障职工安全健康权益提供现实依据。三是开展防暑降温工作。贯彻落实省、市总工会《关于开展防暑降温和劳动保护工作督查的通知》精神，全年为高温作业的一线职工和执勤交警人员发放了消暑用品及20余件饮用矿泉水。四是开展一线职工收入情况调研。采取抽样、问卷调查、个别访谈和座谈专访相结合的方式，对本市自来水公司、公汽公司、吉利烟花等企业一线职工的收入情况进行调研。通过系统的调研，掌握情况，分析原因，提出对策，切实维护了一线职工的劳动经济权益，促进社会和谐稳定。

【帮扶解困“八件实事”】 一是开展春节送温暖活动。春节期间，为481名困难职工和重病职工送去慰问金17.34万元，大米3500公斤，食用油500公斤。二是关心各级劳模。春节期间，走访慰问困难劳模7人，发放慰问金7000元。争取上级资金20万余元，发放了部分省部级、国家级劳模的低收入补助和患病劳模特困补助。三是加强日常帮扶工作。全年救助困难职工280人，发放救助金17.8万元。四是免费为困难职工提供法律援助。全年免费为困难职工提供法律授助3起。五是帮助下岗失业人员再就业。全年免费培训下岗职工210人，其中实现再就业180人。六是减轻职工医疗负担。全年组织职工参加职工医疗补充保险7500人，组织女职工参加女性“两癌”保险2600人，为600名困难女职工赠送女性“两癌”保险金1.2万元。七是开展“金秋助学”活动。筹资5.2万元，帮助26名困难职工子女上大学。八是开展“双联、双帮”活动。年内，全市94家行政事业单位、1500余名机关干部共筹集“双联”活动慰问金675万元，联系94家企业、困难职工1200人(其中非公企业职工750人、农民工450人)，培训下岗失业人员和再就业150人。通过多种形式的扶贫帮困活动，使市帮扶解困“八件实事”圆满完成。

【组织建设】 一是组建非公企业工会。全年新建工会53家，发展会员5486人,其中农民工会会员5352人。二是创建“六好”乡镇(街道办事处)工会。开展了创建“六好”乡镇(街道办事处)工会活动,成立了创建组织机构,制订了创建实施方案。全市各乡镇(街道办事处)工会积极参与创建省、市“六好”乡镇(街道办事处)工会工作。其中,均楚镇、阳三石街道办事处工会联合会分别获株洲市“‘六好’乡镇(街道办事处)工会”称号。三是开展社区(村)规范化管理达标竞赛。组织开展了“示范社区(村)工会”创建活动,充分发挥了社区(村)工会加强基层工会建设、维护职工权益、构建和谐关系等积极作用。市阳三、八里庵社区工会被评为株洲市“社区(村)工会规范化建设示范单位”。四是开展“职工之家”创建活动。全市各级工会不断深化创建工作,努力营造员工和谐之家。市人民法院、市阳东电瓷电器有限公司工会分别被评为株洲市“模范职工之家”。

【经费收缴管理】 2010年，进一步加大了全市工会经费收缴管理工作的力度。年初,明确了全年经费收缴任务重点,加强了与市地税局协调配合,尤其是对收缴重心偏移、失衡的局面进行了调整,对未缴和少缴单位进行了督促,全年经费收缴创历史新高。全年税务代收工会经费488.42万元，比上年增加248.42万元、增长39.55%。年内,全市新增工会单位270家,有594家单位上交了工会经费,工会扩面率达83.33%。同时,严格执行各项财务制度和纪律,严把经费开支关,妥善安排工会经费,并充分发挥经审委员会作用,坚持定期或不定期地对本级、基层工会进行严格审计。

【队伍素质建设】 一是加强工会干部业务培训，不断提高业务素质。年内,按上级要求,派选有关人员参加了省总、市总工会举办的业务培训,增长了业务知识,增强了业务能力。采取“以会代训、考察培训”等形式,加强了各级工会干部上岗、理论知识、业务能力培训。二是加强工会干部协管工作力度。加大了乡镇工会主席交流、选拔力度，全年有15名工会主席被提拔到重要岗位任职,其中3人任副乡(镇)长、12人任党委委员(纪委书记)。全年公开选拔15名优秀青年到工会主席岗位，全市26个乡镇按同级副职配全、配强了专职工会主席,真正实现了年轻化、专业化、高配化,为乡镇工会有效发挥作用夯实了组织基础。 (郭　媛)

共青团醴陵市委

【概况】 2010年，在市委和株洲团市委的正确领导下,全市各级团组织坚持以邓小平理论和“三个代表”重要思想为指导,认真贯彻党的十七届四中、五中全会,市委十届八次、九次全会和株洲团市委十四届五次全会精神,落实“两个全体青年”(即:力争使团的基层组织网络覆盖全体青年,使团的各项工作和活动影响全体青年)的目标要求,大力加强团的自身建设,力争使团的基层组织建设和基层工作取得新突破,推动组织青年、引导青年、服务青年、维护青少年合法权益的各项重点工作实现新发展,团结带领全市广大团员青年围绕市“三大战役”、推动科学跨越,为实现本市“争一进百、科学跨越”作出贡献。年内,全市共有基层团组织1670个,其中基层团委121个、团总支213个、基层团支部1336个;有基层团干625人,专职团干4人。全市有团员4.78万余人,其中发展新团员4124人。

【自身建设】 2010年，团组织自身建设坚持“党建带团建、党团共建”的工作思路,贯彻落实团株洲市委《全市实施“强基兴团”工程工作方案》精神和要求,按照“点上突破、线上拓展、块上着力”的具体要求，实行机关干部分片联系、分类指导的模式,着重推动了非公企业团建工作。年内,成功在湖南醴陵陶瓷产业园区(工业园)建立了团工委。截至12月,在全市非公企业中,有94家企业建立了团组织。

【青少年思想道德教育】 年内,组织全市各级共青团和少先队以主题团、队日活动、专题讲座、座谈会等形式,开展了社会主义荣辱观及理想信念、诚信爱心教育。在“3·5学雷锋日”前后,开展了学习雷锋精神主题活动；在“清明节”节中,开展了“缅怀革命先烈”、“清明祭扫”主题活动;在“五四”、“十一”期间,开展了纪念五四运动及喜迎国庆等系列活动,并举行了以“投身‘三大战役’、唱响青春之歌”为主题的演讲比赛。通过各种主题活动的开展,引导广大青少年坚定了跟党走中国特色社会主义道路的信念,牢固树立了社会主义核心价值观。

【青年就业创业】 2010年，携手市各部门组织、举办专题讲座15场，为青年提供有效就业信息1000余条、见习岗位220个,有850名青年成功就业。2月，与市劳动和社会保障局、人事局、工商联联合组织召开了“2010年新春大型招聘会”,共提供职位176种、1.14万个岗位，共有6000余人次应聘,其中2000余人次进行了求职登记，初步达成就业意向人数554人。

【爱心助学】 2010年，向全市各级团组织下发了《立足各自职能特点、慰问特殊和弱势青少年的通知》，先后开展了形式多样的慰问活动32次。对贫困学子，积极争取市教育、民政及社会各界的支持,为其减免学费或将生活困难的未成年人家庭纳入低保,助其完成义务教育。全年资助贫困学子3200余人、金额119.6万元。年内,为孙家湾乡、东富镇白血病患者罗静、谢桑筹集善款2万余元。

【青少年维权】 2010年，青少年维权工作进一步深化，加强维权管理工作力度，联合市预防青少年违法犯罪工作领导小组各成员单位，加强了对青少年法制宣传教育，把“两法两办法”（即：《湖南省实施〈中华人民共和国未成年人保护法〉办法》、《湖南省实施〈中华人民共和国预防未成年人犯罪法〉办法》）作为重点宣传内容，全年发放宣传资料2万余份，接待咨询1万余人次。各中小学校将法律知识编成通俗易懂的小故事、小漫画，并组织开展了“送法进课堂”、“模拟法庭进校园”和“法律在我身边”法律案例故事征集活动。全年开展法制宣传日、法律咨询、家长学校等法制教育主题活动32场，开展法制宣传教育活动50大项、750小项，累计参加青少年15万人次。全市100所中小学校配备了法制副校长，各学校法制副校长积极创新教育形式，丰富教育内容。

【青年志愿者行动】 2010年，青年志愿者行动工作按照“政府支持、共青团承办、社会化运作”的工作思路，组织3000余名志愿者，开展了“投身三大战役、唱响青春之歌”、“真情助困送温暖”、“志愿星期天、创卫献力量”等活动。全年组织医生、水电、清洁等各种青年志愿者小分队开展了志愿行动服务活动，共出动志愿者1.8万余人次。同时，广泛开展了爱卫保洁、植绿护绿、环境保护、旅游服务、政策宣传、法律咨询、敬老爱老、扶贫帮困等系列活动，受到广大干部群众的一致好评，青年志愿者已成为本市大街小巷一道亮丽风景。

【“青年文明号”、“青年岗位能手”创建】 年内，团市委拓宽活动领域，加强监督管理，全面铺开了“青年文明号”、“青年岗位能手”创建活动。全年新创建株洲市级“青年文明号”3家（即：交警队特勤中队、株洲铁青旅行社、老百姓饭馆），本市级青年文明号7家（即：市青少年校外活动中心、市人民法院泗汾法庭、市地方税务局计划财务科、市国家税务局四塘税务分局、市建设工程质量安全监督站、市东堡中学大林支教队、醴陵电视台新闻部）。共表彰青年岗位能手15人，其中株洲市级3人。

【保护“母亲河”】 年内，继续加大保护“母亲河”环境工作力度，组织全市学校团组织广泛开展了生态环保宣传和“弯弯腰”、“从我做起、从小事做起”等生态环保实践主题活动。环保志愿服务小分队在农村开展了推行改水、改厕、改灶等环境实践活动。通过广泛宣传、开展植绿护绿等活动，使市民树立了生态文明新风，养成了革除陋习、引导环保的生产、生活方式。年内，组织全市200余名团员青年，开展了“同饮一江水、共护母亲河”——渌江河环保毅行活动，大力倡导了低碳、健康、文明的生活理念，为本市打好“城市提质战”、“创建省级卫生城市”贡献了力量。

【“评优评先”工作】 年内，组织开展了“十大杰出青年”、“十佳团干部”、“十佳少先队辅导员”、“十佳青年教师”、“十佳学生团员”、“十佳少先队员”评选活动。通过评选，李雪等10人被评为“第六届醴陵十大杰出青年”；团市委被团株洲市委授予“十佳基层团组织”、“非公团建百日攻坚行动红旗单位”、“宣传工作先进单位”、“五四红旗团委”，被株洲青年志愿者协会授予“株洲市优秀青年志愿者集体”，被中国关爱生命协会授予“生命关怀先进志愿服务组织单位”称号。何柢被共青团湖南省委、省人力资源和社会保障厅授予“优秀共青团干部”，彭湘陵被评为株洲市“优秀青年志愿者”称号，并在全省党群系统“创先争优”电视电话会议上，代表湖南共青团系统作了典型发言。年末，何柢、何泽华、唐新颜、王辉、江水根被评为株洲市“优秀共青团干部”、钟琼、金悦、龙毅旭、吴婷、易擎龙、李美玲被评为株洲市“优秀团员”；丁旺、彭原入选“十佳大学生村官”。 （吴文戈）

市妇女联合会

【概况】 2010年，市妇女联合会内设办公室、法律顾问室、少儿办公室。有干部职工6人，退休2人。年内，全市30个乡镇、街道办事处分别配备了专（兼）职妇联主席，并在湖南华联瓷业股份有限公司等3家私营企业成立了妇委会。全年全市妇联工作在市委、市政府的正确领导下，坚持一手抓发展、一手抓维权，把市“创先争优”活动贯穿于全年工作始终，努力把妇联组织建设成为党开展妇女工作的坚强阵地。年末，被省妇联评为“2010年度全省妇联系统宣传工作先进单位”、被株洲市妇联评为“妇女工作先进单位”。

【“巾帼建功”、“双学双比”活动】 2010年，“巾帼建功”、“双学双比”活动继续深入，开展了“巾帼文明岗”创建活动，全年涌现省级巾帼文明岗1个、株洲市级巾帼文明岗3个、本市巾帼文明岗6个。同时，根据上级要求，深入开展了岗村共建活动。全年组织5个巾帼文明岗与5个行政村牵手结对，共培训妇女500余人，赠送书籍500册，筹集帮扶资金近4万元。

【组织工作】 2010年，配合市组织部门选送32名优秀女性参加了清华、复旦大学、省妇干校培训学习，选送2名女村官参加了全国妇联、《农家女》杂志社举办的“第三届百名女村官论坛”。年内，根据市委、上级安排和部署，分别开展了“争先创优”、“党群共建”、“创建优秀妇女组织、争当先进个人”、“我身边的优秀女共产党员”推荐等活动。

【维权工作】 一是开展形式多样的活动，加大社会维权力度。开展了以“关爱妇女儿童、送法进万家”、“维护妇女儿童合法权益、反对家庭暴力”为主题的“三八维权周”活动，共发放宣传资料近万份，悬挂宣传横幅、标语100余条。二是加强来信来访工作。全年接待来信来访173次、267人，调处率99%、满意率98%。

【扶贫帮困】 年内，开展了扶贫助学活动，其中“日出春蕾班”40名特困女生中有8名考入市第一中学，继续享受高中阶段(3年)学习资助。5月，与市千金大药房联手资助10位贫困母亲、资助金1万元。6月，与市教育局开展了“爱心满六一”活动，共慰问贫困儿童70名、发放慰问金4万余元。

【“文明家庭”创建】 2010年，“文明家庭”创建活动在“美德在农家”、“和谐家庭”等活动的基础上进一步深化，全年表彰各级各类优秀家庭38户。其中，温菊清、周蒲英等3户家庭被评为株洲市“五好文明家庭”；胡晓芬、沈正豪等10户家庭被评为本市“两型家庭”；付端云、易理云等10户家庭被评为“五好文明家庭”。

【“三八”庆祝活动】 2010年3月8日，是“三八”国际劳动妇女节100年庆典。节日期间，组织了大型庆祝表彰大会，市委副书记、市长蒋永清等领导及各级妇女代表700余人参加了会议。大会表彰了市教育局妇委会等7个单位为市“妇女工作先进单位”，黄金梅、陈西宗等14户家庭为“和谐家庭标兵户”，彭新等51人为“三八红旗手”，丁奇志等12人为“关心支持妇女工作好领导”，漆志红等20人为“巾帼建功标兵”。 (文南英)

市工商业联合会

【行业商(协)会管理】 2010年，加大了对行业商(协)会的指导和管理。在规范制度、建设班子、服务会员上下工夫，引导行业商(协)会在行业自律、行业协调、维护会员权益、促进行业发展等方面发挥积极作用，取得一定成效。一是加强对行业商(协)会工作的指导。协助市家具业商会完成了换届选举、市硅火泥行业商会的成立大会。二是加强班子建设。为提高非公有制企业把握和实践科学发展观的自觉性、主动性，提高企业应对危机的信心和抢抓机遇的能力，组织会员中的政协委员参加了市政协组织的学习培训和房地产市场调查。三是保障老工商业者合法权益。对在上年办理企业原工商业者调整待遇工作中，未能及时办理的老工商业者，仍然为其提供服务。年内，为了落实生活困难老工商业者补助政策，通过与上级工商联、劳动部门的协商，为尚未落实政策的老工商业者重新鉴定，为8名老工商业者落实了政策，解决了实际问题。

【服务非公有制经济】 一是搭建沟通平台。注重对内联系，架起企业与部门之间沟通桥梁。采取走访企业、调查研究、掌握情况、收集信息的方式，积极为企业排忧解难。为企业融资、用工、用电、用气等牵线搭桥，在企业融资上，积极协调，全市各商业银行与数家中小企业达成了放贷协议，其中市工商银行放贷额达8亿元。与工商银行合作，为20余位会员企业负责人办理了30万～100万元授信额度“牡丹白金卡”，为解决企业短期小额资金周转提供了方便。主动和株洲世富投资有限公司协调，并邀请该公司有关人员到本市传统产业中进行了实地调研，以支持、引导对本市传统产业给予扶持。年内，该公司与市升华科技、德兴瓷业达成近2000万元的融资协议。加强对外联络。通过商会友好往来、组织企业参展等形式，为企业沟通信息、拓展市场、创新技术、提升管理水平牵线搭桥。年内，分别赴湘阴、广东佛山等地参观考察，与当地工商联进行了交流、学习，并与江西省萍乡市湘东区工商联缔结为友好商会。6月30日，在市委、市政府支持下，组织全市13位非公企业代表人士参加了在新疆喀什举行的中亚南亚交易会，其间学习考察了喀什发展边贸经济的经验。二是搭建培训平台。年内，免费为市陶润实业发展有限公司等非公企业、200余人提供政策法律、企业管理等服务和培训；组织企业家听取各种报告会、讲座20余场。三是搭建宣传平台。在宣教工作中，对在非公经济发展过程中涌现的先进典型、先进企业，及时上报相关信息，争取领导重视和部门关注，为其发展营造一个良好的舆论氛围。同时，加强与市宣传部门、新闻媒体等单位的联系、合作，多层次、多方位地宣传非公企业的先进事迹、经验与作法，为广大非公企业提供学习和借鉴，发挥典型带动作用。

【“万企联村、共同发展”活动】 2010年，全市“万企联村、共同发展”活动坚持“村企对接、项目带动、合作双赢”的原则，以“驻村非公企业和非公经济人士对接”为主体，以“产业延伸、资源开发、基础设施建设、劳动力安置”为重点，引导民营企业与农村进行项目对接，实现了城市与农村、工业与农业、非公经济人士与农民协同联动，共同发展。截至12月，全市各行政村至少有一家非公企业或一位非公经济人士进行对接帮扶。其中，市委统战部、市工商联组织发动会员企业120余家，对口联系帮扶行政村89个，实施项目100余项，投资2亿余元；建立示范村8个。年内，市明达鞭炮烟花有限公司带头捐款，新建了潼塘村村级活动中心，带动了该村其他企业集资，共集资150万元；市陶润实业发展有限公司先后捐赠30万余元，用于孙家湾乡龙虎湾村的水利、道路、敬老院建设和助残助学事业。

【“创先争优”活动】 2010年，由市委统战部牵头，市工商局、市工商联参加，成立了市非公有制经济组织、社会组织“创先争优”活动领导小组，主要领导全市非公有制经济组织、社会组织开展“创先争优”活动。领导小组注重督查指导和宣传引导，围绕“创、带、争”的目标，深入推进“创先争优”活动。紧扣市“转方式、调结构”方针，各级党组织与工、青、妇等一道，广泛组织开展“科学管理、技术攻关、岗位练兵、技术创新、节能降耗”等活动，不断推陈出新，在档次、品种上下足工夫，提高企业竞争力。在“广交会”上，市34家陶瓷企业产品远销欧、美等市场，企业达成贸易合同额8912万美元，占全省日用陶瓷成交额的90%。华联瓷业推出了一系列高质量、高档次、高技术含量、高附加值的“世博瓷”、“亚运瓷”等，成交额达1600万余美元。党组织充分发挥“连心桥”作用，积极引导非公经济组织和社会组织以人为本，关爱内部员工，承担社会责任，积极回报社会，树立了崭新形象。年内，市新世纪陶瓷有限公司、吉利烟花有限公司、邵阳商会等4个非公企业分别成立了党组织。（周自贵）

市残疾人联合会

【概况】 2010年，市残疾人联合会（以下简称“残联”）内设办公室、康复办、教育就业办、宣传文体办。下辖市残疾人劳动就业服务所、残疾人用品服务站、残疾人维权中心，有在职人员11人。主要负责全市残疾人康复用品用具供应、残疾人就业培训、残疾预防、扶贫开发等工作。全市各乡镇、街道办事处均配备了残联专干，城区各社区均聘请了残协专职委员。12月，成立了市残疾人辅助器具供应站。年内，组织举办了株洲市5县（市）的肓人定向行走培训班，共培训62人。

【残联第四次代表大会】 12月2日，召开了市残联第四次代表大会。市四大家领导、株洲市残联领导出席了大会。大会由副市长汤云辉主持，市委副书记、市长蒋永清在会上作了重要讲话。会议听取并审议通过了第三届主席团工作报告，确定了今后5年本会工作目标、任务。选举产生了第四届主席团委员、主席、副主席、执行理事会理事长、副理事长、理事及各专门协会负责人，换届工作圆满完成。

【基层组织建设】 2010年，全市残联工作按照基层组织规范化建设达标的要求，以“加强农村基层残疾人组织建设，完善城乡基层残疾人组织网络体系”为重点，进一步强化基础组织建设。年内，全市30个乡镇、街道办事处分别成立了残联，明确了分管领导，配备了专（兼）职理事长，选聘了1名残协专职委员；全市398个行政村（社区）分别建立了残协，共配备专职委员181名。全年投资2万元，为基层残协统一制作了门牌、制度说明牌等30套。通过进一步建立健全基层组织网络和规章制度建设，进一步推动了全市残联基层组织规范化建设进程，为开展各项残联工作奠定了良好的组织基础。

【扶残助残】 一是为残疾人送温暖。春节前夕，组织开展了对全市残疾特困户慰问活动，走访慰问特困残疾人家庭300余户，送去慰问金15万余元。二是关爱残疾人。在全国第20个助残日中，开展了“加大扶持与救助力度、帮扶农村贫困残疾人”的主题活动。组织召开了专题会议，制定了具体工作方案，下发了《关于开展第二十次全国助残日活动的通知》。活动期间，各单位走访、慰问特困残疾人325名，发放慰问金共计10万元。三是爱心捐款。年内，由市级领导带队，率市国土、教育、民政、税务、残联等10余家单位赴市特殊教育学校慰问师生，并向特校捐款10万余元。四是加大宣传报道力度。全年悬挂宣传横幅40余条，制作宣传板报10块，并在本市电视台、报刊等有关媒体分别报道了扶残助残先进事迹、先进人物及残疾人自强自立的先进典型。通过一系列扶残助残活动的开展，使广大残疾人真正感受到了党和政府的温暖，在全社会营造了扶残助残的良好氛围。

【康复工作】 一是关爱残疾人康复。全年共为300名贫困精神病残疾人提供免费服药，为20名贫困重症精神病人给予了住院补助。免费为各类残疾人发放辅助器具277件，其中轮椅144辆；为3名贫困听力患者免费配备了助听器，免费实施白内障复明手术176例、假肢安装12例。争取国家彩票公益金，扶助残疾儿童35名；继续救助贫困聋儿10名。二是认真落实省“为民办实事”工作任务。完成了“省为民办实事”任务中的0～6岁（35名指标）39名贫困残疾儿童抢救性康复项目指标任务。三是认真抓好创建“省级示范社区康复服务站”工作。按照省“示范社区康复服务站”创建工作精神和要求，投资15万元，为30个乡镇、街道办事处建立了村级示范点，为31个社区（居委会）配备了康复器材，专业培训社区（居委会）康复协调员80名，成立了5类残疾人康复指导中心。

【教育就业培训】 一是健全残疾人教育就业机制。完成了全市残疾人用人单位在职职工总数、在岗残疾人数的确认、应缴保障金额核定、文书发放、催报催缴等工作。全年年审残疾人用人单位23家、金额16万余元；完成残保金地税代征、财政代扣款174万元。二是残疾人就业培训管理。全年登记求职残疾人80名，登记招聘就业单位7家，推荐安排38人就业。选送70名残疾人赴株洲市参加职业技能培训。7月，举办了电器维修培训班，共培训残疾人40名。三是认真落实市“为民办实事”项目任务。全年培训市“为民办实事”项目之一的农村残疾人实用技术110人；免费举办农村残疾人实用技术培训班3期，共培训残疾人118人，经考核全部合格，颁发了醴陵市劳动和社会保障局的结业证书。四是开展残疾人种、养殖户扶持工作。重点扶持残疾人养殖专业户60户，给每户扶持资金2500元。五是资助贫困残疾学生。通过国家彩票公益金助学项目，共资助贫困残疾学生35名，分别给予每人每年600~800元补助。全年有4名残疾人考取了大学,推荐残疾人赴省特校就读中专3名。

【扶贫解困与社会保障】 一是建立贫困残疾人档案。按照株洲残联统一部署,在全市开展了残疾人贫困摸底调查。经调查摸底、全市有贫困残疾人1.43万人，其中享受低保、“五保”残疾人6325人,未享受低保、“五保”残疾人7937人。二是落实上级“为民办实事”工作任务。按照上级下达给本市残疾人危房改造项目40户指标任务和“为民办实事”中危房改造项目的精神和要求，认真加以落实和贯彻,并将其列入全年工作的重中之重。11月,40户残疾人危房改造项目任完成,并经上级主管部门验收合格,每户补助资金7000元。年内,新建了“博爱残疾人托养服务所”。全年全市共集中托养重度肢体及精神、智力残疾人55名,家庭居家分散托养120名,每户给予补助550元。

【残疾人体育】 2010年，全市残疾人体育事业蓬勃发展、成绩显著,在湖南省第八届残疾人运动会上，本市选送的7名残疾人运动员,共夺得6金、11银、2铜和3个第四、1个第五名；其中游泳运动员谭江独揽三枚金牌。奖牌数列株洲地区第一。

【法制建设与维权】 2010年,市政府办转发了《株洲市残疾人扶助实施办法》。9月,按照株洲残联维权中心的要求，在全市开展了无障碍设施问卷调查，共发放调查问卷1200份。通过问卷调查,全面掌握了全市无障碍设施基本现状。年内,成立了“醴陵市残疾人权益维护中心”,不断提高了残疾人的法律援助与法律服务，全年信访事件95%在初信、初访后得到妥善解决，为全市社会稳定打下了坚实基础。

【残疾人状况监测】 2010年,为及时掌握本市残疾人状况的变化情况，开展了残疾人状况年度监测。并将市清水江乡荆村、王仙镇新民居委会作为抽样小区监测点。同时,将残疾人张福明家作为记账监测户(3年)。 (王 怀)

组织机构与负责人名录

(2010年1月1日~12月31日)

一、市直单位

市委办

主任 向平(2010.6任)
刘正平(2010.6止)
副主任 曾敏 杨鹏
曾文初(2010.7任)
吴远香(女、2010.7任)
袁亮(2010.7任)
黄铁山(兼)
潘应生(兼、2010.3任)
邹晖(2010.6止)
邓少仁(2010.3止)
工会主席 曾文初(2010.7止)

市委政策研究室

主任 邹晖(2010.6止)
副主任 刘敏 何柳望(2010.7任)
袁亮(2010.7止)

市保密局

局长 邓少仁(2010.3止)
副局长 叶红(女)

市委机要局

局长 曾敏(兼)
副局长 凌树生

中国共产党醴陵市纪律检查委员会

书记 徐林娟(女)
副书记 宋友红 曹光辉
刘金堂(2010.3任)
廖传飞(2010.6止)
常委 徐林娟(女) 宋友红
曹光辉 罗才高
周述尧 高开军
易祖斌(2010.7任)
刘金堂(2010.6任)

廖传飞(2010.6 止)
办公室主任　周述尧
执法监察室主任　方国华
纪检监察室主任　骆仕良
纠风室主任　姚　宁(2010.7 任)
高开军(2010.7 止)
行政效能监察室主任　殷伍玖
案件审理室主任　宋　勇
宣教室主任　罗楚雄
干部室主任　钱素芳(女、2010.7 任)
王天平(2010.7 止)
信访室主任　邹培峰
党风廉政室主任　万年春(女)

市纪委派出第一纪工委

书　记　漆　付
副书记　阳继先

市纪委派出第二纪工委

书　记　黄小勇
副书记　金　志　易祖斌(2010.7 止)

市纪委派出第三纪工委

书　记　彭　新
副书记　付　颖

市纪委派出第四纪工委

书　记　向　光
副书记　张昌仁　曾　勇

市委组织部

部　长　刘　伟
副部长　邓少仁(2010.3 任)
陈彰伟(兼)
付　权(2010.7 任)
丁奇志(2010.6 止)
丁际秋(2010.3 止)
工会主席　苏　凯(2010.7 任
付　权(2010.7 止)

市委宣传部

部　长　丁奇志(2010.6 任)
周建新(2010.6 止)
副部长　张龙兵　余波玲(女)
丁际秋(兼、2010.3 任)

市委统战部

部　长　罗立新
副部长　刘炳坚　田配峰
张海涛(兼)

市台办

主　任　刘炳坚(兼)
副主任　丁桂华(女)

市民族宗教事务局

局　长　田配峰(兼)
副局长　吴远见(女)

市委政法委

书　记　林伯芝
副书记　张国亮　邓元卫
尹惠京　彭开仁
陈　杰(2010.3 任)

市综治办

主　任　张国亮(兼)
副主任　汪年春

市反邪教办

主　任　邓元卫(兼)
副主任　钟　鸣

市委老干局

局　长　陈彰伟
支部书记　黄玲香(女)
副局长　全小云(女)

市编办

主　任　丁际秋(2010.3 止)
副主任　胡家根　刘　薇(女)

市事业登记管理局

局　长　胡家根
副局长　陈仕告

市委党校

校长、支部书记　邹明麟
常务副校长　何　智(女)
副校长　何平发　刘海波(2010.7任)
陈长贵(2010.3止)
校务委员　王主民(2010.7任)

市直机关工委

书记　向　平(兼、2010.6任)
刘正平(兼、2010.6止)
副书记　胡修文

市总工会

主席　谭书龙
支部书记　龙映秋(2010.3任)
谭书龙(2010.3止)
副主席　朱庆祝　唐　琼(女)

团市委

书记　何　柢(女)
副书记　彭湘陵(女)　何泽华

市妇联

主席、支部书记　杨月香(女)
副主席　王小兰(女)　唐仁芳(女)

市残疾人联合执行理事会

理事长　张水良
副理事长　张建国　易冬连(女)

市工商联

会长　刘海平
党组书记　张海涛
副会长　吴同寨　李　京(女)

市文联

主席　唐青柏
党组书记　张龙兵(兼)
副主席　唐宏伟(兼)　易　磊(兼)
杨泽南(兼)　吴旺楚(兼)
邹明显(兼)　杨武建(兼)
黄晓玲(兼)　袁祥云(兼)

市科协

主席　巫栽清(2010.3任)
潘　英(女、2010.3止)
副主席　吴文辉(2010.3任)

市民革

主委　李忆湘(女)
副主委　姚　丹(女、2010.3任)
唐小艳(女,兼)

市人大常委会工作机构

办公室

主任　甘　毅(2010.3任)
兰国再(2010.3止)
副主任　余　波　陈治平(女)

任免联络工作委员会

主任　何细珠
副主任　黄爱平(2010.7止)

农业和农村经济工作委员会

主任　丁立平
副主任　顾瑞兰(女)

财政经济工作委员会

主任　傅晓江(女)
副主任　廖　军

教科文卫工作委员会

主任　宋文革(女)
副主任　杨宗香(2010.7任)
赖锡平(2010.3止)

内务司法工作委员会

主任　林万财
副主任　汪长科　张柏花(女)

城乡建设环境资源保护工作委员会

主任　唐小艳(女)
副主任　谢　诚(2010.7任)
杨宗香(2010.7止)

政协醴陵市委员会工作机构

秘书长　熊习军

办公室

主任　熊习军
副主任　卢炼钢　陈德政(2010.7 任)

学习文史委员会

主任　陈长贵(2010.3 任)
　　　杨水生(2010.3 止)

经济科学委员会

主任　柳才军
副主任　张家辉

联谊联络群团法制委员会

主任　魏碧云(女)

提案工作委员会

主任　黎小林(2010.3 止)
副主任　朱远东

湖南省醴陵陶瓷产业园区

党工委书记　杨　龙
管委会主任　付访华
副书记　付访华　江曙明
党工委委员　李启福　胡应建
　　　　　　陈建军(2010.2 止)
副主任　李启福　胡应建
　　　　陈建军(2010.2 止)
纪工委书记　江曙明(兼)

党政办公室

主任　张新潮
副主任　黄小龙　叶冠勇(2010.3 任)

市产业发展局

局长　刘天汉(2010.3 止)
副局长　汪海雕(2010.3 任)
　　　　刘玥瓖(女、2010.7 任)
　　　　谢　诚(2010.7 止)

市招商合作局

局长　刘松波(2010.3 任)
副局长　易桢华(女)

市高新技术发展中心

主任　汤建武
副主任　刘锡清

市陶瓷研究中心(新成立)

副主任　周应和(2010.3 任)

市城市管理委员会

书记　郭向晖
主任　翁菊清
副主任　邓沸涛(2010.7 任)

市人民检察院

检察长、党组书记　李　大
党组副书记　汪建国
副检察长　汪建国　易召群
　　　　　徐达江　罗月虹
　　　　　陈志高(2010.7 任)
　　　　　杨林英(女、兼、2010.7 任)
　　　　　晏卫国(2010.1 止)
党组成员　徐达江　罗月虹
　　　　　陈志高　杨林英
　　　　　彭跃云　王　剑(2010.7 任)
　　　　　晏卫国(2010.1 止)
纪检组长　杨林英
反贪局局长　陈志高
反渎职侵权局局长　喻　平
政工科长　彭跃云

市人民法院

院长、党组书记　高建明
党组副书记　陈必克
副院长　陈必克　兰文勇
　　　　荣　伟　潘　真
　　　　傅梓仁
党组成员　兰文勇　荣　伟
　　　　　潘　真　汤金球
　　　　　何　文　肖三林
纪检组长　何　文
政工科长　汤金球
执行局局长　肖三林

法警大队大队长　陈仕龙
审判委员会专职委员　王　昊

市人民政府办公室

主　任　谢圣才
市长助理　彭德清　文树忠
黄升开　汤乐田(2010.3 任)
贺小玲(2010.3 任)
龙映秋(2010.3 止)
巫栽清(2010.3 止)
副主任　杨冬发　吴均成
阳自力　吴海江
黎　俊　聂　淼(女)
陈　林　陈培建
付益田(兼)
朱永春(女、2010.7 任)
黄志强(2010.7 任)
吴文辉(兼)
王纪军(兼)
潘应生(兼、2010.3 任)
工会主席　易迎春(女、2010.7 任)

市人民政府经济研究室

主　任　杨冬发(兼)
副主任　林德建　文　庆(2010.7 任)

市应急管理办公室

主　任　黄　钺

市爱国卫生运动办公室

副主任　陈振江

市发展和改革局

局　长　徐　辉(2010.3 任)
贺小玲(女、2010.3 止)
支部书记　徐达富(2010.3 止)
副局长　贺胜炎　柳许辉
邹汉华　刘小刚(2010.3 任)
两型办主任　郭彩华

市监察局

局　长　宋友红
副局长　罗才高　刘育艳(2010.7 任)

第一监察分局

局　长　漆　付
副局长　阳继先　刘育艳(2010.7 止)

第二监察分局

局　长　黄小勇
副局长　金　志　易祖斌(2010.7 止)

第三监察分局

局　长　彭　新
副局长　付　颖　邓勇航

第四监察分局

局　长　向　光
副局长　张昌仁　曾　勇

市企业发展促进局

局长、党委副书记　李志龙
党委书记　朱启军
副局长　王传文　王喜丰
朱　虹

市教育局

局长、党组(委)副书记　易　磊
党组(委)书记　唐宏伟
党组成员　张孝强　龙丽虹(女)
王清波　丁小波
郭米红(女)　刘惠良
副局长　张孝强　王清波
丁小波　郭米红(女)
甘　毅(兼、2010.3 止)
龙超俊(挂职、2010.11 止)
联合工会主席　刘惠良
市纪委派驻纪检组长　龙丽虹(女)
市政府教育督导室主任督学　张孝强
市政府教育督导、室副主任督学
易湘军(2010.5 任)

市科学技术局

局　长　李忠业(2010.3 任)
潘　英(女、2010.3 止)
支部书记　胡雪雨
副局长　贺光亮　张明波

市民政局

局　　长　宋水良(2010.7止)
总支书记、党组书记　晏细毛
党组成员　刘仕永　邹宏进
　　何新民　匡辉平
　　钟　昱　刘开曙
　　谭芬芬(女、2010.7任)
　　黄思奇(2010.3止)
　　朱永春(女、2010.7止)
副局长　刘仕永　邹宏进
　　何新民　匡辉平(2010.7任)
　　黄思奇(2010.3止)
　　朱永春(女、2010.7止)
派驻纪检组长　钟　昱
工会主席　刘开曙

市公安局

局长、党组(委)书记　文树忠
政　　委　刘炳炎(2010.5任)
　　胡登龙(2010.5止)
党组(委)副书记　刘炳炎(2010.5任)
　　杨乐玉　胡登龙(2010.5止)
党组成员　张　敏　黄连招
　　陈亚波　欧阳立敏
　　罗有略　朱云云
党委委员　张　敏　黄连招
　　陈亚波　欧阳立敏
　　罗有略　朱云云
　　余汉平　许益民
　　易朝华
副局长　杨乐玉　张　敏
　　黄连招　陈亚波
　　欧阳立敏　罗有略
　　朱云云　余汉平(兼)
　　易朝华(兼、2010.7任)
　　谢新国(兼、2010.3止)
纪委书记　朱云云(兼)
工会主席　许益民
政工监督室(高配)主任　朱云云(兼)
教导员　谢智勇
法制室(高配)主任　颜严广
教导员　朱德中(2010.8任)
　　廖木玲(女)
警务保障室(高配)主任　熊世军
教导员　丁志平
看守所(高配)所长　谢智勇
教导员　丁文军
拘留所(高配)所长　王喜桂
教导员　胡明星

市公安局交通警察大队

大队长、总支书记　余汉平
政　　委　刘建文
副大队长　王西亮　陈历纯
　　李桂明　黄显兵
纪检员　彭昕炜

市司法局

局　　长　盛　勇
支部书记　杨光秋(2010.3任)
　　殷楚平(2010.3止)
副局长　匡曦云　朱赛平
　　杨光秋(2010.3止)
工会主席　江东风(女、2010.7任)

市财政局

局　　长　陈建球(2010.3任)
　　汤乐田(2010.3止)
党组(委)书记　柳林祥
党组(委)副书记　陈建球(2010.3任)
　　汤乐田(2010.3止)
党组副书记　钟小林
党组成员　彭建云　张和平
　　王可清　易志平
　　王建刚　汪爱江
　　副局长　钟小林
　　彭建云　张和平
　　王可清
市纪委派驻纪检组长　易志平
工会主席　汪爱江
总会计师　王建刚

市人事局

局长、支部书记　邓少仁(2010.3任)
　　丁奇志(2010.3止)
副局长　凌志勇　孙开满
　　陈彩霞(女)

市劳动和社会保障局

局　　长　徐德军
党组(支部)书记　潘　英(女、2010.3任)
党组副书记　徐德军　田伟明
党组成员　江建军　张朝文

陈建勤　易理文
副局长　江建军　张朝文
市纪委派驻纪检组长　陈建勤
工会主席　易理文

市国土资源局

局长、党组书记　周旺炎
党组成员　朱宗宪　张勇
王寿喜　吴建民(2010.2任)
邹建军
副局长　朱宗宪　张勇
王寿喜　吴建民(2010.2任)
纪检组长　邹建军(2010.2任)
总经济师　瞿兰香(女、2010.2任)
工会主席　易建新(2010.2任)
邹建军(2010.2止)
执法大队大队长　瞿海华

市建设局

局长党组(委)副书记　张国文
党组(委)书记　李佑清(2010.7止)
党委副书记　帅百灵　杨革琪
党组成员　帅百灵　杨革琪
叶敏　吴祖燕
邹业辉　朱发平(2010.7任)
杨雪安(2010.7任)
副局长　帅百灵　叶敏
联合工会主席　李放群

市环境保护局

局长、党总支副书记　王爱国
党总支书记　肖国平(2010.3止)
副局长　游斯坦　彭邵陵
尹春花(女)　马明仲
工会主席　刘建国
总工程师　苏利玲(女)

市交通局

局长、党委副书记　谢洪华(2010.3任)
徐辉(2010.3止)
党委书记　刘运桃(女)
副局长　曾秋明　马运年
张文君(女)　张志军
石晓松(挂职、2010.11止)

市农业局

局长、党总支副书记　钟国建
党总支书记　丁铁钢(2010.3任)
副局长　乔德良　刘月球
张庭英(女、挂职、2010.11止)
丁铁钢(2010.3止)
工会主席　刘平辉
总农艺师　匡建业

农产品质量检验中心

主任(机构升格)　吴明灿(2010.3任)

市林业局

局长、党组(委)副书记　张有余
党组(委)书记　文舒(2010.3止)
党组成员　杨冬伟　龙小刚
谭书良　张利华(女)
易树定　付若林
张哲(2010.7任)
张际红(2010.3止)
副局长　杨冬伟　龙小刚
谭书良
市纪委派驻纪检组长　张利华
总工程师　易树定(2010.7任)
张际红(2010.3止)
工会主席　付若林
纪委办主任(机构升格)　龙自启(2010.7任)

市水利局

局长、党委副书记　宋水良(2010.7任)
洪见波(2010.7止)
党委书记　丁瑞林(2010.3止)
副局长　李龙山　谢晓平(女)
罗细平
工会主席　王哲祥(2010.6止)
总工程师　唐益丰(2010.7任)

防汛抗旱办
(机构升格)

主任　易向阳(2010.7任)

市文化体育局

局长　易小龙
党委书记　杨若邻

党委副书记 易小龙 黄志敏
副局长 黄志敏 姚武飞 张晓根(兼)
联合工会主席 谢莉萍(女)

市卫生局

局长 周承进
党组(委)书记 龙树密
党组(委)副书记 周承进 周云辉
党组成员 刘淑平(女) 林仁和 王天平(2010.7 任) 郭朝发 杨晓希(2010.3 任) 杨先红(2010.3 止)
副局长 周云辉 刘淑平(女) 林仁和 巫绍中(兼)
市纪委派驻纪检组长 王天平(2010.7 任) 杨先红(2010.3 止)
联合工会主席 郭朝发

市人口和计划生育局

局长 李冬汉
支部书记 廖传飞(2010.3 任) 钟武查 (2010.3 止)
副局长 左中校 谭亦农 廖长江 姚 玲(女) 钟向阳
工会主席 贺其佳(2010.7 任)
社会抚养费征收局局长 贺其佳
计生协会秘书长 胡江文

市审计局

局长 朱卫兵
支部书记 张咏梅(2010.3 任) 刘文定(2010.3 止)
副局长 金 鑫 程建毛 姚建军
总审计师 张剑辉
任期经济责任审计科科长 朱家福

市商务局

局长 林建辉
支部书记 吴远斌(2010.3 任) 刘楷儒(2010.3 止)
副局长 吴洪波 廖湘文
工会主席 娄 霞(2010.7 任)

市安全生产监督管理局

局长 张建庚(2010.3 任) 谢新国(2010.3 止)
支部书记 王国峙(2010.3 任) 吴远斌(2010.3 止)
副局长 廖善明 朱三田 丁作敏(2010.7 任) 潘应生(2010.3 止)
安全生产执法大队大队长 许志良

市统计局

局长 丁全生(2010.3 任) 王启华(2010.3 止)
支部书记 丁全生
副局长 晏波宁 丁全生(2010.3 止)
总统计师 钟诗华(2010.7 任)
工会主席 李 琼(2010.7 任)
社会经济调查队队长 郭晓芳(2010.7 任) 钟诗华(2010.7 止)
考核办主任 瞿秋圆(2010.7 任)

市粮食局

局长、党委副书记 苏承蒲(2010.3 任)
党委书记 胡更新(2010.3 任)
副局长 胡更新 丁传国 王珍平(女)
联合工会主席 宋岸平

市信访局

局长 黄铁山
支部书记 潘应生(2010.3 任、主持全面工作) 张咏梅(女、2010.3 止)
副局长 丁光源 张咏梅(女、2010.3 止)
工会主席 邹青山(2010.7 任)

市农村办

主任、支部书记 杨凯宏
副主任 梁平辉 陈 明

市农业综合开发办

主任 许忠凯
支部书记 李 星
副主任 黎洪林 贺红岩

市物价局

局长、支部书记　张先华(2010.3 任)
刘金堂(2010.3 止)
副局长　贺　平　刘建成
贺逢春(女)　张立峰

市人防办

主任、支部书记　钟建山
副主任　宋护林(2010.3 任)
陈永红　钟光荣(2010.3 止)

市接待办

主任　易伟周
副主任　胡　婧(女)
杨　芷(女、2010.7 任)

市法制办

主任　吴文辉
副主任　卢启宇
骆　伟(女、2010.7 任)

市规划局

局长　丁　辉
支部书记　刘松江
支部副书记　文晓琼
副局长　徐大春　徐赞钦
谭志宏(2010.7 任)
刘玥瓖(女、兼)
谢　诚(兼、2010.7 止)
总规划师　廖中欣

市广播电视中心(局)

局长　丁际秋(2010.3 任)
张先华(2010.3 止)
党委书记　邓金泉
党委副书记　丁际秋(2010.3 任)
刘　浩　张先华(2010.3 止)
副局长　钟　颉　刘柏乔
陈晓军
工会主席　孙恢宏
新闻中心主任　陈雪球(2010.7 任)

市畜牧兽医水产局

局长　付益秋
总支书记　戴海龙
副局长　廖建群　金建军
总畜牧师　赵光政
工会主席　聂振宇

市档案史志局

局长　徐志宏
支部书记　杨水生(2010.3 任)
余石林(2010.3 止)
副局长　晏才进
刘　玲(女、2010.7 任)
汪建平(2010.6 止)
工会主席　廖际标(2010.7 任)
刘　玲(2010.7 止)

市农业机械管理局

局长、党委副书记　瞿运生
党委书记　叶长华
副局长　旷劲松　易恢春
彭茂刚(2010.12 止)
总工程师　喻　兰(女)

市房产管理局

局长　廖胜云
党委书记　姚　武(2010.3 任)
黄振伟(2010.3 止)
党委副书记　廖胜云　帅年祥
副局长　帅年祥(2010.7 任)　王文明
瞿名辉　吴远征
黄振伟(2010.3 止)
文伯平(2010.6 止)
总经济师　吴晓红(2010.7 任)
工会主席　洪炼钢

市城市管理行政执法局

局长　翁菊清(兼、2010.3 任)
程曙光(2010.3 止)
党委书记　郭向晖(兼、2010.3 任)
党委副书记　程曙光(2010.3 止)
姚　武(2010.3 止)
副局长　付耀武　钟飞跃(2010.7 任)
殷建湘(兼)
邓沸涛(2010.7 止)
姚　武(2010.3 止)
联合工会主席　肖　瑛(2010.7 任)
城市管理行政执法大队大队长　邱长青(2010.7 任)
姚　武(2010.3 止)

城市管理行政执法大队支部书记 金宇辉(2010.7 任)

市招商局

(分设)

局长 黎志清(2010.3 任)
程铁辉(女、2010.6 止)
支部书记 谭湘辉(女、2010.3 任)
黎志清(2010.3 止)
副局长 龙毅旭(2010.12 任)

市旅游局

(分设)

局长 程铁辉(女、2010.3 任、2010.6 止)
支部书记 钟武查(2010.3 任)
副局长 张俊林(2010.3 任)
邱素纯(女、2010.12 任)

市烟花鞭炮管理局

局长 陈锰陵
支部书记 王国峙(2010.3 止)
副局长 周小炎 文海贵
工会主席 汤中亮(2010.7 任)

市水库移民开发局

局长、党支部书记 欧阳启明
副局长 金立明
邓绍山 黄冬明

市国有资产管理局

局长 谢新国(2010.3 任)
谢洪华(2010.3 止)
党组(总支)书记 刘德谋(2010.3 止)
党组副书记 谢新国(2010.3 任)
谢洪华(2010.3 止)
党组成员 易果双 王吉祥
邓少富 丁光勇
副局长 易果双 王吉祥
邓少富 左孟良(兼)
市纪委派驻纪检组长 丁光勇

市招投标管理局

局长 漆金凡
支部书记 方家乐
副局长 饶昌权
杨晰(挂职、2010.11 止)
工会主席 殷献忠(2010.7 任)

市城市基础设施建设开发投资管理中心(市城市建设投资开发有限责任公司)

主任、董事长 黄升开
支部书记 易声告(2010.7 止)
监事会主席 潘其明
副总经理 徐甘泉 颜艳军
副主任 潘其明(兼) 徐甘泉(兼)
颜艳军(兼)

市市场服务中心

副主任 朱宝来 文锋
孙宇先(2010.3 任)

农业部烟花鞭炮检测检验中心(醴陵)

党工委书记 汤乐田
主任 贺小玲
副主任、支部副书记 肖湘杰
副主任 唐炳祥(2010.3 任)
纪检员 邹海峰(2010.3 任)
唐炳祥(2010.3 止)

市第一中学

校长、党委副书记 方勇
党委书记 罗东红
副校长 尹菊根 杨红科
汤银洁 易军
苏鹄鸿(2010.7 任)
余庄荣(2010.6 止)
工会主席 郭光文

市第四中学

校长、党总支书记 江汉云
党总支副书记 张建伟
副校长 文家学 刘醴湘
张建明(2010.7 止)
工会主席 周庆东

市第二中学

校长、党总支书记 丁平
党总支副书记 何俏
副校长 荣树才 黎明
王建林 李和生
工会主席 叶正云

市陶瓷烟花职业技术学校
（机构更名）

校　　长　郭米红(女、2010.3 任)
　　　　　甘　毅(2010.3 止)
总支书记　易　磊(兼)
党总支副书记　郭金秋
副 校 长　张龙光　肖红卫
　　　　　李　文
　　　　　易爱玲(女、2010.7 任)
　　　　　荣　志(2010.12 任)
工会主席　易爱玲(女、2010.7 任)

市中(一)医院

院长、党委副书记　巫绍中
党委书记　张海军
副 院 长　蒋俊娟(女)　谭伟明
　　　　　江小平　李崇红(女)
　　　　　邹家全
总会计师　史　坚
工会主席　陈仕恒

市供销联社(市行业管理办公室)

主任、党委副书记　左孟良
党委书记　丁建国
副 主 任　郭建新　曾凡好

二、副科级单位

市委督查室

主　　任　余　波

市远教中心

主　　任　苏　凯

市委党建办
(新成立)

主　　任　张静文(2010.7 任)

市委党代表联络办
(新成立)

主　　任　黎　波(2010.7 任)

市社会主义精神文明委员会办公室

主　　任　李剑波

市舆情中心

主　　任　张　斌

市政务中心

主　　任　吴均成(兼)
党支部书记　刘礼平

市人民政府重点工程管理办公室

主　　任　阳自力

市应急管理办公室

主　　任　黄　钺

市人才服务(考试培训)中心

主　　任　李俊军(2010.7 任)

市公安局刑侦大队

大 队 长　漆　荣
教 导 员　宋学文(2010.7 任)

市公安局指挥中心

主　　任　文秋鹏
教 导 员　彭述军

市公安局危爆物品管理大队

大 队 长　程　潇
教 导 员　易秋林(2010.8 任)
　　　　　张海宏(2010.8 止)

市公安局国内安全保护大队

大 队 长　邓文平
教 导 员　廖木玲(2010.8 任)
　　　　　邱长青(2010.8 止)

市公安局禁毒大队

大 队 长　张　铝(2010.8 任)
　　　　　张申密(2010.8 止)
教 导 员　罗红透(2010.8 任)
　　　　　朱德中(2010.8 止)

市公安局治安管理大队

大 队 长　王新桥

教　导　员　侯卫星

市公安局人口与出入境管理大队

科　　长　张申密(2010.8任)
张　哲(2010.8止)
教　导　员　汤白琼(2010.8任)
易秋林(2010.8止)

市公安局来龙门派出所

所　　长　易朝华
教　导　员　阎恕鹏

市公安局阳三石派出所

所　　长　巫红刚(2010.8任)
张　铝(2010.8止)
教　导　员　蒋一青(2011.3任)
苏喜桂(2011.2止)

市公安局西山派出所

所　　长　苏继峰
教　导　员　王　昕(2011.3任)
蒋一青(2011.3止)

市公安局黄泥坳派出所

所　　长　郭蛟龙
教　导　员　邓金平

市公安局白兔潭中心派出所

所　　长　张龙新
教　导　员　贺新宇

市公安局浦口中心派出所

所　　长　石光辉
教　导　员　邓先明

市公安局王仙中心派出所

所　　长　蔡志宏(2010.10任)
王邦武(2010.10止)
教　导　员　邓　晖

市公安局东富中心派出所

所　　长　王邦武(2010.10任)
姚占国(2010.10止)

教　导　员　邱飞跃(2010.7任)

市公安局泗汾中心派出所

所　　长　易志红
教　导　员　何新武

市公安局大障中心派出所

所　　长　李新年
教　导　员　苏升起

市公安局神福港中心派出所

所　　长　张海宏(2010.8任)
巫红刚(2010.8止)
教　导　员　程寿生

市公安局均楚中心派出所

所　　长　邓日兴(2010.10任)
蔡志宏(2010.10止)
教　导　员　易　锋(2010.10任)
邓日兴(2010.10止)

市公安局板杉中心派出所

所　　长　蔡洪涛
教　导　员　陈永全(2010.5任)
唐开孝(2010.3止)

市公安局黄达咀中心派出所

所　　长　邹达峰
教　导　员　何凯良

市公安局富里中心派出所

所　　长　王喜桂(2010.10任)
文　雨(2010.10止)
教　导　员　王　昕(2011.3止)

市森林公安分局

局　　长　张　哲(2010.7任)
罗红透(2010.7止)
政　　委　戴茂林

市人民法院白兔潭法庭

庭　　长　彭　均

市人民法院泗汾法庭

庭　　　长　熊伟平

市人民法院茶山法庭

庭　　　长　陈水平(2010.7 任)
　　　　　　黄　杰(2010.7 止)

市人民法院板杉法庭

庭　　　长　易　平

市自来水公司

经　　　理　黄志成
党总支书记　巫值良

市新型农村合作医疗管理委员会办公室

主　　　任　周承进
常务副主任　杨晓希(2010.3 任)
　　　　　　刘学礼(2010.3 止)

市环卫处

主　　　任　殷建湘
党支部书记　刘江洪(女)

市运管所

所　　　长　陈　波
党支部书记　孙云建

市公路管理站

站　　　长　叶典飞

市知识产权局

局　　　长　贺光亮(兼)

市疾病预防控制中心

主　　　任　陈冬梅(女)
支部书记　贺高虎(2010.3 任)
　　　　　　杨晓希(2010.3 止)

市卫生监督所

所　　　长　周权林
支部书记　杨文龙

市妇幼保健院

院　　　长　刘学礼(2010.3 任)
　　　　　　王柏强(女、2010.3 止)
党支部书记　谢建良

市建设工程质量安全监督站

站　　　长　刘凌云
支部书记　易比年

市园林绿化管理处

局　　　长　陈开球
党支部书记　贺筱纳

市医疗保险局

局　　　长　陈振宇

市工伤保险局

局　　　长　张　维

市社会劳动保险局

局　　　长　何志新

市劳动就业管理局

局　　　长　李　健

市劳动保障监察大队

大　队　长　黄林培

市救助局

局　　　长　谭芬芬(女、2010.7 任)
　　　　　　匡辉平(2010.7 止)

市慈善办

主　　　任　邱再华(女)

市税费统征局

局　　　长　钟小林
副　局　长　陈逾峰(2010.7 任)

市契税耕地占用税征收管理局乡镇财政管理局

局　　　长　杨柳青(2010.7 任)

汪　洋(2010.3 止)

市国库集中支付核算局

局　　长　谭铁涛(2010.7 任)
　　　　　曾素琴(女、2010.6 止)

市非税收入征收管理局

局　　长　朱小强

市融资管理办(市农业发展有限公司)

主　任(经理)　龙理真

市文物局

局　　长　张晓根
党支部书记　孙　奇(2010.7 任)

市燃气办

主　　任　杨雪安

市农业技术推广中心

主　　任　邓立平

潘矿离退休人员管理办公室

主　　任　彭承根

市经营管理局

局　　长　程邦汉

市农村能源办

主　　任　李荔枝

市县域办

主　　任　张险峰

三、双管领导单位

市工商局

局长、党组书记　许君明
纪检组长　王秋良
副局长　康人清　王　钢
　　　　王湘彪　张汉龙(2010.7 任)
　　　　陈　宏(2010.7 任)

市国家税务局

局　　长　肖国平(2010.5 任)
　　　　　颜建民(2010.5 止)
党委书记　唐　毅
副局长　唐　毅　丁爱民(女)
　　　　谢开发　郭业林
纪委书记　何本波
工会主席　唐毅

市地方税务局

局长、党组书记　刘晋湘
副局长　李永清　荣耀康
　　　　朱华南　邹铁牛
纪检组长　申群明
工会主席　师杏凡

市质量技术监督局

局长、党组副书记　曾德良
党组书记　刘奇湘
副局长　刘奇湘　张卫平
　　　　黄　博　易建业
纪检组长　刘金龙

市公路局

局　　长　欧国荣
党总支书记　魏　嵘(女)
副局长　何耀萍　芦慧星
　　　　周述模(2010.2 任)
工会主席　夏耀钢(2010.2 任)

市烟草专卖局(湖南省烟草公司醴陵分公司)

局长、党组书记　胡家清
副局长　赵旭江
副经理　喻　仁
工会主席　赵旭江
纪检组长　汤　名

市电力局

局　　长　康银洲
党总支书记　谭　烽
副局长　曾利琼(女)
　　　　孙辉军(2010.1 任)

工　会　主　席　刘文忠

中国电信股份有限公司醴陵分公司

经理、党委书记　易　葱
副　经　理　游有根　黄立成
　　　　　　李　忠

市邮政局

局长、党委书记　易合超
副　局　长　罗　建　廖卫华(女)
纪　委　书　记　罗　建
工　会　主　席　廖卫华(女)
局　长　助　理　李　陵(2010.6 任)

市气象局

局长、党支部书记　瞿优超
副　局　长　周　伟　蔡秀峰(挂职)
纪　检　员　邓丰年

中国石油化工有限公司醴陵市支公司

经　理　唐志勇(2010.2 任)
党　支　部　书　记　朱世平
副　经　理　杨慧荣　孙　华
　　　　　　朱鸿博
工　会　主　席　朱世平
纪　检　员　杨慧荣

湖南省新华书店有限责任公司醴陵市分公司

经理、党支部书记　梁素军(女)
副　经　理　陈科朴　程瑞兰(女)

国家统计局醴陵市调查队

队长、党支部书记　汤建军
副　队　长　张建平
纪　检　员　李金陵(2010.4 任)

四、垂直管理单位

湖南师范大学附属湘东医院

党　委　书　记　王自明(2010.10 任)
　　　　　　曾少华(2010.10 止)
院　长　曹建民
党　委　副　书　记　宁德生
纪　委　书　记　张见日
副　院　长　汤建国　周钢铁
　　　　　　孙德芳
院　长　助　理　孙志宏

湖南出入境检验检疫局醴陵办事处

主任、党组书记　曹建全
副　主　任　陈再辉　王　放(2010.3 任)
纪　检　组　长　陈国清

中国储备粮管理总公司醴陵购销公司

总经理、党委书记　田立青
副　总　经　理　汪西伟　文万良
纪　委　书　记　汪西伟
工　会　主　席　文万良

株洲海关驻醴陵办事处

主　任　谢湘伟
副　主　任　易文强

市盐务局
(湖南省轻盐集团有限责任公司醴陵市支公司)

局长(经理)　陈晓建
副局长(副经理)　叶山石　黄　凯(2010.4 任)

市交通行政执法监督局

局　长　晏春华
副　局　长　童金奇　张宇建

市地方海事处(市航务管理局、市船舶检验局)

处　长　蒋洪庆(2010.4 任)

中国人民银行醴陵市支行
(国家外汇管理局醴陵市支局)

行长(局长)、党组书记　黄立春(2010.11 任)
　　　　　　廖华荣(女、2010.11 止)
副　行　长　贺广迪　张　辉
纪检组长、工会主席　贺广迪

中国银行醴陵支行

行长、党支部书记　唐建国
副　行　长　黄艳玲(女)　阳桥庆

中国农业银行醴陵市支行

行长、党委书记　张文化
副　行　长　傅礼平　张　宇

贺春如
纪委书记　傅礼平

中国农业发展银行醴陵支行

行长、党支部书记　熊　征
副行长　龙　海　陈文平(2010.9止)

中国工商银行醴陵市支行

行长、党组书记　刘劲松
副行长　唐志坚　杨　军
傅益正
纪检组长、工会主席　丁胜春

中国建设银行醴陵市支行

行长、党支部书记　罗敏生
副行长　漆星才　蒋麦秋
会计主管　朱成文

市农村信用合作社

党委书记、理事长　李国赐
党委副书记、主任　凌光武(2010.9任)
廖桂生(2010.9止)
纪委书记、监事长　胡戈放
副主任　唐桂夫　李雨洁(2010.9任)
刘纳新(2010.9止)
工会主席　唐桂夫

华融湘江银行醴陵市支行

行长、党支部书记　谢　理
副行长　易　义　姚亭渝

中国邮政储蓄银行醴陵市支行

行长、党支部书记　金宇玫(女)
副行长　苏　彪(2010.9任)
廖文新(2010.9止)
行长助理　陈志英(女、2010.9任)

中国人寿保险股份有限公司醴陵市支公司

经理、党支部书记　刘华玲(女)
副经理　裴硕果　易艳华(女)
纪检员　易艳华(女)
经理助理　黄艺琴(女、2010.1任)

中国人民财产保险股份有限公司醴陵支公司

经理、党支部书记　曹依乐
副经理　刘业主　胡大生

株洲市住房公积金中心醴陵管理部

主任、支部书记　张家根
副主任　商新桥

中国移动通信有限责任公司醴陵市分公司

经理、党支部书记　夏文华
副经理　杨　璞
经理助理　周维安　汤周汉(2010.7任)

中国联合通信有限公司醴陵市分公司

经理、党支部书记　赵　华
副经理　颜飞飞(2010.3任)
经理助理　彭小平

市水文局

局长　贺明春
党支部书记　王英和

(周海波)

国　防

人民武装

中国人民解放军湖南省醴陵市人民武装部

党委第一书记　谢清纯
部　　长　周　刚
政　　委　贺建军(2010.9 止)
　　　　　　毛亚文(2010.12 任)
副 部 长　吴安平
政工科长　陈　浩
后勤科长　宋志丹

【概况】　2010 年，中国人民解放军湖南省醴陵市人民武装部(以下简称“人武部”)在株洲军分区党委和醴陵市委、市政府的正确领导下，深入学习贯彻实践科学发展观，紧紧围绕“提高应对多种安全威胁、完成多样化军事任务能力”的战略目标，扎实工作，狠抓落实，圆满完成了年度各项武装军事工作任务。

【党委班子建设】　2010 年，党委班子建设始终坚持以“科学发展观”为指导，按照“班子会指挥、干部能打仗”的标准，坚持以党的创新理论“统班子、固班子、兴班子”的思路，着力提高“一班人”的理论水平和科学决策能力。坚持用党的创新理论武装官兵头脑，把学习实践科学发展观与形势任务、使命任务与本职岗位、工作实际与“创先争优”结合起来，坚持学理论、学科技、学管理，不断增强党委班子依法、科学、民主决策的能力。为确保重大决策科学化、民主化，党委“一班人”严格落实民主集中制原则，在重大工作、基建工程、干部晋级晋衔、大项经费开支、立功授奖等重大问题，坚持党委会集中讨论、研究，充分发扬民主，不搞“家长制”、“一言堂”，形成了民主氛围浓、班子风气正的良好局面。此外，修订了《领导干部对外交往规定》、《廉洁征兵规定》和《领导干部礼品上交制度》等规定，“一班人”均能自觉遵守各项廉政规定，正确用权不谋私，使党委的感召力、向心力、凝聚力得到进一步增强。

【思想政治工作】　2010 年，始终坚持把思想政治工作作为首要任务抓实抓细，组织开展了“当代革命军人核心价值观”主题教育，“职责使命”、反腐倡廉警示教育，“创先争优”、“推进学习型党组织建设”及第三批学习实践科学发展观等教育活动，保证了部队建设的正确方向、集中统一和安全稳定。教育中，注重联系自身思想和工作实际，切实找准问题、深入剖析根源、扎实开展批评和自我批评。每个干部在如何坚定信念、明确职责、提高能力、强化领导等方面进行了对照检查;制定了整改措施，干部职工精神面貌、工作姿态焕然一新。为加大经常性教育力度，坚持开展经常性思想活动，准确掌握干部职工思想实际，坚持以人为本，设身处地为干部职工着想，为干部职工排扰解难。积极做好涉军维权工作，全年接待退伍军人及军属上访 20 余人，收到部队涉军维权函件 6 起，协调地方职能部门解决 6 起。全年发表对台宣传稿件 105 篇，在军内外媒体发表新闻稿件 30 余条(篇)。其中，央视一套、七套 5 条，《解放军报》4 篇、《战士报》5 篇，省、市媒体发稿 20 余篇。

【军事训练】　2010 年，军事训练着眼“三个基于”，狠抓军事训练落实。按照省军区“五个轮训一遍”(即：首长机关、专武干部和民兵干部、民兵分队都轮训一遍)的要求，全年完成 4 期、400 人的民兵军事训练任务。在现役干部层次中，重点抓了在职训练，突出基础理论、基本业务和体能等内容，结合“四级联考”和省军区年终考核，精心组织，认真准备，有效提升了军事素质;在专武干部中，采取集中培训、新老帮带等方法，在一定程度上提高了“四会”(即：会讲、会做、会教、会排除一般故障)能力。同时，结合武装工作会议、民兵整组、基层建设、征兵等大型活动，强化教育训练，有效提升了专武干部队伍的“专武”素养。6 月，分别组织了民兵舟桥、森林扑火演练，邀请了市领导现场指导，电视媒体进行跟踪宣传报道。通过以演促训，既提升了业务能力，又取得了较好的军事、社会效应。9 月，围绕备考省军区业务考核演练，对反恐怖维稳分队进行了为期一周的训练演练，取得了明显效果。基层阵地建设呈现出全面发展的良好局面。全市 32 个基层武装部有 17 个进行了新建和改造，83 个有独立村部(社区)的民兵营得到了新建，实现了年初提出的“全市基层武装部

100%达标(其中,20%要进入先进行列)、有条件的村级民兵营达标率在60%以上(其中40%进入先进行列)"的要求。2月,市神福港、浦口镇等地先后发生大小山火20余起,人武部组织200名民兵应急分队队员进行了有效扑救。清明节期间,组织100余名民兵赴西山公园执勤,及时排除各类火灾隐患150余起。5~6月,先后抗击大小洪灾13起,出动民兵1500余人次,冲锋舟30余艘次,抢救、转移被困群众3000余人,运送转移物资100余吨。特别是在抗击"6·24"特大洪灾过程中,全体干部职工和广大民兵转战渌水、铁河,在乡村、城区连续奋战3个昼夜,有效保护了人民生命财产安全,受到了当地党委、政府和人民群众的充分肯定。抗洪事迹先后被央视一台《新闻联播》、央视《共同关注》栏目、中央七台《军事新闻》、湖南经视、湖南卫视、湖南都市等中央及省、市媒体报道。

【后勤管理】 2010年,后勤管理认真贯彻落实上级财务规章制度,坚持党委理财,按照"量入为出"的原则,加强经常性管理,严把经费审核、报销等关口。认真落实上级有关资源节约的指示精神,大力压减行政消耗性开支;广泛开展节水、节电等活动。严格各项经费开支的审批和监督,提高经费和资源使用效益,围绕中心任务搞好后勤保障。年内,投入75万余元,提质、改造了值班室、食堂等基础设施建设及基层建设,购买了部分办公电脑、空调、资料柜等设施;添置了1台越野车、2艘冲锋舟、8艘橡皮艇及一批扑、灭火器材。全年,扑火、抗洪救灾20余起,投入抢险救灾费11.8万余元。

【冬季征兵工作】 2010年的冬季征兵工作,是近几年来任务最重、力度最大、效果最明显的一年。全年征集新兵××人。其中,西藏、新疆等条件兵共××人,占征集兵员任务数的49.7%。11月22日,首批进藏新兵顺利交接起运。25日,《解放军报》头版刊发了本部撰写的《湖南醴陵受灾家庭子弟积极应征》新闻报道。2010年,征兵工作主要特点:一是早计划、早部署、早行动。在全市征兵工作会议后,本部就部署征集新兵召开了会议,成立了领导小组,落实专项经费30万元,并把征兵工作作为全市第四季度的一项中心工作来抓。二是多渠道、多形式、全方位进行宣传。为抓好《征兵工作条例》、《中华人民共和国兵役法》的学习宣传,在本市电视台开设了征兵专题栏目,并连续10天滚动播放了征兵讲话和宣传口号。同时,利用会议、电视、网络、短信、LED广告屏、标语、横幅、板报等多种形式宣传发动,使征兵工作家喻户晓,人人皆知。三是高标准、高质量、严要求。严格落实总部5个公示要求,严把征兵各个环节,确保新兵质量。注重做细做实工作,在征兵热度减少的情况下,采取全面做工作和个别做工作相结合的方法,带领干部职工、基层武装部长走村串户,面对面做工作,取得了很好的效果。(谭亚平)

预备役部队

湖南预备役××师
××炮兵团榴炮××营

团预任副政委兼营政治教导员	刘正平
营　　长	刘生家
预任副营长	张和平　甘学清
副 营 长	王虎生

【概况】 2010年,湖南预备役××师××炮兵团榴炮××营在上级党委和醴陵市委、市政府及市人武部的正确领导关心和支持下,坚持以邓小平理论和"三个代表"重要思想为指导,全面贯彻落实科学发展观和党的十七大三、四中全会精神,以《军队基层建设纲要》和上级党委会议精神为依据,围绕深入学习实践科学发展观和做好军事斗争准备这两个重点,扎实抓了组织调整、入队训练、抗洪抢险、专业骨干训练、"创先争优"活动、军事演习等工作,圆满完成了本年度的各项工作,确保了部队安全稳定和集中统一。

【政治工作】 一是大力加强部队思想政治建设。圆满完成了上级部署的科学发展观、革命军人核心价值观、战斗精神、"八荣八耻"等专题教育。深入贯彻党的十七届五中全会精神,大力夯实基层党组织建设。二是开展了从严治军、预防犯罪等教育。进一步提高了干部、战士的自律意识,确保了分队人员思想的纯洁性,增强了防腐拒变能力。三是开展"争先创优"活动。在深入学习胡锦涛主席关于国防和军队建设重要理论的基础上,专题组织、开展了"创先争优"活动,激发了每个单位、全体党员创建先进党组织和争当优秀共产党员的自觉性。四是开展"三战"教育。通过教育,提高了全体官兵对全新的作战形式的认识和适应能力,为深入推进"三战"工作和研究奠定了良好的基础。五是完成了"五次"集中教育。以科学的"人生观、价值观、历史唯物主义、辩证唯物主义"为理论依据,紧紧围绕"打得赢、不变质"两个历史性课题的学习,确保了官兵思想上"跟得上、不褪色",为加强军事斗争准备奠定了坚实的政治思想基础。

【军事训练】 一是加强基础培训,不断提高官兵素质。年内,参加了现役军事指挥员集训,完成了对快速动员的理论及预备役部队工作特点的学习;开展了数字化办公的技能培训,进一步提高了对预备役工作的热情,提高了营连干部的素质。二是加强预备役组织结构调整。年内,对预编厂(矿)企业、各乡镇进行实地走访摸底,进一步掌握了兵员情况,为本年度的预备役组织调整工作奠定了基础。其间,省军区首长到本部预编单位孙家湾乡孙家湾村进行基层党组织调研,并对××连进行了点验。同时,对预任官兵进行了如何发挥预备役部队“三队”(即:战斗队、宣传队、生产队)作用进行了宣讲。三是进一步完善部队的软硬件设施建设。投入大量资金,完善了部队软硬件建设,确保了部队建设的正规有序,为迎接上级的检查作好了充分的准备。四是进一步加强抗洪救灾的演练训练。完成了××人的抗洪救灾骨干、冲锋舟操作训练。全年添购冲锋舟舷外机2台,为落实战备,执行防汛任务打下了坚实基础。五是加强新入队预备役官兵训练。全年组织××名新入队预备役官兵进行了入队训练,使新入队官兵对预备役的性质、特点有了较深刻认识,提高了预备役工作的积极性。六是组织官兵积极参加上级军事演习。年内,组织有关官兵参加了上级组织的军事演习、演练,主要完成了心理战演示科目的内容。通过演习,展现了官兵的良好形象和过硬的军政素质,并得到了上级的充分肯定和兄弟单位的高度赞扬。七是提高预任干部素质。全年组织部分预任干部完成了4次函授作业。通过作业,进一步增强了预任干部履行预备役工作的能力。在年度干部能力素质考核中,本部干部在各项考核中均取得了较好成绩。

【战备演练】 2010年,修订、完善了以“城市防空、应急动员、反恐维稳、信息防护”为重点的各类战备方案。围绕国际国内形势的发展变化,紧密结合官兵思想实际,有针对性地开展了战备教育,尤其加强节假日、政治敏感期的战备防护教育。进一步规范了部队战备秩序,较好地落实了战备值班、战备检查等日常制度和战备物资的“三分四定”。根据新的作战任务,结合重大节日战备防护、抢险救灾和参与地方急难险重任务,突出抓了治乱平暴、反恐维稳等非战争行动演练,确保遇有情况,能随时收拢人员遂行任务。

【安全工作】 一是注重法规知识学习。年内,按照上级统一部署,组织开展了“学法规、用法规、守法规”活动。以“现役干部、预任军官和士官队伍”为重点,强化条令意识,规范部队“四个”秩序(即:工作、生活、训练、学习教育秩序)。强化了现役人员的条令、军人意识,狠抓了请销假、留营留宿制度的落实。按照要求,成立了相应的安全领导小组,签订了安全责任状,落实安全责任制,切实做到事事有人管、事事有人抓。二是抓制度落实。牢固树立安全发展理念,严格落实安全形势分析制度,切实按上级《九项安全工作、三项责任制》抓好各项安全工作落实。突出抓好“三个严禁”规定、预防车辆事故措施落实;加强重要节日、重大活动、敏感期部队的安全管理,切实把人员、车辆、枪弹和营院管住,把涉密载体管好。另外,本部与阳三石街道办事处、当地派出所协作,建立了军警民联系制度,以加强对营院的管理。

【后勤保障】 2010年,后装工作始终围绕“保障有力”的总要求,积极完善保障方案,把“抓管理、保训练”作为后勤工作的重点,后勤装备保障能力不断增强。按照“紧贴实战、紧贴任务、确实管用”的原则,重点在抓管理上下工夫。通过抓管理求效益,优先保障战备训练需要,保障中心工作任务的完成,搞好经费开支预算,做到精打细算,专款专用,严格审计监督,提高经费的使用效益。实行责任管理,制定各种管理办法和武器装备日常擦拭保养制度。坚持抓好武器、装备的日常擦拭和保养,确保了武器、装备的完好无损。按照团装备管理规定,每月对武器装备检查1次、擦拭2次。坚持出入库登记制度,落实战备物资的“三分四定”。认真落实预征车辆的建档工作,完善《执行应急任务的装备征用管理方案》,确保了分队遂行任务时能拉得动、跟得上,来之能战、战之必胜。

【“双文明”建设】 拥政爱民是我军的优良传统,为进一步密切军政、军民关系,搞好内外关系的协调,通过开展扶贫帮困、助学、军地领导共过“军事日”等活动,使本部“双文明”建设开展得有声有色、成绩显著。年内,发展了与湖南电力电器电瓷厂的“双拥结对子”关系。4~6月间,醴陵遭受洪涝灾害,渌江河流域突发大水、水位急剧上升,沿河地域的街道、道路被水淹没,导致市区部分交通中断。部分居(村)民被困,经济损失严重。针对这突发灾害,及时组织、出动了抗洪抢险分队,执行了在市城区沿河的上正街、东富镇、石亭镇等地的抗洪救灾任务。通过连日连夜的抗洪救灾,出色地完成了任务,为当地政府、人民群众换回了一定的经济损失,解救了许多因灾被困群众,赢得了当地政府及人民群众的肯定,充分发挥了预备役官兵的先锋队和突击队作用。(刘生家)

武　　警

武警株洲市支队醴陵市中队

中　队　长　李建东
政治指导员　朱华林
排　　　长　高　联
司　务　长　易　滔

【概况】 2010年,武警株洲市支队醴陵市中队(以下简称“中队”)紧紧围绕支队“建设创新班子、构筑和谐警营、誓创先进中队”的奋斗目标,按照“强班子、拓思路、破弱项、固基础、严管理、保安全、创特色、争先进”的基本思路,创新思路抓落实,求真务实打基础,一心一意谋发展。年末,中队被湖南省武警总队评为“按纲建队先进中队”、“安全工作先进单位”、“正规化执勤一级单位”;被株洲市武警支队评为“2010年度创先争优优秀基层党组织”。

【支部班子建设】 2010年,支部班子建设按照“创先争优”目标,从严格组织生活制度入手，狠抓“三个能力”的提高，加强支部建设。支部“一班人”注重团结，开拓进取，增强了支部的凝聚力和战斗力。制订了《党支部“一班人”理论学习计划》、《干部理论学习计划》，坚持理论学习、党课教育，分别撰写了心得体会。在研究重大问题上，坚持集体讨论决定，不搞个人说了算，真正做到“公正、公平、公开”。全年选配的8名骨干中，其中4名加入党组织、6名战士改选士官、2名战士考学。

【思想政治教育】 2010年，思想政治教育紧紧围绕“深入培育当代革命军人核心价值观”这一主题，采取积极有效的方法进行教育。教育中，根据对象不同，科学设置内容，譬如在职能使命教育中，士兵围绕“当兵为什么、练兵为什么”，士官围绕“增强责任意识、发挥模范作用”，干部围绕过好权利、金钱、女色、名利、人格“五关”开展教育，使全体官兵牢固树立正确的人生观。为活跃教育形式，增强教育实效，开展了“四个结合”(即：把理论灌输与行为导向相结合、把座谈讨论与写心得体会文章相结合、把“走出去”与“请进来”相结合、把部队小课堂与社会大课堂相结合)，深化了教育效果。在时事政治教育中，把批“台独”言论与扬中国体育健儿为国争光的亚运精神正反两方面的教育结合起来，激发官兵强烈的爱国、爱队热情；在法纪教育中，改变教学模式，变“一言堂”为“群言堂”，让战士走上讲台析事明理，畅谈体会感受；在密切内部关系教育中，开展了“四个为什么”大讨论，消除认识上的误区，纠正影响部队关系的不良倾向，增进了官兵情感。同时，充分利用板报、小广播等形式，增强教育效果。

【战备执勤】 2010年，完成了元旦、春节、五一、十一、“两会”及广州“亚运会”期间的战备任务，主要抓了三项工作。一是坚持支部议勤。认真落实执勤“三项纪律”和“四全”要求，明确各级职责，每周按时制定干部查勤安排表。二是修订、演练《战备工作规定》、《处置突发事件规定》方案，使官兵熟悉方案内容和处置方法，建立正规的战备秩序。三是始终把执勤工作当成“饭碗工程”来抓。注重运用“三共”、“三个一遍”有效载体，结合自身实际，积极筹备支队“AB监门哨”试点现场会。针对新形势、新变化、新任务，重点加强了“三反”的战法研究和设卡堵截“十个怎么办”训练，确实做到“预有准备、快速反应、及时到位、有效处置”。全年担负重大勤务5起、押解勤务12批次，出动兵力400人次，出色完成了城市武装巡逻、重点工程打击处理、“两会”、公捕公判等勤务。

【安全稳定】 2010年，依据条令条例，以“密切内部关系”为切入点，以解决“五个重点问题”为突破口，认真贯彻落实了《基层正规化管理实施细则》、《基层正规化执勤实施细则》，确保了部队管理正规、秩序良好。积极开展条令学习“五小”活动(即：经常性小辅导、饭前饭后和课间小提问、遇到疑问小讨论、每周一次小测验、每月一次小讲评)，不断强化官兵的条令意识。严格节日期间管理，元旦、春节、五一、十一期间，开展了战备形势任务教育，组织修订了执勤方案，做到任务明、职责明、信号明。同时，制定了《节日期间管理特别规定》，保证了节日期间部队的安全稳定，达到了“休息好、娱乐好、生活好”的目标。

【后勤保障建设】 年内，后勤保障能力建设围绕“后勤工作抓配套”的工作思路开展工作。支部“一班人”，牢固树立“过紧日子”的思想，合理安排开支，全年节余各项经费2.33万元。进一步完善了《后勤工作计划》、《农副业生产计划》、《财务管理规定》。全年投入20万余元，完善了网络学习室建设等改造；铺设水泥路1650米，修建了障碍场、擒敌场、投掷场、战术场、五小练兵场、菜园、鱼池等基础设施以及配套的附属设施工程。投资10万余元，种植350余株树种和花草，美化绿化了营院。

（朱华林）

消　　防

醴陵市公安消防大队

书　记　张三云

副书记　吴朝亮

成　员　贺海军　陈圣勇　刘华勤　刘　昆　黄　宇　谭　浩　吴清平

【概况】 2011年，醴陵市公安消防大队(以下简称“大队”)共有消防官兵39人，其中干部10人、战士26人、外聘炊事员1人、文职聘用人员2人。下辖1个中队。主要担负全市各类灾害事故的抢险救援和各类火灾的扑救。中队拥有消防车辆5台，抢险救援车辆1台，泡沫水罐车3台，重型水罐车1台，能装载泡沫3.5吨、水23.5吨。

【组织建设】 2011年，大队组织建设以“三抓”(即：抓学习、抓团结、抓自律)为切入口，狠抓班子能力建设。一是抓学习。全年大队党委认真组织党的基本路线、时事政治、四个专题、“立警为公、执法为民”、“社会主义法治理念”、十七大精神、职业道德观、“三珍惜”干部警示教育、社会主义荣辱观等一系列专项教育。通过集中学习、查摆分析、撰写心得、开展批评与自我批评，形成了班子积极进取的良好氛围。二是抓团结，提高班子的凝聚力。做到“三公开”(即：财务公开、评先评优公开、处罚结果公开)。年内，新班子组建后，大队根据总队的有关精神，明确了领导分工，并向部队、社会进行了公开。实行“三通气”(即：制定计划先通气、重大开支先通气、遇到误会先通气)的民主公开，营造了一种和谐的工作氛围，确保了班子团结向上,具有坚强的凝聚力。三是抓自律,提高班子廉洁奉公的自控能力,抓好党风廉政建设。四是丰富警营文化活动。通过丰富多彩的警营文化活动,有效提高了警营活力和凝聚力。

【执勤训练】 2011年,以打造“消防铁军”为基点,深化执勤岗位练兵活动,紧紧围绕“练实、练活、练精、练规范”的要求,重点在全员、按岗、科技、实战练兵上下工夫。全年共接警276次,出动人员3615人次、车辆532台次,抢救人员41人;挽回直接经济损失近5800万余元,为本市营造了良好的消防安全环境。

【防火监督】 2010年,坚持“立警为公、执法为民”的理念,健全消防监督管理体系,以“排查火灾隐患”为切入点,狠抓专项治理工作的落实,把好建筑防火设计、审核和竣工验收关,强化消防监督执法水平。全年共检查单位341家,下发《责令改正通知书》63份,消除火灾隐患402处;办理公众聚集场所开业前消防行政许可46起,处罚52起、罚款69.2万元。通过一系列的消防监督和专项治理措施,极大地消除了火灾隐患,震慑了消防违法行为,依法消除了一批危及公共安全的火灾隐患,净化了消防安全环境。

年内,坚持依法治火,改进消防监督工作手段,提高预防火灾能力。以“排查整治火灾隐患”为重点,提高了全社会的消防安全系数。一是推动政府加强对消防工作的领导。市政府、市防委会分别与市各乡镇、街道办事处和单位签订了《消防工作责任状》,下发了《关于落实消防工作责任制的实施意见》。二是进一步明确派出所消防监督工作职责。大队多次分别组织市各派出所分管消防工作的副所长、社区民警,进行了消防业务知识培训,并深入各单位开展夜查,有力地推动了派出所消防工作和辖区小商场、小旅馆、小化工商店、小歌舞娱乐场等场所火灾隐患整改工作的开展。

【后勤建设】 一是从实际出发,充分利用业务经费,加大对各类个人防护、特种器材、灭火器材装备的投入,切实加强了大队执勤灭火、抢险救援能力。年内,在市玉屏山村新建了市第二消防站,主体工程建设顺利完工。该站建成后,将大大增强执勤备战能力,为保卫地方经济发展和人民的幸福安康做出新的更大的贡献。二是夯实基层基础,大力加强后勤保障建设,充分创造“拴心留人”环境。

(吴清平)

人民防空

【概况】 2010年,全市人防工作以深入开展“创先争优”活动为契机,紧紧围绕市委、市政府“争一进百、科学跨越”工作目标,坚持以“三大战役”为工作重心,紧扣年初确定的目标任务,齐心协力、真抓实干,各项工作取得了明显成效,人防事业呈现出良好的发展势头。年内,人防办内设综合、工程、通信警报3个股室。有在职干部职工12人。

【警报建设与管理】 一是加强通信警报设施硬件建设。年内,新增防空警报器1台,新增通信指挥车辆1台,进一步提高了人民防空的应急通讯指挥能力。二是加强通信警报系统维护管理。全年对全市各个警报点实行了维护责任人、月巡检制度。10月,聘请专业技术人员对通信网络进行了全面检修、保养,确保了警报设施处于良好的战备状态。三是严格执行战备值班制度,确保指挥通信网络畅通。11月1日,成功组织了一年一度的警报试鸣活动,警报鸣响率、音响覆盖率分别达100%。

【工程建设管理】 一是综合结建工作得到加强。年内,将防空地下室易地建设费的征收纳入了市政务中心“一表制”收费范畴。民用建筑项目力度进一步加大,做到了以建为主、以收促建,全年综合结建率达58.75%。二是工程维护力度加大。全年开展安全检查5次,查出安全隐患3起,发出整改通知2份,实现了全年无安全事故,工程完好率为86%。三是人防指挥所建设顺利开工。人防指挥所建设工作通过了相关立项、审批及招标程序,并于12月21日破土动工。四是人防疏散点建设。人防疏散点选址在黄达咀镇大湾村,并完成了前期建设工作。五是编制了市“十二五”人防发展规划,并被纳入市整体规划。

【宣传教育】 一是扎实推进人防知识“五进”(即:进机关、进学校、进社区、进企业、进网络)活动。向市各有关领导、部门、企业赠阅了《中国人民防空》杂志、《湖南人防》报。与市相关部门配合,对城镇初级中学初二学生开展了人防知识教育,做到了“有教师、有教材、有教案、有课时”。年内,在市委党校中青干部培训班中,安排了人防知识课程。在市城区南门、狮子坡社区开展了人防知识进社区的试点活动。二是组织“人防60周年”纪念活动。在市城区主要街道利用宣传车进行了广播宣传,在街头设立了人防及应急知识咨询点,共发放宣传资料2万份,制作宣传板报20块。三是组织疏散演练。11月1日,结合防空警报试鸣活动,在市城北中学进行了人防应急疏散演练,参演人数达2700余人;张贴悬挂横幅30条、展出板报20块。湖南卫视《新闻联播》及醴陵电视台分别进行了报道。

【机关建设】 一是加强党建和党风廉政建设。认真落实市党建和党风廉政建设有关精神和要求,通过抓学习、抓教育,进一步增强了党员领导干部和普通党员的宗旨意识、责任意识、自律意识。扎实开展“创先争优”活动,认真践行

“五好五带头”,进一步提升了支部凝聚力和战斗力。二是加强干部队伍建设。积极倡导“想干事、能干事、会干事”的良好风气,引导并组织干部职工学理论、学业务,促进了干部职工素质能力的提高。三是建立健全内部管理制度。进一步强化内部管理工作,增强了干部职工“顾大局、守规矩”意识,机关内部营造了团结、协作的良好氛围,人防机关准军事化建设得到了进一步提升。 (江华玲)

法　　制

社会治安综合治理

【概况】 2010年，政法综治工作在市委、市政府的正确领导下，把维护社会和谐稳定作为主线贯穿于政法综治各项工作之中，扎实推进“三项重点”工作，取得了较好的成绩。全年全市政治大局持续稳定，治安秩序平稳可控，人民群众安全感进一步增强，实现了“两会”、上海“世博会”期间进京赴沪非正常上访和群体性事件“零”指标，为全市经济社会发展营造了和谐稳定的社会环境。

年内，社会治安综合治理以“源头预防”为重点，推进矛盾纠纷化解。一是下好“先手棋”，积极排查重大矛盾纠纷和不稳定因素。持续加强了维稳情报、信息收集力度，共收集各类高质量情报、信息12条。坚持矛盾纠纷和重大不稳定因素排查和调处制度，将可能影响社会稳定和群体性事件的重大矛盾纠纷、不稳定因素及时排查到位，牢牢抓住维稳工作主动权。二是划分“责任田”，及时有效化解各类矛盾纠纷。年内，对排查出的32起重点矛盾纠纷、不稳定因素和重点对象，按照“属地管理”、“谁主管、谁负责”原则实行责任分解，落实工作措施。市公安局对维稳重点对象实行了“点对点”走访工程，深入涉稳对象家庭走访，宣传法律知识，缓解抵触情绪，逐步建立了民警与特定对象的特殊关系，做到了涉稳对象情感可控、动向可知、行为可阻。进一步加大民间矛盾纠纷调处力度，全年调解各类民间纠纷671起，成功调处660起、调处成功率98%；防群众性上访26起，防自杀24起，防群众性械斗16起，防民转刑17起，有效地预防和化解了社会矛盾纠纷。三是敢用“杀手锏”，依法打击无理缠(闹)访牵头组织者。市公安机关善用法律武器，积极做好突发性事件的现场处置，依法、果断打击影响稳定的挑头闹事和牵头组织者。成功处置“1·12”涉军集体上访、“5·27”涉军群体游行等9起，处理挑头组织者3名。通过依法打击在上访过程中的违法行为，对全市涉军群体上访起到了震慑效果。

【基层综治工作】 一是完善综治维稳网络建设。2010年，基层综治维稳网络建设以“人事调整”为契机，进一步加强乡镇(街道办事处)综治维稳工作领导和人员配备。在全市30个乡镇(街道办事处)中，明确了由党委副书记牵头，将政法、综治、维稳、信访等进行整合，形成了维稳合力，打造了“服务群众、维护稳定”第一平台。二是加强村级综治规范化建设。社会治安综合治理基层组织(特别是村级综治组织)是维护社会治安和社会稳定的第一道防线，加强基层综治组织的建设，是维护社会大局持续稳定、保障经济健康发展的重要举措。年内，根据《株洲市综治工作规范化指南》要求，加大了村级综治规范化建设力度。在上年基础上，完善了245个行政村（剩余的)的村级综治工作规范化建设，使全市基层综治工作步入有章可循、规范运作轨道。三是积极应对公众测评。将“党政群机关干部评价”作为公众测评的重要举措。7月，先后组织召开了综治委领导小组、市直单位、乡镇(街道办事处)负责人会议，总结、分析了全市上半年公众测评情况及当前综治工作面临的形势和存在的主要问题，并就如何提高下半年测评成绩等进行了研究安排。8月，与市统计局协作，开展了对全市机关单位的2172名党员、干部、职工和180名群众进行了测评。9月，组织市直单位的党员干部开展了“我为大家守一天、齐心协力保平安”治安巡逻活动，发动广大干部积极参与义务巡逻，增强了党员干部对政法综治工作的认知度。通过开展一系列活动，全市公众测评在株洲地区的排名由上年的第7位上升至第5位。

【社会综治管理】 一是“严打”，着力创造良好的社会治安环境。年内，政法各机关各司其职，互相配合，协同作战，形成了对各类违法犯罪的高压态势。市公安机关全年立刑事案件2495起，破获刑事案件1224起，打击处理724人，追逃208人，治安拘留1468人。检察机关批准逮捕各类刑事犯罪案件252件、415人，提起公诉364件、581人。审判机关判处592名犯罪分子有期徒刑。成功侦破了慈宁寺抢劫杀人案，快速侦破了“4·5”、“5·7”、“7·2”故意杀人案等13起命案，现行命案破案率100%。捣毁涉恶犯罪团伙4个。破获毒品刑事案件51起，治安案件

68起,摧毁毒品犯罪团伙3个,刑事拘留53人,治安拘留142人,强戒43人;收缴海洛因、冰毒、麻古等毒品354.74克,有力遏制了各类毒品蔓延的势头。7月29日,在王仙镇召开了公开打击处理大会,对一批破坏重点工程建设秩序的犯罪嫌疑人公开宣布逮捕和刑事拘留,万余名干部群众旁听大会,有力震慑了犯罪,有效维护了杭长高铁(醴陵段)等重点工程施工环境。全年发生道路交通事故223起,死亡22人、伤322人,直接经济损失8.25万元。其中,事故数与上年持平;死亡人数下降18.5%,受伤人数增长5.6%,经济损失下降35.5%。二是严防,切实做好特殊人群的服务管理。特殊人群服务管理的重点,是对已被判处管制、宣告缓刑、暂予监外执行、裁定假释等在社会上服刑的罪犯。建立了适应宽严相济刑事政策的社区矫正工作体系,以保证社区矫正能依法公正实施规范管理。认真做好青少年犯罪案件处理前的社会调查、不起诉后的回访帮教等工作,并建立了青少年违法犯罪跟踪档案。加强对社会闲散青少年的法制宣传教育,帮助他们尽快融入到正常社会生活中。各乡镇(街道办事处)、市直各单位,对本辖区、本单位有危害社会倾向和行为的精神病人、艾滋病人、吸毒人员等高危人群,进行了登记造册,加强了治疗、教育、管理,有效预防了此类人员违法犯罪行为的发生。三是严控,强化对社会面的控制工作。继续加强快速反应机制建设,强化接警、统一指挥、协调配合的运行机制。市公安机关初步形成了以"指挥中心"为核心,各警种密切配合、高效运转的快速反应机制和以"辖区派出所"为骨干的治安防控网络。加强治安防范,在城区逐步构建"三级防控体系"(即:市公安局组建巡特警大队,由37名民警、30名巡防队员组成了专业巡逻处突队伍,在城区各大街小巷24小时着装巡逻;将治安巡防队员分解到城区4个公安派出所管理,采取沿线巡逻与蹲点守候相结合的方式,加强辖区街面防控,挤压违法犯罪的时间和空间;在社区居委会和居民小区,组建了若干支义务巡防队和楼栋守护队)。四是严管,加强对流动人口、出租房屋和宾馆(旅店)管理。将流动人口管理作为治安基层基础工作的关键环节来抓,将流动人口和出租房屋管理相结合,澄清底数,以房查人、以人找房。全年出动警力2200余人次,清查房屋出租户9000余户,登记流动人口3.8万余人;检查酒店、旅馆、招待所1132家,公共娱乐场所323家,排查各类重点问题和部位31个,明确了责任单位和责任人,并分别制订了整治方案,实行限期整改。同时,市公安机关围绕市确立的"三年十万农民进城"工作目标,开展了户籍管理改革工作,确保"农民变市民"在政策上配套、程序上规范,使广大进城农民享受更加优惠的政策支持。

【公正廉洁执法】 一是深入开展学习教育活动,树立正确执法理念。在深入开展学习教育活动中,要求全体政法干警做到"三个珍惜"(即:珍惜政治生命、珍惜工作岗位、珍惜幸福家庭),始终保持高尚情操。在执法办案过程中,树立"不能为"的自律意识和"不敢为"的约束意识,解决了政法干警在对待民生问题上存在的侵犯群众利益、伤害群众感情等问题,使政法机关及广大政法干警切实转变工作作风,树立"公正、廉洁、高效、为民"的执法形象。

二是加强执法监督检查,促进公正司法。按照上级部署,开展了集中清理涉法涉诉信访积案和"百万案件评查"活动。年内,市政法机关对2005年以来的涉法涉诉信访积案进行了全面排查、登记汇总,对排查出的案件按照领导包案、定期回访、协调解决等措施逐一解决;对生活困难的申诉人会同有关部门解决生活补助或启动涉法涉诉救助,合理解决"法度之外、情理之中的问题",使上访人真心息诉罢访,促进积案成功化解。

三是落实"三项"措施,树立队伍形象。加大对影响群众安全感的严重刑事犯罪、"两抢一盗"等多发性侵财型案件和"黄、赌、毒"等社会丑恶现象的打击整治力度。为市"三大战役"提供法治保障,全力营造良好的经济发展环境。市公安局对全市在建的44个重点工程项目、34家龙头企业实行了挂牌服务,在重点工程每个标段设立了警务站,全年查破各类破坏经济发展环境案件5起,摧毁团伙3个,打击处理18人。政法各机关结合自身职能和实际,分别制定了公正司法、服务群众、树立形象的工作方案。市公安局组织开展了"转变作风抓落实、优质服务促和谐"主题活动和"开门评警"活动,着力解决在服务、效率、廉政等方面存在的问题。市人民检察院全体干警在20余名人大代表、政协委员的见证下,公开承诺了"恪守检察职业道德、确保公正廉洁执法"。市人民法院组织开展了"破解难题促发展、服务民生促和谐"作风建设活动,努力为市经济发展解难题,为人民群众办实事。市司法局进一步抓好法律宣传、法律服务、司法调解、安置帮教等工作,开展了"送法上门"活动。市公安局交通警察大队实施了农村道路交通安全基础设施"萤火虫工程"建设,提高了群众出行的安全系数。通过开展一系列的活动,营造了为群众"做好事、办实事,解民忧、帮民困"的浓厚氛围,树立了政法队伍的良好形象。（郝维青）

公　安　局

【概况】 2010年,醴陵市公安局紧紧围绕"群众满意"的总目标,顽强拼搏,团结进取,稳步推进了全市公安事业持续发展,着力维护了全市社会政治和治安大局平稳,保持了群众安全感、满意度良好上升势头,公安业务工作和民警队伍建设呈现出良好发展势头。一是忠诚履职,强势推进"维稳保安"。在理念上求突破、在实干上下工夫、在业绩上见成效,积极履行"促稳定、打犯罪、保民安”的公安职能。立足全市经济社会发展大局,发挥专业优势,形成“维稳强势”。忠于职守,着力打击犯罪,健全“严打”工作常态机制,滚动推出“亮剑行动”、“雷霆行动”、“飓风攻势”和“两打三清”等专项斗争,常年保持对违法犯罪活动的高压进攻态势。忠于人民,全力保民安,在株洲县(区)级公安机关中率先组建了“巡逻特警大队”,进一步优化了巡防力量、革新了警务模式,形成了“巡逻、盘查、清查”等相结合的一体化运作模式,有效地降压了街面犯罪、特别是有效防范了街头“两抢”犯罪。二是倾心为民,全面提升服务水平。以“群众呼声”为第一信号,以“群众满意”为第一目标,以“群众评判”为第一标准,更好地服务了发展大局、服务了人民群众。全面推行评判机制改革,采取“群众评议、电话回访、对点走访”相结合方式,坚持把评判权交给群众。全年先后组织群众评议2次,由群众代表对民警工作进行评价,产生了良好的社会效果和工作效果。进一步健全“110”接处警、执法工作和刑事案件受害人回访等系列回访制度。出台了人口出入境管理便民服务等举措。年内,对全市293家旅馆建立了经营档案,对146家废旧金属收购站(点)推行了备案制度,组建了打击“非法生产”专业队伍。落实执法责任制和执法过错责任追究制,着力加强对基层的执法监督和指导,确保提升执法整体水平和个体能力。三是刚柔并济,深入抓好队伍建设。以“思想建设”为先导,以“组织建设”为重点,以“作风建设”为关键,以“制度建设”为保证,以“反腐倡廉建设”为生命线,全力推进“五位一体”的公安队伍建设系统工程。以“创先争优”活动为载体,综合运用政治学习、教育培训、典型引路和文化建设等方式方法,树立“忠诚、责任、公正、民生”的核心价值观。全面建立队伍建设分析研判机制,确立了一把手“一岗双责”和教导员主抓队伍建设的长效机制,逐月分析队伍管理中的先进典型和苗头问题,做到“抓早、抓小、抓苗头”。政治上关心民警、生活上帮助民警、决策上依靠民警。局党委集中资源、精力做好“优警暖警”的十件实事,为全局民警交上一份满意的答卷。全年接处警1.19万余起,立刑事案件2495起;破获刑事案件1224起,打击处理724人;追逃208人,治安拘留1468人。全年侦破命案13起(连续6年实现“命案必破”工作目标),先后成功侦破“1·11”医院院长被杀等系列(并具有重大影响)现行命案;侦破“两抢一盗”案件473起,打击处理282人,摧毁犯罪团伙17个;侦破“黄、赌、毒”案件116起,打击处理146人。

【维稳保安】 2010年,全市维稳保安工作立足全市经济社会发展大局,发挥专业优势,形成维稳强势,为“乘势而上、大干快上”营造了稳定环境。全年收集各类情报信息456条,编发上报135期,其中省厅采用13期、株洲市局采用100期。化解重大事件苗头8起,劝阻赴京、上省越级群访事件6批次;排查调处各类纠纷215起,稳妥处置了“企业改制、征地拆迁”等系列涉稳事件,打击处理带头闹事、牵头组织者3名。在上海“世博会”、广州“亚运会”等大型活动期间,确保了本市的社会稳定。完成了第二届中国陶瓷艺术大师评选及中央首长专列途经醴陵等系列保卫任务。在本市年度内在建的重点工程项目中,推行了责任分解,抽调专门警力进驻重点工程指挥部,全年为维护施工秩序、推进施工进度,共出动警力1500余人次;调处相关矛盾纠纷100余起,查破各类破坏经济发展环境案件22起,打击处理42人,摧毁犯罪团伙3个。

【巡逻防控】 2010年,为加强全市巡逻防控工作,率先在株洲县(区)级公安机关中组建了“巡特警大队”,进一步优化了巡防力量、革新了警务模式,形成了巡逻、盘查、清查等相结合的一体化运作模式,有效降压了街面犯罪、特别是有效防范了街头“两抢”犯罪。全年盘查可疑人员并建档1703份,盘查无牌无证摩托车236辆,行政拘留无证驾驶违法人员48人。在巡逻执勤中,破获现行刑事案件25起、刑事拘留18人,查处行政案件33起、行政拘留42人。全年全市抢夺案件同比上年下降23.1%,抢劫案件同上年下降9.6%。

【行政管理】 2010年,新录入工作对象2120人,办理身份证5.26万张,办理无户人口补录证3086人,外县(市)迁入本市3549人,转业、退伍军人242人,毕业生回原籍1304人,户口登记主项变更946人。办理护照2617人,来往港、澳通行证5025人,大陆居民来往台湾通行证545人。办理涉爆物品管理行政许可证445起。全年查办相关案件85起,依法处理165人。

【警察教育、训练】 2010年,将公安干警教育、训练工作摆上议事日程,加大了教育、训练力度。以“创先争优”活动为载体,综合运用政治学习、教育培训、典型引路和文化建设等方式方法,全警树立“忠诚、责任、公正、民生”的核心价值观。全年组织民警参加集中轮训28批、106人次。开展了“战态练兵”,建立随岗培训基地7个,内部聘任12名兼职教官,共组织各类随岗培训100余批次。统一了各单位警营文化标志,完善了内网警营文化板块建设,先后组织开展了“写作比赛”等系列文体活动,营造了“忠于职守、积极向上、奋发勇为”的警营文化氛围。年内,通过基础单位推荐、党委考察、全警投票等程序,评选出了“2010年度十佳民警”、“十佳所队领导”、“十佳侦破能手”和“十佳岗位标兵”。

【警务保障】 2010年,警务保障工作坚持“政治上关心民警、生活上帮助民警、决策上依靠民警”的工作理念。局党委集中资源、集中精力,完成了“优警暖警的十件实事”，为全局民警交上一份满意的答卷。全年支付保障民警绩效考评以及节假日加班补助费198万元、支付奖励补助先进单位或办理重大案件费用450万余元、支付增聘巡防队员费用50万元、支付慰问补助困难民警费用14万元。投资230万元，购置电脑240台、车辆9台及执法执勤装备。年内，完成了阳三石、泗汾派出所的整体搬迁，西山派出所工程建设的征地、公安业务用房工程建设已进入立项、选址程序。

【监所管理】 2010年，监所管理工作紧紧围绕“抓基层、打基础、苦练基本功”的“三基”工程建设要求，以“集中整治牢头狱霸、杜绝在押人员非正常死亡”专项行动为契机，以“确保监所安全”为核心，以“等级化管理”为主线，以“深挖犯罪工作”为亮点，较好地完成了各项任务，为创建二级、一级看守所打下坚实基础。全年看守所收押在押人员589人，其中刑事拘留453人、直捕70人、临时羁押18人、其他48人。变动出所565人，其中刑满释放121人、投送监狱148人、缓刑释放47人、取保候审153人、暂予监外执行8人、保外就医3人、临时羁押带走18人、其他处理67人。全年拘留所共收拘留人员1535人，其中行政拘留1490人、司法拘留45人。

典型案例

【破获“1·11”持刀入室抢劫杀人案】 2010年1月19日，市公安局将“2010·1·11”持刀入室抢劫杀人的犯罪嫌疑人肖中原（男，28岁，市黄泥坳街道办事处华塘村人）抓获归案。经查，1月11日19时30分许，犯罪嫌疑人肖中原为谋财，采取攀爬入室方式，潜入叶铁钢（男，58岁，市三医院院长，家住市西山街道办事处西浦桥60号）家中，实施盗窃。当在家中所有的衣柜、抽屉、床头柜中均未找到钱物时，肖某并不甘心，干脆坐在叶铁钢家中二楼的卧室里等候叶铁钢及家人，预备实施抢劫。20时15分许，叶铁钢回到家中，当走到二楼客厅门口时，被躲在暗处的肖中原用刀顶住胸口并实施抢劫。在抢劫过程中，叶铁钢拼死反抗，与劫贼对峙。肖中原在抢劫不成、又怕事情败露时，便持刀将叶铁钢残忍地杀死在家中，并在叶铁钢身上抢走5300元现金。案发后，公安民警四处布控。在有关人员的举报和有关公安部门民警配合下，8天后在株洲天易收费站附近将犯罪嫌疑人肖中原抓获并依法逮捕。

【破获“1·21”肖海军被故意杀害案】 2010年1月21日，市公安局快速破获了肖海军被杀案。经查，犯罪嫌疑人黄绍平（男，40岁，家住市官庄乡白鹤寺村长冲组13号）与死者肖海军（女，30岁，市南桥镇人）属情人关系。1月20日8时许，黄绍平与肖海军在市丰华假日宾馆开房幽会，因感情纠葛发生争执，继而吵闹不休。黄绍平十分绝望，遂产生毒死肖海军的念头。11时许，黄绍平利用给肖海军购买治疗风湿病药物的机会，将自己搞来的剧毒药物氰化钠与药店买来的药物混合在一起，让肖海军服下，致使肖海军中毒身亡。案发后，黄海军悄然离开案发现场并藏匿起来。后经专案组缜密侦查，于案发29小时后将作案潜逃的犯罪嫌疑人黄绍平抓获归案。犯罪嫌疑人黄绍平被依法逮捕。

【破获系列抢劫案】 2010年2月3日，市公安局板杉派出所抓获了涉嫌抢劫的犯罪嫌疑人陈培根、刘振兴等6人，继而破获发生在市城乡的系列抢劫案7起。2月初，板杉派出所针对本辖区公路内，时有人持砍刀、匕首等凶器，借“打的”下乡名义，途中实施对司机抢劫的情况，在夏坪桥沿线施行缜密布控。2月2～3日，犯罪嫌疑人陈培根（男、20岁，板杉乡红光村人）、刘振兴（男，18岁，板杉乡红光村人）、陈威（男，18岁，板杉乡红光村人）、陈新明（男，18岁，板杉乡红光村人）、刘强（男，20岁，板杉乡红光村人）、陈晋（男，19岁，板杉乡夏坪桥村人）相继落网。经查，在1～2月间，该团伙曾先后在夏坪桥沿线抢劫过面包车和“的士”车、在板杉乡古城村抢劫过“的士”车、在板杉乡石塘庵村抢劫过河北小车、在黄泥坳街道办事处车顿桥地段抢劫过白色小车、在市城东市场抢劫过黑色小车、在市国光瓷厂路段抢劫过面包车、在城区手机店抢劫过财物等。犯罪嫌疑人陈培根、刘振兴等6人，因涉嫌抢劫罪被依法逮捕。

【破获“2·10”故意杀人案】 2010年2月10日，市公安局刑侦大队和黄泥坳派出所快速出击，成功破获一起故意杀人案。犯罪嫌疑人张小兵（男，1970年3月10日生，家住市黄泥坳82号5栋502室），在案发后3个小时内落网。经查，犯罪嫌疑人张小兵与妻子宋某感情长期不和，张小兵怀疑其妻有外遇。为此，夫妻间曾多次发生争执，张对妻子的怨恨不断加剧，产生杀害妻子的念头。2月10日凌晨，张小兵在家中趁妻子熟睡之际，用电线将妻子的脖子死死勒住，致其窒息死亡。案发后，张小兵于当日1时许，搭乘摩托车逃至株洲县姚家坝妹妹家中，后被抓获。犯罪嫌疑人张小兵已被依法逮捕。

【破获“3·14”岳汝高速聚众斗殴案】 2010年4月9日，市公安局刑侦大队与黄泥坳派出所联手摧毁聚众斗殴恶势力团伙2个。年初，黄泥坳派出所经过细致摸排，获悉在岳汝高速（醴茶段）有两股恶势力为争包石料工程，曾多次纠集社会上闲杂人员在工地聚众斗殴。为了彻底摸清两股恶势力组织情况，刑侦大队与黄泥坳派出所抽调干警20余人组成了专案组，并进行秘密调查。通过有效布控，初步查清分别以王小平、肖铁钢为首的恶势力，曾多次纠集社会上“两牢”释放人员斗殴。3月14日中午，双方为争抢沙石工程，王小平纠集周建安（男，45岁，家住铁路坑62号1栋608室)、幸志国(男,32岁,家住江源路30号11栋402室)、邓利波(男,21岁,家住黄泥坳街道办事处石段村邓家湾组16号)、罗洋(男,23岁,家住黄泥坳街道办事处25号)等人,携带砍刀、铁棒等凶器,分别乘坐2台面包车守候在石料场;肖铁钢(男,41岁,家住黄泥坳街道办事处石段村)则纠集张洪武(男,33岁,家住黄泥坳街道办事处石段村)等10余人,携带木棍,分别乘坐3台车辆,从城区赶往石料场。双方在黄泥坳街道办事处石段村的路上相遇后火拼,致使张洪武重伤,另10余人分别遭到不同程度的伤害。4月9日,专案组实施抓捕行动,将王小平、邓利波、肖铁钢、张洪武等7人抓获归案,现犯罪嫌疑人王小平等7人已被依法逮捕。

【破获"4·15"故意杀人案】 2010年4月17日,市公安局刑侦大队快速破获"4·15"故意杀人案,抓获涉嫌杀害郭香平(女,1963年6月6日生,家住东堡乡老鸦山村排上组48号)的犯罪嫌疑人易顶改(男,1965年11月9日生,家住东堡乡老鸦山村樟树组18号)。经查,犯罪嫌疑人易顶改与死者郭香平系情人关系。4月14日20时许,犯罪嫌疑人易顶改到郭香平家中幽会,易当场给郭香平200元钱,遂两人发生了性关系。之后,郭香平趁易顶改在二楼卫生间洗澡的机会,又在易顶改衣服内拿走500元钱。易顶改洗完澡后,发现衣服内的钱少了500元,遂让郭香平归还。郭香平不肯,说过几天再还。易顶改遂在郭香平家的三楼杂物间内拿出一把杀猪刀,将郭香平当场杀死。郭香平死后,易顶改发觉邻居破门而入,便藏匿在死者家二楼右侧房间内,准备择机逃跑。但当民警快速到达并包围现场时,易顶改自知已无法逃脱,便在房间内找电线欲自缢、用杀猪刀割颈部自杀未果,导致颈部受伤流血而倒在床上。民警找到易顶改时,他只能束手就擒。现犯罪嫌疑人易顶改已被依法逮捕。

【破获贩毒团伙案】 2010年4月19日,市公安局禁毒大队成功摧毁了以刘艺军为首的贩毒团伙,抓获涉案人员11名,缴获冰毒146.69克、麻古1.91克,扣押贩毒车辆1台。4月18日下午4时许,禁毒大队民警通过情报信息获悉,将在白兔潭镇华泰宾馆507房吸毒人员黄炳根、钟金来及贩毒人员黎朝辉一举抓获,当场缴获冰毒14小包、麻古15粒。经进一步侦查,民警又将犯罪嫌疑人黎朝辉的上线周兴等3名犯罪嫌疑人抓获,并当场在乘坐的车上缴获冰毒130.69克。经审讯,犯罪嫌疑人刘艺军、周兴、王志勇(海南人)交待,曾先后多次驾车到白兔潭镇华泰宾馆与黎朝辉进行毒品交易的犯罪事实。吸毒人员黄炳根、钟金来等7人已被行政拘留,犯罪嫌疑人刘艺军、周兴、王志勇、黎朝辉4人已被依法逮捕。

【成功瓦解一传销团伙】 2010年7月26日,市公安局巡特警大队快速处置,成功瓦解一特大传销团伙,刑事拘留2人,解救受骗人员8人,收缴涉传书籍、授课资料、手抄笔记本90余本。7月25日上午,市公安局指挥中心接到浙江省公安厅指挥中心一份《协查函》,请求该局解救一名被骗至醴陵参与传销活动的浙江温州籍男子杨某。指挥中心指令巡特警大队出警,并立即展开专案侦查,初步摸清了该伙温州人的基本情况。7月26日13时许,民警在市陶瓷烟花大市场、金塔水果市场附近,一举查获5处传销窝点,成功解救受害人杨某,并将23名涉及传销人员口头传唤进行审查。经查,该传销团伙以犯罪嫌疑人周朝贵(男,39岁,浙江温州人)、连胜华(男,40岁,浙江温州人)为首,假借为香港鸿顺贸易有限责任公司进行连锁销售的名义,欺骗、拉拢同乡、朋友、亲属构建传销组织体系。自3月份以来,该团伙以拉人头的方式共吸收传销成员150余人。被该团伙骗至醴陵参与传销的8名妇女得到成功解救并遣送回家,13名涉及传销人员接受教育后遣返。犯罪嫌疑人周朝贵、连胜华因涉嫌组织领导传销罪被依法逮捕。

【攻破"7·10"专案】 2010年8月2日,市公安局成功破获发生在杭长高铁(醴陵段)重点工程施工现场的"7·10"故意伤害案,刑事拘留7人。经查,7月9日上午,中铁二十局一工区施工方(杭长高铁重点工程建设施工单位)与王仙镇清潭村廖家老屋组村民,因施工征地问题发生纠纷,经初步协商未果。10日零时,犯罪嫌疑人廖元青(王仙镇清潭村廖家老屋组组长)带领村民10余人,在王仙镇横岭路段,拦住该施工方工作人员张斌等人,并对其进行殴打致伤。8月3日,受害人张斌等4人的伤情经法医鉴定,其中3人为轻伤、1人为轻微伤。犯罪嫌疑人廖元青等7人已被依法逮捕。 (曾湘纯)

交通警察

【概况】 2010年,醴陵市公安局交通警察大队有在岗民警91人,交通协管员50人。内设办公室、政工监督室、法制与安全宣传股、事故处理股、车辆管理所、科技所,7个执勤中队(特勤、一、二、三、四、五、六中队)。截至12月,全市道路通行里程达3000公里,有机动车11.04万辆,驾驶员11.05万人。年内,公安交警工作紧扣"稳定、发展、民生、形象"四大主题,以"三大战役"为舞台服务发展,以"城市三创"为平台服务大局,以"民意"为导向服务群众,乘势而上,大干快上,有力地推动了各项工作不断向前发展。全年全市道路交通安全形势持续平稳,交通环境显著改善,警民和谐日益增进,行风建设保持先进,品牌建设再夺"国优"(全国优秀车辆管理所)。

【维护稳定】 2010年,全市道路交通维护稳定工作在市委、市政府及市公安局的统一领导下，会同市各有关部门快速反应、有效应对“5·6”、“6·24”洪水灾害和冰雪天气，确保了全市道路交通基本顺畅。年内，组织各类政治、经贸、视察、文化等活动交通维护339次；侦破交通肇事逃逸案件5起，抓获逃犯3人，为群众挽回经济损失70万余元；成功调解涉路纠纷16起。

【治理隐患】 2010年，强力推进户籍化管理，全市1165辆重点车辆实现了全方位动态监控。开展了“清零”行动，治理公路危险路段11处。加强机动车源头管理，督促并报废机动车3533台，强制报废机动车1455台。全年全市道路交通安全形势平稳，未发生死亡3人（含）以上特大道路交通事故。

【秩序管理】 一是改革勤务。推行“节中上岗、节后补休”模式，把握重点时段、重点区域，科学安排警力，实现了全年城区交通秩序“零”堵塞。二是开展交通设施规范化建设。更新信号灯2处，增设、更新交通标牌377块，施划道路交通标线3.2万平方米。三是建立“信息牵引”机制。实现对交通违法行为的精确治理，开展秩序整治专项行动205次，查处交通违法行为7万余起，扣留违法车辆3154辆，教育放行3.6万人次，治安拘留65人。

【安全宣传】 2010年，深入开展“文明交通行动计划”，广泛凝聚宣传合力，构建交通文明传播网，交通安全“四创”（即：创建示范学校、示范社区、示范企业、示范单位）活动全面铺开。组织开展了“交通陋习大家拍”等群众性交通安全宣传教育活动，构建交通安全社会化管理“防火墙”。全年组织开展集中宣传活动57次，制作宣传板报652块，向机动车车主赠送车贴3.1万条，发放交通语言识别卡等宣传卡片4.1万份，发送文明交通宣传短信12.2万条，发放宣传资料17万份。

【基础设施建设】 2010年，基础设施建设全面实施“科技强警”战略，完善了350兆无线对讲系统，提升了特殊勤务指挥调度能力。完成了基于道路流量的信号灯自动配时控制和套牌车辆比对系统。新建公路卡口两处并投入使用，有效加强了对出城道路的控制，既提高了社会治安管控能力，又增添了现代交通管理气息。

【便民惠民】 2010年，便民惠民工作以创建“全国优秀县级车管所”为突破口，突出“三抓”，实施满意型警务。一是抓标准作业。对每项业务工作进行程序分解，明确具体操作方法、步骤、时限、责任，对业务办理过程进行改善，达到群众满意效果。二是抓简政放权。只要群众需要，一律在政策上放宽、机制上放活，把摩托车上户、考证权限下放至中队，把摩托车驾驶人考试场搬到群众家门口。三是抓让利促管。开展了“惠民大行动”，收费项目“六免两降”（即：免驾驶员培训费、校车检测费、机动车过期检测费、照相费、查询费、复印费；降低摩托车检测费、架驶员考试费）兑现到位，搭车收费清除到位。全年办理机动车上户2.4万余辆，比上年增长51.2%；考证1.5万人、比上年增长27.6%。

【服务发展】 2010年，服务发展工作认真落实贯彻市“三大战役”，出台了公安交警《服务“三大战役”、“城市三创”双十条》、《二十项交通违法“零处罚”》，全力以赴为经济社会发展作贡献。在全市年度30项重点工程建设中，开展了民警“点对点”联系服务，责任民警“主动联系、上门走访、跟踪服务”活动，为重点工程建设开通了“绿色通道”。开展了“警企互动”活动，深入企业开展交通安全宣传教育66次，及时排除交通安全隐患12处。

【管理创新】 2010年，把工夫用在平时、把工作做在经常，强力推进社会矛盾化解工作。前移调判，推行行政调解、人民调解、司法调解“三调联动”，设立交通事故“巡回法庭”、“人民调解委员会”，有效破解“调解难、执行难”困局。全年成功调解交通事故136起，通过法院判决解决损害赔偿案件15起。多方筹措交通事故救助基金，保障了18起疑难事故善后处置，有效降低了事故信访率，最大限度地方便群众、维护稳定。

【规范立警】 年内，进一步推进规范立警，不断健全和完善警队CIS管理体系，建立了“忠诚、服务、公正”的警队核心价值体系。自始至终抓好从严治警，“三个专项治理”取得实效。坚持不懈抓好廉洁从警，出台了党风廉政建设八条举措。大力加强廉政文化建设，组织开展警示教育活动6次，杜绝民警违法违纪问题的发生。

【“创先争优”工作】 2010年，“创先争优”工作围绕“抓班子、扬正气、暖警心”的工作思路，通过层级管理、目标控制、精细管理、绩效考核、“暖警工程”等手段，真正把大队班子建设成引领跨越的坚强核心，把中层班子锻造成干事创业的战斗堡垒，把党员干部打造成“创先争优”的先锋模范。狠抓“满意型”警务，警民关系日益和谐，公安交警政风行风测评排名全市第三，综合成绩排名第七；警务调查窗口服务排名株洲交警系统第一。

（张　勇）

检　察

【概况】 2010年，市人民检察院设办公室、监察室、检务督察室、政工科、反贪污贿赂局、反渎职侵权局、职务犯罪预防科、侦查监督科、公诉科、控告申诉科（举报中心）、民事行政检察科、监所检察科、林业检察科、检察技术科和法警大队。有在编干警71人。

2010年，本院是湖南省基层检察院的示范院、是省检察院龚佳禾检察长、株洲市检察院魏启敏检察长的联系点单位。通过了全国第二批基层检察院规范化建设试点单位的复核。全年检察工作紧紧围绕“社会矛盾化解、社会管理创新、公正廉洁执法”三项重点工作,紧扣“强化法律监督、维护公平正义”工作主题,切实履行检察职能,服务工作大局,各项检察工作取得新进展、新成效,为维护全市社会稳定、促进经济发展做出了积极努力。年末,被省评为“文明建设先进单位”、“省级文明窗口单位”;被株洲市检察院评为“先进基层检察院”。

【刑事检察】 2010年,刑事检察工作始终围绕“保稳定、保增长、保民生”的目标。对严重暴力、黑恶势力、多发性侵财及危害民生犯罪保持高压打击态势,把握依法惩治犯罪是化解社会矛盾的基本原则不放松,对严重危害社会稳定和损害人民群众生命财产安全的恶性案件,提前了解案情,引导侦查取证,确保案件办得快、捕得准、诉得出、判得下。全年批准逮捕各类刑事犯罪案件252件、415人,提起公诉364件、581人。在依法严厉打击严重刑事犯罪的同时,落实“宽严相济”刑事政策,促进社会和谐。全年不批准逮捕34件、68人,不起诉40件、58人,适用刑事和解办理轻微刑事案件21件、30人。对轻微刑事犯罪案件及未成年人、初犯、偶犯、过失犯等,始终贯彻“教育、感化、挽救”的方针,全年办理未成年犯罪案件26件、53人。其中,不予逮捕3件、11人;不予起诉1件、2人;落实帮教措施13人。突出加强刑事立案、侦查和刑事审判监督,全年依法立案监督8件、13人,追捕11件、14人,追诉17件、20人;提请刑事抗诉8件、10人。

【职务犯罪侦查】 2010年,依法立案查办贪污贿赂案件15件、21人,渎职侵权类案件9件、10人。其中,大要案件13件。着力解决关系民生、影响民利问题,在重点工程建设、企业改制、学校教育等民生行业和关键领域查办各类职务犯罪案件5件、9人。其中有原市科学技术局党支部书记胡某某受贿20万余元大案,原神福港镇财税所所长马某某贪污20万余元大案,原浏阳市烟草局财务科长龙某某贪污、受贿30万元案等。

【职务犯罪预防】 2010年,试行了侦查与预防的协调联动,全年开展专项预防调查20次,撰写分析报告22份,提出预防检察建议22件,提供预防咨询72件次,行贿档案查询83次。开展警示教育、职务犯罪预防专题讲座78次,受教育人数5000余人。年内,与市纪委联手建立的反腐倡廉预防职务犯罪教育中心,全年接受省内外200余批次、9000余人前来接受教育或观摩。为加大预防新农村建设中的职务犯罪,与市纪委联合组织举办了基层干部廉政轮训培训班,分期分批派车接送全市30个乡镇、街道办事处共计796名村(居委会)书记、主任到本院开展检务公开反腐倡廉预防职务犯罪教育。通过教育,进一步提升基层组织负责人依法管理事务的能力。

【专项检察】 2010年,林业检察工作受理公安机关提请捕案13件、13人,批捕11件、11人,不捕2件、2人;受理移送审查起诉29件、29人,起诉28件、28人,不诉1件、1人。控告申诉检察全年受理来信来访89件次、举报控告线索43件,办理刑事申诉案件4件,化解涉法涉诉积案4件。开通了电信、移动民生检察服务热线,提供法律咨询,为群众解疑释惑,全年接听各类来电238次,为群众解决实际困难50余件。民事行政检察工作以“关注民生”为着力点,突出加强民事审判和行政诉讼监督,努力提高抗诉、再审检察建议的质量和水平,全年提请抗诉5件,支持起诉23件,刑事和解3件,刑事附带民事诉讼案件3件。监所检察科共组织协调市相关部门开展专项检查12次,规范了监外执行罪犯的交付执行、监督管理、社区矫正等工作。审查暂予监外执行案件公开听证制度试行工作启动,全年审查暂予监外执行案件2起。通过公开听证制度的试行,增强了全市办理监外执行犯罪案件的公信力和透明度。

【检察技术】 2010年,检察技术部门办理案件94件,其中法医检验鉴定1件、司法会计鉴定2件、文件检验鉴定2件、法医文证审查53件、同步录音录像54件。办理技术协助案件4件,现场勘验1次,制作现场勘验光盘1张。年内,全面推广网上办公办案系统,初步形成了公文网上起草、审核、签发、发布、传阅、批示的“无纸化”办公流程,实现了信息共享和自动化办公。

【检察信息、调研】 2010年,撰写各类信息90余篇,刊发76篇。其中,被最高人民检察院采用2篇、被省院采用33篇、被株洲市政法委采用1篇、市院采用40篇。全年发表检察宣传稿件351篇,其中中央级68篇、省级267篇、市级16篇。全年刊发调研文章25篇,其中中央级8篇、省级8篇、市级9篇。

【公正廉洁执法】 一是强化内部监督制约,塑造公正廉洁执法检察形象。认真落实党风廉政建设责任制,层层签订了《党风廉政建设责任状》,建立了院领导及部门负责人年度廉政档案。全面查找廉政风险点,积极推进廉政风险防控机制建设,针对查找出的70余个潜在廉政风险点,逐个提出化解风险的具体办法,制定了相应的预防和改进措施,实行了动态监督,确保干警公正廉洁执法。二是主动接受外部监督,提升公正廉洁执法公信力。出台了《关于与人大代表、政协委员联系实施方案》,每个干警定向联系人大代表或政协委员10个,每季度电话联系一次,每半年以书面形式汇报检察工作一次,每年至少见面一次,听取他们对检察工作的意见和建议。聘请政治可靠、精通法律业务的院外人士，对每一起公诉案件起诉书，法院判决书认真审查，从中发现抗诉案件线索，考评公诉与法院判决之差异，防止违规办案、办关系案、人情案、金钱案。三是扎开展学习培训和专项教育活动，有效促进干警公正廉洁执法。组织干警认真学习“一法两规定”，并邀请湘潭大学教授到本院专门讲解。全年举办、参加各类学习培训45人次。深入开展“恪守检察职业道德、促进公正廉洁执法”主题教育、“创先争优”和“反特权思想、反霸道作风”专项教育活动，全体干警在国旗下宣读了检察官誓词，在人大代表、政协委员的见证下，公开承诺了“恪守检察职业道德、确保公正廉洁执法”，并在承诺牌上签名。

【检务公开】 2010年，印制了《检务公开手册》、《举报指南》，分别寄送给了人大代表、政协委员、机关、企事业单位，乡镇(街道办事处)和村(居)委会。全年发放《醴陵检察》专刊等资料4万份。设立了“检务公开”、“执法公开”宣传专栏，设置电子触摸屏和电子显示屏，滚动播放宣传短片。不断探索检务公开新形式，开展了送戏下乡活动；与市文化体育局共同创作了以宣传检察工作为内容的小品《探亲》，将检察机关的职能、刑事和解、化解矛盾纠纷的法律依据、案件范围、办理方式、流程等内容融入其中，并在全市30个乡镇、街道办事处巡回演出。（郭秀峰）

审　判

【概况】 2010年，市人民法院设刑事审判庭，民一、民二审判庭，行政审判庭、审判监督庭、立案庭、办公室、政工科、纪检监察室、司法警察大队、司法技术室、执行局和白兔潭、泗汾、茶山、板杉人民法庭及林业法庭。年末，共有在编在岗干警109人。全年受理各类案件3167件，审(执)结案3115件，结案率达98.36%，为当事人挽回经济损失8096.78万元。年内，在株洲市法院系统“五型法院”(即：创新型、规范型、和谐型、服务型、廉洁型）评比中名列前茅。年末，被湖南省高级人民法院评为“司法绩效先进单位”。

【刑事审判】 2010年，共受理刑事案件412件，审结407件、672人。认真贯彻执行“宽严相济”刑事政策，严厉打击严重暴力、多发性侵财犯罪等严重危害人民群众生命财产安全的犯罪；严厉惩处制假、售假等破坏经济秩序和贪污贿赂职务犯罪。共判处19人10年以上有期徒刑，判处105人三年以上十年以下有期徒刑。对过失、未成年犯罪及部分认罪态度好、确有悔罪表现的初犯、偶犯依法从宽处理，全年依法判处管、缓、免282人。积极推进刑事和解，和解案件85件。大力推进量刑规范化，对“十五类”犯罪量刑幅度作了具体规定，较好地解决了“同罪不同判”问题，使刑事审判更加公正、规范。抓好刑事审判工作的延伸服务，积极开展青少年犯罪教育、感化及特殊人群的社区矫正工作，推进了社会治安综合管理。

【民、商事审判】 2010年，受理各类民商事案件2130件，审结2086件。民事审判坚持“调解优先、调判结合”的原则，全年调解或撤诉的民事案件达70.45%，其中调解结案占民事案件的60%，有力促进了社会和谐。商事审判注重维护市场诚信，促进经济发展方式转型。全年审结市华兴瓷厂等破产案3件，金融机构借贷纠纷案195件，推动了经济发展。

【行政审判】 2010年，共受理行政案件18件，审结17件。依法受理社会抚养费征收、强制搬迁房屋等非诉执行案件130件，执结128件。在依法维护行政管理相对人合法权益的同时，重点突出支持市“三大战役”(即：城市提质战、园区攻坚战、旅游升温战)目标的推进，确保了市重点项目工程建设顺利推行。积极服务于计生、环保、国土、规划等职能部门的执法工作，为行政机关依法行政建言献策，减少了行政争议。

【执行工作】 2010年，围绕解决“执行难”，建立健全了执行案件流程管理规定、监督制约机制和听证制度，实行了财产调查、处置、兑现的分离，规范了执行行为，强化了内部监督，提高了执行工作透明度。不断强化执行措施，开展了“无执行积案法院”活动，全年执结积案121件，其中涉稳、涉府、涉众案件12件，成功执结了市华兴房产拖欠工程款、工人工资案，市国声酒店拖欠集资款案等疑难案件。全年执结各类执行案件597件，执结标的2723.05万元；案件执结率、执兑率明显提升，涉执信访案件大幅下降。

【司法为民】 一是推进“为民司法”，积极拓展司法服务职能。大力倡导“愿联系群众、能联系群众、会联系群众和联系好群众”的工作理念，切实解决干警联系群众的感情、能力、方法和成效，以深厚的感情、饱满的热情，积极回应人民群众的司法需求。强化法庭便民服务，基层法庭实行了双休日、节假日值班制度；采取电话立案、上门立案、就地审案等便民方式，及时为群众提供法律咨询和司法帮助。规范立案窗口建设，优化人员配置，完善了硬件设施，开辟了残疾人、妇女儿童及农民工维权的绿色通道，设立了诉讼费收银台，设置了立案调解员、导诉员，群众诉讼更加便捷。年内，“立案信访窗口”被推荐为“全国法院系统文明立案信访窗口”。大力开展巡回办案，在各乡镇建立了巡回审判联系点，在市交通警察大队设立了巡回审判法庭。全年组织法官到各乡镇巡回调解、回访案件140余件次、解答相关法律咨询200余人次；交通事故巡回审判庭指导调解案件112件，就地审结案件144件，取得了较好的社会效果和法律效果。落实利民举措，严格执行新的诉讼费标准,对劳动争议案件实行免交诉讼费,执行案件不收预收执行费。加大司法救助力度,确保经济困难的当事人享受司法人文关怀,全年依法为当事人减、免、缓诉讼费35万余元,发放司法救助金29万元。二是注重和谐司法,稳妥化解涉诉信访难题。积极推进大调解工作机制建设,初步形成诉讼调解、行政调解、人民调解的"三调"联动工作模式,绝大多数矛盾纠纷化解在基层、了结在法庭上,从源头上减少了信访。院设立了涉执信访窗口,进行信访分流,重点解决了涉执信访难题。继续推行信访首问负责制、处访联动机制,坚持排查走访、开门接访、包案息访、联动处访。年内,初信初访95%以上得到了妥善处理。

【队伍建设】 一是打造"团结、好学、有为"的领导班子。坚持每周一的班子成员碰头会,总结、部署工作任务,解决审判、执行中遇到的难点问题。坚持中心组学习制度,开展互教互学活动,党组中心组被市委确定为中心组学习的7个示范点之一,每月组织集中学习一次,班子成员轮流主讲,在学习中相互提高。坚持班子成员业绩评估考核,对班子成员履行"一岗双责"责任制情况进行量化考核,奖优罚劣,提高班子决策力、执行力。二是建设"公正、廉洁、勤勉"的法官队伍。狠抓教育整治,深入开展了"人民法官为人民"主题活动、"深化职业道德建设、推进公正廉洁执法"职业道德教育活动和"整治司法腐败、促进司法廉洁"专项整治活动,进一步加强法官职业道德建设,促进公正廉洁执法。大力开展"岗位练兵、技能比武、互教互学"活动,切实提高干警政治、业务素质。三是严抓规范管理。推行了《中层干部绩效考核办法》、《工作人员绩效考核办法》,量化、细化了各个岗位工作任务和指标,实行了"分序分类考核、逐月逐人通报、按季按年奖惩"制度。严格落实党风廉政建设责任制,充分利用反面典型案例进行警示教育。健全权力行使监督机制,加强对重点岗位、关键环节的监督。强化明察暗访和对群众反映强烈案件的当事人回访制。四是先进典型引路。开展了"创先争优"活动,注重用身边的人和发生在身边的事教育人、启发人、带动人。涌现出了醴陵市"十大杰出青年"、株洲市政法委"十佳法庭庭长"、"司法为民好法官"熊伟平和株洲市法院系统"执法标兵"张华生等一大批先进典型。五是加强基层基础建设。争取国家配套资金,改、扩建了法庭的基础建设。年内,将一批办案能力强,综合素质好的法官安排到基层法庭,为新农村建设服务。开展调研活动20余次,在国家级报纸、杂志上发表调研论文5篇,其中院长高建明撰写的《反思与重塑巨额财产来源不明罪》论文获全国法院系统"第二十二届学术论文研讨会"二等奖。

(胡建纯)

司法行政

【概况】 2010年,市司法局内设政工人事、法制宣传教育、基层工作指导、社区矫正工作管理、公证律师管理5股和办公室、公证处、法律援助中心。年末有干部职工26人。主要负责全市30个乡镇(街道办事处)司法所业务指导和5个律师事务所、4个基层法律服务所、2个司法鉴定所的注册管理和业务监督指导。全市有注册执业律师42人,法律服务工作者21人。

年内,司法行政工作以邓小平理论和"三个代表"重要思想为指导,深入学习贯彻落实科学发展观,紧扣市委、市政府中心工作,突出抓好集中服务城市提质、园区攻坚、旅游升温"三大战役"的专项法律服务,扎实推进社会矛盾化解、社会管理创新、公正廉洁执法"三项重点"工作,为全市经济社会又好又快发展、助推市"争一进百、科学跨越"战略目标提供了有力的法律服务和保障。年内,"五五"普法工作顺利通过上级验收。年末,来龙门司法所所长张本忠被评为"2010年度全国模范调解员"。

【服务"三大战役"】 一是加强宣传力度。对重点工程建设的参与方和周边群众进行有针对性的宣传教育,以确保工程建设环境稳定。二是加大纠纷调处力度。积极排查因征地、拆迁安置和补偿等引发的涉及民间纠纷的社会矛盾,确保矛盾纠纷发现在基层,消灭在萌芽状态。三是提供优质服务。组织公证员参与办理搬迁安置协议,为广大拆迁户提供方便快捷和优质高效的办证服务。四是投身并参与重点工程、重点项目建设。抽调精干力量常驻重点项目指挥部,实行全程跟踪服务。

【人民调解】 2010年,全市人民调解工作紧紧以《中华人民共和国人民调解法》施行为契机,积极开展"平安醴陵"创建活动。先后成立了"市医患纠纷专业调解委员会"、"市人民调解委员会道路交通事故民事损害赔偿工作领导小组"、"劳动行政调解委员会"、"市消协人民调解委员",进一步整合了调解资源,提高了办事效率。全年调处各类矛盾纠纷671起,成功调处662起、调处率100%,调处成功率98%。年内,防群众性上访26起,防自杀24起,防群众性械斗16起,防民转刑15起。年内,派驻市人民检察院的人民调解室受理刑事和解案件6起,成功调处6起。年内,医患纠纷调处工作的典型经验在株洲地区广为推介。

【安置帮教】 一是加强安置帮教保障。在加强组织领导的同时,年初市财政拨付安置帮教工作专项经费3万元,有力地保障了工作开展。二是加大定期排查力度。先后开展了专项排查行动4次。做到家庭、思想、就业情况"三清楚",规范台账、档案格式。三是营造社会化帮教工作格局。各安帮机构认真落实帮教措施,推动了帮教工作向刑释解教人员家庭、社会的延伸。全年共有刑释解教人员975人(其中刑释889人、解教86人),帮教率、安置率分别达100%。

【社区矫正】 2010年,市综治委向全市各综治成员单位下发了《醴陵市社区矫正工作实施方案(试行)》,对社区矫正工作进行了统一部署,并成立了以市委常委、政法委书记为组长的"醴陵市社区矫正工作领导小组"和"醴陵市社区矫正工作领导小组办公室"(设市司法局内),各乡镇、街道办事处相继成立了"社区矫正工作站",建立了领导机构,落实了工作人员,摸清了社区矫正对象的基本情况。9月,全市第一家社区矫正工作站在来龙门街道办事处成立,首批17名社区矫正对象办理了集中交接仪式,其他街道办事处的社区矫正工作也即将启动。

【法制宣传】 一是加大宣传力度。醴陵电视台"法治醴陵"栏目宣传工作,得到了市委、市政府的大力支持和上级肯定。利用《法制日报》、《株洲日报》、《今日醴陵》报等报刊媒体,强势宣传"五五"普法工作经验,扩大了醴陵宣传工作的影响力。二是创新形式,广泛开展"法律九进"活动。运用群众喜闻乐见的载体进行法制宣传教育,市普法办会同市委宣传部开展了"五下乡"春节慰问活动,为群众送去丰富多彩的法制文艺演出。以"农村法制宣传月"为契机,组织开展了以"加强农村法制宣传、促进社会矛盾纠纷化解"为主题的法制宣传活动和农村法制宣传月、"6·26"禁毒、青少年法制宣传周、"12·4"宪法宣传日等大型主题法制宣传教育活动。成功组织了2010年度干部学法考试。

【法律援助】 2010年,市法律援助中心心系困难群众,加大法律援助力度,充分发挥法律援助为困难群众提供法律服务、维护合法权益、化解矛盾冲突、维护社会稳定的职能作用。全年接待咨询980人次,办理法律援助案件252件;案件胜诉率和当事人满意率分别达95%;为困难群众挽回经济损失137.85万元。年末,被评为湖南省"十佳法律援助机构"之一。

【法律服务】 一是加强制度化、规范化建设。加大对律师事务所、公证处、法律服务所的管理,建立健全了各项机制,整顿、规范了法律服务工作者执业行为。全年对37名律师进行了注册和业务管理,组织21名注册基层法律工作者进行了培训和管理。二是服务大局,组织律师参与招商引资、"市长接待日"活动。围绕市"三大战役"战略目标,开展了专项法律服务活动,抽调精干力量常驻市重点工程项目实行全程服务。三是法律服务卓有成效。全年各律师事务所共担任法律顾问305家,办理各类法律事务970件;公证处共办理各类公证事项1910件,其中国内公证1397件、涉外公证513件。

【队伍建设】 一是以提高领导能力为重点。领导班子成员认真学习、执行领导干部廉洁自律的若干规定,使领导班子真正成为坚定贯彻党的路线、方针、政策,善于领导司法行政工作科学发展的坚强领导集体。二是狠抓司法队伍整体素质。努力建设一支"政治坚定、业务精通、作风优良、执法公正、知识专业"的司法行政队伍。在加强日常学习的同时,积极组织开展业务培训,切实提高司法行政队伍整体素质和业务水平。三是扎实推进各种主题实践活动。全面加强司法行政系统党的组织建设,深入推进"创先争优"、"深化执业道德建设、推进公正廉洁执法"、"学习型党组织建设"等专项活动。成立了专项活动领导机构,制定了详细的实施方案,确保了专项活动有序推进。这一系列活动的开展,增强了全体司法行政干警的政治素养、廉政意识,塑造了司法行政队伍新形象。

(柳　华)

经济管理

发展和改革

【概况】 2010年，市发展和改革局有干部职工16人。主要负责拟订、组织和实施全市国民经济社会发展中长期规划,年度计划及专项规划,进行区域经济的预测、预警,并提出工作对策,综合协调经济社会发展;负责全市固定资产投资项目审批、核准、备案;负责国债资金、财政建设资金项目监管;负责全市经济发展有重大影响的项目收集、分析和论证;建立动态管理项目库,开展项目前期工作;牵头组织有关部门向上级部门争取资金和项目等。

【2011年全市国民经济和社会发展预期目标】 2011年,全市GDP增长预期目标16%以上，财政总收入增长预期目标25%以上,全社会消费品零售总额增长预期目标20%以上，固定资产投资增长预期目标40%以上，城镇居民人均可支配性收入和农民人均纯收入增长预期目标17.5%以上,人口自然增长率控制在7.5‰以内,万元GDP能耗下降5%,主要污染物排放总量下降3%。

【国民经济和社会发展计划执行情况】 2010年,全市实现地区生产总值265.75亿元，比上年增长16.6%、提高2.5个百分点;总量稳居全省第四,跃居株洲第一。实现财政总收入20.23亿元,比上年增长39.1%、提高19.1个百分点,名列全省第四;一般预算收入跻身全省三强;实现地方财政收入13亿元,比上年增长51.6%。完成全社会固定资产投资124.79亿元,比上年增长52.7%;实现社会消费品零售总额83.11亿元,比上年增长18.6%。全市城镇居民可支配收入达18280元，比上年增长13.2%;农民人均纯收入9304.25元,比上年增长20.8%。产业结构进一步优化，三次产业结构比由13.4∶57.1∶29.5调整为12.3∶55.9∶27.8。完成农林牧渔业总产值46.5亿元,比上年增长4.0%;实现农业增加值32.62亿元，比上年增长4.0%。工业发展再上台阶,全年实现工业增加值146.1亿元,比上年增长21.4%;工业增加值占GDP比重达57.4%、工业对经济增长的贡献率达69.1%。实现规模以上工业总产值315.78亿元，比上年增长41.9%;规模以下工业总产值152.7亿元、增长18.6%。全年新增规模工业企业74家,规模工业企业增加值占全部工业的比重达82%。一大批交通、城建、电力、水利、环保、信息等基础设施相继建成,固定资产投资项目逾100个,其中投资额在500万元以上的项目超过50%。“三大战役”中的30个项目预计总投资达222.6亿元,年内完成投资近50亿元。各级各类教育协调发展，合格学校建设顺利推进,市中(一)医院、妇幼保健院、中心乡镇卫生院改造和扩建、设施设备更加完善。同时,也存在一些不容忽视的矛盾和问题,产业发展层次较低，结构调整进展相对缓慢，自主创新能力仍然较差,高端人才缺乏,资源环境约束日渐明显等。

【项目建设】 2010年,按照国家、省、市项目建设有关精神,全市全年引资工作重点放在保障性住房、农村民生工程、农村基础设施、交通等建设项目及卫生、教育等社会事业、生态环境工程、企业技术进步与改造等领域。全年向国家发改委争取了项目建设支持,为市湖南丰德利瓷业有限公司、市湘强陶瓷制造有限公司等20家企业,争取节能技术改造节能财政奖励资金600万元;向中央、省争取项目建设支持,为新华联争取技术改造资金550万元。此外,为醴泉窑艺、九龙印务等3家中、小型企业争取了技改资金,直接服务了新型工业化。年内,粮食产能项目顺利启动,争取上级资金600万元。全年共争取上级项目资金12774.2万元,为醴陵的经济社会发展做出了应有的贡献。

【固定资产审批、核准、备案】 2010年，固定资产投资审批、核准、备案工作严格执行国家产业发展政策，与市相关部门严把规划、环保、节约用地、节能降耗等关口。坚持政务公开、热情为投资者服务。全年审批、核准、备案项目114项,投资总额55.7亿元。其中本级批准70项、投资总额37.1亿元;上报省、株洲市批准44项,投资总额18.6亿元。 (张　乐)

国土资源管理

【概况】 2010年，在上级主管部门及市委、市政府的正确领导下,认真贯彻落实党的十七大精神,坚持以邓小平理论和“三个代表”重要思想为指导,全面落实科学发展观,紧密围绕全市经济社会发展这个中心,认真贯彻国土资源管理法律法规,坚持依法行政,科学执政,深化改革,创新创优,为市“三大战役”重点工程项目建设提供用地保障。全年共收缴纯出让金 1.3 亿元,新增建设用地有偿使用费 2306.3 万元,耕地开垦费 1193.6 万元;协助财市政收缴土地契税 1684 万元。年内,办理招、拍、挂出让土地 48 宗,出让面积 92.3 公顷,出让金 6.98 亿余元。全年上报国家级项目 1 项(杭长客运专线)、面积 78.20 公顷,省级项目 16 项、面积 168.97 公顷,上报株洲集体项目 10 项、面积 23.80 公顷。地质灾害防治工作成效显著,全年无因地质灾害造成人员伤亡或重大财产损失,有效地维护了人民生命财产安全。

【机关建设】 一是健全制度,规范管理,推行竞争上岗机制。为激发干部工作热情,培养全面型国土资源管理人员,实行了“中层干部竞争上岗、一般干部双向选择、不合格干部就地淘汰”的改革机制。年初,通过全体干部职工民主测评,局机关有 2 名一般干部被竞选为中层干部、1 名中层干部被降为一般干部、有 1 名一般干部歇岗。通过竞争上岗机制的实施,实现了“能者上、庸者让”的目标,改变了干部原有的“干好与干坏、甚至不干一个样”的思想观念,有力地推动了全局各项工作的发展。修订了机关管理制度,使其更具规范性、全面性、适应性和可操作性。实行目标管理责任制,严格实行责任追究。签订了目标责任状,将年初任务进行分解,实行量化计分,奖罚兑现。二是依法行政,加强廉政建设。为了切实推进依法行政,加强了对全局干部职工、工作人员的教育培训和国土资源法律法规、相关业务等专业培训,坚持“平时学习与集中培训”相结合的方式,以提高全体工作人员的业务素质。通过不断开展业务培训和学习,进一步增进了干部职工及工作人员的专业知识,为依法行政打下了良好基础。年初,局机关和各股室、中心所(分局)层层签订了“党风廉政建设责任状”,把机关作风和党风廉政建设落到了实处,切实提高了干部自身廉政建设素质。加强反腐倡廉教育,大力开展“创先争优”活动,落实承诺事项,坚持“正职监管、副职分管、集体会审、民主决策”的工作机制,使决策、执行、监督等权力相对分离,形成“相互制约、相互监督”的权力运行机制。通过多项措施,着力扭转了少数干部职工的“懒、散、玩、浮”的工作作风,有效提高了国土资源队伍的战斗力,开创了全市国土资源管理的新局面。

【耕地保护】 一是继续推行基本农田保护行政首长负责制。年内,市人民政府分别与全市 30 个乡(镇)、街道办事处,各乡(镇)、街道办事处分别与全市 398 个行政村、居委会,各村委会分别与全市 8035 个村民小组签订了“基本农田保护责任书”,村民小组与农户以造册签名方式核实了基本农田保护面积。同时,发放基本农田保护“明白卡”322.84 万份。截至 12 月底,全市耕地面积为 51.78 千公顷,完成了年初省、市下达的耕地保有量不少于 51.54 千公顷和基本农田面积保持 44.4 千公顷不减少的责任目标。二是加大投入,制作高标准基本农田保护牌。年内,投资 20 万余元,按国家部级标准分别在 12 个乡(镇)制作 12 块高标准基本农田保护牌。投入 70 万元,制作乡级保护牌 14 块、村级保护牌 30 块。三是加强横向合作,落实耕地质量定期监测制度。全年投资 20 万余元,与市农业局联合在全市设立耕地土壤监测点 31 个和永久性标识牌,坚持每季度联合发布一次耕地质量监测情况通报。四是全面实现耕地“占补平衡”。严格把好各类建设项目用地预审关,优化设计方案,按照“先补后占、占补平衡”的要求,落实补充耕地。年内,全市严格控制建设占用耕地规模,按照“占多少、补多少”的原则,开展土地开发复垦整理,增加耕地数量,提高新增耕地质量,实现耕地占补平衡。全年共开垦耕地面积 371.11 公顷,用于占补平衡 137.24 公顷,完成株洲市年度计划 153.95 公顷任务。五是大力推进农村土地综合整治。年内,为大力推进农村土地综合整治工作进程,全市开展了大规模的土地综合整治。截至 12 月,全市已申报并准备实施(2010 ~ 2011 年)的土地综合整治省级项目 2 项(即:白兔潭田心、余溪村和神福港镇汤家坪村土地综合整理项目)、市级项目 3 项(即:孙家湾乡孙家湾村一级土地整理项目,东富镇建新村等两个村和嘉树乡乌石、罗儒村土地综合整理项目)。项目建设总规模 904.58 公顷,新增耕地 29.99 公顷,共计总投资 3010.58 万元。11 月,项目建设启动,预计 2011 年 4 月竣工。年内,项目总投资 2512.2 万元、总规模 74.16 公顷的“2009 年度城乡建设用地增减挂钩复垦项目”完工,项目新增农用地面积 73.15 公顷。总规模 100 公顷的“2010 年农村建设用地(废弃宅基地)复垦项目”完工。

【土地利用】 一是科学规划,提高土地利用率。认真开展《土地利用总体规划》(以下简称“规划”)修编工作,为全市提供科学的土地利用规划,合理分配新增建设用地计划,优先保证全市重大基础设施、重点产业、民生项目用地,对符合条件的项目以最快的速度办结。截至 12 月底,《土地利用总体规划》修编工作已基本完成,其中市级规划已获省人民政府批复、乡镇规划已上报市局评审。二是以规划为先导,加强对扩大内需各类建设用地的统筹和监管。坚持“既要保障重点工程用地需要、又要节约集约用地”的原则,尽量不占或少占耕地。同时,结合上一轮规划和新一轮规划的要求,建设用地严格遵守土地利用总体规划和土地利用年度计划,进行现场勘察,严格保护耕地尤其是基本农田,最大限度地做到节约集约用地。三是根据国家宏观经济政策,统筹安排年度土地利用计划指标,重点保障被列入扩大内需建设项目的用地计划指标,限制高耗能、高污染、低水平重复建设和产能过剩项目用地,切实提高土地利用效益。

【保障用地需求】 2010年,全市保障用地工作进一步加强,加大了向上级争取建设用地和农用地转用指标的力度,优先保证全市重大基础设施、重点产业、民生项目用地,为项目建设提供用地保障;加强了各级重点项目的报批工作,以服务于市"三大战役"目标。4月,组织开展了仙岳山护国寺的改、扩、建工程,醴陵大道、国瓷路、岳汝高速(在建)拆迁安置用地等重点工程的报批工作;完成了杭长高铁客运专线(国家重点项目)的项目报批。年内,加强了对各项基础设施建设项目和城市建设批次用地的报批工作,上报国家部级项目1项(杭长客运专线)、面积78.18公顷,省级项目16项、面积168.97公顷;获省、部级批准项目13项、总面积97.73公顷,报株洲集体项目10项、面积23.80公顷;获批株洲市级项目10项、面积23.80公顷。

【项目用地预审】 项目用地预审是控制用地规模和科学合理利用土地的重要手段,是执行土地利用总体规划的具体体现。全年共接待兴办企业用地咨询40余人次,受理各类项目用地预审35项,其中预审通过28项。8月,组织上报了本年度内村民建房占耕地的第一、二批用地。全年全市村民建房共计审批2218户、总面积26.62公顷。其中,占耕地1296户、面积15.55公顷,占荒地922户、面积11.06公顷。

【征地维权】 2010年,针对本市征地任务多、面积大(其中,省级以上的重点工程项目有岳汝高速公路、杭长高铁客运专线、西气东输二线工程、芷渌线及220千伏送电线路塔基用地等5项)的实际情况。为确保各项重点工程项目的顺利进行,真实践行科学发展观,服务于市"三大战役",坚持"先报批、后征地"原则,按照"两公告一登记"(即:征用土地公告、征地补偿公告;被征收土地的所有权人,应当在公告规定的期限内,持土地权属证书到当地人民政府土地行政主管部门办理征地补偿登记)的程序实施征地。同时,严格按照株洲市及湖南省人民政府《关于公布湖南省征地补偿标准的通知》等文件精神确定征地补偿标准,给予被征地农民实施补偿,切实维护了被征地农民的合法权益,有效促进了社会和谐稳定。

【规范土地交易】 2010年,为加强全市土地使用权出让工作行为的"规范化、程序化、制度化"建设,严格按照《土地交易规则》实施。一是严格规范土地市场交易行为。依据《中华人民共和国土地管理法》、《城镇国有土地使用权出让和转让暂行条例》、《湖南省土地市场管理办法》、《湖南省土地交易规则》等法律和规定,进一步规范、管理土地有形市场的交易。在土地一级市场中,凡属经营性用地、农转征新增工业建设用地一律被纳入有形市场,实行"招、拍、挂"公开出让,工业用地按规定执行最低价标准。在土地二级市场中,依据《湖南省行政程序规定》,对国有土地使用权转让、抵押进行严格审批。二是实施地价管理委员会集体决策制。年内,由市人民政府主管领导、市国土资源局、规划局、审计局、财政局、监察局等单位的主要负责人组成的地价管理委员会,共召开3次会议,就土地出让中的出让方案、招拍挂起始价、规划条件等重大事项进行集体决策,确保了行政行为"公开、公平、公正"。三是加强房地产用地供应监管。坚持以土地市场动态监测与监管系统为平台,组建了由地产、地籍、执法大队等业务部门组成的专业动态监测小组,主要加强对房地产用地的供后监管和宗地中的交地、开工、建设直到竣工验收的全程监管。全年办理招、拍、挂出让土地48宗、面积92.30公顷,出让金6.98亿余元;办理抵押土地589宗、面积306.14公顷;办理划拨土地转让60宗、面积0.67公顷;办理出让地转让119宗、面积3.44公顷;办理分户34次、面积2.90公顷。全年完成纯土地出让价款1.3亿元。

【土地矿产市场宣传】 一是强化宣传教育。通过各种宣传手段,大张旗鼓地宣传相关土地管理法律法规,扩大宣传覆盖面,加大法规知晓率。利用"地球日"、"土地日"、"测绘日"等活动日,加大媒体宣传力度,采取设咨询台、彩虹门、板报、横幅、标语等多种形式,组织专题宣传活动。二是开展活动竞赛。积极组织人员参加全市法律知识竞赛、"国土杯"征文大赛和送法下乡、上门讲法等活动。全年投入宣传费用10万余元。通过各项宣传活动的开展,国土资源法律、法规、政策深入人心,大大增强了全民法制观念和守法意识。

【土地执法监察】 一是积极推进拆违工作。认真落实市政府的工作部署,加强与职能部门的配合,打击非法占地和违法建设行为,维护全市土地管理秩序。二是落实巡查制度。建立健全"早发现、早报告、早制止、早查处"的执法工作机制,以推进耕地保护、节约集约用地制度及国家宏观调控政策的落实为重点,前移土地执法监察重心,加大动态巡查力度,重点对基本农田保护区、城乡结合部、公路沿线等易发地区进行动态巡查,保持"严打"的高压态势,发现违法行为及时处理。全年共巡查130余次,现场制止20余次,立案查处37起,结案37起,结案率100%;有力地促进了国土资源工作的顺利开展。

【闲置土地清理】 年内,闲置土地清理工作按照"全面清理、逐级负责、分类处理、公开处置"的原则,依法处置和充分利用闲置土地,提高土地集约利用水平,促进全市经济社会持续健康协调发展。全年共处理10宗闲置土地,有效保障了本市的土地发展秩序。

【矿产资源治理】 2010年,在市政府的领导和市相关职能部门的密切配合下,全市有针对性地开展了矿产资源专项整治行动,加大了资源综合保护力度,严厉查处超深越界行为,使非法采矿现场实现了“五不见”(即:不见采矿洞口、不见采矿设备、不见采矿轨道、不见采矿人员、不见采矿房屋)。

年内,全市各有关乡镇和市相关职能部门组织开展专项执法行动8次,出动执法人员900余人次;劝退非法开采作业人员323人,移送公安机关立案1宗、刑事拘留1人;拆除电表30台,收缴或剪毁电线1.24万米,拆除铁轨330米,炸毁或封闭硐井31个,拆除工棚62处。通过对矿产资源有效执法和整治,有效打击了非法采矿者的嚣张气焰,保障了“依法、规范、有序”的矿山秩序。

【地质灾害防治】 2010年,针对全市地质灾害频发、防治工作极其严峻的形势,开展了地质灾害调查,制订了地质灾害防治方案、预案,进一步完善了群测群防网络、险情巡查、灾情速报制度和乡、村、组及国土资源中心所的群测群防体系。注重突出地质灾害“三防”机制(即:预防机制、联防机制、群防机制),与市有关部门联动,加强了汛期地质灾害应急管理。积极争取各渠道地质灾害治理资金。全年全市在地质灾害中,未造成人员伤亡,尤其是市西山街道办事处万宜村成功避让一次泥石流地质灾害,其避让典范被省国土资源厅编入《湖南省地质灾害避险应急手册》,并作为地质灾害培训教材内容之一。

【宅基地复垦试点】 2010年6月,在全市范围内推进了农村宅基地复垦试点工作,并在东、南、西、北乡四个片区分别进行了试点。宅基地复垦试点实施项目共108个,地块981个,新增耕地面积107.38公顷。项目共涉及6个乡(镇)、71个行政村、758个居民小组、1517户土地权利人(单位),预算总投资4827.24万元。11月,顺利通过株洲市国土资源局的验收。12月,株洲市国土资源局召开了株洲市增减挂钩指标交易会(株洲市共有13家市场主体参与公开竞拍),本市复垦废弃的103.1公顷宅基地参与了竞拍,并以指标的形式分为10个板块、起拍价6651万元。最终总成交价为7091万元,溢价440万元。宅基地复垦指标公开竞拍、有偿使用,开创了湖南省复垦指标公开竞拍的先河,为解决用地指标、保障经济发展提供了有力的保障。

【优化国土资源环境】 2009～2010年,总投资4000万余元,基本完成了城区、白兔潭、王仙、东富、泗汾、大障、官庄、茶山、均楚、板杉10个中心所和局新办公大楼基础设施建设。建设按“高标准、高质量、高水平”的要求,打造了良好、舒适、美观、大方的办公和生活场所。年末,新建办公大楼竣工并投入使用。 (贺爱瑜 王爱丽)

物价管理

【概况】 2010年,市物价局内设办公室(加挂市价格调节基金征收管理办公室)、价格收费管理股、物价检查所、价格信息股(加挂价格认证中心和价格成本调查队)。年末,有在职干部职工23人。年内,按照全市经济工作会议及省、市物价工作会议要求,以科学发展观为指导,紧紧围绕“争一进百、科学跨越”战略目标,以“争当服务先锋、打造民生物价”为载体,积极开展“创先争优”活动,服务全市“三大战役”。在物价管理工作中,严格执行价格政策,以突出民生物价为重点,提高依法行政能力,着重改进价格管理方式,进一步整顿和规范市场价格秩序,加大清理收费和治理乱收费工作力度,大力提高价格服务水平,切实解决关系群众切身利益的价格问题,为推进全市经济社会又好又快发展、不断开创物价工作新局面做了大量工作。年内,反映本市价格监督检查工作的《完善农村价格监督网络,服务地方产业发展》一文,在《中国价格监督检查》上刊登,年末,本局被省物价局评为“全省价格综合法规先进集体”。

【价格调控】 一是落实价格监测报告制度。全市有粮食、工业生产资料、居民日用消费品、涉农产品价格和收费等5类26个品种属国家、省、市定点监测品种,全年向上级提供价格监测信息3000余条、价格工作综合分析材料79篇,为宏观调控和价格监管提供了高质量的信息参考,引导了市场价格的合理形成,及时疏导了价格矛盾。特别是在洪水灾害期间,由于少数经营者利用一些地区发生自然灾害、少数农产品生产和价格出现波动之机,捏造散布涨价信息、囤积居奇、哄抬价格、牟取暴利,加之某些媒体报道炒作,渲染加剧紧张气氛,助推价格上涨现象。针对这些情况,一是加强农产品市场运行情况监测预警和农产品产销信息发布。发现异常情况迅速查明、及时处理,积极引导经营、消费者正确认识我国主要农产品供应充裕的市场形势,促进诚信经营和理性消费,确保市场供应和价格基本稳定。二是加大检查力度。会同市工商、商务、市场管理等部门,对农产品市场交易和价格情况开展检查,重点查处多进少售、只进不售或囤积拒售,加剧市场供应紧张的囤积居奇行为;查处生产、经营成本没有明显变化,大幅度提高销售价格、牟取暴利的行为;查处相互串通,操纵市场价格的行为;查处垄断货源、阻断流通渠道,造成市场脱销断档的行为。三是设置“12358”价格举报电话,及时受理群众举报。在检查过程中,对违法违规行为,坚持做到查出一件、处理一件;对情节严重、性质恶劣、社会影响大的案件,则依据《中华人民共和国价格法》和《价格违法行为行政处罚规定》依法处理。四是加强价格调节基金的征收和管理。全年共征收价格调节基金563万元,超年初计划任务的113万元。同时,加大优质项目的投放力度,全年对101个优质项目加大投入,共投入扶持资金197万元。其中,丰富城市居民"菜篮子"等优质项目,为稳定市场物价起到了积极作用。

【价费监管】 一是认真落实弱势群体价费优惠政策。根据国务院《关于稳定消费价格总水平保障群众基本生活的通知》精神,进一步加强了城镇低保户价费优惠政策的落实。2009年1月至2010年10月,全市各部门为弱势群体减免价费560万余元。二是完成区域内的价费管理工作"十件实事"。年内,根据省、市及本市年度价费管理有关要求和价费管理工作年度"十件实事"要求,完成了春运价格管理、中小学教育收费、涉及创业人员收费减免政策落实、规范行政机关培训班收费行为、规范民用爆炸物品销售价格、调整非居民用户天然气销售价格、规范商品混凝土价格行为、制定三刀石经济适用房销售价格、逐月调整民用液化气最高零售价格、加大服务价格管理工作力度等。三是加强收费年检年审和换证工作。全年检审行政事业性收费许可证99本,全市核减收费项目9项,其中吊销了白兔潭镇集镇办等6家单位的收费许可证。检审服务价格登记证155本,吊销了市统计事务所等9家单位服务价格登记证。检审率、收费公示率分别达100%。四是加强价格监督检查。全年共检查单位31个,立案查处7个,查出价格违法所得金额407.71万元、没收上缴财政66.15万元。为净化全市经济社会发展环境提供了有效的价格行政执法服务。

【价格服务】 2010年,完成三刀石经济适用房、天然气价格调整等8项价格成本审核,共核减费用2700万余元,进一步规范政府价格决策行为,为政府依法确定价格提供了详实的依据。共受理各类价格鉴证167件,完成价格鉴证167件、总额1300万余元。其中,刑事案件涉案物鉴证126件。

【机关作风建设】 2010年,根据市机关作风建设领导小组的有关精神和要求,制定了《醴陵市物价局机关作风建设实施方案》,成立了由张先华局长为组长的机关作风建设领导小组,聘请了市人大、政协代表和服务对象作为干部作风建设监督员,并定期邀请监督员进行作风评议。通过进一步加强机关作风建设,提高了干部职工参与机关作风建设的主动性和积极性,切实转变了工作作风,为圆满完成全年工作任务提供了保障。

【价格法制建设】 一是加强政策法规培训。重点围绕价格部门依法行政、秉公执法的需要,以经济、价格等常用法律法规为主要内容,着力抓好各项法律法规培训,努力提高价格干部的依法治价意识和价格决策水平。二是制定、完善了行政执法制度。根据依法行政领导小组的要求,制定了《醴陵市物价局行政处罚裁量权基准》、《醴陵市物价局价格监督检查实施阳光执法暂行规定》等一系列规章制度。三是法律法规宣传。结合"3·15",会同市工商、教育、卫生、民政、城建、交通、文体、广电等部门开展了宣传活动,发放宣传资料2000余份,接受价格咨询12人次,为广大市民提供价格法律服务。四是深入开展"五五"普法教育。按照市"五五"普法规划,成立了普法领导小组,以集中授课和自学相结合的方式,保证普法教育工作进度,确保了普法规划的落到实处。

【党建帮扶】 2010年,根据市委、市政府全市各单位农村党建帮扶点的安排,党建帮扶对象为浦口镇碧泉村。召开了局长办公会,确定了办点队员。并先后6次赴该镇及村委会实施实地调研帮扶项目。特别是在洪水灾害期间,局长亲临现场视察灾情,让当地村民备受感动。全年筹措资金5万元,帮助该村解决了实际困难。 (许春作)

审计管理

【概况】 2010年,市审计局内设办公室和法制、财政金融审计、行政事业审计、基建外资审计5股室和经济责任审计科、重点建设项目审计中心。年末有在职人员26人。主要负责对全市26个乡镇、4个街道办事处和98个副科级以上的行政事业单位及政府投资项目进行审计监督。全年共完成审计及审计调查项目32项,查处违纪违规金额3.88亿元;向市纪检监察部门移送案件2件,收缴违纪金额和罚款78万元;向上级审计机关和本级政府提交审计报告、审计专项调查报告32篇,提出审计建议72条,促使市相关部门完善管理制度12项。年内,审计监督工作在推进法治、维护民生、促进发展中发挥了积极作用。

【同级财政预算执行情况审计】 2010年,按照市统一部署,对本级财政预算执行情况的真实性、合法性、科学性进行了审计。在此次审计中,以"大财政"审计为统领,结合开展专项资金及行业审计,坚持"全面审计、突出重点"的方针,除重点审计了具体组织预算执行的财政部门,还对参与组织预算执行的税务、交通、水利等部门进行了跟踪审计,并延伸调查了市农业局、民政局、林业局等与预算收支有关的事项和部分专项资金的使用情况的单位,增强了预算执行审计的覆盖面和完整性。通过审计,共查出全市财政部门和市相关单位在本级预算执行中存在13个方面的问题,涉及违纪违规资金8292万元。同时,将所查出的问题,按照市政府的要求,向市人大如实反映了情况。并针对存在的问题进行了分析,提出了整改意见。

【专项资金审计】 2010 年，根据上级的统一安排，完成了对农业综合开发项目、退耕还林及中小学校舍安全工程等专项资金的审计，提出审计意见、建议 10 条。通过审计，提高了专项资金使用效益，维护了专项资金管理法规的严肃性，促进了专项事业的发展。

【经济责任审计】 2010 年，进一步深化经济责任审计，由原侧重处罚转变为加强整改，提高经济责任审计质量，促进廉政建设，为市委、市政府正确评价和使用干部提供参考依据。全年完成领导干部任期经济责任审计 20 个，其中乡镇 9 个、市直机关 11 个。在经济责任审计中，加大了对严重违规问题的查处力度，对其中的 9 个乡镇进行了财政决算审计，重点审计了乡镇决算的真实性和合法性、财政收支的合规性，转移支付资金的使用情况，财政专项资金的管理、使用情况。通过审计，查出部分单位领导干部在任职期内，存在挤占、挪用专项资金、截留各种收入、固定资产账实不符等方面的违纪违规问题。共查处各类违纪违规金额 5170 万元，并将某乡镇财政所遗失会计资料的严重违规行为移送给市纪检监察部门。

【政府投资项目审计】 2010 年，完成政府投资工程项目审计 39 个，送审总金额 26571.75 万元，审定总金额 25606.3 万元，核减 965.45 万元。其中，预算项目 26 个，净核减 367.11 万元；结算项目 13 个，核减 598.34万元。

【内部审计】 2010 年，全市有内审机构 9 个，共完成审计项目 67 个，查出损失、浪费资金 820 万元，促进增收节支 1456 万元，纠正违规违纪资金 198 万元，提出合理化建议和意见 26 条。年末，湖南华联瓷业有限公司内审科被评为“株洲地区内审工作先进单位”。

（钟　海）

统 计 管 理

【概况】 2010 年，市统计局设办公室、法规股、业务股、社会经济调查中心（加挂普查中心牌子）。设立了醴陵市全国第六次人口普查办公室。年末有在职人员 20 人，离岗 3 人，退休 7 人。年内，完成了各项定期统计报表、年报表、经济普查资料整理、第六次人口普查株洲市试点、宣传、各级培训、入户调查及审核实施阶段工作、1%人口抽样调查、规模以下工业抽样调查、NPA 妇女儿童发展状况调查、公众安全感调查、绩效考核和“10 件实事”、株洲市乡镇（街道）“十强十快”（即：“十强”为浦口镇、嘉树乡；“十快”为仙霞镇、沈潭镇）和本市“五强五快”（即：“五强” 为阳三石街道办事处、嘉树乡、东富镇、白兔潭镇、王仙镇；“五快”为泗汾镇、板杉乡、大障镇、沈潭镇、东富镇）考核等工作。年末，在株洲市局 19 个专业考评中有 14 个专业排第一；被国家统计局评为“‘五五普法’先进单位”，被评为“株洲市统计系统综合考核先进单位”，被本市人民政府评为“粮食生产先进部门”。

【统计执法】 一是以“双基”建设年为契机。重点研究，提前布局，掀起统计法规宣传的工作热潮，达到统计法规有序开展的良好局面。二是进一步加强统计法律法规培训工作。充分利用各业务培训会议，组织广大统计人员学习统计法规知识和执法程序。4 月，组织 1400 余名基层统计人员参加了《统计法知识竞赛》活动。通过活动，树立了统计法律权威，增强了依法统计意识，实现了业务与法规工作齐抓共管。三是努力巩固 “五五普法”成果。与市人大、法制办、普法办、司法局等部门联系，衔接布置有关工作，有计划、有部署地推动了普法进程。

【统计服务与监督】 2010 年，共撰写统计分析资料 55 篇。其中，被国家统计局采用 1 篇、省统计局采用 3 篇、株洲市局及本市市委、市政府采用 20 余篇。编辑出版了《2010 年醴陵统计年鉴》和《醴陵市第二次全国经济普查资料》。发表了 2010 年国民经济统计公报；每月以“快、精、准”的标准汇编了全市《主要经济指标月卡》，并于每月 5 日前送交市领导及市其他有关部门。向株洲市统计局及本市市委办、市政府办提供政务信息、专题信息 170 余条，其中 30 余条被株洲市统计局及本市市委、市政府采用。

年内，按照市委、市政府的要求，完成了株洲市乡镇（街道办事处）经济发展“十强十快”和本市乡镇（街道办事处）经济发展“五强五快”考核、市直单位年度绩效考核和全市“10 件实事”考核工作，并实行按月考核、通报进度、年度检查、监督。

【统计培训】 2010 年 9 月，举办了统计从业资格培训班，有 70 人参加。主要学习了《统计基础知识与实务》、《统计法基础知识》。11 月，举办了有 60 余人参加的统计从业资格继续教育培训学习班，学习了《基层统计报表实务》和《统计分析报告、统计新闻写作》。2010 年 12 月至 2011 年 1 月，举办了 2010 年统计年报及 2011 年统计定期报表培训 10 场，共有参培人数 700 余人次。

（郭晓芳）

工商行政管理

【概况】 2010 年，醴陵市工商行政管理局设办公室、政策法规、财务基建、纪检监察室、市场规范管理、消费者权益保护、“12315”申诉举报中心、食品流通监督管理、商标广告监督管理、企业和个体私营经济监督管理、人事教育、机关支部（思想政治工作室）、离退休人员管理、工会、竞争执法、个体劳动者私营企业协会、信息中心、消费者委员会、经济检查大队等 19 个内设机构和注册登记分局（直属）。

辖白兔潭、王仙、八里坳、泗汾、大障、茶山、均楚、板杉、官庄、中心、阳三石、城区市场12个基层工商所。全年全系统共有干部职工285人,其中在职人员212人。

年内,市工商行政管理工作努力践行"服务发展为先、监管执法为重、队伍建设为本、强化系统管理"的总体工作思路,主动作为、先行服务,和谐监管、科学执法,持续运作、重在落实,各项工作取得了新的成效,为促进地方经济发展做出了重要贡献。

【注册登记管理】 2010年,进一步转变服务理念,放宽准入条件,设置"绿色通道",提供预约、靠前、上门、跟踪、代理等优质服务举措,投资软环境进一步优化,市场准入更加方便、快捷。截至11月,全市新设立个体工商户2614户、企业308户。其中,有限公司179户、农民专业合作社51户。全年办理股权质押登记24起,质押股权融资超亿元。全年共登记开业状态个体工商户13570户,各类企业2792户。

【商标、广告管理】 2010年,商标广告管理工作坚持以商标策略提示书、商标法律告知书、商标注册申请建议书和注册商标档案、未注册商标档案、闲置商标档案的商标为内容的"三书三档"制度,注重做好"驰名商标、著名商标"品牌的扶持工作,鼓励企业制定、实施"品牌战略"。全年为企业和个人免费查询商标600余件,指导企业商标新注册70件、续展15件、转让3件、变更3件;指导11家企业新申报、5家企业申请续评"著名商标"。10月,湖南韶峰服饰有限公司的"韶峰SHAOFENG及图形"商标,被国家工商行政总局商标局认定为"中国驰名商标",湖南省醴陵市吉利鞭炮烟花有限公司的"传奇+字母+图形"等新增的16件商标,被湖南省工商行政管理局认定为"湖南省著名商标"。年内,办理户外广告登记235起。此外,向本市市政府提出了"醴陵陶瓷"、"醴陵烟花"、"醴陵鞭炮"等5个地理标志证明商标注册的申请建议,并得到了市政府的肯定,申请相关工作开展顺利。

【消费者权益保护】 2010年,以"消费与服务"年为主题,充分发挥"12315"申诉举报中心及消费者委员会快速处理消费者投诉的作用,大力开展消费者权益保护工作,充分利用各类新闻媒体发布消费警示、指导,努力提高消费者的安全消费意识。年内,开通了"12315"、"23240315"消费者申诉举报电话,全天候、全方位受理消费者(申)投诉。全年消费者委员会共受理消费者投诉981件、解决967件、解决率为98.5%;接待消费者来电、来访咨询3151人次,为消费者挽回经济损失62.4万元。"12315"申诉举报中心共受理消费者申诉153起、受理举报68起,受理咨询47起,检举2起。市消费者权益保护股针对消费者关注的热点问题,牵头组织了"家电下乡"、建材、房地产、液化气石油、汽车销售等专项市场整治行动,全年开展经营户专项检查2837户,出动执法人员596人次,立案12起,涉案金额47万余元。

【消费安全监管】 2010年,强化食品安全监管,在开展食品安全市场专项整治的同时,深入经营户群体中开展宣传教育,引导其增强食品安全责任意识,并要求经营户在经营中做到"货源清、去向清、仓储清、关系清、质量清"。全年在全市范围内开展节日食品市场安全大检查行动13次,共出动执法人员1123人次、检测车辆68台次,检查经营户3799户次,检查批发、集贸市场等192个次;取缔无照经营户68户,捣毁制假售假窝点3个,责令下柜不合格食品244.3公斤,查获假冒伪劣食品1494公斤,销毁不合格食品79.3公斤;新闻曝光假冒名烟名酒,严查白板肉,查扣假"王老吉",捣毁地下竹笋作坊、"早产"月饼下架、销售假冒"娃哈哈"等。通过食品市场安全大检查行动,有力地打击了不法经营者的嚣张气焰,有效地维护了食品市场秩序。

【市场管理】 2010年,为切实维护市场秩序,促进市场繁荣,加大了对农资市场、网吧和学校周边环境等市场的监管力度。开展了"红盾护农"行动,认真落实农资商品市场准入制、巡查制和监管责任制,督促农资经营户落实了"两账两票一卡一书"制度,严厉打击无照经营、制假售假、虚假宣传等农资违法经营行为。全年农资市场监管共出动执法人员108人次,检查农资经营户279户,查处涉农案件5起、金额5万余元,罚没3.3万元,有力打击了销售假冒伪劣农资的违法行为,遏制了不合格农资流入市场,切实维护了广大农民群众的切身利益。开展了查处、取缔"黑网吧"专项治理和校园周边环境综合整治等执法行动,共检查网吧966户,查处违法经营网吧15户,取缔黑网吧21户;查处学校及周边无照食品和餐饮经营户67户,收缴不合格食品150公斤。

【经济检查执法】 2010年,紧紧围绕整顿和规范市场经济秩序,充分发挥工商行政管理职能,以查处商业贿赂案件、打击非法传销、违反《中华人民共和国反不正当竞争法》的违法行为、打击假冒伪劣行为为重点,严格依法行政,不断拓展监管领域,加强行政执法能力建设,创新监管理念,推进以人为本的"和谐监管",积极服务地方经济发展。全年查处各类经济违法违章案件646起;开展打击传销执法行动49次、出动执法人员226人次、车辆67台次,查处取缔传销窝点及场所9个,遣散传销人员223人次。

【企业、个私经济监管】 2010年,以"创新工作方式、维护市场秩序、提供优质服务、助推经济发展"为目标,强化监管,服务发展,全力促进市场主体繁荣。开展了简化办事程序、提高工作效率,推行"绿色通道”、“一次性告知”、“限时办结”、“办事预约”等服务活动,开展了2009年度企业和个体工商户年检、市场主体普查、清理整治无证无照经营行为等专项行动,共清理无证无照户2004户,立案查处196户,罚没56万元。同时,根据市取缔无证无照联席会议制度,移送市城管局101户、市卫生局388户、市文化体育局28户。截至12月,全市有内资企业562户,私营企业2283户,外资企业51户,个体工商户13451户。

（易丽莎　何　芳）

市场管理

【概况】 2010年,市市场服务中心(以下简称“中心”)设综合协调股(办公室)、市场管理股、财计股和工会。辖湘东摩托车大市场、阳三石农贸大市场、新市场(龙盛商业街)和黄达咀、仙霞2个农村农贸市场。年末实有干部职工28人,其中在编干部11人、安置退伍军人7人、聘请人员2人、退休干部8人。全年实现市场管理收入102.3万元,为年计划任务的127.9%,比上年增加1.84万元、增长1.8%;上缴国税4.8万元;上缴政府20%的非税调控资金19.17万元;超额完成300万元的引资争项任务。在确保干部职工工资(包括退休人员政策性津补贴正常发放)的同时,为干部职工足额缴纳了社会统筹保险“三金”及住房公积金11.75万元;完成党建帮扶资金3.5万元;落实社区“创卫”指导资金1万元。

【市场调研】 2010年,是本市开展“城市三创”中的“创省级卫生城市”的关键一年,为了确保农贸市场顺利通过验收,遵照市委、市政府的有关精神和要求,扎实推进了“城市创卫”工作进程。5月,开展了对城区的太一市场、阳三石农贸市场、城南市场等10余个农贸市场的卫生、设施状况、市容环境等内容的调查走访。通过调查走访,发现普遍存在市场建设标准低、经营权属不明确、管理不到位、卫生状况差、占道经营和“四乱(即:乱搭乱违、乱牵乱挂、乱排污水、乱摆摊设点)”等问题。针对这些问题,撰写了“调查走访报告”并及时递交给了市“城市三创”办和市政府分管领导,提出了搞好农贸市场“创卫”的整治建议,为其领导决策提供了重要参考。

【市场改造】 2010年,为了加快阳三石农贸市场的改造步伐,加强了改造力度。一是借鉴经验。专程组织相关工作人员赴株洲钟鼓岭、贺家土农贸市场进行实地考察学习,借鉴其“创卫”经验,因地制宜地制订了市场改造施工方案。二是争取上级支持。根据阳三石农贸市场的实际情况,及时向市政府和市“城市三创”办汇报了情况、提出了合理化建议,主要争取政府的政策、资金扶持。三是采取先垫资建设。在资金未到位的情况下,采取先垫资建设。通过与工程施工队协商,在工程结束后,由市财政局评审中心按实验收并予以结算。8月,阳三石农贸市场的改造工程动工。按照市“城市创卫”标准和要求,对市场地面、摊位、下水道、供水设施及水电等市场基础设施进行改造。9月下旬,改造工程顺利完工。整个工程耗资35万余元,改造市场面积近1000平方米,内设经营摊位90余个。

【安全生产】 一是建立健全了安全生产组织机构。成立了以单位一把手为第一责任人的安全生产领导小组,并配备了专(兼)职安全员。二是层层签订了安全生产责任状。中心与各股室、市场站,各市场站与经营户层层签订安全责任状,做到责任明晰,任务分解到位。三是开展消防安全检查排查工作。全年有针对性地开展各类安全检查24次,排查安全隐患1处,下发整改通知书1份。四是加大了安全生产宣传力度。6月,在湘东摩托车市场组织开展了以“关爱生命、安全发展、构建和谐市场”为主题的宣传日活动,发放宣传资料500余份,受到了经营户和过路群众的广泛赞誉。五是加强消防知识培训。9月,组织50余名经营户和机关干部聆听了省消防协会巡回演讲员的安全防范讲课,安全防范意识得到显著增强。

【机关建设】 一是健全了机关管理制度,形成以制度管人、管事制度。二是启动了廉政文化长廊建设。在中心办公楼制作了宣传栏,张贴了廉政图片、警示格言,营造了风清气正的廉政氛围。三是改造了机关办公楼。年内,筹资30万余元,对机关办公楼进行了翻新改造,有效地改善了干部职工的办公环境。

（卢明耀）

劳动和社会保障

【概况】 2010年,市劳动和社会保障局辖市社会劳动保险局、劳动就业管理局、医疗保险局、工伤保险局、劳动监察大队5个二级机构。内设办公室、工会、仲裁股、工资福利股、财务基金管理股、基金稽核监督股、信息中心、工伤认定股。年末,有在职在编职工78人。其中,劳动和社会保障局16人、社保局29人、就业局9人、医保局13人、工伤保险局5人、劳动监察大队6人。

【社会保险】 2010年,有608家企业参保企业养老保险,参保人数45639人,新增12450人,共征缴基金1.8亿元。机关事业养老保险参保单位有216家,参保人数12232人,共征缴基金7928万元。失业保险参保人数23003人,共征缴基金550万元;全年为失业人员发放失业保险金383万元。基本医疗保险参保单位592家,参保人数62589人,共征收基金5018万元;全年支付医疗保险费6102万元。城镇居民医疗保险参保人数87825人,共征缴基金830万元;全年支付医疗保险费494万元、住院费补偿率达60%。生育保险参保人数 23223 人,共征缴基金 155 万元;全年支付生育保险待遇金 92 万元。工伤保险参保单位 748 家,新增 9641 人,共征缴基金 1410 万元;全年支付工伤保险待遇 1925 万元。年内,为 20730 名离退休人员足额累计发放养老金 2.79 亿元,养老金社会化发放率达 100%。启动了被征地和新征地农民基本生活保障,全年为 3041 名符合发放条件的被征地和新征地农民支付生活保障待遇 365 万元。

【就业工作】 2010 年,全市城镇新增就业人数 6506 人。下岗失业人员再就业 3302 人,其中就业困难对象再就业 800 人。全年新增劳动力转移就业 18133 人。对 79 户零就业家庭提供了就业援助和资金扶持。年内,为 7348 人办理了社保补贴、金额 1257 万元。全年为 49 名自主创业人员办理小额担保贷款 425 万元,为 370 名劳动者提供了免费创业培训。

【培训工作】 2010 年,培训工作以本市产业结构和用人单位用工需求为出发点,共举办各类培训班 90 期,开设了陶瓷、烟花、计算机、汽车驾驶、机械加工、缝纫、电焊工、摩托车维修、电子电器、保育、车工、平面设计等专业。参加培训总人数 7046 人次,其中下岗失业人员再就业培训 3276 人次、农村劳动力转移培训 3400 人、创业培训 370 人次。通过各类培训,劳动者职业技能明显提高,全年参加技能鉴定人数 3200 人,其中有 3147 人获得技能资格证书。

【公共职介】 2010 年,公共职介服务中心共举办招聘会 12 场,共有 324 家企业参加,提供就业岗位 21940个。全年为 8 万余人提供了就业服务,基本实现了“服务就业、服务产业、服务发展”的工作目标。

【劳动监察仲裁】 2010 年,劳动争议仲裁机构处理各类劳动争议案件 69 起,立案率、结案率、准确率 100%。工伤认定案件 537 起,劳动能力鉴定 38 件。劳动监察队受理群众投诉案件 80 起,为 1026 名农民工追回工资、押金共计 132.8 万元。9 月,联合市建设部门开展了农民工工资支付专项检查行动,对全市“四小”企业的用工情况进行拉网式排查,对违规违法企业进行了教育或责令整改;对情节严重者,按有关规定实施了处罚。

【劳动工资管理】 2010 年,共办理退休人员劳动工资 1130 人。从 1 月 1 日起,根据株洲市劳动和社会保险的有关政策和规定,对 2009 年 12 月 31 日以前退休的 14177 名退休人员进行了待遇调整。调整后,退休人员人均月增加养老金 125 元,人均养老金为 1067 元/月。

【基金监督】 2010 年,全市共征缴基金 3.8 亿元,上级配套和争取资金 10139 万元,支出 3.9 亿元。为加强基金管理,对 5 大险种(即:养老、医疗、工伤、生育、失业)基金的收支、管理、运营等情况进行了专项治理和现场监督,建立健全了内控制度,堵塞了基金管理漏洞。全年查处骗保案件 6 起,涉案资金约 17 万元;社保基金的规范运作率、安全完整率分别达 100%。

(巫 杨 彭 鑫)

质量技术监督

【概况】 2010 年,市质量技术监督局内设办公室(法规)、计财股、地理标志产品保护办公室、监督管理股、标准质量信息股、特种设备安全监察股、食品安全监督管理股、瓷器监督管理股、烟花鞭炮管理股及稽查大队。局机关有行政编制 11 人,稽查编制 10 人。辖质量监督检验及计量检定所,有事业编制 27 人。

2010 年,是质量技术监督局应对挑战、经受严峻考验的一年,也是克难奋进、加快发展的一年。在省、市局的关心指导下,认真贯彻党的十七大会议精神,全面落实科学发展观,提升适应市场经济体制的监管把关和技术服务能力,切实增强质监工作对经济社会发展的有效性,各项质监事业较为健康地发展。

【行政执法】 2010 年,综合行政执法共出动执法人员 1930 人次,检查企业 1070 余家,处罚 60 家,立案 18 起。受理投诉 29 起,其中 5 万元以上大案 2 件。行政复议、诉讼件 1 件,结案率达 100%。查获各类假冒伪劣商品价值达 98 万余元。通过综合行政执法,进一步增强了企业的法律意识和观念,也初步树立了“科学公正、廉洁高效”的良好质监形象。

【实施“名牌战略”】 2010 年,继续加大推进实施“名牌战略”的力度,召开了全市质量工作会议,实施质量提升和名牌工程。市华联、红瓷典等 22 家瓷业企业,分别获得了由国家质检总局颁发的“核准使用国家地理标志保护产品专用标志”认证。组织申报了市神舟防水有限公司省名牌和顺鑫面条厂、凤王山泉水厂、故纠青产品有限公司、东保石油液化气有限公司 4 家株洲市名牌。有市德园蜂业、向阳面条厂、华瑞食品厂等 17 家企业的 17 种产品,通过了食品生产许可证换发证,湖南神舟防水有限公司等 3 家企业通过了工业产品生产许可证申报;帮助市阳光电线厂通过了 3C 认证、市功勋机器厂获得计量器具生产许可证;帮助 1 家企业通过了 ISO 9001 质量管理体系认证,并以“日用炻瓷”地方标准申报了优秀科技成果奖。

【推进地方标准化工作】 “日用炻瓷”是 2008 年经省局立项的地方标准制定项目。2010 年 11 月,省质量技术监督局组织相关专家在醴陵召开了湖南省“日用炻瓷”地方标准审定会。经过审定,该标准具有较好的适应性、科学性和可操作性,达到国内先进水平,一致同意并通过该项目的审定。此项标准的制定,有利于完善国内日用炻瓷生产标准,有利于醴陵日用炻瓷产品生产经营市场的统一规范,提高醴陵日用炻瓷生产企业的产品质量和管理水平,对生产企业具有十分重要的现实指导意义。

【监督管理】 2010年,定检计划企业为699家,其中抽查了613家企业、616批次样品,完成全年定检计划任务的99.5%。其中,613批次样品中,有512批次抽检合格,合格率为83.5%。

【计量标准基础】 2010年,扎实开展了计量标准的基础工作,进一步夯实了计量工作基础,不断提高了计量工作水平。全年检定日用瓷、电瓷、食品等企业180余家,检测各类计量器具1万余台(件)。其中,加油机1022台(件),天平、砝码300余台(件),压力表1100余台(件)、汽车衡62台(件)、医疗卫生系统各类计量器具400台(件)、小型衡器703台(件)、里程表2600台(件)、出租汽车计价器400台(件)、燃气表6000只、厂矿计量器具6180台(件),商品净含量抽样检测58个批次。强检计量器具受检率达98%。

【标准、代码工作】 2010年,深入企业展开了标准化活动调查、审查,采取与机构代码年审相结合的方式,审查企业标准的有效性和合法性。并与QS办证相结合,审查食品标签标识是否符合国家强制性标准要求。年内,办理企业标准审查510家、企业标准备案16项,办理组织机构代码证书1014家(其中新增519家、换证585家),办理组织机构代码年审1926家。在电子文档和数据清理工作中,共清理沉淀数据345家,办理电子档案扫描3334份。

【特种设备监察】 2010年,签订《质量安全责任书》110份,完成特种设备检验348台(件),检验覆盖率达90%。下达《安全监察指令》16份,查出安全隐患100余起,整改率达100%。开展特种设备安全大检查12次,辖区特种设备安全“零”事故。

【食品企业监管】 2010年,进一步加大了全市食品企业监督管理,确保了食品的质量源头安全,为全市市民提供了可靠的安全食品。进一步建立完善了食品质量安全监管长效机制,与127家食品生产加工企业(小作坊)签订了“食品安全承诺书”,取证企业年审率达100%;企业获证后监管面达100%,建档率达100%,食品添加剂备案率达100%。年内,组织举办食品行业从业人员培训班1期,参培人员65人。

【烟花鞭炮监管】 烟花鞭炮产业是本市“花炮之乡”的拳头、支柱、传统产业,全市拥有规模以上烟花鞭炮企业193家,实现总产值126.22万元、销售产值123.92万元;全年出口花炮2767万箱,烟花鞭炮产业上缴税金14987万元,占全市财政总收入的7.4%;其质量安全监督管理工作是全市安全工作的重中之重。年内,为了抓好此项工作,局领导十分重视,进一步加强了烟花鞭炮质量安全的监督管理,做到了从源头抓起,以确保全市烟花鞭炮的安全。针对全市面广、量多、规模不一的企业状况,加强了全市烟花鞭炮及原材料、烟花鞭炮机械产品的定期监督抽检。全年共抽查烟花鞭炮480批次、烟花鞭炮机械产品16批次、原材料样品8批次。通过各类产品的抽检,合格率达82%。

【综合执法打假】 年内,结合元旦、春节、“3·15”、五一等节日期间,对全市生产加工企业、超市开展了全面检查,对实行生产许可证管理的食品生产加工企业加大了监管力度,继续加大强制性产品认证管理产品的查处力度,制定了全年专项打假方案。全年开展食品专项整治2次、建材市场专项整治1次、农资专项检查1次、无证产品检查1次、特设安全检查12次。加强了受理投诉工作,加大了为民解难、确保人民生命财产安全的力度。针对市某银行在经营活动中使用防伪票证产品进行了立案查处,并处以罚款8万元;在本市某知名上市公司生产经营的食品的监督检查中,发现该公司酱卤肉制品生产加工车间,加工制作的酱卤肉制品未经检验入市销售,实施了立案查处,最终促使其整改并处以罚款13万元。

【法规宣传】 2010年,全市质量技术法律法规宣传工作力度进一步加大,按照市“质量兴市”战略的工作部署和要求,扎实推进了法规宣传工作进程。利用“质量月”、“3·15”消费者权益保护日等活动,分别在报纸、杂志、街头等媒体,全方位宣传质量法律法规及有关质量知识,使“质量兴市”活动深入人心。 (陈英姿)

安全生产管理

【概况】 2010年,醴陵市安全生产工作全面贯彻落实“安全生产年”各项工作措施和要求,以计划执法、日常监管、隐患排查治理、第二轮行政许可、打击和取缔非法生产、宣传教育和科技兴安“七个抓手”为重点,达到了安全生产事故总数、死亡人数双下降,亿元GDP事故死亡人数为0.121人,保持了全市安全生产稳定好转的良好态势。年内,醴陵市被湖南省评为2010年度“安全生产监督管理工作先进县(市)”、市安全生产监督管理局分别被评为湖南省“安全生产监督管理工作先进单位”和株洲市“安全生产监督管理工作红旗单位”。

【安全生产】 2010年,市财政落实安全生产专项经费500万余元。组建了由市公安、安监等21名干部联合执法的市安全生产打非联合执法大队,在南桥、富里、白兔潭、浦口、王仙、王坊、东堡、板杉、大障、均楚、官庄11个花炮、矿山主产区乡镇,新增22名专职安全员。截至12月底,全市安全生产监管人员增至2700人。

【打非治违】 2010年,大力强化煤矿、非煤矿山、危险化学品、烟花爆竹、建筑施工、消防火灾、道路交通等重点行业和领域的安全生产专项整治,全年出动安全执法、监管车辆1260台次,检查各类生产经营企业3294家次,排查各类安全隐患5972处。通过专项执法治理的有力打击,先后取缔非法生产经营企业464家(户),治安拘留非法违法生产经营者186人次,刑拘10人。

【行政许可证管理】 2010年,为全市331家烟花爆竹企业换发了“安全生产行政许可证”。同时,在行业中开展了整改评价工作,对存在安全事故和隐患的花炮企业或经营户,强力实施停产停业整顿和下达安全生产整改意见书,有力保证该行业的安全生产。在对花炮行业整顿、提升过程中,全市烟花爆竹企业法律法规、安全生产观念进一步得到加强,整改积极性明显提高,全年花炮行业投入整改资金3.2亿余元,通过整改提升产能12亿余元。同时,企业安全生产条件、形象和产能均得到大幅提升。

【宣教培训】 2010年,全市共组织安监干部培训200余人次,组织法人代表、安全员、特种作业人员培训1662人次,深入36家企业开展全员培训2875人次。为了进一步深化安全生产的宣传、加大宣传力度,全年利用短信平台向全市安全监管人员、企业法人、安全员和特种作业人员累计发送提示、安全预警信息30万余条,发放安全生产咨询宣传资料4000余份、宣传手册2400余册,制作宣传板报70余块,悬挂宣传气球200余个。

(蒋申慧)

花炮质量监督检测

党工委书记 汤乐田
主　　任 贺小玲(女)
常务副主任 唐炳祥(2010.4任)
肖湘杰(2010.4止)
纪 检 员 邹海峰(2010.4任)

【概况】 2010年,农业部烟花爆竹质量监督检验测试中心(醴陵)(以下简称“中心”)内设办公室、检验一、二科。有职工24人,其中高级职称3人、中级职称7人、初级职称14人。主要负责服务客户、委托检验、客户投诉、报告发放、出厂检验,样品制备、化学分析、物理性能测试及仪器设备的管理、维护、检定、建档和更新计划的编制。截至12月,中心拥有固定资产600万余元,有检测仪器设备67台(套),有实验室面积2563平方米。

【监督检验】 2010年,中心严格按照国家烟花爆竹标准进行检测,全年完成国家、省级监督检验计划650批次,完成委托样品检验200个,为市内有关烟花爆竹企业进行出厂产品常规检验605批次,检验烟花爆竹出厂内销产品493.01万箱、98390批次,超年初计划任务的23%。另外,完成株洲市质量技术监督局送样检验。

【药物专项抽查】 2010年12月,按照国家安监生产管理总局安监总厅管三《国家安全监管总局办公厅关于开展2010年度烟花爆竹药物安全检测工作的通知》的部署和要求,中心先后抽查了广东(28家)、四川(60家)、贵州(58家)三省、24个地方共146家烟花爆竹企业(其中生产企业47家、批发企业99家),共抽查烟花爆竹产品724批次(其中烟花产品286批次、爆竹产品438批次)。经抽检,三省企业合格率为82.9%、产品抽查合格率为93.8%。其中,广东67.9%、四川86.7%、贵州86.2%;三省的产品合格率分别为广东89.9%、四川95.6%、贵州94.3%。

【项目建设】 2010年,中心争取了工信部项目《醴陵市烟花爆竹公共服务平台建设项目》。该项目秉着“面向全社会、立足花炮产业、服务经济建设、促进技术进步”的宗旨和实现跨越发展的建设要求,通过更新、增添先进设备,不断提高技术水平和检测人员素质,使花炮产业技术服务工作再上新台阶。逐步把中心建设成为“质量鉴定评价中心、市场商品信息中心、技术咨询服务中心和花炮人才培训中心”。通过服务平台项目建设,促进了生产优质花炮产品,更好地为花炮企业服务和面向全国近4000余家花炮企业提供技术、检测、培训服务。

(梁　杰)

招标投标管理

【概况】 2010年,市招标投标管理局设建设工程监管股、政府采购监管股、执法稽查股、办公室、招标投标交易中心和政府集中采购中心。主要负责对全市建设工程和政府招标投标活动进行管理的政府直属正科级事业单位。全年完成交易项目91项,总交易金额8.11亿元。其中,建设工程53项、交易额6.69亿元,节约财政性资金4229.29万元,财政投资项目资金节约率7%;政府采购38项、交易额1.42亿元,节约财政性资金217.96万元,节约率2%。

【招标优化服务】 一是扩大公开招标范围。严格按照市有关招标工作政策和规定,“凡是30万元以上的国有投资项目都必须公开招标,公开招标的项目必须要有7家企业以上报名才能开标”的规定执行。二是试行融资招标办法。为加快项目建设和经济发展提供支撑,针对融资建设项目,推出了“先公开招标确定融资业主,再进行邀请招标确定施工单位”的办法,得到上级和招标人的高度评价。三是

醴陵市安全生产监督管理局

2010年，醴陵市安全生产工作以计划执法、日常监管、隐患排查治理、第二轮行政许可、打击和取缔非法生产、宣传教育和科技兴安“七个抓手”为重点，实现了安全生产事故总数、死亡人数的双下降；亿元GDP事故死亡人数为0.121人，保持了全市安全生产稳定好转的良好态势。全年花炮行业投入安全生产整改资金3.2亿余元，通过整改提升产能12亿余元。年末，醴陵市被湖南省评为“2010年度安全生产监督管理工作先进县(市)”，本局分别被评为湖南省“安全生产监督管理工作先进单位”、株洲市“安全生产监督管理工作红旗单位”。

市长蒋永清在局长张建庚等的陪同下到基层督查安全生产工作

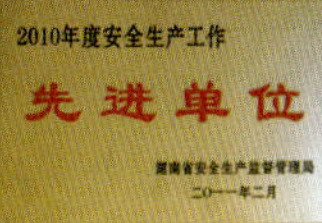

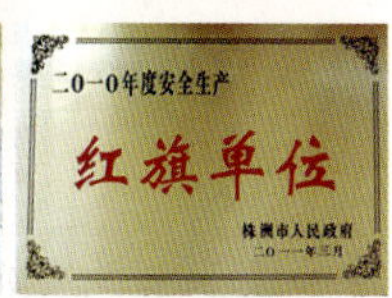

局机关领导、干部接受警示教育

“安全生产月”宣传活动启动仪式现场
(图中为副市长廖宏力、左二为安监局局长张建庚、左一为书记王国峙)

局长张建庚到煤矿企业督查安全生产工作

◀宜章县副县长丁邦柱（右一）一行到醴陵参观交流安全生产工作

醴陵市人口和

局　长　李冬汉

2010年，市人口和计划生育局在市委、市政府的正确领导下，坚持以科学发展观为统领，按照“提质固本谋发展、务实创新求突破”的总体思路，以“阳光管理、执法破冰、生育关怀”三大战役为抓手，采取年度考核与阶段性考核、常年性抽查相结合，部门、乡镇、村级考核相结合的办法，努力提高人口和计划生育工作整体水平，取得了“四喜临门”的好成绩。年末，本市荣获全省“人口和计划生育工作优质服务先进单位”、“综合治理出生人口性别比偏高问题工作先进单位”、“全员人口信息化建设工作先进单位”，囊括了省级人口计生工作的综合奖和单项奖。本局被评为“全国人口和计划生育系统先进单位”、“株洲市文明建设先进单位”。

书　记　廖传飞

团结务实的领导班子

◀ 办公大楼一角

人口和计划生育公益宣传广告牌

计划生育局

省人口计生委主任李万郴（右四）到醴陵视察民营企业计生工作留影

局长李冬汉（右一）向省人口计生委纪检组长何国华（左二）汇报工作

株洲市计生委主任汤少云（左四）到醴陵考察工作

▶2010 年，全市人口和计划生育工作总结表彰大会

局长李冬汉（左二）深入基层计生办督查

◀醴陵市人口和计划生育工作汇报会

株洲市人口计生委主任汤少云（左三）到醴陵检查计生工作

醴陵市阳三石

办事处领导班子成员（图中为党工委书记肖建辉、右八为主任李友鹏、左七为人大工作室主任杨占文）

办领导亲临拆违现场，指导拆违

阳三石街道办事处位于城区东南部。下辖7个行政村、3个社区居委会，总人口4.35万人。辖区以炻瓷、日用瓷、箱包、机械、食品加工、房地产、物流为主导产业，产业集群初具规模。年内，围绕全市中心工作、“城市三创”、重点工程、计划生育、安全生产等各项工作均有突出成就，全办上下呈现经济社会和谐发展的良好局面。全年完成各项税收2.19亿余元，比上年增加4812万元、增长28.1%；城镇居民人均可支配性收入达1.85万元、增长12%，农民人均纯收入达9395元、增长11%；全年新增规模企业2家，规模工业实现总产值28.48亿元、增加值10.82亿元。办事处连续两年被市委、市政府评为经济发展综合实力“五强乡镇（街道）”和文明建设“红旗单位”。年内，在株洲市计生创模工作现场会上作典型发言。

渌江大道（三期工程）竣工

街道办事处

新落成的湘运醴陵汽车中心站投入使用

境内企业——兆荣瓷业一角

新建的企石村村委会大楼

境内五环都会小区一角

全办经济工作再动员大会

全办安全生产工作会议

全办安全生产、应急管理培训一角

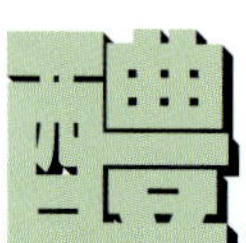

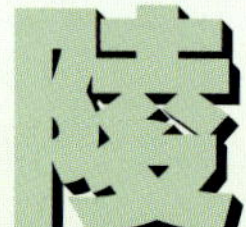

局　长　苏承蒲

书　记　胡更新

2010年，市粮食局主要负责全市粮食流通宏观调控、粮食行业管理、粮食行政执法和地方储备粮管理。全年查处粮食流通统计制度案件2起，查处无证收购粮食案件18起。完成储备粮2200吨，共收购粮食10.64万吨，加工大米5.94万吨，销售粮食11.49万吨，实现利润20万元；完成招商引资1800万元；共流转土地1333.33公顷。年末，被株洲市粮食局评为“全市粮食供需平衡调查工作”、“粮食行政执法”先进单位。

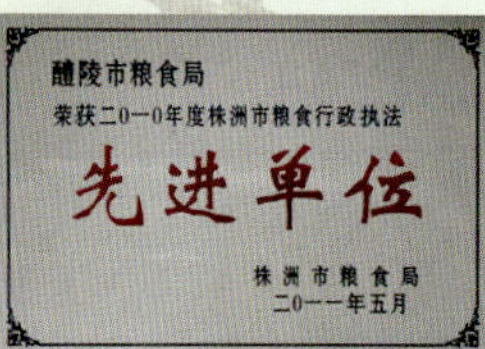

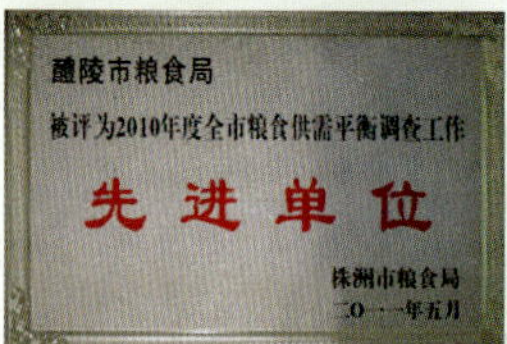

科（股）室以上领导、负责人正在研究粮食发展大计

办公大楼一角

下辖的金穗宾馆一角

下辖的来龙门超市一角

▲超市商品琳琅满目

醴陵市人事局

局领导班子成员（左起：副局长陈彩霞、局长邓少仁、副局长孙开满）

2010年，醴陵市人事局认真发挥职能作用。全年全市招录公务员64名，选拔4名应届高校毕业生充实基层一线。全年全市分别有113人（其中陶瓷、烟花高级工艺美术师52人）、338人（其中陶瓷、烟花工艺美术师87人）通过高级和中级职称评审。截至12月，全市有陶瓷、烟花高级工艺美术师83人。年内，全局围绕市“三大战役”目标，认真做好政府绩效评估暨“为民办实事”考核工作。全年投入“为民办实事”经费4.87亿元，比上年增加1.47亿元、增长43.4%。年内，协同市劳动和社会保障局整合资源，加大人才市场现场招聘力度。全年通过招聘会和网络平台分别与1054人达成招聘意向。

市委常委、组织部部长刘伟等到局指导人事人才工作

新春大型招聘会

全市非公企业中级职称评审会现场

株洲市非公企业中级职称评审会在醴陵举行。图为评审现场。

鑫发 醴陵市鑫发运

董事长、总经理　李运生

领导班子研究公司发展大计

董事会成员

醴陵市鑫发运输实业有限公司于2002年由“醴陵市航运公司汽车运输分公司”改制重组而成立。下设株洲吉达运输分公司、炎陵汽运分公司、醴泉加油站、醴泉天然气加气有限公司等多个经济实体。有从业人员700多人，其中高、中级技术人员28人，大专本科生18人。

改制近十年来，公司已从一个濒临倒闭的单一运输单位快速发展成为一个以汽车客运为主，以商贸、房产为两翼的极具开拓创新能力的成长型企业。现有注册资本1375.66万元，具备交通运输部、省交通运输厅认可的从事一类客运班线经营资质；拥有客车经营线路100多条，高级客车30余台，中级（普通）客车150多台，出租车100台；年载客量达1150万/人次以上。公司曾先后获省“守合同、重信用先进单位”，株洲市“交通安全生产先进单位”，醴陵市“纳税大户”、“社会综合治理先进单位”、“安全目标管理先进单位”、“爱心企业”等称号。

输实业有限公司

春运动员、总结表彰大会

机动车综合性能检测站

公司客运车辆整装待发

业务大厅

公司的经济实体——天然气加气站

公司房产开发项目

公司的经济实体——加油站

醴陵市西山

党工委书记　程高翔

主　任　周细平

人大工作室主任　陈　林

西山街道办事处地处市城区西南，是全市的政治中心。辖区总面积38平方公里。下辖万宜、石成金、石门口、滴水井等9个行政村和财源塔、书院等4个社区。年末，有常住户1.2万户、4.1万人。辖内有市属以上行政事业单位48个。

全年实现工农业总产值27.48亿元，比上年增长32.2%。其中,规模企业实现总产值11.89亿元。实现财政收入8608万元，比上年增长32%。其中，地税入库3362万元、增长56%；国税小规模入库746万元、增长20.1%。城镇居民人均可支配性收入、农民人均纯收入分别达1.85万元、8030元，分别增长14.55%、16.1%。年内，南门中学被中国生命关怀协会授予“关爱生命先进单位”，南门中学家长学校被评为“省级示范学校”。

办事处参加市红歌赛场景

街道办事处

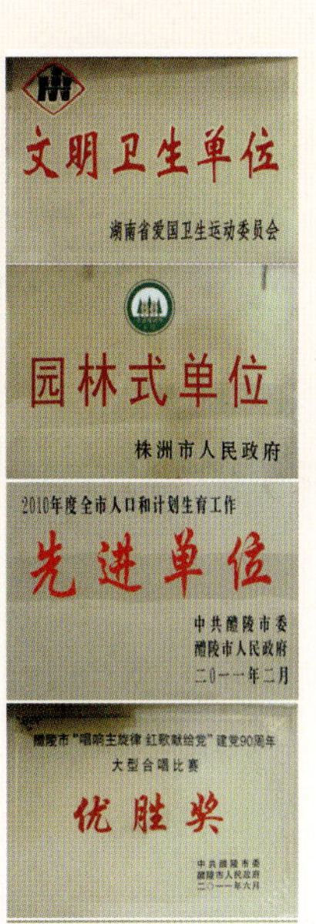

团结务实的办领导班子成员

办事处办公楼

省、株洲市人大代表到本办调研

机关干部义务植树

拆除违章建筑

中共醴陵市委党校

校　长　邹明麟

中共醴陵市委党校、醴陵市行政学校是一所经省级验收合格的县（市）级党校，2010年顺利通过省级党校办学水平评估，并被评为甲等党校。校园面积2.33公顷，现有教职工34人，在职在岗14人，其中高级讲师5人，讲师7人，助讲2人。学校年干训能力3000人。内设办公室、教研室、干部培训办公室、总务室4个职能股室。学校环境优美，设施配套，功能齐全，是全市干部培训中心和会员中心。

团结奋进的领导班子成员

全市新闻宣传干部培训

校大门

专业技术暑期培训

校园规划鸟瞰图

醴陵市人民防空办公室

2010年，全市人防工作以深入开展“创先争优”活动为契机，紧紧围绕市委、市政府“争一进百、科学跨越”工作目标，坚持以“三大战役”为工作重心，紧扣年初确定的目标任务，齐心协力、真抓实干，各项工作取得了明显成效，人防事业呈现出良好的发展势头。年内，内设综合、工程、通信警报3个股室。有在职干部职工12人；新增防空警报器1台、通信指挥车1辆，进一步提高了人民防空的应急通讯指挥能力。全年对全市各个警报点实施了维护责任人，实行了月巡检制度。10月，聘请专业技术人员对通信网络进行了全面检修和保养，确保了警报设施处于良好的战备状态。严格执行战备值班制度，确保指挥通信网络畅通。11月1日，成功组织了一年一度的警报试鸣活动，警报鸣响率、音响覆盖率均达100%。

株洲人大副主任盛佑生、株洲市人防办主任褚彭明一行到本市检查人防行政执法工作。

建设中的人防综合指挥所

人防知识宣传

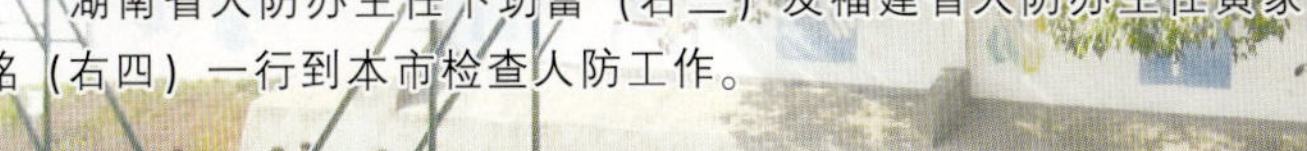

湖南省人防办主任卜功富（右三）及福建省人防办主任黄家铭（右四）一行到本市检查人防工作。

结合警报试鸣活动，在城北中学进行了人防应急疏散演练。

醴陵市黄泥坳街道办事处

人大工作室主任　彭国平

党工委书记　程曙光

主　任　黄振伟

2010年，黄泥坳街道办事处进一步贯彻和落实科学发展观，紧扣发展主题，经济社会各项事业取得长足进步。辖区整体陶瓷工业、房产开发、化工原料、建筑材料、鞭炮烟花等多产业配套协调发展；国瓷路、岳汝高速（醴陵段）、工业园区项目及房产开发等建设进展有序；全年累计投入150万余元用于“城市创卫”工作，辖区市容市貌得到明显改善；人口与计划生育、社会治安综合治理、安全生产等基础工作得到进一步巩固，民政及社会保障稳步推进。全年实现工业生产总值27.82亿元，其中工业企业完成产值26.77亿元。全年工业固定资产投入9.8亿元；招商引资1.86亿元；完成地方财政税收4515万元。年末，办事处被评为株洲市“人口与计划生育工作先进单位”；被本市评为“抗洪救灾、行政执法、招商引资、民政工作”先进单位。

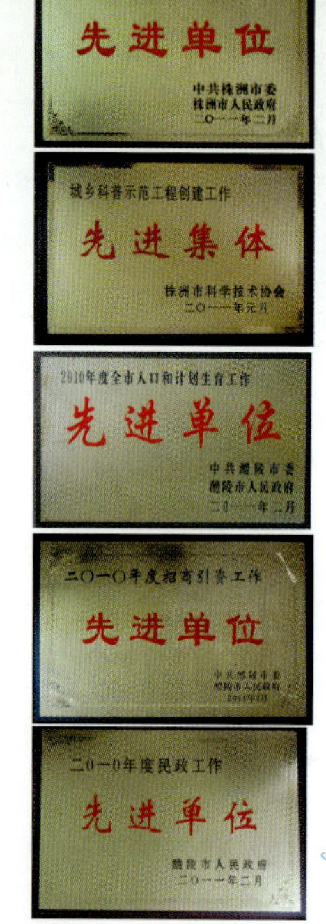

办事处班子成员

2010年工作总结暨2011年工作部署动员大会

机关干部义务植树

醴泉路掠影

辖内国瓷路通车典礼

“创园工作”有声有色。图为醴泉路（左）、国瓷路（右）绿化建设。

农业生产效果卓著。左图为百亩蔬菜生产基地一角；右图为粮食生产百亩示范长廊一角。

辖内工业园区一角

醴陵市统计局

LILINGSHITONGJIJU

局长、书记　丁全生

局领导班子成员

本市代表省接受第六次人口普查国检。图为全国“六普”工作检查组在市委常委、常务副市长刘正平、市统计局局长丁全生等的陪同下到船湾镇进行质量抽查。

全局工作人员

2010年全市年报工作会议

深入社区检查指导人口普查工作

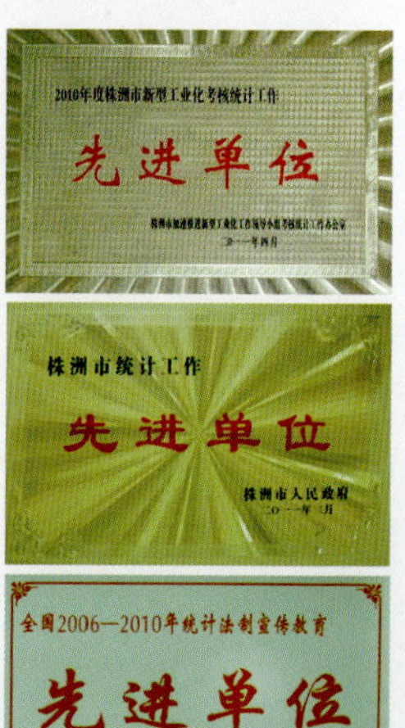

科技下乡宣传活动

在渌江河流域宣传打击毒鱼、电鱼、炸鱼违法行为。

监督检查市场动物产品

生猪尿样“瘦肉精”检测

局领导班子成员（中为局长付益秋，右三为书记戴海龙）

省、株洲市领导到醴陵检查畜禽水产品质量安全

农业部畜牧业司在醴陵召开生猪生产形势调研座谈会

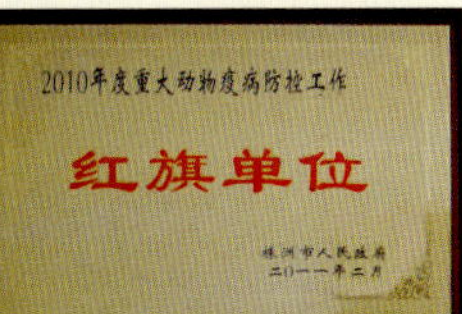

醴陵市城市建设

董事长　黄升开

醴陵市城市建设投资开发有限公司与市基础设施建设开发投资管理中心合署办公。2010年有在编人员10人，借聘人员8人。拥有注册资金1.29亿元，资产负债率为62.3%。全年公司共融资7000万元。其中,国瓷路4000万元、醴陵大道3000万元。全年拨付资金5630万元。其中,醴陵大道4000万元、宝塔路1000万元、渌江防洪堤300万元、江源大桥300万元、渌江大道30万元。通过大力融资，有效增加了市政府对城市建设的投入，极大地缓解了城建资金受“瓶颈”制约的矛盾。

左起：公司财务部部长李运良、副总经理颜艳军、书记邓金泉、董事长黄升开、总经理黄小勇、副总经理金铭、办公室主任匡谦益。

市污水处理厂一角

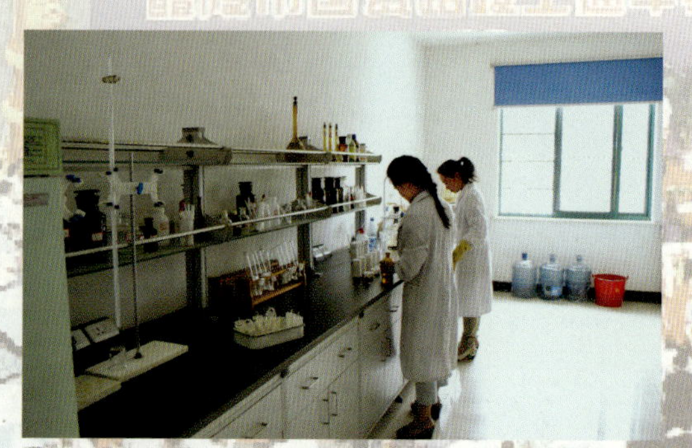
工作人员正在精心检验

投资开发有限公司

国瓷路（一期工程）已竣工。图为投入使用的国瓷路。

江源大桥掠影

人大主席　李明林

党委书记　周海军

乡　长　何春辉

醴陵市官庄乡

岳汝高速穿境而过。图为岳汝高速施工现场

碧波荡漾的官庄水库一角

官庄水库旅游景区。图为游客在景区戏水游玩。

官庄乡地理位置优越，交通便利，境内有县道醴官线、大石公路，距醴潭高速互通口仅12公里，岳汝高速（在建）公路穿境而过。

全乡地貌以山地为主，是全市林业主产区，有万亩林场——桃花林场。地下蕴藏着丰富的金、铜等矿产资源。有国家大Ⅱ型水库——官庄水库。库内景色秀丽，气候宜人，是休闲、度假、避暑、旅游的理想去处。有在册革命烈士227名。是原湖南省政府主席、第一任省长、全国人大常委会副委员长程潜和原湖南省政协主席程星龄、美籍华人钟武雄的故乡。全乡经济以农业为主，粮林并举。工业主要集中于矿产开采、鞭炮烟花、砖瓦、木材加工、竹木制品、农产品加工等。

官庄水库朝阳桥

醴陵市规划局

2010年，全市城乡规划工作围绕“高起点、高标准，科学规划”这一中心，突出“规划审批，严格执法”两个工作重点，充分发挥规划对城乡建设、产业发展的统领、引导作用，逐步实现打造山水园林特色生态宜居城市的宏伟目标。

年内，编制了《醴陵市第五次城市总体规划》，并获省人民政府审批；完成了《醴陵大道沿线控制性详细规划》和《沪昆高铁片区控制性详细规划》；编制了全市50个村庄整建规划，完成了东堡总体规划编制，以及白兔潭镇、王仙镇总规修编；组织编制了仙岳山文化景区规划、李铎艺术广场（左家洲）规划及玉瓷路、李畋中路、迎宾路、江南路、青云北路延伸段规划线型方案设计。全年全局在不断加强规划管理工作、积极推进“阳光规划”、确保各项建设严格按规划实施的同时，坚持以“关注规划、参与规划、监督规划、坚持规划”的宣传中心思想，积极开展规划宣传，扩大城乡规划影响面，增加城乡规划透明度。

局 长 丁 辉

专题向市人大常委会汇报全市第五次城市总体规划方案

市委副书记、市长蒋永清（中），市委常委、副市长易顶峰在局长丁辉的陪同下，视察市规划展示厅

◀“4·1”《中华人民共和国城乡规划法》宣传日活动

文庙规划效果图

中心城区用地规划图

醴陵市陶瓷烟花职业技术学校

校 长 郭米红

书 记 易 磊

醴陵市陶瓷烟花职业技术学校是由市人民政府主办、市教育局主管的中等职业技术学校，创办于1987年，前身为“渌江职业中学”。1996年更名为“醴陵市职业中等专业学校”；2009年更名为“醴陵市陶瓷烟花职业技术学校”。学校位于醴陵陶瓷科技产业园腹地，占地面积15.33公顷，校舍建筑面积4.5万平方米。现有教职工156人，在籍学生3455人；拥有固定资产总值4500万元。开设了陶瓷造型设计、陶瓷美术、花炮生产与管理、建筑施工与管理、汽车运用与维修等16个专业。目前，学校已进入国家重点中等职业学校行列，是湖南省示范性职教中心牵头学校，并多次获国家、省级殊荣。目前，学校实施“三步走”发展战略，朝着国家中职改革发展示范学校、湖南省示范性特色中等职业学校、全国100所国际对外交流标志性中职学校的目标奋进。

团结奋进的校领导班子

陶瓷烟花实训大楼

张林、贺科楷同学获2010年全国职业院校技能竞赛三等奖

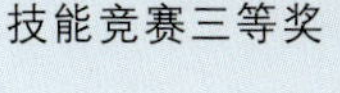

校长郭米红荣膺“2010年株洲市十佳校长”称号

陈细平老师（前排右四）在全国中职学校数学课程“创新杯”教师说课比赛中获一等奖

《弟子规》诵读比赛

财会专业学生技能竞赛

汽修专业学生技能比武

校文艺节目“五彩飞扬”在庆祝第26个教师节暨全市第三届校园科技文体艺术周活动中获一等奖。

醴陵市邮政局

局　长　易合超

由邮政局主办的全市“读书月”活动启动仪式

2010年，醴陵市邮政文化珍品鉴赏暨高端客户答谢会。中国收藏家协会副秘书长亲临现场。会上展出了珍贵的第一套人民币。图为鉴赏会现场及部分参展珍品。

局工作人员踊跃为玉树灾区捐款

营业员培训。图为培训老师正在演示迎客礼仪。

焕然一新的火车站、阳三石营业厅

醴陵市招标投标管理局

LILINGSHIZHAOBIAOTOUBIAOGUANLIJU

局　长　漆金凡

书　记　方家乐

局股室以上领导干部正在研究招投标工作

招标投标交易中心

2010年，市招标投标管理局设建设工程监管股、政府采购监管股、执法稽查股、办公室、招标投标交易中心和政府集中采购中心。全年完成招投标交易项目91项，总金额8.11亿元。其中，建设工程53项、交易额6.69亿元，节约财政性资金4229.29万元，财政投资项目资金节约率7%；政府采购38项、交易额1.42亿元,节约财政性资金217.96万元，节约率2%。

中国储备粮管理总

ZHONG GUO CHU BEI LIANG GUAN LI ZONG

党委书记、总经理　田立青

公司领导班子成员

公司地处湘东赣西的醴陵市，是中储粮湖南分公司唯一整建制上收实行垂直管理的中央直属企业。内设5个科室，下辖5个粮食收储站库和农业发展有限公司、饲料厂、粮油物流中心。占地面积32.62万平方米，房屋建筑面积12.1万平方米。拥有固定资产值1.5亿元。总仓容16万吨。有4条大米加工线，年产大米能力2万吨。有企业员工183人。

公司经营概念：贯彻落实科学发展观，以“完善土地流转，建设粮食生产基地”为中心，发展现代农业，着力打造粮食产业链工程。以“启动醴陵市为国家粮食生产储备基地县（市）”为契机，实现醴陵粮食生产的

公司醴陵购销公司

GONG SI LI LING GOU XIAO GONG SI

战略转型；以“拓宽经营渠道，深入企业改革”为手段，全面推动中央储备粮经济工作科学跨越发展。公司宗旨：确保中央储备粮数量真实、质量良好，确保中央储备粮储得进、调得动，维护农民利益，维护粮食市场稳定，维护国家粮食安全。

公司“十二五”规划：固定资产总投资达1.15亿元，兴建粮仓2亿斤；建成粮油交易批发市场1.4公顷；储粮能力达11万吨，大米加工能力达4万吨；实行农村土地流转，扩大粮食生产基地建设，规模种植优质稻；充分发挥湘东赣西物流中转及粮油交易市场的功能作用。努力建设集粮食生产、储备、加工、物流为一体的综合性中央储备粮企业。

中储粮总公司包克辛总经理（左三）、湖南分公司周毅总经理到醴陵考察中储粮工作

中储粮总公司副总经理姚瑞坤（右二）到醴陵考察新库建设

醴陵市南桥镇

人大主席　尹依文

党委书记　黎平华

镇　长　曾　敏

镇党政人领导班子成员

南桥镇是醴陵的边陲重镇、花炮之乡、名人故里。镇北与浏阳市毗邻，总面积98.7平方公里，人口4.2万人。全镇产业特色明显，主要从事烟花鞭炮生产及黄金矿产开采，共有工业企业95家，其中烟花鞭炮企业78家。2010年工商税收近3000万元，经济总量进入全市“五强”乡镇行列。南桥镇交通道路便利，有106国道、南洪县道、潼富县道纵横交列，村级水泥道路近200公里。镇域旅游资源丰富，陈明仁故居、原生态樱花基地、潼塘湘赣美食一条街等旅游项目远近闻名。南桥镇政府正在打造花炮产业集中建设区，协力构建“发展南桥、和谐南桥、平安南桥”。

◀镇领导慰问特困户

◀镇党委召开中国共产党成立90周年庆祝大会

驻镇企业——金利来花炮实业有限公司

驻镇企业——东方烟花材料制造厂

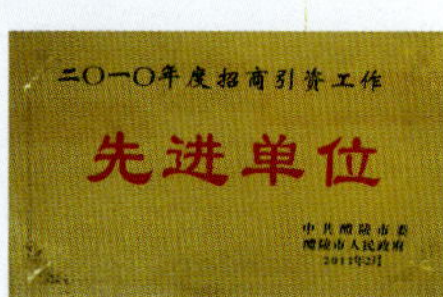

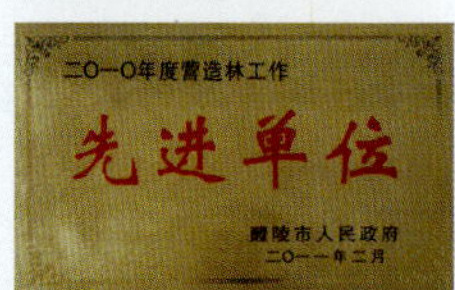

醴陵市林业局

局　长　张有余

局领导班子正在研究工作

市委书记谢清纯（左二）督导植树造林

省林业厅厅长邓三龙（左二）到醴陵视察林业工作

森林防火人员培训

株洲市森林防火工作会议在醴陵召开

森林防火演练

局大门

醴陵市白兔潭镇

人大主席　钟　敏

党委书记　凌　伟

镇　长　陈朝科

株洲市人大主任姜玉泉到白兔潭镇考察镇文化站建设

施工中的玄武大道。建成后将对接 G106 和白兔潭镇中心

田心村村级建设

"星子灯"表演。2007 年"星子灯"已成功申报为本市非物质文化遗产。

二〇一〇年度经济发展综合实力
五强乡镇(街道)

二〇一〇年度粮食生产工作
先进乡镇

二〇一〇年度社会治安综合治理工作
先进单位

醴陵市水务集团公司（醴陵市自来水公司）

水务集团公司总经理
自来水公司经理 胡兆霖

水务集团公司书记
自来水公司总支书 巫值良

集团、公司领导班子成员

送水泵房

净化池

清洁池

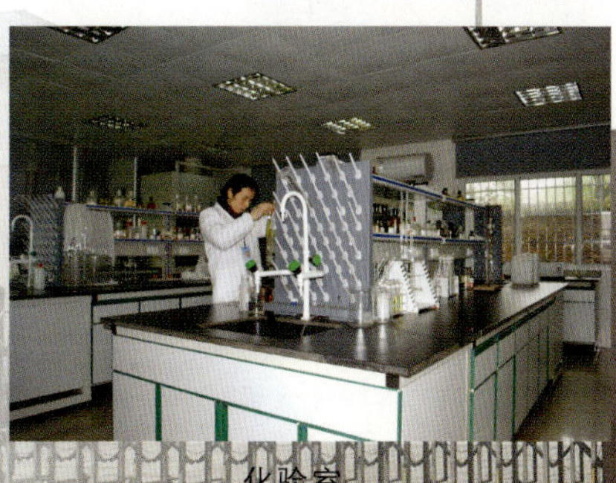
化验室

醴陵市国有资产管理局

局　长　谢新国

在仙岳山文化景区项目拆迁工作会上，市常务副市长刘正平作重要讲话

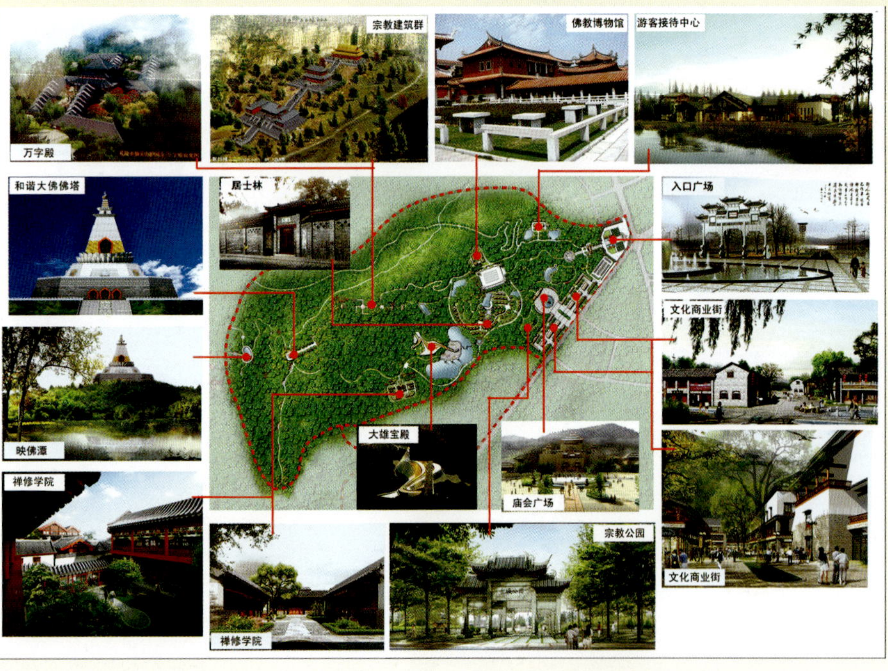

▲ 仙岳山文化景区项目于2010年立项。根据项目规划，景区将建成一个“以佛教文化、休闲度假和运动体验”为主要功能，以“山地森林生态、南禅佛学文化和湘东地域文化保护”为内容的国家“AAAA”级生态旅游景区。景区控规面积35.5平方公里，核心景区面积21.4平方公里，其中宗教组团面积3.28平方公里。2011年7月12日，醴陵市仙岳山文化景区开发建设有限公司成立。该公司由市国有资产管理局代表市人民政府全额出资，主要负责项目范围内的房地产开发经营，景区建设项目投资、管理、景区管理及景区内棚户改造。目前，仙岳山文化景区总体规划、宗教组团建设规划已经完成，部分建设已启动。

2010年，市国有资产管理局完成收入1.61亿元，其中资产处置1.58亿元、资产租金265万元；共收取历年资产拍卖旧欠款1400万余元。上缴财政3325万元、地税705万元；全年改制支出1687万元。年内，为107家行政事业单位办理406批次固定资产增加审批手续，全市累计新增固定资产4837台（套、件）、2894.31万元；缴纳“40、50”以上人员养老保险费1167.7万元、“40、50”以下安置托管养老保险费112.85万元；为市167家改制企业、25796名职工缴纳医药统筹费570万元，确保了改制企业职工正常享受医疗保险待遇。

坚持“两评审一上会”制度(即:财政、审计评审、部门会议)。项目入市前必须通过市财政、审计评审和市政府召集的相关部门会议,才能给予入市登记,否则不予办理。通过“两评审一上会”的实施,确保了评审的公正性,增加了项目的透明度,有效节约了财政资金。

【监督机制】 一是进一步加强建设工程领域突出问题专项治理。年内,对500万元以上政府投资和使用国有资金工程建设项目、3000万元以上非政府投资工程建设项目进行了重点抽查。省专项治理小组重点抽查了本市污水处理厂、湖电科技公寓楼、锦绣华联东岸小区财富铭城、百富花园、御江豪庭等建设项目。经检查,建设工程基本符合规定。二是夯实招投标各环节风险点排查与防范机制建设。在招投标各环节风险点排查和防范机制建设上,明确各股室负责人是第一责任人。紧密结合业务实际,从局领导班子成员、中层管理、一般服务岗位三个层次,对从招标项目的受理到合同履约整个业务流程和各自工作职责逐一排查,对权力运行的每个环节逐一分析,对每项制度与规定落实情况逐一检查。通过自己“找”、股室内部互相“查”、领导班子成员“点”等途径,共梳理出风险点24个。针对排查出来的风险点制定有关对策、办法及具体措施,及时有效地化解风险。针对各类招投标活动全过程的各个环节和程序中所存在的不同风险点,进行集中“会诊”,分析原因,重新审查制订有关规章制度、操作流程和岗位职责。

【评委动态管理】 年内,进一步加强了招投标评标专家的动态管理,预防评标专家变“常委”,确保评标客观公正,对评标专家严格实行“一标一考”制。全年招投标将实行专家“轮休制”和后评估制度,对已担任评标专家3年以上者,实行阶段性“轮休”。10月,开展并完成了湖南省评标专家库评委增补工作,本市新增省级评委16人。

【健全规章制度】 年内,制订了招标人、投标人、招标代理机构、评标专家监管等规章制度18个。同时,与市人民检察院建立了投标人廉洁查询制度,对有行贿等不廉洁记录的投标人,将取消其竞标资格。对招投标各方主体实行廉政承诺书制度,入场交易的招标人、投标人均必须签署廉政承诺书。

(李　洁)

农　业

综　述

【概况】 2010年，认真贯彻落实科学发展观，围绕市“争一进百、科学跨越”战略目标，明确责任，突出重点，狠抓落实，全市农业农村工作取得了明显成效，为战胜各种风险挑战、维护改革发展稳定大局奠定了坚实基础。全年实现农林牧渔农业总产值46.5亿元，比上年增长4.0%。其中，农业产值20.53亿元、林业产值2.61亿元、牧业产值20.07亿元、渔业产值1.85亿元、农林牧渔服务业产值1.45亿元。全年实现农业增加值32.62亿元，比上年增长4.0%；农民人均纯收入达9304.25元，比上年增加1603.22元、增长20.8%。

(一)综合生产能力明显提高。年内，狠抓粮食生产，醴陵市获“全国粮食生产先进县(市)”、“湖南省粮食生产标兵县”称号;获批“国家粮食生产储备基地县(市)”称号。全年粮食播种面积67.53千公顷，粮食总产量达47.48万吨。强力推进农业产业化，全市有国家级粮食高产创建万亩示范片3个，市级粮食高产创建万亩示范片6个，有各类专业农村合作组织213家，“大户大县”的格局初步形成。深化农业结构调整，特色农产品加快发展，富里镇早熟茄子等各具地方特色的专业基地不断壮大。养殖业加快发展，全年发展生猪202.6万头、山羊57.56万头、牛2.7万头、家禽1189.42万羽。林业加快发展，完成造林面积4.44千公顷，其中退耕还林工程造林面积333.33公顷、“三边造林”面积1413.33公顷。年内，封山育林秩序稳定，森林火灾发生次数比上年下降37.5%，过火面积比上年减少2.7倍。年末，获“全国村级森防员培训先进单位”。

(二)基础设施建设明显加快。水利建设加速提质发展，全年投入各级各类水利建设资金1.2亿元，共整修、新建大小水利工程9160处，投入劳动工日908万个。启动了渌江防洪堤建设；完成了2009年度国家、省、市立项的农业综合开发的贺家桥镇土地治理项目和年内栗山坝镇土地治理项目。

(三)综合配套改革明显深化。积极推进农村土地流转，全年农村土地承包经营权流转面积达8.93千公顷，涉及农户4.7万户；林地流转面积达5.73千公顷。鼓励种养大户、龙头企业、农民专业合作社等各类经营主体发展适度规模经营，全市有规模经营流转耕地13.33公顷以上种粮大户、农业公司、农民专业合作组织392个，比上年增加83个。集体林权制度主体改革基本完成，初步建立了林业要素市场，依法规范林地、林木流转。

(四)农村民生保障明显改善。粮食直补、农资综合补贴、农机具购置补贴等惠农政策全面落实。严格执行大、中型水库移民后扶工作，全年核减人口155人，解决农村饮水不安全人口4.87万人、完成年度计划任务的110%；全年新建沼气池2190口。新农村建设工作有序推进，50个村的新农村建设整建规划完成，突出抓好了4个新农村建设示范村建设。“农村创卫”工作深入开展，农村卫生环境得到有效改善。

(五)计生工作水平明显提高。以“阳光管理、执法破冰、生育关怀”为抓手，采取年度与阶段性考核、常年性抽查相结合，乡镇考核与部门考核、村级考核相结合的办法，创造性地开展工作，全年全市共出生11797人，其中符合政策生育10576人，符合政策生育率为89.65%，人口出生率为11.59‰，人口自然增长率为7.33‰;性别比为100：106.75。

(六)民政事业发展明显进步。城乡低保实现了“应保尽保”，全年发放低保金6624.7万元。全力做好救灾减灾工作，紧急下拨救灾资金143万元，完成安居房150栋、灾后倒房重建411栋及危房改造289栋。全年新、改、扩建农村敬老院2所、村级“五保之家”14所，集中供养五保对象2300人，集中供养率达37%。

(七)农机推广力度不断加大。全年推广各类农机具8310台，发放农机购置补贴金1130万元。全市有各类农机专业合作组织51个。粮食流通工作稳定有序，残联、气象、水文等工作均取得长足发展。

【县域经济】 2009年，全市实现地区生产总值211.77亿元，比上年增长14.8%；其中第一、二、三产业增加值分别为28.5亿元、120.88亿元、62.39亿元，比上年增长5.6%、17.0%、14.7%。人均生产总值达 21856 元，比上年增加 2409 元。人均 GDP 达 21856 元，比上年增长 14.8%。完成财政总收入 14.2 亿元，比上年增加 2.37 亿元，增长 20.03%。其中，一般预算收入 9.04 亿元、比上年增加 2.07 亿元，增长 29.7%；人均财政总收入 1465 元，较上年增长 19.8%。上划中央两税税收 4.42 亿元，比上年增加 0.28 亿元、增长 6.7%；税收收入占财政总收入的 65.26%。为确保本市在县域经济考核中，处于“全省十强”地位。2010 年初，组织有关人员深入市各职能部门审核并上报数据。在 2010 年省委、省政府组织对 2009 年的考核评估中，实现了市委、市政府年初提出的“保五”目标。

【新农村建设】 一是扎实抓好新农村示范村建设。投资 1870 万元，规划了孙家湾乡孙家湾村、白兔潭镇佘溪村、田心村和浦口镇碧泉村等示范村，共落实项目 29 项；绿化村道 6.7 公里，新建垃圾池 140 个、垃圾氹 210 个；水泥衬砌支渠、斗渠 13620 米，解决村民安全饮水人口 480 人；安装路灯 78 盏。田心、佘溪村的电气化和土地整理（二期）工程完工，拉通村主干道 3200 米。年末，白兔潭镇佘溪村被评为湖南省“新农村建设示范村”。二是抓好新农村建设规划。为了确保新农村整建规划的完成，协助市规划局有关人员深入 50 个行政村进行实地勘察。11 月，50 个行政村的新农村建设整建规划通过专家评审。三是争项目争资金。全年争取省、市新农村建设资金 24 万元，支持了孙家湾乡孙家湾村、浦口镇碧泉村等 7 个行政村的新农村建设。

【农村新能源建设】 2010 年，农村新能源建设工作按照省、市“为民办实事”有关精神和要求，把落实好“为民办实事”作为大事要事来抓，层层建立了责任机制，做到责任到人、任务明确。深入村、户，宣传沼气池建设的好处和国家补助政策，充分激发广大农户自觉新建沼气池积极性。全年争取上级沼气能源建设项目资金 564 万元和大、中型沼气建设项目 3 项。截至 12 月，新建沼气池 2190 口（户），超年初建设任务 190 口(户)，占年度计划任务的 109.5%。年内，在接受株洲市强农惠农资金和省农村能源检查小组对本市农村沼气能源建设监督检查中，均获得一致好评，并被评为“省农村沼气能源建设先进单位”。

【扶贫开发】 2010 年，扶贫开发工作加大了与上级有关部门的联系和协调，多次赴省、市有关部门争项目争资金，全年争取省级扶贫资金 124 万元，帮扶了贺家桥镇洪罗村、东堡乡沩山村、官庄乡鹅颈村等 11 个行政村；共修缮村道 10.5 公里、水利 25 处，改造油茶林 33.33 公顷，开发药材基地 30 公顷，使 3250 户、1.66 万人受益。加强了扶贫开发资金监督管理，严格实行报账制。全年培训农民工 350 人，15 个重点扶贫村有 738 人外出务工、54 人自谋职业。

【党建帮扶】 2010 年，根据市委、市政府全年党建帮扶工作安排，本办党建帮扶村为白兔潭镇佘溪村。全年安排帮扶资金 5.2 万元，并为该村争取上级有关部门资金 60 万元。年内，该村投资 20 万元，硬化、绿化村主干道 2 条；投资 30 万元，新建了村大门和垃圾池 20 个；投资 50 万元，完善了老年活动室、卫生室、健身室、远程教育室、农家图书室、娱乐室、村级办公室的设施设备，硬化支渠 4650 米、改造抽水机埠 2 处、新建机埠 1 处，修筑防洪堤 950 米。同时，协助村支两委班子抓好了计划生育、社会治安综合治理、农业和农村经济工作。通过帮扶，全村各项经济和社会事业得到长足发展，村民安居乐业。

（汪新乔）

经 营 管 理

【农民专业合作组织建设】 2010 年，农民专业合作组织工作围绕加快农民专业合作社发展，加大了宣传和管理，使农民专业合作组织迅猛发展。年内，专门组建了农民专业合作组织班子，经常深入乡、村和农业经营大户，加大政策宣传力度，充分调动农民组建专业合作社积极性。全年全市有农民专业合作社 213 家，是株洲地区组建农民专业合作社最多的县(市、区)。年内，协助抓好了均楚镇新成立的红薯种植农民专业合作社、市协力生猪养殖专业合作社创建“省级示范社”工作；并通过了省、株洲市“为民办实事”检查验收组的验收。为扶持农民专业合作社的发展，千方百计争取上级项目和资金支持。全年为均楚新立红薯和新阳协力合作社等 3 个株洲地区项目共争取扶持资金 62 万元。

【土地承包管理】 一是开展农村土地流转情况调研，引导全市农村土地流转、提高组织化程度、加快农村经济发展提出了合理化的建议。二是依法引导土地承包经营权的流转。全年全市流转土地 14.67 千公顷，其中耕地 8.93 千公顷、占耕地总面积的 24.8%；流转山地 5.73 千公顷。三是继续做好农村土地承包经营权证登记、换发证工作。

【农村“创卫”】 2010 年，为全面改善农村人居环境，扎实推进社会主义新农村建设，根据市委、市政府“城市创卫”工作中的“城乡同创”要求，全面开展了“农村创卫”活动。年内，安排了专人、专车深入乡镇、村、国道、省道、县道、集镇进行检查督促，组织农村创卫督查、暗访 36 次，发出通报 7 期。实行创卫奖罚制度，对“农村创卫”成绩突出和“农村创卫”未达标的乡镇及时给予表彰或通报，做到“农村创卫”工作有专人抓、有专项督查、有专项考核办法。同时，实行季度通报和奖罚制度，全年对 10 个乡镇(一类)分季度分别给予奖励 1 万元，对较差的 8 个乡镇分别给予罚款 1 万元。通过严格的奖罚兑现,充分调动了各级各部门抓“农村创卫”工作的积极性。

年内,全市各乡镇共投入“农村创卫”资金628万元,新建垃圾池(圈)1568个、垃圾中转站9个、垃圾填埋场35个,购置垃圾桶(箱)2964个、垃圾清运车299辆、小拖车79辆,新装路灯2377盏。共组建保洁队401个,聘请专职保洁员1061人,清除垃圾3.23万余吨,拆除店外经营雨棚204个、违规广告牌631块,搬迁占道经营摊点414个、路旁废品点91个;清除路障204个、卫生死角883处。投资3.8万元,支持了江源村、枫树塘村的创卫工作。

【农业招商引资】 2010年,从招商引资入手,寻找农业产业化发展突破口,加快了农产品加工企业的发展和农业产业化进程,有效促进了农业产业化经营和社会主义新农村建设工作的开展。全年争取各级财政项目资金1845万元。其中,能源项目资金564万元、合作经济组织项目资金62万元、新农村建设资金24万元、县域经济发展项目资金20万元、“一事一议”项目资金1051万元、扶贫开发项目资金124万元。年内,本办直接引进项目有2个。其中,洗煤厂由湘潭市煤炭加工企业老板唐杰群投资1200万元,在东富镇立新村征地2.77公顷、新建一个洗煤厂;预计2011年3月正式投产,年产值可达3亿余元,年上缴税费超1000万元;湖南紫秾特色农林投资有限公司在孙家湾乡4个村境内,新办湖南神农溪观光农业生态产业园。该项目计划总投资1.8亿元,年内已签订了意向合同,规划、设计等其他工作正在有序进行中。

(汪新乔)

农业综合开发

【概况】 2010年,市农业综合开发办公室内设综合股、项目股。年末有干部职工13人。年内,按照国家、省、株洲市农业综合开发标准,根据省、市下达的项目建设内容,积极组织项目区广大群众“高起点、高标准、高质量、高效益”实施项目工程,加大农业产业化进程工作力度,在资金投入、质量标准和效益发挥上均达到预期目标,圆满完成了全年工作任务。年末,在省、株洲市农发办验收、评比中,排名株洲市综合第一。

【“十二五”规划】 2010年,拟定了本市《2011~2015年农业综合开发总体规划》,进一步完善了《项目立项管理办法》。结合“十二五”规划中所确定的农业综合开发目标,坚持“择优选项”原则,把项目前期考察和储备作为一项重要基础工作来抓,建立健全了农业综合开发项目库,向乡镇(街道办事处)公开了项目申报条件、程序,及时将符合条件的项目纳入了项目库,为全市农业综合开发选项、立项奠定了基础。根据上级有关精神,神福港、大障镇等乡镇规划测量工作完成。制订了《醴陵市土地治理3~5年规划报告》,预计投资3000万余元,将有关乡镇实施资金整合和规模开发。

【土地治理项目】 2010年,农业综合开发项目区选址在栗山坝镇,项目计划总投资1006万元(含自筹255万元),改造中、低产田666.67公顷,改良土壤200公顷,开挖、疏通渠道9.7公里,衬砌渠道43.95公里;修建机耕道路8.26公里,购置农牧机械5台(套);营造防护林66.67公顷;培训项目区群众3500人次,示范推广266.67公顷。农村综合土地开发治理项目建设任务完成后,项目区预计可新增和改善灌溉面积26.67公顷,改善除涝面积166.67千公顷,新增粮食102万公斤;项目区农民增收约64万元。

(欧阳敏)

种　植　业

【概况】 2010年,市农业局内设办公室、计划财务、政工人事、法规监察、科教和市场信息6个股室。有农业技术推广中心(副科级)、农业行政执法大队、种子管理站(加挂“种子技术推广站”牌子)、农业环境监测管理站、农产品质量监督检验检测中心(副科级)、粮油作物站、经济作物站、蔬菜作物站、植保植检站、土壤肥料工作站、绿色食品办公室11个事业单位。下辖10个区域农业技术推广站。年末有干部职工304人,离退休人员61人。年内,紧紧围绕市“转方式、调结构”、“三三方略”目标及有关精神,狠抓粮食生产等各项工作,农业生产成绩显著。年末,醴陵市被评为“2010年度全国粮食生产先进县”、“湖南省粮食生产标兵县”;本局被株洲市农业局评为“农业工作红旗单位”。

【粮食生产】 2010年,根据市委、市政府《关于进一步强化粮食生产工作措施的有关规定》等粮食生产的有关精神,通过一系列粮食生产的举措和贯彻实施,全市粮食生产快速走上制度化、规范化轨道,有力地促进了全市粮食生产工作的开展。全年全市粮食作物种植面积6.86万公顷,比上年增加0.13万公顷,实现粮食总产量47.48万吨,比上年增加0.16万吨;水稻播种面积6.44万公顷,比上年增加0.14万公顷,实现总产量47.26万吨。双季早稻种植面积3.18万公顷,比上年增加0.19万公顷,实现单产439公斤、总产20.03万吨。双季晚稻种植面积3.22万公顷,比上年增加0.013万公顷,实现单产499.15公斤、总产24.1万吨。优质稻面积进一步扩大,全年种植面积4.26万公顷。旱粮播种面积0.31万公顷、比上年增加0.14万公顷,实现单产269公斤、比上年增加1公斤,总产1.24万吨、比上年增加0.55万吨。旱粮中玉米播种面积0.23万公顷,占全年旱粮播种面积的72.9%;鲜食玉米播种面积0.08万公顷,占全年玉米播种面积的36%。年内,创建了泗汾、大障两个水稻万亩高产示范片,其中泗汾、大障镇示范面积分别为 0.18 万公顷;水稻万亩高产示范片共涉及 35 个村（居委会）、2.07 万户。同时,分别在泗汾镇石湾村、大障镇陶家垅村建立了 2 个千亩核心示范区。省农业厅组织高产创建测产专家组分别到泗汾、大障示范片进行了实测验收,其中水稻万亩示范片早稻亩均产量达 503.3 公斤,比高产创建产量亩产 470 公斤的目标提高 33.3 公斤、增产 7.1%。6 月,湖南省基层农技推广体系改革与建设现场会在醴陵召开。7 月,湖南省超级杂交稻“种三产四”丰产工程早稻现场会在醴陵召开。

【经济作物】 2010 年，全市经济作物播种面积 2.09 万公顷（含蔬菜播种面积),比上年略有增长,实现产值 8.4 亿元。水果生产保持产销平衡,柑桔产量恢复历史高产水平;南方早熟梨全面投产,总产量 25 万公斤；南方葡萄设施化栽培技术进一步提高。年内,推广早熟梨、葡萄套袋技术种植面积 90 公顷。西甜瓜生产面积略有增长,大棚栽培规模有新突破,种植面积达 353.33 公顷。

【蔬菜生产】 2010 年，全市蔬菜播种面积 1.26 万公顷，比上年增加 0.02 万公顷，总产量 41 万吨、产值 6.2 亿元。其中,商品蔬菜播种面积 0.59 万公顷,实现产值 4.1 亿元。2 月 15 ~ 20 日,早春基地茄子、辣椒移栽,大棚覆盖。3 月上中旬,丝瓜、黄瓜移栽。茄子、黄瓜、丝瓜上市时间分别是 4 月 20 日、4 月 18 日、5 月 3 日,比本省其他基地上市时间提早 20 ~ 30 天左右。年内,秋延蔬菜生产初具规模化,全年蔬菜设施栽培面积 0.3 万公顷。其中,塑料大棚蔬菜栽培面积 0.04 万公顷、大棚育苗面积 66.67 公顷、小拱棚栽培面积 0.21 万公顷，遮阳防虫网覆盖面积 0.04 万公顷。

年内,醴陵受洪涝灾害和气候影响,全市农作物受灾和经济损失严重。其中,3 月 9 ~ 10 日,受低温冻害影响,蔬菜损失较大。全市幼苗受损约 1000 万株，其中辣椒苗 600 万株、丝瓜苗 150 万株、黄瓜苗 150 万株、茄子苗 100 万株。3 月下旬 ~ 4 月中旬,连续遭低温阴雨,菜苗移栽后生长缓慢,严重影响前期发育。5 月,强降雨,影响瓜类蔬菜坐果,引发病害。6 月 23 日,洪涝水灾，全市蔬菜受灾面积 466.67 公顷,其中过水面积 333.33 公顷。

年内,富里镇车上蔬菜基地顺利入选为“国家蔬菜标准园”项目,成为株洲市唯一的一个农业部园艺作物标准园。2 月,市第一个省级蔬菜生产技术标准——《花椰菜栽培技术规程》发布实施。全年编制丝瓜、黄瓜等生产技术规范 11 个,并通过株洲市农业规范委员会审定实施;编印了《醴陵龙牙百合栽培与加工技术》,编写了丝瓜、茄子等生产技术简易操作卡 5 个。全年发布蔬菜科技简报 5 期,蔬菜短信 10 条,举办蔬菜技术培训班 22 期,开展农业科技下乡活动 2 次。全年建立富里(早春蔬菜基地)等蔬菜试验示范基地 6 个，开展了新品种、新技术试验示范及培训,试种了茄子、丝瓜、辣椒等 12 个新品种。蔬菜试验示范基地主要应用塑料大棚 + 营养钵 + 电热育苗、塑料大小棚覆盖、地膜覆盖、无公害化栽培等技术，覆盖率和良种覆盖率分别达 95%以上。年内,在车上、上洲基地设置了频振式杀虫灯，绿色防控覆盖率 100%,被湖南省农业厅评为“2010 年全省先进蔬菜办”。

【农业行政执法】 2010 年 3 月，市农业行政执法人员深入贺家桥、白兔潭、石亭、板杉等 8 个乡镇,组织开展了“放心农资下乡”宣传活动，参与了“农业科技下乡”和“3·15”宣传活动。主要向广大经营者、农民、农产品消费者宣传有关假劣种子、农药、化肥的辨别知识，国家禁限用农药的名单、农药使用范围及农产品质量的安全常识。全年向广大群众发放宣传资料 1.5 万份、科普书籍 850 本，悬挂宣传横幅 120 条、张贴标语 180 张。设立并公布了投诉电话(23059326)、咨询电话(12316)。通过农业执法、农技人员现场讲解农资识假辩假、维权和科学使用等,有效提高了广大市民的农产品安全意识和农民朋友识别真假农资的技能，全面提升了农业法制意识,营造了农业行政执法的良好氛围。加大了农资打假力度,进一步规范农资市场,开展了“种子执法年”、“农药市场监管年”活动,突出“以种子、农药为重点”监管对象,坚持农资打假与质量监管工作日常化、规范化、制度化,严厉打击制售假冒伪劣种子、农药、化肥的违法行为。全年出动农业行政执法车辆 120 台次、240 人次，对全市各农资经销商的农资产品进行了大检查 8 次,主要检查了农资经销商产品证照、标签标识、产品过期、高毒农药的购销台账、禁限用农药等内容;共抽取肥料样品 18 批次、种子 10 批次、农药 7 批次。全年立案查处经销农资产品违法案件 12 起,查处不合格肥料 3 批次、16 吨、货值 2.49 万元;查处种子案件 5 起，其中标签标识不规范 2 批次、120 公斤、货值 2400 元,质量不合格种子 1 批次、2.38 公斤、货值 255 元，未审定种子 2 批次、88 公斤、货值 3320 元;查处标签标识不规范农药 4 批次、610 瓶（包)、货值 2450 元。共为农民挽回经济损失 260 万元。

【农产品质量管理】 一是加强监管,保障农产品质量安全。开展了《中华人民共和国农产品质量安全法》、《中华人民共和国食品安全法》宣传活动,加强了农产品产地管理,重点监管了市内莴笋、茄子、大米等 26 个无公害农产品基地农业投入品的合理使用、生产档案建立、农产品质量检测。实施了农产品批发市场农产品质量检测及农产品销售企业进货检查验收制度,重点打击了农产品包装、标识残留超标农产品。分别开展了农产品生产、批发、销售企业,生产基地、企业生物转基因安全、农产品质量和标志等专项检查。经一系列专项检查,整顿、规范农产品生产企业、生产基地8个,立案查处违法案件1起,收缴并无害化处理农药残留超标蔬菜15公斤,销毁农药残留超标豇豆35公斤、假冒青皮豆42公斤、下柜不合格产品20公斤。二是加大检测力度。全年例行监测农产品2.15万批次。其中,10个区域站共例行抽检样品农产品1.45万个、样品合格率99.4%;市中心检测站例行农产品抽检样品6555批次,样品合格率98.6%。年内,完成了国家县级农产品质量检验检测站建设项目。三是加大农产品认证工作力度。全年完成无公害农产品产地认证1.2万公顷、无公害农产品认证35个、绿色食品认证2个;其中蔬菜标准化示范区无公害农产品认证20个。

【科教工作】 一是承担并实施了国家农村劳动力转移培训“阳光工程”项目。全年培训农村劳动力转移3850人,其中国家和省级3700人、株洲市级150人。二是实施基层农技推广体系改革与“建设示范县”项目。围绕水稻、蔬菜、西甜瓜等三大产业,扶持试验示范基地10个,聘请100名农业技术指导员,对接了1000户科技示范户,辐射带动2.3万户周边农户。三是加强农村实用技术培训。完成本市“为民办实事”中的农村实用技术培训2万人次的培训任务,实际培训2.04万人次。通过培训,使受训农民掌握了1~2门实用技术,为推进现代农业和县域经济发展提供了技术、人才支撑。

【测土配方施肥项目】 2010年,全市共实施测土配方施肥面积6.72万公顷,其中早稻3.01万公顷、晚稻3.19万公顷、蔬菜0.52万公顷。一是推广配方肥数量及施用面积。推广作物专用配方肥1.7万吨,覆盖面积3.5万公顷;共覆盖381个村(居),有16.9万个农户应用测土配方专用肥。其中,早稻施用配方肥(25%)3410吨、面积1.07万公顷;施用配方肥(26%)3960吨、面积0.66万公顷;晚稻施用配方肥(40%)3107吨、面积0.83万公顷;蔬菜施用配方肥(45%)2528吨、面积0.67万公顷。二是加强野外调查与分析。全年完成各类样品采集600个,化验测试2009年采集的各类样品1174个、6783项次。市测土配方施肥领导小组组织开展了盲样、随机抽样考核2次,测试项目合格率均在90%以上,为配方设计提供了可靠的基础数据。三是加强土肥化验室建设与管理。年内,投资近30万元的土肥化验室整体搬迁至新办公楼五楼。土肥化验室拥有接样室、数据处理室、资料室和化验操作房6间、样品储存房2间、土样风干室1间。拥有火焰光度计、紫外可见分光光度计、万分之一天平等仪器设备56台(套)。具备年检样品4000个能力。四是田间试验与配方设计。全年安排落实各类田间试验14个。其中,早稻田间肥效试验8个(其中“3415”试验3个、校正试验3个、基追肥比例试验和氮肥不同用量试验各1个)。五是数据库建设。建立了土壤养分、田间试验和示范、采样地块和农户施肥情况调查等测土配方施肥数据库,输入采样地块基本情况调查表1010份、农户施肥情况调查表1653份、田间试验表3份、田间示范表3份。六是建立主要农作物施肥指标体系。建立了专家咨询系统,在醴陵农业信息平台公布了市测土配方施肥建议卡、主要作物施肥指导意见、专家咨询和土肥站电话,及时解答广大农民提出的土肥技术问题。七是耕地地力评价。与湖南农业大学合作开展了耕地地力评价,成功运用了耕地资源管理信息系统软件,建立了市耕地资源管理信息系统,绘制了作物测土配方施肥分区图、耕地地力等级图和中低产田分布图等27套成果图件,拟制了耕地地力评价工作、技术报告、耕地改良利用、作物适宜性评价和种植业布局的专题报告。八是新型配方肥营销网络体系创建。在土壤测试、肥效试验的基础上,共设计各种作物专用配方肥配方6个,提交中标配肥企业生产配方6个,其中水稻配方5个、蔬菜配方1个。年内,通过企业招标,有市鑫源肥业有限公司等4家企业中标,并与本市签订了配肥、供肥合同。九是个性化服务。对个性化施肥服务指导对象实行“定人、定责、定目标”,按照“就近、自愿、可行”的原则。全年全市确定了种粮大户100个、科技示范户1000个、专业合作组织2个为个性化服务对象,全年施肥指导面积0.18万公顷,涉及农户1102户。

【水稻、蔬菜病虫害综合治理】 2010年,蔬菜病虫发生面积3.12万公顷,防治面积6.47万公顷。主要有炭疽病、病毒病、霜霉病、瓜类枯萎病、疫病、菜蚜、烟青虫、斜纹夜蛾、瓜绢螟、甜菜夜蛾等病虫。水稻病虫发生面积26.33万公顷,防治面积49.31万公顷。主要有纹枯病大发生(5级),稻飞虱中等偏重发生(4级),稻纵卷叶螟、二化螟、稻水象甲中等偏轻发生(2级),稻瘟病、稻曲病、稻蝗、粘虫轻发生(1级)等病虫。年内,在320国道(醴陵段)边沿和沈潭镇境内首次发现小面积外来入侵有害生物——加拿大一枝黄花。

一是突出抓好“以南方水稻黑条矮缩病”为重点的病虫害防治工作。年内,本市各级领导高度重视,动手早,宣传培训工作到位,行政、技术措施充分有力,不仅促进了南方水稻黑条矮缩病防控工作的正常开展,同时带动了其他有害生物的防治工作,加快了植保知识普及步伐,晚稻发病面积和危害损失比中稻大幅减轻,防控工作效果明显。二是专业化统防统治、绿色防控示范与推广工作稳步推进。全年专业化防治面积1.05万公顷。在泗汾镇枧上、石湾村及周边地区和来龙门街道办事处上洲等村实施了水稻、蔬菜病虫害绿色防控技术示范,推广频振式杀虫灯180盏、性诱剂266.67公顷、赤眼蜂20公顷。三是新产品示范推广工作迈上新台阶。加强了与湖南省植保所、先正达作物保护有限公司等科研单位及世界知名企业合作,广泛进行了农药新产品的试验示范。开展了稻纵卷叶螟、福戈壮苗、顶峰防治稻飞虱、氯虫苯甲酰胺、稻水象甲幼虫、吗啉胍、南方水稻黑条矮缩病、防除直播稻田杂草等20余项农药新产品试验示范，做到了试验一批、推广一批、储备一批，防止农药新产品推广中出现断层现象。（曾飞鹏）

林 业

【概况】 2010年，市林业局内设办公室、计财股、政工股、造林绿化股、科技推广股、林业检察科、林业审判庭、森林资源管理保护站（加挂“生态公益林管理站、野保森防站牌子”）、林场森工管理站、林业中心站（下设白兔潭、王仙、八里坳、泗汾、大障、茶山、均楚、板杉、官庄9个林业中心站）、林政监督管理站、林业技术推广中心、林业产权管理站（加挂“山纠办”牌子）、木材检查总站（加挂“林业调查规划设计队牌子”）、林业综合执法大队、森林防火办公室、水口山国有林场、樟仙岭国有林场、市苗圃。下辖森林公安局、绿化委员会办公室。有从事林业工作人员300余人。

全年林业工作认真贯彻落实省、市林业工作会议精神，紧紧围绕“建设绿色醴陵”目标，创新机制，狠抓集体林权制度改革、造林绿化、森林防火等各项工作。年末，醴陵市被中国绿色名县推介委员会、中国县镇绿色发展论坛组委会评为“中国绿色名县”；本局被评为“全国村级森防员培训工作先进单位”、湖南省“林地管理年活动先进单位”、“‘十一五’林业有害生物防治工作先进单位”、“林木测土配方信息系统建设工作先进单位”等。

【集体林权制度改革】 2010年，集体林权制度改革被纳入省“为民办实事”工作。通过落实工作责任，建立目标量化考核制度，加强督促检查和调处纠纷等措施，狠抓落实，积极推进，圆满完成了集体林权制度主体改革任务，并顺利通过省级检查验收。截至10月30日，全市30个乡镇（街道办事处）有集体林地124.33千公顷，已完成外业勘界123.47千公顷、勘界率达99.3%；完成输机打证122.2千公顷、发证率为98.3%。全年发生各类山林纠纷978起，其中成功调处968起，调处率为99%。

【封山育林】 2010年，根据市委、市政府有关精神，从2010年1月1日起至2014年12月31日止，全市全面实行“五年封山育林”。为确保封山育林开好局，起好头，突出抓好以下四个方面的工作。一是广泛宣传。采取电视台宣传媒体专题报道、出动宣传车、设立封山育林标牌等方式，大力开展封山育林宣传，营造全社会共同参与、共同宣传封山育林的浓厚氛围。二是完善政策措施。市政府下发了《关于封山育林的通告》，制定了相关制度，落实了各项工作措施，确保涉林企业生产用材正常需求。三是强化木材流通管理。取缔了林区内木材加工企业，在林区木材检查站安装了监控设备，抽调了精干人员轮岗值守。四是加大打击整治力度。成立了综合执法大队，昼夜开展巡查；开展了封山育林专项整治，有效打击违法犯罪行为，维护正常封山育林秩序。全年查处各类涉林案件263起，其中立刑案38起；破获刑事案件31起（其中，失火23起、非法占用林地6起、滥伐林木1起、盗伐林木1起），刑事打击34人（其中，刑事拘留20人、逮捕9人、直诉23人）；查处林业治安案件25起、治安拘留25人；查处林业行政案件202起、行政处罚违法人员200人，收缴活立木76株、木材300余立方米、野生活体青蛙1100公斤、蛇类30余公斤；为国家、集体挽回经济损失1000万余元。

【林业生产】 2010年，完成造林面积4.44千公顷，超年度计划任务的75%。其中，“三边”造林面积1.41千公顷、油茶造林面积0.83千公顷、面上造林面积2.13千公顷、退耕荒山造林面积0.07千公顷。全年新建育苗基地4.67公顷。年内，发展金桥、洪源油茶等油茶合作社、大户10余个（户），其中1万亩（666.67公顷）以上2户、5000亩（333.33公顷）3户、3000亩（200公顷）4户、500亩（33.33公顷）5户。全年征收义务植树绿化费38.7万元，义务植树230万株。年内，退耕还林、长防林、生态公益林等工程建设项目通过了国家、省级检查。同时，加快宜林荒山荒地使用权合理流转，成功引进了浙江万森生态农业开发有限公司（已注入资金0.6亿元）、醴陵桉业有限公司等。

【森林防火】 2010年，全市森林防火工作是市委、市政府及本局全年工作的重中之重，市林业局加大了基础设施建设的投入力度，进一步强化队伍建设，严格责任追究，出台了责任追究制度，创新工作机制，率先实行了森林防火风险金制度，下发了《关于切实做好清明期间森林防火工作的通知》。持续开展查处、打击失火毁林犯罪专项行动和“火案清零”行动，启动了违规野外用火行政拘留制度。全年全市失火犯罪刑事打击22人（抓获网上逃犯2人），行政拘留25人、处罚50人。森林火灾发生次数比上年下降31.7%，森林火灾受害面积控制在1‰以内。年内，国家林业局曾2次到醴陵调研、指导森林防火工作，并给予了高度评价。其中，本市森林防火综合防治模式为国家森林防火“十二五”规划提供了参考资料，并拟在南方地区推广。

【森林资源管理】 一是进一步强化森林资源管理保护。加强林地管理，增设了内部处罚申报制度，实行林地征、占用集体会审制度，严格征、占用林地审批程序。二是依法从严查处。开展了整顿矿山秩序、林地清理整顿等专项行动。三是加强野生动物保护。对非法收购、出售和加工野生动物的单位进行严厉查处,捣毁了以怀化溆浦人陈某为首的非法捕猎团伙。四是加强古树名木保护管理。全年完成1019株古树名木的挂牌、建档工作,编辑了《醴陵市古树名木选集》;进一步规范、打击保护植物经营、非法移植古树名木行为,有效保护了全市野生动植物资源。五是防治林业有害生物。实行检疫检查制度,开展了松材线虫病监测普查,释放"赤眼蜂"防治松类蛀梢害虫。全年林业有害生物成灾率控制在4‰之内,确保了森林资源健康安全。（钟志坚）

水　　利

【概况】 2010年,市水利局设办公室和政工人事、计财、水政水资源、建管、农饮股。下辖水土保持站、水政监察大队、抗旱服务队、水利水电技术服务中心和7个大、中型水利工程管理单位。全系统有在职人员253人,其中干部58人、工人195人;有水利水电技术人员18人,其中高级工程师1人、工程师8人、助理工程师9人。

全市有大型水库1座,中型水库5座,小Ⅰ型水库14座、小Ⅱ型水库109座。有水库、河坝和机电排灌工程主干渠、支渠1700余条,总里程约3100公里。有大小山平塘3.1万口,其中蓄水量为1万立方米以上688口;可灌溉农田面积5.67千公顷。

【防汛抗旱】 2010年,防汛抗旱工作从"防汛抗旱准备再细致一点、汛情旱情处置再快捷一点"等下工夫,努力谋求防汛工作的新突破。年内,本市连续遭遇7次强降雨过程,尤其是"6·23"大暴雨,强度之大、范围之广、水位之高(水位达54.5米、超警戒水位5米,水位超历史水文纪录0.27米),是本市有水文记载以来所罕见,导致全市26个乡镇、4个街道办事处均不同程度受灾。据统计,7次强降雨共造成全市直接经济损失达5.31亿元。其中,水利设施损毁严重,渠道、堤防损坏770处,水闸208座,毁坏塘(坝)1873处、灌排设施960处;全市水利设施损失达2.08亿元。面对一次又一次暴雨袭击和洪水灾害,全局干部职工全力以赴,抗战洪魔,确保了人民群众生命财产安全,确保了全年防汛抗旱工作目标的实现,水利工程安全度汛。

【水利基础设施建设】 2010年,全市水利事业在上级相关部门的大力支持下,创新思路、出新举措、上新台阶、显新活力,实现了加速提质发展。全年投入各级各类水利设施建设资金1.2亿元,整修、新建大小水利工程9160处,完成工程量913万立方米,投入劳动工日908万个。新建小型水源120余处,新增蓄引提有效水量1000万立方米,新增和恢复灌溉面积2000公顷、新增保收面积2670公顷,改善灌溉面积8000公顷。防洪保安、生产生活用水等社会效益明显增强,水利条件得到有效改善和提高。

【筹资兴修水利】 一是抢抓政策机遇,尽心尽力争资引项。全年引进中央、省、株洲市投资项目30项、引资4804.79万元。二是加强规划修编力度。完成了《醴陵市"十二五"水利建设规划》等规划编制工作,为争取国家投资打下了良好的基础。三是以"奖补政策"为支撑,激发"议事"水利发展。坚持"大干大支持、小干小支持、不干不支持"奖补原则,以此带动乡镇投入,激发村、组、户筹资投劳和社会投入。四是动员全民兴修水利。动员广大干部群众运用"一事一议"自办水利的做法,因地制宜、量力而行、民主自愿投资投劳兴修水利。

【依法治水】 2010年,围绕水利中心工作,始终坚持"依法治水、依法管水"原则,以"保护水资源、水工程、水环境"为重点,有力推动了水行政执法工作。从"内强素质、外树形象"入手,创新执法理念,强化执法力度,规范执法行为,严肃执法纪律,队伍素质不断提高,水事管理规范有序。全年办理行政许可12项,行政审批7项,实现规费收入96万元;依法办理水事违法案件9起。

【内部管理】 2010年,内部管理工作围绕"依法行政、高效行政、廉洁从政",按照"为民办实事、办好事"要求,结合本局实际,规范学习管理,创新工作机制,队伍素质全面提高。一是党风廉政狠抓狠管。聘请了行风作风监督员,结合水利行业实际,重点把好项目审查关、水利投资关、工程建设关、执法监督关、人事管理关。二是完善岗位责任制度。实行"以制度管人、按制度办事",不断推进工作规范化、科学化和效能化。三是创新内部管理体制,狠抓作风建设。对机关管理流程进行梳理、优化,机关管理更加科学、合理、有序、便民。有力推进了"管理型、审批型、事务型"机关向"责任型、服务型、效率型"机关的转变。（邱道绵）

农　　机

【概况】 2010年,市农业机械管理局内设办公室,政工人事股、计财股、管理股、科技质量股、市场办。辖市农机公司、农机技术管理总站、农机化技术推广培训中心、农机监理所。全系统有干部职工119人(不含离退休、农机公司人员)。全年全市拥有农业机械9.34万台、总动力60.04万千瓦。完成双季稻机耕面积60.68千公顷,机械植保面积15.73千公顷,机电排灌面积16.67千公顷,机械收割面积56千公顷。全年机械加工农副产品348万吨,实现农机经营服务总收入3.64亿元。

【农机管理】 2010年,进一步加大农机管理力度,组织开展了"万台农机闹春耕、万台农机战双抢、数千农机助秋收"农机大会战和机耕、机插、机收和油菜机收、免耕直播等农机演示活动。年内,机械化育插秧推广工作跃上新台阶，全年新增插秧机16台，推广机插面积720公顷。农民农机专业合作社蓬勃发展，全市共有发展农民专业合作社51个，其中农机专业合作社19个。年内，开展了农机维修经营市场整治活动，完成了农业机械技术检测和农机维修经营网点年检年审等工作。

【农机购置补贴】 2010年，争取和完成国家农机购置补贴资金1130万元，购买各类补贴农机具7294台。其中，收割机193台、耕整机2154台、手扶拖拉机373台、旋耕机584台、插秧机16台、大中型拖拉机101台、植保机械2605台，免耕直播机械、排灌机械1156台、农建机械112台。

【农机安全监理】 2010年，农机安全监理工作贯彻落实农业部《关于加强农机安全监理工作的意见》、《湖南省农业机械管理条例》，坚持“安全第一、预防为主、综合治理”的方针，以“预防和减少农机事故”为目标，以“源头治理、执法监控宣传教育”为抓手，强化监管能力，坚持依法行政，全面落实农机安全生产工作措施。开展了农机事故隐患排查治理，严厉打击“黑车非驾”农用车载客等行为，查处无牌无证驾驶，纠正违章；加强对拖拉机、联合收割机牌（证）管理，开展了“平安农机”创建活动。其中，神福港镇被评为省“平安农机示范乡”。全年办理拖拉机上户858台、联合收割机上户193台；培训农用车驾驶员150人、联合收割机操作人员92人；拖拉机年检换牌688台、换发驾驶证178人。

【农机培训】 2010年，农机培训实施“阳光工程”培训计划，开展了农民职业技能培训，全年培训各类农机技术从业人员766人。通过技术培训，提高了农机手的操作水平，确保了农机安全生产。

（刘念平）

养　殖　业

【概况】 2010年11月12日，市畜牧水产局更名为“醴陵市畜牧兽医水产局”，为市政府直属正科级事业单位。内设办公室、政工、计财、畜牧、渔业、法规、技术检测站7个股室。下辖动物卫生监督所、动物疫病预防控制中心、兽药监督检验所（加挂“饲料工业办公室”牌子）、渔政管理站、农产品质量安全监督检测站。有干部职工60人。全市27个基层动物防疫站有乡镇专职动物防疫员150人，村级动物防疫员313人。12月，设立了“市畜牧水产养殖业综合执法大队”，为局下属全额拨款正股级事业机构，核定编制14名（从动物卫生监督所调编14名）。

全年养殖业实现总产值20.07亿元。发展生猪202.6万头、出栏113.9万头；发展山羊57.56万头、出栏31.63万头；发展牛2.7万头、出栏1.51万头；发展家禽1189.42万羽、出笼682.65万羽，蛋产品总产量9937吨。水产品水面面积4.07千公顷，实现总产量2.22万余吨；孵化各种鱼苗5亿尾，其中细鳞斜颌鲴鱼苗2亿尾。年内，因动物防疫、综合管理、饲料管理等工作分别获省“畜牧水产先进单位”称号；因重大动物疫病防控、养殖业工作被株洲市评为“红旗单位”。

【动物防疫】 2010年，动物防疫工作管理力度进一步加大，按照“应急与预防并重、常态与非常态相结合”的原则，狠抓制度落实和管理。通过层层签订责任状，使防疫责任范围和工作目标真正落到实处，圆满完成了各项工作，取得显著成绩。全年强制免疫生猪218.7万头次，牛、羊9.34万头，家禽480.78万羽，挂耳标识54万套。年内，开展了“临栏产地”检疫工作，采集、免疫抗体检测畜禽血样2827份。曾先后接受农业部组织的春节期间、春季重大动物疫病防控督查，对本市“力争不发生、确保不流行”的防控目标予以了充分肯定。

【为民办实事】 2010年，按照市委、市政府“为民办实事”有关精神和要求，将“为民办实事”工作列入全局全年工作的议事日程，加大了宣传力度，圆满完成了各项工作任务。全年悬挂宣传横幅120条，印发宣传资料1530份，张贴宣传标语500余份；签订《杜绝经营使用“瘦肉精”等违禁药物承诺书》300余份；制订了养殖业农资打假、畜禽水产品质量安全等专项整治方案。在定点屠宰场、产地检疫场所开展了生猪尿样“瘦肉精”快速检测，共抽检生猪尿样4917次，完成了省局全年在本市检疫生猪尿样89批次、猪肝样3个的任务。生猪尿样“瘦肉精”、饲料“瘦肉精”检测检出率均为“零”，检测结果均合格。

【行政执法】 一是加大动物卫生监督。开展了“产地临栏”检疫，加强了规模养殖场管理。年内，全市1000个规模生猪养殖场均建立了养殖档案，有476个规模养殖场建立了防疫、免疫、无害化处理等制度。开展了动物产品加工点、冷库、大型超市、活禽交易市场、定点屠宰场的监督检查，共查处经营病害动物及动物产品案13起，查获并依法销毁（无害化处理）病害动物405头，病死猪肉4.74吨（其中，在醴潭高速公路的执法检查中，一次性查获病死猪肉3.14吨）。通过不断加强检查监督力度，有力打击了经营病害动物、动物产品的违法行为。二是加强渔政管理。开展了官庄生态旅游资源、渌江河水生生物资源保护专项治理活动，张贴宣传标语500余份，悬挂横幅5条，编印《安全使用渔药》等资料5200份。对渌江河电鱼的群众举报事件，共出警9次。全年检查水产苗种场14个、健康水产养殖小区用药4个、渔药经营户13户、鱼饲料经营户15户；受理并调解渔业水质污染事件5起。三是投入品监管。全年开展饲料生产厂检查5

次;对268家兽药饲料店开展了执法检查,共立案4起,收缴并销毁假劣兽药、饲料价值2400元,抽取兽药样品5个、饲料样品10个;检测率分别达100%。年内,将生猪外销工作列入了全市肉类产品外销的重要内容来抓,吸取了2009年度广州"瘦肉精"案对本市生猪外销带来严重影响的教训。全年对96个使用兽用生物制品的规模生猪养殖场进行了检查和监管。召开"供粤动物产品质量安全会议"4次,对11个"供粤动物产品"的生猪养殖基地、4个生猪贩运户进行了严格审查、登记、备案、培训,并签订了《供粤畜禽水产品质量安全承诺书》。确保了"供粤动物产品"的质量关,净化了供运流通领域。

【医政管理】 2010年,组织全国执业兽医资格考试报名、资格审查等工作,有44人参加了全国执业兽医统考,其中李锦田等3人获"执业兽医资格"、谢秋仁等4人获"助理兽医资格"。年内,对265名乡村兽医进行了登记备案;核发"动物防疫条件合格证"187本,换发"兽药经营许可证"32本。

【科技工作】 2010年,下派10名科技特派员入户驻场指导。印发《畜禽养殖防寒抗灾技术要点》、《水产养殖防寒抗灾技术要点》等2500份,多次利用短信平台向全市1400户养殖户发送短信息,利用有关网站发布养殖技术资料128篇、法律书籍、资料1万余份(本)。举办了畜禽水产养殖技术、水产健康养殖、"阳光工程"培训班26期,共培训3222人次。制作了《畜禽安全常抓不懈》、《特色养殖活一方经济》的电视宣传片并在醴陵电视台播放。

【环境污染治理】 年内,对42户养猪户、3户养鱼户进行了污染源普查,其中22户规模养猪场环境污染得到有效治理。曾先后3次赴渌江电站拦河坝,打捞并无害化处理上游漂浮下来的生猪尸体177具,督促养殖户对丢弃的40头病死猪进行无害化处理。

【产业化建设】 2010年,加快了"百区千户"建设步伐,开展了"规模养殖场标准化、健康水产小区"创建活动。其中,市级合格13家;大塘水库、渗泉羊场、吉泰禽业、农之源公司、协办合作社等通过省级验收;吉泰禽业养殖场被列入农业部第一批畜禽标准化规模示范场。年内,争取生猪调出大县奖励资金、生猪产业化、规模养殖场标准化建设、畜禽标准化养殖扶持、养殖业科技推广、草食动物品改、渔政执法、动物防疫等项目资金共计1371.6万元。全市有养殖大户1256家,种猪场11个、种羊场1个、鱼苗生产场15个、种鸡场1个、人工授精站9个。全年授(供)精生猪7.8万胎次。 (许 雷)

气 象

【概况】 2010年,市气象局设办公室、气象台、农气资料室,防雷减灾、人工影响天气办公室和气象行政执法队、科技服务中心。有在职干部职工9人,其中工程师2人、助理工程师6人、技术员1人。

【基础业务质量】 一是基础业务稳步推进。全年地面测报总积分为9988.8分,台(站)错情率为"零"。天气预报准确率92.9%,其中暴雨预报准确率11.1%、24小时高温预报率69.6%。农气测报均无错情,农气产量预报准确率98%。针对当地水稻病虫害发生、发展和当地农业干旱综合监测,开展了预报和情报服务工作,撰写不定期农业气象情报8篇。全年编写气候简报12篇,按规定上报了各类气象灾情旬、月报。二是气象现代化建设不断完善。年内,定期维护、维修了全市28个中小尺度灾害天气自动监测站,确保了区域自动站设备的正常运行。新建多要素区域自动站3个,为各级领导指挥、决策防汛抗灾发挥了重要作用,实现了气象信息共享,从而大大地增强了本市防灾减灾能力。三是加大探测环境保护力度。由于城市发展等因素,气象探测环境保护形势比较严峻,工作难度越来越大。但在全体执法人员的共同努力下,探测环境得到有效保护。

【气象服务】 2010年,本市地域天气较复杂,雨雪、寒潮、连阴雨、大暴雨等灾害性天气频繁发生。有1~2月的寒潮、雨雪天气,3月的森林火险、4月的连阴雨天气、5月的"5·6"、"5·13"、"5·22"和6月的"6·8"、"6·20"、"6·24"等暴雨、大暴雨天气过程。在此复杂气候过程中,均做到了反应迅速、准确预报、主动服务。全年累计向市委、市政府、市防汛指挥部等报送专题气象服务材料42期,发布暴雨、高温等气象灾害预警信号19次。其中,在"6·24"大暴雨期间,根据气象预警信息,市西山街道办事处万宜村耿塘组成功避险了泥石流灾害,成为全省地质灾害成功避让的典型,被入编《湖南省地质灾害避险手册》。

【基础业务建设】 一是进一步完善业务规章制度,强化执行力度。二是强化对基础业务人员的学习培训,提高业务人员素质。年内,组织有关人员参加了市局举办的报表预审、ASOM测报监控软件培训。三是出台了业务的奖励办法,以加大对基础业务奖励力度。通过一系列基础业务建设的措施,增强了业务人员责任意识、敬业精神和主观能动性,保证了各项基础业务的稳定运行。

【基础设施建设】 2010年,根据中国气象局"十一五"规划和省气象局《关于基层气象台站建设》具体要求,为加快气象现代化建设,提高气象服务能力和水平,争创"一流台站、一流装备、一流业绩"的目标,加大了台(站)基础设施建设投资力度。年内,投资20万余元,完成了观测场东西两面护坡工程建设、通透式围栏安装、围栏更换,拆除了废旧的天桥;完成了全市15台DAB数字卫星预警系统建设。同时,综合改造了探测场室。

【防雷设施安全监管】 2010年,进一步加强了安全措施的落实,做到常抓安全生产不动摇,对全市易燃易爆场所、重点防火单位及部分大型建(构)筑物进行了部分常规定期检测、检查。全年常规检测三类防雷建筑物22家,加油站32家(含中石化10家、中石油5家),液化气站4家,新建建筑物防雷设施跟踪检测127家。全年向144家单位或企业下发了《防雷隐患限期整改通知书》。

【气球施放管理】 2010年,加大了气球施放管理力度,认真履行氢气球施放审批管理职能。全年许可升放系留气球114批次、1630个,现场安全督查98次。在每次施放气球过程中,均及时向施放单位提供施放期间的天气预报。同时,对有施放气球的资质单位进行了突击检查,严禁存放氢气球,保证了航空安全和人民生命财产安全。

【气候特征】 2010年,在全球气候变暖的背景下,本市暴雨、洪涝、高温、干旱、雷电等天气气候灾害均有发生,极端气候事件增多。2010年又是一个偏暖年,年平均气温18.2℃(高于常年平均值0.7℃)、比上年偏低0.2℃,属显著偏高年份,为新中国成立以来第七高值,是第14个气温持续偏高年。年降水量为2037.3毫米,较常年偏多558.7毫米,为1970年以来最高值。全年日照时数为1647.7小时,较历年偏多79.8小时。全年平均气温高、光照足、降水特多,对农业而言属于正常略差年景;对林业的树木生长较好,森林病虫害较轻,但森林火险等级高。

气候 年平均气温明显偏高,降水量特多,日照时数偏多。冬季气温偏高,降水基本正常,日照略偏少,主要天气气候灾害有强寒潮、雨雪冰冻、大雾等。春季平均气温与历年同期持平,降水明显偏多,日照时数略偏多;季内灾害性天气较多,暴雨洪涝、低温冷害均有出现。夏季平均气温偏高,降水量偏多,日照时数偏多;季内暴雨洪涝多,高温持续时间长,部分地区出现龙卷风、雷电等强对流天气。秋季平均气温偏高,总降水量略偏少,日照正常略偏少,中秋及之后强冷空气入侵,导致气温大幅下降并出现寒露风天气;深秋至秋末回暖明显,温高雨少,气象干旱有所蔓延。

气温 年内,冬、夏、秋季平均气温均较历年同期偏高,分别偏高1.0℃、0.6℃和0.9℃;春季气温为16.8℃、与历年同期持平。冬季平均气温7.8℃,较常年偏高1.0℃,比上年偏低0.5℃,为显著偏高年份,是仅次于2007年、1999年、1987和2009的第五高值。其中2月平均气温9.1℃,为历史第二高值,仅次于2009年(11.0℃)。1月,平均气温6.9℃,偏高1.5℃。2月,平均气温9.1℃,偏高2.0℃(异常偏高)。年极端最低气温-1.4℃(1月13日和2月12日)。3月,平均气温12.3℃,较历年偏高1.4℃。4月,平均气温15.7℃,较历年偏低1.6℃。5月,平均气温22.4℃,较历年偏高0.2℃。夏季平均气温28.3℃,较常年偏高0.6℃,为偏高年份。6月,平均气温24.7℃,较历年偏低1.1℃,为显著偏低。7月,平均气温30.5℃(为年内最高气温月份),较历年偏高1.5℃。8月,平均气温29.7℃,较历年偏高1.4℃。其中,8月5日最高气温达40.5℃,为年内最高气温值。秋季平均气温19.5℃,较常年偏高0.9℃,为偏高年份。9月,平均气温25.5℃,较历年偏高1.4℃,为显著偏高月份。10月,平均气温18.6℃,较历年偏低0.2℃。11月,平均气温14.3℃,较历年偏高1.3℃,为显著偏高月份。

降水 2010年,四季降水,冬季正常略偏少,春、夏均偏多。1月、3月、4月、5月、6月、12月降水量偏多,其余各月均偏少。冬季降水量为227.7毫米,较常年偏少2.0毫米,为正常。2009年12月,降水量为69.6毫米,较历年偏多23.7毫米。2010年1月,降水量为85.4毫米,较历年偏多5.5毫米。2月,降水量为72.7毫米,较历年偏少31.2毫米。春季降水量为958.5毫米,较常年偏多389.6毫米。3月,降水量为183.0毫米,较历年偏多26.3毫米。4月,降水量为282.3毫米,较历年同期偏多82.6毫米。5月,降水量为493.2毫米,较历年同期偏多280.7毫米,为异常偏多;降水距平百分率达132%。夏季平均降水量为573.5毫米,较常年偏多121.7毫米。6月,降水量为373.6毫米,较历年偏多168.8毫米。7月,降水量为118.6毫米,较历年偏少0.1毫米。8月,降水量为81.3毫米,较历年偏少47.0毫米。秋季平均降水量为141.8毫米,较常年偏少86.4毫米。9月,降水量为58.9毫米,较历年偏少16.4毫米。10月,降水量为43.1毫米,较历年偏少43.1毫米。11月,降水量为39.8毫米,较历年偏少26.9毫米。12月,出现2次暴雨过程,降水量分别为81.5毫米(12日)和63.7毫米(15日);月降水量达205.4毫米,较历年偏多159.5毫米、达347%,为1970年以来最多的一年。全年降水量为2037.3毫米,较常年偏多558.7毫米,属异常偏多年份;为1971年以来降水量最多的一年,较上年偏多597.8毫米。

日照 2010年,年日照时数为1647.7小时,较常年偏多79.8小时,较上年偏少60.3小时,属偏多年份。冬季偏少,春、夏季偏多。除12月、1月、4月、5月、6月、9月、10月日照时数偏少外,其余各月均偏多。冬季日照时数为208.5小时,较常年偏少30.4小时。2009年12月,日照时数为83.6小时,较历年偏少30.8小时。2010年1月,日照时数为47.1小时,较历年偏少19.8小时。2月,日照时数为77.8小时,较历年偏多20.2小时。

春季日照时数为309.0小时,较常年偏多13.7小时。3月,日照时数为120.9小时,较常年偏多55.6小时。4月,日照时数为73.2小时,较常年偏少21.8小时。5月,日照时数为114.9小时,较常年偏少20.1小时。夏季日照时数为642.4小时,较常年偏多34.5小时。6月,日照时数为83.9小时,较常年偏少68.7小时。7月,日照时数为274.3小时,较常年偏多37.3小时。8月,日照时数为284.2小时,较常年偏多65.9小时。秋季日照时数为421.2小时,较常年偏少4.6小时。9月,日照时数为136.7小时,较常年偏少23.2小时。10月,日照时数为120.4小时,较常年偏少20.0小时。11月,日照时数为164.1小时,较常年偏多38.6小时。

【主要天气气候事件及影响】 **暖冬** 2010年,冬季平均气温距平为1.0℃。其中,2月下旬平均气温为16.8℃、较历年平均偏高9.1℃,创冬季极端最高气温历史新高,较第二高值年(2004年)偏高3.2℃。根据湖南省地方"暖冬"标准,2010年冬季为2000年以来的第四个暖冬。

寒潮 冰雪 2010年冬季共出现大范围寒潮天气过程3次,其间出现积雪、冰冻。其中,1月4~8日,受北方强冷空气影响出现了寒潮天气过程;1月21~23日,再次出现寒潮天气过程;2月11~17日,出现寒潮天气,并现积雪、冰冻,最大积雪深度达1厘米(12日)。

低温冷害、连阴雨 从2月下旬后期,开始出现大范围阴雨天气。3月7~11日,受强冷空气影响,气温大幅下降,气温平均较常年偏低,出现全省性中度春寒、倒春寒天气(本市达中度灾害标准)。3月22~24日,本市24小时降温9.5℃、48小时降温12.4℃,过程最低气温下降到7.2℃(本市达到强冷空气标准)。4月上旬末,开始受强冷空气影响,出现长时间的全省性倒春寒天气,本市达轻度以上倒春寒标准。

暴雨洪涝 2010年,春季出现大小大雨和暴雨天气过程7次,其中5月21日降水量为60.3毫米、5月6日降水量达168.7毫米、5月13日降水量达120.6毫米。春季暴雨过程具有"前少后多、间隔时间短、强度大、影响范围广"的特点。4月18~19日和5月间,分别出现中等以上洪涝灾情过程4次,其中5月6日、5月13日、5月21~22日达到气象灾害标准,全市重复受灾3次。3月底~4月上旬出现降雨过程,过程降水量≥100毫米。5月初开始,出现近20天的连续降水。其中,5月6日出现强降水,降水量达168.7毫米,全市受灾人口达50万人,成灾人口达30万人。在此次强降水中,紧急转移安置人口4500人,因灾死亡2人;农作物受灾面积达2.6万公顷,成灾面积达1.2万公顷,绝收面积达7000公顷;倒塌房屋103栋、415间,损坏房屋520间;山体滑坡82处,损毁渠道、堤防220处。据不完全统计,全市直接经济损失达1.65亿元,其中农业直接经济损失4500万元、水利设施经济损失9800万元。5月12~14日,再次出现强降雨,其中13日降水量达120.6毫米。部分乡镇、街道办事处山洪暴发、山体滑坡、溪河猛涨,导致30万人受灾,紧急转移安置13.6万人;农作物受灾面积达1万余公顷,绝收面积达3000余公顷,直接经济损失达1亿余元;本市达到重大气象灾害标准。

高温热害 2010年,夏季高温天气出现晚。6月30日,首次出现高温天气,刷新1951年以来高温初日最晚纪录(原最晚纪录出现在1955年、高温初日为6月16日)。自30日开始,高温呈现迅猛发展之势,夏季极端日最高气温达40.5℃(8月5日)。连续39天(7月16日~8月23日)日最高气温≥35℃;本市达重度热害标准。7月27日~8月23日,日平均气温持续维持在28℃以上。8月8~19日间无降水,日最高气温却节节攀升,连续12天出现酷热天气。

雷电 2010年,总雷暴日数为42天。进入雷雨季节以来,本市因雷暴造成家庭、企事业单位及学校的电视机、电脑、监控设备等电子设备被雷电击坏的事故频频发生,多属无防雷设施或防雷设备达不到规范要求,使之存在极大安全隐患。 (王晓红)

水 文

醴陵水文局

局 长 贺明春
副局长 王英和

【概况】 醴陵水文局辖大西滩、潼塘、董背冲、泗汾水文站(其中,大西滩站为国家重要水文站,潼塘、董背冲、泗汾水文站为省级重要水文站)、水质监测点3个、省界河流监测站1个、雨量站14个、高山中继站3个和水情自动测报站14个。有职工21人,退休职工2人。

【内业工作】 2010年汛期,全市总降雨量达1956毫米,比上年同期偏多43%,较历年同期均值偏多35.4%。降雨时空分布不均、北部比南部稍多,渌水中、上游流域较其他地区多。降雨主要集中在4~6月,占汛期内总降雨量的77.5%。7月下旬开始,全市出现不同程度干旱。年内,受降雨影响,汛期内全市出现较强降雨过程5次,渌水大西滩水文站发生超警戒洪水5次(其中4次超保证水位)。其中,6月25日大西滩水文站发生超历史洪水,洪水重现期为30年一遇。

年内,全市旱情受降雨时空分布不均影响,地区差异明显,旱情较重。7月中旬至24日,持续10余天,旱情等级为"轻旱"。自8月下旬开始,持续时间近2月余,旱情等级为"中旱"、局部达到"严重"

等级。渌水干流大西滩水文站年降雨量为2038.7毫米，最高水位达54.50米，最大流量2800立方米/秒(发生在6月25日)；最低水位46.02米，最小流量8.70立方米/秒(发生在11月6日)。铁水泗汾水文站年降雨量为1889.3毫米，最高水位达56.74米，最大流量1260立方米/秒（发生在6月24日)；最低水位达50.81米，最小流量9.51立方米/秒（发生在8月5日)。南水潼塘水文站年降水为1939.9毫米，最高水位达97.88米，最大流量846立方米/秒(发生在6月24日)；最低水位93.54米，最小流量1.76立方米/秒(发生在11月8日)。

【水情服务】 2010年，汛期坚持每日向市防汛指挥部及时、准确通报适时雨、水情。采用短讯群发方式，每日向全市各有关单位发送雨、水情信息，特别是在“6·23”抗洪中，坚持24小时值班，积极协助市防汛抗旱指挥部对可能出现的水情作出准确预报，当好防汛抗旱“耳目”和“参谋”。全年在汛期中，向国家防总、省、市各防汛单位拍发各类雨、水情信息4120条。每月坚持将渌水水质简报及时报送到市政府有关领导及部门。11月，编制了《醴陵水资源公报》，并通过了专家评审。（王英和）

工　业

【概况】 2010年，全市工业经济发展以“深入贯彻落实科学发展观”为统领，围绕市委、市政府“争一进百、科学跨越”的战略目标，紧扣市“保增长、保民生、保稳定”主旋律，采取积极措施化危为机，努力实现“弯道超车”，保持了工业生产、效益同步增长，主要指标呈平稳增长态势，圆满完成了年初预订的各项增长指标。年内，规模以上工业企业取得了快速发展，全年新增超过500万元主营业务收入工业企业80家。截至12月，全市主营业务收入超500万元的工业企业达508家。全年全市完成工业总产值473.45亿元，比上年增长34%。实现工业增加值146.1亿元，比上年增长20.6%。其中，规模以上工业企业实现增加值120.58亿元、比上年增长28.7%。工业经济拉动GDP增长5.4个百分点，对经济增长贡献率达66.9%；规模工业增加值占全部工业增加值的比重达82%，比上年增长10.2个百分点。工业经济效益综合指数达410.07%，比上年提高79.03个百分点。规模以上工业累计实现主营业务收入301.36亿元、比上年增长46.43%，实现利税27.1亿元、增长32.2%。年内，在规模以上工业企业中，有亏损企业18家，亏损额4465万元。

2010年，通过淘汰落后产能、加大技术改造、节能减排和花炮安全生产设施整改等项目建设投入，陶瓷、花炮产业结构得到进一步优化。全年完成日用陶瓷40.2亿件、比上年增长26.4%；实现花炮产量2767万箱、比上年增长28.1%。新型工业化进程加速推进，本市在株洲市新型工业化考核中名列第二。工业增加值占GDP的比重达55%，比上年提高了3.64个百分点；工业企业实缴税金6.8亿余元，比上年增长20.02%；规模工业全部资产利税率达19.89%；园区规模工业增加值占全部规模工业增加值的比重达14.59%；万元规模工业增加值能耗比上年下降17.36%；单位工业用地面积实现工业增加值增长20.81%；研发经费支出占生产总值的比例为0.96%；高新技术产品增加值占工业增加值的比重达7%；工业固定资产投资总额达92.83亿元，比上年增长61.28%；工业技术改造投资比上年增长70.94%。2010年，全市有规模以上烟花鞭炮企业193家，完成工业总产值126.22亿元、销售产值123.92亿元，实现工业增加值47.75亿元，完成主营业务收入120.8亿元，实现利润4.85亿元，安排从业人员49963人。

（胡　薇）

2010年主要工业产品产量

表 4

产品名称	计量单位	年产量	产品名称	计量单位	年产量
原煤	吨	308005	瓦楞纸箱(纸箱)	吨	13604.21
自来水(生产量)	万立方米	4224.3	水泥熟料	吨	52183.09
服装	万件	320.3	水泥	吨	45948.62
梭织服装	万件	320.3	日用陶瓷	万件	402015.37
西服及西服套装	万件	159.12	工业陶瓷	吨	545063
机制纸及纸板	吨	20740.48	黄金	千克	921.87
纸制品	吨	33714.26	电磁线	吨	8725.63

（林仕剑）

工业经济

【概况】 市企业发展促进局（市经济委员会、市乡镇企业局）是市政府工业经济宏观调控和促进企业发展的职能部门。下设办公室、经济运行股、企业管理股、资源利用与技术进步股、政工股、墙体材料改革办公室和散装水泥管理办公室(加挂“市推进新型工业化领导小组办公室”、“陶瓷产业发展领导小组办公室” 牌子)。年末有在职干部21人，离退休人员46人。2010年,市工业经济在市委、市政府的领导下,围绕市“争一进百、科学跨越”的战略目标,坚持“保增长、扩内需、强基础、调结构、促和谐”的工作方针,保持了工业经济平稳较快发展的良好态势,综合经济实力再度跨入全省县域经济前列。全年全市完成工业总产值473.45亿元,比上年增长34%;实现工业增加值147.03亿元，比上年增长21.4%。工业经济拉动GDP增长5.4个百分点,对经济增长贡献率达69.1%。

【规模工业】 2010年，全市新增规模企业73家,累计有规模企业508家。其中,陶瓷规模以上企业193家、花炮规模以上企业174家。规模以上工业企业实现主营业务收入311.36亿元、比上年增长41.66%，实现规模以上工业增加值120.58亿元、比上年增长28.7%。规模工业增加值占全部工业增加值的比重达82%。

【支柱产业】 2010年，全市503家陶瓷工业企业实现产值210亿元,比上年同期增长32.74%。生产日用陶瓷40.2亿件，比上年增长26.4%;其中工业陶瓷54.51万吨，比上年增长25%；陶瓷产业上缴税金3.69亿余元，比上年增长10.5%;陶瓷产业上缴税收占全市财政总收入的18.3%。全市花炮企业完成产值120亿元,比上年增长32.6%,全年生产花炮2767万箱，比上年增长28.1%。鞭炮烟花产业上缴税金1.5亿元，比上年增长15.5%。鞭炮烟花产业税收收入占全市财政总收入的7.4%。

【新型工业化建设】 2010年,全市新型工业化建设按照省、株洲市的战略部署,坚持以“科学发展观”为指导,以“总量扩张与资源节约、环境保护并重”为原则,把加速推进新型工业化建设作为“富民强市”第一推动力,以“加快产业集群发展”为龙头,以“项目建设”为推手,以“科技创新”为手段,以“优化环境”为保障,积极走“经济效益好、资源消耗低、环境污染少、人力资源优势得到充分发挥”的新型工业化道路。年内,市新型工业化建设工作在全省县级市排名第六,在株洲地区五县(市)中排名第一,并分别获湖南省、株洲市加速推进新型工业化工作一等奖。年内,工业增加值占GDP的比重达55.54%，比上年提高了3.64个百分点;规模工业全部资产利税率达26.4%;万元规模工业增加值能耗比上年下降17.4%;高新技术产品增加值占工业增加值比重达6.76%;工业固定资产投资总额达92.83亿元，比上年增长61.28%；工业技术改造投资比上年增长70.94%。

【工业固定资产投资】 2010年,工业固定资产投资坚定“大项目、大招商、大发展”理念,重点引进汽车零配件、轨道交通配套产业、陶瓷等重大产业类投资项目、重大技术改造项目、基础设施建设项目。全年全市工业固定资产投资总额达92.83亿元，比上年增长73.7%;工业技术改造投资同比上年增长80.5%。

【园区经济】 2010年，园区经济按照“工业新城、城市新区”的发展理念，不断完善园区综合服务体系，加速引导各类企业集聚园区，着力将湖南醴陵陶瓷产业园区打造成为推进新型工业化的核心增长极。引导园区走“专业化、特色化、集群化”的发展路子,大力推进特色“园中园”建设,构筑“一区四园”(即:陶瓷产业园区、釉下五彩创意园、电瓷电器园、建筑陶瓷园、汽车零配件产业园）格局。年内，投资概算18亿元的“釉下五彩创意园”项目正在加紧建设中;投资概算3亿元的“电瓷电器园”建设项目,主体工程完工;加快推进了“汽车零配件产业园” 工程建设。同时,积极对接株洲5大(1000亿)产业集群,年内有6家企业成功入园。全年产业园区拥有企业53家;完成投资13.5亿元，比上年增长218%;实现产值44亿元,比上年增长55%。

【工业经济布局】 2010年，本市工业经济已形成以城区为“躯干”、沿106国道为“两翼”的产业布局。产业结构已形成以“陶瓷、花炮两大传统产业”为支柱,轨道交通、信息产业、汽车零配件等新兴产业不断发展,服装、建材、化工、机械、彩印、包装、农产品加工等多门类、多产业齐头并进,国际国内两个市场并举拓展的发展格局。

【企业管理、培训】 2010年,牵头、组织、实施了“十百千万”工程(即：支持培育十家精细化管理示范企业,实施百名企业家、千名中层管理人员和万名技术型人才的培训工程)。一是聘请中南大学管理学院专家对30余名企业家进行精细化管理、培训,提高了企业家对精细化管理的认识水平,为开展精细化管理工作打下坚实基础。二是加强培训力度。年内,聘请了健峰培训公司(总部在台湾)有关人员,举办了车间主任、班组长培训班三期(6个班),有湖南华联瓷业、华鑫电瓷、阳东电瓷等企业的412名中层管理干部参加。组织有关企业中层管理人员30余人,赴宁波培训中心参加培训,大大提高了企业中层管理者的素质;组织有关企业中层管理人员12人参加了清华大学总裁培训班,6人参加了银河工程培训。

【项目融资】 2010年，组织企业申报节能减排、技术改造、淘汰落后产能、关停燃油发电机组等国家、省、株洲市级各类项目86项，争取资金1.38亿元。其中,国家级20项、省级(节能减排项目)16项;“小巨人企业”12家、“创业计划企业”17家、省新型工业化引导资金项目2项、技术改造补助资金项目5项。同时,配合上级有关部门关停燃油发电机372台、总容量9.04万千瓦，为企业争取补助资金2000万余元。

【“禁实”工作】 2010年,醴陵市被列入第三批全国“禁实”(即:限时使用实心黏土砖)城市,“禁实”工作得到市委、政府高度重视,召开了专题工作会议,成立了醴陵市“禁实”工作领导小组,出台了《醴陵市限时使用实心黏土砖工作实施方案》等系列文件。年内,新引进空心砖生产企业2家。全年征收墙改及散装水泥基金138万元。

(王卫宇)

陶瓷工业

【概况】 2010年,全市共有陶瓷规模企业177家,主要有日用陶瓷、工业陶瓷、建筑陶瓷和工艺陶瓷四大类、4000余个品种。全年陶瓷规模企业完成工业总产值210亿元，比上年增长39.97%;实现税收3.69亿元,比上年增长8.8%。全年陶瓷产业安排从业人员11万余人。其中,规模以上陶瓷企业安排从业人员6.01万人，比上年增加4200余人。全年生产日用陶瓷40.2亿件、比上年增长26.4%，生产工业陶瓷54.51万吨，比上年增长25%。

(瞿秋圆)

株洲市瓷业行业办公室

党组织负责人 刘爱东
法人代表 唐洪运
工会主席 刘爱东(兼)
副处级干部 刘勇 张正伟

【概况】 2010年，株洲市瓷业行业办公室(以下简称“行业办”)受株洲市国资委、株洲总工会的委托,继续履行对株洲市属驻醴陵陶瓷企业和省、市驻醴陵陶瓷企业的工会工作进行指导、协调、服务和监督。并协助株洲市国资委、总工会、劳动和社会保障局、老干局、财政局等部门做好各企业的党建、工会、老干、社会保障等日常工作和“双联”帮扶、维稳等工作。同时,配合株洲市市政府做好市属驻醴陵企业改制移交工作。3月,将企业党政关系移交给了醴陵市人民政府管理。9月,将工会、帮扶、救助等工作顺利移交给了醴陵市总工会。至此,市属驻醴陵企业管理工作全部移交结束。年内,有在编人员8人,其中在职6人。

【帮扶救助】 年内，行业办通过市帮扶中心、市劳动再就业局、失业保险管理中心等渠道，筹集并组织发放各种帮扶救助慰问金230.27万元，使市属驻醴陵企业的6443名特困职工家庭的困难得以缓解，为瓷业行业的稳定起到了十分重要作用。其中，争取重、大病和生活困难救助170人，发放救助金17.39万元;争取“金秋助学”金12.88万元,使73名寒门学子圆了大学梦；协助政府组织发放春节慰问金近200万元，慰问困难职工6100余人;为1000余名职工办理了补充医疗保险和女性“两癌”保险。

【“双联”工作】 2010年,行业办继续牵头瓷业行业片、组的“双联”工作，全年组织11家“双联”机关单位为企业498户困难职工发放慰问金25.56万元；为42名贫困学子发放助学金4.5万元。

(李毓雯)

湖南华联瓷业股份有限公司

董事长兼总经理 许君奇

【概况】 湖南华联瓷业股份有限公司(以下简称“公司”)始建于1966年,前身是嘉树陶瓷厂。1985年，在国内率先研制色釉炻瓷。1994年，与马来西亚新华联集团合资组建华联瓷业,主要以“色釉炻瓷”为依托。公司是中国轻工商会陶瓷分会第二届理事长单位,中国陶瓷工业协会副理事长单位,中国出口日用陶瓷技术指南编撰单位。目前,公司已成为中国综合经济实力最强的日用陶瓷企业,曾获“中国驰名商标”、“中国高新技术企业”、“中国出口名牌”、连续五年获“中国工业排头兵企业”、入选“全国工业重点行业效益十佳企业”等殊荣。是北京“奥运会”、上海“世博会”、广州“亚运会”的合作伙伴。近年来,公司根据“大陶瓷”发展战略,进入了釉下五彩及高级日用细瓷、特种陶瓷和电瓷电器的研制生产,构建了完善的陶瓷产业体系。公司色釉炻瓷产品融实用价值与审美价值于一体，畅销世界80多个国家和地区。

2010年,是公司“大陶瓷、大发展、大跨越”发展战略稳步推进的一年,也是克服重重困难放量增长的一年。面对风云变幻的国内外经济形势,上下精诚团结、全力以赴、锐意进取,创造了突出的业绩,市场营销水平、技术创新能力和“品牌”影响力均得到了较大提高，企业竞争优势得到进一步夯实。全年实现销售收入7.03亿元,比上年增长49.3%；净利润6413万元、比上年增长10.8%;出口创汇6058万美元、比上年增长32.4%;上缴税金9013万元;人均年工资(福利)达2.16万余元。

【创新机制、革新管理】 2010年,公司建立了“三个板块、一个中心”的集团式管理模式。人、财、物管理职能向板块下沉,生产和销售向板块集中,各板块在业务、核算体系上相对独立,实行公司运作、分灶吃饭。管理中心则定位于宏观管控、整体协调和服务指导。集团化的管理方式，优化了资源组合，理顺了工作关系,提高了市场反应速度,提升了各板块、分公司总经理的经营意识和独当一面、当家作主的素质和能力，形成了多轮驱动、你追我赶的发展态势，为全年工作的顺利开展谋好了篇、布好了局、用好了力。

【转变发展方式】 2010年，是“三大板块”并肩发展的第一年。出口、国内和电瓷分别占营业收入的71%、17%和12%。国际、国内市场稳步推进，基本形成了大陶瓷产业的业务格局，把握了国际市场回暖契机，充分发挥公司产品创新优势和产能优势，深化与吉普森、宜家等战略性客户的合作关系。大力发展品牌代理，加强新市场、新客户开拓，通过展会、电子商务平台及其他客户平台资源和渠道，全年接单6800万余美元，实现出口创汇6058万美元。年内，华联火炬通过积极改革创新营销模式，新建了市场开拓机制，组建了国网、南网和发电项目部，加大了市场开拓力度。积极发展与日本、美国客户的关系，努力争取博茨瓦纳合同，逐步拓展海外市场。全年订货超1亿元，实现销售收入8213万元。

2010年，公司在国内以“事件冲业绩、品牌打基础”为指导思想，加大“世博瓷”、“亚运瓷”项目运作，建立了“红官窑”、180尚东西品牌终端店，开辟了电视购物、团购、经销、网购等多种营销渠道。全年实现销售收入1.19亿余元。

【产品研发】 2010年，公司在产品创新的基础上，技术创新优势得到进一步加强，彰显了公司的竞争优势。全年研发新产品2555件、釉料698种、泥料1种、花面制作1645款；完成外观专利申请125项，发明专利2项。成功解决了“宜家愉快系列产品”的刀叉划痕难题，成为国际首家解决金属刀叉划痕难题的日用陶瓷企业，被誉为世界陶瓷界的“哥德巴赫猜想”。通过资源替代开发，推广钠长石尾砂、东乡泥、攸县泥，全年节约资源100万余元。年内，华联火炬技术部完成技术开发项目21项，新产品设计194项，其中已投入生产或样品试制130项。其中，新研发的“整体成型252千伏六氟化硫断路器瓷套”产品达到国内行业的领先水平。华联特陶自主创新能力得到大幅提升，利用氧化锆制作了国际首创的“国瓷邮票”、“世博场馆邮票”、“亚运邮票”，市场销售前景看好。同时，成功开发多种彩色氧化锆陶瓷饰品，其中新研发的氧化锆环保陶瓷阀门，基本替代了进口合金材料产品。年内，公司钟放平工作室研发的“生命之巢”茶具，获“2010中国国际旅游商品大赛”铜奖和第二届“芙蓉杯”国际工业设计大赛企业组“企业创新奖”。

【品牌建设】 2010年，加强了品牌建设力度，进一步提升了企业知名度和影响力。新建了长沙华联陶瓷生活馆、“红官窑”北京店、长沙SEEKING180店。开启了国内品牌连锁发展新模式。成功承办了“第二届中国陶瓷艺术大师评审会”，编写了《湖南省日用炻瓷地方标准》。华联、溢百利、玉祥、“红官窑”和群力5个公司，通过了ISO 9001:2008标准换版。年内，“大国华彩瓶”赠送给了国民党名誉主席吴伯雄，“和谐盛世瓶”被中国博物馆永久收藏。“姊妹瓶”以228万元一举刷新中国当代事件瓷的拍卖价格。

（*石曙光*）

湖南泰鑫瓷业有限公司

董事长　潘俊明
总经理　徐建章
董　事　陈海波　廖志坚　刘　婷

【概况】 湖南泰鑫瓷业有限公司（以下简称“公司”）成立于2000年7月，地处市阳三石街道办事处玉屏山村，总占地面积7万平方米。有在册员工1500人，拥有固定资产6000万余元。是一家中港合资，集生产、研发于一体的民营科技型企业。下辖炻瓷制造厂、中高档酒瓶生产厂、东福仿骨瓷日用陶瓷公司、特种陶瓷分公司和技术中心（省级）。公司是国家级高新技术企业，湖南省“小巨人”企业、制造业信息化示范企业、知识产权局培育工程企业。公司主要生产日用炻瓷类、仿骨瓷类日用细瓷、中高档系列陶瓷酒瓶、工业用系列特种陶瓷产品四大系列、几千种产品。产品主要销往欧美、北非、东南亚等几十个国家和地区。2010年，实现销售收入1.2亿元，上缴国地两税税收860万元。连年被省国税局、地税局评为“A级诚信纳税单位”。“泰鑫”牌商标被省工商行政管理局评为“湖南省著名商标”，被省商务厅评为湖南省“出口名牌”。

【经营发展】 2010年，公司实行以“高新技术陶瓷”为龙头，以“丰富文化内涵的日用陶瓷及与之相关的精细化工产品”为两翼的企业发展战略，企业科技实力不断增强，成绩显著。一是加快了产品结构调整步伐。以确保外销为主，加重了内销产品份额、产品结构转型的有效实施。全年内销产品产值达1100万元，占公司总产值的12%。二是拓宽酒瓶生产与销售领域。在原有的“金六福”、“关公酒业”等老客户基础上，新增“五粮液”、“宋河”、“匀酒”、“沙河”等中、高档酒的酒瓶生产，实现了生产、销售能力新飞跃。三是实行“开发与生产”相结合，使新产品迅速转化为生产力。年内，生产、销售高精度、高耐磨小柱塞、瓷芯架等新产品产值比上年增长3.5倍。四是在设计、开发领域中大胆创新。研发了适合市场需求的新釉种、新花面。全年申报国家发明专利3项、外观设计专利85项。

【人才管理】 一是严格执行“以人为本”发展战略，尊重、关心员工，充分发挥广大员工的积极性和创造性，为员工提供良好的舞台，创造有利的条件。二是大力弘扬爱岗敬业典型。利用公司广播、墙报等宣传载体，不断深化宣传倡导。三是组织开展精神文明、物质文明活动。在月度、季度业余时间中，不断丰富员工业余文化生活。

有计划地开展了“歌咏比赛”、“拔河比赛”、“演讲比赛”、“文明家庭评选”、“十年发展规划论坛”、建司10周年庆典的“魅力泰鑫”文艺节目会演等员工喜闻乐见活动,使员工队伍充满活力与激情。同时,召开员工生日座谈会,听取员工对公司的意见,以进行有效的改进。四是大力推行“老、中、青三结合”制度,给新员工以良好的传、帮、带。凡新进厂员工均安排专职师傅具体指导,对学徒人员给予学徒津贴。（罗银花）

湖南省醴陵星火陶瓷实业有限公司

总经理、法人代表 王大平
党委副书记、总经理助理 李子群
工会主席 肖启良

【概况】 湖南省醴陵星火陶瓷实业有限公司(以下简称“公司”)由改制企业东方公司(前身醴陵星火瓷厂)易名,地处市城西北郊中和街。2010年3月,株洲市人民政府国有资产监督管理委员会将本公司与驻醴陵的13家株洲市属国有企业一并移交给醴陵市,统一进行企业改革。现归属于驻醴陵株洲市属国有企业改革办公室管辖。

年末,在册职工2427人,其中在职职工1002人(含留守人员13人),离退休人员1405人。7月,根据企业改革有关精神和要求,公司的行政党群组织机构设置和工作职能作了相应调整,设党政工办公室、安置组、综合管理组(由原租赁组、物业管理组和后勤组合并)和附属分厂。

【租赁经营】 年内,公司以“稳健推进企业改制”为己任,认真贯彻落实企业改制有关方针和政策,加大改制宣传力度,加速推进企业改制步伐。全年收取租金37.9万元,其中贴补电费亏损18.5万元、维修职工住房9.3万元、报销职工医疗费13万元、贴补卫生环境费3.2万元和慰问住院职工、特困职工临时救助。7月,实行了机构精简。根据企业改革工作机构设置的精神和要求,恢复了总经理负责制的行政工作机构设置,合并了组、室,精简留守人员6人。

【职工生活保障】 年内,株洲市人民政府下拨特困企业下岗职工救助金30.87万元。株洲市“双联”机关(市国税局)捐送“三节”(端午节、中秋节和春节)和“金秋助学”慰问金3.1万元,救助困难职工110人,资助子弟8人。株洲市总工会解决特困职工春节补助金2万元和140份米(15公斤/袋)、油(2公斤/瓶)。全年解决特困职工生活救助35人、2.35万元;大病救助10人、1.15万元;救助受灾户3户、0.6万元;救助学生7人、2.1万元。1月,中共株洲市委常委、醴陵市市委书记谢清纯率市有关领导到公司慰问,送慰问金1万元。中共醴陵市委组织部慰问特困党员12人、0.28万元;市民政局将下岗特困职工839户、1968人纳入了“低保”,解决特困职工临时救助金1万元。5月,投资6万元,修筑护山坡岸2处,救助职工家庭7户。为22名符合退休条件职工办理了退休手续;给8位离休老干部发放慰问金0.16万元。3月和10月,分别组织公司育龄女职工进行了身体检查;慰问15名病重住院职工。（王大平　李子群）

湖南省醴陵长丰瓷厂(瓷泥矿)

矿长兼党总支书记 张建平
矿工会主席 谢垂耀

【概况】 湖南省醴陵市长丰瓷厂(瓷泥矿)(以下简称“厂”)隶属于驻醴陵株洲市国有企业改革办公室管理,地处市王仙镇观口村。有在册职工322人,退休职工313人,下放人员(六十年代)58人。主要生产日用陶瓷和瓷泥。下设3个车间和3个综合办公室。

2010年,厂部仍实行内部职工承包管理模式,实现工业总产值1072.57万元,上缴税金122.48万元,利润亏损116.19万元。年初,厂部对车间实行了新一轮承包经营。年内,受市场的影响,加上物价不稳定因素,几个承包单位在厂部的直接领导下,开拓进取,稳妥经营,确保厂(矿)职工工资增长在10%以上。全年组织资金4万元,检修了家属区,确保了职工安居乐业。市政府给在册职工人平发放了300元生活救济费,组织女职工到醴陵女子医院进行免费体检;在册职工的医疗统筹保险,企业已全部支付,并按照株洲市劳动局的有关政策,对内养职工办理了退休手续。

年内,厂(矿)围绕市“争先创优”活动,党总支开展了“争先创优”活动,并组织全厂(矿)党员认真学习了有关精神,成立了“创先争优”活动领导小组,制订“创先争优”活动实施方案,全体党员履行了公开承诺书。（周圣均）

湖南湘瓷科艺股份有限公司

【概况】 2010年,湖南湘瓷科艺股份有限公司(以下简称“公司”)紧紧围绕经济建设这一主题,通过大力推行改革创新,全面开发产品市场,深挖传统产业潜力,实现公司经营较快较好的发展。年内,加大了科研投入、科技创新力度,国家级重点项目“年产60万件电力电子电真空管金属化陶瓷元件”研发项目,顺利通过国家有关部门验收。该项目的建成投产,不仅标志着电真空管产量迈上新的台阶,同时也确立了公司在电真空管行业的龙头地位。全年组织科研项目7项,其中省级6项、国家级1项。年内,完成了高新技术企业重新认定的申报及省级重点实验室年度评估工作。

年内,公司充分利用品牌和人才优势,瞄准市场,加大资金投入,共研发陶瓷新器型14件(套)、新花面18件(套)。其中,大尺寸釉下高温瓷板、薄胎碗、大花瓶(超高)等新产品,填补了本市近20年来釉下五彩瓷生产的空白。在广东省佛山市举行的第九届“全国陶瓷艺术设计创新评比”中，获1金、3铜的好成绩，其中丁海波大师创作的《古香》作品获金奖。在河南汝州举行的“中国历史名瓷烧制技艺大赛”中，公司参赛作品获1金、2银的优异成绩，其中丁海波大师创作的《硕榴绽红英》获金奖、刘劲松大师创作的《夏雨》、李家法创作的《深秋吟风图》作品分别获大赛银奖。（陈 利）

湖南正阳精密陶瓷有限公司

【概况】 湖南正阳精密陶瓷有限公司(以下简称“公司”)是一家专业从事注射成型高性能纳米氧化锆结构陶瓷异型件研制生产的制造企业。创建于2005年。2010年，陶瓷生产量过亿件。公司拥有勇于进取、锐意创新的专业管理团队，建立了完善的质量管理体系。

公司与清华、中南大学及景德镇陶瓷学院等国内数家重点科研院(所)，开展了不同形式的交流与合作。具有较强的技术研发和规模化生产能力。主要研制生产陶瓷光纤套管、手表配件、剪刀片、水果刀、电子元件、首饰件、手机配件和耐磨陶瓷结构件等产品。年内，将产业产品逐步延伸到汽车业、航空航天业、半导体与计算机、生物医学等领域。

【产品研发】 2010年，公司在国内率先研发了“注射成型高性能纳米氧化锆结构陶瓷”，并获国家发明专利产品。产品以“形状复杂、体积微小、精密度高、性能优异”为显著特点，使生产过程减少了原材料，资源损耗减少30%～50%，节约28%～52%能源，降低生产成本30%～40%。年内，率先采用注射成型技术生产陶瓷光纤套管，已申报国家发明专利，并实现了规模化生产。该方法与普通采用的等静压成型方法比较，在产品质量、生产效率、生产成本等均有明显改善，在国内同行业处于领先水平。近年来，随着光纤通信事业的发展，光纤接入网、3G网、家庭需要光纤连接器的需求量成倍增长，光纤连接器配件套管将由陶瓷取代金属等材料。

【生产经营】 2010年，实现陶瓷光纤套管2000万件。预计2011年初，第二条生产线动工，可实现陶瓷光纤套管产量1.8亿件。

（曲桃毅）

花 炮 工 业

【概况】 2010年，是本市花炮产业发展很不平凡的一年，遭遇国际金融危机，欧、日等出口市场萎缩，企业融资困难，原材料大幅上涨等困难和问题。面对全市花炮产业发展现状，市花炮局在市委、市政府的正确领导下，积极履行行业主管部门职责，在广泛调研的基础上，采取一系列有力措施，引导产业发挥优势，寻求突破，走出困境，确保了花炮产业持续健康发展。全年全市有规模以上烟花鞭炮企业193家，实现工业总产值126.22亿元，销售产值123.92亿元。全年生产烟花鞭炮2767万箱，比上年增长27%。其中，出口花炮655万箱，比上年增加24万箱、增长3.8%。上缴税金1.5亿元，比上年增长15.5%，实现税收收入占全市财政总收入的7.4%。

【市场开拓】 一是组织企业参加订货会。年内，组织全市300余家企业，参加了山东、河北、辽宁、河南、山西、福建、安徽、北京、天津等省、市的定点订货会。通过参加各种订货会，巩固了老客户，开辟了新市场。二是成功举办了“醴陵首届内销烟花爆竹经营高层座谈会”。4月12～21日，在第四届中国烟花爆竹产业博览会暨中国(上栗)国际花炮艺术节期间，市委、市政府成功举办了首届“中国醴陵内销烟花爆竹经营高层座谈会”。此次内销烟花爆竹经营高层座谈会是继1992年“第十届醴陵花炮陶瓷订货会”之后，首次举办的一次烟花爆竹产业大型活动。活动期间，有来自中国日用杂品流通协会、北京、天津、辽宁、吉林、山东、江苏、河北、河南、山西、新疆、甘肃、安徽、福建、广东、四川、云南、广西、内蒙古等19个省、市，近200名省、市高端经营客商与会。三是创新经营模式，组建企业集团，设立办事处，买断地区经营权。扶植了市将军烟花鞭炮制造有限公司，整合烟花鞭炮企业资源4家，成立了醴陵首家内外兼营的“花炮集团公司”，开创了醴陵花炮产业走集团化发展的新纪元。年内，先后协助市科富花炮、明达烟花、将军烟花等企业，以参股、控股或买断经营权的模式，占据了10余个国内地级市花炮销售市场。其中，市将军烟花集团公司、市神马花炮分别在新疆维吾尔自治区、湖南省浏阳市设立了办事机构。

【烟花鞭炮宣传】 一是精心策划，加大宣传力度。年内，组织市有关规模花炮生产经营、花炮机械制造企业、主产区乡镇及市有关部门负责人，参加了“第四届中国烟花爆竹产业博览会暨江西上栗国际花炮文化节”。并在节会上，通过制作巨幅宣传广告、拱门，悬挂汽球、横幅，刊登醴陵花炮简介等形式，扩大了醴陵花炮影响。二是协助企业拓宽销售领域。成功承办了天津、郑州、内江、太原、重庆、长春、抚顺、银川等地“元宵晚会”的焰火燃放；成功组织了“醴陵市迎春焰火晚会”、“株洲市元宵焰火晚会”、内销烟花爆竹高层座谈会、陶瓷工艺美术大师评审焰火晚会的焰火燃放。通过各种焰火燃放平台，提高了醴陵烟花鞭炮的区域、企业品牌。三是拓展宣传平台。举办了醴陵首届烟花爆竹经营高层座谈会。会议期间，邀请了中国日用杂品流通协会副会长金文存，各与会省、市代表，本市市级领导，乡镇(街道办事处)党政主要负责人，市直有关部门党政主要负责人及市规模花炮企业负责人共200余人，参加了在李畋殿举行的“全国花炮界人士公祭爆竹祖师李畋”活动。通过活动,让广大客商领略了醴陵的花炮文化渊源。

【培植项目、招商引资】 一是为企业招商引资牵线搭桥。牵线并协助醴陵神马花炮公司与日本花炮贸易公司达成了花炮科研技术合作协议。年内,双方展开了具体的技术合作。二是协助引进企业。引进了浏阳市中洲出口烟花公司,在南桥镇投资3000万余元,新建了组合烟花生产线,年内已建成投产。三是积极探索花炮出口新途径。会同其他主产区企业走访了国内大型港口,积极探索花炮出口新途径,促成了深圳盐田国际集团在本市成立了专门机构,并对盐田港是否能装运出口烟花进行可行性论证。四是协助企业项目申报、立项。帮助湖南光彩投资有限公司加快了“中国(醴陵)花炮商贸物流园”项目申报和建设工作,年内,已向省发改委申报立项。

【人才培训】 一是做好了陶瓷花炮职业学校“花炮生产与管理”专业开班工作。协助陶瓷花炮职业学校成功开设了“花炮生产与管理”专业班,招收学生50名。二是成功组织企业参加了由湖南省工艺美术协会烟花爆竹专业委员会举办的花炮新产品评审活动。三是牵线南京理工大学火工专业,洽谈了联合办学和科技转换合作等事宜。

【优化环境】 一是加强与市银信部门的联系,设法破解产业融资“瓶颈”。走访了浏阳、江西上栗、万载等花炮主产区,掌握了花炮企业放贷运作模式。年内,在市人民政府大力支持下,成立了“市融资担保公司”,出台了花炮企业放贷方案和措施。经本局多次与市有关银企协商,促成了市农行、建行打开对市花炮企业放贷的缺口,全年为企业新增贷款4000万余元。年底,争取了邮政银行,预计在2011年度列入花炮领域放贷行列。二是联合其他产区,向国家有关部门争取烟花爆竹出口退税、产业规划等政策。针对国务院办公厅转发安全监管总局等部门《关于进一步加强烟花爆竹安全监督管理工作意见的通知》中的第二条第四款(取消个人燃放的小礼花类、摩擦类、烟雾类和内筒型组合烟花等危险性大的产品品种)内容,严重阻碍花炮产业发展条款,本局联合湖南省浏阳市、江西省上栗县、万载县等三大花炮主产区,联名请示国务院,寻求解决办法。三是上争政策,下扶企业。充分利用中央财政关闭小企业补助资金的有关政策,帮助并关停了市浦口华亿烟花鞭炮厂等14家企业,并按照《中央财政关闭小企业补助资金管理办法》相关要求,向上级申报了补偿资金。四是协助湖南省工艺美术协会成立了湖南省工艺美术协会烟花爆竹专业委员会。市人民政府副市长李荣佳任委员会名誉主任,花炮局副局长文海贵、神马花炮公司董事长黄玉国任副主任,天符花炮厂董事长曾德香任副秘书长。协会设立了醴陵、浏阳2个分会。 (汤中亮)

醴陵神马花炮有限公司

董事长兼总经理 黄玉国

【概况】 醴陵神马花炮有限公司(以下简称“公司”)成立于1979年,是一家集花炮科研、生产、储运、燃放于一体的综合型企业,占地面积86.67公顷。是国家安全生产工程技术研究与示范基地。下辖燃放公司、花炮研究所、4个分厂;有员工1300人。拥有固定资产1.6亿元;年产值1.2亿元。火箭及玩具烟花产量居世界之首,拥有世界第一的水上礼花弹厂。公司主要生产礼花弹、烟花、爆竹近3000种产品,产品远销欧、美、日等20多个国家和地区,内销北京、天津、上海等10多个省、市。建立了完整的质量保证体系,燃放服务是全球唯一通过ISO 9001:2008国际质量管理体系认证的企业。有5个产品获得国优、省优产品奖,其中“牡丹红炮”获“国家对外经济贸易部优质产品奖”,“马恋牌”被评为“湖南省著名商标”。

公司有高级技术人员8名、中级技术人员30名。与国防科大、长沙理工大学有着紧密的技术合作,与日本芳贺火工等4家国际一流的礼花弹生产企业保持长期技术合作关系,共获国家专利40余项。

公司具有A级燃放资质,拥有4套(美国进口)和8套720门智能点火器,有2万个优质发射筒和钢构发射架。与美国、德国等7家燃放公司合作20余年。成功承办了国庆45和50周年、香港和澳门回归等90余场国家级和九届、十届湖南省运动会等1000余场省级焰火晚会。应邀参加美、德、法等20多个国家、50余场焰火表演,均取得圆满成功。公司连续多年被省、市人民政府授予“文明建设先进单位”、“纳税大户”、“安全生产先进单位”、“科技工作先进单位”等称号。被评为“中国花炮百强企业”、“中国燃放企业二十强”之一、“湖南省诚信单位”。

(杨志财)

电 力 工 业

醴陵市电力局

【概况】 2010年,市电力局内设办公室、生产技术部、营销部、计划财务部、农电部、三力公司、醴能公司、成套公司。有滴水井、石子岭、茶埠塘、解放路、浦口、南桥、白兔潭、王仙、鳌塘、古家岭、泉塘、嘉树、长沙岭、均楚、黄达咀、荷叶塘、桥湾17个变电站和五里墩开关站。设调度监控、输配、营抄、计量、工程、变电修试室、维操队、客户中心、农电诚信运行所等10余个班组和9个供电所。年末有在职人员190人,离退休人员109人,农电人员486人。

醴陵电力拥有35千伏及以上变电站18座，主变电站31台、容量591.95兆伏安。其中,220千伏变电站1座,主变电站2台、容量240兆伏安;110千伏变电站5座，主变电站8台，容量259兆伏安;35千伏变电站12座,主变电站21台,容量92.95兆伏安。全市有110千伏线路8条、80.71公里,35千伏线路18条、192.16公里,10千伏配电线路85条、2153.5公里。其中,县城配电线路20条,237.45公里；农村配电线路52条,1859.83公里;用户专线13条,56.32公里。全市有配电变压器3618台、42.72万兆伏安；城区有公配电变压器121台、总容量3.56万兆伏安,有专配电变压器201台、总容量7.28万兆伏安；农村有公配电变压器2002台、容量3.52万兆伏安,农村专配电变压器1294台、容量17.67万兆伏安。

2010年，完成售电量8.26亿千瓦时,比上年增长16.77%,超年度计划指标3800万千瓦时。售电均价（全口径)615.25元/千千瓦时,比上年同期增加36.96元/千千瓦时、增长6.39%;比计划值提高2.59元/千千瓦时。全年实现电费收入5.08亿元，电费回收率100%。台区线损率6.35%。全年销售收入4.18亿元。年内,日最高负荷达19.6万千瓦时。

【安全生产】 2010年，针对醴陵地区环境和季节性用电特点,投资10万余元，在城乡人口密集区和用电环境较复杂地段，制作了62块安全用电大型宣传牌。在全国“安全生产月”活动中,城区广场、农村村组大力开展安全宣传活动,共制作宣传板报3块，分别印刷“居民安全用电须知”、“电力安全常识”宣传资料6000份,悬挂宣传横幅15条，张贴宣传标语1000张,出动宣传车辆23台次、宣传人员48人次。在农忙季节，各供电所在集镇、乡村田野等出动安全宣传车300余台次。继续强化以“95598”服务热线为龙头的优质服务体系,打造“大营销”服务体系，确保企业服务安全。加强项目过程跟踪及对关联企业承接业务的检查、督促,防范用户受电工程“三指定”(即：不为客户指定设计单位、产品单位、施工单位)行为,将供电优质服务调度延伸到基建、生产、后勤等领域。

【电力建设】 2010年，新投运110千伏(荷叶塘)变电站1座、35千伏(桥湾、狮子潭)变电站2座;新投运110千伏滴荷石线,35千伏石桥线、茶狮线,10千伏荷牛线、荷桔线、五电线、浦丰线。盛夏期间，完成了负荷调整和线路改造,解决了白兔潭、长沙岭主变过载和解城、解市、解屏、解阳、黄官线路过载等问题。

【多种经营】 三力公司全年完成销售收入8037万元，实现利润745万元,上缴税金770万元。完成了沪昆高铁、岳汝高速等61处的电源安装、杆线搬迁任务;组织改造了解城解市二回改四回线路等大型工程；完成了10千伏电力安装工程394个、0.4千伏工程161个。成套公司全年实现总产值1000万元、利润116.7万元。醴能公司全年发上网电量380万千瓦时,结算电费114万元。

【农电工作】 2010年，全市农电工作以“农电管理”为重点,努力开拓农电市场。一是加大了标准化(示范）供电所建设力度。二是开展设备消缺工作。三是按时完成大修技改计划。四是加强农电员工队伍建设。五是全面实现农电客户在线收费。六是成立台线组,加强农村台区线损管理。七是提升农电员工服务意识,争创“服务示范窗口”。年内,泗汾、渌江、长岭坳供电所通过了株洲电业局、湖南省电力公司标准化(示范)供电所达标验收,其中泗汾供电所通过了国家电网公司示范供电所验收。同时,全市9个农电供电所通过了株洲电业局、湖南省电力公司中心供电所整合验收。

（钟文丽）

湖南省电力公司电瓷电器厂

厂　　长 万四海
党委书记 钟成会
副 厂 长 刘自强　李朝晖　蒋俊成　刘　杰
纪委书记 钟成会(兼)
总工程师 李朝晖(兼)
工会主席 车志红
总会计师 袁棒子

【概况】 湖南省电力公司电瓷电器厂(以下简称“厂”)是湖南省电力公司全资子公司。主要生产35~110千伏系列互感器、110~220千伏穿墙套管、变压器套管、氧化锌避雷器、棒型支柱绝缘子及电瓷瓷套。年内,有在职职工829人,其中高、中级专业技术人员80人。厂拥有总资产2.44亿元。

2010年，面对电力建设项目大幅压缩、招标采购量大幅减少、产品价格持续下跌等诸多不利因素影响,厂积极应对,开拓进取,深挖内潜增效益、研发产品强实力、转型经营出活力,保持了企业持续健康发展。全年完成工业总产值3.39亿元，其中电器产值2.46亿元、综合产业产值9357万元。全年全员劳动生产率达5.48万元/人年。完成订货8700万元,主导产品500千伏六氟化硫电流互感器国内市场占有率达27%，继续保持竞争优势。国际市场进一步拓展,产品出口10个国家和地区。同时,产品可直接出口泰国,实现了直接出口“零”的突破。全年实现销售收入1.54亿余元，上缴税金1474万元。

【产品研发】 2010年，引进国际先进工艺技术,成功研发500千伏倒置式电流互感器,并形成批量生产。与华中科技大学合作研发的直流供电型110千伏、220千伏电子式互感器(适应国家智能电网发展需求,具有技术专利),顺利通过国家电器设备质量检测中心型式试验，产品挂网运行稳定。年内，110千伏电子式互感器已在陕西延安750千伏变电站及河北省电力公司培育基地成功应用,标志着企业智能化电子式互感器生产工艺技术水平达到国际一流。

【工艺质量管理】 2010年，持续开展了工艺质量通病整顿活动,产品性能保持稳定,获评“湖南省A级质量信用企业”。开展了“节约一张纸、节约一度电、节约一分钱”“三节约”活动。通过强化物资集中招标采购、技术改进挖潜、销售和管理费用控制，全年节约成本1500万元，被省电力公司评为“2010年‘三节约’活动先进单位”。强化财务预算管理,被省电力公司评为“预算管理先进单位”。推进标准化建设,顺利通过北京认证中心质量、环境和职业健康安全管理体系年度监督审核。

（朱冬祥）

服装工业

【概况】 2010年，全市有服装生产加工企业67家,共完成工业总产值7.5亿元,年生产服装200万余套，安排从业人员5000余人。年内,全市服装产、供、销产业集群逐步形成,85%的服装生产企业和个体户全部集中在船湾镇;全市67家服装生产企业中，有58家位于船湾镇。全市服装工业主要产品以公、检、法、司、工商、税务、林政、动检、植保、技监、交通、运政、路政、国土、电力、水政、城建、环保、文化、金融等系列职业标志服为主。其中,执法行业标志服生产在全国同行中独树一帜，并有多家企业获准为省、部级定点生产单位。醴陵服装企业逐步实现了自主品牌创建与品牌形象的提升,涌现出“韶峰”、“亚西欧”等18个产品注册商标,其中“韶峰”牌成为“全国驰名商标”。全市服装主要销往国内20余个省(市)区,并走出了国门。

（瞿秋圆）

湖南省韶峰服饰有限公司

董事长 汪绍华

【概况】 湖南省韶峰服饰有限公司(以下简称“公司”)是湖南省定点生产国家行政执法制服的生产企业,是全国颇具实力的服装生产企业之一。创建于1989年,系民营股份制企业,注册资金5100万元。主要生产服装、箱包、湘绣、工艺品、玩具、鞋、帽。公司工业园占地面积9.07公顷,有员工520人。拥有悬挂式西服生产流水线2条,制服生产流水线12条,衬衣、西裤及制帽生产线各一条。年生产能力100万套(件)。

公司是一家集服装设计、生产、销售为一体的专业公司,拥有雄厚的资金，高度精良的生产技术，全套高科技生产设备，采用CAD、CAM系统制版。拥有从意大利、法国、德国、日本等国进口的先进设备,主要生产和销售“韶峰牌”行业制服、西服等30余种产品。产品以独特的设计、优美的款式、精细的工艺以及完善的售后服务,深受消费者的青睐和好评。相继被国家农机监理总站、湖南省卫生厅、交通厅、林业厅,安徽省、河南省林业厅等多个省、部级部门指定为“系统制服定点生产厂家”。

公司一贯信奉“质量擎业、人才为本”的思想理念和“顾客是上帝”的经营原则,不断追求产品个性化、精品化和品牌化。建立并不断完善产品质量保证体系及售后服务体系,产品实行“三级检测管理制度”，确保产品100%合格出厂。公司通过ISO 9002国际质量管理体系认证。2006年，再次通过ISO 9001、ISO 14001、OHSAS 18001体系认证。曾先后被市工商局、省工商局、消协评为“守合同、重信用”单位和连续三届被省经委、质量技术监督局评为“湖南省名牌”产品。2000年,获湖南省首批“湘派服饰十大品牌”之一称号。其中,公司产品得到北京天安门国旗护卫队青睐,并与本公司结成“军地共建文明之花”友好关系。“韶峰”牌产品被国家质量技术监督总局确定为“免检产品”。2010年,“韶峰”商标被国家工商总局评定为“中国驰名商标”。

（方喜军）

建材工业

【概况】 2010年，醴陵市建材工业传统产品有砖、瓦、石灰、砂、石、水泥等。近几年,随着本市工业投资的快速增长,城市建设力度不断加大,防水材料、水泥预制构件、轻质建材、耐火建材、装饰材料等生产行业迅速发展，涌现出了“帅旗”、“神舟”、“环宇”、“广发”等一批规模建材生产企业。全年全市建材工业实现工业总产值12.8亿元。截至12月，全市有“帅旗”、“神舟”、“天仙”、“水中宝”、“湘兴”、“环宇”、“水中王”、“黑甲”等主要建材品牌。

（瞿秋圆）

湖南醴陵建材炉料总厂

厂长兼党委书记 李建文
厂党委副书记 邹湘辉(2010.8止)
工会主席 钟纪明

【概况】 2010年，湖南醴陵建材炉料总厂(以下简称“总厂”)按照株洲市委、市政府要求,全面进入改制程序。由驻醴陵株洲市国有企业改制办公室负责改制。年内,总厂内设综合办、工会、行政、财务等科室,有职工912人,其中离退休人员424人、各类专业技术人员58人。厂区占地面积16万平方米,拥有固定资产(原值)1951万元、净值1293万元;拥有隧道窑、多孔窑生产线2条。全年实现产值4000万元。

年内，总厂继续采取承包、租赁等方式,保障企业稳定发展。目前,有日用瓷、电瓷、机械、液化气等行业。厂内铁路专线主要从事货物装卸、中转、储运等业务,年装卸货物能力15万吨。全年完成了第二批经济适用房、廉租房配套建设,新建经济适应房2栋、6200平方米,有60户、180余名职工喜迁新居。在“6·24”特大洪灾中,总厂动员全员积极开展自救,确保灾情控制在最低状态。其中,钟纪明、王劲华等职工抗灾救人的先进事迹,在中央媒体“争优创先”专刊中作了宣传报道。全年发放困难慰问金12万元、救助392人,发放物资(粮油)100份,走访看望困难职工102人。总厂连续三年被本市评为“社会治安综合治理工作先进单位”。 (吴 林)

机械工业

【概况】 2010年,全市机械工业主要是陶瓷、花炮、包装三大类机械产品。全市有机械制造企业42家,其中陶瓷机械企业28家、花炮机械企业7家、其他机械企业7家。全年机械工业实现工业总产值3.2亿元,安排就业人员3000余人,拥有固定资产1亿余元、各种机械设备900余台。主要生产陶瓷制泥、成型、精坯、烘干、施釉、装烧、彩饰等各个工序所需的各种陶瓷机械产品;有抽浆泵、球磨机、搅拌机、炼泥机、榨泥机、振动筛、磁选机、注浆机、单头及双头滚压机、链式烘干机、精坯机、施釉机、窑车、多孔窑推板机、镶金机等;有专用于电瓷生产的多种电瓷成型机、磨瓷机、分切机、打眼机、修坯机等40余个品种和60种不同规格的机械产品。花炮机械生产企业由原南桥镇向富里、浦口、王仙等镇辐射。主要产品有卷筒机、结鞭机、分切机、插引机、两用机等。产品畅销全国各地花炮产区,并出口俄罗斯、印度等国家和地区。

(瞿秋圆)

株洲时代金属制造有限公司

【概况】 株洲时代金属制造有限公司(以下简称“公司”)系铁道部定点生产企业,始建于1993年,前身为“醴陵市泰山特种变压器有限公司”。2005年,公司与株洲时代集团结成战略合作伙伴,得到该集团技术、管理、培训等支持。引进了瑞士Bystar-3000激光切割机、芬兰Fin-power C6多工位数控冲床、数控折弯机等80余台(套)。2006年,形成了规模生产能力。2008年10月,通过了EN15085国际焊接体系认证。

公司占地面积13.33公顷,有员工1000余人,其中有中、高级科技人员40余名。拥有固定资产1.6亿元。公司拥有独立的知识产权,多个产品已申请专利。其中,复合冷却器产品达到国际领先水平,填补了国内空白。拥有国内性能和功率最大、最强的热工综合试验线,检测手段先进完备。公司长期致力于换热器、集成气路板、成型门窗系列产品的研发,产品畅销全国机车生产企业,并为西门子、日本东芝公司配套供应产品。为积极参与全球轨道交通配套产品竞争,培养国际焊接工程师4名、焊接技师4名、焊接检验人员6名,具备国际焊接资质熟练焊接人员近400余名。

2010年,完成销售2.82亿元,上缴国、地两税税收1796万元。年内,被湖南省认定为“省级高新企业”。全年为社会提供就业岗位1000余个,安排了大量的大中专毕业生、退伍军人、下岗再就业人员及吸引了大批农村劳务工就业。全年发放职工工资、福利共计3000万余元。 (周剑波)

采掘工业

【概况】 醴陵境内矿种丰富,主要有金、银、铜、铁、锡、锑、铀、铅、锌、萤石、煤、高岭土、硅火泥、白泡石、矿泉水等30余种。境内北为黄金、石英,南为煤炭,东为铁、高岭土,西为铅、锌、萤石、石灰岩。其中,煤炭、高岭土储量极为丰富,高岭土储量在1亿吨以上。除锡、铀外,其他矿藏均有开采,其中高岭土、煤炭、黄金、铅、锌、萤石、石灰岩、耐火石、硅火泥等矿产开采量较大。2010年,全市有采矿企业69家,其中规模企业13家。全年实现工业总产值5.5亿元,安排从业人员4300余人。 (瞿秋圆)

醴陵中油燃气有限责任公司

【概况】 2002年7月9日,醴陵市人民政府与醴陵中油燃气有限责任公司(以下简称“公司”)签订了《醴陵市天然气利用项目开发合同书》,醴陵中油燃气有限公司成为醴陵市天然气利用项目业主,合法承担开发建设及经营本市天然气利用项目的权利与义务。公司拥有注册资金3000万元。醴陵市天然气利用工程于2004年6月动工。2005年10月试通气,11月实现正式通气。

2010年,公司按照市场经济规律要求,建立现代企业制度,内设计划经营部、工程管理部、生产运行部(母站、门站、营业厅、调度中心、维抢修队、巡检队、湘醴支线)、安全保卫部、财务管理部和综合管理部。有员工125人。截至12月,全市完成次高压管网71公里、中压管网114公里,占地5.27公顷门站1座,10万立方米/日CNG母站1座,高中压调压站8座。全市累计使用天然气居民用户8700户、工业用户168家、公福用户64家;日供气达45万立方/日。 (吴 清)

食品工业

【概况】 2010年,全市有食品制造企业32家,实现工业总产值3.6亿元,安排从业人员1500余人。其中,规模企业有湘洲、庄王米业、仙都酱板鸭等5家。主要产品有肉食、粮油、糖果糕点、酒、饲料、调味品、方便面等17个门类、2000余个品种。近年来,农副产品加工食品企业在农村不断涌现,有无公害大米、果脯、蔬菜加工及矿泉水饮用食品企业。随着全市林权制度改革的完成,林农造林护林积极性空前高涨,已有20余个合作社、大户、公司大力发展油茶林,油茶产业步入高速发展期。另外,个体的炒货、米、面包房也大量涌现,为醴陵的食品加工制造业增添了新的色彩。（瞿秋圆）

化学工业

【概况】 2010年，全市化学工业以橡胶制品、塑料制品、碳酸氢铵、碳素、金水、颜料、涂料、蚊香等为主要产品。主要分布在城区、栗山坝镇、东富镇、富里镇、孙家湾乡等地域。全年全市有化工企业39家，其中颜料企业30家。全年实现工业总产值2.9亿元。（瞿秋圆）

其他工业

【概况】 随着全市陶瓷、花炮两大支柱产业的快速发展,相关产业也迅速成长，窑炉热工、造纸、印刷、包装和其他加工行业大量兴起,特别是在花炮业集中的乡镇发展更快。如造纸业集中在王仙、均楚镇。主要产品有机制纸、箱板纸、宣纸、土纸、再生纸等。印刷业则向彩印、瓷用纸发展。包装业有纸箱、复合包装、塑料袋等。2010年，其他工业共实现工业总产值11亿余元。

（瞿秋圆）

陶瓷产业园区

湖南醴陵陶瓷产业园区

【概况】 湖南醴陵陶瓷产业园区(以下简称“园区”)隶属省级高新技术开发区,控规面积14平方公里,详规面积5.24平方公里。园区地处醴陵“北大门”,紧临320国道、沪昆高速(在建)、岳汝高速(在建)互通口。分别距株洲、长沙40和70公里。是醴陵对外交通的主要出口,被纳入长、株、潭“两型”社会改革试验区的核心区。园区主要依托高新技术改造、提升醴陵传统陶瓷产业,拟建成中国陶瓷科技创新基地、国际陶瓷制造基地。园区于2003年底动工建设,到2010年底累计完成投资42亿元,建成面积200余公顷,已构建成了方便快捷的交通网络,水、电、气、通讯等基础设施基本到位。截至12月,有入园企业54家,其中投产企业45家。

2010年,紧紧围绕“工业新城、城市新区”的发展定位和“百亿园区、千亿产业”发展目标,全面打响园区攻坚战。快速推进了“中国醴陵釉下五彩艺术陶瓷园”、“电瓷电器产业园”、“汽车零配件及汽车用品产业园”项目建设,启动了“建筑陶瓷园”等项目。全年各项经济指标实现快速增长,累计完成固定资产投资20.2亿元,比上年增长190.21%;技工贸总收入63.15亿元,比上年增长63.1%。实现园区工业增加值15.65亿元、比上年增长51.94%,高新技术产值15.18亿元、比上年增长72.72%,招商引资到位资金6.8亿元、比上年增长83.8%,上缴税金2.8亿元、比上年增长47.4%。全年园区劳动力达2.33万人。截至12月,园区储备国有土地226公顷。

【规划建设】 2010年,园区为拓展发展空间,科学调整了《总体规划》,进一步完善了功能分区。在此基础上,积极破解征地、拆迁资金短缺、用地紧张等难点,高质量、高效率地推进了基础设施建设。7月,启动了凤凰大道对接工程。年内,配合市政府加快了沪昆高速(醴陵段)、岳汝高速(醴陵段)、国瓷路的互通等工程建设,绿化、亮化了建成区的主次干道,加快了与三产业配套的集中安置区建设,配合、协调了“西气东输”二线工程工作,完成了园区污水处理厂(一期)工程、加快了“环境友好”型园区构建。启动了600毫米自来水管网、22万伏变电站建设,为园区的后续发展提供了充足的供给保障。

【项目建设】 一是加快“釉下五彩艺术陶瓷园”项目工程建设进度。预计2011年启动项目主体工程建设。该项目是株洲市、本市两级党委、政府高度关注和重视的一个大型产业发展项目,也是打造园区“产业名片”项目。在上年完成了项目总体规划设计及一期用地(三通一平”)工程的基础上,年内成功引进了华泽集团战略合作伙伴,于3月26日签订了合作框架协议。截至12月,该项目累计投资1.8亿元。华泽集团按“国内第一、世界一流”标准,先后聘请深圳市社会科学院、香港求是图设计公司、东南大学建筑设计院等知名设计单位,为项目进行了详细规划设计。8月,通过以上设计单位的整体选择,最终确定由投资1700万元的意大利阿克雅建筑设计公司完成该项目设计,年末已进入完善阶段。同时,认真做好了奠基动工的各项准备工作和项目新增用地的腾地任务。年内,“李铎艺术馆”项目建设,已与李铎将军本人进行多次面谈和沟通,基本达成共识。进一步加大了“釉下五彩艺术陶瓷园”项目建设的宣传、推介力度,数家釉下五彩陶瓷企业踊跃入园,动工准备工作就绪。

二是加快“电瓷电器产业园”项目建设。该项目主要为醴陵电瓷电器产业创建一个崭新的发展平台,加快醴陵陶瓷产业形成核心竞争力。下半年,该项目选址规划完成,征地、拆迁和一期工程已完成用地平基。年内,成功引进“华联火炬电瓷入园”并启动了工程建设,完成投资9900万元,项目二次平基工程已完成,已进入主体车间施工阶段。同时,园区正着手编制项目二期用地规划。

三是加快“汽车零配件及汽车用品产业园”项目建设。该项目是本市市委、市政府确立的一个新型产业项目。以“长株潭振兴和发展汽车制造业”为契机,拟建成一个以汽车零配件、汽车用品生产为主导,同时兼物流(汽车)、商贸、维修、售后服务、远期汽车整车制造为一体的汽车产业特色园。7月,该项目一期工程的66.67公顷用地征地、腾地工作完成。截至12月,已投资5100万元,土地规划调整和用地资料上报,征地、拆迁协议签订等工作完成,征地、拆迁、平基等基础工程正在进行中。全年拆迁房屋43栋,启动了2个安置区小区建设。项目成功引进了广州全盛汽车配件有限公司、湖南元创机械有限公司、湖南坜丰精密金属有限公司、湖南信诚有限公司、湖南震源橡塑有限公司、湖南大华工装设备自动化有限公司等6家汽车配件生产企业入园。入园企业计划总投资5.7亿元、用地25.33公顷。通过进一步招商推介,现阶段又有数家汽车配件企业达成了入园意向。

四是加快"建筑陶瓷园"项目建设。年内,为承接沿海产业梯度转移,加快醴陵千亿陶瓷产业目标的实现,完成了该项目的建设计划。截至12月,已初步完成项目433.33公顷用地的规划选址,水、电、路、气、市政管网的设计已接近尾声,项目前期用地、腾地平基等工程即将启动。该项目预计在2年内,引进建筑陶瓷生产企业5家以上。10月,在"广交会"期间,与佛山居道陶瓷有限公司等建陶企业达成了投资意向。

【招商引资】 2010年,成功引进华联火炬"电瓷电器产业园"建设、合同引资2.6亿元;引进华泽集团"釉下五彩园"建设、合同引资10亿元;引进6家汽车零配件生产企业、合同引资5.7亿元;引进杰伟国际鞋业有限公司、合同引资1000万美元;引进12家釉下五彩艺术陶瓷企业、合同引资1.5亿元。

【融资开发】 年内,园区发展公司和园区托管的市高新公司共融资1.7亿元,储备国有土地226公顷。耗资3000万余元,平息了历年因征地款未到位、农民不断上访事件。采取土地抵押、股本改良等形式,与市数家金融机构、信托投资公司达成了融资合作意向。制定了商业用地开发方案,以"高新公司"为载体,通过商业用地开发,聚人气、造商机,打造醴陵城北商务中心,加快园区"工业新城、城市新区"总体目标的实现。

【园区管理】 2010年,园区管理认真贯彻上级关于园区建设和发展的各项指示精神,加快对省委、省政府《关于进一步促进产业园区发展的意见》、株洲市政府《关于推进产业园区"千百十"工程的实施意见》的落实,进一步明确了园区的指导思想、发展目标,制定了园区机制创新、加快建设和发展政策及保障措施。

一是理顺与街道办事处、村、组关系。采取由街道办事处托管并承担基础项目建设的建设模式和由"村为主"打包完成征地拆迁、土地平整的供地模式,有效缓解了园地矛盾,提高了工程建设进度。继续实行为60岁以上的失地农民发放生活补助的惠民政策。二是加强园区服务和管理。进一步健全了"一站式"服务机制,完善了入园协议并强化了履约保证措施,对入园企业进行全面的履约情况清查,促进了企业管理高效化、科学化、规范化。对园区规划范围内违法违规建设开展了专项整治,确保了园区正常建设秩序。机关内部管理按照"精简、务实、高效、科学"的原则,不断创新工作机制,队伍素质不断提高,管理制度不断完善。同时,国土、规划、公安等驻园区单位调整、充实了力量,机构进一步健全。 (黄小龙)

贸　　易

商　　务

【概况】 醴陵市商务局主要承担全市商贸流通、对外贸易、国际经济合作、农产品进出口计划组织实施、成品油、酒类管理以及牲畜屠宰等职能。2010年,内设办公室、法规股、市场运行调节股、商业股(加挂市场体系建设股牌子)、对外贸易经济合作股、商务综合执法大队、物流办公室。现有在职人员17人。

年内,市商务工作全面贯彻中共十七大精神,按照科学发展观的要求,围绕市"争一进百、科学跨越"的目标,以市"三大战役"(即:城市提质战、园区攻坚战、旅游升温战)为工作重心,高效履行了商务职能。全年全市社会消费品零售总额为84.1亿元,比上年增长20.3%;实现外贸出口总额6.09亿美元,比上年增长20%;出口创汇2.43亿美元,比上年增长17.7%。签订了醴陵市湘东国际物流园与盐田国际集团合作框架协议。引进新华联国际石油贸易有限公司投资醴陵;该公司拟投资1亿元,计划建设战略性储备油库,其中前期投资5000万元。完成均楚、贺家桥等4个农村农产品市场监测网点布局、选址;进一步完善"家电下乡"监管工作,启动了家电以旧换新工作;加强了"三电"整改,进一步推动了本市商务综合执法。

【家电下乡】 2010年,全市共设置"家电下乡"销售网点224个,累计销售冰箱、彩电、洗衣机、手机、计算机等九类产品13.96万台(部),实现销售额3.18亿元;发放家电补贴金4134万元,补贴兑换率达98.7%。年内,"家电以旧换新"回收家电3236台(部)、回收金额3.02万元,销售家电3105台(部)、销售金额1107万元。全年"家电下乡"和"家电以旧换新"工作位居株洲地区第一。

【市场监管、服务】 2010年,商品市场服务和监管工作进一步加强,市场秩序进一步规范。一是加强市场肉品、酒类监管,确保城乡居民吃上"放心肉"、喝上"放心酒"。二是加强市场供应和运行监测。进一步完善了重要生活品应急储备制度,有效地保证了重大节日期间和恶劣气候条件下的粮、油、菜、肉、蛋、奶等重要生活品的市场稳定供应。三是加强对成品油、拍卖、典当、再生资源利用等行业监管。进一步整合了"农村党员远程教育"、农村大学生村干部资源,在全市设立了4个农产品市场监测服务网点,实行将农产品信息、种类、价格、来源等及时在网上公布。年末,市场监测工作被评为"湖南省市场监测工作先进单位"。

【"两型"市场创建】 2010年,为全面贯彻市委、市政府"两型"社会建设的有关精神和要求,在商务领域牢固树立"两型"理念,推广"两型"生产、生活方式,使各市场逐步形成与"两型"社会建设要求相适应的资源节约和环境友好的模式。年内,由市商务局牵头,按照"两型"创建的要求,创建了市太一、阳三两个"两型"市场建设示范点。

【参展"广交会"】 2010年,第107届春季"广交会"期间,先后组织全市39家企业参展,共设展位141个,实际成交额为4734万美元,比上年增加1416万美元、增长42%;第108届秋季"广交会",全省共有59家日用陶瓷企业参展,共设展位258个。其中,本市共有42家企业参展(其中陶瓷企业有37家、电瓷企业有2家、箱包企业有2家、烟花鞭炮企业有1家),共拥有展位145个,比上年同期新增展位16个,占全省总展位数的56%。本届"广交会"中,醴陵陶瓷占全省参展陶瓷企业的80%。其中,市东方辉陵、得利瓷业、精陶瓷业和益宏工艺品4家企业为首次参展企业。第108届秋季"广交会"一、二期参展企业,共实现成交额1.19亿余美元。其中,实际成交额为5195万美元,比上年同期增加1692万美元、增长48.3%;意向成交额为6702万美元,其中华联瓷业实际完成交易额1200万美元。

【上海"世博会"陶瓷展览】 2010年7月,市商务局牵头成功组织了"强风头、呈异彩"的"上海世博醴陵瓷"展览。市委书记谢清纯、市长蒋永清、市人大主任李理、市政协主席陈立耀等主要领导到现场指导检查工作;市各有关部门负责人、市各参展单位和企业领导等参加了世博展览。"上海世博会"醴陵陶瓷的成功展览,再现了"醴陵瓷城"风采,展示了醴陵瓷器的美轮美奂,让世界进一步了解了醴陵釉下五彩瓷文化,刮起了一股醴陵釉下五彩瓷艺术旋风。一是现场赠送醴陵瓷器,展示醴陵釉下五彩瓷最高艺术,醴陵陶瓷成为“湖南名片”。在“上海世博会”期间,由中国奥委会主要领导向国际奥委会原主席萨马兰奇等官员,分别赠送了由醴陵制作的《世界和瓶》;由湖南省省长周强向台湾亲民党主席等,赠送了由醴陵制作的《盛世牡丹》瓶、国务院总理办公系列用瓷和湖南省人民政府曾赠给香港特区政府庆祝香港回归十周年的《国色天香》;由株洲市市委书记陈君文向联合国助理秘书长贝楠先生、世博中国国家馆馆长徐沪滨等,赠送了永久珍藏的醴陵釉下五彩精品陶瓷。通过赠送醴陵陶瓷活动,进一步增强了醴陵陶瓷在世界各地交往的友情,彰显了醴陵陶瓷的声誉和魅力,让世界更多国家和人民深层次了解了醴陵釉下五彩瓷的缤纷世界。因此,使醴陵陶瓷成为了“上海世博会”交往的“湖南名片”。二是现场演绎醴陵瓷器手工拉坯制作的环节,展示醴陵釉下五彩瓷的制作秘籍。“湖南活动周”期间,在宝钢大舞台单独设立了中国元素传习区,是专为醴陵釉下五彩瓷现场表演单独设立的瓷坊,五彩瓷现场制作表演,热闹非凡,吸引众多的中外游客。现场表演由醴陵陶瓷工艺美术大师分别演示陶瓷制作中的勾线分水、手工拉坯、雕刻瓷印章等。同时,大师与部分游客互动,手把手地指导游客试制釉下五彩瓷。现场演示和互动活动,成为上海世博展览活动中的亮点之一。三是鉴赏会,展示醴陵瓷器的美轮美奂。由市政府与湖南华联瓷业共同举办了醴陵世博瓷新品鉴赏会。鉴赏会中,推出既有实用性的杯、盘、壶、瓶也有极具观赏性的挂盘、鼎、海宝、世博邮票等造型的精美瓷器。其展示的瓷器作品采用了高白玉、釉下五彩等经典工艺类型,并首次把特种陶瓷材料以邮票的形式,表现在陶瓷上,具有很高的观赏和收藏价值。其中,市金煌瓷艺陶瓷有限公司为“上海世博会”特制的醴陵釉下五彩瓷《万花赏》,聚集参与“上海世博会”近200个国家的国花进行创作,将世界各国国花元素符号和文化与釉下五彩进行完美结合、紧密融合,寓意“城市,让生活更美好;醴陵釉下五彩瓷,让各国国花更艳丽”。融合制作的百余款鲜花醴瓷,在“上海世博会”中大放异彩。其中,陶瓷邮票薄如蝉翼、瓷雕海宝灵动活泼、瓷质吊坠高雅华丽。鉴赏会期间,文化部艺术品评估委员会委员田申、上海世博局专家杨建坚观赏后赞叹不已。认为:“醴陵釉下五彩瓷堪称瓷中瑰宝,符合城市多元文化的融合概念”。四是新闻聚焦,让世界了解醴陵釉下五彩瓷文化。“上海世博会”期间,世界各国媒体纷纷报道醴陵瓷器,釉下五彩瓷誉满全球。中央电视台“新闻联播”、“世博传奇”、“世博之旅”、“第一时间”等主要栏目,分别报道了醴陵釉下五彩瓷。湖南卫视、香港凤凰卫视等电视媒体,分别从不同角度报道了醴陵釉下五彩瓷。《解放日报》、《潇湘晨报》、《长沙晚报》、《香港大公报》、《香港商报》等平面媒体,分别刊登了“上海世博会”醴陵釉下五彩瓷艺术展演的有关消息和通讯。“人民网”、“红网”等40余家网络媒体,纷纷发布展演活动消息。据不完全统计,在“上海世博会”期间,共有60余家新闻媒体,分别报道或发表醴陵釉下五彩瓷文章近100篇。五是在“上海世博会”的“湖南活动周”期间,醴陵市大展风采,收获累累硕果。其间,醴陵市签约了三大项目。其中,投资39亿元的仙岳山文化景区开发建设项目与醴陵市正式签约;成功引进了投资10亿元的中国醴陵釉下五彩陶瓷创意园;南方汽车制造中心投资1000万美元、年生产能力达60万台的汽车零部件项目尘埃落定。

（文平乐）

口　岸

【概况】 2010年,市政府口岸办公室隶属市政府办公室二级机构(副科级、享受独立法人代表资格)。年末,实有干部职工3人。年内,在省口岸办及市委、市政府的正确领导下,按照口岸工作要求,紧紧围绕加快醴陵铁路口岸建设这一中心目标,开拓创新,扎实工作,各项工作取得了明显成效。

截至11月,湖南出入境检验检疫局醴陵办事处报检商品2万余批、金额3.8亿美元。签发各类单证2.05万份、各类产地证书3018份,签证金额达6006万美元;包装鉴定7411批、1948万件,检疫集装箱8070个标箱。株洲海关驻醴陵办事处全年接受进出口报关单1175份,监管货运量2.87万吨,货物进出口总值达3830.87万美元,集装箱2948个标箱;办理企业注册备案137家。醴陵至盐田的“五定班列”运行平稳,全年运输6400个标准箱。

【口岸整体规划】 2010年,为充分利用现有资源,高起点、高标准建设好口岸基础设施,市政府提出了“以铁路为主、其他运输方式为辅”的口岸建设目标,对口岸平台及物流园建设进行了统一规划。年内,市人民政府投资100万余元,聘请了深圳市城市规划设计研究院人员,编制了《湖南醴陵湘东国际物流园规划》。按照规划,园区选址在市城区东部,紧邻醴陵铁路东站(货运站),规划用地面积约219公顷。园区将建设成“五区一核”及多式联运区、商业物流区、综合物流区、第三方物流区、危险品中转堆存区和配套服务功能核心区。同时,对未来醴陵市建设保税物流区、保税加工区进行了规划。

【“无水港”项目建设】 2010年,市委、市政府将无水港(湘东国际物流园)的建设纳入全年全市30项重点工程,成立了由市长任组长的建设领导小组,并抽调专人组成了工作组。年内,为推进项目建设速度,醴陵市曾先后3次专程赴深圳盐田港集团协商项目建设有关工作,成功促成了蒋永清市长与深圳盐田港集团李冰董事长会谈,完成了深圳盐田港集团徐云国副总经理到醴陵签署合作备忘录、盐田港集团可行性调研、南昌铁路局到醴陵调研等工作。为配合深圳盐田港完成项目可行性研究和商业计划书,市政府口岸办公室抽出专人陪同,并对醴陵市的经济、物流等进行了为期16天的考察和调研,完成了相关调研报告,出台了项目建设规划。在“无水港”项目建设中,涉及南昌铁路局相关铁路设施的建设问题,通过各种渠道与南昌铁路局协商,成功促成该局陈寿卿局长助理一行,于11月17日到醴陵考察湘东国际物流园建设铁路集装箱装卸站、场项目。12月29日,南昌铁路局同意将铁路建设用地纳入物流园规划范围统一规划和铁路集装箱业务整合到物流园、下属多经企业参与铁路装车点的投资建设。

【口岸平台建设】 自醴陵市铁路口岸获批后,市政府加大了口岸建设的投资力度,先后启动和建设了花炮商检海关联合监装点、花炮燃放试验场、电瓷检测实验室、口岸联检大楼等系列口岸配套设施。其中,花炮燃放试验场占地20公顷,投资900万余元,是现阶段全国规模最大、燃放检测设施最先进的出口花炮燃放试验场。投资过1000万元的出口电瓷检测实验室正在建设中。年内,醴陵市在原有外贸出口仓库的基础上投资约300万元,升级、改造了花炮商检海关联合监装点,从而实现了烟花鞭炮可在本市完成生产、检验、报关、监装、封箱的全过程,方便了市出口企业产品出口。

【口岸共建】 2010年,为充分调动和整合全市各口岸单位力量,实现合力出击,紧紧围绕“安全、高效、廉洁、和谐”口岸建设目标,以“优化通关环境、优化口岸服务、优化协作配合、深化廉政共建”为主线,以共建活动为抓手,扩大口岸开放,建设口岸文化,增强口岸创新力、竞争力。市政府口岸办公室曾多次组织市商检、海关等部门有关人员,分赴深圳、厦门等地实地考察、学习和借鉴沿海地区的先进经验和做法,以推动本市口岸建设的进程。同时,深入各口岸单位及检测场所,了解运行情况,全年组织召开口岸各单位座谈会、联席会议9次,解决工作中遇到的各类问题。通过开展文明共建活动,加强了市口岸系统间的联系,提高了专业素质和服务水平,增强了部门间的了解,强化了服务地方经济发展的理念,通关效率得到进一步提高。（张　昊）

检验检疫

【概况】 2010年,湖南出入境检验检疫局醴陵办事处(以下简称“醴陵办事处”)检验检疫出入境货物2万余批,货值3.8亿余美元,分别比上年增长23.4%、30.4%。包装鉴定7411批、1948万件,比上年增长15.3%。检疫除害处理集装箱3378个标箱。全年签发各类原产地证书2536份,签证金额5006万美元,其中普惠制原产地证和区域优惠原产地证书1736份、签证金额3539万美元。出具各类证书3.72万份。减免检验检疫费33.1万元。

【技术保障】 醴陵办事处立足当前,着眼长远,全年投资40万余元,新增仪器设备27台(套)。初步完成了电瓷实验室和烟花爆竹检测试验场的基础设施建设和仪器设备的安装调试,制定了检验操作规程,建立了设备档案,基本达到检验检疫工作要求。拓展了实验室检测能力,对建筑陶瓷、鞋类产品、烟花爆竹、化矿产品等相继进行了(CNAS)检验检疫实验室认证扩项,使检测能力由3个类别、28个标准扩大到6个类别、134个标准。全年检测样品7241组,出具检测报告2799份,为醴陵出口生产企业节省检测费150万元;检出不合格产品89组,减少和避免直接经济损失近1000万元。年内,醴陵唯一的国家级实验室——湖南检验检疫(醴陵)陶瓷检测重点实验室通过验收,为醴陵打造千亿陶瓷产业群提供了强有力的技术支撑。

【检验监管】 醴陵办事处采取积极应对措施,加强了出口烟花爆竹生产企业的安全质量管理。对凡未获得《安全生产许可证》或已过期的出口烟花爆竹生产企业,一律不受理出口烟花爆竹生产企业的登记申请;对未获得出口烟花爆竹登记证的企业产品,一律不受理报检申请。对出口烟花爆竹产品实行“产地检验、集中监装、就地封柜、口岸放行”模式,减少了环节,降低了费用,提高了效率。坚持对每一批产品实施集中燃放检验,对每一个出口货柜实施集中监装,全年查处数起未经检验擅自出口和调换检验合格产品案件,有效地保证了出口烟花爆竹质量安全,出口烟花爆竹生产企业无一家发生质量安全事故。全年出口产值突破5000万美元。年内,加强了对出口电瓷的日常监管,重点检查企业生产过程中的质量安全控制和成品自检合格率,对发现的问题共同分析原因、研究解决措施、督查企业及时进行整改,促使企业提高质量管理意识。年内,电瓷出口产值达5937.4万美元,比上年增长52.4%;首次超过烟花爆竹的出口产值,位居第二。

【服务质量】 2010年,醴陵办事处将“创先争优”与质量提升、质量提升与服务提升相结合,加强与市政府在质量控制的合作。围绕醴陵特色产业,从出口生产企业的基本质量状况、出口检验检疫情况、国外技术性贸易措施影响、重点企业调查、反倾销典型案例等,深入剖析产品的现状和存在的问题,提出工作建议,并形成进出口产品质量分析报告,及时向市委、市政府通报,为政府决策提供质量信息服务。大力促进醴陵二类铁路口岸的建设,积极参与湖南醴陵湘东国际物流园规划布局工作,提出检验检疫服务物流园建设的措施,拓展了为外贸经济服务的渠道,为促进醴陵外向型经济发展保驾护航。年内,组织25人次到企业宣讲国外标准,指导质量攻关,采用集中专题免费培训企业96家、176人次,主要解读进口国的标准和技术法规。利用日常监管、接受咨询的形式,帮助18家出口企业梳理产品质量控制的关键点,指导企业进一步健全质量管理体系,使企业承担起产品质量主体责任,提高应对国外技术性贸易措施的意识和能力。全年出口冻猪肉产值110.5万美元,这是醴陵食品出口"零"的突破,有力地促进了地方外向型经济的快速发展。（罗 武)

醴陵海关

株洲海关驻醴陵办事处

【概况】 株洲海关驻醴陵办事处(以下简称"醴陵办事处")坐落于渌江大道中段南侧,总面积1.16公顷,净用地0.87公顷,总建筑面积5737平方米,其中办公大楼建筑面积3655平方米、住宅楼建筑面积1728平方米、食堂面积300平方米。2007年9月26日,经海关总署批准,株洲海关驻醴陵办事处正式开关,是湖南省唯一驻县(市)级的海关机构。业务范围辖醴陵、攸县、茶陵、炎陵4县(市)。

2010年,醴陵办事处在株洲海关党组的正确领导、支持下,认真落实海关"十六字"(即:依法行政、为国把关、服务经济、促进发展)工作方针和队伍建设"十二字"(即:政治坚强、业务过硬、值得信赖)要求,全面贯彻中共十七大、十七届四中全会、中央和省委经济工作会议精神,认真落实全国海关关长会议、反腐倡廉和党的建设工作会议的各项部署、要求,继续坚持"小关争强"的治关理念和目标,不断优化海关监管和服务。同时,在履职尽责中,强基础,严管理,提素质,稳队伍,防风险,上水平,业务、政务、事务等各项工作扎实推进、稳步发展,较好地完成了海关党组交给的各项任务。全年受理进出口报关单1282份、监管货运量3.15万吨、货物进出口总值4519.82万美元;出口集装箱3030个标箱;办理企业注册备案138家。年内,全市有适应区域通关企业17家,全年醴陵地区加工贸易进出口额达241.74万美元。其中,接受"属地报关、口岸验放"进出口报关单1048份,占报关单总量的81.7%;货运量2.57万吨,占监管货运总量的81.6%;进出口总值3274.68万美元,占进出口总值的72.4%;集装箱总量达2754个标箱,占监管集装箱总量的85.8%。

【企业自营进出口】 2010年,醴陵企业自营进出口货物总值达2.17亿美元,比上年增长26.98%,首次突破2亿美元大关。其中,出口2.16亿余美元,比上年增长27.16%;进口52.4万美元。主要出口商品中的日用陶瓷出口1.58亿余美元,比上年增长28.78%;烟花爆竹出口1462.76万美元,比上年增长3.95%;电瓷出口2665.1万美元,比上年增长61.8%;箱包出口771.8万美元,比上年下降16.8%。主要出口口岸中,深圳大鹏海关出口1.11亿余美元,比上年增长26.27%;深圳蛇口海关出口4846.36万美元,比上年增长26.69%;上海外港海关出口2012.22万美元,比上年增长7.66%;上海洋山海关出口1956.41万美元,比上年增长78.22%。

【海关监管】 2010年,海关监管工作进一步强化,坚持"小关争强"的治关理念。醴陵办事处认真分析新的通关模式下的风险重点,有效针对,及时调整,加大相关商品的查验布控力度。对烟花爆竹的进出口受理,加大了关区内产品监管力度,有效维持了进出口市场经济秩序。全年查验进出口货物87票,查获11票,查获率为12.64%。

【报关单证管理】 一是确保统计数据质量。认真做好统计工作,加强理单管理,进一步规范报关单证管理,全年统计数据准确率达100%。二是加大执法评估工作力度。加强对影响税收、监管查验的分析评估,推进评估成果的转化,建立健全统计监管机制。三是加大进出口动态监测力度。加强对重点进出口商品的分析和对重点出口市场的调查,提高统计分析质量和水平。截至12月底,撰写《报关单数据使用安全管理情况报告》1篇,《CSD系统运行情况报告》2篇,《统计分析及预警监测》论文5篇,《执法评估》3篇,《统计监督》2篇。年内,进一步完善了《株洲海关驻醴陵办事处统计信息》专报,及时为市政府决策和企业提供参考依据和信息支持。

【出口分类通关改革】 2010年11月10日,根据海关总署分类通关改革工作会议的部署,启动了出口分类通关改革工作。分类通关改革是大监管体系建设的重要任务。年内,组织全体关员认真学习贯彻了海关总署大监管体系建设部署会议和青岛培训班的主要精神,把全关的思想和行动都统一到大监管体系建设上来。年内,出口分类通关改革工作进展顺利,各项工作有条不紊地开展。

【"争先创优"活动】 2010年,醴陵办事处高度重视"争先创优"工作。认真组织,根据上级有关"争先创优"活动的精神和要求,及时召开了办事处会议,并进行周密安排和部署。组织开展了专题学习活动,狠抓思想发动,增强了"创先争优"意识。制订了活动实施方案,明确职责。坚持做到"四个结合"(即:坚持与中心工作相结合,与准军事化建设相结合,与创建学习型党组织相结合,与文明创建、服务创新相结合)。6月,开展了公开承诺活动,制定了公开承诺实施意见,结合全年工作,对全体干部职工和群众进行了公开承诺;每个党员对照"五个带头"基本要求进行自查,积极开展"一个党员一面旗帜"大讨论,针对党性观念、能力素质、本职工作、服务经济、促进发展等，制定了参加活动实施方案和书面承诺，并对公开承诺内容进行了评议、公开、公布。在业务现场设立了“党员示范岗”、“团员示范岗”，每个党员、团员佩戴党徽、团徽，充分发挥模范带头作用。通过开展“创先争优”活动，队伍素质得到明显加强，履岗敬业、工作责任心得到进一步提高，团队精神、凝聚力得到进一步巩固，工作作风进一步好转。　（谢湘伟）

招商工作

【概况】 2010年3月，醴陵市招商局成立。它是由原市招商旅游局中分开设立的机构，是市政府主管全市招商工作的直属正科级事业机构。年内，设综合、招商、项目股，有机关工作人员7人。

年内，全市招商工作围绕推进“三大战役”，以“传统产业新型化、新兴产业特色化”和“项目园区化”为目标，坚持产业招商与产业优势、环境优势、专业招商与全民招商、专业招商与以商招商相结合的方式招商，取得明显成效。全市共引进招商项目24项，其中外商投资项目3项、外商投资企业再投资项目2项、沿海产业转移项目4项、其他项目15项。按产业类型分，有汽车零部件产业类项目6个、陶瓷产业项目3个、烟花鞭炮制造类项目8个、旅游类项目2个、包装类项目2个、农业类项目1个、鞋业类项目1个、城市基础设施项目1个。截至12月，已开工建设投资项目有12个，正在办理或已完成工商注册的投资项目有10个。

全年全市实际利用外资6560万美元，是年度计划任务的111.2%，比上年增长5.4%；利用省外境内资金16.13亿元，是年度计划任务的120.2%，比上年增长90%；新型工业化项目利用外资6560万美元，是年度计划任务的120.2%，比上年增长29.4%；新型工业化项目利用省外境内资金14.62亿元，是年度计划任务的120.4%，比上年增长102%。年末，醴陵市招商局被湖南省评为“利用外资先进单位”、“内联引资先进单位”。

【“三资”企业】 2010年，全市有在册登记的外商投资企业34家，其中有31家正常生产。其中，有陶瓷企业22家（其中电瓷企业2家），占外商投资企业的64.7%；烟花鞭炮企业6家，占外商投资企业的17.6%；印刷企业2家，箱包企业2家，矿业企业1家，汽车零部件制造企业1家。年内，新批了株洲隆格佳品陶瓷、湖南坜丰精密金属公司；注销了醴陵斯迪克花炮有限公司，停产了株洲丰显进营陶瓷制品有限公司。5月，全市外商投资企业通过了年度联合年检。

【汽车零部件产业招商】 2010年3月，组织市有关人员对长株潭地区汽车产业发展、汽车零部件配套情况、汽车用品市场、醴陵市发展汽车零部件产业的前景，开展了专题调研，撰写了《承接长株潭汽车产业集群、打造醴陵汽车零部件产业基地》的调研报告。并确定了北汽海纳川汽车零部件股份有限公司及与之配套的企业为重点对象。4月，对接了株洲北汽福田公司。5月，株洲北汽福田参加了株洲高新区、芦淞区主办的汽车零部件产业招商活动。活动期间，邀请了北汽海纳川汽车零部件股份有限公司总裁郭新民、海南元创机械有限公司刘总经理到醴陵考察；月末，醴陵市与佛山元创实业、南京坜丰、广州全盛等项目达成了投资意向。6月初，蒋永清市长率市政府办、招商局有关人员前往北汽集团，对接该企业落户醴陵的有关事项；23日，市委、市政府在市东风大酒店举行了招商引资项目签约仪式，其中汽车零部件、兴华啤酒、迎宾路建设等5个项目成功签约。8月30日，在东风大酒店举行了醴陵市首届汽车零部件产业招商推介会，有分别来自台湾、福建、浙江等地23家客商参加了推介会，其中湖南三合汽车零配件项目成功签约。

【建筑陶瓷招商】 2010年10月23日~28日，在广东省佛山市举行了醴陵（佛山）建筑陶瓷招商恳谈会，市长蒋永清、统战部部长罗立新、陶瓷产业园主任付访华、副市长曾市南等全程参加。其间，参观考察了佛山市蒙娜丽莎、居道陶瓷等企业，并召开了醴陵市市情推介会。佛山市有35家企业参加此次活动，对接了新中源、新明珠、蒙娜丽莎等知名企业。12月，新明珠、居道陶瓷到醴陵进行了实地考察。

【上门招商】 全年组织小分队到外地招商22批次，分别前往了北京、深圳、佛山、上海、宁波等地招商。其中，多次分别到北京对接大型汽车零部件项目和上海对接亚细亚陶瓷项目。

【“上海世博会”招商】 2010年7月18日~25日，醴陵市政府组团参加了湖南省上海世博招商活动周。其间，市招商局参加了省、株洲市项目推介暨重大项目投资签约仪式，醴陵釉下五彩陶瓷创意园、60万台汽车零部件生产、仙岳山文化景区开发建设等项目正式签约。

【项目洽谈管理】 2010年，根据全市全年项目洽谈、落户的实际情况，制订了《醴陵市项目洽谈管理规定》、《醴陵市招商引资规范程序》等规范性操作规程。进一步规范项目洽谈秩序，加强项目洽谈的成本分析。在项目投资效益分析上，为了有效规避风险，分别从政府土地、基础设施建设、优惠政策兑现的投入和项目投产后产生的税收收入、带来的社会效益等进行认真分析，确保项目投资有效性、生存性。年内，醴陵市招商局向市政府提出了“分期供地”的建议，从而有效地降低了一次性投入的风险。

【以商招商】 2010年，以商招商工作以实实在在为投资商解决项目推进中的具体问题为突破口，全年安排专人、专车为投资商考察项目50余次。6月,在海南元创制造有限公司、南京坜丰模具有限公司、广州全盛有限公司等项目正式签约后,积极帮助客户分别到醴陵市相关部门办理登记手续、协调相关事宜。年内,协助4家投资企业完成了企业注册工作。通过优惠的招商政策、良好的招商环境和优质的招商服务,有力地推动了“以商招商”,达到了预期效果和目的。年内,新签约的海南元创实业,先后介绍了10家汽车配件企业到醴陵实地考察,其中湖南信诚科技有限公司已正式签约。

(易康源)

旅游工作

【概况】 2010年3月,成立醴陵市旅游局。它是从招商(旅游)局分设出来的,属全额拨款的正科级事业单位。内设办公室、规划统计、市场开发、行业统计股,有工作人员10人(定编10人)。截至12月,全市被纳入旅游局管理的旅游企业共39家,其中旅行社(含网点)19家、旅游酒店15家、旅游景点5个。2010年,是全市实施“旅游升温战”的首战之年,按照市委、市政府的要求,全力推进项目建设,加强宣传营销,规范行业管理,全面完成了各项任务,促进了全市旅游发展的明显升温,得到了省、市各级领导的高度肯定。一是科学确立了“一个定位”。根据醴陵市文化底蕴深厚、旅游资源丰富、交通区位优越的特点,确立了“绿色瓷城、休闲胜境”的旅游发展定位,明确提出了“做好‘瓷’文章、打好休闲‘牌’”的工作重点。8月,在株洲市“三大战役”流动现场会上,醴陵市旅游升温的思路和成果得到了株洲市委书记陈君文等领导的高度评价。二是超额完成“两大指标”。2010年,全市旅游接待人数达114.21万人,实现旅游综合收入7.91亿元,分别比上年增长26.8%和27.6%。旅游综合收入名列株洲地区五县(市)第一,旅游接待人数位居第二。三是成功举办了“四项活动”。举办了首届“绝技绝活大比拼”、湘赣两省自行车邀请赛、“挖掘历史人文资源、推动旅游产业发展”主题征文和“巨幅釉下五彩双面瓷板画获吉尼斯之最”的颁证仪式活动,吸引了20余家主流新闻媒体对醴陵市的旅游资讯进行了报道,较好地推介了醴陵的旅游资源。四是顺利推进“五大项目”。东风大酒店投入试营业,渌江拦河坝建设基本完工,仙岳山文化景区、釉下五彩创意园、醴陵新太阳酒店(仙园山庄)等项目进展顺利。五是精心推介“六大要素”。围绕“吃、住、行、游、购、娱”旅游六要素,依托报纸、广播、电视、网络等新闻媒体,进行了全方位、立体式的宣传促销。精心制作了旅游宣传片,策划编印了图文并茂的《醴陵旅游指南》和《秀美官庄》摄影集。

【旅游规划】 2010年,为了进一步加强旅游管理,着力推进“旅游升温战”步伐,立足现实、着眼长远,醴陵市旅游局编制了《醴陵市旅游发展总体规划》、《醴陵市旅游产业发展十二五规划》。主要突出“一心(打造“绿色瓷城、休闲胜境”)、二点(以陶瓷文化为卖点、以休闲旅游为亮点)、三线(中线陶瓷人文、北线官庄山水、南线宗教朝拜)、四区(仙岳山旅游景区、官庄风景区、釉下五彩创意园、云岩寺风景区)、五产品(赏五彩国瓷、览古邑名胜、游官庄山水、谒曹洞祖庭、品瓷城风情)”,积极对接长株潭城市群,主动融入湘赣粤旅游圈,努力把醴陵打造成湘东赣西知名旅游目的地,把旅游业培育成新兴战略性支柱产业。

【旅游宣传】 2010年,以醴陵市“旅游升温战”为契机,加速推进品牌创建,在《今日醴陵》、醴陵电视台新闻媒体上分别开辟了旅游专版和“旅游升温战”专题栏目;在政府网站设立了旅游专栏;在机场高速、106国道醒目位置设置了以“绿色瓷城、休闲胜境”为主题的大型旅游广告宣传牌。年内,在《潇湘晨报》醴陵主页、《株洲日报》、《今日醴陵》等报刊刊登新闻稿件56篇,编辑《旅游升温战简报》6期,向株洲市“旅游升温战”指挥部报送工作信息45条,其中被采纳13条。年内,中央4台《国宝档案》栏目连续四期介绍醴陵瓷器,尽展瓷城魅力。为进一步扩大醴陵旅游的知名度,开辟客源市场,邀请湖南娱乐频道《绘声绘色》节目组到“红官窑”拍摄旅游休闲体验类节目,制作了4期专题节目。通过全方位的旅游推介和宣传,到醴陵的旅游团队明显增强,旅游人数明显攀升,醴陵知名度大大提高。6月,李立三故居接待山东大型旅游专列团队410人。10月,接待长沙大型旅游团710人;接待100人以上旅游团队20余批次。同时,华联瓷业“红官窑”等工业旅游景点参观人数也直线上升。

【优化旅游环境】 一是大力开展行业诚信建设。先后组织开展了“打非治违”、安全隐患排查、资质资格检查等专项行动,对19家旅行社(网点)进行了认真的督促、检查。督查中,针对旅行社超范围经营、不规范操作、安全防范不到位等问题进行了进一步规范,共下发整改通知书20余份。同时,启动了组建旅游行业协会的相关工作。二是大力培训旅游人才。邀请省旅游局专家到醴陵进行专题授课,培训旅游从业人员120人。组织培训了全市有一定规模的宾馆、酒店领班培训及管理人员150人。选派2名工作人员参加了株洲市委党校组织的为期一个月的“旅游升温战”业务培训。三是认真做好旅游安全和旅游统计工作。按时完成了旅游统计月报表,及时上报了各种统计数据。

【旅游推介】 2010年3月,醴陵市旅游局组织市有关旅游企业参加了“武广高铁”沿线旅游宣传推介会,邀请了“武广高铁”沿线城市的24家旅行商到醴陵考察,并召开了现场旅游推介会。6月,组织企业参加了浙江义乌国际旅游商品博览会，醴陵市选送的釉下五彩瓷旅游商品获三等奖1个、优胜奖2个。9月，组织参加了湖南省首届旅游商品博览会，醴陵市选送的商品获金、银、铜奖9个，位居株洲地区第一。（程必红）

供销合作

【概况】 2010年，醴陵市供销合作社联合社（以下简称“市供销社”），设有办公室、财务股、人事保卫股、“两社一会”办公室、业务项目股和联合工会。年内，全市供销合作工作，在市委、市政府和上级社的正确领导下，认真贯彻落实国务院《关于加快供销合作社改革发展的若干意见》、湖南省人民政府《关于加快供销合作社改革发展的实施意见》的精神，以邓小平理论和“三个代表”重要思想为指导，深入贯彻落实科学发展观，紧紧围绕年初目标任务和上级主管部门的各项工作要求，科学谋划，确定机构，搭建平台，夯实基础，攻坚克难，扎实做好企业改制遗留问题的处理和维稳工作，不断增强供销社的经济实力和为农服务能力，全年完成商品销售总额2.56亿元，比上年增长29.9%，为年计划任务的109.3%；实现利税92万元，为年计划任务的101.1%。年末，被株洲市供销社评为“2010年度供销合作社综合业绩考核先进单位”。

【维护企业稳定】 2010年，市供销社根据系统原改制企业后续管理工作的特点，为维护改制企业的稳定，加强企业维稳的督查和管理力度，全年排查泗汾、均楚、八里坳、贸易、华湘、生资公司6家单位的改制后续遗留问题14宗，主要涉及职工生活费发放、留守人员返聘、处置资产的住户搬迁安置、中买资产的过户、旧欠资金的清收等。针对排查和梳理出的改制遗留问题，进行了认真的分析和研究，做到逐个筛选，责任分解，量化到人，关卡前移，并派出工作组就地处理。其中，对泗汾、八里坳、贸易、华湘、生资公司等企业职工上访突出，矛盾尖锐和泗汾供销社部分职工的多次群访、八里坳供销社东门塘部分职工住户的搬迁涉访（曾被列为醴陵市维稳办的重大上访事件）等突出的问题，采取摆事实、讲道理、不厌其烦做工作，得到了多数改制职工的理解和支持，稳定了他们的过激情绪，使昔日连续几年赴省进京最严重的上访群体，逐渐分化。通过维稳工作关口前移和预防，市供销社系统维稳工作得到进一步的稳定，全年未出现一例越级赴省进京的上访事件，确保了一方平安。

【项目建设】 2010年，市供销社进一步加大了项目建设工作的力度，竭尽全力做好业务项目申报的前期基础工作，大力开展“一跑三争”（即：主动跑出去，争取项目、争取资金、争取政策）。突出抓好了市湘洲食品冷链物流项目和省级再生资源网络建设项目的新网工程项目申报、审批。年内，完成了支农项目预申报入库、龙头企业申报材料汇编、加盟企业的资料收集、整理归档；农资公司、再生资源公司重组调研、全国供销社系统企业普查；“千社千品”工程项目、“十二五”项目规划的上报等工作。

【农产品推介】 2010年1月15日～17日，首届湖南省供销系统产品年货展销会在长沙红星会展中心举行。市供销社通过两个多月的精心组织和筹备，共组织市庄埠贡芋、玉圆食品的酸枣粒、石亭红薯粉丝、“黄河”牌腊制品、贺家桥辣椒等9家加盟企业的农产品参展。展销会上，醴陵市参展的农产品因品种精、质量好、价格优，深受与会各界人士的喜爱。展销期间，市供销社“铁鞋王”张正辉的铁鞋表演，为展销会增添了色彩，使醴陵展区成为展销会场面火爆、人气旺盛、销售量最多的展区之一。醴陵市参展的农产品石亭红薯粉丝获省供销社展销会金奖，均楚玉圆食品厂生产的“酸枣粒”成功进入湖南省“网上供销”的交易平台，“黄河”牌腊制品、香肠均取得良好的销售业绩和知名度。通过农产品展销会，进一步提振了全市农产品企业的信心，增强了企业品牌意识。同时，促进了参展农产品销售量的大幅增长，为全市农民专业合作社的进一步发展和农民增收创造了有利条件。

【晚稻财政补助兑现】 为认真贯彻落实国务院《关于晚稻增施肥财政补助政策》，加强了晚稻增施肥财政补助农资供应兑现工作，充分发挥了供销合作社农资流通主渠道作用。8月，按照省政府和上级社的统一部署，将所有上岗工作人员分为农资采购组、农资配送组、乡镇联络组、宣传报道组，采取了“五项措施”（即：精心组织，周密部署；反应迅速，提前筹措资金，抢购各种货源；积极与市直部门、各乡镇协调，按申报计划组织货源；早出晚归，送货到点；加强宣传，服务到位）。全年筹措资金136.9万元，分别到省湘农集团公司、中石化有限公司等10余家企业，采购农资商品700余吨。同时，为乡镇采购尿素1041.9吨、氯化钾148.9吨、“九二零”149.65公斤、谷粒饱18.18万包、吡呀酮58.54万包，并及时配送到各乡（镇）、街道办事处。通过全体人员的共同努力，优质高效地完成了全市晚稻增施肥财政补贴兑现供应工作。

【抗洪救灾】 2010年，醴陵市先后发生6次强降雨过程，引发多次洪涝灾害。6月23日，发生强降雨过程，全市发生洪涝灾害。市供销社建整扶贫点上洲村灾情严重。为了上洲村的抗洪救灾，减轻农民经济损失，市供销社领导在灾情发生后，及时奔赴党建帮扶联系点上洲村。察看灾情后，社领导迅速采购手电筒50支、照明蜡烛100打、食品51件，共计价值6000余元，无偿地送到灾民手中。6月25日，在市委、市政府的号召下，全社机关20余名党员干部兵分两路，组成了两个抗洪救灾应急小分队，分

赴上洲村和滨河路浸水路段进行清淤和参加灾后重建。（邓绍军）

粮 油 购 销

【概况】 2010 年，醴陵市粮食局内设办公室、人保股、财会股、调控股、监检股、国资股、粮食购销总公司和农鑫粮油有限公司、军粮办公室。下辖金穗宾馆、来龙门超市。主要负责全市粮食流通宏观调控、粮食行业管理、粮食行政执法和地方储备粮管理等。现有干部职工 33 人，离退休 42 人；托管企业内退人员 31 人、退休人员 380 人。

全年查处违反粮食流通统计制度案件 2 起，罚款 200 元。查处无证收购粮食案件 18 起。其中，一般程序案件 3 起，罚款 500 元；简易程序案件 15 起，全部下达整改通知书。12 月，株洲粮食系统粮食执法现场会在醴陵市粮食局召开。

【储备粮建设】 2010 年，完成储备粮 2200 吨。年内，按照市委、市政府“关于原粮食局资产中储粮醴陵购销公司只有使用、管理权”的精神和要求，结合省粮食局“千亿产业、百亿物流”的政策，成立了“农鑫粮油购销有限公司”。同时，将原板杉粮点划归醴陵市粮食局管辖。

【军供粮建设】 一是学习借鉴军供粮建设先进经验。年内，局党委书记胡更新到邵阳学习、参观了军供粮建设的先进经验。二是完善制度。制定了军供保障接待、服务流程；建立了应急保障预案，完善了军供保障工作各项规章制度。三是机构设置。10 月，成立了军供粮办公室。主要负责全市驻醴陵部队和机动部队的粮食供应。在株洲市 9 个县(市、区)中率先成立，起到了典型示范作用。

【粮食宏观调控】 2010 年，共收购粮食 10.64 万吨(其中国有粮食企业收购 4.81 万吨)，加工大米 5.94 万吨（其中国有加工 3.5 万吨）。全年销售粮食 11.49 万吨(折原粮国有 6 万吨)，实现利润 20 万元；完成招商引资 1800 万元。年内，加大了对土地流转的力度，全力支持市保丰公司春耕工作的开展，共流转土地 1333.33 公顷。11 月，醴陵市粮食局殷建祥参加了国家粮食局组织召开的“籼稻产销和成本利润调查”会议，并作典型发言。（彭　程）

盐 业 管 理

【概况】 2010 年，湖南省轻工盐业集团有限责任公司醴陵盐业支公司（醴陵市盐务局）(以下简称“公司”)内设综合、财基、盐政、运销配送、非盐经济股。市盐务局仍与公司联署办公。主要保障醴陵区域内的加碘食盐和各类工业用盐的供应，负责醴陵行政区域盐业市场的稽查管理工作。有在职干部职工 26 人，离退休 19 人。全年购进各类盐 3448 吨、完成年度计划任务的 91%；销售各类盐 4698 吨、完成年度计划任务的 96%；库存各类盐 313 吨。销售非盐商品 63.4 万元。全年实现利润 144.2 万元、上徼利税 254 万元。

【盐业宣传】 2010 年，坚持“以人为本”，加大盐业宣传力度。公司利用新闻媒体等平台广泛宣传，在“3·15”消费者权益日和“5·15”防治碘缺乏病宣传日中，与市疾控中心、工商局等部门，在市鑫泰广场组织开展了宣传活动。坚持每季度组织公司干部职工，分别到辖区开展访销和宣传活动，全年发放宣传资料 8000 余份。通过广泛宣传，提高市民识别假盐的能力。

【盐业管理】 2010 年，查处各类涉盐违法案件 17 起，没收、扣押违法盐 370.85 吨，罚款 3.35 万元。年末，被醴陵市盐务局评为“株洲市盐政管理先进单位”、“双文明建设先进单位”。（吴铁坚）

石 油 供 应

【概况】 2010 年，中国石油化工股份有限公司湖南醴陵市石油公司(以下简称“公司”)机关内设综合办公室、财务室、直销批发配送中心。下设 IC 卡发卡网点 3 处。有在册职工 139 人，其中正式职工 17 人。有在营加油站 24 座，在建加油站 1 座，歇业站 1 座。全年销售各类成品油 3.71 万吨，直销配送量 2.51 万吨；全年实现销售额 3.8 亿元，上缴国家税收 490 万元。

【石油经营】 2010 年，公司片区在营加油站总数减少(2 座)、桎木嘴、城东、碧山、醴泉路等加油站相继改造停业的情况下，克服了资源紧张等困难，实现了零售量新的突破。全年完成零售销量 3.35 万余吨，比上年提高 9.2 个百分点。年内，醴陵片区完成直批量 2.51 万吨，其中直销 2.1 万吨、批发 0.38 万吨。IC 卡网点累计充值额为 5300 万元，比上年增长 75%。完成非油销售 123 万元，门店开店数由年初 6 个增至 20 个。

【网点建设】 2010 年，公司围绕市“城市发展带动”战略、“三大战役”目标，牢固树立“生命工程、生存之基、发展之根本、效益之源泉”的网点建设理念。为有力保障全市石油的供应，加大了对网点建设的力度，明确了发展目标。年内，完成了碧山岭、城东加油站的改造；浦口加油站的重建工作正在实施中。12 月，林园加油站建设主体工程竣工，年末处于办证阶段，待道路完善后即可投产营业。

【整章建制】 2010 年，公司修订了《加油站规范化管理处罚条例》，完善了仪表仪容、便民服务、安全管理、账表管理等 58 项内容和 191 条考核条款。建立了《加油站夜班值班制度和考勤制度》，详细规定了加油站值班时间和值班人员安排，规范了卸油等重大作业的工作纪律并严格考核。

【油品销售】 一是量利同步。以“比学赶帮超”活动为契机，充分调动全体员工的销售热情，实现扩量增效。二是发挥网络优势。组织国、省道专项营销。以全市106座重点加油站作为专项营销站点，针对长(短)途客运车、沿线工矿企业、农用车等不同客户群，开展了专项营销活动。三是保价格、促营销。在妥善把握好价格水平的基础上，要求各加油站抓住有利时机，贴近顾客需求，因地制宜，开展相应的营销活动。四是开展加油卡积分优惠业务。努力拓展、稳定客户群体，进一步扩大IC卡发行量，扩大市场份额。五是开展点对点竞争。开展网点与网点的竞争活动，激发其潜力。同时，积极应对同行的价格竞争。

(汤淑君)

烟草专卖

【概况】 2010年，醴陵市烟草专卖局(湖南省烟草公司株洲市公司醴陵分公司)在醴陵市委、市政府的正确领导下，以中共十七大精神和科学发展观为指导，以“卷烟上水平、税利保增长”为总目标，明确了“一个确保(即：确保目标任务完成)、二个提升(即：干部职工的队伍素质有较大的提升、经营户的经营能力得到了提升)、三个突破(即：实现了破获国标假烟网络案件零的突破，精品类卷烟销售突破1万箱，信息和报道上国家级刊物实现零的突破)、四个着眼(即：着眼于市场监管上水平、着眼于服务质量上水平、着眼于团队建设上水平、着眼于规范经营上水平)、四个抓手(即：抓销售、抓零售终端建设、抓品牌培育、抓规范经营)”的工作思路。全年销售卷烟4.57万箱，比上年增加4544.22箱，增长11.05%；实现销售收入7.15亿元，比上年增加1.49亿元，增长26.33%；上缴税收3931万元，比上年增加678万元，增长20.84%；上缴国税3391万元，比上年增长16.19%；上缴地税540万元，比上年增长31.39%；上缴防洪基金35万元。全年查获大小案件205起，其中查获国标假烟网络案1起，判刑7人。

【队伍建设】 2010年，干部职工的队伍素质有较大的提升。在“两创”(即：创优秀县级烟草专卖局、创优秀县级烟草专卖分公司)工作中，坚持工作、学习两不误，组织员工参加学历教育和职业资格证的学习、考试，有34名客户经理、专卖稽查员参加了职业资格考前培训，通过率达80%。年内，有12人获本科学历证书，18人获专科学历证书。同时，大力开展内部培训，不断提高员工队伍业务素质。在执法过程中，专卖人员做到了“文明执法、依法行政”，程序合法，行政复议率为“零”。在满意度调查中，零售客户对客户经理和配送人员的综合满意度达98%。

【经营管理】 2010年，进一步加强了对经营户经营素质和能力建设，以“网络订货”为契机，加强对客户的经营指导，全年开展经营户业务培训11次，共培训3000余户。截至10底，全市“网络订货、电子结算、一库式配送”的新型网络销售模式全面铺开，全年开通网络订户3200余户，占总户数的90%。通过扎实有效的培训和实践，拓宽了营销渠道，参培经营户能熟练掌握和操作网络订货，实现了经营户由传统商业向现代物流转变。

【零售终端建设】 2010年，烟草零售终端建设工作，着眼于服务质量上水平，以建设“城网示范一条街”、“农网示范店”为载体，建立“零售价格统一、品牌陈列统一、指导经营统一、服务标准统一”的示范终端，总结卷烟销售中好的经验办法，以点带面，带领其他客户参观、学习，使终端建设逐渐向其他路段、客户延伸，实现了“形象带动效益、实现客我双赢”的目标。年内，在火车站至左权路路段打造了一条卷烟零售样板街，向示范街卷烟零售户统一发放宣传烟柜，指导零售户在中心位置突出陈列具有代表性的大品牌，使醴陵市烟草专卖局(湖南省烟草公司株洲市公司醴陵分公司)确定的重点经营品牌和重点培育的牌号得到了全方位的展示。在农村以现有便利店客户作为示范店，组织客户经理对示范店、示范街卷烟零售户日常亮证经营、规范经营、明码标价等情况进行监督检查、考核评定。

【客户管理】 年内，为缓解零售户资金周转压力，帮助卷烟经营户扩大经营规模，先后与市农村信用社联合社、工商银行联手，为卷烟经营户办理了“福祥卡”、“牡丹贷计卡”服务，将实行烟草在线代扣的卷烟经营户纳入了银行VIP贵宾客户，卷烟经营户凭VIP卡到各营业网点VIP专用通道优先办理业务，享受快捷、优质、高效的柜台服务，从而激发了零售户订购卷烟的积极性，提高了卷烟经营户电子结算的成功率，实现卷烟经营户、烟草公司、银行的“三赢”。

【配送服务】 2010年，完成卷烟配送量36445箱，回笼资金1.78亿余元。在配送工作中，实现安全无事故，收发卷烟、回笼现金无差错，真正做到了“方便、高效、快捷、周到”。

【客户经营】 一是以《零售客户经营指导建议书》为载体和突破口，每月为零售客户提供个性化书面营销支持书，帮助客户有效解决品牌、销量、结构、渠道等有关问题。二是拓宽客户与公司的交流渠道。利用互联网建立QQ群等，将行业政策、卷烟经营信息以最快速度传递给客户，为客户提供学习与交流平台，以更低的成本、更高的效率满足客户的需求，最终达到“客户获得、客户保留、客户忠诚和客户创利”的目的。年内，全市零售客户评价等级处在全地区前列，大部分客户等级得到有效提升，客户与公司的关系得到进一步改善,为后期的卷烟销售工作奠定了较好的基础。

【品牌培育】 一是做好市场调研,把握市场动态。全年5次组织开展了以“社会库存、价格波动”为主题的定期市场、调研和消费者调研,建立了品牌、规格的卷烟消费者档案,为工业企业提供了详细的消费者数据库支持。二是加强工商协同,科学培育品牌。年内,醴陵市烟草专卖局(湖南省烟草公司株洲市公司醴陵分公司)分别与湖南、广东中烟公司联合举办了“白沙(尚品蓝)”、“双喜”品牌培育会,并邀请400余户定点零售客户参加。两家公司为定点零售客户着重培训了“零售价格、拆零上柜、卷烟陈列、建立消费档案”等内容,并与参培的定点零售客户签订了《品牌培育承诺书》。醴陵市烟草专卖局(湖南省烟草公司株洲市公司醴陵分公司)分别与两家公司签订了促销方案。通过开展白沙(尚品蓝)烟盒兑换奖品、客户经理站柜、网上答题抽奖等多种形式的促销活动,既拓宽了市场发展空间,又成功培育了白沙(尚品蓝)的消费市场。1~10月,全市共销售白沙(尚品蓝)烟311箱。三是加大考核力度,促培育工作规范有序。将“品牌培育”目标量化到月,目标任务分解到人。对各客户经理辖区重点培育品牌的销量、上柜率、重复购进率等实行指标考核,督促客户经理加强对品牌的宣传推介及市场维护。四是探索面向消费者的营销服务体系。利用“五一”等节假日,在市步步高、联华、佳佳旺超市,开展“品牌培育”活动,把品牌培育工作向消费者延伸。先后开展了“黄山中国风”、“珍品好日子”等品牌的买赠、烟盒兑换奖品、抽奖等促销活动。

【规范经营】 一是与客户经理、配送员签订了《规范经营承诺书》。制定了客户分类标准和周转数限量标准,严格控制月销量1000条以上的客户,并对月销量1000条以上的客户实现了监督备案制。制订了审批程序,实行责任到人,对客户等级变动、歇业、停业、复业等严格按照申报手续办理。二是从卷烟经营者协会会员抓起。下发了《关于对违反卷烟规范经营行为处罚的规定》,对协会理事、分会长、小组长、工作人员、会员作出相关要求,对不规范经营者,实行“一案双查”,严肃追究相关人员责任。三是加强法律法规宣传教育、提高法律意识。年内,组织卷烟经营者协会分会长、小组长180余人集中学习、培训了《烟草专卖法》、《湖南省烟草专卖管理办法》等相关法律法规。

【安全防范】 2010年,安全防范工作始终坚持“安全第一、预防为主”的工作方针和“谁主管、谁负责”的原则,以防范、整改为重点,建立健全安全管理长效机制,着力培养安全员的安全意识,营造“关注安全、关爱生命”的氛围。一是健全组织机构,明确工作职责。成立了安全委员会,调整充实各部门安全员和义务消防员。与各部门签订了《安全管理责任书》,形成了“人人有指标、个个担风险、全员有责任”的安全格局。二是加强宣传教育,增强安全意识。先后开展了安全消防法律法规知识竞赛、“安全月”活动,组织观看了安全教育警示录像,组织实施了消防灭火演练。三是落实规章制度,整改安全隐患。采取自查和与市消防、安全部门联合检查的方式,对安全重点部位、岗位、设备进行反复检查,及时发现和排查安全隐患,把事故隐患消灭在萌芽状态。全年共进行安全检查15次,下达整改通知书2份,投入整改资金1万余元,整改率达100%。 (姜 锴)

城建·环保

城市管理

【概况】 2010年，醴陵市城市管理行政执法局内设党政办、政工人事股、市容管理股、环境卫生管理股、公用事业股、财务股、监督考评股、创园办、法制宣教股、综合事务股。下辖环境卫生管理处、城市管理行政执法大队、园林绿化管理局、城市公共客运管理处、市政工程管理处、市政工程公司6个二级机构。现有机关干部19人（其中离岗人员8名），离退休干部37人。

2010年，在市委、市政府的正确领导下，城市管理行政执法局坚持以邓小平理论和“三个代表”重要思想为指导，全面贯彻落实科学发展观，紧扣市委、市政府“争一进百，科学跨越”、“城市三创”（即：创建省级卫生城市、园林城市、文明城市）等工作目标，以“城市提质和创建省级卫生城市”为目标，致力“三个提高”（即：提高城管干部素质、提高城市管理水平、提高城管整体形象）、“三个转变”（即：由过去的“坐车巡查、结伴执法”向“划分路段、分段负责、文明暗查”、由“现场执罚”向巡查、执法、处罚“三分离”，由“重处罚轻服务”向“规范服务”方式转变）、“四个明显”（即：城市管理水平明显提高、市容环境明显好转、城管队伍素质明显提高、市民评价明显好转）的工作主题，以“创先争优”活动为契机，积极创新工作思路，切实改进工作作风，较好地完成了市委、市政府交给的工作任务。年末，被评为株洲市“抗冰救灾先进集体”、“‘两型社会’创建先进单位”。

【市容环境整治】 2010年，为认真贯彻落实市“城市三创”、“三大战役”等重点工作有关精神和要求，确立了以瓷城大道、醴泉路、滨河路、泉湖路、左权路、青云南北路、渌江大道为样板街，作为市容环境整治的重点。年内，对重点整治街道、主次干道开展了对乱搭晴雨棚、占道经营、出店经营，无证摊贩、流动摊点、露天烧烤、马路市场等重点整治。同时，对擦鞋、夜市经营、早点摊贩进行了规范定点。联合市公安、交警、卫生等相关部门，对重点路段开展了7次市容环境整治和4次“五小行业”（即：小餐饮业、小浴室、小网吧、小歌舞厅、小旅馆）的集中整治，整治了太一、来龙门、江源、姜湾、大坡里5个农贸市场及周边环境，取缔了城东、狮子坡、文庙、永胜、西山牌坊、桎木嘴6处马路市场，拆除乱搭晴雨棚2388个，整治占道、出店经营户3112户、“五小行业”4013家。投资37万元，聘请专业队伍清洗了城区“牛皮癣”。查禁瓷城大道非法营运“摩的”1611台，规范机动车、非机动车停放秩序。联合城区街道办事处清理、拆除了样板街和主要路段的竖牌、喷绘布等不规范广告，共清理横幅3800余条、拆除户外竖牌广告1080块、拆除清理陈旧破损广告286块，制订了瓷城大道等10条道路、6757个门面规划方案，全年规范设置门面牌匾495个。开展了渣土专项整治，清查了全市在建的35个工程项目，督促13个工地建立或完善了清洗设施。在5～10月间，加强了夜间监管力度，严控渣土带泥上路，保障道路清洁。全年查处违规带泥上路车辆45台、未办理许可擅自处置渣土的单位12家。

【查处违法建设】 全年开展强拆违法建设行动45次，其中有3次大型强拆整治行动。全年查处各类违法建设112处，强拆86处，共拆除违法建筑面积1.14万平方米。8月，协助王仙镇镇政府拆除辖内杭长高铁（醴陵段）工程建设地段规划线内房屋22栋、面积4857平方米。

【城管应急服务】 2010年，先后完成了省义务教育均衡发展先进县（市）、株洲市“三大战役”（即：城市提高战、园区攻坚战、旅游升温战）交流现场会和第二届陶瓷艺术大师评选活动及中央、省、市领导考察等10余次中心接待任务。市政工程管理处制订了《市政设施应急服务预案》，设置了便民应急服务热线。全年累计应急出动1682人次，抢修“城市陷阱”621座（次）；清理“城市内涝”115处、市民生活性服务316次。在“6·24”特大洪灾中，成立应急分队15个，先后参与全市城区数处地段抢险，巡、排查市政、园林设施100余处，设置安全警示牌26处，处理险工段21处；安全转移被困群众400余人、车辆30余台，帮助50余户商家、居民及时搬运、转移财物数千件(套)。组织资金3万余元,为来龙门街道办事处赠送了应急物资。在灾后恢复工作中,组织清理突击队15支,调集各种清扫、装载车辆200余台,累计突击清理垃圾、杂物1077车次、5000余吨,巡回清洗路面400万余平方米。

【城市基础设施建设】 5月,公开招标了城区主次街道、127座垃圾站点、10座公厕的清扫保洁维护和管理,环卫作业市场化全面推进。成立了道路机械清洗队,加强了夜间道路清洗力度,首次采取扫、洒、洗并举,精细化洗洒作业,提高了路面洁净度。全年新增压缩车、垃圾中转车、挂桶式压缩车等各类环卫专业车辆40余台;新建公厕8座、垃圾压缩中转站10座,提质、改造三类公厕11座、垃圾收集站45座;在城区设置环保公厕10座、配置小型提桶式垃圾箱1255个、环保型果皮箱2500个。实行垃圾密闭化收集、清运,日产日清;启动了城市生活垃圾无害化处理场,日平均无害化处理生活垃圾213吨。10月,"TOT"(项目融资方式)正式运作。

【城市园林绿化】 2010年,城市园林绿化工作围绕市"城市三创"中心工作,在城区范围内,全面铺开了以道路为"线",以公园、广场、节点、单位、小区为"面",以空坪隙地为"点"的城区绿地建设模式。年内,改造滨河路景观带等绿地5处、面积3公顷;新建醴泉路人行道绿化等绿地5处,共新增绿地面积1.31公顷;对醴陵大道等7条道路进行了树木补栽、增植,共补栽樟树、意大利杨等乔木8500余棵,紫薇杜鹃、月桂等灌木35万余棵;在城区公共绿地新增健身器材61套。完成了火车站广场修缮及阳三石人行道铺装工作。全年维护管理了城区126.82公顷绿地、8681棵行道树,加强了病虫害防治、施肥、抗旱、修剪等工作。加强了仙山公园管理,更换主干道、旅游路路灯105盏、背景音箱82只,修建了4条、总长4500米的防火隔离带。不断加强城市绿地、绿线、绿章的管理,依法治绿、护绿,全年依法处置绿化违章事件81起,办理绿地占用许可13个。春节、五一、国庆节期间,在市政府大院前、仙山公园前坪、新街口交通岛、火车站广场等处摆放鲜花共计9万余盆。完成了年度绿化数据的核实、人均公共绿地面积、道路绿化率、园林小区、园林式单位比率等指标的统计工作,为2011年醴陵市"创建省级园林城市"奠定了基础。

【设施设备管养】 2010年,醴陵市政设施设备管理工作,改变了行业服务理念,改"霸王"施工为文明施工,自我加压,把着力点放在优先施工方案上,增加施工措施费、穿插施工环节、扩大施工队伍,突破工程进度,缩短施工时间,按照"能提前1天、决不耽误24小时"的工作要求,统领工程项目施工,打造市政新形象。全年组织维修人行道3.26万余平方米、油路2.99万平方米、砼路7572平方米,清理泄水井1534座,清淤下水道4219米,清理积水145处。

(杨　玲)

环境卫生

【概况】 2010年,醴陵市环境卫生管理处设有办公室、财务股、清扫清运监督股、环卫执法中队、道路机械清洗队、单位收费业务股、清运队、市无害化垃圾处理场和门店规费、零担规费征稽队。城区有环卫工人625人(其中,正式工145人、临时工480人),垃圾站83座(其中,垃圾收集站63座、压缩式垃圾中转站20座)、公共厕所65座(其中二类公厕7座、三类公厕48座、环保公厕10座),果皮箱4000只,垃圾桶1155个,城市生活垃圾无害化处理场1处、占地面积23.3公顷。有各种环卫车辆61台,非机动车232部。日平均清运城区生活垃圾213吨,主、次街道清扫保洁面积122.68万平方米、小街小巷清扫保洁面积45.6万平方米;城区总清扫保洁面积168.28万平方米。年末,被醴陵市授予"抗洪救灾先进基层党组织"、"文明建设红旗单位"、"城市创卫工作红旗单位"。汤再忠被湖南省建设厅授予"2010年湖南省城市市容环境卫生工作先进工作者",殷建湘被株洲市"两型社会"建设综合配套改革领导小组授予"两型创建先进个人"、被株洲市城管局评为"2010年度城市管理先进个人";殷建湘、蔡建锋被醴陵市授予"文明建设先进个人",阳名伟被醴陵市授予"抗洪救灾先进个人"。

【城市环卫管理】 2010年,城市环境卫生管理工作紧紧围绕市委、市政府"创建省级卫生城市"工作中心,通过开展"创先争优"活动,开拓进取、勇于创新、埋头苦干、奋力拼搏,全面推动环卫事业的改革和发展。坚持长效管理抓落实,突出日常监督抓整治,对外精细化、规范化作业,对内制度化、精细化管理。做到检查与不检查一个样,创一流质量,树瓷城形象,较好地完成了上级交给的各项工作任务。为市民创造了一个干净、整洁、舒适的城市环境。

(一)抓改革,环卫作业市场化。一是实行环卫作业市场化运作。将城区所有主、次街道的清扫保洁实行了市场化运作。二是优化组合,实行绩效考核制。对机关工作人员和公益性岗位,实行竞聘上岗、优化组合、工资与绩效挂钩。三是加强垃圾站及公厕管理。首次推出了垃圾收集站点、公厕市场化管理模式,并加强压缩垃圾站及附属公厕的保洁维护、管理。充分发挥了垃圾站、公厕的使用效益,使其成为醴陵市一道靓丽的风景线。

(二)抓创新,环卫作业标准化。实行了垃圾清运收集密闭化,做到垃圾日产日清。改革了收集、清运垃圾,实施了"三化"(即:密闭化、压缩化、及时化)。通过"三化"的实施,彻底改变了过去醴陵市垃圾收集、清运的落后状况,降低了工人的劳动强度，净化了城市环境，达到了省检标准，得到市民的广泛好评。

（三）抓管理，环卫作业精细化。一是整章建制。根据环卫作业“三分扫、七分管”的特殊性，建立健全了各项规章制度和岗位职责，制定了《醴陵市环境卫生管理工作手册》，层层分解责任，细化了各项工作质量标准和考核奖罚措施，并狠抓落实。实行三级督查考核考评，加大日常督查力度，确保主、次干道时时有人管理、处处有人保洁，实现了由临时性突击检查向规范化、常态化管理的转变，从粗线条管理向精细化、网络化管理的转变，以人工作业为主向机械化作业的转变。二是清洗路面。实行了由扫街到洗街作业模式的转变，全面提高路面洁净度。采取扫、洒、洗并举的方式，加大道路清洗力度，每天晚上对城区主、次街道的人行道、阶边石、慢(快)车道分别进行巡回清洗，使原来简单粗放型作业向机械化、精细化作业转变。三是强化执法。对垃圾污染进行源头治理，保卫环卫工人的劳动成果。实行24小时监督巡查纠违章，创建样板示范街，并以点带面逐条推进。做到整治一条、规范一条、巩固一条，双管齐下、标本兼治。通过执法队员的不懈努力，城区乱扫、乱倒、乱堆、乱撒垃圾现象得到了有效遏制。

（四）抓作风，环卫形象大提高。发扬“五加二、白加黑”连续作战的拼搏精神，锲而不舍，全力冲刺创卫达标工作。对照醴陵市创省卫生城市标准，扎扎实实做好各项迎检工作，持之以恒地搞好主、次街道的清扫保洁和环卫公用设施的维护管理。8月、9月和2011年元月间，在迎接株洲市预检、省城市卫生检查及创建省级卫生城市调研、考核、验收等活动中，干净整洁的市容卫生、洁净的公厕、垃圾站和高标准的垃圾处理场及严谨的环卫管理工作得到了省、株洲市专家考核组的一致好评，为醴陵市“城市创卫”工作作出了应有的贡献。

【基础设施建设】 2010年，加强了环卫基础设施设备建设，先后投入3000万余元，添置了压缩车、垃圾中转车、挂桶式压缩车等40余台环卫专业车辆，提高了垃圾清运率。全年新建公厕8座、垃圾站13座，提质、改造三类公厕11座、高台式垃圾站45座；在城区设置新型环保公厕10座。在城区主、次街道安装新式果皮箱2168个，在主、次街道的巷口、百余处原垃圾圈点内投放密闭式垃圾桶1155个。城市生活垃圾处理场，严格按操作规程将生活垃圾进行卫生填埋，对垃圾渗滤液进行净化处理，真正实现了城市生活垃圾的无害化处理，有效保护了醴陵的生态环境，极大地改善了醴陵市环卫设施设备落后匮乏状况，提高了环卫机械化作业率，减轻了环卫工人人工作业的劳动强度，方便了市民生活，净化了市容环境，为醴陵市创建“国家级卫生城市”奠定了坚实基础。（魏小平）

城乡建设

【概况】 2010年，醴陵市建设局（以下简称市建设局）内设办公和政工人事、城建、建工(加挂建设工程造价管理办公室牌子)、计划财务审计、集镇(加挂集镇建设管理办公室牌子)和法规7个股室。下辖自来水公司(副科级)、市建设工程质量安全监督站(副科级)、市燃气管理办公室(副科级)、市城建档案馆、市建筑工程装饰装修管理办公室、市建设行政执法稽查队。9月1日，市路灯管理所由市电力局划归市建设局管理。年内，全系统有在职干部职工247人，内退及离岗休息人员39人，离退休人员57人。截至12月底，全市建成区面积达25平方公里，常住人口25万人，城区道路总里程达142公里、总面积186万平方米；城镇化率达47.1%。年内，全市12个城市建设重点项目总投资达18亿元，城市基础设施日趋完善，城市建设明显提速。

【城市维护】 2010年，城市维护以市“城市三创”为契机，以“城市提质”战役为抓手，着力加强城市维护，狠抓新城扩容、旧城提质，为提升城市形象、打造“绿色宜居瓷城”做了扎实有效的工作。一是稳步推进旧城改造步伐。完成了东门上正街、中兴街等城市次干道的改性沥青铺设；启动了马放塘棚户区改造工程；完成了胜利路、中山南路改造项目的前期工作，并将其纳入2011年改造计划。二是加大城市维护力度。年内，对左权路、青云路、醴泉路、瓷城大道、滨河路等城市主、次干道路面坑洼现象进行维护、维修7次，共修补破损路面800余处、9500余平方米。三是全面完成湖南省、株洲市及醴陵市“为民办实事”工作任务。完成了建设巷、由是巷、道口巷等12条小街小巷道路的亮化；完成了玉屏山村等10条小街小巷的道路硬化；水泥硬化了珊田村委会、立三故居、桔园小区等路段道路；改造、维护了寨子岭路人行道。通过对城区道路的有力维护和改造，大大改善了城区居民的生活质量、提高了城市品质、推进了醴陵市“城市三创”的前进步伐。

【城市供水】 2010年，城市供水工作力度进一步加大，进一步完善了工作机制，严格落实了安全生产责任制，加大了水质监测力度，大力推行了优质服务，确保了全市人民生产生活用水的安全优质供给。全年供水总量1483.28万立方米、用户总数46512户、管网总长410.1公里，分别比上年增长14.54%、21.04%、5.64%。全年实现生产总值1840.46万元、主营业务收入1739.37万元，分别比上年增长10.16%、11.90%；实现利润37.39万元。全年水质综合合格率100%。年内，为保障优质供水和生产安全，自来水公司投入大量资金，加大了供水设备和基础设施的升级和改造，完成了水厂供电专线架设、送水主电瓶柜更新、加氯车间整改、净水设施改造等项目建设。在管网建设上，配合醴陵市重点工程,完成了左权南路延伸段、励节路、仙岳山景区、塔前路等给水工程;跟进了渌江大道、醴陵大道、国瓷路等项目给水施工,完成了五环国际、国际新城、恒茂凯旋城、盛世华庭、财富铭城、三力小区、名都天下城、百富花园等小区的给水安装。全年新增给水管网21.88公里、用户7952户。年内,大林河引水工程建设取得重大进展,继引水隧洞年初顺利贯通后,隧洞衬砌和大林河挡水坝施工工程完工。12月,工程竣工。预计2011年投入使用。

【燃气供应】 年内,醴陵市燃气管理办公室加强燃气行业管理,深入推动天然气利用工程建设,强化燃气工程资质审查,建立燃气保险制度,狠抓安全生产,进一步提升服务水平,燃气供应安全有序,未发生一起安全生产事故,确保了全市居民生产生活用气的安全稳定供给。截至12月,全市天然气利用工程已完成次高压管网132.3公里、中压管网120.5公里、庭院管网90.8公里;建成CNG压缩天然气站1座,天然气汽车加气站1座,全市有通气企业199家,公建用户78家,居民用户2万余户。日平均用气量为46万立方米。截至12月,累计完成工程建设总投资2.2亿元。自天然气利用以来,已为市内陶瓷企业节约燃料成本近1.4亿元,天然气的普及让醴陵市天更蓝、水更清,百姓生活更便利、企业效益更红火,陶瓷产业发展空间更广阔。

年内,国家重点工程的西气东输二线工程(途经醴陵市35公里)建设顺利推进。市燃气办从规划选址、拆迁、征地到施工建设等各个环节,配合市工程建设指挥部,积极做好协调服务工作,保证了工程的顺利实施。该工程预计2011年竣工并投入使用。加大了燃气供应的安全管理,不断完善燃气安全设施建设,全市现有石油液化气公司5家,年销售量在10万余瓶。全年通过抓燃气企业资质审查,促使企业投资近20万元用于安全设施更新和改造。

【集镇建设】 2010年,集镇建设继续紧扣醴陵市“城市发展带动”战略,积极推进新型城镇化建设,通过“突出重点、整体推进”的发展方式,达到“以点带面、以线带片”的建设效果,使全市小城镇建设得到快速发展。年内,白兔潭镇(省示范镇)投资800万余元,完善了镇域基础设施项目建设,有效地带动了该镇及周边地区经济和社会事业的快速发展;船湾镇(省重点镇)投资200万余元,加大了集镇基础设施建设的力度,特别在垃圾处理、排污等做了大量的工作。年内,以上两镇在省第二轮示范镇、重点镇建设考核验收中,得到上级领导的高度评价。泗汾镇投资200万余元,完成了垃圾场拓宽、下水道建设、自来水管网延伸等6项工程;石亭镇投资300万余元,完成了垃圾场、绿化工程、道路硬化等建设工程;官庄乡投资150万余元,完成了长连新村规划设计,硬化道路、安装路灯等工程。

【党建帮扶】 2010年,市建设局为了进一步密切党群、干群关系,架起党和政府同人民群众的“连心桥”,切切实实地为帮扶村(三狮村)办了几件实事。一是联合工作组资助建设资金10万元、水泥50吨,为该村基础设施建设力度奠定了基础。二是投资48万元,拓宽、改造、硬化该村一条宽5米、长2500米的村级道路。三是投资4万元,拓宽、改造村级道路2000米。四是耗资14万元,修缮了村委会三楼会议室。年末,该村新修、改建的道路通过上级有关部门验收并投入使用,彻底解决了当地村民生产生活不便的问题。此外,与村民走访、慰问了该村特困户、困难残疾人士,共发放慰问金5400元。

【“城市创卫”工作】 2010年,按照醴陵市“城市三创”工作的安排和部署,切实加强了建筑行业、重点工程文明施工行业的整顿和环境治理,开展经常性督查,认真抓好建筑工地文明施工,全面推动“城市三创”工作的深入开展。一是加强动态监管。将文明卫生管理与质量安全监督管理有机结合起来,将文明卫生作为建筑工地安全检查的一项重点内容,及时发现问题、督促整改。二是加大整治力度。对文明卫生状况差的建筑工地及时发出限期整改通知书,对脏、乱、差严重的工地严格执行停工整顿处理;对不重视卫生管理,现场状况差的工地,指定专门督导员现场蹲点,督促、指导问题工地落实整治措施。三是加大执法力度。实行定人、定岗、定责、定位管理,发现问题,及时整改。全年出动120余人次,对建筑工地文明施工进行了专项督查,重点查处车辆带泥上路、抛撒砂石等行为;督促各建筑施工工地实施“封闭式”管理,严格按照市“城市创卫”标准,设置高1.8米的施工围档、硬化工地进出口道路、设置清洗池、清洗机等。四是确保物料堆放整齐,保持建筑施工场地的清洁平整。通过醴陵市城市管理行政执法局及市相关部门的共同努力,全市建筑施工工地均按规定和要求设立了施工围档、清洗平台,悬挂、张贴了“城市三创”宣传标语等。五是加强公共卫生监督。协同市公共卫生监督所,加强了对各建筑施工工地的民工住房、食堂、洗浴间、厕所等设施的卫生检查,整治了一批未达标的在建施工工地,有力促进了全市建筑工地卫生条件的进一步改善。

【廉政建设】 2010年,全面推进了党风廉政建设和反腐败教育,深入开展了规范权力运行和廉政风险点防范工作,细化了行政裁量权,对涉及群众办事的报建、报监、检测等12项行政权力,实行了办事流程上墙公开。全年清理各项行政权力25项,查出廉政风险点38处,建立健全制度14项。通过进一步加强党风廉政建设和反腐败工作和防范,确保了全年建设工程实现了质量安全“零”事故。年内，制订的《建筑质量安全监管办法》得到了株洲市工程领域突出问题专项治理领导小组的肯定。

（潘其武）

建筑施工

【概况】 2010年，全市建筑业呈现稳中有升的局面，全年报建工程项目32项，总面积43.37万余平方米，总造价33.87亿元。全年全市共有施工总承包企业15家，其中一级1家、二级10家、三级4家；有专业承包企业7家，其中二级2家、三级5家；有劳务分包企业14家，其中一级8家、二级6家。全年与全市各建筑施工企业签订了《建筑业企业目标管理责任书》、《安全生产目标管理责任书》。为全市各施工企业的433名安全生产管理人员，申报了安全生产考核合格证延期资料。全年组织50人参加了省建设厅举办的安全生产知识培训，组织37人报考了土建初、中级职称，组织报考了“七大员”（即：土建施工员、安装施工员、安全员、资料员、材料员、造价员、质量员）岗位40个，鉴定建设职业技能岗位资格350个。

【行业管理】 一是完成了建筑施工图审查、备案工作。对全年报建的32个工程项目的施工图进行了审查备案，合同备案率达100%。二是完成了建筑工程信息系统的资料录入工作。年内，按照省“建筑工程监管信息平台”、“建筑企业及执（从）业人员信息平台”组建工作要求，督促全市所属建筑施工总承包企业和劳务分包企业完成了建筑工程信息录入工作，为优化全省建筑工程、施工企业资质及人员管理发挥了重要作用。三是规范了工程造价管理。全年发布《建设工程材料预算单价》6期，调整工程结算材料价差2起，切实维护了建设和施工单位的合法权益。三是完成了劳保基金的征收与管理。通过强化劳保基金征收措施，提升服务水平，创新管理手段，与市政务中心等有关职能部门加强联系，形成合力，有效加大了征收力度，全年完成征收360万元。四是强势推进建筑节能工作。成立了专门机构，召开了专题会议，部署、安排了全市建筑节能工作，指导企业积极推广使用建筑节能技术。年内，恒茂凯旋城、星海名筑、国际新城、盛世华庭等小区，实施了外墙、屋面、门窗的节能保温施工，共投资2500万余元。全年开展建筑节能工作专项检查18次，确保了节能技术在醴陵市建筑领域中全面推广、利用，为推进本市“两型社会”建设奠定了良好的基础。

【质量安全监管】 2010年，共办理质量安全监督手续32项、建筑面积53.6万平方米，监督竣工验收22项、建筑面积34.6万平方米；竣工验收合格率、质量问题处理合格率分别达100%，安全隐患整改到位率达99%。年内，全面落实质量安全责任制，健全各项规章制度，改变监管模式，强化质量安全监管，规范监督工作程序，拓宽工程监管范围，加强质量安全巡查，遏制重特大事故的发生。全年开展在建工程质量、安全检查68次，检查施工单位16家、监理单位5家，检查机械设备226台，下发隐患整改通知书68份，提出工程质量、安全问题或隐患1012条。其中，限期整改工地48家，停工整改工地20家，整改率达98%。

【行政执法】 一是狠抓制度建设。严格按照《中华人民共和国行政处罚法》的规定，进一步规范执法程序。二是加大对违法违规工程的查处力度，服务建筑市场。全年开展日常执法检查220次，下发施工整改通知书65份，停工整改通知书25份，提出整改意见300条；立案7件，处罚7件，结案率达100%。三是完成了“两个清欠”工作。为有效遏制建设领域拖欠工程款及农民工工资事件的发生，加强了重点监控，完善了清欠处理机制，对所有建筑工程进行认真排查，及时制止，以维护社会稳定。全年清理拖欠工程款100万余元，解决农民工工资209万元。

（潘其武）

重点工程建设

【车顿桥广场建设】 车顿桥广场位于江源大桥与车顿桥连接处，总面积约2.5万平方米。其中，车顿桥路等道路面积1万平方米、广场面积8000平方米，绿化、休闲面积7000平方米。主要是道路、排水、箱涵、绿化、休闲、亮化等工程建设项目，总投资1800万元。车顿桥广场重点工程建设自2009年启动，先后完成了广场绿化、管线搬迁、箱涵、休闲设施、车顿桥路的水稳层、侧石、人行道板、路面改性沥青敷设等工程项目。8月，工程全部竣工并投入使用。车顿桥广场改造工程的建设，解决了醴陵市城北原交通瓶颈状况，为市民提供了一处新的休闲场所。

【左权南路延伸段工程建设】 左权南路延伸段工程北起桎木嘴广场，南至城南开关站，全长697米，规划控制宽46米（其中道路30米）；总投资2300万元。该工程于2009年开工，2010年7月竣工通车。该工程的竣工，对完善城区道路网络、提高城市出入口道路通行能力具有着积极的作用。

【励节路工程建设】 励节路北起瓷城大道，南至东门上龙家巷口，全长590米，宽15米；项目总投资1800万元（其中，拆迁费1500万元、道路工程施工建设费300万元）。11月，道路全线贯通并投入使用。该道路的贯通对沟通瓷城大道与东门上上正街的交通，提升沿途市民生活品质、改善辖区消防条件等具有重要意义。

【渌江拦河坝工程建设】 2010年11月，渌江拦河坝工程建设竣工。该工程的建设项目主要有泄洪闸、翻板门、船闸、冲沙闸、工作桥、护坡等，总投资1500万元。改造后的渌江拦河坝,正常蓄水水位比改造前增高1.5米。拦河坝项目的建设,对提高城区防洪、发电、美化城市景观等具有显著作用。

【渌江大道工程建设】 渌江大道(三、四期)工程是醴陵市“城市提质战役”战略的重点项目之一。年内,三期工程已基本完工,四期工程的路基土方工程已完成90%,地下管线工程、水稳层铺设工程分别完成工程总量的70%。预计总体工程于2011年4月竣工。

【泉湖体育馆建设】 泉湖体育馆工程是醴陵市第一项大规模的群众体育设施建设项目,位于阳三石街道办事处泉湖村与西山街道办事处河西村交界处。建设项目有体育馆、市民广场、防洪堤(一段)、风光带、二圣河改造、江南路(一段)等。总占地面积5.13公顷、建筑面积1.03万平方米;预算总投资1.65亿元，年内已完成投资9000万元。该项目自2008年启动,现已完成可研、防洪和环境评估、立项、征地、拆迁、设计、预算、招标等工作。年内,主馆建设工程正式启动,主体工程预计2011年10月完工。泉湖体育馆的建成,对提高城市品位、促进全市体育事业的发展具有十分重要的意义。

【塔前路工程建设】 塔前路南起渌江大道,北至岭前路,全长1081米,规划宽23米;总投资(含拆迁费)2700万元。该工程自2009年11月开工建设,截至12月,道路立项、规划、施工设计、征地、房屋拆迁等工作已完成,路基土方施工已完成80%，雨污水管道完成75%。预计2011年上半年完工。

【渌江风光带建设】 渌江风光带全长约6公里,建设工程共分三期进行。其中，一期工程已于2005年10月竣工；预计总投资7亿元的二期工程年内全面启动,拆迁及体育馆至渌江桥段防洪堤施工工程正在有序推进;三期工程正处于前期各项工作中。该工程建成后,将成为瓷城集休闲、观赏、娱乐为一体的城市风光带,是渌江沿岸地区联系醴陵核心城区的纽带。

（潘其武）

城 市 供 水

【概况】 醴陵市自来水公司（以下简称“公司）成立于1981年2月,经过近30年的发展,现已成为一家集制水、供水、售水、工程设计与安装、纯净水生产销售于一体的国家四类供水企业。2010年,公司有职工207人，拥有固定资产7065万元。有省级水质监测站1个,二级机构9家,水厂1座和纯净水分公司。公司先后获得“供水行业先进单位”、“供水卫生先进单位”和省级“模范职工之家”、“文明卫生单位”等称号。全年供水总量1348.41万立方米，比上年增长14.54%；实现产值1840.46万元,比上年增长10.16%；实现水费收入2234.04万元。

【供水设施建设】 2010年，公司在资金较为紧张的情况下,仍挤出资金加大供水基础设施改造的投资,以保障安全、优质供水。投资2万元,整改了氯气堆放房,更新了各要害部位的标识,确保了生产安全;投资32.9万元,更新、改造了送水泵房的主屏柜。

年内,仙岳山文化景区供水工程是市政府年度中的重点工程之一,也是公司首次完成的一项多级加压、供水高度达300余米的供水工程。为了圆满完成这项工程,公司领导十分重视,详细制订了工程施工方案,成立了组织机构,明确任务和分工,全体上下及施工人员努力克服工期紧、任务重、施工环境恶劣等因素,克服困难、迎难而上、艰苦奋斗,使该工程提前3天完工、并一次性成功试压送水。历时4年，投资近2000万元的大林河引水工程，于2010年全线贯通。预计2011年1月正式投人使用。它的建成彻底解决了醴陵市城区日益突出的供水矛盾。同时,醴陵大道、国瓷路、渌江大道(三、四期)等市重点供水工程项目顺利推进。截至12月,全市管网总长达41.19万米,用户总数达4.65万余户。

【水质监管】 一是完善健康档案管理。坚持对从事供水工作的员工进行健康体检制度。二是加强水质的监控力度。严格执行国家新颁布的水质检测标准。省城市供水水质监测网醴陵监测站坚持每天检测源水、出厂水感观性状等九大指标，每月坚持2次抽取10个管网末梢水检测点的7个指标,并对水源水、出厂水、管网水进行常规全分析和检测,确保管网水质安全。三是加强培训与考核,提高水质监管水平。全年出厂水水质综合合格率达100%。

【优质服务】 2010年，为构建和谐的用水环境,确保市民用水消费权益,公司致力于提供“以人为本”的供水服务,坚持“用户至上、追求品质”的经营理念,不断完善管理制度,抓好软、硬件建设,创新服务理念和方式,积极开展形式多样的便民、利民的供水服务活动,不断促进和提高整体服务质量和服务水平。

（陈　香）

城 市 开 发

【概况】 2010年，醴陵市城市建设投资开发有限公司（以下简称“公司”）与醴陵市基础设施建设开发投资管理中心合署办公(两块牌子、一套人马)。年末有在编人员10人，借聘人员8人。内设办公室、财务部、工程部、工会。拥有注册资金1.29亿元，资产负债率为62.3%。

【融资建设】 2010年，公司共融资7000万元。其中，国瓷路4000万元、醴陵大道3000万元。全年拨付资金5630万元。其中,醴陵大道4000万元、宝塔路1000万元、渌江防洪堤300万元、江源大桥

300万元、渌江大道30万元。通过大力融资,有效增加了市政府对城市建设的投入,极大地缓解了城建资金受“瓶颈”制约的矛盾。

【工程建设】 2010年,城市建设重点工程项目有污水处理厂外管网建设、国瓷路(一期)等工程。年内,污水处理厂外管网工程建设有序推动;A线管网地处市电力局地段,施工地质条件复杂、隐患多,常规施工可能出现难以预料的后果。为此,公司慎重决策,专门论证,确立了科学可行的施工方案,确保了A线管网铺设安全、优质、高效;针对B线管网处于河滩铺设,施工期短,难度大等因素,采取筑土袋围堰、松木加固、止水等措施,在渌江电站关闸蓄水前完成了施工任务。12月,6号泵站土建工程、设备安装工程安装完工,顺利进入通水调试运行阶段;10号泵站变更选址、勘探设计、招标等工作完成。全年污水处理厂共拆迁安置户11户(安置区设在江源村高背冲组)。年内,受“5·7”、“6·24”洪水冲击,污水处理厂设备严重损毁。公司面对洪灾,群策群力,加班加点,确保厂区短时期内恢复生产。全年先后接受环保部、审计署,国家、湖南省扩大内需检查组检查和省、株洲市建设领域突出问题专项治理的检查验收,现污水处理量日均达1.6万吨。

年内,国瓷路(一期)工程的5个标段施工进展顺利。其中,一标段路基、管道敷设、水稳层施工完工,路基、水稳层的建设工程竣工并验收;二标段土方工程已完成9万立方米,铺设雨水、污水管道1000米;三标段土方工程已完成12万立方米,铺设雨水、污水管网3272米,铺设水稳层400米;四标段土方工程已完成13万立方米,铺设雨水、污水管网3300米、水稳层完工,人行道及边沟施工正在进行中;五标段互通口工程的土方工程完成14万立方米、完成投资400万元,匝道路基工程完工。该工程涉及的7户房屋拆迁工作进展顺利。加强了拆迁户安置区工程建设,五里牌拆迁户安置区占地26403.4平方米、共安置拆迁户99户。年内,投资360万元,完成了道路硬化、排水等工程;现有20余户拆迁户入区建房。投资300万元,为国瓷路华塘村安置区的26户拆迁户购买宅基地,以安置华塘、石塅村的拆迁户建房。完成了国瓷路的绿化、亮化、人行道工程的招标工作。 (匡谦益 彭 琳)

房产管理

【概况】 2010年,醴陵市房产管理局内设党政办公室、计划财务股、中介服务管理股(与法规股合署办公)。有综合档案室、房屋登记中心、房屋拆迁管理办公室(与房屋安全管理办公室合署办公)、房产开发管理办公室、物业管理办公室(与住宅室内装饰装修管理办公室合署办公)、房产法规监察队(与房屋租赁管理所合署办公)和住房保障中心7个直属机构。下辖第一、二房管所、太一综合市场管理所、白蚁防治所和房屋测量事务所5个二级机构。有干部职工210人,其中在岗130人。醴陵市房产管理局党委下辖4个党支部,有党员107名。

一年来,在市委、市政府的正确领导下,全局上下紧紧围绕“科学发展”这个中心,以“服务民生”为目标,以“培育市场”为重点,按照年初确定的工作目标,全面履行房产管理职能,进一步解放思想,创新理念,规范管理,依法行政,较好地完成了全年各项工作任务,实现了醴陵市房地产业持续、健康、稳定发展。年末,被株洲市评为“2010年度文明建设先进单位”、被醴陵市评为“计划生育综合治理工作先进单位”、“社会治安综合治理工作先进单位”、“党建帮扶工作先进单位”。

【市场培育】 2010年,全市共有房地产开发企业36家,在建开发项目31个。房地产投资需求和住房消费需求快速增长、商品房供应增加、市场销售旺盛,房地产市场进一步培育壮大。一是房地产开发投资快速增长。全年全市完成房地产开发投资14.26亿元,比上年增长99.2%,其中商品房建设投资10.07亿元,比上年增长65.1%。二是商品房开发规模迅速扩大。全年全市房屋施工面积137万平方米,比上年增长12.3%;房屋竣工面积达71万平方米,比上年增长258.2%。三是住房消费持续走旺。全年商品房销售面积79.97万平方米,比上年增长87.53%,成交5342套、金额22.37亿元,成交额比上年增长121.48%;全年二手房成交面积20.9万平方米,成交1501套、金额4.14亿元。住宅多层均价为2200元/平方米,比上年增长22.2%;住宅高层均价为2940元/平方米,比上年增长27.8%。二手房平均销售价格为1980元/平方米。全市城镇人均居住面积达32.7平方米,比上年增加1.7平方米。四是物业服务水平持续提高。全市小区管理面积103万平方米,覆盖率达90%;房屋维修专户资金累计归缴2760万元。五是社会贡献日益增强。全年完成房产地方税收2.71亿元,比上年增加1.2亿元、增长79.47%。全年全行业实现劳动就业3.7万人,向社会各界捐助各类帮扶资金200万余元。

【住房保障】 2010年,全市住房保障以“关注民生”为核心,以“落实政策”为保障,强化组织领导,明确目标任务,加快项目建设,严格资金监管,全面完成了各项住房保障工作指标,初步建立了“全覆盖、宽领域”的住房保障体系。全年投入保障住房建设、廉租住房维修、改造和租赁补贴发放等资金1.09亿余元,其中中央投资资金2121.2万元、省级配套资金281万元、醴陵市级配套资金8504万元。全年竣工廉租住房868套、面积4.28万余平方米;竣工经济适用住房222套、面积2万平方米。10月,按照“申购先后”的原则,经公开摇号定向,全部销售到户。年内,住房租赁补贴经严格审核公示,为4831户符合条件的租赁户发放住房租赁补贴635万元,为年度计划任务的142%。投资620万元,完成廉租住房维修、改造670套。启动了湖南省电力公司电瓷电器厂等两个棚户区拆迁项目,签订拆迁安置协议420户、面积2.94万平方米;市场融资4000万余元。

【房屋拆迁】 2010年,是醴陵市历年来各项重点工程建设项目最多、任务最重的一年,其中涉及拆迁重点工程项目31项。为强力推进城镇房屋拆迁,确保城市建设顺利进行,紧紧围绕醴陵大道、岳汝高速、杭长高铁(醴陵段)、渌江大道(三期工程)、产业园等市重点工程项目,加大房屋拆迁工作力度,较好地完成了各项工作任务。全年发放拆迁许可证5本、面积10.14万平方米,监管拆迁安置资金1.04亿元;拆迁房屋1059栋、面积31.32万平方米,发放拆迁安置补偿金3.09亿元。

【权属管理】 2010年,将优化窗口服务、规范登记程序、盘活房产市场作为房政业务管理工作的重点,并以此推动房地产管理各项工作的顺利开展。全年办理各类房屋登记13557宗。其中,房屋初始登记1035宗、面积58.84万平方米;变更登记167宗、面积7.22万平方米;房屋转移登记3423起、面积44.21万平方米、成交额5.51亿元;办理预告登记证明6982宗;房屋他项权利登记1936起、面积69.5万平方米、权利价值12.5亿元;办理在建工程抵押贷款14宗、金额1亿元。全年完成房屋测绘535宗、面积154.08万平方米,其中预测197宗、面积53.9万平方米。全年整理档案8114卷,提供档案利用1200余卷,出具无房证明1100余份。年内,新建了办证大厅,全面推行了“一站式窗口”服务,优质服务水平进一步提高。

【白蚁防治】 2010年,在省、株洲市白蚁防治专业机构的指导下,围绕“建一流队伍、带一流班子、树一流形象、创一流业绩”工作目标,认真贯彻“预防为主、防治结合、综合治理”的方针,强化组织领导,注重业务培训,严格药物管理,提升服务水平,白蚁防治工作取得长足进步。全年签订白蚁防治合同257份、签订率100%。完成白蚁预防施工面积47.75万平方米、灭治面积8300平方米;灭治率达100%,并连续三年被省白蚁防治专业委员会授予“湖南省白蚁防治优质服务先进单位”。

【第三届“房交会”】 2010年9月26日~28日,成功举办了醴陵市第三届房地产交易展示会。在这届房产交易会的筹备、组织过程中,组委会创新理念和形式,整个活动实现了新的突破,跃上了新的台阶。一是规格高。这届“房交会”,由市政府主办,市房产管理局、市房地产协会承办。展会期间,省住建厅、株洲市房产局和醴陵市市委、市人大、市政府、市政协等领导到现场指导。二是规模大。这届“房交会”展厅面积更大,达6600平方米;参展单位更多、更踊跃,共有40余家企业参展;参展房源更广、更丰富,有参展商品住房、非住房面积75万平方米。三是效果好。这届“房交会”观展市民达4万余人,共实现商品房交易户1003户、成交面积22.46万平方米、成交额达4.43亿元;二手房交易户196户、成交面积1.938万平方米,成交额达2903万元;实现营销总额4.72亿元、意向购买房1365套、19.45万平方米、金额5.45亿元。

【“城市创卫”工作】 2010年,紧紧围绕醴陵市“城市三创”工作目标,审时度势,克服基础薄弱和环境复杂等主、客观原因,花大工夫,下大力气,攻坚克难、卓有成效地推动了醴陵市“城市创卫”工作,较好地完成了各项工作任务。全年投入“城市创卫”经费400万元,先后完成了太一市场、局机关的改造和市场周边环境整治,建立健全了长效管理机制,通过了省、株洲市“创卫”工作的各项检查。年末,太一市场管理所被醴陵市授予“三创工作红旗单位”。

【党风廉政建设】 2010年,党风廉政建设以“开展‘创先争优’活动”为契机,认真落实党风廉政建设责任制,制订了《党风廉政建设责任分解》,全局上下层层签订了党风廉政建设责任状。广泛开展了廉政风险点防范等活动,进一步完善首问责任制、办事时限制、责任追究制等行政效能监察“七项制度”,充实政务公开专栏,设立举报箱、举报电话,自觉接受社会监督,从源头上不断夯实反腐倡廉、拒腐防变的防线。强化制度建设、干部教育、载体创新和督查惩治,有效改善了机关工作作风,营造了行为规范、运转协调、廉洁高效的优质政务环境和良好的工作氛围。年内,依法辞退违纪党员干部1名,下岗1名,诫勉谈话3人(次)。

(易雪辉 谭 超)

城 乡 规 划

【概况】 2010年,醴陵市规划局内设办公室、法规股、总工室,管理一、二股,村镇(乡)股和市政股。下辖规划设计院、规划测绘院两个二级机构。有在职工作人员71人,其中机关有42人、设计院有15人、测绘院有14人。有注册规划师3人。

年内,全市城乡规划工作在市委、市政府的正确领导下,在市人大、市政协的监督支持下,围绕“高起点、高标准、科学规划”这一中心,突出“规划审批、严格执法”工作重点,充分发挥规划对城乡建设、产业发展的统领和引导作用,实现逐步打造“山水园林特色生态宜居城市”的宏伟目标。

【规划编制】 2010年,科学编制了《第五次城市总体规划》,并通过了省政府审批。完成了《醴陵大道沿线控制性详细规划》、《沪昆高铁片区控制性详细规划》。组织编制了全市50个村庄整建规划，完成了东堡乡总体规划编制及白兔潭镇、王仙镇总体规划修编。组织编制了仙岳山文化景区、李铎艺术广场(左家洲)及玉瓷路、李畋中路、迎宾路、江南路、青云北路(延伸段)的规划线型方案设计。

【城市基础测绘】 2010年，完成了迎宾路(3.5公里)、玉瓷路(4公里)、李畋中路(2公里)、城南路(0.6公里)、碧山路(0.6公里)5条城市主干道的测量。完成了仙岳山文化景区中的5平方公里、产业园区扩征用地7平方公里、市土地储备用地2平方公里的地形测量。为规划编制和重点工程建设提供了详实、准确的基础数据。

【规划管理】 一是加强规划审批。调整了股(室)机构，进一步明确了各股(室)工作职能，实现了规划审批业务上“一站式受理”、“全程跟踪服务”的服务承诺。建立健全了“政府主导、专家领衔、部门合作、公众参与”的规划决策机制，先后制定了《醴陵市规划管理技术规定》、《醴陵市国有土地权出让用地容积率调整管理办法》、《醴陵市国有土地权出让转让规划管理办法》等。二是规范审批程序，提高审批“门槛”。规划项目审批严格按照总规、控规等规划进行审批，实行“项目审批三步法”(即:第一步，由业务股室对申报项目进行初步审核;第二步，由股室审核通过后再报局务会集体研究会审;第三步，对重点工程、重要节点等规划经局务会研究讨论后报市城乡规划委员会进行评审)，确保规划审批的科学性、准确性。全年办理国有土地出让用地(兰线)及制定规划条件62项，核发私房建设规划许可73户、单位建设规划许可33户、天然气管线工程规划许可证1项、道路用地规划许可2项、电力变电站建设用地规划许可6项;完成垃圾站、公厕选址定点6处。三是坚持“公示、听证”制度，增加规划透明度。实施了“三公示、三公布”(即:城乡规划事前公示，调整公司、建设项目事前公示，城乡规划事后公布、调整后公布、违法案件查处公布)制度，坚持重点地段和社会影响较大、群众关注度高的项目召开规划听证会，听取社会各界意见，完善各项规划。四是加强部门联动，确保规划有效实施。加强了与市国土、建设、房产、各街道办事处等部门的横向联系，逐渐形成了联席会议制度和股室、分管负责人、主要负责人的三级协调机制及现场办公联动机制。五是强化证后管理，有效遏制违规建设。采用“全程跟踪”服务模式，坚持“以人为本”原则和从严执法，确保了证后管理工作落到实处。全年对95起建设项目进行了批后管理，其中公房28起、私房67起。六是查处无证违法建设，维护城市建设秩序。在城市规划区内查处无证违法建设133起。

【规划宣传】 2010年，规划宣传工作围绕“关注规划、参与规划、监督规划、坚持规划”这个中心，积极开展规划宣传，扩大城乡规划影响面，增加城乡规划透明度。一是大力宣传《湖南省实施〈中华人民共和国城乡规划法〉办法》。在《今日醴陵》报、市规划信息网、局宣传栏等宣传媒体公布了实施办法。二是进一步完善醴陵规划信息网建设。将全年最新的规划动态等内容上传网站，为全市上下了解规划、参与规划提供了一个良好的平台。三是扩大城乡规划的影响面。9月，制作了《解读第五次城市总体规划》电视专题片，为全市人民知晓规划、理解规划、坚持规划提供信息平台。

环 境 保 护

【概况】 2010年，醴陵市环境保护局认真贯彻落实科学发展观，紧紧围绕市委、市政府“保二争一、科学跨越”战略目标，着力打响“三大战役”，以“创建省级卫生城市”为载体，突出保民生、保增长、保稳定，深入开展“蓝天碧水”行动，加大污染治理力度，落实污染减排措施，加强环境监管执法，积极推动“两型”社会和绿色生态醴陵建设，环境保护各项工作取得显著成效，环境质量持续改善。城市大气环境质量达到国家二级标准，空气良好天数达331天;城市水功能达到区划标准，饮用水源水质达标率为100%。“创卫”环境保护工作通过省级验收。城区炉窑整治工作取得显著成效，城市建成区基本消灭燃煤炉窑;较好地完成了省政府下达的“十一五”减排任务。年内，被湖南省评为“第一次全国污染源普查工作先进集体”、“‘十一五’”环境保护宣教工作先进集体”，被醴陵市评为“依法行政优秀单位”。

年内，设办公室、环境管理股、计划财务股、环境规划股、政策法规股、污染控制股、环境执法大队和后勤服务中心。下辖市环境监察大队、环境监测站、环保产业办公室3个二级机构。年末有在职职工85人、离退休人员13人。

【城市“三创”工作】 2010年，“城市三创”工作紧紧围绕市“城市三创”工作安排和部署，进一步加大工作力度，结合市环保工作的实际，开展了大规模的“城市三创”宣传、城市环境综合整治活动，加强了“五小”企业整治及饮用水源监管。年内，新建空气自动监测系统2个，安装了饮用水源地标志，保障“创卫”工作落实到位。

【炉窑整治】 2010年，为了确保城区空气质量，有效控制空气污染源，按照市委、市政府常务会议精神，继续开展了城区炉窑整治工作。全年拆除兆荣瓷业、泉湘瓷业、百花瓷业等企业烟囱24座，改造和兴瓷厂、新世纪瓷业、永和瓷业等20家企业炉窑33座。截至12月，城区内基本消灭了燃煤窑炉。全年全市198家瓷业企业使用了天然气等清洁能源，全年共使用天然气3.2亿立方米。

【造纸污染整治】 年内，进一步

加强了造纸污染整治力度,对全市17家通过省、市验收的造纸企业,制定了管理制度,明确了监管职责,并定期开展巡视、巡查,确保了污染设施运转正常,废水达标排放。同时,对已关停的58家造纸企业进行了定期督查,确保无一家关停企业反弹。

【市污水处理厂投入使用】 2010年1月5日,醴陵市污水处理厂通过上级有关部门的验收并正式投入使用。全年处理污水543万吨,城镇污水处理率达85.1%。经处理后,排放的污水水质达到了GB 18918-2002一级B国家标准。

【城市垃圾处理】 2010年,市垃圾填埋场日处理垃圾213吨。对垃圾填埋采用卫生填埋、蝶管式反渗透渗滤液处理工艺、沼气收集等综合处理技术,对城市生活垃圾进行无害化处理。全年对垃圾场运行和渗滤液处理进行了定期检查、监测,确保了垃圾场周边环境的安全。

【畜禽养殖污染治理】 年内,按照省政府《湘江流域污染整治实施方案》的要求,对全市23家、500头以上规模养殖场实施了限期治理,至11月底,23家养殖场分别新建沼气池并投入使用,实现了生猪养殖废水的资源化利用。

【污染减排】 2010年,积极推进新型工业化相关工作,狠抓污染治理,促进污染减排。全年累计投入治理污染资金3500万元,完成污染治理50余项,建造清洁能源窑炉48座,治理废水22项,拆除燃煤窑炉33座,减少排放二氧化硫274吨,削减率为11.55%;减少COD(化学需氧量)排放1100吨,削减率为20.18%。较好地完成"十一五"总量减排任务。到"十一五"末,全市工业二氧化硫排放量为2367吨,比2005年减少75%,化学需氧量排放量790吨,比2005年减少82%。

【环境执法工作】 2010年,环境执法工作在市人大、市政协的支持下,组织开展了涉镉、涉砷等行业执法大检查、造纸督查、窑炉整治等专项行动,重点监察了减排指标企业。全年检查各类企业200余家,查处各类环境违法行为58件。查封饮用水源上游废料加工厂3家、取缔养猪场1家,关闭污染严重、群众反映强烈的小炼油企业2家。同时,关闭了污染环境、存在安全隐患的株洲和立实业有限公司、潘湖选矿厂、东富基材涂料厂、石景冲银矿选厂;整改了科兴实业有限公司。

【建设项目审批】 年内,进一步加强了审批服务工作,简化了工作程序,强化了迅捷服务职能,把"服务企业、阳光作业、依法审批、方便快捷"作为建设项目审批准则,全年审查、批准新、扩、改建项目127项,否决小化工项目2项。其中,新建的陶瓷企业采用燃气窑炉烧成,对批准的建设项目进行严格跟踪检查,环评审批率、在建项目、已建项目"三同时"(即:同时设计、施工、使用)执行率分别达100%。

【污染纠纷处理】 2010年,共接待群众来信来访480人次,处理群众来信来访案件140件、省环保局督办件1件、市局督办件1件、上级交办件16件,"红网"投诉件14件,人大议案和政协提案2件。处理率、回复率、满意率分别达100%。

【环境宣传】 2010年,环境宣传结合市"城市三创"、畜禽治理等专项行动和执法检查,利用广告牌、电视、公交媒体、报纸等方式,对环境保护工作进行了全方位的宣传报道。"六五"世界环境日中,在醴陵市鑫泰广场开展了以"低碳减排、绿色生活"为主题的大型宣传活动,有40余个单位、1000余名环保志愿者参与了街头宣传活动,80余家企业组织开展了不同形式的宣传活动,共发放各类宣传资料7000余份。

【环境监测】 2010年,在上级部门的支持下,添置了监测设备,培训了监测人员,提高了监测能力,为环境执法提供了科学可靠的依据。全年监测污染源130余个,监视排污口160余个,重点监控处理设施20余套。全年共报出数据5万余个。 (郭文英)

醴陵大道建设

【概况】 2009年5月20日,成立了市醴陵大道项目指挥部。指挥部设在来龙门街道办事处珊田村。醴陵大道位于市城区东北角,是醴陵市城市"一环六放射"交通骨架中的一条放射道路,西起醴泉路路口,东至沪昆高速(醴陵段)黄沙互通口,是醴陵市内环线与沪昆高速的连接线。道路全长6.6公里,路幅宽100米,双向八车道,设计主线时速为50公里、匝道和交叉口时速为30公里。项目总征地面积114.64公顷,其中道路两厢各20米宽的绿化带征地面积37.84公顷。道路征地拆迁涉及2个乡镇、3个街道办事处、8个村、39个村民小组,需拆迁房屋320户、面积12.51万平方米。工程总投资约8亿元。预计2011年6月1日前竣工并全线通车。醴陵大道的建成,将成为醴陵市联系外界的一个重要窗口,对于加快醴陵城市建设,推动经济社会发展,具有十分重要的意义。一是醴陵主动融入长株潭"两型社会"综合配套改革试验区的明智之选。醴陵大道的建成,全市交通优势更加明显,可以从空间上使醴陵加快对接和融入长株潭"两型社会"综合配套改革试验区。二是加快醴陵新型城市化建设步伐。醴陵大道北接湖南醴陵陶瓷产业园区,有利于园区加速融城步伐,加快建设以园区为主体的醴陵工业新城。三是扩展城市面积。醴陵大道的建成,可将城市东扩28平方公里,使醴陵市城区面积扩展至50平方公里以上。通过严格控制道路两厢的土地、规划和建设，可加速建设醴陵城市新区，提升醴陵的城市形象和品位。四是促进醴陵经济跨越发展。醴陵经济的跨越发展，主要战场在城市，主要潜力在城市新区。通过醴陵大道建设，加速了醴陵城市扩容提质步伐，做强做大了城市主体，带动了城市经济发展，为全市经济的跨越发展奠定了坚实基础。

【项目建设】 醴陵大道建设项目由中南航空港建设公司承建。2009年5月22日，大道建设项目动工。截至2011年4月，醴陵大道项目建设工程，在市委、市政府的领导下，在市人大、政协的关心支持下，项目建设有序、高速推进。项目工程累计投资4.6亿元，工程直接投入2.6亿元，为工程概算的90%。截至12月，道路路基工程全部完工，排水工程接近尾声；铺设沥青路面（底层）26.04万平方米，为总工程量的86.7%，中层铺设20.98万平方米，为工程总量的70%；完成预制人行道板88560平方米，占工程总量的93.2%；安装道路则石3.94万延米、平石1.5万米，分别为工程总量的71.4%、91.2%。年内，流星潭桥梁主体工程完工。

【大道“两为”绿化】 醴陵大道作为醴陵城市的交通干道，为深入推进“绿色醴陵、生态醴陵”建设步伐，将醴陵大道建设成形象最好、环境最优、全国一流的景观大道、森林大道。2010年12月27日，醴陵市委、市人大、市政府、市政协的主要领导在长庆示范区召开了醴陵大道绿化设计方案评审汇报会。年内，市组织开展了“我为醴陵大道栽棵树、我为绿色醴陵作贡献”捐赠造林大型公益活动。活动自3月1日开始至4月5日结束。长庆示范区全体工作人员、中南航空港建设公司和6个标段施工人员加班加点，连续奋战，全力以赴投入“两为”（即：我为醴陵大道栽棵树，我为绿色醴陵作贡献）植树工作，除5座山体部位外，较好地完成了大道“两为”植树捐款任务。全线共种植大树6262棵，中间绿化带栽植树木4.8公里；共计植树捐款6.84万元，其中个人捐款8400元。

【流星潭桥建设工程】 流星潭桥是醴陵大道项目建设的一个标志性工程。至2011年3月26日，桥面138块预制大空板梁全部架设并顺利合龙，标志着桥梁的主体工程完工，现进入桥面铺装及附属工程的施工。流星潭桥位于醴陵大道K5+412.98～K5+467.02处，全长54.12米，桥幅宽60米，分左右两幅。其中，车行道宽2×15米，中央分隔带宽8米，机非分隔带2×3米，人行道宽2×8米。流星潭桥两端分设了桥台，中间设2个桥墩，共设有56根桩基、36个桥墩。桥面由3米～16米长的预制大空板梁组成，中间板梁有126块、两边板梁有12块。预计总投资1200万余元。流星潭桥梁设计立足高标准、基准期为100年，设计车速为50公里／小时，荷载汽车公路Ⅰ级，人群3.5KN（千牛）／平方米。（万海棠）

交通·邮政·通信

交通运输

【概况】 2010年，醴陵市交通局内设办公室、财务室和政工股、运输综合股、安全综治股、基建工程股。下辖交通运输管理所、公路管理站、航道管理站。

2010年是交通建设“十一五”规划收官、“十二五”规划布局的转承之年，是交通运输对接醴陵市“两型社会”、支持醴陵市“三大战役”的服务之年，是交通系统理顺内部体制、强化交通执法管理之年。全年全市交通工作在市委、市政府及上级主管部门的正确领导和支持下，交通基础设施建设进展顺利，行业管理不断规范，行政执法全面提升，安全综治态势平稳，各项中心工作较好地完成。

【“十二五”交通规划】 醴陵市“十二五”交通发展的基本思路为：围绕“一个核心”(即：服务全市经济建设这个中心)，争取“两个率先”(即：争取在株洲地区率先实现畅达交通，在株洲地区率先实现平安交通)、打造“三个体系”(即：构建县、乡道路管养体系，完善交通行政执法综合管理体系，打造交通建设投融资经营体系)、建成“四个交通”(即：便捷交通、法制交通、人文交通、创新型交通)。“十二五”交通规划宏图是：公路建设着重打造“四纵四横(即：第一纵为麻石—市上坪的提质改造工程，第二纵为南桥凤形—船湾镇界口沿G106线，第三纵为官庄—板杉乡提质改造工程，第四纵为栗山坝龙井—贺家桥提质改造工程；一横为塘坊—X015芷线桥互通、二横为X005醴陵—张公岭、三横为S313线老关—石亭、四横为双龙—日新桥)；“二高三连”(即：岳汝高速公路、G320莲花冲—耿境坝高速；岳汝高速黎家冲互通—石子岭，沪昆高速工业园互通—石子岭，G320东岸互通—沪昆高铁西站)；“三专十三支”(即：“三专”为环官庄水库旅游专线、仙岳山旅游专线、贺家桥旅游专线；“十三支”为株攸快速公路、碧山—马恋、大垅—白市、亭子岭—冰水坑、五石—杨家桥、歇马岭—李婆塘等)干线网。形成“内外两环”运输圈(即：内环为枫树桥—龙源冲—四柱坪、C106环城公路、排口—枫树桥。外环为枫林市黄村—富里—沈潭—栗山坝，栗山坝龙井—官庄下湾)。水运设施着眼建设“一航道、两码头”；客货运站建设着手建成“一中心、两货运、三配套、四客运”。“十二五”末，全市500公里的县、乡、村道路升级为省道，450余公里乡村道路升级为县道，330余公里村级道路升级为乡道。

【交通体制改革】 2010年，为适应燃油税费、省管县财政体制、交通制度改革，醴陵市交通局不断转变工作思维，创新交通工作理念，从传统的“建养收费型”向“建养管运”兼“执法服务”型转变，不断完善和健全了交通工作体制。对外理顺了“十一五”规划交通建设负债资金的偿还拨付机制，初步建立起适应改革形势的交通资金由市财政统一预算安排机制；对内完善了“金字塔”式层级管理模式，推出了交通行业“阳光工程”，发挥了各部门民主参与的积极性，实现了交通管理依法有序，公正、公平。

【重点工程建设】 岳汝(岳阳至汝城)高速公路穿越醴陵市境内里程60.5公里。工程于2009年开工。截至2010年12月，已完成投资8.7亿元。其中，浏醴(浏阳至醴陵)段完成投资2.2亿元，为总计划投资的29.9%；醴茶(醴陵至茶陵)段完成投资6.5亿元，为总计划投资的40.5%。年内，浏醴、醴茶段征地、拆迁工作全面完成，10个标段已全线进入施工阶段。莲易高等级公路(G320)拓宽改造工程，计划醴陵境内拓宽31公里，年内已完成工程可行性研究报告和评审，预计2011年拓宽改造工程启动。杭长高铁客运专线建设施工进展顺利，全线完成投资约3.78亿元。醴陵大道路基工程基本完成，其中新扩40米宽绿化带工程，已完成征地、拆迁任务。

【干线公路改造】 2010年，株洲市重点工程“长、株、攸快速公路”正处线型走向规划。醴陵市提出的将原设计的线路走向东调、计划穿越醴陵市境内51公里。改经醴陵市石亭镇、均楚镇、栗山坝镇、大障镇和贺家桥镇的线型走向方案，经上级主管部门同意并采纳。醴官(醴陵至官庄)公路提质改造项目的二级标准公路建设可行性研究工作完成，并纳入醴陵市干线网“十二五”交通规划前期建设项目。

宋官(宋家桥至官庄)、醴官(醴陵至官庄)公路已完成前期工作,工程可行性研究报告已完成。醴潭高速芷线桥互通至渌口公路的改建工程,跨越醴陵市2.2公里,投资额1000万元。年内,征地、拆迁工作全面完成,工程全面推进,完成土方工程90%。S313环线改造工程正处规划、论证等前期工作中。岳汝高速黎家冲互通城区连接线的规划、设计已近尾声,正着手工可设计。

【农村公路建设】 2010年初,株洲市人民政府下达醴陵市年度通畅项目里程为172.5公里、通达工程里程为7.7公里,年内全面完成通畅通达建设任务。截至12月,全市完成"十一五"规划通畅通达工程规划项目620项、1267.4公里;完成通乡公路提质、改造项目280余公里。"十一五"规划中的农村公路规划项目工程接近尾声,"村村通水泥路"目标全面实现。

【桥梁、其他工程建设】 2010年,省级"渡改桥"项目工程全面推进,大部分项目工程竣工并投入使用。其中,双河口大桥(渡改桥)竣工通车;江源桥、神福港大桥续建项目主体工程完工;庞田大桥正在建设中,年内完成总工程量的80%;杨林桥工程可行性论证准备工作完成,计划2011年正式启动。省危桥改造项目进展顺利。其中,浦口大桥主体工程完工;石亭大桥工程可行性论证项目完成,主体工程即将筹资启动。年内,省、株洲市为民办实事项目的15座危桥改造项目全面完成。农村客运黄达咀、富里、清水江站建设工程完工。"十一五"规划期间,全市相继完成了醴陵大桥、船湾德星桥、白兔潭大桥、双河口大桥、江源大桥等桥梁改造项目和12个农村客运站建设。

【县乡公路养护】 2010年,县、乡公路养护工作力度进一步加大,农村公路养护坚持"管养并重"的原则,着力推进县、乡、村分级养护管理制。县道实行市场化养护,由专业养护公司承包;乡、村道路拟由市政府配套养护资金和乡、村两级负责养护。3月~6月间,醴陵市连续出现强降雨过程,造成洪涝灾害,导致境内部分县道路基坍塌、山体滑坡209处、约2.98万立方米,挡土墙损毁31处、2.42万立方米,全市公路水毁损失达2660万元。针对洪涝带来的县道损害,市委、市政府领导十分重视,考察灾情、果断决策,紧急启动了抗洪抢险预案,加大"人、财、物"的投入力度,千方百计抢救、修复灾损道路工程。经全力奋战,修复了符新线4处、760立方米、唐塘线2处、212立方米的浆砌片石挡土墙,确保了醴陵市交通主动脉道路畅通。

【路政管理】 2010年,为巩固公路建设成果,切实维护路产路权,进一步强化了依法行政,严格审批程序,大力推进路政工作规范化、科学化。一是加强排查、巡查力度。年内,对辖区管养的12条县道进行了摸底排查,共排查问题1336处、涉及违章建筑178处、公路两侧杆线3146根。同时,全面梳理了路政工作重点、焦点和难点。二是严格执法,有效维权。对县道(X027)碧马线K2+950处醴陵市鑫强瓷厂、K8+200处醴陵市勇博瓷厂天然气管线埋设进行了行政许可。年末,县、乡道路年平均综合完好率达73%,年末综合完好率达75%。

【运输市场管理】 2010年,规范管理了22家道路运输企业、站(场);完成了2413台营运车辆年审换证工作、验审率100%。全年实现非税收入300万元。一是整顿客运、货运市场秩序。全年查处各类违章车辆890辆,查扣"黑车"130余辆,取缔"黑窝点"2处,有力打击了非法经营者,确保了客运、货运市场竞争有序。全年新增客货运输公司4家、农村班线4条、客运车辆15台;完成了24台客车的延续经营许可工作。二是规范维修市场。开展了为期1个月的维修市场整治行动,查出不符合标准的企业4家,取缔"路边店"3家,指导6家维修企业按二类以上标准完成申报工作;举办了一期技工人员培训班,共培训81人,考试合格率达97%;成功举办第二届危险货物押运员培训班,参培人员126人、合格率达99%。

【交通行政执法】 2010年,交通行政执法工作突出服务理念,执法质量全面提升。一是构建规范科学的执法机制,汇编了《交通行政执法工作手册》、《服务指南》,出台了行政执法"六项制度"。二是打造作风过硬的执法队伍。聘请资深专家举办了行政执法培训,组织20余次执法知识测试。三是落实"执政为民"的各项措施。制定并推行文明执法行为规范,科学规范了行政执法办事程序;推出了特困业主可免费办证照,外地业主可随时预约等服务措施。

【陆上交通】 2010年,醴陵市境内公路总里程为3085.21公里。其中,高速公路96.5公里、国道129.96公里、省道51.57公里、县道296.36公里、乡道381.72公里、村道2129.11公里。拥有客运东站、南站、西站、株运集团醴陵汽车站。年内,新增板衫(北站)、嘉树、船湾、石亭、枫林市、东富、贺家桥、官庄、沈潭镇、王坊镇、黄达咀、富里、清水江13个农村客运站。全市拥有营运货车3242辆,营运客车623辆。其中,30座位以上大客车51辆、2018座;中巴车399辆、7827座。全市有出租车400辆(已上户);市内拥有公交线路5条(1路、2路、3路、5路、8路),有公交车109辆;有其他机动车823辆。

【水上交通】 2010年,醴陵市境内渌江水系航道总里程124公里,其中渌水82公里、澄水29公里、铁水13公里。渌水上游15公里为Ⅶ级航道,下游67公里为Ⅵ级航道,澄水为Ⅶ级航道,铁水为Ⅷ级航道。年内,全市拥有各类船舶100艘,其中运输船25艘、

10520吨,挖沙船27艘、810吨,客船、渡船24艘、座位408座。市内有渡口28处、码头56座,自建浮桥26座。 (曹亚平)

公共客运管理

【概况】 2010年,醴陵市城市公共客运管理处内设办公室、财会室、执法一中、二中队。主要负责全市400台出租车和109台公交车的管理,依法依规打击非法营运(黑车)和违法违规行为,稳定客运市场。全市400台出租车中,其中市鑫发公司100台、市湘运公司90台、市兴新公司80台、市东风公司70台、市新时速公司60台。全市拥有109台公交车,其中市公共交通有限责任公司95台、市兴达公交有限责任公司14台。

年内,加强了城市客运管理,严格查处不打表计程、拒载等违法违规行为,查处违规车辆102台(次),打击非法营运(黑车)56台(次)。加强了出租车驾驶员的管理,全年办理驾驶员"三证"600余本。围绕市"城市三创"中心工作,加大了宣传力度,全年悬挂宣传横幅40余幅,在出租车车身上粘贴宣传标语600余条。 (罗明久)

中国外运集团湖南外运醴陵市公司

【概况】 中国外运集团湖南外运醴陵市公司(以下简称"公司")是中国外运长航集团下属的国有企业,是湖南境内经铁道部批准的唯一一家烟花鞭炮发运装车点。主要从事进出口及内贸货物的储存、中转、代理运输和国际集装箱联运等业务。省商检局和长沙海关分别在公司设立了监管点。近年来,为适应湘东赣西地区产业发展的需要,新开辟了俄罗斯等独联体国家及东欧、东亚等地区的烟花鞭炮、陶瓷等货物的铁路国际联运业务和醴陵至梧州集装箱危险品出海通道。年内,公司拥有铁路专线1200米、仓库1.2万平方米(其中危险品仓库1万平方米),集装箱堆场7000平方米。全年火车中转烟花鞭炮335卡、集装箱出口烟花中转3613标箱。 (江剑阁)

交通行政执法监督

醴陵市交通行政执法监督局坐落于左权路44号,隶属株洲市交通行政执法监督处,为正科级事业单位。内设综合股、执法股、监督股。主要负责醴陵市辖区内交通运输系统行政执法和监督工作、依法查处本辖区交通运输系统路政、运政、地方海事、城市客运、质监等部门违反有关法律、法规的行为;负责辖内农村公路的治超执法和治超站的管理工作。年内,因本局主要工作职能尚未得到株洲市和醴陵市进一步明确,其职责职能履行情况尚未到位。但其他日常性工作有序开展。 (黄奇林)

公 路 管 理

【概况】 2010年,醴陵市公路局内设办公室和财务股、工务股、政工股、法规安全股、机料股。下设路政大队、路桥公司、养护公司。有干部职工185人,离退休人员93人。

2010年,是燃油税费改革后的第一年,是"强基础、找项目、严管理、保增长"初见成效的一年。在株洲市局及醴陵市委、市政府的正确领导和大力支持下,坚持以"三个代表"重要思想为指导,深入贯彻落实科学发展观,全面落实株洲市局和醴陵市委、市政府的各项工作部署,紧紧围绕"形成一个机制、完善两个办法、打好三大会战、抢市场、争项目、强管理、谋发展、努力开创、管理规范、机制灵活、事业兴旺、职工富裕的工作新局面"的指导思想,经全局上下的努力,机关作风建设进一步改善,干部职工收入明显增加,较好地完成了全年各项工作任务。

【公路养护】 2010年,公路养护立足科学发展观,严格按照省局提出的"三全养护"(即:全面养护、全季养护、全周期养护)的工作目标和"七无三有"(即:水泥路面接缝常年无渗水、沥青砂石路面常年无坑槽、路肩常年无反坡、边沟常年无积水、路基常年无缺口、桥栏常年无缺损、施工路段不弃养常年无劣路、集镇路段有边沟、路上有足够的养路工、养护作业有机械)的具体要求,突出抓了"养护市场化、管理规范化、施工机械化、养护科学化"。实行了模拟"管养分离",推行了小修与保养分离制、养护工程内部招投标制、小修工程职工承包制等一系列制度。通过公路养护一系列制度的具体施行和管理,公路养护工作正朝着"标准化、规范化、科学化、精细化"管理模式迈进。全年公路综合优良率为83.76%,其中国道87.24%、省道93.32%、县道79.15%。

【路政管理】 2010年,路政管理力度进一步加大,实现了路政管理科学严谨、路政人员从严执法的目标。全年执行路政许可3起;查处公路赔(补)偿案18件、结案18件;处罚路政案件553件,结案553件。全年清除占用公路及公路用地的各种堆积物2765处,责令当事人自行拆除临时厂棚34处、非公路用标志标牌1437块,割除非公路用横幅2312条;共出动装载机26台(次)、车辆17台(次)。强行拆除砖混建筑物3栋,钢架石瓦屋檐1000余平方米。全年检测车辆3189辆,查处超载违法车辆575辆、共卸(驳)载1万余吨。执行简易程序类案件50起,罚款3.73万元;一般程序类案件525起,罚款151.16万元。全年完成超载运输罚款167.99万元。

(易进秋)

宜春车务段醴陵火车站

【概况】 南昌铁路局宜春车务段醴陵火车站(以下简称"醴陵火车

站")属管内二等站,主要办理客货业务。下设醴陵站(客站)、醴陵东站(货站);监管东冲铺站(无人站)。车站设客运、货运、醴陵站和东站运转4个班组。全年全站有职工241人(其中女职工67人)。

醴陵火车站位于醴陵市国瓷南路3号(原为解放路东段1号),中心里程为沪昆线K1060+748.9,沪昆线东端与灯芯桥车站相连,西端与东冲铺站为邻。车站有正线2条,到发线4条,客运站台3处和候车室、贵宾室、售票厅、行包房。

醴陵东站位于醴陵市阳三石,中心里程为醴茶联络线K1+829.53,西端与醴陵站相连,东端与泗汾站相邻。车站有正线1条、到发线5条,与车站接轨的专用线4条;配有专用调车机车2台、货场2个。

2010年,醴陵火车站在宜春车务段段党委的正确领导下,以科学发展观为指导,认真贯彻部、局"构建和谐铁路"的战略部署,经受住了上海"世博会"、广州"亚运会"期间的安保压力及洪涝灾害的严峻考验,全站干部职工精诚团结、知难而进,夯基础、盯关键、抓落实、严追责、强管理、创效益,实现了安全生产基本稳定、运输任务全面完成、职工效益有所提高、职工队伍基本稳定的工作目标,各项工作均得到了路局和车务段的充分肯定。

【安全管理】 2010年,醴陵火车站的安全管理紧紧围绕宜春车务段的安全管理基本要求,始终坚持"安全第一、预防为主"的安全工作方针,牢固树立"没有安全就没有效益"的理念,紧扣"夯基础、盯关键、抓落实、严追责"的工作思路,认真落实逐级负责制,创新安全管理理念,加强现场安全控制,深入开展"反违章、严管理、灭事故、保安全"等系列活动;狠抓职工违章违纪行为,强化动车组、调车、货装、施工、旅客乘降组织等安全关键环节及作业人员的全过程盯控。截至12月31日,实现运输安全2104天,全面实现了车站运输安全有序可控。

【运输管理】 2010年,醴陵火车站运输工作按照"进一步优化资源配置、提高运输效率"的要求,通过改善内部竞争环境、优化运输组织、加强经济活动分析,动态掌握生产经营和预算指标完成情况,提升了客货服务能力,较好地满完成了全年经营目标。全年完成货物发送量62.44万吨,完成年度计划任务的154.2%;完成客货运换算周转量87.1亿吨公里,其中货运量8550万吨;完成货物周转量86.2亿吨公里、客运量7180万人次、旅客周转量30.1亿人公里。实现运输收入1.06亿元,完成年度计划任务的107.6%;完成装车10913车,是年度计划任务的142.4%;发送旅客68.95万余人次,是年度计划任务的95.1%。

【队伍建设】 2010年,醴陵火车站队伍素质建设按照"素质保安全"的要求,不断健全培训机制、创新培训形式、丰富培训内容,将职工培训、考核与使用、待遇相联系,形成了以培训提高素质、以素质决定岗位、以岗位和业绩决定收入的一体化机制。通过岗位技术练兵比武、班前抽问、月度抽考、主要工种竞争上岗考试、年度脱产轮训、特殊工种送培等形式,大力开展职工岗位达标和适应性培训,提升了职工队伍整体业务素质和技能。7月,组织开展了全员"学技练功"技术比武活动,职工参与率达100%。通过比武活动,职工业务素质和技能得到不断提高。

【基础设施建设】 一是车站办公设施设备进一步改善。年内,由宜春车务段投资建设的集办公、住宿、就餐为一体的综合大楼竣工并投入使用。同时,为车站值班室、司机室、职工休息室等场所配备了空调、饮水机等设施设备,大大改善了干部职工的生产、生活条件。二是基本建设成效显著。醴陵东站货场以"创建路局优质货场"为契机,客运以"创建文明车站"为目标,分别更新、改造了会议室、广播室、厕所等基础设施建设工程。通过进一步完善基础设施建设,站区卫生整洁有序,站容站貌焕然一新。 (唐 海)

邮 政

邮政管理

【概况】 2010年,醴陵市邮政局内设综合办公室、市场经营部;有管理人员8名。下设安保部、服务督察部、后勤服务中心、大客户服务部、金融业务部、代理保险部、函件部、集邮部、包速部、分销业务部、对公业务部、发投部、信息部、邮营部、邮件组。辖王仙、白兔潭、南桥、浦口、泗汾、清水江、大障、船湾、嘉树、神福港、均楚、黄达咀、阳三石支局和仙霞、板杉、解放路、火车站、车顿桥、渌江所。全局有从业人员226人,其中在岗职工113人、劳务工113人;有退休人员90人。全市共有汽车邮路20条、489公里,有投递段道65段;农村有投递线路3476公里;共有邮政服务网点19处,其中邮储网点16处;有邮政报刊图书销售点20处、邮政信报箱群27处、邮政信筒信箱490个、信报箱格口1120个,邮政妥投点3618个。

2010年,实现邮政业务总收入2690万元,比上年增加258万元、增长10.27%。其中实现函件收入214.54万元、包件收入19.51万元、汇兑收入75.46万元、报刊收入242.15万元、集邮收入75.35万元、储蓄收入1794万元、代理保险收入178.37万元、代办收入19万元、物流收入25.67万元、电子邮政收入45.60万元。

年末,被株洲市邮政局评为综合绩效考核一等奖、"株洲市邮政工作先进单位"。

【书信文化活动】 10月,醴陵市邮政局与市文明办、教育局、文化体育局、总工会、共青团醴陵市委、市妇联共同举办了第四届书信文化比赛。该活动以“挖掘历史人文资源、推动旅游产业发展”为主题。通过书信形式参加有奖征文,激励全市人民为实现市“争一进百、科学跨越”战略目标而努力奋斗。年内,与市委宣传部共同开发书信文化比赛信卡8万枚,推进了邮务类业务稳步发展。

【金融代理业务】 2010年,邮政储蓄存款余额实现了跨越式增长。截至12月31日,邮政储蓄存款余额达10.01亿余元,比年初净增16178万元,其中活期比重达51%、比上年增长6%。工资代发、“绿卡村”、“绿卡校”和“商易通”等业务发展迅速,全年新增代发工资户7288户、绿卡开户42763张、商易通78台。全年累计完成邮讯通25462户,累计放贷554万元。全年实现代理保险业务保费收入5558.3万元,比上年增长24.7%。

【集邮活动】 2010年,集邮工作突出开发企业形象年册、个性化邮票等定向邮品,以展示企业形象、家庭温馨和睦、团结友爱等主题。年内,通过个性化邮票“和谐家庭”、醴陵市泰鑫瓷器有限公司的纪念邮品《魅力泰鑫》的开发,充分体现了企事业单位对职工的个性关怀,加强了职工对集邮文化的认同感,实现了社会“和谐发展”的核心目标。年内,以上海“世博会”为契机,成功销售“上海世博”邮品500余本,逐步打开了醴陵集邮礼品市场。

【报刊发行】 2010年,为全市党政机关、企事业单位及学校提供各类报刊总流转额538万元。全年配送党报党刊近1万份,其中《人民日报》739份、《湖南日报》2956份、《株洲日报》5416份。全年为学校配送教育期刊15万册,实现流转额32 0万余元。为全市120家“农家书屋”配送了《农村·农业·农民》、《农村百事通》、《果农之友》等15种报刊,解决了农民群众读书难、看报难问题,丰富了农村文化生活,为推动社会主义新农村建设作出了应有的贡献。

【邮政服务】 2010年,醴陵市邮政局进一步健全了邮政通信服务质量综合管理体系,加大了基础设施投入力度,提质、改造了嘉树、泗汾、阳三石支局和火车站所、渌江所,使前台服务环境得到改善,为广大用户创造了一个宽敞、舒适的服务环境。大力加强渠道建设,通过对网点“三农服务”站的优化整合,共建立精品“三农服务站”120个,使资源配置得到了优化,进一步提高了邮政通信能力,满足了广大用户的用邮需求。 (汤 瑜)

通 信

中国电信股份有限公司醴陵分公司

【概况】 2010年,中国电信股份有限公司醴陵分公司(以下简称“公司”)内设综合办公室、市场营销部、建设维护部。下辖白兔潭、富里、浦口、王仙、东富、泗汾、船湾、大障、均楚、茶山、板杉、仙霞、黄达咀等13个农村支局、8个生产中心。有在职员工135人,退休、退养人员84人。

年内,公司坚持以科学发展观为指导,深入实施企业转型,大力推进聚焦客户的信息化创新、差异化发展策略,深化精确管理,优化资源配置。全年通信建设总投资1180万元,完成建设项目31个,改造城乡电缆交接箱66个,新建室内、室外FTTV+DSL节点140个,为近80个行政村提供了速率达4兆的宽带接入服务。年内,天翼3G网络已覆盖全市所有乡镇,行政村通宽带率达100%。同时,全力打造以“市场为导向、以客户满意为中心”的经营服务管控体系,围绕服务中的热点、难点问题,制定了整改措施,推出了一系列以融合为特征的综合信息服务及应用,为客户带来了更多的实惠和便利。 (杨 晖)

中国移动通信集团湖南有限公司株洲市醴陵市分公司

【概况】 2010年,中国移动通信集团湖南有限公司株洲市醴陵市分公司(以下简称“醴陵移动”)内设综合部、市场部、网络部、集团客户中心、客户服务中心、数据中心、市场拓展中心及浦口、王仙、泗汾、船湾、神福港、黄达咀营业部。醴陵移动现有立三路、解放路2个自办营业厅。年内,新增手机市场1家、代办网点14家,年末全市有销售网点143家。年内,醴陵移动遵循“正德厚生、臻于至善”的核心价值观,全面开展“创建学习型组织、争做知识型员工”活动,加大员工培训力度,不断提升全体员工的职业素质和技能。年末,醴陵移动被醴陵市评为“2010年度文明建设先进单位”、“诚信纳税户”、“文明窗口”称号。

【业务发展】 年内,醴陵移动以“创先争优”为主线,拓宽思路,创新营销;坚持“诚信经营、用心服务”的宗旨,有效应对市场竞争,各项生产任务顺利完成。全年上缴地方税收880万元,比上年增长27%。同时,为让客户感受多元化的便捷服务,以推动通信业务的快速发展,在每个自营厅设立了客户咨询台,“零距离”接待客户的业务咨询、投诉;在每个代办网点设立了客户咨询意见簿,对客户提出的疑问坚持做到48小时内必须回复。年内,新增4个新业务演示台,让更多客户能够及时体验各项新业务。

【通信设施建设】 2010年,醴陵移动投资7000万元,在白兔潭、船湾、嘉树等乡镇区域内新建基站35个,并分别在23个原有基站上新增了3G设备。通过加大通信基础设施投资和建设,全市通信网络支撑能力显著增强,有力促进了地方经济发展。 (刘春平)

中国联合网络通信有限公司醴陵分公司

【概况】 中国联合网络通信有限公司醴陵分公司(以下简称“醴陵联通”)下设综合部、市场部、客服部和集团部;有在职员工35人。醴陵联通拥有一级渠道172家。截至12月，联合网络通信在全市全面实现了“一镇两店渠道”的目标,正向“三村一店”的目标迈进。年末,被醴陵市评为“纳税大户”,被株洲市公司评为“先进集体”称号。

年内,醴陵联通坚持以市场为导向,以效益为中心,统一规划网络建设,合理利用网络资源,注重利用社会力量,保持持续、健康、快速发展,努力为广大用户提供优质的电信服务。

【经营活动】 2010年，醴陵联通进一步加强了联通网络通信的宣传力度,开展了形式多样的竞赛活动。先后组织经销商开展了“岁末年初竞赛”、“5·17” 电信日促销活动。通过形式多样的活动,各项业务得到长足发展。同时,以“佣金改革”为契机,组织开展了经销商劳动竞赛活动,以鼓励经销商通过发展下线来完成自身业务。通过“佣金改革”的方式,增加了网络渠道之间的相互了解，提高了信任度,带动了业务发展。年内,业务发展与业务收入分别比上年有所上升,经营状态稳中有进。

【业务发展】 年内，醴陵联通加大了通信业务网络的发展力度,进一步挖掘通信网络潜力,拓展网络平台。与移网经销商共同开发并成功实现了“牛头模式”联通宽带的乡镇覆盖。通过采用“共同建设、收入分成”的经营模式,先后与29家经销商签订了“牛头模式”发展宽带用户。全年累计发展“牛头宽带”用户1295户。

（张　余）

财政·税务

财　政

【概况】 2010年，醴陵市财政局内设16个股室，下辖5个副科级单位和31个财税所。3月，成立了醴陵市财政税费统一征收管理局。10月，信息中心与办公室分设，在撤销行财股的基础上设立了教科文和行政政法股；工资中心从行财股分离后单设。12月，工资中心与醴陵市国库集中支付核算局合并，成立了市财政国库管理局；撤销监督股，成立市财政监督局。年内，通过公务员考试招录，全局新增公务员17人；年末全系统有在编干部208人。

【财政收入】 2010年，全市深入贯彻落实中央"保增长、扩内需、调结构、转方式"各项政策，从年初开局，到年末收官，全市经济始终保持高位增长、持续向好的发展势头。在经济发展的基础上，各级财税部门积极采取有效措施，依法加强税费征管，强化收入调控，堵塞征管漏洞，确保各项收入应收尽收、及时足额入库，超额完成了年初的预算任务。全年全市完成财政总收入20.23亿元，比年初预算超收3.42亿元，比上年增加5.69亿元、增长39.1%。其中，一般预算收入完成13亿元，比上年增长51.6%。全年完成税收收入13.17亿元，比上年增长36.95%。其中，由市财政局直征的契税、耕地占用税完成1.62亿元，为年初预算的286%；非税收入规模逐年增大，质量越来越好。2010年,财政收入与"十五"末比较，财政总收入由6.1亿元增至20.23亿元、增长2.3倍，年均增长27.1%。其中一般预算收入由3.2亿元增至13亿元、增长3.1倍，年均增长32.5%。

【民生支出】 2010年，民生支出占一般预算支出的比重达70%以上，公共财政特征彰显。一是支持教育优先发展。全年投入教育支出3.68亿元，比上年增长18.23%，提前4年基本完成145所合格学校建设任务。其中，投入4200万元，重点支持城区江源小学、实验小学等学校的搬迁和改、扩、建，促进了义务教育均衡发展。二是社会保障逐步完善。全年社会保障和就业支出3.44亿元，比上年增长17.12%，重点支持、完善了社会保障体系和促进就业等。2009年年底，在稳定物价"国16条"出台以后，全市财政迅速筹措资金800万元，对优抚、城乡低保、"五保"供养对象发放临时物价补贴，保障低收入群体基本生活。年内，通过向上争取资金和本级财政投入，全市财政共投入抗洪救灾和灾后恢复重建资金2638万元，切实解决受灾群众困难，确保了老百姓安居乐业和社会稳定。三是支持医疗卫生体制改革。全年投入医疗卫生资金1.89亿元，比上年增长19.20%。稳步推进医疗卫生体制改革，全市198家卫生机构实施了普通门诊统筹。其中，本级财政补贴1500万余元，支持了新型农村合作医疗和城镇居民医疗保险，切实解决了老百姓看病难和就医难问题。四是夯实"三农"发展基础。年内，市财政不断加大投入力度，改善农村基础设施，继续落实粮食直补、综合补贴等涉农惠农政策，促进了农业生产发展、农业基础设施建设和农村环境改善。全年拨付上级专项资金1091万元，开展了村级公益事业"一事一议"的财政奖补试点；项目总投资近4000万元，涉及119个项目(村)，有效地推进社会主义新农村建设。

【政府融资】 2010年，在市本级财力有限的条件下，通过创新工作思路，克服一切困难，以"优质资产"为抵押、"潜力项目"为载体，积极主动与市各金融机构对接，大胆融资，充分发挥财政资金杠杆作用，确保全市"三大战役"重大项目顺利推进。全年全市各政府性融资平台融资8.2亿元。其中，农发公司融资7.4亿元，为全市打好"三大战役" 提供了强有力的资金保障。重点支持了醴陵大道、渌江大道、国瓷路、阳三路、仙岳山文化景区、渌江防洪堤等重大基础设施项目建设。

【财政监管】 一是按照"完整全面、科学合理"的要求，建立和逐步完善了预算编制与执行体系。二是全力推进国库集中支付改革。按照建立"公共财政、阳光财政、法治财政"的发展要求，全市从12月1日起，启动了国库集中支付制度改革。三是强化非税收入收支信息化管理体系，杜绝了资金体制外循环。四是进一步探索和完善了涉农资金"一卡通"发放、政府投资项目监管与评审、政府集中采购联合监管体系，进一步强化财政资金监管。年内，全市以"强农惠农资金清查活动"为契机，重点清查了

2007年以来全市涉农惠农资金使用情况，发现了一些问题，并建议有关部门对当事人进行严肃处理。五是开展财政监督检查。以“主动服务财政管理和改革”为原则，强化预算编制、资金拨付和使用全过程的监督，关注民生、社会热点问题，突出财政检查的针对性和实效性。开展了单位账户清查和行政事业单位“小金库”专项检查，对发现的问题进行了严肃处理，并全部纠正处理到位。

【队伍建设】 一是推进机关干部人事制度改革。适时组织局机关部分中层干部和乡镇（街道办事处）财税所干部轮岗交流，进一步激活用人机制，增强干部队伍活力，在全局形成“人尽其才、才尽其用”的良好格局。二是加强廉洁自律素质建设。认真落实党风廉政建设责任制，围绕树立正确的权力观、价值观和利益观，组织中层以上干部到岳阳监狱进行警示教育活动；开展了“创先争优”等活动，进一步增强了党员干部的法律、党纪政纪和廉洁自律意识。三是加强机关作风建设。建立健全了机关作风建设长效机制，机关作风建设督查考核工作做到经常化、规范化和制度化，及时发现和纠正机关作风建设中存在的问题，效果较好。年内，在全市50个股(室)的正职干部考核中，醴陵市财政局农财股和评审中心分别获第四、第八名。

【“两税”划转】 2010年，根据省财政厅《关于做好全省耕地占用税和契税征管职能划转工作的通知》和湖南省地方税务局、湖南省财政厅、中国人民银行长沙中心支行《关于做好契税和耕地占用税征管业务交接工作的通知》精神，经省政府同意，全省“两税”的征管职能从财政部门统一划转至地税部门承担（划转截止时间为8月31日)。醴陵市按上级规定的期限内，完成了“两税”征管职能的划转。但考虑到“两税”征管的延续性，经市政府同意，由市财政局代管至12月31日。同时，醴陵市财政局因职能划转，撤销了市契税、耕地占用税征收管理局。

【税费征收】 年内，为进一步加强对全市鞭炮烟花、矿产资源和基本建设等行业的有关税费征收管理，成立了市财政税费统一征收管理局。主要负责全市范围内花炮主产区的鞭炮烟花、矿产资源和基本建设项目的税费统一征收管理；负责税费统征年初相关预算和年终相关结算工作，并协调相关职能部门和乡镇(街道办事处)的征收管理工作。2010年，实现税费统征收入1.23亿元，比上年增长94%。

2010年醴陵市财政收入完成情况表

表5 单位：万元

项目	年度预算	累计完成	占预算%	上年同期完成数	比上年同期 增减额	比上年同期 ±%	本月完成
财政总收入	168135	202298	120.32	145410	56888	39.12	202297
一、一般预算收入	99201	130022	131.07	85777	44245	51.58	130022
(一)税收收入	43991	59331	134.87	36467	22864	62.70	59331
1.增值税(18.75%部分)	11041	11138	100.87	9539	1599	16.76	11138
2.营业税(75%部分)	13745	14738	107.22	11662	3076	26.38	14738
3.企业所得税	1657	2343	141.40	1316	1027	78.04	2343
其中：国税征收	932	1502	161.16	706	796	112.63	1502
4.个人所得税	1907	2401	125.90	1694	707	41.74	2401
其中：国税征收	107	19	17.76	108	-89	-82.33	19
5.资源税	133	70	52.83	99	-29	29.29	70
6.城市维护建设税	6380	8153	127.79	5203	2950	56.70	8153
7.房产税	1250	1307	104.56	1044	263	25.19	1307
8.印花税	450	551	122.44	366	185	50.55	551
9.城镇土地使用税	840	1060	126.19	680	380	55.88	1060
10.土地增值税	338	848	250.89	256	592	231.25	848
11.车船使用和牌照税	550	444	80.73	408	36	8.82	444
12.耕地占用税	3000	6907	230.23	2000	4907	245.35	6907
13.契税	2700	9371	347.07	2200	7171	325.95	9371
(二)非税收入	55210	70691	128.04	49310	21381	43.36	70691

续表 5

项 目	年度预算	累计完成	占预算%	上年同期完成数	比上年同期		本月完成
					增减额	±%	
1.国有资产(土地)经营收益	43445	55679	128.16	37752	17927	47.49	55679
2.行政性收费收入	5000	7203	144.06	5152	2051	39.81	7203
3.罚没收入	3600	4401	122.25	3641	760	20.87	4401
4.专项收入	3105	3370	108.53	2710	660	24.35	3370
其中:教育费附加收入	2835	2999	105.78	2355	644	27.35	2999
5.其他收入	60	38	63.33	55	-17	-30.91	38
二、上划中央	59100	61595	104.22	51243	10352	20.20	61595
1.增值税(75%部分)	44163	44550	100.88	38156	6394	16.76	44550
2.消费税(100%部分)	7300	6879	94.23	6637	242	3.64	6879
3.所得税(60%部分)	7637	10166	133.12	6450	3716	57.61	10166
三、上划省级	9834	10682	108.62	8390	2292	27.32	10682
1.增值税(6.25%部分)	3680	3713	100.90	3180	533	16.77	3713
2.营业税(25%部分)	4582	4913	107.22	3887	1026	26.38	4913
3.所得税(12%部分)	1528	2033	133.05	1290	743	57.60	2033
4.资源税(25%部分)	44	23	52.27	33	-10	-30.30	23

说明:以上为省直管县财政体制统一口径。

2010年醴陵市一般预算支出执行情况

表 6　　单位:万元

项 目	年度预算			执行情况			上年同期完成	比上年同期	
	合计	年初预算	本年安排	本月支出	累计支出	为预算%		增减额	增减%
一、一般预算支出	282182	180815	159790	238978	250698	88.84	178128	72570	40.74
一般公共服务	40673	24842	20139	34130	34130	83.91	26228	7902	30.13
国防	201	151	151	201	201	100.00	110	91	82.73
公共安全	10898	7339	6739	10150	10150	93.14	7890	2260	28.64
教育	40954	35705	30824	36791	36791	89.83	31117	5674	18.23
科学技术	3518	2695	2641	3457	3457	98.25	2357	1100	46.65
文化体育与传媒	1939	1185	964	1575	1575	81.23	1458	117	8.02
社会保障和就业	38115	36651	34202	34399	34399	90.25	29012	5387	18.57
医疗卫生	22112	4400	3656	18873	18873	85.35	15833	3040	19.20
环境保护	21218	1855	933	18301	18301	86.25	2629	15672	100.00
城乡社区事务	44253	27488	24894	43727	43727	98.81	22046	21681	98.34
农林水事务	23842	7592	6533	19010	19010	79.73	18137	873	4.81
交通事务	1744	562	562	1213	1213	69.55	6	1207	
资源勘探电力信息等事务	17009	21869	21726	16023	16023	94.20	11177	4846	43.36
商业服务业等事务	7488	906	30	5807	5807	77.56	3662	2145	58.59
国土资源气象等事务	734	898	857	627	627	85.45	1470	-842	-57.32
住房保障支出	5439	129	49	5285	5285	97.16	4576	709	15.49
粮油物资储备管理事务	227	134	134	191	191	84.14	420	-229	-54.48

续表 6

项　目	年度预算			执行情况			上年同期完成	比上年同期	
	合计	年初预算	本年安排	本月支出	累计支出	为预算%		增减额	增减%
其他支出	1818	6414	4756	938	938	51.60		938	

说明:①年初预算含本年安排 159790 万元和上年结转项目 21080 万元。②预算调整项目为上级专项转移支付资金、上级其他专项补助和科目之间的调整。

（郭　理）

国有资产管理

【概况】 2010 年，醴陵市国有资产管理局(加挂"市国有资产投资经营公司"、"市产权交易中心"牌子)内设办公室、行政事业资产管理股、企业资产和国有资源管理股、国有资产投资经营股、综合财务股、政策法规股、纪检监察室、资产管理中心。全年完成收入 1.61 亿元，其中资产处置 1.58 亿元、资产租金 265 万元;共收历年资产拍卖旧欠款 1400 万余元。上缴市财政 3325 万元、上缴地税 705 万元；全年改制支出 1687 万元。年内,投入 20 万余元,完善、实施了全市行政事业单位资产管理信息系统。依法推进了阳三路旧城改造重点工程建设，阳三路建设开发项目进展顺利。

【国资处置】 2010 年，共委托资产评估报送定价资产 30 处,审定资产 13 处、底价为 14259.8 万元。经拍卖公司公开拍卖,实现资产处置变现收入 15755.3 万元,高出审定底价 1495.5 万元。全年办理产权交割书 17 份，解缴入库土地出让金 8063 万元，上缴地税 705 万元,确保了国有资产保值增值。

【国资监管】 2010 年，为 107 家行政事业单位办理了 406 批次固定资产增加审批手续，全年全市累计新增固定资产 4837 台（套、件）、2894.31 万元。审批并办理市中(一)医院等 24 家单位、12 批次的资产调拨手续、计 355.68 万元；办理计生服务站等单位、18 批次的固定资产报废手续、计 178.97 万元。

【企业改制】 2010 年，缴纳"40、50" 以上人员养老保险费 1167.7 万元、"40、50" 以下安置托管养老保险费 112.85 万元(455 人);办理托管人员安置费手续 34.23 万元(124 名)，确保了职工的养老保险后续缴费和法定退休职工的正常退休。全年为醴陵市 167 家改制企业、25796 名职工缴纳医药统筹费 570 万元,确保了改制企业职工正常享受医疗保险待遇。

【国有资产经营】 2010 年，醴陵市国有资产投资经营公司负责市渌江南岸二期棚户区改造工程项目，在华融湘江银行融资 5000 万元。同时,与市农发公司为渌江大道拓宽改造工程项目融资 7000 万元。全年国有资产经营实现资产租金收入 265 万元。

【阳三路建设】 2010 年，醴陵市国有资产投资经营公司以业主身份承担阳三路项目建设工程开发。年内,已基本拆除项目规划红线内本级国有资产部分房屋,道路两厢集体土地征用工作基本完成,5 家集体企业和 11 家村民住户的征地、拆迁工作已启动。（王勇刚）

湖南建业会计师事务所有限公司醴陵分所

【概况】 湖南建业会计师事务所有限公司醴陵分所(以下简称"分所")前身为醴陵会计师事务所(成立于 1989 年)。1999 年,脱钩改制后,更名为"株洲正和有限责任会计师事务所"。2008 年 11 月,整体加入湖南建业会计师事务所有限公司,更名为 "湖南建业会计师事务所有限公司醴陵分所"。分所是醴陵市唯一经上级批准、设立的会计师事务所。主要从事会计账目审查、注册资金验证、代拟财会制度、担任会计顾问、办理破产、结业清算、鉴别经济案件、代理纳税申报、其他经济会计服务等业务。

2010 年,有各类从业人员 20 人。其中,执业注册会计师 11 人、执业注册资产评估师 6 人、注册税务师 1 名、注册造价工程师 1 人、其他从业人员 9 人。全年完成各项业务 490 项。其中,验资 163 项、审计 174 项、专项审计 57 项、外汇收支审核 21 项、咨询 43 项、资产评估 18 项、房地产抵押评估 14 项。分所曾连续多年被市地方税务局评为"纳税先进单位"、"诚信纳税户"。（谭　娟）

住房公积金管理

【概况】 2010 年，株洲市住房公积金管理中心醴陵管理部(以下简称"管理部")内设办公室、委贷室、财务室、归集提取室。有工作人员 10 名(其中在编人员 6 名、临聘 4 人)。年内,住房公积金管理以"重学习、强素质、塑形象、出成绩、促服务、保安全"为重点,一手抓政治思想学习、促服务质量提升,一手抓业务工作、促业务做大做强。全年归集住房公积金 7050 万元,比上年增长 9.2%; 发放个人住房公积金贷款 7693 万元，比长年增长 52.1%; 新增住房公积金缴存人员

1364人,比上年增长31%。全年实现增值收入489.3万元,比上年略有增长;支取个人住房公积金2998万元,比上年减少495万元。年内,贷款逾期率为0.35%,比上年下降0.36个百分点。

【追贷工作】 2010年,为保证住房公积金安全,维护住房公积金缴存者的利益,加强了住房公积金逾期贷款追缴工作力度。在开展住房公积金逾期贷款调研的基础上,制订了追贷方案,采取了有力措施。各有关单位按照市政府有关要求进行了自查自纠,并派出督查组进行督查。管理部通过每月电话追贷、信函追贷、上门追贷或借助律师函追贷及打"官司"追贷等方式,全年收回住房公积金逾期贷款100万余元,逾期率由上年的1.06%下降至0.35%,有力地保证了住房公积金的安全。11月18日,醴陵市在外贸宾馆召开了住房公积金逾期贷款追贷现场会。

【住房公积金管理工作】 2010年,株洲市政府将株洲地区住房公积金制度建设摆在了更加重要的位置,制订、出台了住房公积金管理的规范化管理制度和措施,将住房公积金制度建设纳入了株洲地区各县(市、区)政府责任目标管理考核范畴。醴陵市政府高度重视,采取积极措施,大力推进住房公积金制度建设。成立了以分管副市长任组长,市政府办、市监察局、财政局、审计局、人民银行、管理部等单位主要负责人为成员的市住房公积金管理工作领导小组,全面指导、协调、组织各项工作。年内,市政府组织市住房公积金管理的相关部门,对各乡镇、街道办事处、市直有关单位的住房公积金工作进行目标管理考核,并将考核情况纳入全年全市绩效考核范围。充分利用报纸、电视、网站和电台等新闻媒体宣传平台,广泛宣传住房公积金法律法规和各项政策。依靠行政推动、政策带动、宣传促动、服务互动等措施,积极推进全市各单位建立健全住房公积金制度,扩大覆盖面。对部分单位个人住房公积金逾期贷款,要求自查自纠,限期督促逾期人员归还逾期贷款,并派出督查小组进行督查。部门参与监督,各尽职责促进住房公积金管理规范化,审计部门开展经常性的审计、财政部门对住房公积金及其他经费的使用情况进行全程监督;人民银行对住房公积金的使用方向、结息、利率执行情况进行了经常性的监督,并十分重视对受托银行的监管;纪检监察部门十分关注管理部的党风、行风建设和反腐倡廉工作,经常了解情况,提出意见。

(胡国锋)

国家税务

【概况】 2010年,醴陵市国家税务局(以下简称"市国税局")内设办公室、人事教育科、机关党办、监察室、收入核算科、征管科、政策法规科、纳税服务科、信息中心、稽查局,管理一、二科。辖渌江、王仙、泗汾、板杉、四塘5个税务分局。年末有在职人员204人。年内,在市委、市政府和株洲市局党组的正确领导和大力支持下,深入贯彻落实科学发展观,按照年初国税工作的总体思路,全力组织税收收入,强化税源管理,优化纳税服务,规范依法行政,加强队伍建设,较好地完成了全年各项工作任务,促进了全市国税事业又好又快发展。

【税收收入】 2010年,受人民币升值、原材料价格上涨、劳动力成本上升等因素影响,税收收入形势十分严峻。面对困难,市国税局坚持组织收入原则,强化经济形势分析,夯实重点税源监控,加强收入计划调度,牢牢把握了工作主动权。全年组织入库各项税收收入7.18亿元,比上年增收1.14亿元、增长18.78%;国税收入总量和单月入库税款均创历史新高。

【税收管理】 2010年,市国税局税收管理工作积极探索零散税收的委托代征,逐步建立了"政府领导、国税主管、部门协作、司法保障"的税源管理机制。全年入库重点工程、市政项目、房产企业等耒税(砖瓦、砂石)税收1061万元,比上年增长5倍。加强户籍管理,清理漏征漏管,全年入库个体税收6899.57万元,比上年增长33.16%,占株洲国税系统个税增收总额的50.21%。深化互动机制,开展了为期两个半月的专项清理活动,对税负异常户等8类、205户企业实施评估检查,全年评估补税3518万元,成果贡献率达6.14%。

【纳税服务】 2010年,纳税服务创新了税法宣传方式,举办了"贴心服务促发展、和谐国税在瓷城"专题恳谈会,邀请了经济学专家现场答疑解惑,帮助企业提高了应对危机的能力。开通了"231—12366"服务热线,开发了《发票录入辅助软件》,大大提高了办税服务的效率。全年举办出口退税、企业所得税等培训班6期,共培训840余人(次)。

【陶瓷、烟花鞭炮税收征管】 2010年,市国税局继续加大陶瓷、烟花鞭炮两大支柱产业的税收征管力度,牢固树立"税源有限、管理无限"的征管理念,挖潜增效,堵漏增收,落实税源巡查制度,大力扶持主导产业的健康发展。全年完成陶瓷税收3.17亿元,占总税收收入的44.09%;完成烟花鞭炮总税收1.15亿元,比上年增收1084万元,占总税收收入的16.02%。

【所得税管理】 2010年,所得税管理加强了汇算清缴和核定征收,全年入库企业所得税5368万元,比上年增收28441万元、增长112.68%;征收面达85.7%。

【税务稽查】 2010年,税务稽查进一步强化了与市工商、银行、司法等部门的协作,健全稽查网络,实行信息共享,全面提高了税收稽查的质量和效率。全年稽查部门自选自查补税款1258万元,比上年增收708万元、增长128.72%。其中,查补房地产、营利性医疗及教育培训机构、药品经销企业、陶瓷、煤矿等行业税款797.6万元。利用电子解密手段,对企业电子账务进行检查,成功查处了湘东医药等案件,共查补税款93万元。通过发票协查、举报等手段,查处虚开增值税专用发票案8起,举报案件4起,补税100万余元。完成自选自查案件158起,比上年增加43户,做到了“选准案、查大案、办铁案”。

【税收优惠政策落实】 2010年,各项税收优惠政策进一步落实。全年办理“免抵退”税1.96亿元、福利企业退税1232.7万元,减免高新技术企业所得税681.51万元。

【队伍建设】 2010年,队伍建设注重岗位能力和业务技能培训,全年举办各类培训班8期。依托“湖南税务教育网”组织干部网上学习,验收通过率100%。深入开展“争先创优”、“五个一”(即:下派一名指导员、建设一个学习阵地、赠送一批学习书籍、举办一次主题活动、建全一套学习制度)活动。大力开展“四好”干部评选,充分发挥典型的带动作用。不断深化税务文化建设,成立了8个兴趣小组,新建了“职工书屋”,为文明创建工作注入了新的内涵。全面推进“文明创建”工作,高标准通过了省文明委的“文明标兵单位”验收。其中,颜建民被国务院授予“全国先进工作者”称号。

2010年醴陵市国家税务局税收分行业完成情况表

表7　　　　单位:万元

项　目	本月入库			株洲市局年度计划	本年累计入库			
	税额	比上年同月			税 额	为计划的%	比上年同期	
		±额	±%				±额	±%
各项税收收入总计	14536	2265	18.46	65000	71800	110.46	11353	18.78
一、两税合计	13723	1847	15.55	61970	63651	102.71	6110	10.62
中央级	10718	1412	15.17	48228	51496	106.78	6681	14.91
省 级	751	737	5264.29	250	1001	400.40	810	424.08
县 级	2254	-302	-11.82	13492	11154	82.67	-1381	-11.02
1、增值税	12020	1739	16.91	54970	59488	108.22	8584	16.86
纺织品	1	0	0.00		10		3	42.86
纸制品	126	-7	-5.26		701		140	24.96
服装皮革	230	60	35.29		1151		295	34.46
化学、化工产品	149	-13	-8.02		941		261	38.38
非金属矿物制品	411	152	58.69		1846		116	6.71
陶瓷制品	5955	-112	-1.85		29071		1629	5.94
其中:日用陶瓷	3848	-119	-3.00		17606		2233	14.53
其他陶瓷	2107	7	0.33		11465		-604	-5.00
机器机械制造	193	-106	-35.45		1288		-25	-1.90
烟花鞭炮	873	96	12.36		4668		849	22.23
煤 炭	80	20	33.33		371		181	95.26
供 电	375	318	557.89		1701		936	122.35
商 业	2388	995	71.43		12400		2819	29.42
其中:批发业	1258	495	64.88		6746		838	14.18
零售业	1130	500	79.37		5654		1981	53.93
橡胶制品	-33	-125	-135.87		212		-28	-11.67
其 他	1272	461	56.84		5128		1408	37.85
2、消费税	1703	107	6.70	7000	6879	98.27	242	3.65
酒		0			4		0	0.00

续表 7

项　目	本月入库			株洲市局年度计划	本年累计入库			
	税额	比上年同月			税 额	为计划的%	比上年同期	
		± 额	± %				± 额	± %
烟花鞭炮	1701	109	6.85		6854		235	3.55
其 他	2	-2	-50.00		21		7	50.00
二、企业所得税	810	427	111.49	2830	5365	189.58	2841	112.56
其中:内资企业	700	439	168.20		3220		2358	273.55
外资企业	110	-12	-9.84		2145		483	29.06
三、个人所得税	3	-8	-72.73	200	68	34.00	-313	-82.15
四、车辆购置税	479	479	□	90	3139	3487.78	3060	3873.42

2010 年醴陵市国家税务局各单位税收收入完成情况表

表 8　　单位:万元

项目 / 单位	年度计划	累计完成	比上年同期	
			± 额	± %
全 局	69800	71800	11353	18.78
管理一科	34770	35513	4395	14.12
管理二科	10300	10241	1338	15.03
王仙分局	9230	9233	1315	16.61
泗汾分局	4400	4388	757	20.85
板杉分局	2500	2589	668	34.77
渌江分局	5400	5452	1367	33.46
四塘分局	2700	2754	707	34.54
稽 查 局	500	1245	694	125.95

说明:此税收完成情况不含车购税。　　(赖　佳)

地 方 税 务

【概况】 2010 年，醴陵市地方税务局(以下简称“市地税局“)内设办公室、人事教育科、监察审计室、税政管理科、征收管理科、计划财务科。下辖稽查局和 5 个税务分局。主要担负全市 1702 户企业、5128 户个体工商户的地方税收征收管理工作。年末有在职干部职工 150 人。年内,纵深推进“一保两强一建设”(即:保增长,强“三基”、强征管，廉政建设和行风建设),紧扣“四提四并重”(即:组织收入提质、坚持做大做强与提高质量并重,税收征管提效、坚持夯实基础与提升效能并重,“三基”建设提速、坚持加大力度与加快速度并重,行业形象提升、坚持内抓整治与外树形象并重)工作目标,坚持“强征管、保收入,优服务、促行风,提素质、建队伍”的管理方式,各项工作实现了新发展。年末,被株洲市评为“2010 年度文明建设红旗单位”。

【税费征收】 2010 年，共入库地方税收 4.36 亿余元，比上年增加 1.21 亿余元、增长 38.55%;为年度计划任务（含地方教育附加)的 110.06%,为省直管县年度计划任务（不含地方教育附加）的 120.68%。其中,完成教育费附加 1999.6 万元、地方教育附加 999.8 万元。年内，征收防洪保安资金 273.6 万元、文化事业建设费 26.5 万元、基本养老保险费 836.5 万元，代征工会经费 488.5 万元、残疾人保障金 100.2 万元,征收耕地占用税 3466.7 万元、契税 5783.9 万元。全年实现税费收入总额 5.76 亿元,比上年增加 2.26 亿元、增长 64.46%。

【所得税管理】 2010 年，企业所得税突出抓了扩税基、争权属、抓汇缴，全年汇算清缴企业309户，调增应纳税所得额714.43万元，查补所得税178.61万元。进一步深化和完善了个人所得税全员全额扣缴申报管理，推广安装、使用个人所得税扣缴软件103户，扣缴申报率达97%以上。扎实做好了年所得12万元以上个人所得税自行申报工作，以“重点行业、企业”为突破口，全年共受理申报419人，补报税款434.18万元，比上年增长35.73%。

【房地产税收管理】 2010年，进一步巩固和完善了房地产税收一体化管理制度，将1029户纳入项目管理范畴，全年一体化软件征收税款7865.5万元。建立了房地产、建安行业企业所得税评估模型，为上级局提供了行业评估管理参考。加大二手房交易税收管理力度，按照“独立交易”原则，认真审核房屋交易价格，对799户转让二手房的纳税人共征收税款354.82万元。

【税源管理】 2010年，以强化税源管理为主线，进一步澄清底子，防止税收流失。市地税局全年清理补办税务登记证176户、清理税款73.6万元。全面规范陶瓷行业税收管理，对44户从事工艺美术瓷生产的纳税户实行了核定征收，共征收定税额158.4万元，入库税款55.67万元、比上年增长3倍以上。开展营业税普查，重点调查25户、抽样调查5户，对各项数据指标逐一严格审查，全面分析营业税征收管理情况。全年共入库营业税1.97亿元，占税收总额的45.1%。

【纳税信用等级评定】 2010年，由市地税局牵头，协同国税等部门，完成了2008～2009年度纳税信用等级评定工作。召开了国税、地税联席会议，严把信息比对、评定审核和分类管理关，对全市1698户企业纳税户进行了信用等级评定，其中评定A级纳税人15户、B级纳税人770户、C级纳税户889户、D级纳税户12户；查出漏征漏管户12户。

【信息化建设】 2010年，扩大了网上申报和刷卡缴税覆盖面，全面应用银行划卡缴税系统。市地税局开发了税管员电子日志，全面推介了电子台账的应用；加大对行政考核监控系统和电子日志记录情况的督查力度，电子化办税技能和工作效率明显提高。年内，按照省直管县财政体制改革和“两税”征管划转要求，完成了级次分配、综合征收率、欠税调整等基础工作，实现了大集中系统升级的平稳过渡。

【税务稽查】 4月，市地税局以建安、房地产、交通运输、教育培训机构、商业连锁等行业为重点，开展了历时7个月的税收专项检查，整顿规范税收秩序，共查补入库税款、罚款840万余元。突出大、要案查办和案例分析，严厉打击发票违法犯罪行为，全年查处各类涉税案件62起，其中5起予以社会公告。设立了市烟花鞭炮违法案件处理中心办公室，加大了烟花鞭炮走私稽查力度，全年共查处违法案件75车（起），查补税款、罚款115.55万元。

【税法宣传】 2010年，市地税局紧紧围绕“税收·发展·民生”的主题，邀请市委、市政府领导参加了“大师话税”、“阳光定税”等系列座谈会，扩大税收宣传的深度及醴陵釉下五彩瓷的知名度，充分发挥税收服务地方经济的职能作用。进一步发挥电视网络媒体、上门送政策、温馨提示牌等宣传作用；全年向纳税人发送短信2000余条，重点宣传返乡创业、下岗再就业优惠、二手房交易、发票改版等涉及民生的税收政策，进一步增强了税法遵从度和影响力。

【“三基”建设】 2010年，按照“基层激活力、基础重规范、队伍强技能”的“三基”工作思路，市地税局坚持人员、经费、待遇、荣誉等向基层倾斜，以“经费、资产、票证”为重点，切实加强队伍内部管理。围绕能力核心，强化导向激励，以“创先争优”活动、岗位能手竞赛、全员业务考试等为平台，分级分类举办各类培训班13次，着力提高了干部综合素质。大力推进网上评廉和警示教育，开展了“服务促和谐、满意在地税”调查问卷活动，畅通行风监督渠道，加大作风巡查和问责力度。

【服务社会】 2010年，服务社会工作突出抓好支持基础产业、房地产市场发展、技术创新、下岗再就业等各项优惠政策的落实，全年审批下岗再就业税收优惠566户、减免税款139.68万元，免收工本费1.13万余元；为11户土地使用税、8户房产税困难户减免税款102.74万元。积极开展“城市三创”、社区共建、党建结对、扶贫帮困等工作。其中，在青海玉树发生7.1级地震后，全局干部共筹集善款3.02万余元。

2010年醴陵市地方税收收入分单位收入完成情况表

表9　　　　单位：万元

单　位	地税收入	较上年同期		年度计划	为年度计划%
		±额	±%		
合　计	43616.8	12134.9	38.55	39273	111.06
一分局	28718.7	9045.1	45.98	24943	115.14

续表 9

单　位	地税收入	较上年同期		年度计划	为年度计划%
		±额	±%		
二分局	6686.3	1413.8	26.81	6590	101.46
三分局	4704.6	1004.5	27.15	4500	104.55
四分局	1327.9	123.4	10.24	1300	102.15
五分局	883.9	237.8	36.81	760	116.30
稽查局	1295.4	310.3	31.50	1180	109.78

说明:此税收完成情况不含契税和耕地占用税。

2010 年醴陵市地方税收分税种入库情况表

表 10　　　　单位:万元

项　　目	年度累计	较上年同期		年度计划%	为年度计划%
		±额	±%		
地方税收合计	43616.8	12134.9	38.55	39423	110.64
营业税	19650.3	4102.1	26.38	17893	109.82
企业所得税	3004.1	828.0	38.05	2700	111.26
个人所得税	8505.6	2837.7	50.07	6900	123.27
资源税	93.4	-37.6	-28.70	100	93.40
城市维护建设税	8153.4	2950.3	56.70	8000	101.92
房产税	1306.9	262.5	25.13	1300	100.53
印花税	550.8	184.6	50.41	550	100.15
城镇土地使用税	1059.6	379.0	55.69	1050	100.91
土地增值税	848.6	592.4	231.23	550	154.29
车船税	444.1	35.9	8.79	380	116.87

（彭　芳）

金融·保险·证券

金　融

中国人民银行醴陵支行

【概况】 2010年，中国人民银行醴陵支行（以下简称“支行”）在株洲中支行党委和醴陵市政府的正确领导下，继续围绕“两促两创两提高”的工作目标，以“金融服务创新”业务竞赛活动为抓手，突出工作重点，对内狠抓制度落实、内部管理、队伍建设和风险防范，对外贯彻实施国家货币政策，推动省级金融安全区创建有新突破、推动农村金融产品创新有新举措、促进服务地方经济发展能力有新提升，有力地支持了辖内经济金融持续健康、稳定发展。年内，全市金融市场快速发展，全市金融机构各项存款余额122.77亿元，各项贷款余额53.87亿元，分别比年初增加25.04亿元、13.72亿元，分别增长25.6%、34.2%。年内，醴陵市被评为“全国金融生态城市”；支行被市政府评为“综合治理先进单位”，被株洲市人民政府评为“2010年度双文明建设先进单位”。

【金融货币政策】 一是定期召开金融联席会议制度，传导货币政策。通过每季度金融联席会、经济金融形势分析会及《金融月报》等平台，使市委、市政府有关领导及辖内金融机构及时掌握、了解国内及本地区经济金融形势、传递国家货币政策。二是加大大型政、银、企洽谈会对接项目力度。5月，在支行的推动下，醴陵市成功举行了政、银、企签约仪式，成功对接项目40个、金额10亿元；现场签约项目22项，签约金额4.8亿元。引导各金融机构加大信贷投放力度，确保全市重点建设项目工程建设，以承接产业转移及“三农”建设的信贷需求，为全市经济发展作出了新的贡献。

【金融信贷】 一是出台了《2010年金融支持醴陵市经济发展信贷工作指导意见》，指导全市金融机构支持全市经济发展。全年全市各项贷款余额53.87亿元，比年初增加13.72亿元，增长34.2%；各项存款余额122.77亿元，比年初增加25.04亿元，增长25.6%。贷款总量、增幅、增速均列株洲各县（市）榜首。二是信贷结构明显优化。在信贷增量中，全年新增短期贷款2.2亿元、中长期贷款11.6亿元。其中，长期贷款增量占比达85%。全年个人贷款增量7亿元、公司贷款增量3.25亿元；城市基础设施贷款1.2亿，小额农贷、商贷(个贷)共计5.3亿元，陶瓷、花炮等工业企业和房地产企业共计新增贷款3亿元。其中，传统工业贷款总量一改下降趋势，出现增长迹象；陶瓷行业贷款总量比年初增加6200万元。

【农村金融服务】 一是巩固“拳头”产品，扩大创新成果。应收账款、质押贷款是长沙中心支行在醴陵市开展农村金融产品和服务方式创新试点的品种，全年全市金融机构累计发放应收账款、质押贷款9523万元，受益企业20余家；其创新试点的工作经验被《金融时报》推介。年内，市政府按照《醴陵市关于农村金融产品和服务方式创新试点工作的实施方案》的有关内容，对2009年度开展应收账款、质押贷款的银行、信用社，按发放金额的3%予以了奖励，共奖励8.1万元。二是加强金融创新宣传推介。全年全市金融机构相继推出了“联贷联保”、“中小企业简式快速贷款”、“个人助业贷款”、“基金联保贷款”、“商户联保贷款”、“公司＋工厂＋市场贷款”、“创业循环贷款”等10余种金融新产品。其中，株洲时代金属制造有限公司、醴陵华鑫电瓷电器有限公司、醴陵金荣房产开发有限公司、湖南华联瓷业有限公司等一批中小企业与银行成功对接，共获信贷支持1.6亿元。三是发挥中小企业融资平台作用。在支行大力推动下，湖南省中小企业担保公司自开业以来，业务发展势头良好，共有33家企业申报了融资担保业务。其中，市华鑫电瓷、泰丰瓷业、“红官窑”、硅火泥等6家行业龙头企业总计融资4750万元；市银河瓷厂通过担保，在中国银行获得贷款600万元。

【金融生态环境建设】 2010年，支行制订了《2010年醴陵市创建湖南省金融生态模范城市工作方案》、《2010年创建省级金融安全区活动工作意见》、《2010年醴陵市创建湖南省金融生态模范城市任务分解》。金融生态环境建设规划的及时制订，有力推进了金融安全区创建进程，为召开创建湖南省金融生态模范城市工作动员大会奠定了基础。10月30日,在第五届中国金融市长年会、“欧洲和中国战略合作与发展论坛”上,醴陵市获“中国金融生态城市”荣誉称号。

【信用村镇建设】 2010年,支行促成市政府下发了《2010年加强信用村镇建设工作指导意见》。在政府主导、人民银行推动、信用社组织下,全市广泛开展农户信用评级授信及信用村镇建设工作。年内,完成了18万户农户的信用等级评定。截至12月,全市有74个村(居委会)被评为信用村、有5个乡镇(街道办事处)被评为信用乡镇。全年新增“三农”贷款4亿元。通过信用村镇建设的逐渐深入和开展,社会的信用环境有了大幅提高。

【治理金融生态环境】 2010年,法治金融生态环境工作继续以法律手段执行金融案件,严格维护金融债权、宣扬社会诚信。通过法治金融生态环境的进一步深入,金融生态环境明显好转,为全市“两型”社会建设提供了有力的司法保障,法治环境得到明显改善。全年经济案件、金融案件结案率分别达100%,金融胜诉案件执结率由原60%上升为80%。

【企业信用体系建设】 2010年,中小企业信用体系试点是支行全年工作的重点,按照上级有关中小企业信用体系试点工作的有关精神和要求,在湖南醴陵陶瓷产业园区开展了创建“中小企业信用体系示范园区”试点,有7家企业参加。该园区成立了试点领导小组,制定了《湖南醴陵陶瓷工业园创建中小企业示范园区信用评级实施方案》。10月末,试点的7家企业经湖南远征资信评估咨询有限公司的初步信用评级,其中2家企业获信贷支持。其中,醴陵市农村信用合作联社为湖南奇亮磨具有限公司贷款300万元,票据贴现200万元;湖南升华科技有限公司向市农村信用合作联社申请的2000万元贷款已进入审批程序。

【金融服务】 2010年,加大了提升监测分析水平,发挥决策参谋作用的力度。年内,支行行长率队到全市各金融机构、企业实地走访调研,督促各行、社调整信贷战略,强化信贷营销,大力支持成长性好、信用度高的企业发展。撰写了《2010年金融支持醴陵经济发展的几点建议》的调研报告提交市政府,并在市政府常务会议上作专题汇报。支行撰写的《金融支持县域工业化发展情况调查》报告得到长沙中心支行的重视,并被编入“省行分县情况报告”中。5月,受市政协邀请,在株洲中支专家团的帮助下,支行到外地考察、学习了融资情况,其撰写的《金融工作调研报告》受到市人大领导的高度重视,并以此向市政府建议整合、完善醴陵市五大政府融资平台。全年上报各类调研信息30余篇,其中数篇调研信息被《金融时报》、长沙中支、株洲中支行采用和报道。

【支付清算】 一是继续推动农村支付环境建设。二是开展打击“银行卡”犯罪专项活动。年内,支行配合市公安部门采取强化组织领导、深入宣传发动、广泛深摸细查等措施,重点对恶意透支、非法套现、利用“银行卡”进行诈骗犯罪等进行了集中整治,其中市农业银行收回恶意透支欠款6.3万元。4月28日,成功抓获以手机短信方式,利用“银行卡”诈骗犯罪嫌疑人2人,涉案金额16万余元,其中1人被刑拘。三是加大固定资产上线和中央银行集中核算系统集中整合力度。全年办理支付结算业务6591笔、账户开立430户。确保了会计核算、支付清算、支票影像、电子对账、会计核算登记簿等系统的安全运行和稳定。

【国库服务管理】 一是“省直管县”财政改革平稳实施。二是成功协调、解决2家企业的电子缴税异常情况,保证了企业、银行资金安全。三是加大国债宣传和发行工作力度。全年组织国债发行报告9期,发行国债354.89万元。四是加强国库柜面监督。全年划退不符合规定票据17张、金额2007.28万元。收纳预算收入20亿元,办理预算支出25亿元,预算收入退库1.31亿元。

【涉外经济管理】 一是加强核销制度改革的前期准备工作。年内,经2个多月的业务清理,出口收汇未核销企业由55家减至12家,未核销金额由258.18万美元减至122万美元。二是改进外汇服务方式,提供外汇便利化服务。支行为2家企业申报了自动核销。截至12月,辖内拥有10家自动核销企业。三是完成2009年度外商投资企业年检。全市有34家外商投资企业,其中有31家完成了网上年检、2家外汇登记暂停、1家注销。四是加大国际收支统计申报的核查力度,提高统计申报质量。采取国际收支统计申报非现场与现场核查相结合方式,确保了国际收支统计申报数据的准确性、全面性、及时性。全年累计出口创汇2.43亿美元,比上年增长17.7%。收汇核销2.22亿美元,比上年增长24.33 %。

【货币发行】 一是加强现金流通状况和需求监测,科学组织发行基金调拨。二是加强一线工作人员反假培训。5月,支行以人民币防伪知识、管理条例、残缺人民币兑换业务、不宜流通人民币挑剔标准等为主要内容,以幻灯、录像演示等电化教学为手段,组织金融机构一线从业人员进行了反假培训。同时,争取了市教育部门的支持,按“一校一人”的要求,选择培训了一批中学教师,并将这些学校作为人民币反假的社会培训、宣传基地,收效明显。三是组织人民币收付检查。5月,组织辖内金融机构开展了人民币反假、现金收付的业务自查自纠活动。6月,组织有关人员对邮政储蓄银行醴陵支行的9个网点、储蓄代办点进行了现场

醴陵市王坊镇

人大主席　张　辉

党委书记　蔡家财

镇　长　陈云涛

镇党政人班子成员

王坊镇位于市东部，东临江西省萍乡市，西接王仙镇，南与东富镇一河之隔，北与浦口镇、白兔潭镇相连。境内交通便利，资源丰富，拥有耕地面积920公顷。

2010年，全镇粮食作物播种面积1733.33公顷，种植蔬菜面积224公顷，粮食总产量过万吨；农业总产值5.52亿元，比上年增长6.15%。全年实现工农业总产值25.73亿元，比上年增长12%。其中，工业总产值20.21亿元，比上年增长13.67%；规模以上工业总产值17亿元，比上年增长61%。全年完成财税收入1753万元，比上年增长30.4%。

镇第十五届人民代表大会第四次会议

办公大楼一角

新建的双河口大桥

醴陵市建设局

市委书记谢清纯（左一），市长蒋永清（左二）视察城市建设工作。

市长蒋永清（右四）到城市建设工地视察城市建设工作

2010年，醴陵市城市建设工作在市委、市政府的正确领导下，坚持以科学发展观为指导，紧紧围绕“争一进百、科学跨越”战略目标，紧扣“两型社会”建设契机，全面打响“三大战役”，扎实推进“城市三创”，按照“中提东扩、南进北连”的城市发展思路，加大城市扩容提质力度，加速推进新型城市化建设步伐，城市建设日新月异，城市基础设施日趋完善，城市建设明显提速。截至12月，市建成区面积拓展至25平方公里，城区常住人口25万人；城区道路总里程达142公里，道路总面积近181万平方米，城镇化率达到47%。年末，被株洲市建设局评为建设工作目标管理“红旗单位”，被本市市委评为“先进基层党组织”，被市纪委评为“反腐倡廉建设先进单位”。

▲宽敞的渌江大道。图为该大道三期建设工程一角。

东风大酒店

▲已竣工通车的国瓷路

醴陵城市亮化工程建设见成效

国际新城小区一角

庆祝中国共产党成立90周年

2010年全市建设工作表彰会

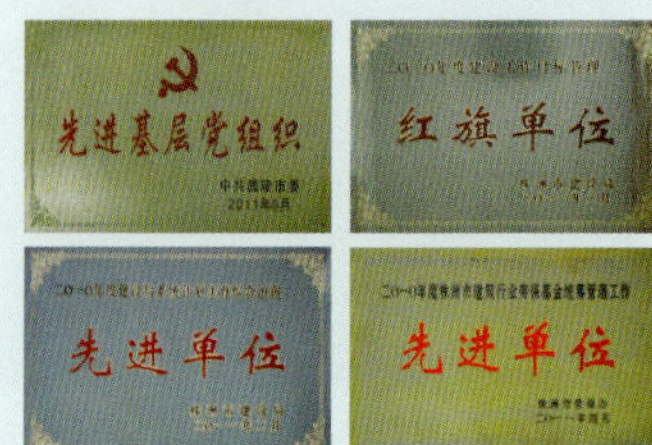

醴陵市农业局

局　长　易拔山

总支书记　丁铁钢

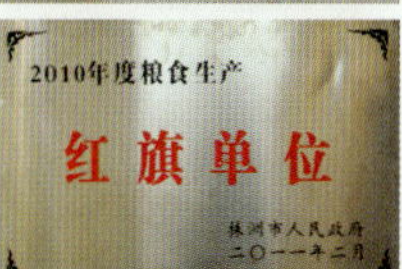

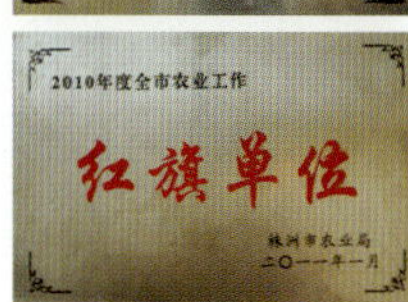

团结务实的局领导班子成员正在研讨醴陵农业发展大计

局办公大楼

全市粮食生产工作现场会

上级领导视察本市农业生产工作

全市农产品质量安全监管员培训暨检测员技能比武

醴陵市东堡乡

乡人大主席　郭　晖

党委书记　谢辉荣

乡　长　丁武华

东堡乡位于醴陵市北部，地势北高南低，总面积97.2平方公里。辖16个村、358个村民小组，总人口2.69万人。

2010年，全乡实现总产值14.8万元，其中工业产值13亿元、比上年增长24.8%；完成税收1817万元、比上年增长44%；招商引资3500万元；农民人均纯收入达3978元。年末，被市评为“经济发展综合实力五快乡镇”、“计划生育工作先进单位”、“社会治安综合治理红旗单位”和“森林防火工作先进单位”。

乡党政班子成员

◀▲作为醴陵瓷业的发源地，沩山醴陵窑址群于2011年被认定为“国家级重点文物保护单位”。

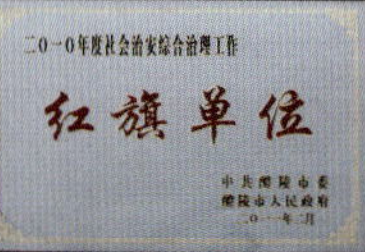

佛教圣地——长庆寺

风景秀丽的望仙桥水库

醴陵市栗山坝镇

人大主席　蒋红专

党委书记　周绪球

镇　长　王　宇

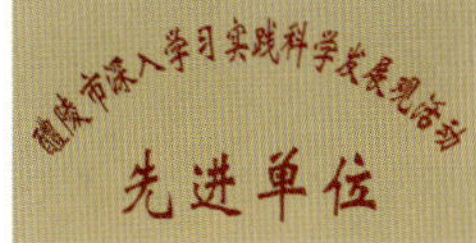

栗山坝镇地处市西南部，境内有石灰石、硅火泥、石英、煤等矿产资源。农业以种养业为主，畜牧养殖业发展迅速，通过重点扶植养殖大户，逐步形成了“栗山旺元菜牛、南塘生猪、石均塘竹鼠”等养殖基地。境内有规模企业11家，主要生产橡胶、坩埚、水泥、石灰、硅火泥、鞭炮烟花、耐火材料、防水材料等产品，拥有“双九”、“三六”和“火神”等省著名商标，其中琉璃坩埚、游璃碳坩埚曾获“国家银质奖”。年末，镇被市委、市政府评为“社会治安综合治理工作”先进单位。

辖内坩埚厂及生产的陶瓷坩埚产品

镇新建的办公大楼一角

醴陵市浦口镇

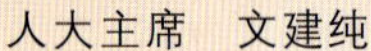

人大主席　文建纯

党委书记　林志祥

镇　长　彭亿安

镇政府大门一角

李洲出口花炮厂一角

浦口镇位于市东北部，总面积57.7平方公里，辖15个行政村，2个居委会，有357个村（居）民小组，有10120户，总人口4.12万余人。距市区23公里，交通十分便利，106国道、冷金、保山公路纵横穿越其中，浙赣铁路复线、上瑞高速公路紧邻镇区，乡村道路四通八达。

全镇现有“电瓷电器、烟花鞭炮、建筑建材、日用炻瓷、彩印包装、机械制造”六大支柱产业。有各类工业企业234家（其中规模以上企业35家，产值过亿元企业2家），从业人员13000人；全年实现工业总产值32亿元，完成国、地两税1.02亿元；农民人均纯收入达9247元。镇农业产业结构特色明显，现有“优质水稻、早熟黄瓜、早熟葡萄、蔬菜育苗”四大农业产业基地，是农民增收的主要来源。

浦口中学

华能电瓷电器制造有限公司一角

醴陵市市委农村工作部
醴陵市人民政府农村工作办公室

主 任 殷 辉

部（办）工作人员

湖南省“四化两型”调研组一行在部（办）主任殷辉的陪同下，考察本市“四化两型”工作。

市人大审议“三农”工作

农村沼气能源建设一角

市重点农业企业——龙湘园养殖场

市重点农业企业——明鑫农场

醴陵市文物局

局　长　张晓根

团结务实的局领导班子

书　记　孙　奇

全市文物工作总结表彰大会

渌江书院历史文化景区透视图

文物保护街头宣传

毛泽东同志考察湖南农民运动纪念地——醴陵先农坛

沩山宋元陶瓷窑址局部照

醴陵市中（一）医院

院　长　巫绍中

院领导班子成员

院门诊综合大楼

醴陵市中（一）医院是全市唯一一家综合性大型医院。医院现有职工700余人，开设病床470张，内设17个临床科室、30多个功能科室、同仁分院及“120”急救中心。2009年，争取国家规范化县级医院建设项目，即将动工兴建的住院综合大楼设计高达19层。

医院注重培育特色，打造精品专科。其中，烧伤科是国家农村医疗机构特色专科，研制的“清凉润肌膏”治疗各类烧、烫伤效果好，曾有烧伤面积达100%的患者被成功救治；骨伤科百年历史，曾获株洲市“科技进步奖”，在传统中医治疗基础上成功开展断肢（指）再植、髋膝关节置换等高难手术；心内科、针灸推拿科、痔疮科为省“十一五”重点中医特色专科，充分体现了中华医学的优势；外科系列微创手术在湘东地区享有盛誉。

1	2	3
4	5	6

1.针灸治疗各种慢性疼痛
2.小针刀治疗腰痛
3.小夹板固定治疗四肢骨折
4.烧伤润肌膏湿敷治疗烧伤
5.火罐治疗颈、腰椎疾病
6.中药穴位敷贴治疗骨质增生

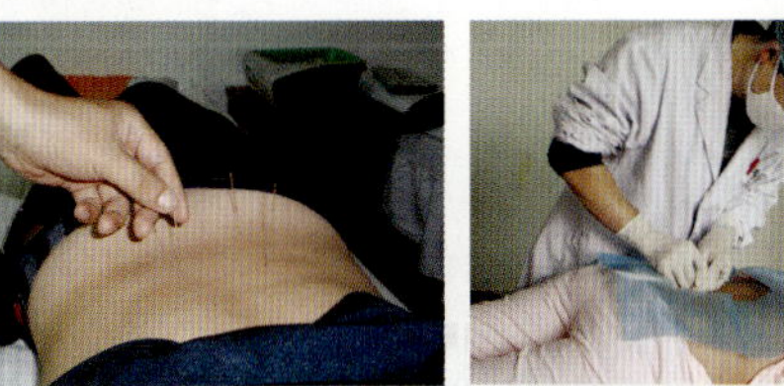

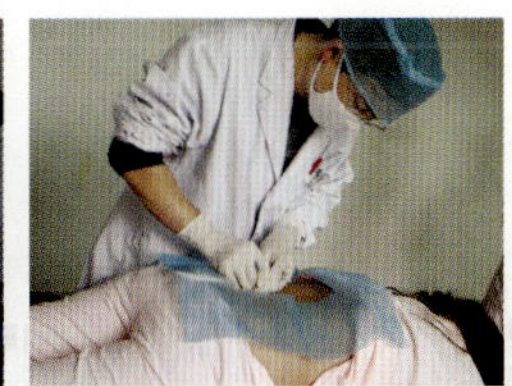

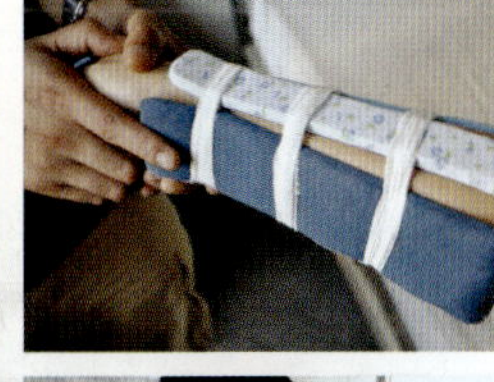

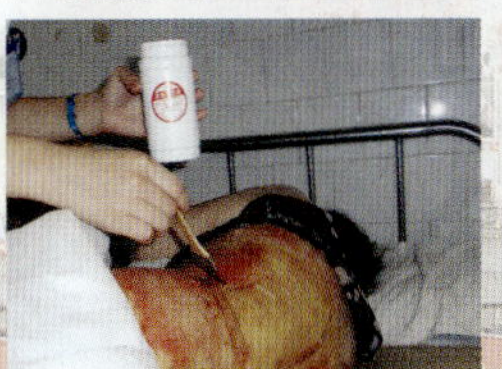

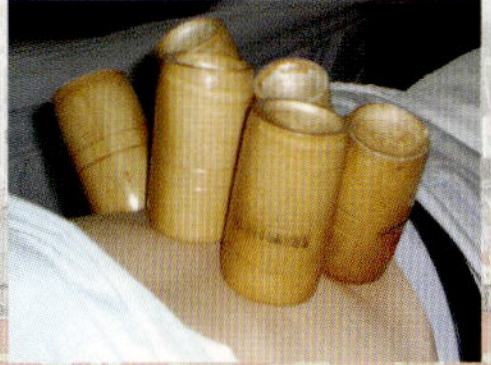

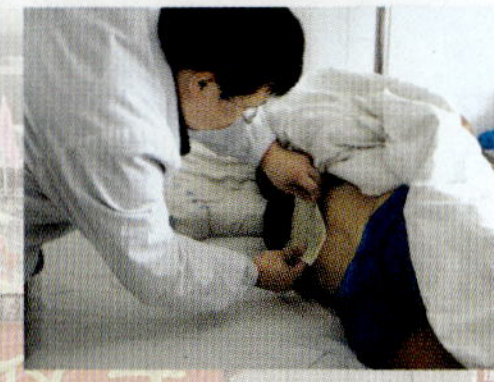

省卫生厅党组成员、省中医药管理局局长邵湘宁在醴陵市首届中医药文化节开幕式上讲话

醴陵市石亭镇

党委书记　田安平

副市长汤云辉（左三）陪同省水利厅钟再群副厅长（右二）视察镇水利建设

镇永红村支部建设

"感动石亭十大人物"颁奖

有声有色的农家书屋建设

二〇一〇年度文明建设
先进单位
中共株洲市委
株洲市人民政府
2011年2月

二〇一〇年度粮食生产工作
红旗单位
中共醴陵市委
醴陵市人民政府
2011年2月

二〇一〇年度农村创卫工作
红旗单位
中共醴陵市委
醴陵市人民政府
2011年2月

二〇一〇年度社会治安综合治理工作
先进单位
中共醴陵市委
醴陵市人民政府
二〇一一年二月

建设教育强市工作
先进单位
中共醴陵市委
醴陵市人民政府
二〇一〇年元月

醴陵市妇幼保健院

院　长　刘学礼

院领导班子成员

书　记　谢建良

◀中澳“促进农村贫困地区儿童保健管理”项目是由国家卫生部和澳大利亚政府共同举办，主要以0~6岁儿童为主要服务对象的国际合作项目。醴陵作为项目县之一，全力确保了这项工作的顺利开展。图为项目培训现场。

本院地处解放路东段，是市政府非营利性医疗机构。拥有固定资产3000万元，其中有四维彩超、二维彩超、全自动生化分析仪等万元以上医疗设备近60台（件）。全市全年产妇1.4万人、活产1.4万人，高危3637人。年内，新开设了新生儿科、产后康复中心。其中，产后康复中心是本市首家针对妇女产后一系列问题而设立的治疗机构，引进了先进产后康复技术，采用“一对一、面对面”人性化服务模式。全年收治门诊4.04万人、住院病人5996人；完成大、中型手术1200台（次）。实现业务收入1930万元，比上年增长25.7%。年末，院被株洲市评为“妇幼工作综合目标管理红旗单位”。

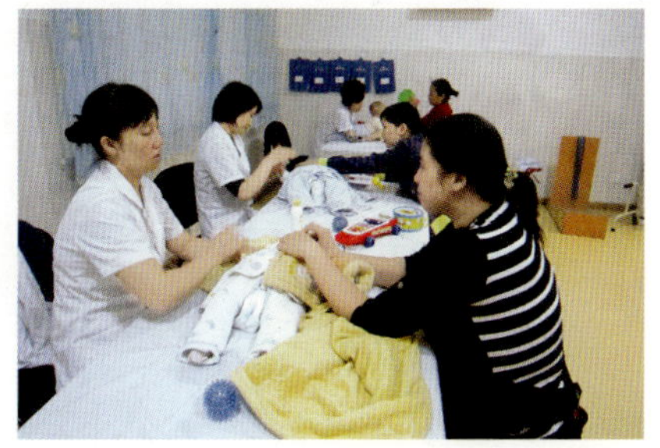
院设有全市唯一一家专业的小儿康复中心。图为患儿正在接受康复治疗。

市长蒋永清视察新住院大楼投入使用情况

脊灰疫苗强化免疫活动

醴陵市地方税务局

局长、书记　刘晋湘

株洲市地税局局长彭友山一行到醴陵调研地税工作

局领导班子成员

地税税法宣传

全体干部上党课

机关干部在西山植树

"大师话税"座谈会

醴陵市企业发展促进局

局　长　李志龙

局领导班子成员正在研究企业发展促进大计

书　记　朱启军

局党务工作选举大会

2010年度文明建设

红旗单位

中共醴陵市委
醴陵市人民政府
2011年2月

2010 年中国陶瓷生产技术装备论坛会在醴陵召开

庆祝建党九十周年大会

局领导亲自参加“唱红歌”活动

醴陵市东富镇

党委书记　邹柏柯

人大主席　程许芬

镇　长　匡兴武

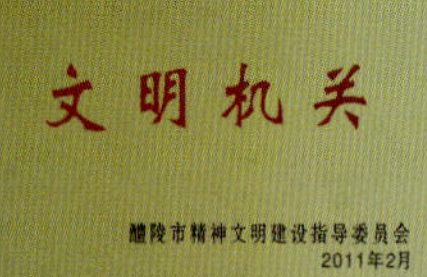

机关办公楼一角

省、市领导视察镇为民办实事工作

镇明鑫农场

镇油菜基地一角

醴陵市沈潭镇

人大主席　文志勇

党委书记　刘新华

镇　长　胡炼红

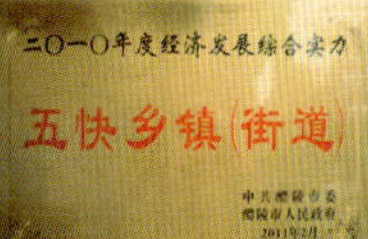

镇党政人班子成员

沈潭镇位于市东南部，距市城区 21 公里，总人口 2.8 万人，是国际杰出稻农、全国劳动模范瞿永寿的故乡。年内，全镇大力推广优质稻种植，积极推进农业产业化，严格禁止抛荒和“双改单”。全年双季稻种植面积达 2572.2 公顷，总产量 2 万吨。全年完成招商引资 3280 万元；农民人均纯收入达 7233.2 元，比上年增长 31%。完成国地两税税收 805 万元。

年末，被省评为“安全生产示范乡镇”，被株洲市委、市政府评为“人口和计划生育工作进步单位”、“平安乡镇”，被本市市委、政府评为“2010 年度经济综合发展实力‘五快乡镇(街道)’”和“文明单位”。

中纪委领导在市委常委、纪委书记徐林娟的陪同下到镇视察指导工作

干净整洁的集镇街道

醴陵市第二中学

校 长 丁 平

2010年，全校有教学班48个、在校学生2512人、教职工190人。全年教师撰写90余篇论文在报刊杂志发表或获国家、省、市教育论文奖。全年高考二本一次性上线356人，二本上线率、上线人数分别列株洲地区15所省示范性高中第四、第五名；学校获教学质量管理突出贡献奖。校长丁平获株洲市局高考目标管理一等奖、高三年级组获高考目标管理特等奖。在科技创新中，学校获中国尚德创意大赛团体三等奖,学生创新作品分获国家级铜奖、三等奖和省二等奖。

年内，学校被认定为“湖南省语言文字规范化学校”；被评为湖南省“优秀考点”；曾凡军、江君飞老师分别被评为本市“十佳师德教师”和“十佳教学能手”；唐新秋老师家庭被评为湖南省“百户学习型家庭”。

学校文科考生彭依凡以649分名列全市第一、株洲地区第二，并被复旦大学录取。

校领导班子成员

风景优美的校园环境

醴陵二中近年来高考情况一览表

届别	参考人数	一本上线	二本上线	二本以上合计	二本上线率	三本上线	本科上线人数	本科上线率	市局高考奖项
2007届	1086	36	149	185	17.0%	428	613	55.7%	一等奖
2008届	859	47	184	231	26.9%	343	574	67.0%	特等奖、特别奖
2009届	852	59	234	293	34.4%	297	590	69.2%	一等奖
2010届	853	50	306	356	41.1%	347	703	82.4%	株洲突出贡献奖
2011届	725	35	280	315	43.4%	220	535	73.8%	提高奖

醴陵市市场服务中心

LILING SHI SHI CHANG FU WU ZHONG XIN

书记、主任　黄铁山

领导班子成员

2010年，市市场服务中心设综合协调股（办公室）、市场管理股、财计股和工会。辖湘东摩托车大市场、阳三石农贸大市场、新市场（龙盛商业街）和黄达咀、仙霞2个农村农贸市场。全年实现市场管理收入102.3万元，比上年增长1.8%；上缴国税4.8万元；上缴政府非税调控资金19.17万元；超额完成300万元的引资争项任务。

年内，结合市“城市三创”工作，改造了阳三石农贸市场。整个工程耗资35万余元，改造市场面积近1000平方米，内设经营摊位90余个。

阳三石农贸市场一角

龙盛商业街一角

摩托车大市场一角

醴陵市物价局

LILINGSHIWUJIAJU

局　长　张先华

局领导班子成员

省物价局局长龚秀松（左三）在市长蒋永清（左一）等陪同下视察本市“菜篮子”工程。

“双信”表彰会。全市15家单位获评“价格计量信得过单位”。

局机关干部参加“城市三创”街道卫生清扫

局“创先争优”活动动员会

醴陵市农业综合开发办公室

主　任　许忠凯

2010 年，市农业综合开发项目区选址在栗山坝，项目计划总投资 1006 万元（其中，中央 498 万元、省级 203.2 万元、县级财政 49.8 万元、自筹资金 255 万元）。全年改造中低产田 666.67 公顷；开挖疏浚渠道 9.7 公里、衬砌渠道 43.95 公里；改良土壤 200 公顷，修建机耕道路 8.26 公里,购置农牧机械 5 台套；营造防护林 66.67 公顷；培训项目区群众 3500 人次，示范推广 266.67 公顷。项目建设任务完成后，改善灌溉面积 166.67 公顷，新增灌溉面积 26.67 公顷，改善除涝面积 100 公顷，新增节水面积 166.67 公顷；新增产值 214 万元；农民人均纯收入增加 64 万元。

2010 年，本办在省、市农发办验收评比中获株洲市综合排名第一。

农业综合开发项目科技培训

栗山坝土地治理项目

醴陵市嘉树乡

党委书记 苏小中

乡 长 彭卫东

嘉树乡是全国闻名的“炻瓷之乡”，产品远销80多个国家和地区。全乡有40家工业企业，有规模以上企业15家，其中销售收入过6亿元企业（华联瓷业）1家、过8000万企业11家；有自营出口企业7家，中外合资和台商企业5家；全乡企业在岗员工1.1万人，占全乡劳动力的95%。2010年，全乡工业总产值达22.2亿元，上缴税收10825万元，其中地税1077万元、国税9748万元；农民人均纯收入12426元。

全乡社会政治稳定，民众安居乐业，基础设施建设完善。先后被中央文明委授予“创建文明村镇先进单位”；被省政府、省人大授予“人民满意的公务员集体”和“全省新农村建设十大魅力乡镇”；被株洲市授予“‘五个好’乡镇党委”、“十强乡镇”和本市“五强乡镇”。

镇党政人班子成员（其中原党委书记赖晓智（中）于2011年7月任市委宣传部部长）。

党委书记苏小中亲自带领机关干部打扫机关大院卫生

嘉树村村级组织活动中心

醴陵市政务中心

LILINGZHENGWUZHONGXIN

主　任　吴均成

2010年，市政务中心与市政务公开办合署办公。内设政务公开办、综合室、业务室及21个部门窗口。全年政府信息公开、政务中心建设、电子政务建设、公用事业单位办事公开进一步规范、深化。乡镇、街道办事处政务公开栏、行政村村务公开栏等各类固定性公开栏普及率均达100%，群众对政务公开满意率达98%以上。全年政务中心集中审批、办证项目3815件（其中基本建设项目“一表式”收费20件），受理委托代理项目14项，组织部门联审联办16项、收取规费4288.5万元。年末，本市政务公开工作被评为“株洲市政务公开工作先进单位”。

书　记　刘礼平

工作人员聚精会神学习

规范整齐的办证大厅

窗口联办，现场踏勘

醴陵市富里镇

LILINGSHIFULIZHEN

人大主席 付建安

党委书记 刘高飞

镇 长 杨 翔

本镇与江西省上栗市上栗镇政法干部及派出所干警召开湘赣边界联防联控工作座谈会

2010年，镇党委、政府紧扣年初工作目标，上下团结一心，各项工作取得了可喜成绩。全年实现工业总产值22.36亿元、比上年增长49%；拥有固定资产2.72亿元、比上年增长23%；实现税收1664万元、比上年增长33.27%。全年实现粮食总产量1.4万吨；农民人均纯收入达8250元。

全镇以鞭炮烟花为主导产业，农业以无公害蔬菜种植为主。年内，车上蔬菜基地顺利入选为国家蔬菜标准园项目，成为株洲市唯一的一个农业部园艺作物标准园。年末被评为株洲市“文明建设先进单位”。党政工作群众满意度测评获全市第一。

大规模种植的反季节蔬菜。图为车上蔬菜基地——国家蔬菜标准园项目、农业部园艺作物标准园。

镇第十三届党代会

醴陵市水库移民开发管理局

局长、书记　欧阳启明

2010年，全市有享扶大、中型水库移民1.86万余人，其中三峡移民374人；库区和移民安置区涉及25个乡镇、4个街道办事处。

年内，通过移民资金的引导和激励作用，深入发动群众，积极争取移民资金，整合资源4000万余元，改造、新建库区、移民安置区道路54公里，渠道16公里，水井4口，自来水入户26户，农田173.33公顷。扶持开发官庄、东堡乡的金银花和百合等中药材种植基地2个、37.33公顷；富里、贺家桥镇的油茶示范基地2个、57.33公顷；均楚镇的茶叶基地20公顷；浦口镇的生猪养殖基地2个；官庄乡的黑山羊养殖基地1个；富里镇的蔬菜基地2个、53.33公顷。全年移民创办工业企业2家。全年培训移民400余人，受益移民1.2万人。

省移民局副局长彭秀利（右二）到醴陵调研移民健康问题

省移民局领导一行到官庄联系点开展帮扶慰问

◀贺家桥镇洪罗村移民文化中心竣工。图为竣工仪式现场。

局扶持的富里蔬菜生产基地

醴陵市供销合作总社（行业办公室）

总社（办）领导班子成员

2011年，总社（行办）下设办公室、人事劳资股、财务审计股、合作指导股、科技项目股、信心中心、经济贸易股、改革管理股、资产管理股等内设机构。在市委、市政府和上级社的正确领导下，认真贯彻落实国务院《关于加快供销合作社改革发展的若干意见》、湖南省人民政府《关于加快供销合作社改革发展的实施意见》的精神，紧紧围绕年初目标任务和各项工作要求，科学谋划，攻坚克难，扎实做好企业改制遗留问题的处理和维稳工作，确保企业改制后剩余资产的保值增值。同时，不断增强供销社的经济实力和为农服务能力，圆满完成了全年各项工作任务，全年完成商品销售总额2.56亿元，实现利税92万元，分别为年计划任务的109.3%和101.1%。年末，被株洲市供销社评为“2010年度供销合作社综合业绩考核先进单位（特等奖）”，被市维稳领导小组评为“2010年度全市维稳工作先进单位”。

2011年1月18日由原轻工业总公司、商业总公司、供销合作联社组成市供销合作总社（市行业办公室）。图为株洲市和兄弟县市供销社领导在悬牌庆典上合影。

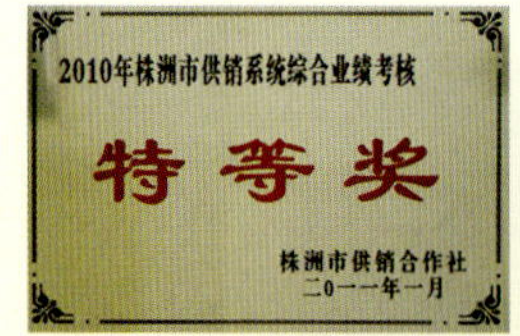

“红旺谷”超市开业庆典

公司内农副产品丰富

新设立的农副产品销售有限公司

人大主席　黄向阳

党委书记　王太忠

镇　长　夏春良

醴陵市黄达咀镇

市重点工程——杭长高铁施工现场

黄达咀镇是市北乡片的中心集镇、株洲市重点建设镇，总人口23710人。市两大重点工程——浏醴高速和长杭高铁从境内穿过。全年完成长杭高铁征地拆迁，共拆除红线内外违法违章建筑56栋，拆迁房屋97栋，征地11.8公顷，迁坟1658座，并提供施工单位施工临时用地33.33公顷。

年内，镇种植粮食面积1190公顷，比上年增长6.3%，有种粮大户28户，争取奖励资金10万余元。全年植树造林122公顷，其中油茶种植46公顷、桉树种植36公顷。计划生育工作不断强化优质服务，提升管理水平。全年实现地区生产总值4.5亿元，完成国税96万元，地税273万元。年末，被市评为“人口与计划生育工作先进单位”、“粮食生产先进单位”。

将军生态园（耿彪同志出生所在村）

市重点工程——浏醴高速施工现场

由市浪玲农林科技实业有限公司投资的万亩高产油茶林。截至12月，已建成200公顷。

醴陵市招商局

局　长　黎志清

书　记　谭湘辉

局机关全体工作人员

强化基础工作、编制投资指南。全年收集汇编了40个项目，策划重点项目22个、并编制了项目计划书。

杰伟国际（香港）有限公司投资醴陵的签约仪式。该项目总投资1600万美元，分两期投入。

醴陵汽车零部件产业园奠基仪式。首批落户的4家企业总投资4.6亿元，可实现年产值19亿元，创税1.5亿元，安排就业人员3200人。

醴陵市精神病医院

株洲市医学会2010年精神病学术年会在院召开。图为院长陈建武（右一）和院内医护人员在认真听取省脑科医院副院长郭田生教授讲课。

醴陵市精神病医院是本市目前唯一的一家以“防治精神病和关爱老人、呵护老人健康”为特色，集内科、外科、妇产科、儿科、心理身心疾病科、综合科于一体的综合性医院。全年开设病床320张、使用率96%。实现业务收入1201万元，比上年增长33.89%。年内，为1751名新农合病人报销住院医疗费用339.6万元，为476名城镇医保人员报销住院费用170万元；偿还外债90万元。年内，成立了精神病卫生防治领导小组和肇事肇祸重性精神病排查工作组，在全市26个乡镇建立了精神病防治网络。年末，医院成功承办了株洲医学会精神病学学术年会，获得社会各界的好评。

▶重性精神病小组到各乡镇排查

医生对重点病例进行综合会诊

新购置的两合一脑血流图机

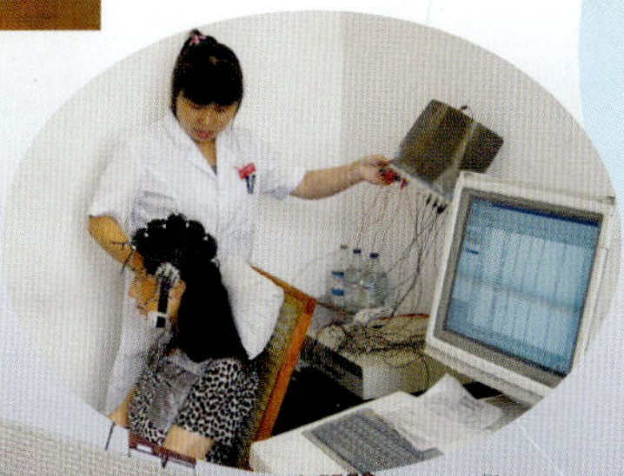

病人正在接受相关检查

◀医院职工消防知识学习和操作

医院一角

醴陵市交通运输管理所

LILINGSHIJIAOTONGYUNSHUGUANLIJU

所长陈波

办证厅工作人员热情、微笑服务

路政执法培训

路政管理人员参与“农村创卫”工作

路政执法人员上路检查

醴陵市清水江乡铁肩中学

校班子成员（左三为校长、党支部书记吴祖良）

本乡知名人士张建萍（深圳市金日子房地产经纪有限公司董事长、香港金万年珠宝（集团）有限公司总经理）为乡教育事业捐助 50 万元奖教助学基金。并成立了张建萍慈善基金理事会。图为捐款现场。

校首届职工运动会现场

◀全乡 1500 多名中小学师生分别在各自的“创卫示范长廊”打扫卫生，散发创卫宣传单，向沿途村民宣讲创卫知识等。活动产生了良好的影响，集镇及公路周边群众也纷纷加入学生队伍与孩子们一同劳动，形成了“小手拉大手，创卫齐动手”的良好效果。

农业部烟花爆竹质量监督检验测试中心（醴陵）

主 任 贺小玲

书 记 汤乐田

2010年，农业部烟花爆竹质量监督检验测试中心（醴陵）拥有固定资产600万余元，有检测仪器设备67台（套）,有实验室面积2563平方米。年内，中心严格按照国家烟花爆竹标准进行检测，完成国家、省级监督检验计划650批次，委托样品检验200个；为市内有关烟花爆竹企业完成出厂产品常规检验605批次，检验烟花爆竹出厂内销产品493.01万箱、98390批次，超年初计划任务的23%。

年内，中心争取了工信部项目《醴陵市烟花爆竹公共服务平台建设项目》。该项目通过更新、增添先进设备，不断提高技术水平和检测人员素质，使花炮产业技术服务工作再上新台阶。

农业部领导到中心视察

“铝银粉”检测

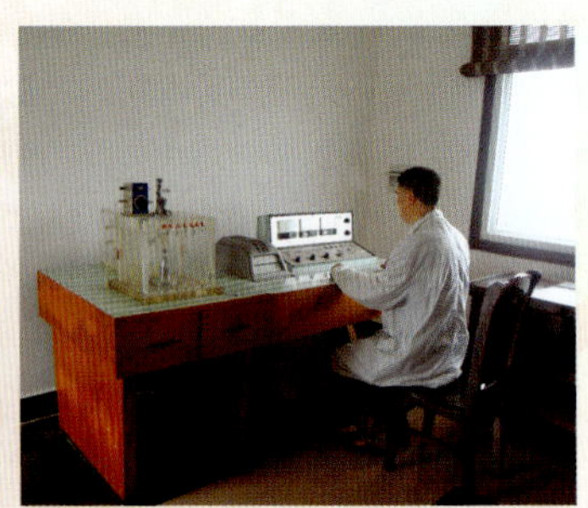
静电火花感度仪

璀璨的烟花

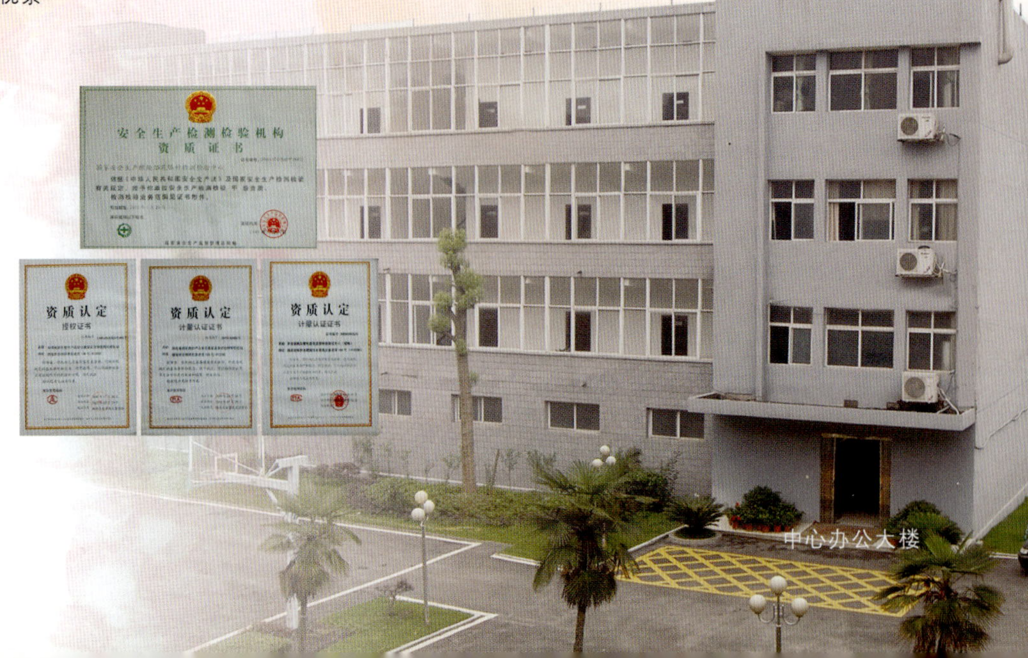

中心办公大楼

醴陵市工商行政管理局

书记、局长　许君明

清扫洪灾过后的街巷广场

“3·15”消费者权益保护日活动

局领导班子

“唱响红盾情、工商展风采”歌咏大赛

强化流通领域食品安全监管

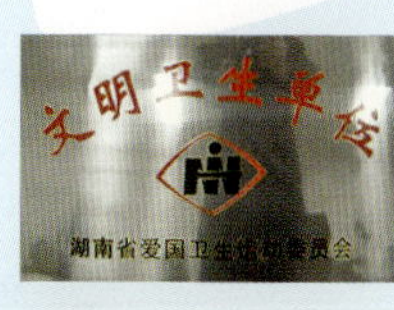

2010年度文明建设
先进单位

先进单位

醴陵市泗汾镇

党委书记　杨冬发

镇领导班子成员

副省长徐明华（左三）到泗汾检查指导春耕工作

农业部常务副部长危朝安（左三）到泗汾石湾村检查粮食生产工作

袁隆平（前排左二）到泗汾检查指导粮食生产工作

2010年，泗汾镇紧紧围绕市委、市政府的中心工作，狠抓工作落实，各项工作任务取得显著成效。年内，镇被批准为全市的重点镇建设项目镇。为加速推进项目建设进程，对集镇进行了全面改造，集镇面貌焕然一新。积极参与市“水稻高产创建示范带”活动，在石湾村、枧上村、符田村分别建立了“双季稻高产创建核心示范片”。

全年全镇实现农业总产值4.8亿元、比上年增长6.2%，规模以上工业实现产值9.47亿元、比上年增长26.5%，完成国税114万元、地税683万元；完成招商引资4100万元；项目、工业、技改总投资达3.57亿元。

年内，在泗汾镇建立了水稻万亩高产示范片和千亩核心示范区。图为千亩核心示范区。

检查,下发整改通知书3份。

【安全管理】 一是落实保卫值班制度。严格执行24小时双人值班、四人交接班制度;坚持正点着装挂牌上岗;坚持上班时间由一名值班人员坐台监督,对库区及院内情况进行24小时录像,仔细观察每个防区情况;坚持在发行库作业期间值班员8小时内2次检查录像设备的录像情况,股长每月检查2次。二是抓好武器弹药管理制度的落实。按规定坚持定期对枪支进行擦拭、保养,以保持武器的良好状态。严格执行"双人、双柜、双锁"制度,交接班时实行"单向双人"的管理制度。进一步完善枪支弹药的保管、检查、登记及钥匙交接等台账,做到账目清楚,账实相符。三是加强综合治理。重点打击"黄、赌、毒"、地下"六合彩"等违法犯罪活动。 (汪中青)

中国工商银行股份有限公司醴陵支行

【概况】 2010年,中国工商银行股份有限公司醴陵支行(以下简称"支行")内设营业部、营销部和办公室。下辖支行营业间,解放路、阳三石、胜利路分理处和新街储蓄所。有在职员工84人。年内,支行始终坚持以"科学发展观"为指导,认真贯彻省行长工作会议精神,以"资产业务大发展"为主线,以"负债业务和转型业务"为突破口,着力加快金融创新,大力改进金融服务,勇争一流,勇超同业,取得了显著成绩。全年实现中间业务收入950万元,各项存款余额为14.06亿余元,比年初净增2.08亿余元。其中,储蓄存款余额11.1亿元,比年初净增1.64亿余元;对公存款余额2.86亿元,比年初净增3805万元。

【贷款投放】 全年贷款余额为9.03亿余元,比年初增加2.15亿余元,其中公司贷款余额5.03亿元、个人贷款余额3.89亿元、贸易融资、票据贴现1205万元。年内,支行为各类企业累计发放贷款4.44亿元。其中,为陶瓷生产企业发放贷款34户、9600万元,为烟花生产企业发放贷款32户、7300万元,为陶瓷烟花专业市场贷款户20户、1200万元,为服装生产企业贷款户12户、2000万元。年内,不良贷款率由原5.86%下降到3.76%,比上年下降2.1%。

(谭辉玲)

中国农业银行股份有限公司醴陵市支行

【存款业务】 2010年,中国农业银行股份有限公司醴陵市支行(以下简称"支行")以"网点转型"为抓手,以"文明标准服务、营销技能导入"为切入点,有力推动了促营业网点形象的进一步转变。以"沪昆高铁(醴陵段)、醴茶高速(醴陵段)、醴陵道路改造等城市改造、拆迁项目"为抓手,从源头抓起,加强与市政府、开发建筑商和村、支两委沟通,逐家逐户上门营销,将农行特色、优势送给千家万户,使拆迁户将农行列为首选银行。年内,在全市重点工程中,共吸收储蓄存款3000万余元。支行各项存款余额20.4亿元,比年初净增3.35亿元,完成年度计划任务的88%。存款增量市场份额占全市金融机构的13.6%、占四大股份制银行的34%。其中,储蓄存款余额为16.31亿元,比年初净增2.59亿元,完成年度计划任务的96%。

【资产业务】 2010年,支行各项贷款余额为5.17亿元,比年初增加2.49亿元,完成年度计划任务的110%,占全市金融机构的18.1%,比上年增长10个百分点。其中,法人贷款余额2.81亿余元,比年初增加1.27亿余元,完成年度计划任务的108%;个人贷款余额2.31亿余元,比年初净增1.27亿元,完成年度计划任务的118%。小额农户贷款余额7639万元,比年初增加4617万元,完成年度计划任务的143%;票据贴现余额722万元,比年初增加536万元。全年新增不良贷款比例严格控制在上级行规定的范围之内,确保资金"放得出、管得住、收得回、有效益"。年内,支行委托资产清收220.3万元,完成年度计划任务的105%。

【中间业务】 2010年,支行实现中间业务收入1454万元,完成年度计划任务的105%,比上年增加272万元、增长233%。其中代理寿险收入3439万元、代理财险收入254万元;实现手续费收入173.7万元,完成年度计划任务的113%。全年增发信用卡1340张,其中白金卡17张、准贷记卡569张、惠农信用卡299张;实现卡业务收入22万元。完成理财产品销售6980万元,新增电子银行注册商户9968户,实现收单收入34万元;实现理财费收入565万元,比上年增加131万元。

【业务竞赛】 2010年,按照上级行的统一安排和部署,支行加大了业务竞赛活动开展力度,先后开展了"大行德广伴您成长、春天行动"综合营销、"代理保险开门红"、"委托资产处置、储蓄存款和信用卡"营销、"夏日激情"、"欢庆上市、收获金秋"、"冲刺目标、赢在冬季"等竞赛活动。全行员工以"不服输、不言败、争一流、争贡献"的精神。在"春天行动"、"夏日激情"竞赛中,分别获市行第一名、第二名。年内,支行集中有关人员,统一对VIP客户、系统内客户、各往来单位及网点四周的门店、商铺、社区进行了走访,搜集客户意见100余条,建立客户档案1100余户,发放宣传单3000余份。通过各种竞赛和形式多样的宣传,进一步扩大了农行影响,提升了农行形象。

(谢晓红)

中国建设银行股份有限公司醴陵支行

【概况】 2010年,中国建设银行股份有限公司醴陵支行(以下简称"支行")内设办公室、业务部、营业部。下辖中心街、火车站分理处。有在职员工37人。

2010年,在市委、市政府的正确领导和各部门的大力支持、配合下,紧紧围绕市“一心一意谋产业、聚精会神抓集群”的工作思路,紧扣各项责任目标任务,坚持“以人为本、以德治行、构建和谐团队”的办行思路,强化服务、营销、风险意识,大力发展零售业务,提高资产质量,实现了各项业务的全面、快速增长。

【存款业务】 2010年,支行存款余额(全口径)13.71亿元,较年初增加1.49亿余元。其中,对公存款余额3.97亿余元,较年初新增6320万元;储蓄存款余额9.73亿余元,较年初增加8624万元。全年支行人均、网均存款分别为3704万元、45685万元。

【信贷业务】 2010年,支行信贷余额为3.61亿元,其中公司贷款余额1.63亿元、较年初新增2079万元。全年公司贷款发放额为1.37亿元;新增中、小企业4户,共发放贷款3750万元。全年个人贷款余额为1.98亿元,较年初减少2896万元。其中,个人住房贷款1.35亿元、个人商用房贷款4178万元、个人助业及消费贷款2109万元。

【不良贷款】 2010年,支行不良贷款额为309.3万元,不良贷款率0.86%。其中,公司不良贷款107.5万元,比年初减少650万元;个人不良贷款201.8万元,比年初减少2.7万元。

【中间业务及经营】 2010年,支行累计实现中间业务收入495.2万元,实现利润2298.77万元。

(朱湘文)

中国农业发展银行醴陵市支行

【概况】 2010年,中国农业发展银行醴陵市支行(以下简称“支行”)在上级行和地方党、政的正确领导下,紧紧围绕“外树形象、内保平安”的工作主线,发挥农业政策性银行职能作用,以“支持地方农业和农村经济发展”为己任,按照市委、市政府《关于建设社会主义新农村》的战略部署,加大农业政策性信贷资金的有效投入,全力支持粮、棉、油购销调储、农业产业化和农村基础设施建设,切实发挥了农村金融中的骨干和支柱作用,为醴陵农业乃至全市经济和社会发展做出了应有的贡献。全年各项贷款余额为8.88亿元,是建行之初1.6亿元的5.6倍。年末,支行被株洲市评为“文明建设先进单位”。

【存、贷款业务】 2010年,支行各项存款余额为4.95亿元,比年初增加1.98亿元。其中,企业单位存款日均余额为4739万元,专项存款日均余额为7059万元,同业存款日均余额为7975万元。各项贷款余额为8.88亿元,比年初增加3.57亿余元。其中,长期固定资产贷款5.4亿元。

【中间业务】 2010年,支行实现中间业务收入25.5万元,并成功尝试了代理国际结算业务,共结汇20万美元。实现账面盈利1557万元,人均利润81.94万元。

【信贷支农】 2010年,支行紧紧围绕中央“稳粮、增收、强基础、重民生”的要求,统一认识,解放思想,把强化信贷支农、促进农业农村经济平稳较快发展作为首要任务。全年累计支持粮食收购13695万吨,支持新修、防渗渠道3000米;支持县域城镇建设收储整理开发土地127.2公顷。通过支持龙头企业,解决了近500名农民工就业。年初,向中储粮醴陵购销公司发放仓储设施贷款497万元,使其新增仓容9000吨。夏收期间,支行认真执行国家粮食调控政策,支持中储粮醴陵购销公司增储、轮换计划贷款2.79亿余元。全年发放各类粮食贷款1528万元,新发放供水工程项目贷款3000万元。截至12月,农村基础设施建设和农业综合开发贷款余额为1.85亿元。9月,开办了新农村建设贷款业务,成功营销了醴陵大道两厢农村土地收储整理开发建设贷款项目,总贷款3.5亿元。年内,率先在全省农发行系统中,发放了第一笔新农村建设贷款,为兄弟行此类业务的开办积累了宝贵的经验。及时调整信贷政策,对农业产业化龙头企业、小型企业实行“有保有压、择优扶持”战略。其中,给湖南省韶峰服饰有限公司(产业化龙头企业)发放棉花短期类贷款1000万元,给市亿达汽车贸易有限公司发放(农业小企业)贷款500万元。

【改善存款结构】 一是拓宽渠道、开展存款活动。年初,按照市分行营销存款的有关精神和要求,提出了“四个联动”、“四个挂钩”抓存款的工作要求,在全行进行总动员,要求全体人员积极主动营销存款;组织开展了“存款百日竞赛”活动。通过全体人员的共同努力,年末县域公存款过亿元,本地营销同业存款9笔、5.1亿元。二是改善存款结构。新开办了国际结算业务代理,全年实现结汇20万美元、结算手续费0.8万元、外汇汇兑收入0.2万元。

【“创先争优”活动】 年初,制定了年度政治、业务学习计划,成立了学习领导小组,合理安排员工学习时间,确定学习重点,严格考勤,狠抓落实。通过“以会代培和集中培训”的形式,完成了全年的学习、培训计划。全年开展业务学习、培训30余次,培训面达100%。结合“创先争优”、“银行业内控和案防制度执行年”、“百日存款竞赛”等活动,开展了领导干部与员工谈心、谈话,及时分析员工思想动态,使员工统一了认识,增强了责任感,提高了履职尽责和制度执行力。

(罗明艳)

中国银行股份有限公司醴陵支行

【概况】 2010年，中国银行股份有限公司醴陵支行(以下简称“支行”)内设综合保卫部、业务发展部、营业部。下辖利民、中心、湘东分理处。年末有员工55人(含劳务派遣员工6人)。全年坚决贯彻落实科学发展观，积极做好经营网点的转型，不断加强内部管理和风险控制,探索创新营销模式,大力拓宽营销领域，努力扩大基础客户群,以“客户链拓展”为突破口,以“超越标杆”为工作目标,呈现出了又好又快发展的新局面。截至12月，支行实现营业利润2744万元，比上年增加777.78万元、增长40%。

【存款业务】 2010年，支行各项存款余额12.45亿元,比上年新增2.9亿元。其中人民币储蓄存款余额8.44亿余元，比年初新增1.42亿元，完成年度计划任务的102.8%。人民币公司存款余额3.76亿元,比年初新增1.57亿元,完成年度计划任务的147.8%;外币储蓄存款余额234万美元,比年初减少39万美元；外币公司存款余额129万美元,比年初减少81.5万美元。

【贷款业务】 2010年，支行人民币各项贷款余额5.62亿元，比年初新增1.71亿余元。其中,公司自营贷款余额1.96亿元，比年初新增5553万元(含贸易融资、票据贴现、收回再贷);个人自营贷款余额1.99亿元,比年初新增5898万元;全年新投放1.03亿元。公司委托贷款余额125万元，与年初持平;个人委托贷款余额1.66亿元,比年初新增5670万元;全年累计投放7668万元。票据贴现余额379万元,比年初减少205万元,全年累计贴现3910万元。不良贷款余额为“零”,比年初减少92万元,不良贷款率比年初下降0.33个百分点。其中公司不良贷款比年初减少87万元；零售不良贷款比年初减少5万元。

【中间业务】 2010年，实现中间业务收入715.38万元，比年初增加126.8万元、增长22%。其中,国内结算中间收入517.38万元、国际结算中间收入198万元。国际结算收付汇总额为1.49亿美元,比年初增加3664.33万美元、增长33%;市场份额比年初上升2个百分点。全年银行卡发卡量1.61万余张,其中借记卡1.38万余张、贵宾卡476张、信用卡1655张(白金卡80张)、居家安心卡182张。全年“个人网银”户有1910户,“短信通”户有2347户。年内,贵金属销售额为29.6万元，代理保险收入1855万元，代售基金收入327万元、基金定投新增户480户。

【中银信贷工厂】 一是为企业搭建信贷平台。与信用担保有限责任公司,为中小企业提供“绿色服务通道”。二是为企业“造血”。积极帮助暂不符合授信条件的企业早日达到贷款基本条件。三是为企业“提质”。对有一定规模的企业,做“锦上添花”的使者。以“中银信贷工厂”高效、专业模式为中小企业发放贷款。全年成功获批中小企业融资客户16户，发放中小企业贷款5090万元。

【贸易融资】 年内,在“中行国际结算”成为品牌、享誉瓷城的同时,支行突破制约国际结算业务发展的传统思维,冲破发展瓶颈,进一步创新服务模式，推出了“融易达”、“融信达”、“福费廷”等国际结算新产品。全年为醴陵市出口企业融资2850万元。 (刘宏玉)

中国邮政储蓄银行醴陵市支行

【概况】 2010年，是中国邮政储蓄银行醴陵市支行(以下简称“支行”)硕果累累的一年,在个人存款业务稳步发展的基础上,不断加大对公、信贷、理财等高效业务的市场拓展力度,促进了支行金融业务规模、效益的双发展。全年实现业务收入975万元,上缴利润390万元，比上年分别增长30%、77.27%;人均创收17.5万元,收入、利润规模和人均创利均列株洲市首位。

年末,支行获株洲市“2010年业务行为规范年”活动综合管理一等奖;被湖南省分行评为“公司业务发展‘十优’支行”,被株洲市分行授予“2010年反洗钱工作优秀单位”、株洲市“先进县(市)支行”。支行行长汤艳辉被株洲市分行评为“优秀支行长”。

【存款业务】 2010年，存款业务以“原有客户群”为基础,利用新网点优势，进一步加强宣传力度,积极挖掘各类市场，取得了显著成绩。年末,各项存款余额为3.12亿元,比年初净增7496万元;年底活期存款比重达54.58%，比上年增长5.81%。

【信贷业务】 2010年，累计发放贷款8587万元,全年净增3791万元,贷款余额为7072万元。年内,支行多次组织召开了全市烟花鞭炮行业企业家座谈会，共同探讨“实现双赢”的办法,取得了显著的成效。

【中间业务】 2010年，实现代理保费收入875万余元,比上年增长220%,创历史新高。代销人民币理财收入916万元,完成年度计划任务的153%;实现三方存管交易量968万元，完成年度计划任务的61.35%。发放普卡、淘宝卡、绿卡通卡2.1万余张,代销基金175.57万元、新增基金定投户154户;销售国债70万元。新增代发工资单位17家、代发客户5218人(次)。全年推广信用卡社会发卡610张;新增电话银行客户3278户、网上银行客户2309户，累计交易1.98万余笔;新增“商易通”客户19户、特约商户15户。

【公司业务】 2010年,支行制订、出台了《醴陵市支行2010年对公存款考核奖罚办法》、《醴陵市支行客户经理、窗口营销体系建设管理办法》等激励政策,建立健全了营销、管理机制。全年支行实现对公存款余额2.56亿元,年累计净增1.78亿元,超额完成年度计划任务。获省“公司业务发展‘十优’支行”称号。 (李 洁)

华融湘江银行醴陵支行

【概况】 2010年10月22日,株洲市商业银行醴陵支行更名为“华融湘江银行醴陵支行”(以下简称“支行”)。年内,设综合办公室、业务管理部、业务营售部、保卫部和营业部。有在职人员19人。华融湘江银行是中国华融在重组湖南湘潭、株洲、岳阳、衡阳市4家城市商业银行和邵阳市城市信用社基础上,新设立的区域性股份制商业银行,总部位于长沙。该行计划在5年内,将建设成为一家立足湖南、辐射全国、符合监管要求、治理结构完善、经营管理规范、风险管控有力、经营业绩一流、具有较强核心竞争力和品牌价值的现代商业银行,真正实现华融湘江银行“湘融·通天下”的品牌理念,“融资、融智、融湘江,通汇、通达、通天下”。华融湘江银行计划2010~2011年为整合转型、夯实基础阶段;2012~2013年为巩固提升、加快发展阶段;2014~2015年为全面赶超、实现上市阶段。

【存贷款及其他业务】 2010年,支行各项存款余额为1.99亿元,其中个人存款5641万元、对公存款1.42亿余元。各项贷款余额为1.6亿元,其中个人贷款1405万元、公司贷款余额为1.46亿元。实现利息收入800万元、中间业务收入245万元。全年签发银行承兑汇票2799万元,办理票据贴现1.41亿元、实现贴现利息收入225万元。 (张 敏)

醴陵市农村信用合作联社

【概况】 2010年,醴陵市农村信用合作联社(以下简称“联社”)内设人事综合部、信贷管理部、业务发展部、风险资产管理部、财务会计部、科技卡业务部、稽核监察部、安全保卫部。下辖营业部1个、基层信用社25个、分社23个。有在岗员工441人。年内,联社以“优结构、抓质量、提效益、快发展”为主题,坚持服务“三农”市场定位,向“资本充足、内控严密、运营安全、服务优质、效益良好、创新能力和竞争能力强”的现代金融企业迈进,各项业务蓬勃发展。全年各项存款余额38.75亿元,各项贷款余额20.89亿元。年内,联社经营等级被省联社评定为“AAA级”。年末,被省联社评为“先进集体”,城区信用社被省联社授予“2010年度湖南省银行业文明规范服务示范单位”。12月12日,联社成功召开了第二届社员代表大会、理监事会第一次会议,完成了“三会一层”(即:社员代表大会、理事会、监事会、高级管理层)换届工作。

【存贷业务】 2010年,联社各项存款余额38.75亿元,比年初增加6亿元、增长18%,占全市金融机构存款总额的32%,存款总量、增量、市场份额居全市金融机构首位。各项贷款余额20.89亿元,比年初净增3.84亿元、增长22.5%,占全市金融机构贷款总额的38.8%。全年累计发放贷款15.42亿元,其中农户小额贷款5.3亿元、中小企业贷款2.7亿元。

【服务地方经济】 2010年,联社坚持“服务‘三农’、服务市民、服务中小企业”的市场定位,继续实行社务会成员挂点到社,开展了“限时服务、阳光信贷”等便民工程,对三级(含三级)以上农(商)户实行全面公开授信。3月,在渌江、城区等11个分社举办了评级授信现场示范会,带动了广大农户、商户积极参加信用社的评级授信。截至12月末,完成了全市19.46万户农户、1.2万户商户的信用等级评定,为三级以上农、商户发放了《信用等级证》,全年公开授信额达21亿元。同时,加大了中小企业扶持力度,将“农村个体私营经济、中小企业”作为信贷支持的重点。5月,在市政府组织的“政银企合作交流洽谈会”中,为醴陵市华鑫电瓷电器有限公司等7家企业授信1.15亿元;年末,中小企业贷款余额达10.4亿元。有力地促进了全市个体私营经济和中小企业的发展,优化了信贷结构,促进了农村剩余劳动力转移。

【中间业务】 2010年,联社进一步拓展了中间业务平台,在原代收代扣水、电费升级的基础上,新开设了代收数字电视维护费、天然气、电话费、代理保险等业务。同时,在POS机原有功能基础上,新增了跨行汇款功能,方便了客户办理收款、转账、汇款、缴费、信用卡还款等业务。全年发行“福祥卡”4.8万张,代发工资近5亿元、农补资金7000万元、低保资金1亿余元;代理保险业务324万元。年内,新上线ATM机7台,发展特约商户52户。

【产品创新】 2010年,联社根据客户的信贷需求和市场变化,不断研发适应于不同客户群体的金融产品,进一步拓展信贷新产品市场。开办了拆迁农民建房安居、失地农民创业致富、存货质押、“金金叶”烟草商户、小额就业担保贷款等信贷新产品。在拓展客户群体、提高公开授信额度、扩大担保范围、限时服务等方面,有针对性地提出了改进金融服务的十条措施(即:明确营销重点对象、实行服务价格优惠、提高抵押担保比例、优化公开授信管理、创新贷款担保方式、加强优质客户维护、提升客户服务层次、切实改进工作作风、全面推行限时服务、努力提升服务质量)，为广大客户提供了更为便捷的金融服务。

保　险

中国人民财产保险股份有限公司醴陵支公司

【概况】 2010年，中国人民财产保险股份有限公司醴陵支公司(以下简称“支公司”)设有机动车辆保险部、财产保险部、营销部及综合部。年末有在编员工18人、营销员72人。在醴陵市交通警察大队等单位分别设立3个机动车辆“交强险”服务窗口，与18家车行、车队、3家金融机构建立了代理合作关系。全年完成保费收入3174万元，比上年增加539万元、增长20.46%。其中,机动车险保费收入2596万元、非车险保费收入578万元。全年支付理赔款1482万元，提取未决赔款准备金881万元。年末,支公司分别被湖南省、株洲市分公司评为“先进单位”。

【保险业务】 2010年，支公司与各兼业代理机构的联系与合作得到进一步加强，车险保费收入比上年增加729万元。全年有18家新老车行、车队与支公司合作,共收取保费收入428万元，比上年增加60万余元。非车险多险种业务不断发展，其中产品责任险保费收入80万余元、个贷险保费收入47万元。

【承保监管】 一是加大承保管控力度。建立严格的出单员管理制度,规范承保业务操作流程,加强市场风险评估。严格把好承保关,建立健全防灾档案，加强风险管理。二是加强查勘定损管理。制订了《理赔管理工作暂行规定》,严格执行廉政建设、双人查勘定损”制度。三是严格执行财务“收支两条线”、“见费出单”制度。加大资金的管理力度，确保自然人业务零应收保费。四是严格落实保监会、湖南保监局的有关规定。深入开展“依法合规回头看”自查自纠活动,依法合规经营,维护保险市场竞争秩序。

【“客户服务年”活动】 一是落实制度。查勘员坚持24小时值班制度,听候“95518”电话值班调度,实行“限时”服务,确保远郊2小时之内、近郊及城内1小时之内赶赴事故现场,完成第一时间、第一现场查勘工作。二是内勤人员实行“首问责任制”。热情耐心地接待客户,无推委、怠慢现象。加快小额案件的结案速度,定期清查,致电客户前来办理结案手续。认真做好上门服务和回访工作,在市场竞争中赢得客户的信赖和支持。全年处理各类案件5793件，支付赔款1482万元。 (张卉芳)

中国人寿保险股份有限公司醴陵支公司

【概况】 2010年，中国人寿保险股份有限公司醴陵支公司(以下简称“支公司”)设有办公室和个险部、银保部、团险部、售后服务部、客户服务部。下辖26个农村营销服务部。有从业人员500余名。年内,与中国工商银行股份有限公司醴陵支行、中国农业银行醴陵市支行、中国银行醴陵支行、中国建设银行股份有限公司醴陵支行、中国邮政、中国邮政储蓄银行醴陵市支行6家金融单位,建立了代理销售合同关系。全年实现保费收入1.71亿元,给付案件2100起,支付理赔款638万元。

【业务发展】 2010年，支公司个险、银保、团险等业务均得到长足发展，总保费收入比上年增长16.3%,期交同比增长20%;市场份额稳定在60%以上，继续保持市场主导地位。

【诚信服务】 年内，支公司秉承“成人达己、成己为人”的核心理念,力求通过“热忱、规范、准确、便捷”的服务,笃守信誉的职业操守,为客户提供良好的服务。全年给付赔款638万元,理赔时效大大提高。2009年12月,一位陈姓客户因病身故，其家人2010年1月底到公司申请理赔;公司迅速组织调查，仅仅6个工作日就将理赔款15.85万元送到客户手中，得到客户好评。 (刘慧芬)

证　券

方正证券醴陵胜利路营业部

【概况】 方正证券醴陵胜利路营业部(以下简称“营业部”)前身系泰阳证券株洲营业部醴陵服务部,成立于1994年。2008年5月,证监会正式批准方正证券吸收合并泰阳证券。2009年10月,方正证券醴陵胜利路营业部经证监会批准更名为方正证券醴陵胜利路营业部。是醴陵唯一的一家证券经营机构。营业部位于醴陵市胜利路148号(供销大厦三楼),营业面积1200平方米。

2010年,营业部始终坚持“规范经营、持续创新”的发展方向,以服务地方经济、培育成熟资产市场为己任,为广大客户提供多样化的服务,为广大投资者搭建优秀的投资平台。开办了A股、B股、基金、国债等交易,代理业务、商品期货理财咨询，可为客户提供网上交易、电话委托、手机炒股、热键自助、磁卡自助等安全便捷的交易方式。全年交易客户、交易额分别比上年稳中有增,经营状况良好。

(曾　军)

科技·教育

科　　技

【概况】 2010年，醴陵市科学技术局内设办公室、计划成果股、科技管理股、科学技术普及部。有工作人员14人，退休人员8人。主要归口管理市知识产权局、市老年科技工作者协会。6月，根据市委、市人民政府机构调整的有关精神，原醴陵市科技局(科协)分设为市科学技术局和科协。醴陵市科学技术协会与市科学技术局分离。

全年全市安排各类科技计划项目45项，安排科技三项经费2550万元，重点支持了750千伏~1000千伏高强度大瓷套项目、千亿陶瓷产业集群建设、陶瓷窑炉技术改造、油茶产品综合开发等32个项目。年内，醴陵市科技工作跻身国家首批知识产权强县行列，醴陵市连续七次获“全国科技进步先进县(市)”称号。

【科技项目】 2010年，全市申报国家级科技项目6项、省级5项，引进科技发展资金465万元。其中，市家秋现代农业有限公司的“优良油茶无性系快繁育苗技术研究与示范”项目被列入国家“星火计划”；湖南顺通能源科技有限公司的“陶瓷窑炉余热利用装置”等5个项目，被列为国家级科技型中小企业创新基金项目；湖南华联瓷业有限公司的“高档彩色结晶釉陶瓷产业化”等5个项目被列入省级科技计划项目。

【科技企业】 2010年，湖南仙凤瓷业有限公司、醴陵恒茂电子科技有限公司、醴陵市科发窑炉热工设备有限公司被省科技厅认定为“高新技术企业”。截至12月，全市有湖南华联瓷业有限公司、市鸿嘉机械实业有限公司、市天鑫瓷业有限公司、湖南港鹏实业有限公司、湖南泉湘陶瓷有限公司、湖南泰鑫瓷业有限公司、湖南华鑫电瓷电器有限公司、湖南仙凤瓷业有限公司、醴陵恒茂电子科技有限公司、湖南正阳精密陶瓷有限公司、市科发窑炉热工设备有限公司等高新技术企业11家、有湖南港鹏实业有限公司、湖南安沙尼传质设备有限公司、市花木公司、市佳兴金属制品有限公司等民营科技企业38家。

【科普宣传】 5月18日~22日，在“全国科技周”期间，醴陵市科技局牵头组织市卫生局、文化体育局、教育局等10余个单位和部门，开展了以“提高自主创新能力、携手建设‘两型’社会”为主题的全国科普日宣传活动。宣传团采取群众喜闻乐见的形式和方法，开展了蔬菜、果木、花卉种植及养殖技术讲座、咨询和卫生健康科普知识宣传、环境保护等现场咨询服务。共展示板报13块，参加人数达3万余人，发放科普资料12万余份，接受咨询368人次，现场解答技术难题16项，取得了良好的宣传普及效果。

【知识产权】 2010年，全市知识产权工作以“实施国家知识产权强县(市)工程”为重点。全面启动了知识产权试点示范企业评审认定工作。年内，湖南华联瓷业有限公司、湖南鑫泰瓷业有限公司被确定为“知识产权示范企业”；湖南德兴瓷业有限公司、市吉利鞭炮烟花有限公司、市丰德利瓷业有限公司被确定为“知识产权试点企业”。年内，为加强知识产权工作体系建设，深入市仙凤瓷业等科技型企业，帮助建立知识产权管理机构，制定知识产权制度，落实管理人员。通过多措并举，有效地推动了醴陵市“国家知识产权强县(市)工程”的实施。全年全市申请专利590件，其中工矿企业申请专利427件。2010年，全市专利授权量为489件，其中工矿企业授权专利439件。

【成果转化】 1月22日，由醴陵市天马花炮机械有限公司研发的“爆竹生产混、装药自动化成套设备”，顺利通过湖南省科技成果鉴定，并获株洲市科技进步三等奖。经有关专家鉴定，该技术为国内首创，国际领先。

【科技平台建设】 一是各类机构服务平台不断丰富。年内，新建市级工程技术研究中心2家（即：神马花炮有限公司组建的“烟花鞭炮工程技术研究中心”、科发窑炉热设备有限公司组建的“窑炉工程技术研究中心”）和县级花炮机构研发中心1家(即：依托精诚天马机械有限公司组建的“醴陵市花炮机械研发中心”)。二是专利代理服务机构实现“零”突破。年内，深圳市千纳专利代理有限公司获广东省、湖南省知识产权局批准，在醴陵设立分公司，并于7月24日正式挂牌运营。三是科技信息网站建设不断完善。在科技信息网站首页增设了“时事新闻”、“通知公告”、“办事指南”、“样本下载”等栏目，进一步充实了科技资讯、政策法规、计划成果、知识产权等板块内容，既完善了信息化科技服务网络，又方便了群众阅读和下载。

（辜芝霞）

科　　协

【概况】 2010年6月，设立了醴陵市科学技术协会(从市科学技术局分离，以下简称“协会”)，为正科级群团组织机构；协会办公地点搬迁至醴陵市立三大道。内设办公室、科学普及部、学会部；有工作人员4人。主要负责科普宣传、科技调研、科技“三下乡”工作，全市各行业新技术、新工艺、新品种的推广及普及等工作。年内，醴陵市被评为“株洲市科普示范先进县(市)”。

【科协体系建设】 2010年，协会抓住独立建制的机遇，把握科协工作、群团优势的特点，将科技、科普工作开展的主要措施和急需解决的困难和难题，分别向市委、市政府及有关部门作了详细工作汇报，得到了市委、市政府及各有关部门的支持，为分设办公场地、办公硬软件配套设施，恢复正常工作创造了良好的环境，为协会工作顺利开展起到了积极作用。通过半年多筹备，在2011年春，举行了“醴陵市第六届科协系统换届选举”。年内，前期准备工作就绪，代表名额落实到位。

【“科普示范县(市)”创建】 2010年，根据创建株洲市“科普示范县(市)”的有关精神和要求，有力推动《全民科学素质行动计划纲要》在本市的贯彻落实，结合醴陵市实际，紧紧围绕“科学发展、创新发展、和谐发展”目标，大力加强公民科学素质建设，促进经济社会、精神社会、文化社会和人文社会的全面发展，以“资源节约型、环境友好型”社会战略作为创建“科普示范县(市)”指导思想。年内，已将创建“科普示范县(市)”工作列入“十二五”规划。

【科普宣传】 2010年，协会组织全市10余个部门和科协群团组织，利用全国“科技宣传周”、“科普宣传日”活动时机，在市城区鑫泰广场举办了“坚持科学发展、走近低碳生活”、“提高全市全民科学文化素质、充当一名科学文明的好市民”的大型科普宣传活动，共展出科普宣传展板36块、科普挂图12套、460张，发放各种科技、科普宣传资料和科普图书124种、11万余份，科技咨询服务1100余人次，健康诊疗服务465人次，解决百姓咨询难题44项。全年为市第四、第二中学，实验小学、白兔潭中学、浦口中学、贺家桥中学等提供科普挂图22幅、218张和《走近科学》音像光碟46张。

【科技培训工作】 2010年，科技培训培训采用“现场授课+疑难问题解答+现场指导教学+示范讲学”的培训方式，全年举办各类培训班32期，培训学生6000余名。培训内容涉及养猪、养鱼、养鸡，超级稻、优质稻、红薯、大棚蔬菜种植、果树栽培管理技术，沼气池建造、糖尿病防治与预防等。通过各种科技培训，使种养业农户、农民受益匪浅，掌握了知识和技术。其中，贺家桥镇档梓山村村民颜春元，通过参加“果树栽培管理技术”培训班后，承包73.33公顷果园，种植了板栗、猕猴桃、枣子、柚子、桃子等。年内，果园喜获丰收。

【科技下乡】 2010年，协会投资2万元，购置农业生产专业技术小册子4万册、共有26项技术。利用乡、镇、村赶集的时机，开展科技“三下乡”活动4次，现场技术指导服务8次，现场指导服务培训2次，组织参加活动的部门和学会、协会13个，参加活动的工作人员和科技、科普志愿者队伍123人，共出动科普宣传车14辆，展示科普板报86块、科普挂图14套、360余张，发放科技、科普资料12万余份；医疗保健诊疗服务3000余人次，科技咨询服务360余人次；为百姓解决实际难题47项。同时，举办农业培训班2期、共培训学员216名。

【科技普及和推广】 2010年，认真贯彻落实“科普惠农兴村计划”，将重点放在示范基地、示范户。以“直接对口扶持、技术培训共同管理”的方式，加强技术普及推广力度。醴陵市浦口镇花椒村张振汉，从常德引进“高密度放养鱼技术”获得成功后，年内将该项技术推广到全市的4个乡镇、6户农户，推广面积达26.67公顷，并获得显著的经济效益；贺家桥档梓山村的省级科技示范户颜春元，在成功引进猕猴桃、枣子种植的基础上，再次扩大种植面积266.67公顷，拟建成一个高标准化的果木种植示范基地。

【科普示范】 截至2009年12月，醴陵市先后创建国家级农村科普示范基地2个，湖南省级科普示范基地4个，青少年科普示范基地2个，株洲市级科普示范基地13个，科普示范乡镇12个、村28个；科普文明社区9个、大院79个；社区乡镇“四个一”建设工程11个。同时，发展湖南省级科技示范户48户，株洲市级科技示范户476户，本市级科技示范户2164户。2010年，创建示范乡镇2个、村5个、社区1个，科普文明大院10个，科普示范基地2个，“四个一”合格单位5个。

（吴建成）

教　　育

【概况】 2010年，全市有各类基础教育学校469所。其中，高级中学7所、初级中学及九年一贯制学校42所、小学177所、幼儿园242所、特殊教育学校1所。有在校学生11.43万人。其中,高中生1.06万余人、初中生2.25万余人、小学生5.18万余人、特殊学校学生85人,入园幼儿2.92万人。有中等职业技术学校7所,在校学生6672人。有公办在职教职工7300人。其中,小学2908人、初中1998人、高中825人、特殊学校8人、职业高中151人、机关102人。有离退休人员3270人。

年内,全市教育系统努力践行科学发展观,紧紧围绕市委、市政府"争一进百、科学跨越"、"教育强市"工作目标,求真务实,团结奋进,全面贯彻党的教育方针、推行素质教育,不断规范办学行为,各级各类教育呈现协调发展的和谐态势。4月25日,《湖南日报》在头版发表了《普惠于民的满意答卷》,对醴陵市秉承"经济强市必须是教育强市"执政理念、推进教育事业全面协调可持续发展进行了解读。4月26日,全省推进义务教育均衡发展现场会在株洲市召开,醴陵被确定为与会代表参观考察的主现场。会后,40余个省内外教育考察团到醴陵考察调研。8月11日,徐守盛省长组织召开了《湖南省建设教育强省规划纲要》征求意见座谈会,易磊局长作为县(市)教育局唯一的代表在会上发言。12月29日,在省委、省政府召开的全省教育工作会议上,醴陵市获"全省建设教育强县(市、区)先进集体"、"全省推进义务教育均衡发展工作先进市";其工作经验入选大会典型材料汇编。年内,在接受省教育厅"教育强市"视导、"县级政府职业教育工作"督导评估考核中,均被评为"优秀"。

【教育协调发展】 一是学前教育规范发展有新进展。围绕创建"学前三年教育全国先进县市"的目标,各乡镇(街道办事处)均新建合格中心幼儿园1所。小哈佛美语幼稚园被株洲市认定为"示范性幼儿园"。全年全市幼儿一年入园率达100%、三年入园率达86.6%。二是义务教育均衡发展有新成就。全市义务教育成果不断巩固,全年小学入学率100%,辍学率为"零",升学率100%;初中入学率100%,辍学率0.4%,初中毕业生升高中率95.52%。全市126名适龄残疾儿童全部就读,入学率达100%。三是普高教育内涵发展有新提升。年内,按照"普高教育适当向城区集中、向省示范性高中集中"的发展思路,逐步形成了一、二、四中3所省示范性高中支撑带动,五、七、八中3所株洲规范化高中整体跟进的良性发展格局。按照多元发展的要求,市第八中学的书法教学、市第五中学的"普职兼容"改革实践成效显著。年内,将推荐生指标由原15%下调至11%。全年高考二本以上上线学生达1769人,上线率37.14%,居株洲地区前列。四是职业教育内涵发展有新气象。全市职业教育全面"提速","职教中心"功能进一步增强。市陶瓷烟花职业技术学校以"立足园区、对接产业、服务地方经济"为办学理念,不断深化改革,提升办学内涵。4月,建筑施工与管理专业学生在参加全省职业院校春季技能竞赛中,有9人获奖,其中2人获国家级奖励。总投资1251万元、建筑面积8920平方米的陶瓷烟花实训大楼竣工并投入使用;清华同方融资的塑胶操场项目正在施工中。年内,省教育厅(受教育部委托)对该校创建"国家级重点职业学校"工作进行了现场评估,可望在2011年批准认定。在全省县级职业教育专项督导评估、县级职教中心"十一五"重点项目年度检查中,醴陵市分别被评为"优秀"。五是成人教育和谐发展有新起色。围绕陶瓷、烟花支柱产业,广泛开展了农民实用技术、再就业培训、"一村一大"、"阳光工程"等工作。全市有26个乡镇农民技术培训学校、204个农村远程教育点,分别开展了农民实用技术和劳动力转移培训、共培训10万余人(次)。

【师德师风建设】 2010年,师德师风建设深入推进了"三进"(即:局机关干部进学校、学校校长进课堂、教师进家庭)、"三评"(即:学生评教师、教师评校长、家长评学校)为主题的师德师风建设活动。组织了"第二届知名教师"、"地市级学科带头人"评选活动,表彰奖励了一批"十佳师德标兵"、"十佳教学能手"、"十佳班主任"。向"师德楷模凌继贤学习活动"不断深入,开展了"向身边优秀教师学习"的主题演讲比赛,涌现了官庄中学钟森林等一大批优秀教师典型。6月,邀请全国著名教育家魏书生到醴陵讲学,现场800余名干部、教师深受教育和启发。11月,以"一、二、四中和渌江中学"为培训基地,再次举办了教育系统管理干部培训班,促进了作风转变和学校管理水平的提升。"书香校园教师读书工程"不断推向纵深,市教育局向全市干部、教师赠送了《教育规划纲要学习辅导百问》等书籍7000余册、价值30万元。教师队伍的学习新风尚日渐浓厚。

【教育投入保障】 2010年,坚持把加大教育投入作为重中之重,逐年增加教育经费,为建设"教育强市"提供强力保障。全年全市财政性教育经费支出3.68亿元,教育财政拨款3.52亿元,预算内教育经费支出占地方财政一般预算支出的比例为25.96%。全年征收教育费附加1999万元、城市教育附加费1000万元、城市建设维护税1250万元,上级转移支付拨付教育资金2022万元,安排义务教育保障新机制本级配套资金580万元,生均预算内教育事业费为4024元、公用经费为758元。

【学生资助工作】 2010年,进一步加大了学生资助工作,认真做好义务教育"两免一补"工作,全年享受免费教科书和免除基本杂费对象14.43万余人(次)、总金额3592万元。发放义务教育阶段寄宿生生活补助1.01万余人(次)、总金额360.3万元。组织开展了"爱心满六一"活动,现场资助贫困学生65名。资助普高中学生1410人、115.4万元。全年补助中职学生3146人、235.9元。资助家庭困难大学一年级新生477名、106.3万元。为112名学生办理信用助学贷款65.9万元。

【绩效工资改革】 2010年，根据国务院、省政府《关于实施义务教育学校绩效工资改革》的有关精神，制定了《醴陵市义务教育学校绩效工资实施意见》。义务教育学校绩效工资总量每年年初核定一次，随基本工资和全市公务员津补贴的调整而作相应调整。全市义务教育学校绩效工资总量，按市上年度12月份义务教育学校工作人员基本工资(包括岗位工资、薪级工资和基本工资标准提高10%的部分)、加上公务员规范后的津补贴水平核定，将第13个月工资纳入绩效工资范畴。

【合格学校建设】 2010年，投入6500万元，新建校舍3.6万平方米，维修、改造校舍6.5万平方米。建设的59所合格学校，分别接受了株洲市评估验收。投入5000万余元，改造、扩容了城区实验小学等3所学校。合格学校建设的强力推进，推动了义务教育均衡发展。目前，城区学校基本实现无“择校”现象，平均每班学生名额控制在50人左右，部分学校已实行35人左右的小班化教学，进城务工人员随迁子女实现了“无障碍就读”。

【校园文化建设】 2010年，全面推进了校园文化建设，制订下发了《醴陵市中小学校园文化建设工作方案》。10月，以“王仙中学”为现场，召开了全市中小学校园文化建设研讨会，对全面推进校园文化建设工作进行了整体部署。组织开展了“全市中小学体育与健康教育教学”评优活动。在全市青少年参加株洲市科技创新大赛中，获一等奖7个、二等奖12个、三等奖14个。组织开展了“第三届校园科技文体艺术周”活动，共收集艺术作品376件，分别评选出绘画书法类作品一等奖27个、科技创新类作品一等奖21个、音乐类作品一等奖3个。组织开展了醴陵市“第十七届中小学生田径运动会”，有39个单位、700余名运动员和170位裁判、工作人员参加。在参加株洲市中小学生田径运动会上，醴陵市取得高中组男女团(一中)第一、男女团(四中)第二、男团(二中)第三和女团第四，初中组囊括男女团冠、亚军的喜人成绩。

【“城市三创”工作】 2010年,按照全市统一部署,全面推进教育系统创卫工作。开展了“创卫宣传活动周”系列活动。组织了“环保小明星”评选、“环保我先行、点子大家献”金点子征集、义务植树等活动。5月，城区学校开展了“大手牵小手、创卫共参与”的创卫宣传教育实践活动，市“城市三创”办对此印发《通讯》予以推介。醴陵市教育局与各学校在市城区鑫泰广场摆放12块宣传展板，发放创卫宣传资料4500余份。9月，全市学校开展了“开学创卫第一课”、“垃圾不落地、校园更美丽”活动，取得了良好的社会效应。年末,局机关被省评为“级园林式单位”、被株洲市评为“园林式单位”、“科普大院”、被醴陵市评为“文明机关”。

【“两型”学校建设】 2010年，“两型”学校建设按照市“两型”(即:资源节约型、环境友好型)社会建设改革的工作安排，结合教育系统实际，扎实开展创建工作，将“两型”建设内容纳入了年度工作计划，创新方法做好“两型”学校宣传，及时向市“两型”办报送相关信息，取得预期效果。经评选，市第一、四中学、陶瓷烟花职业技术学校、渌江中学、五里牌小学为“创建两型学校”典型单位。

【教学督导评估】 2010年，教学督导评估进一步强化了教育内部管理，规范办学行为，开展了经常性督查视导。借鉴2009年对城区小学、中心幼儿园督导评估的成功经验，对26个乡镇的37所中学进行了综合督导评估。通过听、查、看、访、测、评等形式，共听课478节，召开学生座谈会37次、教师座谈会37次；发放学生调查问卷2220份，学生问卷回收率100%；发放教师调查问卷1110份，回收率100%。抽查了八、九年级共740名学生的计算机操作和物理实验能力。督导评估促进学校管理提质增效，获得社会各界普遍好评。

【教育宣传】 2010年，在《今日醴陵》报开设了《教育均衡发展大家谈》栏目，发表文章30余篇。在醴陵电视台开辟了《教育在线》、《教育与法》等周播节目，共播报教育新闻100余条。湖南卫视、湖南教育电视台等多次推介醴陵教育工作经验。4月25日，《湖南日报》在头版位置发表了《普惠于民的满意答卷》，对醴陵市秉承“经济强市必须是教育强市”执政理念、推进教育事业全面协调可持续发展进行了解读。编印《醴陵教育通讯》12期、4万余字。为充分展示义务教育均衡发展成果和语言文字工作成效，分别制作了《百姓的祈盼》、《字正腔圆促和谐》等专题片。

【教育科研】 2010年，积极推进课程改革，突出校本教研、高效课堂建设的重点，逐步实现教育科研全员参与。年内，各学校承担并研究了各级课题30项。在株洲市“十一五”课题阶段性成果评奖大会上，姜湾、阳三小学，青云学校、一中、南门中学等单位分别获奖。全年教师在参加上级组织的课堂教学、说课、课例交流等活动中，共获省一等奖9项、株洲市一等奖29项；教师撰写论文或参加上级组织的各类教学竞赛中，获奖200余人次。市陶瓷烟花职业技术学校陈细平老师在全国中职学校“创新杯”数学说课竞赛中，获一等奖；宋华清、丁佳富、肖飞跃的瓷艺作品等，分别获国家、省级奖励。

【“快乐”德育】 2010年，坚持德育首要地位，全面实施“快乐”德育。针对新形势下学校德育工作的新问题、新动向,着重强化学校德育常规管理、诵读经典、校园文化建设、家长学校等工作。印发了《关于进一步加强和改进班集体建设工作的意见》,以孙家湾中学为现场,召开了全市中小学班集体建设工作研讨会,推行班级自主管理、民主管理。组织开展了中小学先进班集体、优秀班主任评选和表彰活动。11月,在南门中学召开了“全市家长学校建设经验交流现场会”,总结并部署继续抓好“创建省市示范性家长学校”等工作。开办了全市中小学应急避险遇险自救安全教育培训班和陶艺体验、缅怀革命先烈等主题活动;组织参加了“第31届湖南省青少年科技创新大赛”,获优秀创新项目竞赛二等奖;组织开展了“三红”(即:唱红歌、讲红色故事、做红色接班人)活动,并作为典型在全省予以推介。在参加教育部举办的全国青少年“五好小公民”主题读书征文活动中,有102人(次)获奖。年内,局关工委被教育部评为“全国教育系统关工委工作先进单位”。

【“创先争优”活动】 2010年,“创先争优”活动按照上级部署,以“当教改先锋、办满意学校”为主题,在全市教育系统开展了“创先争优”活动,科学创新载体、精心组织实施。在基层党组织中开展了“四谋四让”(即:谋划实施素质教育的新模式,让学生成长;谋划教师队伍建设的新方法,让教师成才;谋划规范办学行为的新举措,让家长放心;谋划教育协调发展的新局面,让社会满意)活动。在教师党员中开展了“三联三比”(即:每名党员联系一名非党员教师、一名学困生、一名家长,在思想引领、辅导学习、指导家庭教育三方面比作为)活动。活动中,全系统涌现出扎根山区30年“半颗胃演绎精彩人生”的钟森林、为幼儿教育“激情燃烧的30年”倾情奉献的邹金梅等一大批群众身边的优秀共产党员。年内,省委副书记梅克保、省委组织部等领导先后3次到醴陵市调研、指导教育工作,并对醴陵教育工作给予了充分肯定。《醴陵市教育系统紧扣“三部曲”深入开展“创先争优”活动》、《醴陵市四中:“点线面”立体推进“创先争优”》、《落实“三转”战略、争创一流学校——醴陵市渌江中学落实“三转”推进“创先争优”活动》等基层单位的做法与经验,在人民网、全国远教网“创先争优”专栏中推介。

【教师培训】 年内,与湖南师范大学联合开办了教师研究生班,180名教师参加了学习培训。举办了教育管理干部培训班,就安全管理、规范办学行为、义务教育均衡发展等内容进行了培训。启动了2010年“知行中国”小学班主任培训项目,全市选派99名教师参加,上线率100%,学习率95%。举办了全市50名小学校长参加的任职资格培训和高级信息技术资格证考试,培训率分别达100%。组织全市1768人参加了远程非学历培训。

【“创语”工作】 2010年,“创语”工作力度进一步加大,认真贯彻落实株洲市人民政府办公室《关于进一步加强语言文字工作的意见》等要求。12月,株洲市语言文字工作委员会专家评估团,对醴陵市进行了检查评估。按照《株洲市三类城市语言文字工作评估标准及评分依据》,评估组对醴陵市的党政机关、学校、新闻媒体、公共服务行业四大领域的16个单位进行了检查评估。评估团对醴陵“举全市之力抓语言文字工作,创瓷城特色促经济社会发展”予以高度评价。确认醴陵市城市语言文字工作已基本达到要求,评估合格。并授予醴陵市“普通话初步普及,汉字社会应用基本规范达标城市”称号。醴陵成为目前株洲地区5个县(市)中率先通过该项评估的县(市)。年内,市语委被评为湖南省“语言文字工作先进集体”,姜湾小学被评为湖南省“语言文字工作规范化示范校”。汪丹、刘豫红、张小村、廖浩等5人分别被评为湖南省、株洲市“语言文字工作先进个人”。

【监察与审计】 2010年,查处、清退教育违规收费19万元;教育内审项目32个、4890万元。其中,财务收支审计2个、经济责任审计4个、基本建设审计26个;提交审计报告8份,提出审计建议10条。全年投入义务教育阶段学校保障经费4672万元,其中公用经费4012万元、校舍维修改造资金660万元。新建校舍近3.6万平方米,维修校舍6.45万余平方米。完成了各乡镇中学校长的任期经济责任审计,有力推进了全系统干部的廉政建设。

【未成年人思想道德建设】 2010年,未成年人思想道德建设工作坚持从加强组织领导、德育队伍建设、制度建设、督导评估“四个加强”入手,全面加强和改进醴陵市未成年人思想道德建设。利用各种重要、传统节日、重大历史事件纪念日、中小学生入学、入队、入团、成人宣誓等时机,开展了丰富多彩的主题教育活动,并形成长效机制。先后组织开展了“学历代先贤、看家乡巨变”为主题的“红色旅游”、“读百部经典、唱百首红歌”主题活动。全市各校利用国旗下讲话、思想品德课、班队活动等时机,对学生进行革命传统教育,定期组织学生观看爱国主义影片。实验小学举办了《我为祖国绘新图》绘画比赛,阳三小学邀请了刘放年等老前辈到校作“典藏中国、从醴陵开始”专题讲座。通过一系列德育教育活动,增强了学生爱党、爱祖国、爱家乡的自豪感,进一步树立了正确的人生观和价值观。

【“平安校园”创建】 2010年,加强了学校及周边社会治安综合治理工作,不断完善校园安全防范体系,落实了安全与维稳工作责任制。对治安重点防范区所在学校,安装了红外线防盗报警器或监控设备,全市231所学校配备了警棍、防刺手套等技防设施。多次对学校及周边治安环境进行了全面、彻底的整治,共出动执法人员208人次、车辆26台次,停业整顿网吧

15家、收缴各类违规电路板100余块、网络服务器24台、销毁电游机130台。年内,开展了"平安校园"评选活动,有16所中小学被评为"平安校园"。

【"四类"国考】 一是普通高考。全市有4794人报名，比上年减少1359人。其中,文科2316人、理科2317人、高职161人。应届考生4363人、占报考总人数的91%,往届考生431人、占报考总人数的9%;少数民族考生4人,自谋职业退役士兵1名,体育优胜者15人,残疾考生4人。全年全市高考二本以上一次性上线1769人、上线率37.1%，三本以上一次性上线3129人、上线率65.7%。全年全市普通高考录取3975人、录取率83.45%。其中,本科录取2158人、专科录取1817人；醴泉高考补习学校美术考生杨武胜被清华大学录取。二是高等教育自学考试。全年组织了第57次、58次考试,共有报考人数183人。其中，第57次自考报名91人、报考科次211科;第58次自考报名92人、报考科次218科。全年办理自考毕业手续7人,其中本科4人、专科3人。三是全国英语等级考试。101次自考报考科次共725科,其中一级笔试7人、二级笔试4人、三级笔试27人;一级口试5人、二级口试648人、三级口试34人。102次自考报考科次共102科,其中二级笔试14人、三级笔试3人,二级口试85人。

【教育工会工作】 一是加强基层工会组织建设。年内，南桥中学、市陶瓷烟花职业技术学校等16个单位完成了换届选举。二是加强学校民主建设。积极推进学校教代会、校务公开和民主评议等民主管理工作,依法维护教职工合法权益,关心教职工切身利益。三是深入推进"向师德楷模凌继贤学习"主题师德师风教育活动。表彰、奖励了钟森林等2010年度"十佳师德标兵"；组织开展了全市教职工"向身边优秀教师学习"的演讲比赛。南门中学成功申创"省级示范性家长学校"；并在南门中学组织召开了"全市家长学校建设经验交流现场会"，省教育厅关工委主任邹卓鹏出席会议并作重要讲话。积极参加教育部举办的全国青少年"五好小公民"主题教育"我是90后"读书征文活动，有102人(次)获奖;渌江中学获"示范学校"称号。四是积极争取社会力量、上级相关部门和教育行政大力支持，为大病特困教师排忧解难。年内,各级各类累计扶助金80.3万元、自筹24万余元,累计救助大病、特困教师327人(次)。开展了"送温暖"、慰问80岁以上老教师85人(次),共计慰问金4万余元。投入80万余元，为基层工会组织教职工体检6780人(次)。

【十佳教学能手、班主任、师德标兵】

十佳教学能手：

曹保华　何志刚　郭　智
张海棠　胡　丰　刘志继
邓应明　李　艳　周志红
刘　梅

十佳班主任：

陈万红　漆树绿　汤中文
朱志峰　汤朝晖　刘　娲
姚竹清　汤淑娟　张细梅
易　萍

十佳师德标兵：

凌继贤　陆恩纯　刘中志
熊春和　钟伟文　李伯勋
江来香　张秋凡　丁艳辉
刘泽勇

9月18日，由株洲市委宣传部、株洲市教育局、株洲日报社联合在株洲市委大礼堂举行了"师德标兵、榜样株洲"2010年株洲市"百优教师"、"十佳校长"表彰大会,醴陵市一批教师被表彰。

（朱兴雷　汤向荣）

醴陵一中

【概况】 2010年，醴陵市第一中学有教学班50个,在籍学生2670人;有在职教职工243人,其中高级教师63人、一级教师98人;有全国特级教师1人,醴陵市、株洲市级学科带头人12人。年内,学校设党政办公室、教务处、教科室、政教处、总务处、团委、宿管处。党委下辖高一、高二、高三、处室、离退休5个支部和共青团委员会、工会。

2010年,在市委、市政府、教育行政主管部门正确领导和社会各界大力支持下,坚持以邓小平理论和"三个代表"重要思想为指导,深入贯彻科学发展观,全面落实党的教育方针,推行素质教育,以"办人民满意教育"为宗旨,科学健康和谐发展，稳定提升教育教学质量,推动了学校事业在新的历史起点上更快更好发展。学校党政一班人，带领全体教职员工共同努力，较好地完成了2010年度学校各项目标任务。年内,学校获"英语等级（PETS）考试全国优秀考点",湖南省"基础教育课程改革样板校"、"文明卫生单位"、"学校心理健康教育先进单位"、湖南省"第十一届运动会贡献单位"，株洲市"教学质量管理先进单位"、"2010年高中学业水平考试先进单位"、"教育学会先进集体",本市"师德师风建设先进单位"、"教育系统先进基层党组织"、"工会红旗单位"、"共青团醴陵市五四红旗团委"，"华中科技大学体育优秀生源基地"、"生命关怀教育先进学校"等称号。学校品牌战略工程成效显著,社会影响进一步扩大。《中国教育报》等国家级、省、地市级媒体、报刊对学校办学成果分别予以报道。年内,广东顺德一中、江西万载中学、湘潭湘机中学、浏阳一中等40余所省内外兄弟学校到学校观摩交流。

【科学管理】 一是依法办学,科学治校。以"办人民满意教育"为宗旨，按照省示范性高中建设标准,进一步端正办学思想,规范办学行为。认真贯彻落实省教育厅《关于进一步规范普通中小学办学行为的规定》、《国家中长期教育改革和发展规划纲要》，科学治校。每学期开学前三天均组织全体教职员工进行政治理论和业务学习,每月定期组织集中学习,每周定时督查教职工自学情况。二是完善管理制度,形成制度文化。继续实施“二级管理”模式,建立校级领导年级工作联系制度,修订了《醴陵一中年级部量化考核评价细则》,制订了《醴陵一中学科模块教学制度》、《醴陵一中学生日常行为习惯养成教育量化考评方案》。抓实目标管理考核,特别是月常规工作考核,实施月信息反馈制度,各职能处室每月及时反馈信息、发现问题、解决问题,不断提高目标管理考核的导向作用和保障作用。逐步形成“基础管理标准化、过程管理精细化、评价结果数据化、操作过程阳光化”的制度文化。三是坚持民主管理。执行民主决策、民主监督、校务公开等民主管理制度。召开了第八届二次、三次职代会。开展了教职工代表对学校班子和年级部的民主评议活动。四是创建民主和谐人文环境。坚持以“教师”为本,关心教职工身心健康,活跃教职工文化生活。先后组织教职工开展了登山、拔河、踩气球、诗歌朗诵和“唱红歌”合唱比赛等活动。通过各种活动,既活跃了教职工文化生活,提升了教职工精神气质,又增强了部门和年级凝聚力,强化了广大教职工主人翁责任感和爱岗敬业内在动力。

【“创先争优”活动】 一是责任与质量当先。全体党员、教职工自加压力,责任上肩,认真落实教学“七个坚持”制度。落实过程中,党委围绕“组织抓好正在干的中心工作、兑现公开承诺、促进和谐发展、关注热点难点、解决突出问题、加强党风廉政建设”等对支部进行了客观点评。支部书记围绕“争优秀、承诺求实、为民服务、模范带头、创业绩”等对全体党员进行了点评。以实际行动践行“责任当先、质量当先、服务当先”的光荣使命。二是党员与群众共建。在党委班子中开展了比学习、比修养、比业绩、比奉献,争创师德优秀、质量优秀,让学生家长满意的“四比两优一满意”活动;在全体党员中实施了联系非党员教职工1名、每年帮助学困生1名、每期上好示范课1堂、每期进行学生家访1次、每期撰写教研论文1篇、每期提合理化建议1条的“六个一”工程。两大主题活动的开展,增强了凝聚力和战斗力。三是树标与争先结合。紧扣“立典型”要点,在工作中树立标杆、典型带动争先。按照《醴陵一中“师德标兵”评选方案》、《醴陵一中“十佳教师”评选方案》、《醴陵一中“高考功勋教师”评选方案》等,开展了推荐、评选、表彰活动。其中,陈平老师等2人被评为学校“第三届‘师德标兵’”,肖兰辉老师等10人被评为学校“第三届‘十佳教师’”,骆崇伍老师等2人被评为学校“第三届‘服务标兵’”。罗东红等19人被学校授予“高考功勋教师”称号。方勇被湖南省第十一届运动会组委会评为“先进个人”、谭吉祥被评为“优秀教练员”;陈平被评为株洲市“百优教师”;罗东红被评为本市“党员标兵”、陈万红被评为醴陵市“十大杰出青年”之一、瞿孝林被评为“十佳班主任”之一、康艳芬被评为“十佳教学能手”之一、张国林被评为本市“十佳青年教师”之一、曹宝华被评为“优秀青年教师”;刘建辉被中国教育学会化学专业委员会评为“2010年优秀教师”。

年内,举办了以“塑师魂、铸师德”为主题的先进事迹报告会,宣讲先进典型事迹。标杆的树立、典型的引领,锤炼了学校教师团队,一种讲师德、讲业绩,爱岗敬业的良好风气逐步形成,一支信念坚定、爱岗敬业、业务过硬的教育工作骨干教师队伍逐步在不同的岗位上发挥示范带头作用。

【教学质量】 2010年,坚持以“能力培养”为重,努力提高学生学习能力、实践能力和创新能力。加强学习方法指导,积极开展研究性学习、社区服务和社会实践,优化学生知识结构,全面提高学生的综合素质和创新实践能力。确保“以高考和全省学业水平考试成绩为重要标志的教学质量在株洲市的领先水平并跻身全省优秀行列,坚持高考本科二批一次性上线率67%和全省学业水平考试一次性合格率98%的”基本目标不动摇。在学科奥赛、科技创新等取得明显突破,加大适应高校自主招生制度改革力度,提高一本上线率,确保名牌大学录取上层次。

年内,成立了高三工作领导小组、高二学业水平考试工作领导小组,加强调研指导。高三、高二年级部定期向领导小组汇报情况,领导小组定期召开研讨会,及时解决工作中出现的问题,保障两大工作正常健康运行。继续坚持高考“同心圆”协同作战模式,按照“有序有效、合作共赢、追求卓越”的理念,把各项工作落到实处。通过全体教师共同努力,学校以“高考和全省学业水平考试成绩为重要标志”的教学质量进一步提高。2010届高考,全校908名学生参考,本科二批以上一次性上线人数达608人。其中,600分以上58人。本科二批以上录取641人。其中,200余名学生被复旦大学等一批重点大学录取。2011届学生参加全省学业水平考试中,一次性合格率达99.78%,位居全省第八。学科奥赛和科技创新大赛取得优异成绩,邹祥同学获信息技术奥赛全国一等奖,获高考加20分资格,另有27名学生在数、理、化、生、信息技术奥赛中,分别获全国二、三等奖。付智航同学撰写的《锂电池正极材料磷酸铁锂的制备及性能改进研究》论文,获湖南省第三十一届创新科技大赛二等奖,并享受理工科综合类重点大学自主招生加分资格,另有4名学生分别获株洲市青少年科技大赛一、二等奖。

【艺体教育】 2010年,学校艺体教育始终着眼培养“合格+特长”人才,为学生才艺发展创造条件、营造氛围。制定了《艺体发展计划》,落实了系列举措。在全年高考中,共有80余人被高等艺术体育院校录取,10人考入中国美术学院、中央美术学院。学校健美操队在参加湖南省第二届健美操锦标赛中，获6人器械操项目第一、三人竞技操项目第二。学校田径运动队代表株洲市在参加湖南省第十一届运动会中，获1金、3银、1铜的历史最好成绩，实现了学校在省运会田径比赛历史上金牌“零”的突破；在参加湖南省中学生田径运动会中，获2金、2银，2人达一级、1人破大会记录，为株洲市获团体总分第二做出了重要贡献；在参加株洲市“三好杯”田径比赛中，以绝对领先优势分获男、女团体总分第一、16个单项第一，并破4项大会记录；在参加本市中小学生田径运动会中，获团体总分第一，勇夺16枚金牌，打破11项市运会记录。10月12日，《今日醴陵》报以《醴陵领跑株洲中学生田径运动》为标题，头条整版进行专题报道。

【德育工作】 2010年，认真落实《国家中长期教育改革和发展规划纲要》提出的“育人为本、德育为先”的教育方针，坚持德育为先，着力彰显德育特色，是本校创新德育工作的思路和理念。一是通过传统文化渗透，重构学生道德认知标准。以中华传统文化作为道德认知标准和弘扬中华传统美德是本校德育工作的基础。将浅显易懂、易学易行的儒家文化读本作为德育校本课程，要求全体学生人人背诵、默写过关，每月随机抽查各班10名学生。组织开展了《弟子规》书法大赛、“读圣贤书、做儒雅人”演讲比赛等系列活动。在第四届校园体育艺术节上，所有班级学生上台集体背诵《弟子规》，“诚信”、“感恩”、“孝悌”等已成为校园热名词，学生的精神气质，言行涵养正在发生着悄然变化。二是通过德育活动载体加强道德体验过程，将道德认知转化为道德意识和道德行为、道德习惯。在每周一的升国旗仪式上，坚持以“理想前途教育”为主题的国旗下讲话，举行全体学生的宣誓仪式，“我是醴陵一中的一名优秀学生，学习是我的天职……我要成功、我能成功”！5月，高一、高二年级举行的“挑战磨难、超越自我”35公里远足活动，在“流血流汗不流泪、掉皮掉肉不掉队”的激励声中，学生的意志品质不断得到磨练。高三年级的“十八岁成人仪式”活动，庄严隆重的氛围让学生感受到责任的神圣。在“距高考200天誓师”活动中，学校领导、家长和学生代表热情洋溢的讲话让高三学子信心倍增。三是加强学生日常行为规范养成、教育量化工作。为了更好地落实《湖南省普通高中学生综合素质评价方案》，促进班级管理步入法制化、规范化、科学化轨道，引导学生树立正确的价值观念，强化学生的规纪意识，促进学生健康成长，构建“全程育人、全员育人”的管理平台，出台了《醴陵一中学生日常行为规范养成教育量化考核方案》。各班主任作为本班学生考评第一责任人，各班在班主任的领导下成立学生干部组成的考评工作小组，每天对学生的相关考评内容进行考评并及时公布考评结果，班主任利用“朝会”进行讲评、小结；各职能处室、班主任、科任教师，将各班每位学生相对应项目的扣分情况反馈到政教处；班主任每月月底完成各班量表汇总和考评结果呈报；年级部、职能处室、校长室，根据各班每月的信息反馈情况与相关学生进行有针对性交流。通过实施方案的施行，学生行为习惯明显好转，早晚自习迟到、讲话、走位的少了，迟交、缺交作业的少了，无故旷课现象杜绝了，班风、学风、校风更加优良。四是加强校园文化建设，提升德育品位。组织开展了年度班级文化建设、验收、评比工作，并对模范、优秀班级给予了表彰奖励。年内，青云文学社正式恢复重建；停办多年的《渌水源》元旦正式复刊。积极组织开展各项社团活动，特别是以该校毕业学生肖敬同学为首发起的“关爱生命万里行”活动小组，开展的系列活动成为该校校园文化和德育工作的一大亮点。12月4日，温家宝总理对活动小组的活动开展情况再次亲笔批示。12月9日，湖南省委副书记梅克葆到醴陵，在市委书记谢清纯、市长蒋永清的陪同下，在醴陵东风大酒店与肖敬等志愿者进行了亲切座谈。省文明办、湖南省委宣传部、团省委、株洲市委宣传部、《人民日报》、《中国青年报》、湖南卫视、株洲电视台等国家、省、市单位和媒体，多次到校调研、采访“关爱生命万里行”小组有关情况。12月12日，在长沙成功举办了2010年关爱生命现场会和第五届茉莉花论坛。市纪委书记徐林娟等领导及全国各地志愿者代表出席了会议，与会领导和志愿者对整个活动的组织与开展赞不绝口，醴陵一中社团活动社会影响和校园影响力大大提升。五是加强班主任队伍建设。加强班主任选聘和培训工作，实行班主任见习制度，锻炼班主任队伍能力，提升德育工作的实效性。举行了学校首届主题班会竞赛和“高三，我们在路上”、“晒一晒我的父亲母亲”、“做一个传递爱心的使者”等主题活动。活动切合各年级学生的身心发展特点，主题内容寓意深刻，展现形式丰富多彩，活动过程高度自主，在师生中激起了强烈的思想共鸣。

【教研教改】 2010年，学校独立主持的省“十一五”规划重点课题《营建校园亲情磁场激活中学生自主责任心的实践与研究》被评为省“优秀课题”。《教学互动促进信息技术教师专业发展的研究》省级课题已结题。《网络环境下高中历史教学模式改革探究与实践》、《学生数学作业科学设计研究》、《中学绿色化学教育的应用研究》地级课题已进入结题阶段。年内，国家级教育科学“十一五”规划重点课题《以美育人创建美育特色学校的研究与实践》已立项，正处于研究过程中。另外，4个市级立项课题，正在开展研究中。黄风桥老师获“全国中学生物优质课展示评比”一等奖、曾祥平老师获“湖南省中学主题班会竞赛点评”一等奖、杨颖敏老师获“湖南省中学地理教学竞赛、地理教学课件评选”一等奖、汤其军老师获“湖南省通用技术教学竞赛优质课说课比赛”二等奖，周卓娜、胡湘等老师分别获株洲市说课大赛一等奖。全年全校教师有62篇论文在省级以上刊物上发表或获省级以上奖励。

【课程改革】 一是完善课程实施方案,依法施行教学管理。根据上级课程方案,结合学校2007级(三年)开课经验,修改、完善了《醴陵一中课程实施方案》,制定了《醴陵一中九科教学进度制度》, 加大了学科模块考试命题、组考及学分认定管理力度,进一步强化广大教师课程法规意识。二是完善"五环节"模式,构建高效课堂。进一步加强"以建构高效课堂"为目的的"五环节"教学模式应用和研究,落实《关于加强和改进课堂教学工作的三条指导意见》。广大教师充分运用自主学习、合作探究、展示与交流、点评与小结、课堂检测的"五环节"课堂教学模式,全面提高了学生的学习能力和效率,充分发挥学生的主体作用,激发了学习潜能。三是深入开展校本教研,积极推行"课堂观察"。全面推广了华东师大崔永漷教授"课堂观察—走向专业的听评课"的科研成果。"课堂观察"作为全年校本研究的重点内容,是继"五环节"教学之后,课堂教学改革的进一步深化。通过促进教师专业素质的提高构建高效课堂,促进学生的全面发展。各课堂观察合作体,通过以上活动,初步接受并掌握了课堂观察的基本理论和运用手段,自主开发并开创了一些课堂观察量表。围绕教师教学的有效性、学生课堂学习行为、有效性和教材资源的开发与利用等实际问题,较好地解决了"五环节"教学中,学生合作学习的有效性、学习时间安排的合理性,教师利用教材教学的有效性等问题,为构建有效课堂奠定了良好基础。年内,学校被确定为"湖南省基础教育课程改革样板校"。12月13日,在湖南省基础教育课程改革样板校建设研讨会上,方勇校长代表学校作题为《创设"五环节"模式,构建高效课堂》的典型发言。

【后勤服务】 一是精心运作资金,确保教育教学、生活设施设备的进一步完善。年内,投资60万余元, 为一线教师配备了手提电脑, 进一步改善了教师的办公条件。为支持配合市委、市政府"城市三创"中心工作,投资近100万元,改造了学校燃煤锅炉、垃圾站等生活设施设备。为全市美化城市环境,为建设"两型"社会,打造低碳醴陵做出了贡献。二是严格执行堵漏节流制度管理。加强内部管理,严肃财经纪律,严格执行市物价部门的收费政策, 坚决杜绝乱收费现象, 严格控制非生产性支出。以"创建节约型校园"为抓手,厉行节约、开源节流、量入为出,充分发挥资金的使用效益。进一步加强校产管理, 实现跟踪服务管理, 在确保教育教学正常使用前提下,修旧利废,提高使用效率。强化物品采购管理,小宗物品由总务处采购小组共同采购、集中采购, 大宗物品报政府采购中心集体采购。

醴陵一中2010年教师论文发表及获奖情况

表11

姓　名	论文题目	获奖等级	颁奖单位
周　香 李克月	《自我阅读时空》	发表	《小作家报》(2010年1月)
李克月	《如何构建高效的语文课堂》		《科教新报》(2010年第12期)
	开卷有益《怎样开启易拉罐》		《求知报》(2010年第34期)
	《作文与考试》2010年高考作文备考特刊(合著)		作文与考试杂志社 (2010年)
李克月	《坚守的董浩》		《疯狂作文》高中版(2010年1~2月)
	《神童的悲剧》		《疯狂作文》高中版(2010年4月)
	《亿万富翁的钱留给了谁》		
	科学、准确,理性、真切——《宇宙的边疆》(一名物理学家的教育历程)句段赏析		《新课程报》语文导刊(2010年第8期)
	《曲径通幽　柳暗花明》		《作文周刊 》教师版(2010年第23期)
	《断臂的尴尬》		《语文报》高中版(2010年第18期)
	爱的潜规则——对《父母与孩子之间的爱》中爱的理性探究		《新课程报》语文导刊(2010年第16期)
	《山水与人文》		《作文周刊》教师版(2010年第25期)

续表 11

姓　名	论文题目	获奖等级	颁奖单位
李和平	《世界》命题坊	发表	《语文周报》(2010 年第 13 期)
	小说阅读精讲精练《小公务员之死》		
	新课标省区高一语文模拟试题(四)		《语文周报》(2010 年第 41 期)
李和平 邓海兵	湖南省 2010 年高考语文冲刺模拟试题(二)		《语文周报》(2010 年第 21~26 期)
李和平 黄　琼	阅读直通车《失去的森林》		《语文周报》(2010 年第 35 期)
	阅读直通车《哲思巧构蕴华章　语韵回味意无穷》		
	阅读速效提升专刊《星斗其文 赤子其人》		《语文周报》高考版(2010 年)
曾妞妞	《一道递归题的两种解法》		《NOI 导刊》(2010 年 2 月)
	《记忆化搜索实现树型 OP 问题》		《NOI 导刊》(2010 年第 3 期)
	《怎么解决环形动态规划问题》		《NOI 导刊》(2010 年第 4 期)
袁志中	《导入新课规律探究》		《中学语文教学参考》(2010 年第 8 期)
刘建辉	《化学等效法试题归类例析》		《中学生理化报》(第 43~50 期)
	《化学必修 2“乙醇”(第一课时)教学实录及思考》		新课程研究杂志社(总第 203 期)
宋智勇	首届中国创新教育成果展示《用激情打造高效语文课堂》	一等奖	中国教育学会、中华人民共和国国家工商行政管理总局、中国版权协会
郭建言	《区域农业的可持续发展——以美国为例(第一课时)》		中国基础教育研究所、全国基础教育优秀科研成果评审委员会
林丽萍	《让高中数学课堂成为学生自主探索的乐园》		湖南省教育科学研究所、教育发展研究所
钟　耀	教学设计《物质跨膜运输方式》		
刘建辉	《实施五环节教学法、打造高效化学课堂》		
杨颖敏	《湿地资源的开发与保护——以洞庭湖区为例》		
吴海浪	《谈学生数学学习反思习惯的培养》		湖南省教育学会
肖　花	《高中生物理解题方案构建阶段的思维障碍研究》		
黄兄宝	《高中语文课堂自主激励评价新理念》		
王林波	《创意新头脑》		
郭建言	必修Ⅲ2.5 导学案《矿产资源合理开发和区域可持续发展——以德国鲁尔区为例》		
	湖南省教育技术作品评审活动《澳大利亚》		湖南省电化教育馆、教育技术协会
胡　洁	湖南省教育技术作品评审活动《父母与孩子之间的爱》		
张礼平	《中学生自主学习习惯的培养》	二等奖	湖南省教育学会
熊利平	《浅析高中英语教学中小组合作学习的实施》		
朱若玲	《教学——要向课间 10 分钟求效益》		
吴宗鸿	《方程的根与函数的零点》		
杨金球	《质疑这样的平衡移动方向》		
谢明桂	《构建有生命力的生物课堂文化》		
邱　谧	《对高中思想政治课有效教学的思考与尝试》		
王　艳	历史就在我们身边——历史必修第二十四课《物质生活与习俗的变迁》		湖南省教育科学研究所、教育发展研究所
林丽萍	《用数学文化润泽高中数学课堂》		湖南省教育科学研究所、教育人力资源研究所

续表 11

姓　名	论文题目	获奖等级	颁奖单位
汤其军	《如何做到让学生在快乐中学习》	二等奖	湖南省教育科学研究所、基础教育研究所
陈名亮	《万有引力定律》		湖南省电化教育馆、教育技术协会
李雪琳	《数学思维方法在解生物题中的应用》	三等奖	教育部基础教育课程、教材发展中心
	《质遗传、核遗传与质核互作》		
刘艳辉	新课标理念下的《牛津高中英语》		湖南省教育学会
文飞娥	《“五环节”教学法在数学教学中的一些思考》		
陈名亮	《如何破解高中物理“难学”的问题》		
黄兄宝	《高中语文教学与自主责任心的培养》		
王　艳	《第 16 课 抗日战争》		湖南省教育科学研究所、教育发展研究所
邓海兵	《据义辩音辨形、牢记字音字形》		
胡　洁	《浅谈如何提高语文课堂教学的有效性》		
李　祥	《论高中体育校本教材的开发与应用》	一等奖	株洲市教育科学研究院、株洲市教育学会体育教学专业委员会
钟庆平	《书情》		株洲市教育学会学校图书管理专业委员会
谢江华	《不拘—格求深刻——议论文如何析例》		株洲市教育科学研究院

（谢江华）

醴陵四中

【概况】 2010 年，醴陵市第四中学共有 56 个教学班级，有在校学生 2622 人；有教职工 262 人，其中专业教师 220 人。教师中有高级职称 51 人、中级职称 107 人、初级职称 97 人。学校管理设置三个环节，由副校级以上领导干部(5 人)组成校长办公会，是学校决策层；以中层处室正副主任为主组成的行政会是执行层；由年级部正副主任组成的年级管委会，具体组织实施教育教学工作。年内，学校设党政办、教务处、教科室、德育处、艺体中心和总务处。党总支委员会下设高一、高二、高三支部、教辅后勤支部及离退休教职工支部。另外，设有学校工会、团委等群团组织。

【目标管理】 2010 年，为适应教育形势的发展需要，在继续坚持二级管理和精致管理的基础上，出台了《月常规考核的管理措施》。各处室、年级按照《目标管理考核补充办法》和有关配套细则，分别从行政工作、教育教学和教研等，对教职工工作表现、业绩逐月量化并评估考核。这一管理体制的创新，是将团队捆绑式评价与教职工个人考核有机结合，使学校精致管理的内涵更加丰富，推动了学校事业的纵深发展。

【队伍建设】 年内，按照“处室干部五年任期制”规定，学校在暑假期间，开展了中层干部竞聘上岗的选聘工作。通过宣传发动、个人申报、资格审查、竞聘演讲和民主测评等规定程序，一批德才兼备的中青年骨干教师脱颖而出，走上了处、室负责人岗位。举办了干部培训班，有效提高了干部队伍综合素质，为学校教育事业持续发展奠定了基础。5 月，启动了“我最喜爱的教师”、“十佳优秀团队”的评选活动。各处室、年级积极响应，严格按照评选条件、程序和办法，广泛开展了挖掘典型、树立榜样、看齐先进的师德师风建设活动。通过基层推荐、事迹展示、候选公示、投票测评等环节，评选出古小明、汤正勇等 34 位“我最喜爱的教师”和“十佳优秀团队”。继续引导教师读书学习、勤钻理论，认真落实青年教师的业务理论考试 (每期一次)，举办读书论坛；充分发挥学术委员的引领作用，鼓励青年教师参加研究生学历培训。年内，曾丽霞、彭秋瑾、郭智老师分别被评为株洲市级数学、政治、体育“学科带头人”。

【高考、学考质量】 2010 年，学校的高考、学考质量再创新高。全年高考一本、二本一次性上线 408 人，比上年净增 107 人。高二学生在参加全省高中学业水平考试中，综合合格率达 98.3%，比上年提高 6 个百分点，进入株洲市基础教育界的先进行列。年内，学校再次荣获醴陵市高考质量特等奖，被株洲市教育局授予“教学质量管理突出贡献单位”称号。

【教育科研】 2010年，为加速高效课堂建设，进一步加大了师徒结对制、集体备课制和教学常规落实等力度，校本教研工作得到扎实推进；“五环教学”模式中的导学案编写的运用，极大改变了传统课堂教学模式；青年教师汇报课、学术委员、教研组长的示范课、各类专题竞赛课、远程合作教学交流课等步步为营，实效突显。年内，胡庆老师在参加省中学历史课堂教学说课比赛中获一等奖，李能老师在参加省中学思想政治教学风采大赛中获二等奖。陈鑫、谭桦、谢利群、杨佳、彭海波在参加株洲市各相关学科教学竞赛中分别获一等奖，教科室主任颜晓年获湖南省优秀指导老师奖。年内，在株洲地区内率先开设了体育选修课，一改过去体育课单一的内容和形式，学生可根据自身特点、意愿选修篮球、羽毛球、乒乓球、排球、健美操、武术、跆拳道等。

【校园文化建设】 2010年，学校校园文化建设致力于“书香校园”的校园文化打造，在夯实学生会、“弯弯腰绿色联盟”、“校园之音”、“‘启航’文学社”、“曦云书画社”等学生社团建设外，筹划、编刊了《盛芳春韵》校报2期，在引导校园舆论、拓展师生视野、交流思想心得、展示师生才华、推介学校形象等发挥了良好的促进作用。为营造事业和勤学氛围，先后邀请了全国著名成才学专家管斌全老师、“中国时代之声”演讲团邹越老师到校演讲。10月，全国著名基础教育家、全国十杰中学中青年教师、全国模范教师赵谦翔老师到校讲学。通过专家的讲学，提高了全体教职工的综合素质，在广大教职工中掀起巨大波澜，反响强烈。

【校际交流】 年内，常德市六中、三中，汉寿县龙池中学、茶陵县一中、醴陵市第二中学等学校领导和老师，先后前来学校考察、观摩教育工作和课堂教学。其中，常德市六中先后3次派干部、教师到学校考察交流。暑假期间，以市第四中学作为暑假培训现场，举办了行政干部和骨干教师“封闭式”培训班，邀请了江汉云等人参加，并分别从不同角度作了教育工作专题介绍。年内，学校利用双休日，组织中层干部到湘北实地学习、考察了部分兄弟学校。

2010年醴陵四中教师论文发表或获奖情况

表12

姓　名	论文题目	获奖等级	颁奖单位
谭欠汉	《开放式教学在高中数学课堂中的应用探究》	二等奖	中国教育学会
谢利群	《浅探如何培养学生的质疑能力》		
谭　桦	《谈通用技术教学中的探索·协作》		
	《中学生科技创新活动调查思考》		
张应明	《动能 动能定理》(复习导学案)		中国教育教学研究会
	《电容器与电容》(教学设计)		
喻德玄	《指数函数及其性质》(教学设计)		
谢利群	《细胞呼吸和光合作用中的图文稿解析》(说课)	三等奖	中国教育学会
谭　桦	《知识产权及其保护》(教学设计)		
喻德玄	《空间几何体的三视图》(说课)		中国教育教学研究会
何新梅	《浅谈如何充分发挥学生电教员的作用》	一等奖	湖南省教育学会
欧阳永	《高中生网购心理调查及分析》		
	《高中心理健康教育校本教材开发的思考》		
文果力	《信息技术教师面临缘化问题的思考》		
肖慧明	《牛津英语模块六 Unit 2 Project 教学》		
汤　琼	《关于高中教师职业倦怠的思考》		
李云希	《女生教育思考与性教育实践反思》		
谭兴和	《更新教育理念，转变教学方式——2010年湖南高考文综历史试卷阅卷的感悟和思考》		
胡　庆	《用心铸就高中历史试卷讲评课的生动与高效》	一等奖	湖南省教科院
瞿　意	《M1 Unit3 Lost civilizations(reading)》(教学设计)		

续表 12

姓　名	论文题目	获奖等级	颁奖单位
周勇辉	《M4 U1 Advertis(reading)》(教学设计)	一等奖	湖南省教科院
文春霞	《创设有效探究情境,推动高效课堂建设》		
张应明	《通用技术有效教学的探索与实践》		
谢利群	《浅探如何培养学生的质疑能力》		
谭兴和	《让学生在自主中创新,在探究合作中互赢》		
刘云英	《高考边缘生应对策略》	二等奖	湖南省教科院
张年英	《传统文化的继承》(教学设计)		
曾立霞	《教师的投入有多大,幸福就有多大》		
欧阳永	《学会控制情绪》		
张申德	《虚实对接,形神毕现——高考作文构思立意方法孔见》		
刘　玲	《测试练习 4 试卷讲评》		湖南省教育学会
荣海艳	《定语从句复习专题》		
欧阳永	《学会控制情绪》		
周松兵	《游戏在班级心理辅导活动中的应用效果点滴》		
汪小干	《教师的拖堂现象与两个心理效应》		
周勇辉 瞿　意	《浅析增强学生自信,提高英语表达能力》		
何辉龙	《用心带班,凝心聚力——班级管理体会点滴》		
朱文清	《科任老师如何激励学生》		
谢德华	《学会沟通技巧,做最受欢迎的班主任》		
吴志华	《化学教学可借助化学知识中蕴藏的力量》		
吴江南	《牛津高中英语》阅读课教学案例浅探 ——以 MMLU3 Welcome to this unit & reading		
戴　艳	《论英语教学中学生思辨能力的培养》		
屈明华	《稳步完善、引领教学——2010 年湖南高考英语给我们的启示》		
张新建	《浅谈高中女生对物理畏惧心理及教育教学对策》		
邓元钦	《在数学学科中开展研究性学习活动的探讨》	三等奖	湖南省教科院
喻德玄	《函数对称性的归类及应用》		
彭　罡	《篮球双手胸前传接球》(教学设计)		
张应明	《构建的强度与稳定性》(教学设计)		
朱继仁	《铝的重要化合物》(教学设计)		
	《化学教学中辩证思维的培养》		
黄建和	《口诀背诵法——让古诗词学习有趣高效》		
何新梅	《语音座的常见故障及维修》		湖南省电教馆
吴志华	《谈谈化学知识与励志教育》		湖南省教育学会
陈金南	《高中女生学习物理的心理障碍及其对策初探》		
欧阳永	《中学生网上购物调查报告》		
龙海江	《能控制自己情绪的人就能控制自己的命运》		
邓元军	《我国田径选手在世界大赛上的竞技表现问题研究》		
杨玉凡	《高三引入探究式教学初探》		
龙芳信	《浅谈“五环教学模式”》		

续表 12

姓　名	论文题目	获奖等级	颁奖单位
邓水莲	《浅谈高中英语阅读教学思辨能力的培养》	三等奖	湖南省教育学会
汤正勇	《体现学科思想、再现物理情景，提高复习效果》		
张景秀	浅谈《静电场》(教学)		
唐海青	《高中文言文教学之我见》		
唐日辉	《树立目标—分解目标—实现目标》(主题班会讲稿设计)		
曾立霞	《新课程理念下该如何编写高中数学导学案》	一等奖	湖南省继续教育指导中心
江　纯	《‘水’作文评析》(教学设计)	二等奖	
黄　薇	《如何将高中历史新课程理念内化为高效的教学行为－学案式教学法浅谈》		
江　纯	《<离骚>(节选)》(教学设计)		
巫晓红	《浅谈新课改下的初高中英语教学衔接》		
陈金南	《让每个学生都得益于自己的错题本》		
袁跃雄	《关于高中物理复习课的思考》	三等奖	
谭　雄	《关于浓度改变影响平衡移动的思考》		
黄桂芬	《运用情感教育、构建和谐课堂》		
刘春英	《立足教材、挖掘英语写作素材》		
金　婷	《寓小言大、水滴石穿——论生物课堂中的德育渗透》		
晏凌云	《对醴陵四中高考生物复习迎考的几点体会》		
周勇辉	《提高高中英语课堂效率之我见》		
瞿　意	《浅议学生自主学习英语能力的培养》		
汤　琼	《新课程形势下如何运用五环教学模式提高历史课的实效性》		
喻德玄	《以师爱激励学生进步》		

（何开思）

醴 陵 二 中

【概况】 2010 年，学校有教学班 48 个、在校学生 2512 人、教职工 190 人。学校坚持“立足农村、以朴素的情怀、人本的理念、务实的管理、精湛的教艺、一流的质量，切实履行国民教育职责，让莘莘学子成才立业”的办学理念，实施分布式授权管理、程序化精致管理、科学型人本管理，使目标管理与动态管理、直接管理与间接管理兼顾，各职能部门协作互助。年内，学校被认定为“湖南省语言文字规范化学校；被评为湖南省“优秀考点”；曾凡军老师被评为醴陵市“十佳师德教师”之一，江君飞老师被评为校市“十佳教学能手”之一；唐新秋老师家庭被评为湖南省“百户学习型家庭”之一称号。

【教研教改】 一是大力开展魅力活动。利用新教师汇报课、教研公开课、优秀教师展示课、全体教师教学竞赛课等活动，精益求精地追求高效课堂，让课堂教学从“无效变有效、有效变高效”，让教师的授课由“实力变引力、引力变魅力”。全年教师撰写 90 余篇论文在报纸杂志发表或获国家、省、市教育论文奖。其中，校长丁平撰写的《精雕细琢，魅力无穷——浅谈如何打造魅力课堂》在《新城市报》、醴陵教育网上刊载。二是加强教师培训，特别是加强对青年教师培养。启动了“末位淘汰制下的大循环机制”，加强对青年教师的传、帮、带，在课堂教学、德育能力、思想引领等给予有效指导，使他们迅速完成专业化成长，人人能挑重任。三是着力打造数学、艺体、科技创新“三个优势”科目，着力推进“名师工程”。

【教学科研】 2010 年，全校高考二本一次性上线 356 人，二本上线率、上线人数分别列株洲地区 15 所省示范性高中第四、第五名；学校获教学质量管理突出贡献奖；校长丁平获株洲市局高考目标管理一等奖、高三年级组获高考目标管理特等奖。在参加株洲市“三好杯”运动会中，分获男团、女团第三。在科技创新中，学校获中国尚德创意大赛团体三等奖，学生创新作品分获国家级铜奖、三等奖和省二等奖。

【德育教育模式】 2010 年，按照

“一年布局、两年攻坚、三年提质”的总要求，全方位、高水准地实施了《醴陵二中德育月工作目标体系方案》，取得了显著成效。一是完备德育工程。《醴陵二中德育月工作目标体系方案》，明确了每个月的学校德育主题（坚持每月一主题、每月一中心）。从整体方案到子方案，从部门负责人到落实的具体措施，均建立了系统化管理。二是全员德育管理。《醴陵二中德育月工作目标体系方案》将每月德育主题划分给不同分管领导和处室，调动全体教职员工直接参与到德育管理当中来，从整体上提高全员德育水平。三是精细德育过程。从落实细节到总结、评价，负责本月活动的领导全程监督和指导，真正做到每个环节精细巧妙，每个活动确保实效。四是凸显德育成果。通过一系列评比活动既给学生展示自己的平台，又潜移默化地使中学生逐步走上良好发展轨道。开展了“与陋习告别、和文明握手”，“牵手长郡、走进新农村”社会实践，“维护校园、清洁校园”劳动德育一体化，“自己动手、美化寝室”温馨寝室竞赛，“慰问‘五保’户、扶贫助残”，“弯弯腰工程”、爱国军训国防教育活动等。通过一系列有益活动的开展，无不渗透着德育工作理念，真正让德育如春风化雨，深入人心。

【“七十周年”校庆】 2010年，是醴陵二中建校七十周年。学校党政班子从“聚精会神抓教学、一心一意谋质量”的根本出发，本着“隆重务实、节俭低碳、时尚简约”的原则，改革创新、不落俗套，以网上纪念、离退休教师座谈会、校史报告会、校内庆祝会、文艺汇演、师生会餐、简易纪念品、象征性校庆红包等校内活动形式，开展了七十周年校庆。这种纯校内活动的庆典方式，既弘扬了传统，又凝聚了人心，受到了上级领导、社会各界和师生员工及广大校友的一致好评。校庆期间，“二中校园网”总点击量上万次，校友祝福留言3000余条。

2010年醴陵二中教师论文发表及获奖情况

表13

姓　名	论文或课件名称	获奖级别	授奖或发表单位
唐新秋	《农村高中英语学困生的成因分析及帮助研究》	发表	《当代教育论坛》2010年第1期
	《反思性教学——教师专业成长的阶梯》		
张　岭	《高中数学新课程与信息技术整合有效性的理论思考与实践》		
曾韶林	《基本不等式一清二白(800词)》		《中学生报》
张迎春	《命题作文如何打开思路》		《语文教学之友》2010年第7期
朱世荣	《复杂多样的当代世界(高考题问题诊断)(960)》		《考试报·文科综合》
	《中国资本主义的产生发展和半殖民地半封建社会的形成》		
	《现代中国的政治建设与祖国统一》		
易昭良	《历史电化教学与人文现实结合的初探》(非逐级呈送)	三等奖	中央电化教育馆
陈明华	《谈新课程背景下的史料教学》	一等奖	湖南省继续教育研究会
丁　平	《营造一流工作氛围,实现学校持续发展》		湖南省教科院
何鸣镝	《高考材料作文如何审题》		
李选风	《借课改之风、助效率提升》		
易　钢	《高中数学概念教学初探》		
何立群	《新课程实施下高中化学探究性实验的认识与实践》		湖南省教育学会
何鸣镝	《让高中学生爱诗写诗》		
张迎春	《议论文写作教学谨防八股化》		
何鸣镝	《议论文如何使用论据》教学设计		湖南省电教馆
江来香	《浅谈现代信息技术在高中思想政治课堂教学中的运用》		
李选风	《闭合电路欧姆定律》(课件)		
杨爱清	《抗日战争》(课件)		
丁　琼	《Wish you were here,Welcome to the Unit》	二等奖	
江来香	《人民民主专政的本质是人民当家作主》(课件)		
兰铁军	《世界是普遍联系的》(课件)		

续表 13

<table>
<tr><th>姓　名</th><th>论文或课件名称</th><th>获奖级别</th><th>授奖或发表单位</th></tr>
<tr><td>马　婷</td><td>《Project,Unit 2 Module 5》</td><td rowspan="4">二等奖</td><td rowspan="4">湖南省电教馆</td></tr>
<tr><td>刘万里
漆建敏</td><td>《涉江采芙蓉》(教学设计)</td></tr>
<tr><td>谢许生</td><td>《建国以来的重大科技成就》(教学设计)</td></tr>
<tr><td>易晓玲</td><td>《太平天国运动》</td></tr>
<tr><td>丁　平</td><td>《精雕细琢魅力无穷》</td><td rowspan="22">三等奖</td><td>湖南省继续教育研究会</td></tr>
<tr><td>易晓玲</td><td>《如何让你成为学生眼中的魅力老师》</td><td rowspan="2">湖南省教育学会</td></tr>
<tr><td>兰铁军</td><td>《紧跟时代步伐，提高课堂效率》</td></tr>
<tr><td>陈立文</td><td>《论新课标下信息技术与高中数学教学整合的有效性研究》</td><td rowspan="3">湖南省继续教育研究会</td></tr>
<tr><td>唐新秋</td><td>《惩罚源于责任》</td></tr>
<tr><td>余艳飞</td><td>《我有一个梦想》(录像课)</td></tr>
<tr><td>胡珍贵</td><td>《如何创设物理情景激发学习兴趣》</td><td rowspan="16">湖南省教科院</td></tr>
<tr><td>刘小军</td><td>《浅谈学生心理与高中美术鉴赏的有效教学》</td></tr>
<tr><td>汪建平
余艳飞</td><td>《高山流水,千古－知音》</td></tr>
<tr><td>曾韶林</td><td>《班级德育的分层执教浅析》</td></tr>
<tr><td>张小林</td><td>《在新课程改革的教学实践中做活政治课堂》</td></tr>
<tr><td>何非凡</td><td>《走近合同》</td></tr>
<tr><td>雷向军</td><td>《沙之书》(教学设计)</td></tr>
<tr><td>李喜欢</td><td>《How to do well in reading comprehension》</td></tr>
<tr><td>刘万里</td><td>《浅谈运用多媒体技术激活政治课堂》</td></tr>
<tr><td>鲁　娜</td><td>《桃花源——中国文人心中永远的精神家园》</td></tr>
<tr><td>彭焕新</td><td>《新课改下探究式地理教学点滴》</td></tr>
<tr><td>汤雪斌</td><td>《紧握文言教学之珠》</td></tr>
<tr><td>唐新秋</td><td>《认同——走进学生心灵的钥匙》</td></tr>
<tr><td>文红波</td><td>《浅谈中学数学教学中《几何画板》的妙用》</td></tr>
<tr><td>张迎春</td><td>《作文审题中如何审题目或话题》</td></tr>
</table>

2010 年醴陵二中教师竞赛及辅导获奖

表 14

<table>
<tr><th>姓　名</th><th>标　　题</th><th>奖励级别</th><th>授奖单位</th></tr>
<tr><td rowspan="2">张久林</td><td>《摩托车超速蜂鸣安全帽》</td><td>铜奖</td><td>中国宋庆龄基金会</td></tr>
<tr><td>《柱体喷漆枪头》</td><td rowspan="5">二等奖</td><td>湖南省教育厅</td></tr>
<tr><td>易　萍</td><td>辅导学生罗裕获中学生物竞赛</td><td rowspan="4">湖南省生物竞赛委员会</td></tr>
<tr><td>何立群</td><td>辅导学生黎奥参加中学生化学竞赛</td></tr>
<tr><td>何志刚</td><td>辅导学生黎奥参加中学生化学竞赛</td></tr>
<tr><td>黄水生</td><td>株洲市高三英语复习调教课竞赛</td></tr>
<tr><td>唐新秋</td><td>株洲市高三物理复习调教课竞赛</td><td>一等奖</td><td>株洲市教科院</td></tr>
<tr><td>丁佳水
张久林</td><td>《电器节能自动控制器》</td><td>二等奖</td><td>株洲市科学技术协会</td></tr>
</table>

（何鸣镝）

湖南轻工高级技工学校
株洲先锋高级中学

【概况】 2010年是“十一五”规划的收官之年、“十二五”规划发展谋划之年。湖南轻工高级技工学校、株洲先锋高级中学(以下简称“学校”)在各级政府部门和省轻工盐业集团公司正确领导和大力支持下,进一步巩固、深入学习实践科学发展观成果,紧紧围绕学校远景发展目标和战略规划路线图,全校教职员工在学校党政领导班子带领下,团结一致,奋力拼搏,求真务实,努力奋斗,积极探索并实践“产学研一体、多层次办学”的教学模式,不断拓宽办学方式,积极应对市场需求,坚持“制度管理与人本管理”相结合,不仅关注学生全面发展、个性发展,而且引导教职员工增强发展、忧患意识,以“三风建设”(即:学风、校风、教风)为突破口,促进了学校各项事业的持续发展。全年招收新生810人;实现财务总收入3354.53万元、完成年初预算收入3000万元的111.8%。年末拥有固定资产6788.09万元,国有资产保值增值率102.06%。

【教研教改】 2010年,学校强化教研教改工作,进一步推进创新教育,始终把“教育创新、教改创新、管理创新”贯穿于教育教学全过程,建立了“以职业能力为本位、以职业实践为主线、以项目课程为主体”的阶段性模块化专业教学体系,以“学生为主体、教师为主导”的教学模式真正得到落实。围绕“培训、观摩、研习、常规检查、兴趣小组”等内容,组织开展了各级各类教研活动。10月,选派9名学生、2名教师,分别参加了湖南省人力资源和社会保障厅组织的湖南省技工院校职业技能竞赛暨全国技工院校职业技能竞赛湖南地区选拔赛、计算机职业技能大赛技能比武,其中获三等奖1人、优秀奖10人;电子专业张铁钢同学被选送为代表湖南省参加国家级技能比武。

年内,陶瓷美术部启动了“产教结合”专业模块教学、陶瓷工艺美术、陶瓷工程专业教材自编工作。全面推广项目教学法,把文化、美术基础课和专业技能课的教学内容模块化、课题化,分模块组织教学,分课题组织实习与考证。陶瓷工艺美术和陶瓷艺术工程专业人才培养方案已完成可行性论证报告。承接了中南海礼品瓷及有关党和国家领导人外交礼品瓷研发。以“湖南醴陵国瓷研究所科研平台”为基础,成立了“醴陵釉下五彩艺术文化交流中心”。该中心建成,成为展示和传播醴陵釉下五彩艺术文化和对外宣传的一个重要窗口。年内,学校国家非物质文化遗产——醴陵釉下五彩技艺代表性传承人邓文科工作室,已向文化部申报“国家级传承基地”。

【课堂教学】 2010年,高中部全面落实新课程理念,强化教学管理,确保课堂教学有效高效。全年高二学生在参加全省学业水平考试中,九科同时合格学生合格率达85.3%,排列本市普通高中第四;高三学生高考上一本线1人、二本线11人、三本线37人。10月,先锋高级中学通过了“株洲市示范性普通高中”的复评,并被确定为“株洲市示范性普通高中”。

【师德师风建设】 2010年,以“基层党组织深入开展‘创先争优’活动”为契机,在教职员工中开展了思想政治工作,修订、完善了《师德规范》、《师德考核细则》。在实践中,学校充分发挥领导干部和党员的模范带头作用,呈现出“积极学习、科学发展、文明和谐”的校园氛围,涌现出了一批爱生爱教、乐于奉献的师德标兵。牢固树立“德育为首、立品为先”治校方略,始终把“创安、创卫、创文明”结合起来,深入开展“文明校园建设”,扎实有效地推进了学校德育工作。开展了“清明节”扫墓、“学雷锋活动日”等社会实践活动,使学生牢固树立革命传统教育、中华传统美德教育和高尚道德情操,培养学生热爱劳动、热爱家乡、保护环境等良好思想品质。通过开展以“我的职业生涯设计”、“校园里讲诚信”、“崇尚科学、关爱生命”为主题的读书教育活动,引导学生树立正确世界观、人生观、价值观。通过继续开展“文明学生”、“文明班级”、“文明寝室”评选活动,扎实有效地推进学校的德育工作。坚持以“班风建设”为核心,以“学生的个性发展”为本,注重开发学生多元智能,大力开展各种主题教育系列活动。以“第四届校园文化艺术技能节”为切入点,组织开展了田径运动会、班级大合唱、班级篮球赛、演讲比赛、十佳歌手比赛、书法美术作品竞赛、作文竞赛、各专业(学科)技能比武、“红色旅游”等系列活动。通过系列活动,进一步加强了班级凝聚力,增强了学生遵章守纪及维护班级集体荣誉自觉性,全面促进了学风、班风、校风建设,为学生学习、生活营造了一个良好的人文环境。

【校企合作】 2010年,校企合作培训是学校与企业之间开拓校企合作的又一个新桥梁。全年学校培训合作的企业有华联瓷业、泰鑫陶瓷、新世纪陶瓷、华鑫电瓷、湖南三电、浦口电瓷等陶瓷、电瓷、电力行业。共培训省、市高技能、农村劳动力技能、“阳光工程”、移民、爆破员、安全、创业等各级各类培训班62期、4109人。此外,在校成人学历教育142人,其中有93名学员完成了在籍学员学习管理、学科考试和毕业办理。全年新招武汉理工大学网络教育成教新生53人。

【职业技能鉴定】 2010年,学校共组织2500余人职业资格技能鉴定。其中,农民工培训的陶瓷、烟花、钳工、家电等职业(工种)1500余人;高技能人才培训的维修电工、陶瓷等职业(工种)300余人;在校学生的维修电工、钳工、焊工、计算机操作员、办公应用、计算机辅助设计、图形图像处理、电子商务员等近10个职业（工种)700余人。学校职业技能鉴定所、高新技术考站迎接了省、市劳动部门的年度审查。年内,在省人力资源和社会保障厅职业技能鉴定专家委员会的指导下,开发了陶瓷专业等九大工种的鉴定标准、鉴定题库。12月28日，成立了湖南省职业技能鉴定专家委员会陶瓷专业委员会。

【学生就业】 2010年，学校与全国各地知名企业联系,积极服务学生,做好学生就业、校外实习工作。截至6月,先后有200余名毕业生被推荐录用。积极倡导学生自谋职业,全年先后举办5期创业培训班,培训毕业生200余人,学生就业率达95%。（胡 晟）

醴陵市陶瓷烟花职业技术学校

【概况】 2010年，醴陵市陶瓷烟花职业技术学校（以下简称“学校”)有教职工156人(含外聘);有在校学生3455人，其中全日制学生1818人；有全日制教学班45个。年内,开设了陶瓷美术、花炮生产与管理、计算机应用(含平面设计与网络工程方向)、建筑施工与管理、会计、机电技术应用、汽车运用与维修、电子电器应用与维修、酒店服务与管理、旅游服务与管理、学前教育等12个专业。年内,学校在湖南省县级人民政府职业教育督导评估工作中被评为“优秀”,在株洲市教学工作督导中,被评为“教学管理先进单位”;在市教育局目标管理考核中获一等奖;学校与湖南华联瓷业有限公司联合主办的株洲醴陵华联瓷业职业技术学校获“地方产业人才培养突出贡献奖”。校长郭米红被株洲市委宣传部、教育局、株洲日报社评为“师德标兵、榜样株洲”2010年株洲市“十佳校长”之一;李艳老师被评为株洲市“骨干教师”和醴陵市“十佳学习型党员标兵”之一;赖志炎老师被评为醴陵市“十佳教学能手”之一、王寄平老师被评为醴陵市“十佳班主任”之一。

【“三步走”战略】 2010年,学校确定了“十二五”规划发展“三步走”的战略目标。第一步:2011年,国家重点中等职业学校挂牌、申创“湖南省示范性中等职业学校”。第二步:2012~2013年,申创“国家中等职业教育改革发展示范学校”、“国家地方特色中等职业学校”。第三步:2014~2015年,争创“全国100所国际对外交流标志性职业学校”。根据发展规划,全年校园面积扩大到7.33公顷。未来五年，校园面积将逐步扩大到33.33公顷,办学规模达3500人以上。

【基础设施建设】 2010年，陶瓷烟花实训大楼(一期)工程建设完工。安装了电子显示屏、多媒体教室设备、计算机室、校园广播和恒压供水系统。完成了学校变压器扩容、搬迁,解决了困扰学校发展多年的用水用电难题。新修了花坛,硬化了学校道路,新建了停车场,修缮了学校围墙;对新划拨土地填充了土方。改造了食堂,采用油气混合燃料灶具。天然气入校工程已进入预算阶段;清华同方融资项目的塑胶操场正在建设中。

【队伍建设】 2010年,学校队伍建设注重队伍的思想政治建设和业务素质提升,尤其注重培养专业教师的动手能力和实践操作技能。通过校本、远程、骨干教师培训和高校送培、顶岗实训、拜师学艺等形式,打造了一支“学习型、研究型、创新型、技能型”的新型教师队伍。全年派出20余名教师参加了国家、省、市骨干教师、高校培训,其中有6名教师参加了在职研究生学历培训。年内,有15名教师晋升为中、高级和讲师职称;1名教师获全国说课比赛一等奖、3名教师被评为省级“陶瓷工艺美术大师”、10余名教师被评为“省级评标专家”。

【项目建设】 2010年，学校迎接了省职业教育“十一五”期间的重点建设项目“省示范性县级职教中心”、“精品专业电子电器应用与维修专业”、“省级专业带头人田学寨、陈健”等项目的年度检查。其中,省专业带头人建设项目田学寨老师通过了项目验收。年内,“国家级重点中等职业学校”申报工作完成，并在11月顺利接受了省教科院的现场考察,申报材料已提交教育部审定。年内,职教中心、实训中心和学生宿舍建设项目,被列入2012年国家中职基础能力建设(二期)工程项目,预计中央投资1000万元。

【德育工作】 2010年，学校德育教育工作紧紧围绕“育人为本、德育为先”的德育工作理念,坚持“一切为了学生、为了学生的一切、为了一切学生”的指导思想,加强和改进中等职业学校德育工作。贯彻落实《中等职业学校德育大纲》和国务院《关于进一步加强和改进未成人思想道德建设的若干意见》,建立了以党总支、学生管理科、校团委、学生会、班主任、德育课教师为主,教职工全员参与的德育工作队伍,形成管理合力。以“德育主题”为依托,以“活动”为平台,开展了“诵读中华经典、传承华夏文明”德育主题活动和《弟子规》诵读大赛、演讲赛、书画大赛、征文赛和板报评比等活动。通过一系列德育主题和辅助活动,将学生培养成为热爱祖国、遵纪守法,具有社会公德、职业道德和文明行为习惯的公民。全年举办讲座6场(次),聘请了知名企业家和专家,为学生进行职业素养讲座，提高了学生综合素质。全年学生思想品德合格率100%,违法犯罪率为“零”。

【教学科研】 2010年，学校通过抓常规教学、技能比武、创意课堂等环节,深化课堂教学改革,推行模块化、项目、任务教学等现代职业教育课堂教学法,切实提高了教学质量。学生在参加株洲市职业院校技能竞赛中,比赛成绩名列株洲5县(市)第一,并获“优秀组织奖”；在参加全省职业院校技能大赛中,共获5项奖励;在参加全国职业院校学生技能竞赛中,获三等奖。学校举行了“第十届技能节”

活动,充分展现了学生技能,在 11 个专业、12 个大项、25 个小项的学生技能竞赛中,共有 154 名学生分别获一、二、三等奖、25 名学生被学校授予“技能之星”。专业建设卓有成效,构建了以“陶瓷、鞭炮烟花”为主干专业的专业建设体系,完善了各专业建设方案。教研科研硕果累累,完成了中国教育学会的《农村中职学校培养新农村建设人才的研究与实践》、株洲市教育科学院的《农村职高生流失问题及对策研究》“十一五”规划课题的资料收集、整理等结题准备工作。全年教师积极参与教育教学研究,在株洲市级以上刊物发表和获奖的论文达 30 余篇。其中,《高中诗歌“三识三析”教学法》论文,在《基础教育研究与探索》杂志上发表。

【合作办学】 2010 年,合作办学坚持拓宽思路,改革办学模式,走“校企合作、工学结合”的发展道路,继续深化与湖南华联瓷业有限公司、东风大酒店、浦口建筑工程有限公司的合作。依托专业优势,与“辣妹子”酒店、湖南将军烟花鞭炮制造有限公司签订了《校企合作协议》,并建立了良好的合作关系。引进了红玉红瓷陶瓷研究中心,并在学校建立了生产线,供学生在校期间实习实训,开创了校企合作的新模式。年内,与湖南安全技术职业学院、湖南工艺美术职业学院签订了合作协议,为加强学校教师培训和专业建设工作奠定了基础。

【招生就业】 2010 年,学校共招收新生 2077 人,其中招收全日制学生 815 人、非全日制学生 1262 人。全年学生就业率达 95%以上。

【技能培训】 2010 年,学校共开展技能培训 20 余批(次)、3076 人。培养了骨干幼师胡卉、张帮林种植大户等 10 名技能典型学员,为地方经济社会发展提供了科技支撑和人才保证。

【电大工作】 2010 年,新招电大学员 738 人。年末,电大工作站被评为株洲地区“优秀电大工作站”,周志剑被评为株洲“电大工作先进个人”。

2010 年醴陵市陶瓷烟花职业技术学校论文获奖情况

表 15

姓　名	论文题目	获奖等级	颁奖单位
刘精义	《对教育与网络游戏相结合的思索》	一等奖	湖南省教科院
程　燚	《浅谈“任务驱动”教学法在职高 < 计算机应用 > 课中的应用》		
付一红	《浅谈小组合作教学在中职计算机教学中的应用》	二等奖	
郭平凡	《探究月相变化规律及实践应用》		
贺三华	《小班化模式在实践教学中的策略探讨》		
彭兴群	活动理论应用于中职《计算机应用基础》	三等奖	
邓兰芳	《计算机教学中的创造性能力的培养》		
陈细平	《创设班级网络,构建和谐氛围》		
幸文胜	《电工技能与实训课程教学的几点思考》		
肖海祥	《谈谈怎样让课堂活起来》		
郭平凡	《多元智能理论在中职教育教学中的运用》		株洲市教科院
易根英	《高中诗歌 " 三识三析 " 教学法》	发表	《基础教育研究与探索》

(汤向荣)

市政府机关幼儿园

【概况】 醴陵市政府机关幼儿园是由市政府办公室直接管理的事业单位,成立于 1955 年。位于市瓷城大道 82 号,占地面积 5646 平方米,建筑面积 3981 平方米。2010 年,开设大、中、小、托 13 个班,有幼儿 466 名;有教职员工 60 人,离退休人员 11 人。幼师毕业于幼儿师范学校达 98%,大专文凭达 90%。其中,中教高级教师 1 人、小教高级教师 9 人、小教一级教师 8 人。年内,湖南省资兴县教育局组织 100 余名校长、骨干教师到园参观见学;株洲市“三三一”幼儿园到园参观学习。《机关幼儿园全景》、《富有活力的领导团队》、幼儿民间游戏《抬花轿》、教师节目《绿》,分别在《当代教育论坛》2010 年第四期刊登。邹金梅撰写的《幼儿园整合性陶艺教育的初步探索》、《激情燃烧 30 年》论文,分别在《当代教育论坛》2010 年第六期和《今日醴陵》报上刊登。

【基础设施建设】 2010年，投资近100万元，新建盥洗室3间，改造教学楼卫生间8间，翻新了所有教室、走廊地面，添置了玩具、衣柜、床铺、桌椅等。

【教研工作】 2010年，组织全体教师举办了《幼儿园教育指导纲要（试行）》、语言文字培训、教师“爱岗敬业”演讲比赛，创办了家园栏。开展了“庆元旦”、“家长开放日”和科学、音乐活动的公开课竞赛。迎接了省语委办到校进行语言文字检查。全年解决8名青年教师的人事代理。

年内，在湖南省幼教活动实录竞赛中，凌云老师的《小小运水工》、《烟花与花》和易萍老师的《这是谁的蛋》科学活动分别获一等奖，谭琛老师的《小小气象员》科学活动获二等奖。在市校园科技艺术节中，谭琛老师辅导的《不乖的爸爸》幼儿绘画作品获一等奖、易菲老师辅导的《2010go/go加游》获二等奖，教师的文艺节目《麻辣乖幺妹》获二等奖。文华老师被评为“株洲市幼教学科带头人”。

【保健工作】 2010年，组织新老保育员开展了《保育员的主要职责》、《保育员一日规程》、《幼儿园教育指导纲要(试行)》、《保育员工作细则》、《保育员一周消毒、搞卫生的时间安排》、《保育员技能》、《怎样有效地做好传染病的预防和措施》、《常用的消毒方法》、《手足口病的症状及传播途径》、《怎样预防红眼病》、《幼儿意外伤害的应急处理》、《普通话培训》、《怎样使用消毒柜》、《爱岗敬业》演讲比赛、《保育员业务知识》、《抽提问答》等业务知识培训和考试。各幼儿班每月通过“家园桥”向家长宣传《幼儿秋季饮食应注意什么》、《幼儿秋季防病》、《为什么孩子刚送幼儿园特别容易生病》、《冬季的保健知识》、《红眼病的预防》、《手足口病的预防》、《麻疹、水痘的预防》等保健知识，传染病的预防措施，并取得了良好效果。10月8日，市疾病预防控制中心到园进行了消毒工作检测检验，所检项目均符合《中华人民共和国GB 14934-94餐具消毒卫生标准》。9月6日，对在园2005年10月～2009年12月出生的幼儿进行了麻疹疫苗强化免疫接种，接种率达100%。12月，配合全省统一开展对2007年1月1日以后出生的幼儿进行脊髓灰质炎疫苗强化免疫接种，接种率达100%。（冯　梅）

民办教育

醴陵市德才职业学校

【概况】 2010年，醴陵市德才职业学校有教学班11个、在籍学生423人；开设了英语、韩语。有教职工39人，其中专任教师29人(其中高级教师2人、“双师型”教师13人)。内设党支部、校务委员会、工会、教导处、总务处、团委会。学校拥有总资产600万元，占地面积1.07万平方米、建筑面积7332平方米。拥有计算机室3个，语音室2个。年内，学校被株洲市教育局评为“民办教育先进单位”；获本市民办教育工作一等奖，获市教育工作目标管理二等奖；被评为市“民办学校基础设施建设工作先进单位”、“民办高中高考优胜单位”、“深入学习实践科学发展观先进单位”；被市教育局评为“先进基层党组织”。

【教育教学】 2010年，是学校为实现“第二轮跨越式发展”工作目标的攻坚之年。全体教职工紧紧围绕这一工作目标，以“德育工作”为抓手，勇于探索，不怕艰难，团结奋进，努力开创专业建设和专业学习新局面，校园文化建设创设新氛围。年内，在参加大学英语三级考试中，过级率87.9%；在参加公共英语考试中，过级率90%；在参加全国信息化办公工程师岗位资格证书认证考试中，过级率100%、优秀率50%；在参加全国office办公软件考试中，过级率100%、优秀率48%。75名学生在参加对外升学考试中，上线率、录取率分别达100%。其中，本科8人。

【招生就业】 2010年，针对再次面临生源锐减的严峻形势，学校制订了周密招生计划，全面实行招生周汇报制度。全年招生4个班、166人，其中高考班1个、韩语班1个、就业班2个。全年毕业学生225人，其中75人参加了对口升学，被高等院校外语专业录取75人。全年推荐进入高等院校学习7人，出国工作22人，担任省内外英语学校英语教师29人，到深圳、上海等地外资或中外合资企业担任文员92人。全年毕业生就业率（含升学）达100%。

【德育工作】 2010年，学校总结、完善了日常行为规范教育的管理经验和措施，进一步推动德育工作，提升德育工作的层次，扩大、充实思想教育内容；扩大日常行为规范创建范围，建立了完备的评价体系，深入发掘学生的闪光点。充分发挥德育工作课堂主渠道作用，把德育目标纳入教案(学案)目标体系。并每周增加了一个课时的德育工作时量，与原有的思想品德课配套，单周由班级安排，双周由学校安排。开展了以“人格教育”为核心，以“社会公德、职业道德、家庭美德、个人品质教育”为主要内容的系列活动。年内，先后举办了“携手文明、共建美好家园”、“方向比努力更重要”、“能力比知识更重要”、“健康比生活更重要”、“生活比文凭更重要”、“情商比智商更重要”、“责任与人生”、“习惯与人生”、“感恩与人生”的主题班会和“爱父母”、“爱自己”、“爱祖国”等知识讲座。新设了“心港”心理健康咨询室，确立了专人负责，建立了工作制度和工作计划，成立了“心理健康爱好者小组”。举行了“春季健康知识”、“女性青春期教育知识”、“心理健康知识”等讲座，解决了新生代学生普遍存在的突出问题和个别学生严重的心理缺陷。

组织了“学唱红歌”、“一学期唱好6~8首红色歌曲”，每期组织4次观看红色电影等活动。团委会适时组织学生开展影评和读书活动，将优秀学生、优秀孩子、优秀公民融为一体，陶冶了学生的政治素质、思想素质、道德素质。

【教研教改】 2010年，紧扣教学这个中心，抓住教材、教师、教法中职教研内涵发展的三个要素，落实教学过程目标化、教学管理规范化、学习氛围愉悦化，学科活动经常化措施，进一步探索开放式教学模式。开展了“一人一课、多人一课”、“名师讲坛”活动，打造出了语文、数学、英语语法、书法、体育、职业英语、礼仪等精品课、示范课。学校与浙江玉环卓越英语培训学校、新加坡丽星邮轮公司、深圳洋华光电有限公司、醴陵市多家企业和20余所学校建立了实习基地，签订了实习合作协议，实行了订单式培养。

【校园文化】 2010年，学校各班级根据学校办学方向、育人目标，制订了班级班训、班风、班级奋斗目标、成长意志、个人座右铭、班级文化陈设、班级个性风格布置等，不遗余力地展示了班级人文素养。各班级以自己独特的形式每期召开主题班会4次以上。开展了“六星”(即:学习进步之星、文明之星、仪表之星、进步之星、纪律之星、卫生之星)和“秀慧女孩”活动，共评出班级“六星”54人、校级“六星”18人，“秀慧女孩”31人。通过各种校园文化的开展，极力打造出了优秀的班级文化、食堂文化、寝室文化。

2010年醴陵市德才职业学校论文获奖情况

表16

姓 名	论文题目	获奖情况
付山林	《谈计算机实训课如何引导学生自主学习》	株洲市二等奖
胡聪明	《如何让学生主动参与课堂的几点情况》	
黄淑玲	《提高英语课堂效率的几点思考》	
钟海燕	《职高班主任工作的点滴体会》	
侯 萍	《浅谈语言艺术在体育课中的运用》	
唐景婷	《浅谈中职学生的养成教育》	株洲市三等奖
张笑明	《浅谈校园英语角》	
顾 芳	《浅析如何做好“90后”学生的思想教育工作》	

(丁芳荣)

文化·体育·新闻

文　化

【概况】 2010年，醴陵市文化体育局、新闻出版(版权)局内设办公室和文化艺术、群众体育、文化市场管理、新闻出版(版权)、文化产业股6个股室。下辖文物局(博物馆)、文化馆、图书馆、电影公司、花鼓戏剧团、醴陵剧院、李立三同志故居管理所、体育运动学校、文化市场稽查大队9个二级机构。有干部职工198人，其中在岗108人、下岗90人。

全年全市文化体育工作紧紧围绕市"城市三创"中心工作，认真落实文体系统"创卫"工作职责，确保文体系统卫生合格率达100%。牢牢把握"五个好"(即:领导班子好、党员队伍好、工作机制好、工作业绩好、群众反映好)、"五个带头"(即：带头学习提高、带头争创佳绩、带头服务群众、带头遵纪守法、带头弘扬正气)的要求，深入开展"创先争优"活动。突出文体工作特色，推出了"千场电影下基层"活动，将一批优秀电影作品送到社区、农村，取得了较好成效。切实推进文体系统学习型党组织建设，营造良好的学习氛围，使机关学习蔚然成风。全力推进作风建设，完善机关管理制度，毫不松懈地抓好"四治"(即:赖、散、玩、浮)工作，打造了一支纪律严明、战斗力强的文体队伍。扎实推进系统语言文字工作，以"用语用字标准化、规范化"为目标，加大宣传力度，促进语言文字工作与文体事业的双赢。同时，安全生产、社会治安综合治理、人事人才、计划生育、档案管理、信访等工作，按照上级要求全面完成了各项工作任务。

全市有基层文化站30个，民间职业剧团16个，铜管乐、电声队、锣鼓班子、腰鼓队90个；从事文艺工作人数1.2万人。年内，醴陵市被株洲市评为"2010年非物质文化遗产普查先进集体"；被新闻出版总署评为"全国新闻出版系统'五五'普法先进单位"；被株洲市评为"新闻出版(版权)工作红旗单位"。沩山古窑址所处的沩山村成功申报为"湖南省历史文化名村"，李立三故居被评为全国"AAA"级优秀旅游景区和本市"文明窗口单位"、"文明卫生单位"。

【文艺创作】 2010年，文艺创作作品在参加湖南省第二届"湘人湘歌"大赛中，文化馆史晓林创作的歌曲《家乡的油纸伞》获银奖。《科学发展好前程》节目，在参加"中华颂第二届全国小戏小品曲艺大展"中，被评为曲艺类二等奖；小戏小品《非常年夜饭》获株洲市第三届"炎帝文艺奖"(优秀作品奖)三等奖。在参加湖南省首届农民文艺会演中，《思情鬼歌》获"丰收奖"。

【群众文化】 2010年，成功举办了全市"抗洪救灾慰问演出"、"首届中秋赏月晚会"、神韵湘西写生汇报展、醴陵市广场舞暨全民健身社会体育指导员培训启动仪式、白兔潭镇"田心大舞台"《烟花故里闹新春》文艺晚会等大型文艺活动20余场(次)。与市广播电视局成功举办了"2010年春节联欢晚会"；与市文联共同组织策划了"2010年走进湖电虎年迎新春"联欢晚会；协助浦口镇举办了"祝福祖国"庆祝中国共产党建党61周年文艺晚会、教育局"庆祝第26个教师节暨第三届校园科技文体艺术周"大型庆祝活动、烟草局"党在我心中"歌唱比赛、"华瓷与祖国同欢乐"大合唱比赛等文艺活动30余场(次)。全年送戏下乡演出210场，其中免费送戏下乡演出144场、观众11万余人。认真落实"十一五"期间农村公益电影放映工程，全年放映电影4060场，惠及群众100万人次。全年累计送书下乡1270册。切实推进基层文艺辅导工作，全年组织老年大学等10余家文艺团体定期开展了业务培训，共培训3000余人(次)。通过一系列大型文化演出活动，向全市人民汇报了醴陵市年度内文化艺术事业所取得的成就，展现了全市文化艺术事业美好的发展前景，促进了全市农村文化、企业文化、机关文化、校园文化等多元文化的和谐发展。

【市花鼓戏剧团】 2010年，市花鼓戏剧团全年演出202场，较好地完成了省"为民办实事"项目送戏下乡144场的演出任务、观众达15万人次；实现演出收入18万元。年内，恢复并排练了《三子贵》、《认祖归宗》、《三打平贵》等大型古装戏。同时，配合市政府参加了"抗洪救灾"义演活动；与市检察院合作上演了宣传法律法规小品《探亲》;参加了“全国陶瓷艺术大师评比”晚宴的文艺活动。

【文物管理】 2010年,市文物管理局成立了“渌江书院管理所”。全年馆藏上级别文物400余件,全年新征集文物158件(套);新添置了全封闭文物架柜、防虫樟木箱和恒温、防潮设备,达到了国家二级防范标准。全年接待游客18万人次。

年内,完成了“全国第三次文物普查”资料整理、汇总,复查各类文物点108处,新发现各类文物点495处(其中,有遵道中学旧址、兰谊学校、孙家湾乡的“宋代古瓷窑址”和建于1843年的“塘家渡渡口茶亭”等文物)。年内,按照“第七批全国重点文物保护单位”申报要求,申报了先农坛、东富寺、沩山醴陵窑、渌江书院、渌江桥、李立三故居、陈明仁故居、遵道中学旧址、兰谊学校等9处文物。其中,渌江书院、沩山醴陵窑、渌江桥、先农坛、东富寺、李立三故居入围“第七批全国重点文物保护单位”。同时,将起元塔、彭氏纪念牌坊、陈觉墓、遵道中学旧址、兰谊学校、南四区苏维埃旧址等6处申报为“省级重点文物保护单位”。下发了《关于公布醴陵市第一批地下文物埋藏区域的通知》,成立了醴陵市文物单位消防安全大检查领导小组,与全市文物保护单位责任人签订了《文物保护责任书》。完成了沩山醴陵窑、先农坛、东富寺、渌江书院等9处文物保护单位的电子档案工作和全市56处文物保护单位的标志牌设置。将全市300余处文物点的挂牌保护工作纳入2011年工作计划中,并列入了财政预算。启动了沩山窑—“月形湾窑址”、陈明仁故居、天符殿、渌江书院管理所等重点文物保护单位的修缮工程。

年内,对市辖区内的长庆路、塔前路、青云名邸(二期)等36处工地,进行了考古调查和勘探,共勘探49.07万平方米,收取费用24万余元。配合湖南省考古研究所对西气东输二线工程、岳汝高铁等工地,进行了考古调查和枫林市乡宋元窑址的抢救性发掘。对岳汝高速(醴陵段)建设开发有限公司执行了停工行政处罚。市财政安排资金800万元,收藏了“第二届陶瓷艺术大师评审”活动中的参评陶瓷珍品作品158件。举办了“醴陵近现代知名人士展”、“醴陵精品陶瓷展”。开展了“5·18”(世界博物馆日)、“6·12”(第五届中国文化遗产日)等系列宣传活动。年内,选派有关人员参加了全国文物行政执法人员(第三片区)、田野考古培训班和刘少奇纪念馆举办的讲解员培训班。

【文化市场管理】 2010年,成立了市电游协会,建立、完善了文化市场群众监督和举报奖励制度,进一步加大了文化市场管理的整治和宣传力度,查处文化市场网吧案件5起、电游案件33起、新闻出版市场书刊案件3起、音像案件2起。完成上级来信、督办函、提案6起,联合乡镇、街道办事处开展校园周边环境整治行动2次。全年共出动巡查队员3580人(次)、车辆895台(次),检查文化市场经营单位600余家,查处违规经营行为30起,下达整改通知书47份。先后开展了文化市场安全生产大检查、“扫黄打非”、“保考禁噪”、“城市三创”、文化市场集中整治和“黑网吧”、“五小”行业、校园周边环境等专项整治行动。在全市154家网吧中,全面推行了“网吧集中视频监控”技术平台建设,安装了“网乐潇湘网络”文化管理服务平台。完成了城区75家网吧、29家歌舞厅的“城市创卫”工作,查处违规经营游艺场所10家。

【文化产业】 2010年,全市有各类文化企业323家,从业人员1万余人;实现营业总收入3.09亿余元。已初步形成演出、展览、文化娱乐、文化旅游、艺术培训、印刷、出版物发行、电影放映等众多行业门类的文化产业发展体系。年内,引进了湖南潇湘电影集团入资醴陵,成功打造了醴陵首家五星级电影城——潇湘电影城。

【图书事业】 2010年,制订了图书馆“十二五”发展规划,与省公共图书数字资源共享中心签订了《湖南省公共图书馆数字资源共享协议》,上报省、株洲分中心信息12种、15册,有《根在醴陵》、《炎帝广场》、《醴陵东城萧氏六修族谱》等。市图书馆全年接待读者约3.2万人(次),借阅书刊4万余册(次)。其中,地方文献室开放66次、接待读者查询服务182人(次);电子阅览室开放66次、接待读者800人(次);共享工程开放20次、接待2000人(次)。姜湾社区、五里牌、车顿桥分馆累计开放355天,共接待读者8600人(次)。全年征集地方资料37种,其中家谱2套、醴陵籍人士赠书31册。年内,《醴陵市图书馆建馆八十周年纪念文集》由湖南人民出版社出版。开展了“六进”(即:进机关、进企业、进村组、、进社区、进家庭、进校园)评选活动;完成了“农家书屋工程”建设工作,其中孙家湾乡被评为株洲市“十佳书香村组”之一、王仙中学被评为株洲市“十佳书香校园”之一。

年内,根据省、株洲市“三湘读书月”的有关精神,组织举办了书画艺术讲座、表演等读书活动。组织姜湾小学开展了“一次红领巾读书”竞赛活动;与市新华书店联合运作、开展了“汽车书店”,为机关、社区和乡镇送书上门服务。通过“流动图书馆”走出馆门,深入基层现场服务,全年各乡镇农家书屋、文化站累计赠送各类书籍1270册;在参加“世界遗产日”的街头宣传活动中,共发放宣传资料500份。在开展“你读书我买单”活动中,400余名读者踊跃参加了无偿办证、借书,流通新书1000余册。协助市文联举办了“神韵湘西”写生汇报展览,参观者1500余人(次)。在参加由市委宣传部举办的醴陵市“颂伟大祖国、看瓷城巨变”主题征文暨第三届书信文化活动中,屈继元、谢跃先的作品分别获三等奖、优胜奖。在参加市新农村建设工作领导小组办公室举办的“醴陵市新农村建设摄影大赛”中,屈继元的《黄花夕照》摄影作品获二等奖。在参加由市总工会、市文联联合举办的“醴陵市‘国税杯’我为‘三大战役’鼓劲加油职工书法大赛”决赛中，屈继元作品获优秀奖。年内，《湖南省公共图书馆通讯》刊登信息3篇；为《文体简讯》报送信息6篇；为《醴陵党校》刊物报送信息2篇。年内，谢跃先撰写的《浅论县市级图书馆知识服务工作的开展》、屈继元撰写的《面向决策、创新实践》分别在中国图书馆学会专业图书馆分会举办的“知识服务2010年——面向决策支持的知识服务”中获优秀论文奖；屈继元撰写的《论公共图书馆思想政治工作开展的重要性》在第九届中国社区乡镇图书馆发展研讨会举办的“图书馆创新服务与可持续性发展”中获一级奖；李拥军撰写的《运用思想政治工作调动农家书屋管理员积极性探讨》在《研究与探讨》刊物上发表。

【电影事业】 2010年，为丰富农村群众精神文化生活，大力实施“农村电影数字化放映工程”，按照国家发改委关于“每23个行政村配备1套数字电影放映设备的标准”规定，全市配备数字电影放映设备14套。年内，加入了株洲市农村数字电影院线公司，引进了3D、2K数字放映设备；组建农村数字电影放映队14支；开展了“千场‘创先争优’系列影片瓷城基层行”、“金秋送电影进工地、进企业、进社区”活动。其中，在“创先争优”系列活动中，精选了《党员吴显才》、《任长霞》、《人民至上》、《村支书张仁和》、《龙门轶事》等优秀爱国主义和新农村建设影片，在全市各乡镇、街道办事处、企业中，采取“流动放映和城区各广场定点放映”相结合方式，为基层党员群众放映。其中城区的状元洲文化公园、电信大楼、火车站等市民休闲聚集区放映点，深受广大基层党员群众欢迎。全年完成农村公益电影放映4060场，其中胶片电影1544场、数字电影2516场，观众达100万人(次)。

【新闻出版（版权）】 2010年，制定了《2010年“扫黄打非”行动实施方案》，开展了“扫黄打非”专项行动，检查经营单位100余家，出动车辆30余台（次）、稽查执法人员300余人（次）；收缴各类非法出版书籍600余本、盗版光碟200余盘；查处非法出版案件2起。配合株洲市新闻出版局完成了醴陵市54家印刷企业的审核登记，年检、换证了市59家书刊、音像制品、打字复印市场。全年组织全市印刷企业54家、打字复印店23家、书刊店22家和14家音像制品店人员进行了法制培训。

【非物质文化遗产】 2010年，国家级非物质文化遗产（以下简称“非遗产”）“醴陵釉下五彩瓷烧制技艺”的保护和传承进一步深入。确立了“红官窑”瓷业有限公司、釉下五彩国瓷研究所、醴泉窑艺瓷艺堂、官润窑艺术瓷厂、艺林美术瓷厂、希灵陶瓷制造有限公司、五彩堂瓷艺馆、正华瓷艺馆、楚魂窑艺术瓷厂、汉搏精瓷工艺厂、“红瓷典”瓷业有限公司、振美艺术瓷厂（第一批陶瓷企业）为醴陵釉下五彩瓷烧制技艺传承基地；设计了非遗产产品标志；设制了“醴陵釉下五彩瓷烧制技艺”宣传图册；挖掘、整理了《富里龙王祭祀》、《竹花山传说》等5项株洲市级非遗产保护项目申报资料；整理了年内申报省非遗产保护项目的民间舞蹈《星子灯》、民间音乐《思情鬼歌》资料。申报了民间舞蹈《星子灯》(李家仁、张辉)、民间音乐《思情鬼歌》(肖维奇、陈扬辉)、民间风俗《婚俗》(杨大福)、民间文学《状元洲的传说》(屈良球)、民间戏曲《皮影戏》(陈金祥、温学复)、民间风俗《花炮祖师李畋祭典》(黎龙波、谢传明)、民间武术《巫家拳》(曾庆华)、民间手工技艺《醴陵花炮制作收工技艺》(钟铁军、肖湘杰)13位株洲市级非遗产项目代表性传承人。公布了民间文学(王室象樽)等、民间音乐(十月飘、烟花调)等、民间曲艺(香山记)、民间手工技艺(沩山豆腐制作手工技艺)等、民间礼俗(龙王府祭礼）等等35项醴陵市第三批非物质文化遗产名录项目；推荐、申报了市国瓷研究所为国家级“非物质文化遗产生产性保护示范基地”。

年内，为把非物质文化遗产工作抓紧抓好，进一步加大了“非遗产”工作力度，组织传承基地企业参加了上海“世博会”、“第二届中国(福保)乡村文化艺术节——中国乡村非物质文化遗产传统工艺展”、文化部组织的“巧夺天工——中国非物质文化遗产百名工艺美术大师技艺大展”、“湖南省工艺美术展”等一系列大型展览活动。副市长李忆湘率队到北京参加了“2010年中国文化遗产传承与保护高峰论坛”，推介了“醴陵釉下五彩瓷烧制技艺”。11月，文化部非遗产司副司长屈盛瑞率省文化厅“非遗产”中心主任一行到醴陵考察“非遗产”工作，给予了高度赞誉。年末，醴陵市被评为株洲市“2010年非物质文化遗产普查先进集体”。（谢强勇）

文学艺术

【概况】 2010年，市文学艺术界联合会(以下简称“文联”)下辖作协、美协、书协、音协、舞协、摄影家协会、诗词楹联协会、戏曲影视家协会；有会员562人。其中，国家级会员11人、省级会员96人。全年坚持文艺“为人民服务、为社会主义服务”的方向，服务全市发展大局，大胆创新，创作出了一批具有思想深度和艺术感染力的文艺作品，弘扬了文艺的社会主义主旋律。年末，被评为株洲市“文联系统先进单位”。

【文艺活动】 2010年，与市美术家协会组织24名陶瓷工艺美术师，到湘西进行了为期一周的写生活动，出版了《神韵湘西—写生汇报展》作品集。9月，在市状元洲图书馆举办了“神韵湘西”写生汇报展，参观人数达8000余人（次）；株洲市文联党组书记张明慧，醴陵市政协主席陈立耀、市政府副市长李忆湘、市政协副主席、文联主席唐青柏及本市书画界艺术家陈扬龙、丁华汉、李日铭等出席了开幕式。

年内,为展示全市改革开放和新农村建设成果,市摄影家协会组织部分摄影家参加了采风活动,分赴各乡镇拍摄了有关农村新面貌照片,并于12月份在市城区鑫泰广场进行了展示。音乐、舞蹈、戏曲协会创作的节目,分别在市各类晚会上表演,并与蓓蕾艺术学校等协会单位主办了各类文化艺术节,团体会员演出60场、观众10万余人。在市教育局主办的校园艺术节上,张文密、陈紫红老师合编的《民族大团结》、《地球的控诉》节目获金奖。7月,在中国舞蹈家协会考级中,全市185名学生参加了考试,合格率100%。组织开展了工人书法大赛。先后有近百名职工书法爱好者参加,共选送楷、行、草、隶、篆等参赛作品122件(其中,有为醴陵市“三大战役”战略目标鼓劲加油的、有赞美醴陵秀美河山的、也有古今名人诗词和人生格言的)。经组委会专家评选,易武、易纯作品分别获一等奖;阳继先、彭天厚等18名选手作品分别获二、三等奖和优秀奖;湖南华联瓷业获大赛优秀组织奖。

【文学创作】 2010年,文学协会会员及文学爱好者的文学创作积极性空前高涨,广大作家在《文笔峰》、《渌水风》等文学刊物上投稿400余篇。桂新华的纪实文学《胡国生印象》在《共和国骄子》刊物上发表,并在《湖南日报》、《湘邮报》上,分别发表了纪实文学《打造平安医院、服务一方百姓》、《桃花冲那条邮路》;丁发明的《海南行》在《文学风》上发表,并在“湖南作家网”上发表作品多篇;姚武飞在湖南、株洲作家网上发表作品多篇、倾城梦雪在省级以上刊物发表诗歌多篇等。5月,在株洲市召开的第三届“炎帝文艺奖”颁奖大会上,音协会员史晓林获“‘德艺双馨’文艺工作者”(其中,肖邦祥的文学作品《肖邦祥特辑》、冯高的行草册页书法作品分别获二等奖),唐日辉的书法作品、史晓林的《非常年夜饭》曲艺分别获三等奖。12月,出版发行了《中国楹联集·醴陵卷》、《历代醴陵诗词集》。这两本书,将历朝历代的醴陵籍人士及在醴陵停留驻足的文人骚客留下的大量文学进行了收集整理,是解读醴陵历史、风物、民情的重要线索,也是弘扬传统文化、增强自豪感的重要载体。

【陶瓷文化艺术】 2010年,陶瓷文化艺术围绕市委、市政府“产业兴市”工作思路,深入宣传醴陵陶瓷文化,提升陶瓷艺术品位,促进醴陵陶瓷产业的发展。市文联组织拍摄了《醴陵陶艺大师专辑》,拍摄省级以上陶艺大师近20名;完成了中国工艺美术大师邓文科等大师的专辑拍摄,并在醴陵电视台黄金时段播出。6月,邀请湖南省美术家协会副主席、湖南科技大学艺术学院院长杨国平教授到醴陵市国税局进行学术讲座,市企业界陶艺工作人员及院校艺术类学生120余人参加。7月,市文联、市美协、市文化馆、市书画院、市陶瓷书画院联合组织市24名陶瓷工艺美术师到湘西进行写生活动。写生活动为促进醴陵陶瓷产业的发展,提升陶瓷艺术的创作能力起到了积极的作用,为文艺创作提供了鲜活的养分。

【新农村文化建设】 2010年,为响应党中央送文化下乡的号召,提高农民的艺术素养,促进社会主义新农村的文化建设,在市新阳乡清泥村村小学举办了市“第二届农民书法”培训班,邀请了知名书法老师到场授课(授课期为一年、每星期授课一次)。

2010年醴陵市主要文艺作品一览表

表17

作品名称	作　者	发表(展出)地点	获奖(发表)情况
《菊香系列》(陶艺)	黄小玲	株洲市第三届“炎帝文艺奖”	一等奖
《百合同春》(陶瓷)	王旭明		
《非常年夜饭》(曲艺)	史晓林	株洲市第三届“炎帝文艺奖”	二等奖
《肖邦祥特辑》(文学作品)	肖邦祥		
《行草册页书法作品》	冯　高		
书法作品	唐日辉		三等奖
	唐日辉	“盛世丹青、三湘风采”湖南省艺术年展	入展
	周云生		
	冯　高		
	邓元喜		
	汤耀文	湖南省书协创作作品集	入编
	杨水生	湖南省中老年重阳书画展	三等奖
		株洲市中老年重阳书画展	二等奖

续表 17

作品名称	作　者	发表(展出)地点	获奖(发表)情况
《思情鬼歌》(曲艺小品)	史晓林	全国首届农民文艺会演	丰收奖
《姐　姐》(男声独唱)	肖维奇	中央电视台《神州大舞台》	一等奖
《白兰草》(陶艺)	江　林	湖南省第四届工艺美术精品大奖赛	银奖
《曹之璜与尤侗的忘年之交》(散文)	丁水生	《湘东文化》2010 年第一期	发表
《醴陵候江淹》			
《唐代诗人韩偓流寓醴陵的“避地”之作》(散文)		《湘东文化》2010 年第三、四期合刊	
《查慎行诗咏左家洲》(散文)			
《依偎》、《纯洁》、《一张牌》、《温暖》、《套裙》、《过年》(小小说)		《作家天地》2010 年第 6 期	刊载
《海南行》(文学作品)	丁发明	《文学风》	发表
《打造平安医院、服务一方百姓》(纪实文学)	杨仕林	《湖南日报》	发表
《桃花冲那条邮路》(纪实文学)		《三湘邮报》	
《胡国生印象》(文学作品)	桂新华	《共和国骄子》	
《傻人斋随笔》(文学作品)		《百年散文名家》	
《百姓故事》(文学作品)		《小说选刊》	三等奖
《超级遥控器》(寓言)	肖邦祥	《感动小学生的 100 篇科幻》	入选
《蜘蛛落网记》(寓言)			
《飞虫与猪笼草》(寓言)			
《袋鼠妈妈的见闻》(寓言)			
《水牛的待遇》(寓言诗)		全国第九届金江寓言节	文学奖
《特别的礼物》(寓言)		全国首届张鹤鸣戏剧寓言奖	获　奖

（邓　丹）

【《醴陵文学·渌水风》】 2010 年，《醴陵文学·渌水风》(以下简称“醴陵文学”)文学期刊共出刊 6 期(60 万字)，刊登各类文学作品(诗歌)600 余篇。开设了“一路阳光”栏目，主要推介国内外为国家和家乡建设作出过贡献的醴陵籍知名人士。全年推介醴陵籍知名人士 40 余名，受到社会各界的好评。

年内，先后采访了全国著名书法家李铎（将军）、著名画家汤万清、世界知名数学家阳名珠教授、著名科学家彭道儒教授、著名核武器专家张泽明(将军)、著名地质专家苏运波、广州市方圆雕塑艺术制作中心董事长罗雪春、山西省军区副司令员何永才(将军)、海南省三亚警备区副司令员廖团武(大校)、海口警备区后勤部长邹耀(上校)、台湾影视歌“三栖明星”刘若英的父亲刘伟文、北京(原醴陵同乡会会长)谭国兴、海口市城建集团董事长肖成武、广东城建海南公司董事长邓少桂等。

年内，醴陵文学 2010 年年会顺利召开，市政协主席陈立耀参加并给予了高度赞扬。他说：“醴陵文学作为本土杂志，比较前卫；醴陵文学的领导班子，步骤一致，态度认真，素质逐步提升；醴陵文学为醴陵作出了很大的贡献，在联系海内外醴陵老乡起到了牵线搭桥的作用；醴陵文学全靠自身的能力发展，有种自强不息的精神；还要加强学习，把握时态的发展，紧跟形势，接受新事物，要以‘文化发展带动’、‘三大战役’，让城市发展牵动市民素质提升。”（杨泽南）

图 书 发 行

【概况】 湖南省新华书店有限责任公司醴陵市分公司（以下简称“公司”)隶属于湖南省新华书店有限责任公司，是中南出版传媒集团股份有限公司(以下简称“中南传媒”)旗下的一家分公司。2010 年 10 月 28 日，中南传媒在上海证券交易所成功上市。分公司是醴陵市一家有着 60 年光辉历程的国有图书音像出版物和文化用品发行企业，主要经营中(外)文图书、教材、音像制品、电子出版物、文化用品、数码产品等项目。公司始终坚持先进文化的前进方向，以“社会效益”为先，积极履行社会责任。

年末,公司获评为湖南省“A类纳税企业”,被株洲分公司评为“党风廉政建设先进单位”。

【免费教材发行】 2010年,免费教材发行工作继续贯彻落实国务院“关于义务教育阶段学生全部享受免费教科书”的政策,努力做好学生义务教育阶段的免费教材发行,严格兑现“课前到书、人手一册”的服务承诺。年内,在全省率先创建了中小学课本免费送书上门的服务模式,为全市义务教育阶段学生送书上门共计600余车、免费提供教材132.06万余册。同时,做好了教材余缺调剂工作,及时解决了学校因学生增减而产生的课本余缺,保证了学校正常的教学秩序,达到了服务“零投诉”目标。在新华园仓库设立了课本零售点,实施课本零售一站式服务,方便了广大学生对零售课本的需求。

【“三星级”门店创建】 2010年,认真贯彻公司《关于标准化门店创建》有关精神和要求,以“标准化管理”为手段,以“创‘三星级门店’”为目标,按照《门店标准化管理工作手册》的有关标准和要求,全面开展了“三星级门店”创建工作。制订了创建方案,成立了创建领导小组,明确职责。投资近20万元,改造了门店地面、消防设施,配置了计算机、完善了《标准化操作手册》等软硬件设施设备。强化了内部管理、营销措施和员工培训,调整了产品结构。通过门店创建,提高了门店的管理和运营水平,有效地推动了门店向高标准、高品质的方向发展。12月,顺利通过了省、市公司初检和复检。

【“三湘读书月”活动】 2010年,与市图书馆联合开展了“三湘读书月”系列主题活动。开展了“倡导全民阅读、共建文明醴陵”、“你读书、我买单”、“汽车书店六进”的主题活动,共销售图书1万余册,读者办理借书证153本。开展了“新店新妆新面貌、入店人人有惊喜”、“悦中秋、庆国庆”等主题营销活动10次,大力营造读书氛围,积极倡导全民阅读。积极发展会员,建立会员档案,会员可通过服务热线和市新华书店读者QQ群,享受各种超值服务。截至12月,公司拥有会员2000余名。 (丁 勇)

体 育

【体育赛事】 2010年,先后组织开展了冬季环城赛跑、第五届醴陵市“友情杯”围棋精英邀请大奖赛、市第四届“希望杯”少儿围棋定级赛、“迎春杯”门球赛、乒乓球比赛、“信合杯”广场舞邀请赛、电信“天翼杯”羽毛球赛、醴陵市全民健身日活动暨公安系统游泳赛、自行车环城活动、钓鱼联谊赛等赛事20余场。成功承办了“2010年湖南省中老年人健身球操比赛”。全省共有11支代表队、180人参加。成功举办了市首届“金荣杯”湘赣自行车邀请赛。浏阳、醴陵和江西省萍乡市等5市、215名运动员齐聚醴陵参赛,《株洲日报》、《今日醴陵》报等新闻媒体进行了专题报道,活动轰动全城。年内,体育选手在参加湖南省第十一届运动会中,取得5金、17银、21铜的好成绩。在参加“金电杯”2010年湖南省桥牌Z级联赛中,市桥牌协会选手获第四名,并进入湖南省桥牌协会的甲级队。通过组织、参加各项体育赛事,不但体现了醴陵市体育事业的蓬勃发展,而且展示了体育健儿的风采,在全市居民中营造了浓厚的体育氛围,掀起了全民健身的热潮。

【农村体育】 2010年,进一步加大了农村体育的建设力度,着力发展农村体育健身事业,扎实推进了全市农村体育健身工程,完善了农村体育设施,全年为各乡镇下拨农民体育健身器材60套。先后组织、开展了浦口镇国民体质监测和王坊镇第二届“官润荷花杯”农民男子篮球邀请赛、白兔潭镇“和谐杯”乡镇男子篮球赛等系列农民群众喜爱的体育健身运动。通过系列活动的开展,充分调动了广大农民群众参与体育健身的积极性,在各乡镇营造了浓厚的体育健身氛围。

【群众体育】 2010年,全市有各类体育健身组织12个,体育协会5个。全年市民群众健身的热情高涨,爬山、广场舞、游泳、自行车、篮球、羽毛球等健身活动成为市民日常生活中的重要组成部分,每天在市仙山公园爬山锻炼的市民人数超1万人,跳“广场舞”的市民人数超3万人。

年内,根据湖南省体育工作的有关精神和要求,为进一步加强群众体育的深入发展,在全市范围内,筛选了具备指导资格的教练,确定为市“三级广场舞”社会体育指导员48名,并将基层教练纳入社会体育指导员和地区体育人才管理范畴。同时,切实加强对基层群众体育活动的引导,先后举办了市首届广场舞领队暨全民健身社会体育指导员、市门球裁判员、第八套健身球等各类培训班。全年各类体育健身组织和协会的作用得到了充分发挥,自行车协会、老年体协、老年大学、青少年宫、蓓蕾艺术学校等,针对不同群体分别举办了各类体育活动赛事,吸引了一大批群众参与。

【“体彩”发行】 2010年,进一步加强了体育彩票发行工作,多次组织、召集举办了全市体彩工作者会议、培训、研讨,创新了体彩工作方法,重新制定了销售、奖惩规定,工作制度逐步完善,网点建设不断推进,体彩宣传工作扎实跟进,销售者积极性大大提高,销售额大幅提升。全市有体彩销售网点37个,全年完成体彩销售额630万元,比上年增长12.78%。10月,醴陵市文化体育局在全省体彩工作会议上作典型发言。

【体育运动学校】 2010年,根据省政府《湖南省体育后备人才培养条例》精神和要求,结合醴陵市后备人才的实际情况，制订了《市游泳人才培训计划》，并抓好了运动员的日常训练等工作。5月，学校全体人员参加了市“信合杯”羽毛球大赛和城管系统组织的拔河比赛。7月，参加了市公安系统组织的“金盾杯”游泳比赛。11月，学校张建安教练受国家体育总局和第十六届广州亚运会组委会的指派，参加了在广州市举办的第十六届亚洲运动会龙舟比赛，并多次到外地参加国际龙舟大赛裁判及组织工作。同时，在湘赣山地自行车越野比赛中，担任了裁判工作。

醴陵运动员参加湖南省第十一届运动会比赛成绩

（地点:湖南湘潭　时间:2010年9月）

表18

姓　名	类　别	比赛项目	名　次	备　注
杨　丹	女甲	400米	第一名	一级
		100米	第六名	
		200米	第五名	
彭　倍		4×100米接力	第二名	
欧阳志	男乙	400米	第三名	
		4×400米接力	第二名	
曾令贵	男甲		第三名	
王雅纯	女丙	女子全能	第八名	
		4×400米接力	第三名	

醴陵运动员参加湖南省中学生田径比赛成绩

（地点:湖南株洲　时间:2010年12月）

表19

姓　名	类　别	比赛项目	名　次	备　注
陈　慧	女高	标枪	第一名	
陈　媛		3000米	第二名	
彭　芳		全能	第三名	
陈　婷		4×100米接力	第五名	
凌　祥	男高	三级跳远		
谭明山		全能	第六名	

（谢强勇）

新　闻

广播电视

【概况】 2010年，市广播电视（中心）局（以下简称“广电局”）由局机关、广播电视台、湖南有线醴陵网络有限公司组成。局机关内设办公室、财务室、事业法规部。广播电视台设总台办、总编室、新闻部、专题部、民生报道部、技术部和广告一、二、三部。全局共有干部职工370人。

年内，广电局被评为株洲市“2010年度文明建设先进单位”，被株洲市广播电视局评为“广播电视工作先进单位”、“安全播出工作先进单位”；被醴陵市评为“社会治安综合治理工作先进单位”、“人口和计划生育综合治理工作先进单位”、“抗洪救灾工作先进单位”。谢华被株洲市广播电视局评为“2010年度安全播出先进个人”、胡小凤、郭汉军、钟武分别被醴陵市授予“十大杰出青年”、“青年岗位能手”称号；王卉被醴陵市评为“2010年度创卫工作先进个人”。

【宣传报道】 一是日常宣传。始终紧扣市委、市政府中心工作，坚持主动策划,正面引导,诠释党委、政府决策,解读惠民政策,向市委、市政府反馈社情民意,倾听基层心声。全年主办《醴陵新闻》260期、《零距离播报》260期,共播出新闻稿件3000余条;制作播出特色专栏《法治视点》48期、《瓷城环线》48期。二是重点宣传。年内,精心策划、组织了《三创在行动》、《两会新词典》、《市委全会报告解读》、《精彩跨越—聚焦“十一五”》、《天南地北醴陵人》、《醴瓷转方式、调结构》、《创先争优》等30余组系列和重大主题报道。围绕市委、市政府提出的打好城市提质、园区攻坚、旅游升温“三大战役”的科学决策,推出了聚焦“三大战役”的《突破一大步流星进百强》专栏;拍摄了反映“三创工作”的《三创托起新瓷城》和全市语言文字工作迎接省、株洲市评估的《字正腔圆促和谐》汇报片及反映醴陵市迎战“5·6”、“5·13”暴雨的《抗击洪灾》纪实片;采拍了反映全市经济和民生发展情况工作绩效的《江山新姿看今朝》汇报片和义务教育均衡发展成果的《百姓的欣慰》纪实片等专题片。专题片及时宣传报道了市委、市政府的工作举措,反映了全市改革、稳定、发展的丰硕成果及各条战线工作业绩,弘扬了在外醴陵人勇于奉献,追求卓越所取得的杰出成就,做到了月月有专栏,周周有重点,天天有看头,打好了宣传主动战,唱响了发展主旋律,受到了市委、市政府及社会各界的一致好评。三是对外宣传。不断拓展对外宣传渠道,在中央及其他上级媒体发稿量实现了建台以来历史性突破。年内,有《第二届陶瓷艺术大师评审在湖南醴陵落下帷幕》、《湖南醴陵:首套陶瓷亚运纪念邮票烧制成功》等11条新闻稿件在中央电视台播出。其中,《釉下五彩瓷赠联合国》、《各类补贴落实到位、多措并举确保秋粮丰收》、《生命之绳》等,分别在中央电视台《新闻联播》栏目中播发。电视新闻《渌江红烛点点、醴陵哀思绵绵》,在中央电视台《东方时空》栏目中播出;《豫湘部分地区遭遇狂风暴雨袭击》在中央一台《新闻联播》中播出,并在中央电视台新闻频道《整点新闻》栏目的八、九、十、十一时等时段重复播出;《醴陵釉下五彩瓷瓶的故事》在中央一台《世博传奇》专题栏目中播出、长达7分钟。在上海“世博会”湖南宣传周期间,醴陵釉下五彩瓷成为中央及凤凰卫视等20多家媒体争相报道的焦点,产生了轰动性效应,极大地宣传了醴陵,促进了本市陶瓷产业的发展。同时,《我省日用陶瓷出口形势春暖花开》、《湖南醴陵率先实现村村通水泥路》、《欢乐闹元宵》等79条新闻稿件在省级媒体中播出。在湖南电视台通联信息《县台发力、潜力可期》一文中,湖南电视台给予了醴陵电视台高度评价,充分肯定了醴陵电视台新闻人员扎实的业务功底、创新的工作思路、积极的工作态度及在全省县级台中起到的典型示范作用,被《湖南卫视》称之为县(市)级电视台中杀出的一匹“黑马”。另外,有171条新闻稿件在株洲电视台播出。

【**电视获奖作品**】 2010年,电视新闻系列报道《“三年三倍”奠基“千亿集群”——醴陵传统陶瓷产业强筋健骨之路》和广播专题《为了温总理的嘱托——记肖敬和他的关爱生命万里行活动小组》分别获湖南省广播电视奖一等奖、株洲市广播电视奖二等奖。播音作品《幸福院里的幸福日记》获湖南省广播电视三等奖。栏目《天南地北醴陵人》获株洲广播电视一等奖;电视新闻《好儿媳付新岁》、专题《醴陵有盏星子灯》、《天南地北醴陵人》栏目主题歌获株洲广播电视奖二等奖;电视长消息《农民瞿志英办起全省首家残疾人托养所》、广播长消息《农家牛栏变车库》、电视短消息《一卡通方便农民就医》和专题《大傻张思叨的那些傻事》分别获湖南省广播电视三等奖。

【**网络建设**】 2010年,网络建设继续加大了有线电视网络覆盖的工作力度。全年新发展有线电视用户6205户、宽带用户1682户,年末有线电视用户达6.3万户。在抓好经营创收的同时,积极支持市政府重点工程建设,完成了岳汝高速(醴陵段)、沪昆高铁(醴陵段)有线电视主干线路搬迁、设计等工作。为迎战“三网融合”,多次组织厂商工程师进行技术测试,制订了《城区有线数字电视网络双向改造方案》,做到有计划、分步骤地推进双向网络改造。8月,城区“双向网改”工程全面启动。10日前,城区5万余台数字机顶盒(3.0版本)升级改造、一级主干光交建设工作完成,共敷设一级主干道光纤26.4公里、共计720芯光纤,设立光交箱288芯光交5处、共入户5020户,光缆覆盖用户4.22万户。年内,“双向网改”工作,在全省县(市)级网络公司中处于先进行列,先后有30余家网络公司到醴陵参观学习。

【**新台标启用**】 2010年4月,醴陵电视台通过电视、网络等宣传渠道,面向社会公开征集醴陵市广播电视台新台标。5月30日,征集活动结束,共征集86件应征作品。局台标征集评审委员会对所征集的台标进行了认真评选,局务会讨论研究,并将征集作品在电视台等媒体进行公示,广泛征求各方意见。经一系列评定方式筛选,最终确定应征作品(07号)为醴陵电视台新台标。新台标由圆球和变形“S”组成,意为聚集与扩散,寓意为醴陵是人才与财富的聚集之地;“S”代表蜿蜒的渌江母亲河,不舍昼夜,奔腾不息。体现了电视传媒推陈出新、奔涌向前的特征。选用中国红和橘黄渐变两种颜色,其中中国红代表火、橘黄代表泥土。醴陵是闻名遐迩的陶瓷之都,花炮祖师李畋故里。醴陵两大支柱产业陶瓷、烟花均是火的艺术,泥土是必不可少的原材料,泥土经过火的淬炼绽放出无与伦比的美。象征着醴陵人民锐意进取,奋发向上的精神风貌。

【**广电宣传管理**】 2010年,广电宣传进一步强化了宣传管理,加大了节目创优力度,严把导向关,管好新闻源。实行了“日抽查、周例会、月分析”管理制度,有力提升了宣传质量,新闻节目信息量大大增加,稿件质量明显提高。开展了广告专项治理行动,不惜以减少广告创收为代价,清理了一批违规电视广告,将群众反映强烈的部分“医疗广告”实行停播,对错字、漏字及“挂角广告”进行重新规范后播出。通过整改,广告播放秩序明显好转,荧屏得到有效净化。广泛征求各方意见,全面改版节目,启用了新片头、新背景、新台标,科学编排了两档新闻节目时间,制作了精美的栏目炒作片。在《醴陵新闻》栏目中,开辟了《邻城看点》子栏目,加强了与周边县(市)台的互动,丰富了节目内容,荧屏形象大为改观。

【农村广播电视“村村通”建设】 2010年,是“十一五”农村广播电视“村村通”建设规划的最后一年,也是实行加密系统管理的第一年。年内,安装直播卫星接收设备120套,涉及3个行政村、覆盖15个自然盲村。为了认真落实全年全市的建设任务,按照省局的统一部署,强化领导,狠抓落实,在做好摸底调查、规划、方案审批的基础上,提前完成了120座农村广播电视“村村通”建设任务直播卫星设备安装、调试和资料录入,并通过上级有关部门验收。

【广播电视塔搬迁】 2010年,市委、市政府大力实施城市提质战、园区攻坚战、旅游升温战的“三大战役”。其中,旅游升温战役规划中,将城区仙岳山开发成景色宜人的旅游胜地。局地处仙岳山的广播电视发射塔被列入搬迁、新建对象。认真贯彻落实市委、市政府决策,把电视发射塔搬迁工作列入年度内全局工作的重中之重。成立了以局长为组长、党委书记为副组长、其他领导班子成员及市相关部门负责人为成员的项目搬迁工作领导小组。多次召开专题会议,研究解决办法,并邀请省、株洲市广电局技术专家到醴陵进行实地勘测、论证。经有关专家勘测、论证,广播电视发射塔选址在城区伏子岭。6月,发射塔搬迁项目获上级批准。9月,完成了规划、征地、地基等各项前期准备工作。12月8日,广播电视发射塔新址建设工程启动。月底,发射塔基建主体工程完工。

【基础设施建设】 一是解决职工实际困难。挤出资金为职工购买了原欠缴、遗留数年、悬而未结的“三险一金”(即:养老、医疗、失业保险和住房公积金);将40名离退休人员纳入了社会统筹。二是装修、改造了职工食堂。三是为全局单身职工解决了住房,配备了必要的日常生活用品,提供了舒适的居住环境。四是筹资65万元,完成了技术大楼(三、四楼)新机房的搬迁,添置了新演播设备及先进的采、编、播系统,完善了演播厅,使收视效果上了一个新台阶。五是筹资50万元,添置了新的广播电台设施设备,大大增强了发射功率,使停播三年的广播电台重新开播,并在原有转播节目的同时,恢复了广播电台自办节目功能,使广播电台逐步走上了“节目联办、自主经营、加快发展”的轨道。

【队伍建设】 2010年,队伍建设采取改变培训模式、改良技术设备、改进学习方式等举措,以“提高学习力、提高执行力、提高凝聚力、提高队伍整体素质”为目标,鼓励员工岗位成才、互学成才、自学成才。通过“送出去、请进来”、每月举办一次专业知识讲座等方式,逐步组织优秀的采、编、播、技术人员进行专业培训。先后邀请了湖南电视台台长助理、新闻中心原副主任、湖南卫视《晚间新闻》和《乡村发现》栏目的创办人潘礼平和范长江新闻奖获得者、著名节目主持人李兵及《卫视新闻》中心技术部主任赵国强、首席摄像师龚文斌等,就新闻采访、播音主持、电视新闻采拍技巧等内容,为参培人员进行了专题讲座。年内,在湖南卫视派驻了工作站,作为培养优秀新闻记者、节目主持人的培训基地,计划在2年时间内,全局一线记者全面轮训一次。全年派出三批、9名记者在湖南卫视跟班学习。

【内部管理】 2010年,为切实转变工作作风,提高工作效能,内部管理力度进一步加大,进一步健全了绩效考核工作制度体系,出台了《局领导周巡查制度》、《精细化管理制度》。3月,实施了由局领导轮流值班,并在每周一上班前,由本周值班领导和办公室主任对全局进行巡查,并检查各部门考勤、安全、卫生、值班及当前工作落实情况,听取各部门工作情况、收集各方面的建议和意见,及时提交局党委会和局务会。同时,将巡查登记情况纳入年终绩效考核评分依据。推行了精细化管理,对每个职工岗位实施量化计分标准考核,考核实行百分制,考核结果与年底评先、干部任用挂钩。通过内部管理各项制度的执行,效果明显,局领导和干部职工沟通能力明显加强,各部门工作协调性和完整性明显提高。

【趣味体育竞赛】 4月,组织全局干部职工开展了“庆五一、庆五四”趣味体育竞赛活动。全局干部职工300余人参与。整个活动充满了“团结、和谐、友谊、快乐、温馨”的氛围。活动分个人和团体赛,男女搭配,部室合作。竞赛项目有托球跑、跳长绳、拔河、呼啦圈、背靠背等。共设立奖项19个,各取前三名。通过趣味体育竞赛活动,进一步增强了全体职工的健身意识,丰富了干部职工的文体生活,充分发扬了全局干部职工团结协作的团队精神。 (黎利华)

报　刊

《新城市报》“湘东”栏目

【概况】 《新城市报》是株洲地区具有重要影响的三大平面媒体之

一,是株洲唯一的杂志式装订的生活周刊,也是株洲地区重要的宣传舆论阵地,在株洲地区每期发行6万余份。

《新城市报》“湘东”栏目(以下简称“栏目”)自2009年5月由原《株洲广播电视报》“湘东周刊”更名改版而来。办公地点位于市左权路148号(中国银行醴陵支行办公楼6楼)。栏目在醴陵设立了湘东采编部,现有员工8人。周三组稿、周五发行。该栏目专门负责醴陵地区重要新闻资讯的采写、编辑、报送和报纸发行工作。

2010年,栏目刊发醴陵专版85期,刊发新闻、通讯、图片等稿件510余条(幅、篇)、35万余字。全年为全面推进醴陵市“三大发展战略”、打响“三大战役”、促进产业发展、实现财政收入过20亿元、全面整治城市卫生环境、成功创建省卫生城市等中心主题分别作了重点报道。对加强城市建设与管理、保障房建设、农业生产、水利建设,推进公安、法院、物价、交警、教育、国土、计生、农机、民政等民生管理工作,分别作了侧重报道。该栏目为醴陵市及其各地各单位在株洲地区乃至全省的对外宣传工作发挥了重要作用,为醴陵“三个文明”建设作出了积极贡献。

年内,栏目主要报道了《醴陵市全面推进三大发展战略》、《20亿,醴陵财政收入跨上大台阶》、《为了瓷城更美丽》、《醴陵市严格规范春季中小学收费秩序》、《闪亮的警徽》、《公安部督办缉捕的“二胖子”落网了》、《醴陵市大农业发展迈向国字号》、《规范管理、提升服务、创人民满意车管所》、《喜看今日新市场》、《奏响创业奋进的豪迈乐章》、《为了庄严的承诺》、《魅力瓷城的马路先锋》、《加强工程管理、确保质量安全》、《规范明码标价、倡导诚信经营》等具有较大影响的新闻信息和通讯报道。全年栏目在醴陵拥有征订用户5000余户,覆盖了全市党政军群机关、企事业单位、乡镇、街道办事处、村、学校和城乡各专业市场、宾馆茶楼、休闲娱乐场所、高档住宅小区等。

(李　林　杨仕林)

《今日醴陵》

【概况】《今日醴陵》报是由醴陵市委宣传部主办的免费内部报刊资料,每周二、五出刊。《今日醴陵》报采编部已新迁至碧山广场附近办公,有员工近30名。2010年,围绕市委、市政府的中心工作及广大人民群众关注的热点问题等进行了全方位的报道,全年共出版发行106期。年内,为提高报刊质量,增加报刊活力和可读性,于8月28日进行了全新改版,由原每期的4个版面扩大到8个版面,增加了民生、关注、热线、热点、时评、观点、美食、人物、纪实、法治、时尚、影像等10余个内容。在版面中开设了“‘亮剑’主战场、促进新跨越”、“‘亮剑’三大战役”、“迈向高铁时代”、“重学习、强素质、促发展”等子栏目。全年在省、株洲市级以上媒体刊登稿件100余篇。采编部在湖南“红网”中开通了醴陵站、“红网”手机报及醴陵·新闻网。

(邹许芳)

卫生·医疗

综　述

【概况】 醴陵市卫生局是代表市政府行使卫生行政管理的职能机构。2010年,机关设人秘、医政、防保、计财、法规、爱卫6个股室(办);有在职干部职工24人。

2010年,全市有市直医疗卫生单位6个、乡镇卫生院26个、中心防保站6个、社区卫生服务中心4个、村(居)卫生室516个(行政村未撤并时数据)、民营医院4个、驻醴陵医疗卫生单位2个。全市卫生系统有在职职工2486人(含湘东医院),其中专业技术人员1895人。全市每千人口拥有医生2.4人、护士0.8人。

年内,在市委、市政府的高度重视和正确领导下,全市卫生系统广大干群认真贯彻落实上级会议精神,秉承“共建和谐系统、同创满意卫生”工作理念,以“医药卫生体制改革”为主线,以“创建省级卫生城市”为抓手,同心同德,奋力拼搏,在进一步完善公共卫生服务体系、加强重大疾病防治、推进农村卫生服务体系建设、巩固和完善新型农村合作医疗制度、发展社区卫生服务、加强中医药工作、强化卫生执法监管、深入开展餐饮消费安全整治等取得明显成效,逐步形成了覆盖城乡公共卫生和医疗的服务体系。全年全市共有产妇1.4万人,住院分娩率99.89%、高危住院分娩率99.97%、高危管理率99.92%、孕产妇保健覆盖率98.5%。全年补助农村住院分娩孕产妇7872人次、金额230.9万元。进一步完善免疫规划系统建设,加强了生物制品管理,确保了疫苗质量安全,开展了“甲型H1N1”流感防控及疫苗接种工作,全年接种“甲型H1N1”流感2.86万人(次);接种脊髓灰质炎疫苗第一轮强化免疫4.81万人(次)、接种率98.85%;接种乙肝疫苗查漏补种5.33万人(次)、接种率97.25%。9月,在全市范围内开展了8月龄至4周岁儿童麻疹强化免疫活动,在原有32个预防接种单位的基础上,新增设102个临时接种点,共接种5.04万人(次)、接种率98.45%。积极开展卫生法律法规宣传活动,加大卫生执法监管力度,有效防控了突发公共卫生事件的发生。全年出动监督员2600人次、车辆600余台(次),监督检查覆盖率达100%。全年换发医疗执业许可证688本;培训食品及公共场所从业人员6771人(次)。

【“城市三创”工作】 一是机关带头“创卫”。从2009年上半年以来,局机关采取了一系列举措开展创卫工作。成立了由局长任组长的创卫工作领导小组、创卫工作联系小组(6个),制定了创卫工作计划和实施方案,召开了系统创卫工作动员会、再动员会、业务培训会、督导会、会商会、党组扩大会,采取“工作倒推制”、“责任倒查制”,将创卫工作任务分解到各医疗卫生单位、科室、个人,做到千斤重担众人挑、人人身上有指标。大力开展宣传活动,将《醴陵市健康教育长远工作规划》、《健康醴陵》等知识读本和《卫生系统创卫工作简报》发放到各有关部门和单位。在健康教育活动中,组织培训5次,举办讲座248次,设置专栏375期,开展咨询活动163次,发放资料55万份,发送短信7万余条。积极开展“无烟单位创建”活动,全面提高了群众健康知识知晓率、健康行为形成率和基本技能掌握率。投资36万元,改造了机关庭院环境。二是联合部门“创卫”。3月,经摸底,全市有“五小”行业2000余家,这是全市创卫工作的重点、难点。为突破“五小”行业整治这一创卫工作难点,醴陵市卫生局牵头组织召开了“五小”行业整治联席会议7次,成立了由市有关部门组成的整治队伍,在乡镇防保站抽调30人参与了整治行动。在整治中,举办培训班8期、培训1200人(次);印发《“五小”行业通用卫生要求》、《“五小”行业卫生知识问答》资料2万册;发送手机提示短信、忠告短信5万余条;制作卫生监督信息公示牌和5000本消毒登记本免费发放给各业主,印制卫生管理制度4100份、登记台账2万本、卫生标识1万张、餐饮业流程布局规范图5000张,发放整改意见书1467份;查封拒不接受整改的“钉子户”40户,进一步提高了“五小”行业专项整治的效果和力度。

【筹资“创卫”】 一是开展捐资活动。召开了全系统负责人会议,号召大家捐资创卫,共捐款23万元。购买消毒柜350台分别奖励给业主,免费为6163人办理了健康许可证。二是发动各单位挤压其他开支，抽出一部分资金用于“创卫”。湖南师范大学附属湘东医院、市中(一)医院、市妇幼保健院共挤出创卫资金90万元。其中，湘东医院投资20万元,重点清理、绿化了庭院;市中(一)医院投资20万元,添置了电子显示屏,将健康卫生知识在各科室、病房滚动播出;市妇幼保健院投资50万元,启动了污水处理建设工程。

【新型农村合作医疗】 2010年，全市新型农村合作医疗工作以“工作上水平、群众得实惠”为目标,坚持规范管理,强化监督。按照“为民、务实、公正、规范、准确、及时”的服务宗旨,使新型农村合作医疗工作快速推进，并取得较好成效。全市新型农村合作医疗参合人数80.17万余人、参合率93.64%,参合人数比上年增加2.42万余人。年内,人平筹资140元、总筹资额为1.12亿余万元。其中,中央财政4810.37万元、省级财政3141万元、市级622万元、县级1047万元、个人缴纳1549.69万元、民政资助53.77万元。按120元/人标准提取住院统筹补助基金9621万元；按20元/人标准提取门诊统筹基金1603万元，其中特殊重大疾病门诊补助200万元、普通门诊统筹1280万元、狂犬疫苗门诊定额补助123万元。截至12月底，全市受益参合农民17.54万人(次),补偿医疗费共计9834.47万元；受益面12.08%、整体受益度53.01%，县乡两级政策范围内受益度63.67%。

年内,调整了补助方案,乡镇卫生院、社区卫生服务中心报销比例在上年的基础上，由原70%提高到75%;县(市)级医院、湘东医院、市外医院报销比例提高2个百分点，分别由上年的60%、50%、40%(非定点35%)提高到62%、52%、42%(非定点37%)。对采用纯中医药诊疗的医疗费用补助比例比上年提高5个百分点。每人每年累计补偿封顶线由3万元提高到6万元。对急性肾盂肾炎等26个单病种均实行限价定补。门诊接种狂犬疫苗定额补偿标准为100元/人(次),凡结核病门诊治疗自费部分总费用在1200元~1500元之间者补偿450元、1500元以上(含1500元)者补偿600元;“五保户”总费用达1000元以上者补偿600元。结核病门诊定额补偿从2010年7月1日起执行。

【参合儿童“先心病”患者救治】 2010年,湖南省启动了“农村参合儿童先心病患者免费医疗救治”试点工作,是省年度内“卫生十大惠民工程”项目之一;醴陵市被列入试点县(市)之一。年内,醴陵市按照“先行试点、逐步推进”的基本思路,由新农合提供制度保障和资金支持,以“公立定点医院”为平台，为农村1~14岁参合“先心病”患儿实施免费手术。免费治疗费用标准按照先心病病种分类单病种限额包干,费用超出部分由定点医疗机构承担。截至12月，全市有20名患儿申请了免费救治。

【定点医疗机构直补】 2010年，根据国家深化医药卫生体制改革的有关政策和精神,省委、省政府决定在全省范围内全面推行省、市级定点医疗机构住院费用的即时结报,并将全面实现省内定点医疗机构新农合住院费用“即时结报”,定位在2年内(2011年底前)。年内,市与省儿童医院、株洲市中医院、凯德微创医院、331爱尔眼科医院、仁和眼科医院5家定点医疗机构签订了直补协议。全市参合农民在以上医院住院者可直接办理医疗费用报销,大大简化了患者须回市合管办审批、报销的繁琐程序,极大地方便了参合农民。

【普通门诊统筹】 2010年，按照省、市新农合普通门诊统筹工作的有关精神,从2010年9月1日起,实行新农合门诊统筹。普通门诊补助基金提取标准为14元/人,用于支付乡、村级定点医疗机构的普通门诊补偿,以家庭为单位统筹使用,不设起付线,限额范围内门诊费用全额补助，年度内用完为止，其结余转入统筹基金。年内,全市有27家乡镇卫生院、4家社区卫生服务中心和167家符合条件的村卫生室实施了门诊统筹。

【住院医药费用管理】 一是完善各项管理制度。年初,印发了《醴陵市新型农村合作医疗住院报销医药费用定点医院垫付方式报销程序暂行办法规定》,制订了定点医疗机构新的费用控制标准,对费用控制严格目标管理。二是加强常规、定期督查。对发现的问题及时提出整改意见,对违规行为按有关规定追究经济责任。三是对定点医疗机构按月与市合管办结算的参合农民住院报销费用,实行按比例抽样审核。有效规范了定点医疗机构的医疗服务行为,大大提高了审核工作效率,各定点医疗机构费用控制意识明显增强。四是始终遵循“专款专用、专户储存”的原则,严格执行基金管理制度。市财政、卫生部门加强日常监管,坚持基金使用县、乡、村三级公示制度。全年未出现截留、挤占、挪用、拆借基金等违规行为,基金调度井然有序。

【卫生重点工程建设】 2010年，投资250万元（国家与地方总投资),提升、改造了白兔潭、大障中心卫生院的综合楼等项目建设,新增建设面积2300平方米。计划总投资8000万元(其中,中央补助资金1950万元),筹建市中(一)医院住院综合大楼。该项目总建筑面积3.91万平方米 (其中国债资金建筑面积1.6万平方米)。计划总投资725万元(其中,中央补助资金340万元),改、扩建来龙门、西山街道办事处社区卫生服务中心项目；项目总建筑面积3850平方米。计划总投资130万元（其中，中央补助资金100万元)，扩建泗汾中心卫生院国债项目;该项目总建筑面积1440平方米。另外,筹建了白兔潭田心等5所村卫生室和孙家湾、大障、贺家桥3所卫生院公转房建设项目。年内,以上所有医疗卫生项目建设启动。

【公卫服务体系建设】 一是进一步推进基本公共卫生服务。全市公共卫生服务体系建设以“国家实施6项重大公共卫生、9项基本公共卫生服务项目”为契机，进一步加大公共卫生服务体系建设力度。截至12月，全市建立居民健康档案27.45万份（其中，城市居民7.21万份、建档率48%；农村居民20.24万份、建档率22.7%）。全年为65岁以上老年人进行健康检查9.42万余人(次)；建立0~36个月龄儿童健康档案1.82万份，重性精神疾病患者建档1351份。

【卫生应急处突】 2010年，认真贯彻落实了《中华人民共和国突发事件应对法》等法律法规，进一步完善了卫生应急预案，加强了卫生应急指挥与决策系统建设，建立健全了卫生应急管理机构和急救医疗服务体系。在“5·6”、“6·24”特大洪灾中，市卫生系统迅速组建了由170人组成的30个卫生防疫小分队、8个救灾防病技术小组、2支救灾突击队。在全市受灾区进行环境消毒和疫情监测，确保了灾区灾后无大疫。

【队伍建设】 2010年，按照《大学生志愿服务西部计划》，引进了12名大学生并充实到乡镇卫生院；乡镇卫生院全年招收订单定向医学本科生5人。全年参加省级业务培训225人、市级业务培训140人、全科医生培训17人、适宜技术推广培训150人、社区卫生人员岗位培训124人、村级卫生室人员培训542人、继续医学教育培训419人；参加全国执业医师考试342人。年内，新增注册护士76人。

【“创先争优”活动】 2010年，根据醴陵市“创先争优”活动有关精神和要求，以“科学发观展”为指导，紧紧围绕“当敬业先锋、创满意卫生”这一主题，坚持“以人为本、贴近实际、增进和谐”的活动方针，召开了卫生系统“创先争优”活动动员会，印发了《开展“创先争优”活动的实施意见》，成立了“创先争优”活动领导小组，公布了局党委和党员开展“创先争优”活动承诺书。下半年，开展了领导点评、群众评议活动，进一步加大对系统内督导力度，把活动开展情况纳入各单位年终考核的重要内容，有力地促进了活动的纵深展开，各项工作取得了明显成效。

【行风建设】 一是进一步强化责任意识。全面落实行业作风建设责任制，严格执行责任追究制度，不断提高行业执行力。与各医疗卫生单位签订了《行业作风建设责任书》。认真贯彻落实上级关于加强卫生行业作风建设部署和要求，将行风建设与业务工作紧密结合起来，一起研究部署，一起监督检查，一起考核落实。制定了《行业作风建设工作规划》和实施办法，分解细化了责任目标，明确责任人员，严格责任考核，认真督查落实。二是加强对医务人员教育和管理，提高医务人员法律意识和思想道德素质。组织医务人员开展了学习法律法规，增强卫生医务人员遵纪守法、廉洁诚信意识。完善、落实了《医务人员道德规范》，严格执行医务人员医德考评制度，强化“以病人为中心”职业道德、职业纪律和职业责任，不断改善服务态度，提高服务质量。三是严格执行上级有关医疗服务和药品价格政策，严禁自立项目、分解项目、比照项目收费等违规行为。实行费用清单制、查询制，健全收费管理制度，加强对收费各个环节的管理监督。四是进一步规范诊疗服务行为，完善临床诊疗技术规范和服务流程。继续深入治理医药购销领域商业贿赂专项工作，建立健全各项规章制度，加强防控商业贿赂的长效机制建设，规范处方管理，促进合理用药。五是加强内部审计管理。严格执行卫生系统内部审计、医疗机构财务会计内部控制、基本建设管理等制度。加强医疗卫生机构财务管理和监督。（刘　坚　柳　叶）

妇幼保健

【概况】 2010年，醴陵市妇幼保健院内设妇科、产科、综合科、新生儿科、儿童保健科、妇女保健科、社区门诊、产康中心等科室。有在职职工200人，其中专业技术人员160人、副主任医师5人、中级职称52人。总占地面积6090平方米，建筑面积1.25万平方米，业务用房面积8290平方米。医院是一所集医疗、预防保健于一体的二级甲等妇幼保健院。拥有四维彩超、二维彩超、全自动生化分析仪、全自动血球计数仪、麻醉机、中心供氧、心电监护仪、阴道镜、LEEP刀等医疗设施设备。全年收治门诊4.04万人、住院病人5996人；完成大、中型手术1200台。实现业务收入1930万元，比上年增长25.7%。年末，市妇幼保健院被评为株洲市“妇幼工作综合目标管理红旗单位”。

【妇幼卫生】 2010年，妇幼卫生工作以“‘中澳’项目”为依托，进一步加强基层卫生信息及基础工作的落实，全市全年产妇1.4万人、活产1.4万人，高危3637人。孕产妇死亡率28.62/10万，婴儿死亡率4.65‰，5岁以下儿童死亡率7.87‰；住院分娩率99.89%，高危住院分娩率99.97%；高危管理率99.92%，孕产妇保健覆盖率87.61%；3岁以下儿童系统管理率56.52%，新生儿破伤风发生率为“零”。全年发放孕产妇保健手册1.31万本，手册使用率93.7%；HIV检测人数1.1万例，检测率74.91%；新生儿疾病筛查1.17万例、筛查率81.6%，听力筛查7766例、筛查率55.58%；叶酸增补1.08万余例，增补率75.8%；婚前医学检查1.7万例，检查率93.01%；全年发放出生医学证明1.33万本。年内，检查0~6岁儿童1.03万人，其中查出中度贫血74例、先天性心脏病2例、佝偻病1例、营养不良

4例、反复呼吸道感染4例。全年补助住院分娩孕产妇5492人(次)、金额220.01万元。

【内部管理】 一是加强医院内部管理。进一步实行绩效考核分配方案,坚持职工个人奖金福利与实际业务经济效益挂钩考核,调动与保证了科室负责人与医务人员的工作积极性,有力保障了收入稳步增长。二是加强病历环节质控及医疗护理文书撰写。结合醴陵市"创先争优"活动,在干部及职工中开展了整治私收费、乱收费、大处方、滥检查等"以医谋私"行为,为患者提供优质、高效、低耗、便捷、安全的医疗服务。加强科内与院内医师及专家会诊力度,提高医疗效率。全年抢救危重病人20人。三是加强业务学习,提高业务水平。年内,聘请了4名专家到院进行业务培训;派出20人(次)赴外进修。肖雪峰撰写的《子宫及阴道脱垂手术治疗32例临床分析》、《镉对小鼠卵巢颗粒细胞DNA损伤及MDASOD影响的初步研究》,李正良撰写的《利凡诺羊膜腔内注射配伍米非司酮用于中期妊娠引产的临床疗效分析》、《米非司酮联合中药治疗子宫肌瘤疗效观察》,胡慈珍撰写的《孕产妇死亡率现状及对策分析》等论文10篇,分别在省级医学刊物上发表。

【开辟特色科室】 年内,新开设了新生儿科、产后康复中心。产后康复中心是醴陵市首家针对妇女产后一系列须解决的问题而设立一个治疗机构,建立了对生殖器官、形体进行全面健康康复中心,引进了先进产后康复技术,采用"一对一、面对面"人性化服务模式。

【"城市三创"工作】 2010年5月,新住院大楼完工并投入使用。10月,改建后的旧住院楼建设工程竣工并投入使用。年内,设立了"创卫"专项资金,投资10万元,添置了计算机、扫描仪、彩色打印机、照相机等设施设备。投资2.86万元,聘请物业管理及保洁人员。投资11万元,开展了职工培训。投资16万元,用于"创卫"宣传和学习。

(漆生生)

食品药品管理

【概况】 2010年,醴陵市食品药品监督管理局内设办公室、食品安全综合监督股、药品监督股、稽查股、医疗器械股。有在职干部职工14人,退休职工2人。全年全市食品药品监督管理工作紧紧围绕"保障全市人民群众饮食用药安全"目标,以"基本药物监管"为重点,以"创先争优"为契机,开拓创新,把食品药品监管工作与解决人民群众关注的热点、难点问题相结合,与服务党委政府中心工作相结合,与促进医药经济健康发展相结合,切实履行监管职责,各项工作全面发展。全市药品市场得到进一步净化,食品安全、餐饮监管工作有新突破,食品药品安全诚信示范区建设初见成效,机关政务服务行为进一步规范,"创先争优"活动、学习型党组织建设等如火如荼,各项指标全面完成。

【机构改革】 2010年,根据国务院123号文、省《关于实施机构改革的意见》、株洲市《关于县市区政府机构改革的指导意见》的有关精神,食品药品监督管理机构由原"省级以下垂直管理"改为"省、市、县政府分级管理",属同级政府的工作部门;将原食品药品监督管理局担负的"食品安全综合协调、组织查处食品安全重大事故"职责,划入卫生行政部门;将卫生行政部门承担的"食品卫生许可(以下简称'餐饮服务许可')、餐饮业、食堂等消费环节的食品安全监管、保健食品、化妆品监督管理"职责,划入食品药品监督管理局。年内,根据省、市机构改革的有关精神和要求,局党组多次召开专题会议,认真研究机构改革相关工作,制订了"三定"方案。同时,认真做好与市有关部门的协调工作,争取相关部门的支持与配合。

【药械市场监管】 一是严把"准入关"。认真审查药品零售企业的申报资料,按照相关规定和程序实施行政许可,坚决做到申报资料弄虚作假的不受理,现场检查条件达不到要求的不予许可。重点监管药品购进验收、储存条件、分类管理、人员资质等。全年受理行政许可39起。二是加强药店GSP认证(药品经营质量管理规范)跟踪检查。对已通过GSP认证的企业及时跟踪检查,督促企业完善管理制度、落实《药品经营质量管理规范》。全年检查药品经营企业210家。三是完善诚信体系建设,建立药品零售市场退出机制。全年为220家药品经营企业建立了诚信档案;对企业安全信用进行了评价,实行"ABCD"四级等级管理,对评价为D级的企业将撤销《药品经营许可证》。四是加强药师管理及培训。年内,分层次、分类别组织药品经营企业、质量负责人,分别举办了业务培训班,有400余人(次)参加。五是加强药品不良反应监测体系建设和医疗器械不良事件监测。全年上报药品不良反应报告317份,医疗器械不良事件监测报告85份。六是加大药品、医疗器械广告监督力度。为进一步完善药品、医疗器械广告监测制度,对药品、医疗器械严重违法的广告实施行政强制措施,遏制虚假广告误导消费者。通过对主流媒体的监控,全年有效监测药品违法广告11个。七是切实做好基本药物监管工作。加强基本药物质量监管,做好基本药物抽验,全年抽验药物30批次、合格率100%。

【药械稽查打假】 2010年,全面开展药品市场秩序整顿,重点打击生产经营使用假劣药械、非法渠道购进药械、无证经营药械、挂靠经营和出租出借《药品经营许可证》及柜台等行为。全年检查医疗机构799家,药品经营企业220家,药品批发企业3家,医疗器械经营企业15家;检查药械80万余种

(次),出动执法人员2870人次;共查处药品医疗器械违法案件345起,其中一般程序案件25起、简易程序案件320起,受理群众投诉(举报)11起;处结率100%。组织开展了非药品冒充药品、药品违法广告、非法渠道购进药品、挂靠经营、盐酸曲马多制剂、生物和血液制品、疫苗、医疗器械、西布曲明制剂及原料药等专项整治。对藏肾生精丸、虫草肾阳丸、复方通络醒脑胶囊等不合格药品进行了重点清查;共出动执法人员856余人(次)、累计检查产品600余种,下发《责令整改通知书》200余份,查出涉嫌非药品、仿冒药品产品名称3种。

【食品安全】 一是不断完善食品安全工作机制。加强组织领导和部门沟通协调,周密部署食品安全工作。召开了全市食品安全工作专题会议,制订了《醴陵市2010年食品安全整顿工作实施方案》、《醴陵市2010年食品安全专项整治工作方案》、《醴陵市2010年食品药品安全诚信示范区建设工作实施方案》,部署、安排了食品安全工作任务,明确工作目标,夯实监管责任。完善了信息上报、工作督查通报、年终考核制度、《醴陵市重大食品安全事故应急预案》。二是开展专项整治,消除安全隐患。开展了"元旦"、"春节"、"五一"、"两会"、"高考"、"中秋"、"国庆" 等节前的专项检查。开展了"问题乳粉"、"地沟油"、"五小"行业、集贸市场等重点品种、重要环节的专项整治和学校、幼儿园食堂、建筑工地及周边食品安全的联合执法检查。全年检查餐饮店395家,学校、建筑工地食堂103家,保健食品店120家,食品经营生产企业3658个(户);共出动执法人员2936人次,取缔无照经营户20户。

【食品药品安全宣传】 2010年,编印了《醴陵市食品药品监督管理宣传手册》、在《今日醴陵》报中开设了食品药品专刊。开展了"3·15"、"食品药品应急周"、"食品药品安全生产月"、"禁毒日"等宣传活动。活动采用现场咨询、发放宣传资料、实物样品展示、张贴宣传海报、悬挂宣传条幅等形式,广泛深入地宣传食品、药品、医疗器械法律法规、科普常识等;共出动人员80余人(次),悬挂宣传横幅18条,散发各类科普知识和法律法规宣传资料2万余份,解答群众提问600余人(次),发送宣传信息1万余条。(黄晓敏　罗　彦)

疾病预防控制

【概况】 2010年,醴陵市疾病预防控制中心内设办公室、财务科、应急办、急性传染病防治科、免疫规划科、结核病防治科、性病艾滋病防治科、职业危害因素控制科、检验科、地寄慢病防治科、健康教育科、卫生监测科。有在职职工66人。年内,认真贯彻中共十七大精神,坚持以邓小平理论和"三个代表"重要思想为指导,深入学习实践科学发展观,进一步加强疾控能力建设,强化内部管理,扎实推进绩效考核,以"城市三创"为抓手,全面落实各项预防控制措施,切实加强重大疾病预防控制,取得了可喜成绩。年内,获株洲市免疫接种工作集体一等奖;被醴陵市评为"2010年度创卫工作先进单位"。

【传染病疫情管理】 2010年,全市共报告法定传染病22种、3654例,年报告发病率351.35/10万;无甲类传染病报告。乙类传染病报告15种、2399例,其中死亡艾滋病病例5例(发病主要以呼吸道疾病、血源及性传播传染病为主);无传染性非典型肺炎、脊髓灰质炎、致病性禽流感、甲型H1N1流感、登革热、炭疽、流脑、白喉、新生儿破伤风、布鲁氏菌病、钩体病、血吸虫病报告。丙类传染病报告7种、1255例,无死亡病例。年内,加强了传染病疫情管理培训和医疗机构疫情管理督查指导,共组织督查92次;年内报告死亡病例2859例。开展了法定传染病和死亡病例管理上报漏报率调查,抽查法定传染病246例,核实上报246例,漏报率为"零"。调查死亡病例231例,核实上报231例,漏报率、迟报率均为"零"。

【"艾滋病"防治】 2010年,艾滋病防治坚持"预防为主、防治结合、综合治理"工作方针,依托艾滋病自愿咨询检测(VCT)、100%推广使用安全套、美沙酮社区维持治疗、抗病毒治疗和母婴阻断等项目积极开展工作,落实"四免一关怀"政策,实现"两降一升"(即:减少新发艾滋病病毒感染、降低病死率、提高感染者和病人生存质量)目标,较好地完成了"全球基金艾滋病综合防治项目"的各项工作。广泛开展艾滋病防治宣传,全年发放宣传画册1.5万份,设置墙面广告30处,社区固定宣传栏17个,宣传点200余家。完善了性病艾滋病监测网络,加强了对高危人群监测,监测暗娼400人,监管场所采血572人份,吸毒人员采血样408人份;走访娱乐场所260家,接触性工作者861人;性病门诊咨询干预885人次。全年共发放宣传资料4420份,安全套2.21万只,网点销售安全套4.78万只。VCT门诊自愿咨询428人次,免费检测425人次,HIV初筛实验室共检测1.5万人次。加强病人管理,随访111人次,CD4细胞检测36人次,病毒载量检测3人次。抗病毒治疗新入组4人、累计入组14人。美沙酮药物维持治疗社区门诊累计收治入组病人270人,在治病人81人。对服药人员随访时进行HIV检测162人次,丙肝检测100人次、发现阳性39人;梅毒抗体检测117人次,胸片检查45人次,尿吗啡检测806人次。

【"结核病"防治】 2010年,进一步加大结核病防治的宣传力度,落实归口管理,强化督查指导,全面落实兑现政策,健全结核病防治长效工作机制。全年接诊初诊病人2267例,免费摄片1613张、查痰3956人,系统管理率99.5%。其中,新发涂阳296例、复治涂阳26例。筛查密切接触者356人,筛查率100%。查询网络非结防机构报告病例1447例,报告率、转诊率分别达100%。对结核病人网络直追追踪率100%,追踪到位率73.6%,总体到位率82.4%。第七轮全球基金耐多药项目送检32例,发现耐单药病人2例。10家乡镇卫生院查痰点免费查痰262人次,检出涂阳病人5例。通过结核病有效防治,规范了病人管理,加大了督导频率。

【免疫规划】 2010年,进一步完善了免疫规划系统建设。全年儿童预防接种信息化系统上传儿童个案12.4万份,其中年度新出生儿童个案信息资料1.16万余份。加强生物制品管理,确保疫苗质量安全,全年组织冷链运转6次,下发一类疫苗34.84万人份,注射器21.5万支。开展了麻疹强免、乙肝疫苗查漏补种、脊灰强免、疫苗针对性疾病等监测工作。对全市1994~2001年出生的儿童进行了乙肝疫苗查漏补种、应种对象5.48万人,实际接种5.33万人;接种率97.27%。为巩固麻疹强化免疫成果,确保实现2012年消除麻疹工作目标,开展了8月龄~4周岁儿童麻疹强化免疫活动,全市应种目标儿童5.13万人,实种5.05万人,接种率98.44%。开展了0~3岁儿童脊灰疫苗强化免疫活动,下发脊灰疫苗9.6万人份,第1轮应种目标儿童4.86万人、实种4.74万人、缓种1042人;接种率达97.55%。甲型H1N1流感共接种5.25万人份,完成了受种人员个人信息录入。AFP病例监测报告疑似病例6例,72小时样品采集率、合格率,个案调查率、60天病例随访率分别达100%。全市乙脑报告1例,新发乙肝(<15岁)4例。

【职业病防治】 2010年,职业病防治继续加大《中华人民共和国职业病防治法》宣传力度,联合市劳动和社会保障局在全市厂矿企业中,开展了职业病防治知识宣传,共发放宣传资料3万余份。监测职业危害因素企业12家,检查从业人员4071人(次),筛查疑似矽肺318人、职业禁忌症201人、临床异常740人、胸片异常68人。年内,争取了“国家职业病防治哨点监测项目”,成立了项目工作领导小组,制订了监测方案,添置个体粉尘采样仪5台、防爆型粉尘采样仪2台。同时,选定了12家厂矿作为监测对象,对50个粉尘作业点进行了现场采样和实验室分析,其中超标点28个、占粉尘作业点总数的56%。

【健康教育】 2010年,健康教育以“创建省级卫生城市”为契机,全面推进全市健康教育工作。一是健全健康教育网络,完善设施设备,加强健教人员能力建设。组织开展了健康教育宣传与健康促进活动。二是加大宣传力度。利用各种媒体、简报、宣传栏、全民健康知识培训、健康知识电视抢答赛等形式,普及健康知识,提高居民健康知识知晓率和健康行为形成率。编印了《居民健康知识读本》、《关爱农民 共享健康》等10余种宣传资料,免费向市民发放宣传资料25万份。举办了醴陵市首届健康知识电视抢答赛,积极倡导健康文明的生活方式,有效提升了居民健康素养和健康水平。开展了“三湘农民健康行”、“农民健康教育周”、咨询义诊等宣传活动31次,举办健康科普知识讲座28次。开展了“无烟单位创建”活动,公共场所全面实行禁烟,城区无烟草广告。

【“地寄慢病”防治】 2010年,进一步加强了慢性非传染性疾病防控工作,建立了慢病防治网络,选定了3个乡镇、6个行政村、3000人作为调查对象。年内,在9个乡镇、36个行政村中,开展了居民食用碘盐监测,共采集碘盐样品288份,碘盐合格率、合格碘盐覆盖率分别达98%。开展了地氟病防治工作,接受了株洲市地氟病防治工作考核评估,各项指标均达到消除地氟病标准,改水降氟工程达到预期效果。完成了3000个发热病人血检任务,发现疟疾4例,均为输入性病例。对全市28所中小学校、7.05万名学生进行了健康检查。其中,男生发育良好1.69万人、占47.1%;女生发育良好1.6万人、占46.3%;营养不良1083人、肥胖1645人、视力低下4592人、龋齿3856人,沙眼(可疑沙眼)280人。开展了居民健康档案建档、慢性病人筛查与规范化管理工作,全年居民建档13.47万人,其中高血压病人2.77万余人、糖尿病人7623人、重症精神病人1050人、肿瘤患者140人。全年规范管理高血压病人5400人、糖尿病人1298人、重症精神病人109人、肿瘤病人49人。

【卫生监测检验】 2010年,开展了医疗机构和托幼机构消毒效果监测、城市集中式供水、管网末梢水测及农村饮水安全工程水质监测。全年监测市直医疗机构、城区诊所86家,托幼机构51家,采集样品568份、合格率90.1%。监测自来水厂1家,确定监测点6个,采集样品76份,检测合格率100%。完成农村饮水安全工程水质监测样品100份,合格样品96份,合格率96%。完成艾滋病抗体初筛、狂犬抗测、预防性体检及结核病人肝功能检测、消毒监测样、职业卫生样、水质、碘盐等检测1.8万样(次)。 (王 婷)

卫 生 监 督

【概况】 2010年,醴陵市卫生监督所内设办公室、受理发证室、财会室、食品卫生和学校卫生监督科、公共场所和职业卫生监督科、医疗卫生监督科、稽查科。有在职职工23人。主要承担全市食品、公共场所、职业、供水、化妆品、消毒产品、医疗机构、传染病防治等卫生监督管理及突发公共卫生事件的应急处置、重大活动卫生监督、卫生投诉举报案件的受理和查处、卫生法制宣传等工作。年内,认真履行卫生监督职责,继续推进卫生监督执法,大力开展专项整治活动,监管行业(尤其是“五小”行业)的卫生基础设施建设得到进一步加强,全市公共卫生状况和医疗秩序有了明显好转。年末,被株洲市卫生局评为“学校卫生监督工作先进集体”、被醴陵市评为“城市创卫红旗单位”、“抗洪救灾先进党支部”。

【卫生行政许可】 2010年,在全市餐饮服务业和住宿业内,实行了卫生监督量化分级管理制度,覆盖率达95%以上。严格按照行政许可程序,对申请人的生产经营场所、布局、工艺流程及卫生设施进行严格审查,实行承办监督员负责制,按照“谁发证、谁负责”的原则,坚持做到验收合格一家发证一家。全年受理卫生行政许可申请452户,其中公共场所卫生许可170户、二次供水卫生许可24户、餐饮服务许可258户。

【食品卫生】 2010年,全市有食品生产经营单位2460家、从业人员1.51万人。全年先后开展了以元旦、春节、中秋等节假日为重点的食品卫生检查、“3·15”卫生监督维权行动,学校周边食品卫生及学校食堂、饮用水站的专项整治、“甲型H1N1流感”防治和城区小餐饮卫生专项整治等。共出动卫生监督员人员3000余人(次)、监督车辆700台(次)。

【医疗机构监督管理】 2010年,全市共有医疗机构756家,其中营利性医疗机构60家、非营利性医疗机构696家。年内,开展了医疗服务市场、打击非法医疗广告、牙科专项整治行动和打击“两非”、医疗卫生机构传染病防治、非法采供血等专项检查及整顿消毒产品市场专项行动等,共检查医疗卫生机构235户次、药店4家,取缔无证行医12家、责令改正16家,没收医疗器械2件、药品46盒。

【公共场所卫生】 2010年,新发卫生许可证170本,发放健康证、卫生知识培训证1677本。在上年基础上,按照卫生部《公共场所卫生监督量化分级管理指南》的要求,对全市公共场所单位进行了量化分级评定。年内,为216家公共场所发放了公示牌,其中A级1家、B级73家、C级142家;未予评级的有35家。

【化妆品卫生】 年内,开展化妆品及消毒产品专项整治3次,查处销售不合格化妆品经营户14户、不合格消毒产品经营户6户;没收、销毁伪劣散装化妆品26公斤,过期变质化妆品388盒(瓶),封存无卫生部卫生许可批件的特殊用途化妆品229盒(瓶)、无中文标识化妆品98盒(瓶)、使用医疗术语或宣传疗效化妆品497盒(瓶)。

【水质卫生监督】 2010年,按照《生活饮用水集中式供水单位卫生规范》、《二次供水设施卫生规范》的有关规定,对全市城乡9家集中式供水单位、24家二次供水单位,开展了以经常性卫生监督与专项整治相结合模式的监督检查。主要检查了供水设备、消毒产品、涉水产品的索证情况,蓄水池、水箱的清洗记录,供水人员的健康状况等。对检查中发现的问题,及时提出了限期整改意见,并进行验收,从而确保了全市居民的饮水卫生安全。

【职业卫生】 2010年,对全市106家化工、煤矿等行业的用人单位进行督促、指导和服务,对劳动者的体检情况、防护设施和用品的使用、警示标识的设置、危害因素的检测及规范化建档等开展了监督检查,并督促建立劳动者健康档案6837份。检查中,督促用人单位对5名患职业禁忌症的工人给予了合理安置,对4家严重违反《中华人民共和国职业病防治法》行为的单位依法给予了查处,对27家存在职业病危害因素的企业给予了警告。为了进一步加大职业卫生的宣传力度,使更多市民了解职业病及其危害,定期在人流密集的街道醒目处设立了宣传牌,发放宣传单。全年累计发放职业卫生宣传单8000余份。 (谢建琼)

红十字会

【概况】 2010年,全市共有基层红十字会组织40个、会员6781人。12月3日,市红十字会召开了第四届理事会换届选举大会。会议选举产生了第五届理事会和常务理事会、常务理事;选举产生了副市长李忆湘为会长、市卫生局局长周承进为常务副会长,市委书记谢清纯为名誉会长。五年来,市红十字会筹集人道救助款400万余元。年内,支援台湾“莫拉克”台风灾区救灾资金0.8万元,支援青海玉树抗震救灾款物3.57万元(折合人民币)。

(刘 坚 柳 叶)

护 理

【概况】 2010年,全市共有注册护士1226人,其中湖南师大附属湘东医院注册护士381人、市中(一)医院注册护士279人、其他医疗机构注册护士566人。有主管护师职称以上233人,大专以上学历617人。 (王志明)

株洲市中心血站醴陵分站

【概况】 株洲市中心血站醴陵分站租住在湖南师范大学附属湘东医院内,占地200平方米。2010年,内设办公室、发血室、储血室、待检库、值班室。有流动采血车一台。肩负着醴陵地区无偿献血宣传、动员与招募工作;负责无偿献血的采集及报销。同时,负责当地的临床用血发放、保存和库存。全年采集无偿献血1.26吨,共有3653人参加无偿献血。全年发血量为红细胞9535.5单位,机采血小板91个治疗量，血浆56.01万毫升，其他血液产品（手工血小板、白细胞、冷沉淀)共400单位、共发血2.6吨。年内,为积极响应卫生部提出的“一方血源保一方用血”的号召,为实现当地临床用血100%来自当地无偿献血,加强了无偿献血的宣传力度，在解放路公共汽车站台设置了无偿献血宣传海报，在大桥北路设置了一幅巨型无偿献血宣传牌。同时,在醴陵电视台滚动宣传无偿献血。年内,改造了采血车,为全市无偿献血市民提供一个温馨舒适的无偿献血环境。（聂晓燕）

湖南师范大学附属湘东医院

【概况】 湖南师范大学附属湘东医院(以下简称“医院”)是一所集医疗、急救、教学、科研、预防保健和社区服务于一体的省级综合性三级医院。医院占地22公顷,建筑面积11万余平方米。有编制床位800张。2010年,内设36个临床医技科室、10个教研室、2个研究室。有在职职工894人。其中,高级职称107人,博士、硕士研究生17人。全年接诊患者40.5万人(次),收治住院患者2.8万人(次),完成手术5700余台(次);病床使用率达97%。

【医院管理】 一是深入开展“创先争优”活动。以“落实医改任务、提高服务水平、加强医德医风、促进科学发展”为主题,改革创新,统筹推进。通过开展公开承诺、党员示范窗口与示范岗评选、推荐“我身边优秀共产党员”、领导点评及群众评议等一系列活动,充分发挥了党支部的战斗堡垒作用和共产党员的先锋模范作用,促进了医院各项工作的顺利开展。二是积极推进医院改革。通过省物价局、卫生厅的一类收费资质验收,完成了新一轮医院机构、人员与床位编制申报并获批准,为进一步规范医院管理、促进医院又好又快发展奠定了坚实的基础。三是人才队伍建设取得丰硕成果。全年招聘、引进硕士研究生7人、大中专毕业生48人,调入医院紧缺专业技术人员2人。有4人晋升为正高职称,20人晋升为副高职称。年内,重点学科人才培养进一步加强,共选送9人外出进修学习,组织60余人(次)参加了学术会议与业务培训;组织院内业务培训16场(次),人才梯队建设得到进一步加强。

【业务建设】 一是继续抓好“医疗质量万里行”活动。以“医疗质量体系建设”为抓手,以“各项核心制度的落实执行”为重点,通过业务查房、病历检查、病例讨论、质量分析等措施,促进了医疗质量持续提高。年内,医院感染管理与监测工作,在省卫生厅等部门组织的专项检查中,以健全的制度体系、严格的质量管理得到各级专家的充分肯定,并再度被卫生部评为“全国医院感染监测先进单位”。二是稳步推进“优质护理服务示范工程”。进一步加强对护理工作的管理指导,强化核心制度落实,规范护理人员语言行为，细化护理考核标准,医院护理人员的质量意识与服务水平稳步提高。三是严控医疗费用,执行物价政策。认真落实《新药品采购管理办法》，完善物价监管机制,加大医疗服务收费和药品价格公示、监管力度。四是城乡对口支援机制进一步完善。先后派出黄立等5名医务人员,分别到郴州汝城、永州新田人民医院进行业务支援。同时,创新机制,免费接受汝城人民医院医生(4人)到医院进修。

【教学科研】 2010年，医院承担了湖南师大医学院(06级)预防专业临床理论、见习教学及预防、检验专业临床实习教学;接收安排其他院校各专业进修、实习人员进修实习。年内,在湖南师范大学组织的附属医院临床教师课堂教学艺术竞赛中,神经内科副主任医师黄立获二等奖、肝胆外科副主任医师刘海宁获优胜奖。全年省科技厅批准课题1项、教育厅1项、卫生厅2项。年内,由骨病研究室副主任彭成忠教授、院长曹建民联合主持的课题及肿瘤科许金全主任主持的课题均已结题；神经内科副教授、副主任医师尹泽黎,通过了湖南师范大学硕士研究生导师资格评审。

【医院建设】 一是医疗配套用房建设取得阶段成果。医院第二住院大楼改、扩建主体工程完工,介入中心改造建设正式启动。根据市“创省级卫生城市”要求,规范改造了医院食堂、垃圾站点、传染科、肠道门诊。二是院内环境改造成绩显著。南院高职楼建设后期工作完成。硬化、改造了院内部分道路,修缮了北院宿舍区护坡。4月,医院被全国绿化委员会评为“全国绿化模范单位”。三是医疗设备管理进一步加强。利用美国政府贷款，购置了DSA血管机、四维彩超;更新了腹腔镜、支纤镜、全自动血凝仪等；建立了B超检查呼叫系统;购置救护车2台。通过进一步完善医疗设施设备,急救速度得到提升、水平得到提高。四是认真抓好“创卫”工作。加强日常工作管理,规范工作流程,抓好传染病防治管理与健教宣传，建立了劝烟、禁烟宣传管理网络,为患者就医创造了健康、优良的诊疗环境。加大环境整治力度，拓宽绿化带,修缮小花园,完善各种体育设施,规范宣传栏与标志牌,使院内环境进一步美化。加大物业监管检查力度,督促物业公司定期组织对院内环境进行突击整治,清理卫生死角。开展了“文明科室”评比活动,重点对医生办公室、护士站、医技科室的卫生情况进行检查评比,强化广大干部职工的卫生意识。

【公益事业】 一是积极参加抗洪救灾。上半年,醴陵市曾遭受多次暴雨,其中在“6·23”特大洪灾中,全市26个乡镇、4个街道办事处不同程度受灾。为积极响应市委、市政府抗洪救灾的号召，医院迅速行动，沉着应对，组织全院干部职工全力参与抢险，成立了"急救先锋队"，出诊42趟，转诊救治病人43人；被醴陵评为"抗洪救灾先进单位"。二是开展"天天慈善一元捐"活动。召开了专题会议进行布置，由各支部组织宣传发动，全院有712名职工参加捐款，共募集善款4万余元。三是积极参加无偿献血活动。全年有84名职工踊跃参与无偿献血，共献血2.7万毫升。

【文化建设】 一是进一步完善医院网站，充分发挥宣传平台作用。重新设计了医院网站，更新了版块，充实了内容，使其真正成为医院宣传的媒介、服务社会的窗口、管理医院的平台和文化建设的载体。二是狠抓城市语言文字评估迎检。认真整理收集资料，做好三类城市语言文字评估迎检工作。在株洲市语委专家组的检查中，以组织健全、制度完善、宣传到位、执行得力等实力和特色获得专家们的充分肯定与高度赞赏。三是加大"职工之家"建设力度。组织开展了"环院万米赛跑"、庆"三八"女职工登山、职工象棋赛、拔河比赛、乒乓球团体赛、庆"五四"、"五一二"晚会、离退休老人门球赛、麻将和扑克比赛等丰富多彩的职工文化体育活动，丰富了职工业余生活，增强了职工的凝聚力。

【行风建设】 一是开展党风廉政教育，筑牢拒腐防变的思想防线。邀请了市检察院副检察长到医院作反腐倡廉的专题报告，组织观看了治理医药购销领域反商业贿赂专项工作警示教育片《警钟长鸣》、教育片《远山》，使全院干部职工对廉洁从政、廉洁行医有了更深的认识和了解。二是完善监督机制，加强行风治理。设立了意见箱和举报电话；制订了《医院医德考评实施办法》，完善了医德考评机制。对医院的重要决策、重要干部任免、重大项目安排和大额资金使用等，一律实行集体讨论决策制、领导责任制和责任追究制。全年接受各类投诉70余起，涉诉100余人(次)；对27名医务人员进行了诫勉谈话，查处职工违规事件3起，处理当事人8人(次)。 （周　明）

市中(一)医院

【概况】 市中(一)医院位于瓷城大道3号(原解放路)，是一所集医疗、科研、教学和预防保健于一体的二级甲等中医院，是醴陵市人民政府唯一的一所市级综合性医院，主要承担醴陵百万市民的医疗保健和公共卫生职能。2010年，有在职职工701人，其中专业技术人员581人、高级职称39人、中级职称181人、初级职称386人。有编制床位500张。全年收治住院病人2.16万人（次），完成门诊18.26万人(次)(其中急诊2.9万人次)。年内，平均床位使用率达114%以上。

【基础设施建设】 2010年，争取了国家规范化县级医院建设项目，完成了住院综合大楼的征地、部分拆迁与方案设计的招投标等工作。年内，购置了液基薄层细胞仪、射频消融自凝刀、热能手术刀、纤维可视喉镜、有创血压监护仪、视野计等医疗设备，大大提高了临床科室的诊疗水平。更新了管理系统软硬件，加强了医院信息化管理系统建设；完善了电子医嘱系统、卫生材料、后勤物资管理系统，使医院管理更加规范、便捷。

【医疗工作】 2010年，开展了综合目标管理考核检查，进一步加强了医疗服务质量管理，完善和加强了各项制度的落实和执行。建立和完善了医疗缺陷管理工作制度，进一步落实医疗安全责任制和责任追究制。规范了病种管理，加强了医护人员的"三基三严"训练和专业技能培训，提高了应急能力，加强了医患沟通。

【科教工作】 2010年，继续把加强人才梯队建设和科技兴院、人才培养作为全年工作的重中之重。全年引进硕士研究生2人，招聘本科生11人，派出5名医务人员到省内三甲医院进修，派出各类业务骨干40余人(次)参加了短期学习和赴外参加学术活动。完成了乡镇医师进修培训安排和考核结业工作，组织对农村乡镇卫生院进行对口支援和业务指导20余次。接收湖南省中医药高等专科学院、湘潭职业技术学院，江西中医学院，湖南省环境生物职业技术学校、萍乡卫校、长沙医学院等学校实习生168人(次)，接收乡镇进修医师27人（次）。邀请了省人民医院著名肝胆外科专家(享受国务院特殊津贴)吴金术教授到院讲课和湘雅医院知名外科专家到院技术指导20余次。年内，共开设了10次湘雅远程教育，参加人数400余人(次)。同时，鼓励医务人员积极参加"好医师网"、"医教在线网"、"中华中医药在线网"等网上远程培训，有300余人通过网络在线学习获取了新知识。年内，刘明再医师撰写的《采用Ⅱ型针刀复位固定法治疗肱骨髁上骨折的临床研究》，被湖南省中医管理局认定为"2010年基层科研计划项目"。

【文化建设】 中医药文化源远流长，是中国文化知识长廊中一大瑰宝，中医药文化建设，关系到中医院协调可持续发展及中医药事业的兴旺发达。年内，医院先后组织相关人员到石门县、浏阳市中医院参观见学。根据省中医药管局《关于中医院文化建设》的有关精神，院歌、院徽、院训已形成。为加强医院文化建设，增强团队协作精神，展示医院良好形象，成功举办了醴陵市首届"中医药文化节"。完成了医院宣传画册《风华百年》和医院宣传影像片的拍摄。《湖南日报》报道了医院《打造平安医院、造福一方百姓》的宣传报道。

【社会职责】 2010年，完成贫困白内障患者复明手术500例,高考体检4700人(次)。"120"急救中心接诊病人9700人(次),现场抢救危重病人2800余人(次),抢救成功率97%。年内,协助政府处理各种突发公共事件和各类活动会议的接待保健19次;完成义诊180天。全年免费为老百姓健康体检达1.6万余人(次),B超1.2万余人(次),心电图1.2万余人(次);发放健康宣传资料1.6万份。

(黄开兰)

市精神病医院

【概况】 醴陵市精神病医院位于市阳三石路103号,是该市目前唯一的一家以"防治精神病和关爱老人、呵护老人健康"为特色,集内科、外科、妇产科、儿科、心理身心疾病科、综合科于一体的综合性医院。占地面积8000平方米,建筑面积8783.5平方米。2010年,有员工152人,其中在编职工115人;有中高级职称19人、初级职称96人。全年开设病床320张、使用率96%。实现业务收入1201万元,比上年增长33.89%。年内,为1751名新农合病人报销住院医疗费用339.6万元,为476名城镇医保人员报销住院费用170万元;偿还外债90万元。年末,成功承办了株洲医学会精神病学学术年会,获得社会各界的好评。

【基础设施建设】 2010年,投资6000余元,更换了院内文化墙。投资1万余元,添置了多媒体教学设备。投资5000元,修建了篮球场。投资5万余元,改造了食堂。拨出专款6万余元,修缮了门诊2楼,添置病床50张。投资5万余元,新建了杂物间及停车棚。投资3万余元,购置100千瓦发电机一台。投资2万余元,新挖了水井。投入4万余元,印发宣传资料26万余份,下发健康处方8万余份。年内,成立了精神病卫生防治领导小组和肇事肇祸重性精神病排查工作组,在全市26个乡镇分别建立了精神病防治网络。对辖区内精神病患者进行了风险评估、医疗救治指导,帮助患者恢复到正常的日常生活、家务劳动、家庭关系和社会人际交流中。

(陈亦雄)

民 营 医 院

市兆和医院

【概况】 醴陵市兆和医院(以下简称"医院")地处市金融路39号(来龙门超市旁),是醴陵市首家高起点的综合性民营医院。2010年,有职工近100人,开放床位97张。全年实现总收入732.7万元。全年门、急诊人数3.24万人(次),入院病人3280人(次),出院3261人(次)。年末,医院被醴陵市来龙门街道办事处评为"平安单位",被共青团醴陵市委员会评为"'五四'红旗团(总)支部"。

【医疗科技基础建设】 2010年,医院投资100万余元,购置了微创手术影像系统、彩色经颅多普勒、数码电子阴道镜、血球仪、便携式单除颤仪、等离子电切镜系统等医疗设施设备。

【业务建设】 2010年,依托与湘雅、省人民医院等三甲医院互通的优势,不断引进和开展新项目、新技术。成立了重症监护室,配置了先进仪器和设备,大大提高了医院对危重病人的救治能力。外科开展了腹腔镜下经皮肾穿刺碎石取石、腹腔镜联合输尿管镜肾盂取石、双肾结石同期经皮肾镜碎石取石、斜卧位经皮肾镜联合输尿管镜碎石取石、前列腺等离子电切、PPH、腹腔镜下胃穿孔修补等微创手术和低位直肠癌保肛根治术。妇科开展了腹腔镜下保留卵巢的卵巢、腹腔镜下保留子宫的子宫囊肿剜除等微创手术,手术具有痛苦小、恢复快、时间短等特点。

【科研教学】 2010年,继续把加强人才梯队建设、科技兴院、人才培养作为工作的重中之重。全年选派医务人员10余名,分赴湘雅二医院、湖南省妇幼医院、省人民医院等临床进修。加强卫技人才培养,强化岗位技能培训和"三基"考核,努力营造人才阵地。根据"专业对口和不脱产"原则,鼓励大、中专学历人员参加省成人高校学习,提高学历层次。目前,医院大专以上学历人数占全院医护人员的99%以上。临床医务人员不断总结经验,积极投入医疗教研工作,外科主任陈治国撰写的《基层医院开展经皮肾镜碎石取石手术168例探讨》、《局麻下下尿路结石行输尿管镜钬激光碎石术50例探讨》论文,分别在国家和省级杂志上发表;内科主任李志刚撰写的《阿魏酸钠注射液联合辛伐他汀对冠心病患者颈动脉斑块和内皮素的影响》论文,在《中国医药科学》国家级医学、药学期刊上发表。

【行风建设】 2010年,医院开展了以"四无一优"(即:无红包、无重大差错、无责任纠纷、无责任事故,优质服务)为主要内容的创建文明卫生行业活动和温馨服务竞赛活动,狠抓医德医风建设。在门诊、住院部等醒目位置分别设立了病员意见箱,每半月开箱一次,收到意见及时调查处理。各病区每月召开医患座谈会一次,广泛听取社会各界的意见和建议,以切实改进工作,提高服务质量。

(付紫文)

市泰安医院

【概况】 2010年,醴陵市红十字会泰安医院紧紧围绕医疗改革,进一步落实科学发展观,积极开展"争先创优"活动,参与抗洪救灾及其他社会性工作,不断提升管理水平和业务质量,全心全意为患者服务。有职工161人,其中高级专业技术人员8人(正高2人、副高6人)、中级专业技术人员12人、享受国务院政府特殊津贴专家2人、醴陵市“首届十大名医”2人。全年接收住院诊疗病人5062人（次），接待门诊、急诊病人5.6万余人（次）；大小手术2319台。

【服务病人】 2010年，为解决病人“看病贵”问题，加强了服务病人，减轻病人医疗负担工作力度，成立了各类规章制度落实稽查领导小组，领导小组每周对住院病人进行定期和不定期检查至少一次，发现漏洞及时整改，使“三合理”真正落实到各个医疗流程中。在医疗收费上，坚持“四不”（即：不多收费、不重复收费、不分解收费、不巧立名目收费）收费原则，切实为病人减轻医疗费用。

【人才培养】 2010年，人才培养采用自培、进修和自学、集中学习等方式，以点带面全面展开。先后聘请全国著名高级讲师到医院授课，派遣了部分医务人员到湘雅医院进修。通过一系列的培训、考试、考核，医院职工的业务素质、医技能力有了明显提高，精神面貌有了很大改观，病人满意度得到进一步提升。

【医德医风建设】 2010年，加强医德医风教育，坚持每季度开展一次医德医风教育，把收受红包、药品回扣等歪风列为医院不可触犯的天条。同时，医院各部门向社会实行公开服务承诺，广泛开展优质服务，接受社会监督，每月在住院病人中开展满意度调查。通过调查，病人对医院的医疗及服务质量满意率达98%。

【创建“平安医院”】 2010年，把创建“平安医院”活动作为医院全年工作的重中之重，狠抓医疗质量与安全医疗。坚持“以人为本”、“医疗安全无小事、病人利益无小事”的管理质量与服务理念。一是建全管理机制。成立了质量监督考核领导小组。小组每月开展2次监督、检查、指导，落实各项规章制度。二是完善各项规章制度。建立健全了技术规范、操作规程、工作质量标准、管理方案和办法，使医疗护理活动有章可依、有规可循，严防医疗差错事故的发生。三是强调特殊用药管理。侧重对存在不安全因素和薄弱环节的科室进行重点管理，对重要岗位、环节进行不定期抽查，确保安全医疗。四是加强对临床各科室危重病人管理。严格“三级查房”制度，坚持不定期抽查各疗区查房情况及门诊首诊负责制执行情况。

（杨胜求）

社会生活

民政工作

【概况】 2010年，醴陵市民政工作围绕市委、市政府“争一进百、科学跨越”的战略目标，坚持“以民为本、为民解困、为民服务”的民政工作宗旨，解决民生、落实民权、维护民利，为促进全市经济社会协调发展做出了积极努力。年末，醴陵市民政局被民政部评为“全国农村‘五保’供养工作先进单位”、“2010年全国婚姻登记规范化单位”；被湖南省评为“民政信息化建设先进单位”、“2010年度乡镇地名设标工作先进单位”；被株洲市评为“民政工作先进单位”。

【社会救助】 2010年，社会救助工作成绩突出，敬老院建设和“五保”供养等工作分别被《中国社会报》、《湖南日报》、《株洲日报》、湖南卫视等新闻媒体予以报道。城乡低保实现了“应保尽保”目标。强化了“阳光政策”宣传，采取电视、报刊知识问答、制作宣传手册、街头现场咨询等方式，对社会救助政策进行“立体”式宣传。并将26万份《社会救助宣传手册》发送到每村每户，使群众知晓政策、支持政策、监督政策。强化了“阳光行动”实效和服务平台建设，启动了社会救助“阳光行动”，清查和梳理了城乡低保对象、“五保”对象、工作制度，查出不符合条件的1478人。其中，城镇低保对象511人、农村低保对象871人、“五保”对象96人。加大信息化建设力度，开通了民政部信息网络群“醴陵民政网站”。继续开展了社会救助平台规范化建设创建活动。

【农村低保】 2010年，全市有农村低保对象1.61万余户、2.97万余人，占全市农业人口的3.5%；月人均补助标准由原52元提高到55元。全年发放农村低保金2143万元，临时物价补贴297万元。

【城镇低保】 2010年，城镇低保保障力度进一步加大，全市有城镇低保对象1.35万余户、2.5万人，占全市非农业人口的12%；月人均补差由原141元提高到155元，最低保障线标准由原240元提高到270元。全年发放城镇低保金4420万元，临时物价补贴370.6万元。

【城乡医疗救助】 2010年，积极实施“城乡大病医疗救助”，全年救助1205人，发放救助金212万元。资助1.2万名城乡低保对象参加城乡居民医疗保险，共计资助31万元；资助3.53万名农村低保、“五保”户参加2011年农村合作医疗，共计资助106万元；资助8000名困难群众参加株洲市补充医疗保险，共计资助80万元。

【救灾救济】 2010年，醴陵市遭遇强降雨6次，遭受了严重的洪涝、地质灾害。其中“6·24”洪涝灾害，给全市人民群众带来了巨大经济损失。据气象部门资料显示，截至6月25日，全市降雨量超过100毫米的乡镇（街道办事处）有14个，其中最大降雨量（王坊镇）达164.2毫米；另外，南桥镇162.2毫米、白兔潭镇161.8、王仙镇150.9毫米、石亭镇150.4毫米、富里镇145.4毫米、东堡乡140毫米、孙家湾乡133毫米、贺家桥镇121.4毫米、仙霞镇113.5毫米、沈潭镇108.4毫米、均楚镇107毫米、官庄乡104.6毫米；醴陵城区降雨量达154.6毫米。连续降雨，导致山洪暴发、河水猛涨、山体滑坡、交通堵塞，造成全市30个乡镇（街道办事处）、360个村（居委会）不同程度受灾。其中，南桥、王坊、白兔潭、黄达咀等乡镇受灾尤为严重，醴陵市城区的姜湾、滨河路、青云北路、中正街等路段发生严重内涝，部分市民住房被水淹没。全市受灾人口65万人（紧急转移安置1.5万人），农作物受灾面积1.5万公顷、成灾面积8500公顷；倒塌房屋575户、1244间，损坏房屋1152间；山体滑坡3173处；损毁灌渠、堤防324处，损毁塘坝210处，鱼塘过水325口。据不完全统计，全市直接经济损失达1.89亿元，其中农业经济损失达9000万元。灾情发生后，市民政局机关干部及时赶赴东、西、南、北四片，转移安置受灾群众，现场调拨救灾物资，慰问被困群众近8000人，发放食品900余件（箱）、矿泉水3万瓶；紧急下拨救灾资金143万元，及时解决了灾民吃饭、治病等暂时的生产生活困难。按照《醴陵市灾后恢复重建方案》，全体干部职工全力以赴，走村入户核实灾情，全力推进农村安居房建设、灾后倒房重建及危房改造。全年完成安居房150栋、灾后倒房重建411栋、危房改造289栋，确保了灾民春节前全部入住新居。

【敬老院管理】 2010年，敬老院建设进一步推进，新、改、扩建了官庄乡、东富镇敬老院和14所村级“五保之家”。截至12月，全市有新、改、扩建农村敬老院30所、村级“五保之家”24所，集中供养“五保”对象2300人、集中供养率37%；超全省18%的平均集中供养率，位居全省前列。年内，敬老院建设有新的突破，新建了醴陵市第一所“民办公助”个人出资兴建的均楚镇均楚桥村“春晖五保之家”，其先进的设施设备，优越的环境被老人们称之为乡村“别墅”。市福利中心管理规范，服务水平优质，得到了省委副书记梅克保的高度肯定。“五保”供养水平进一步改善，集中供养标准每人每月达288元，分散供养标准每人每月从原130元提高到150元、年标准达1800元。全年全市有“五保”对象6306人，发放“五保”金773万元、临时物价补贴28.42万元。春节期间，走访慰问敬老院30所、村级“五保之家”10所，发放慰问金55.2万元。

【社会福利事业】 2010年，福利彩票销量不断增长，全年发行福利彩票1300万余元，连续两年跻身全省“福彩”过1000万元县(市)行列。年内，福利彩票调整了站(点)布局，积极探索“即开型”彩票销售方式，重新启动了“中福在线”。福利生产管理不断规范，联合市监察、财政、劳动、国税、地税和民政等职能部门，开展了清理整顿，进一步规范了福利生产管理。全市有福利企业职工965人，其中残疾人职工305人。全年实现总产值1.14亿元、利润1300万元，确保了全市福利企业稳定健康发展。老年公寓服务水平不断优化，醴陵市碧山老年公寓以管理规范、服务周到赢得了广大群众的支持和社会认可。该公寓注重内部管理，狠抓食品卫生安全，为入住老年人提供热情周到服务，全年收寄(养)148人，实现经济收入122万元。

【“双拥”优抚】 2010年，全面落实优抚政策，抓好各项优待抚恤补助资金的落实和发放工作。春节和“八一建军节”期间，对全市特困、重点、伤残等优抚对象、军队离退休老干部和驻醴陵部队，开展了走访慰问活动，共发放慰问金、优抚救济金215.9万元。继续开展了“爱心献功臣”活动，组织全市97个单位，慰问了全市282户特困优抚对象、慰问金近6万元。认真做好涉军群体的稳定和信访接待工作，及时化解各类矛盾，全年接待来访3500人(次)，处理信访信件128件。

【退伍安置】 2010年，完成了2009年度退役士兵的安置任务。按照株洲市2010年4月22日联席会议精神，完成了“五类”对象的身份认定工作。举办退伍军人创业意识培训班2期，有150名退伍军人接受了培训。

【“老区”建设】 2010年，老区开发建设以“促进老区经济发展”为中心，围绕“社会主义新农村”建设，抓好项目筛选，共下拨资金8万元，开发水泥硬化路面项目2个，扶持浦口镇东方村的黑山羊养殖、沈潭镇三星里村200公顷油茶林种植项目。通过开发建设有效带动了老区经济的发展。

【优抚单位管理】 2010年，认真落实了军休干部“两项”待遇，军休人员思想稳定、关系融洽，未发生各类事故。年内，接收并安置了北京军区士官(病残四级)1人。精心组织，高标准改、扩建了烈士陵园；启动了烈士纪念馆征集烈士遗物和布展工作。

【慈善事业】 2010年，醴陵市慈善事业得到进一步发展，醴陵市民政局被省评为“2010年度慈善工作先进单位”。在106国道(市交通局旁)新建了永久性大型立柱式慈善公益广告牌。为青海玉树地震灾区募集捐款159.75万元。开展了抗洪救灾暨“天天慈善一元捐”活动，共接收捐款415万元。先后开展了春节“慈善送温暖”、“金秋助学”、“爱心扶老”等慈善活动，共发放救助金316万元。组织实施了“瑞典希望之星”培训项目。

【基层民主】 2010年，建立健全了民主决策、财务管理等制度，并统一规范上墙，使全市村务工作真正做到“有制可依、有章可循、有规可约、按制办事”。进一步完善了《村(居)民自治章程》和村规民约，民主管理日益科学化、民主化、规范化。下发了《醴陵市关于进一步加强村务公开民主管理的意见》，并进行了检查落实。年内，村务公开新增了农村新型合作医疗、种粮直补、集体资产、村级财务等13项内容，村务公开率100%。组织汇编了《醴陵市村(居)务公开和民主管理工作手册》，并发送到各乡镇(街道办事处)和村(居)委会，为基层开展工作提供政策依据和可操作范本。年末，被株洲市民政局评为“村务公开民主管理先进单位”。

【城乡社区建设】 2010年，继续加强了社区基础设施建设，开展了“和谐社区、文明社区、园林式社区、环保型社区、‘两型’社区”创建活动。继续开展了5个农村社区建设试点工作。社区实行志愿者注册制度，对社区居民中有志于从事志愿服务活动的人员进行了登记，并开展了敬老、助学、扶困等活动。年末，本局被株洲市民政局评为“城市社区建设先进单位”。

【社会组织管理】 2010年，全市社会组织管理得到进一步加强，全年新成立社团组织6家，年审社团组织、行业协会50个。会同市纪委、财政部门，开展了社团组织“小金库”的清理、整治行动。

【区划地名管理】 2010年，区划地名管理工作不断规范，按照区划地名管理的有关要求，牢固树立“区划讲科学、地名讲文化”意识，完善了行政区域界线管理长效机制，开展了“创建平安边界建设”活动，稳妥调处界线纠纷。年内，启动了地名公共服务工程,106国道沿线47个村的村名设标工作完成;另为30个乡镇、街道办事处设置了统一(全国)的标准地名标牌。

【老龄工作】 2010年,市委、市政府下发了《醴陵市进一步加强老年人优待工作的意见》,进一步落实了老年人优待政策。全年为1.4万名65岁以上老人办理了“老年人优待证”。百岁老人“长寿金”由原每人每月200元提高到300元,为32名百岁老人落实了长寿保障金;开展重阳节走访慰问老人活动。

【婚姻、收养登记】 2010年,积极开展婚姻登记规范化建设活动,实行政务公开、亮牌服务,严格依法登记,维护婚姻当事人和收养儿童的权益。全年办理结婚登记9479对、离婚登记1597对、收养登记13个。出具婚姻(无婚姻)登记证明3200份。年末,被株洲市民政局评为“婚姻登记规范化建设先进单位”、“婚姻登记计生综治工作先进单位”。

【殡葬改革】 2010年,殡葬服务得到进一步规范,全市殡葬秩序得到根本转变。全年共捣毁“活人墓”、平毁新装修墓435座,查处非法土葬30余起,火化遗体890具。上缴非税收入275万元,比上年增加32万元。

【救助管理】 2010年,救助管理坚持“自愿救助、有效救助”原则,全年救助求助对象1625人次。重点抓好了未成年人的救助保护工作,及时提供生活、心理开导、医疗救治、法律维权、护送返乡等救助服务。

【民政信息宣传】 2010年,民政信息宣传工作力度加大,通过各种途径报送信息、调研文章90余篇。全年编撰《民政简报》7期,被各级采用信息刊发60余条(次)。其中,《中国社会报》2条、《湖南日报》5条、《株洲日报》6条、《株洲晚报》1条、湖南卫视1条、中国共产党新闻网1条、“湖南民政网”5条、“株洲民政网”22条、《醴陵风纪简报》1篇。《醴陵市每个乡镇都建了敬老院》宣传报道被《湖南日报》“市洲新闻”头条刊发。

【党建帮扶】 2010年,根据市委、市政府安排,局党建帮扶联系点为仙霞镇东江冲村。全年落实帮扶资金10万元,帮助困难群众解决生活困难、灾后重建等。深入该村指导、开展了“创先争优”活动,积极争创“优秀基层党组织”,抓好了村级整章建制、村务公开、民主管理和灾后恢复重建等工作。在“6·24”特大洪涝灾害中,仙霞镇域内受灾严重,许多村民房屋倒塌。根据灾情,局领导心系灾区群众,及时为受灾困难户发放了慰问金,送去了党和政府的关怀、问候;安排1.4万元,修复了村境内灾损渠道、公路;维修、改造了6户灾后重建户、2户危房户。

【作风建设】 一是积极开展“创行争优”活动。组织党员干部到市检察院进行了反腐倡廉警示教育,开辟了党风廉政建设教育宣传栏,增强了民政干部勤政廉政意识。二是聘请了政风行风监督员,狠抓了干部作风建设。制定了《民政系统干部职工测评实施办法》,把干部作风建设纳入长效考评机制。以“政策法规”为依据,以“促进发展”为宗旨,以“提高服务水平和办事效率”为手段,重申了《优化经济发展环境公开承诺书》、《优化经济发展环境“十不准”》。坚决治理乱收费、乱罚款、各种摊派和强拉赞助的行为。三是认真履行民政行政效能作用,强化企业服务意识。在城乡低保、社会救济、优抚安置、区划地名和民间组织等发挥了积极作用。坚决治理行业不正之风,自觉地同损害经济发展环境的行为作斗争,认真完成上级的交办函及投诉举报工作。

【综治工作】 2010年,市民政局依法履行社会治安综合治理成员单位职责,调整了综治领导小组,制定了《平安创建方案》,落实了工作经费,实行“一把手负总责”、“一票否决”的责任追究制度。切实做好刑释人员帮教和预防青少年违法犯罪工作,经常性地开展禁毒禁赌宣传。认真抓好“五五”普法教育,全市组织干部参加普法考试。普及安全生产和“防火、防盗、防事故”知识。积极预防和打击地下“六合彩”等犯罪活动;协助城区4个街道办事处清查了出租户,协助市劳动部门查处了“非法用工”现象。

【计生综合治理】 2010年,加强了民政系统的计划生育综合治理工作,认真履行计划生育成员单位职责职能,将计生综治工作纳入了议事日程,落实了计生经费,签订了计生责任状,定期督查各乡镇、街道办事处、机关股(室)及下属单位计生工作。及时反馈结婚、收养登记信息,杜绝出示假婚姻状况证明,查验计生证明率100%。对违反计划生育规定者,一律不得享受各类救助待遇。（肖迪强）

移民开发管理

【概况】 2010年,醴陵市移民局设办公室和后扶股,有在职干部10人。全年全市有享扶大、中型水库移民1.86万余人,其中三峡移民374人;库区和移民安置区涉及25个乡镇、4个街道办事处。

年内,通过移民资金的引导和激励作用,深入发动群众,积极争取移民资金,全年整合资源4000万余元,改造、新建库区、移民安置区道路54公里,渠道16公里,水井4口,自来水入户26户,农田173.33公顷。扶持开发官庄、东堡乡的金银花和百合等中药材种植基地2个、37.33公顷;富里、贺家桥镇的油茶示范基地2个、57.33公顷;均楚镇的茶叶基地20公顷;浦口镇的生猪养殖基地2个;官庄乡的黑山羊养殖基地1个;富里镇的蔬菜基地2个、53.33公顷。全年移民创办工业企业2家。全年培训移民400余人,受益移民1.2

万人。（吴湘陵）

人口和计划生育

【概况】 2010年，醴陵市人口和计划生育局设办公室、宣传教育、计划统计、人事财务、政策法规、科技、奖励扶助7股(室)。下辖计生技术服务、流动人口管理、避孕药具管理站和计划生育协会。局机关及计生技术服务站有干部职工61人，退休干部职工16人。全市各乡镇、街道办事处共有计生干部职工130人。

全年全市出生1.18万人，其中政策内生育1.06万人、符合政策生育率89.65%。人口出生率11.59‰，人口自然增长率6.98‰；男女性别比为1.048∶1；统计数据准确率98.5%。年末，醴陵市获“全省人口和计划生育工作优质服务先进单位”；获省“综合治理出生人口性别比偏高问题工作先进单位”、“全员人口信息化建设工作先进单位”；醴陵市人口和计划生育局被评为“全国人口和计划生育系统先进单位”、“株洲市文明建设先进单位”。

【优质服务】 一是宣传教育氛围浓。全市投资300万余元，打造“阳光计生”精品村100个，工作程序实行张榜公布，使群众明明白白，计生工作满意度98.5%；新建“计生宣传一条街”5000米，印制“计生文化陶瓷杯”1万个，取得了很好的宣传效果和社会效应。二是技术服务上台阶。年内，市计划生育技术服务站及9所乡级中心服务所均作为国债投资项目立项，并完成了项目的各项建设任务。加大了孕情监测力度，“三查”到位率96.37%，落实长效避孕节育措施8782例、免费发放避孕药具价值14万余元(折合人民币)；免费检查出生缺陷目标人群196例；免费为实行计划生育的育龄妇女提供基本项目的计划生育技术服务、金额50万余元。三是流动人口管理优。建立了优质高效全员人口信息库，构建了流动人口计划生育服务管理“一盘棋”工作新机制，全年网上办理《流动人口婚育证明》2586本，提交流入、流出育龄妇女异地孕检信息652条，有效解决了流动人口来回奔波办证、验证的程序。

【依法行政】 2010年，计生依法行政工作充分运用教育、行政、经济、法律和新闻舆论等手段，创造性地开展了“执法破冰”大行动，依法行政得到很好落实，做到了征收主体合法、法律适应准确、征收程序得当、文书使用规范。全年全市征收社会抚养费1400万余元。年内，市人民法院强力配合征收社会抚养费，共强制执行社会抚养费征收案件110件，申诉前财产保全案件7件，拘传24人，司法拘留22人；征收社会抚养费96万元。公安机关为计生执法保驾护航，严惩妨碍计生公务执法人员。全年接待来信来访群众200余人(次)，杜绝了越级上访现象发生。

【综合治理】 2010年，在坚持计划生育综合治理年度述职的基础上，建立了“公开测评”机制。由人大代表、政协委员、基层人员为评委，采用无记名投卡方式，对计划生育综合治理单位的工作情况进行公开测评、当场亮分；排名末位的单位主要负责人当场表态发言，接受市纪委诫勉谈话。在严厉整治“两非”工作中，市计生、卫生、药监、公安等部门积极配合协作，加大对医疗保健机构、药店、计划生育技术服务机构的清查、整顿力度。全年查处“非医学需要的胎儿性别鉴定”和人工终止妊娠案件4起，并对违法人员给予了相应处罚。

【生育关怀】 一是深入开展“生育关怀”活动。市计生协会向全市居民发放“爱心健康存折”10万份，开展了妇女免费健康体检活动，免费额达19万余元；投入24万余元，为8225户计划生育家庭购买了“家庭意外伤害保险”；安排计生家庭462名人员就业。市计生协会全年完成系列保险109万余元，理赔68万余元，真正起到了为育龄妇女排忧解难的作用。二是积极落实奖励扶助政策。严格执行农村部分计划生育家庭奖励扶助政策和计划生育家庭特别扶助政策，全年有奖扶对象2796人、特别扶助对象228人，奖扶总金额为226.85万元。

（肖　燕　瞿怿珊）

人民生活

【概况】 2010年末，全市户籍人口103.23万人。其中，农业人口88.01万人、非农业人口15.22万人。有男性52.85万人、女性50.38万人；男女性别比为1.048∶1。全年出生11797人，其中政策内出生10576人，符合政策生育率89.65%，人口出生率11.59‰；人口自然增长率6.98‰，比上年降低0.03个千分点；统计数据准确率98.5%，城市化率47.1%。

【消费品市场】 2010年，消费市场持续走旺。全年城镇居民人均生活消费性支出12497.7元，比上年增长12.1%；农民人均生活消费性支出6245.13元，比上年增长14.3%。受消费水平不断提高和消费支出稳步增长的影响，全市实现社会消费品零售总额83.11亿元，比上年增长18.6%。分地域看，城市消费品零售额72.62亿元，比上年增长18.4%；农村消费品零售额10.49亿元，比上年增长19.8%。分行业看，批发和零售业零售额72.66亿元，比上年增长18.1%；住宿和餐饮业零售额10.45亿元，比上年增长22.3%。全市共设立“家电下乡”备案网点224家，汽摩下乡备案网点56家，共销售下乡产品16.07万台，其中“家电下乡”13.96万台、“汽摩下乡”2.1万台；销售总额达4.87亿元。

【居民收入】 2010年，城乡居民收入稳定增长，城镇居民人均可支配性收入1.83万元，比上年增加2130元、增长13.2%；农民人均纯收入9304.25元，比上年增加1603.22元、增长20.8%。

【城乡居民储蓄】 2010年，城乡居民储蓄快速增长，年末城乡居民储蓄余额92.5亿元，比上年增长18.4%。其中，农村居民储蓄余额41.03亿元、比上年增长26.9%。

【社会保障】 2010年，社会保障水平不断加强，完成安居房150栋、灾后倒房重建411栋、危房改造289栋。全年新增廉租住房868套、廉租住房保障户数748户。全年新增城镇就业人数6506人，帮助3302名下岗失业人员实现再就业；新增农村劳动力转移就业人员1.81万余人，城镇人口登记失业率控制在4.3%以内。全年企业养老保险新增参保人数1.1万余人，失业保险新增参保人数4868人，医疗保险新增参保人数2550人，城镇居民医疗保险参保人数8.52万人，新增生育保险参保人数945人。

（瞿秋圆　丁祥军）

农村社会经济调查

国家统计局醴陵调查队

【100户农户家庭经济调查】 2010年，根据农村100户农户经济抽样调查显示：醴陵农村经济继续保持增长态势，农民收入较快增加。全年全市农民人均纯收入为9304.25元，比上年增加1603.22元、增长20.82%。是近十年来，农民收入增长最快的一年，农民收入结构变化呈现以下几个特点：

一是本地企业的发展为农民增收创造了更多机会。随着“长株潭一体化”进程不断加快，本市紧扣“转变发展方式”这条主线，深入实施“三三方略”，加快传统产业升级，加速特色园区建设，加强重大项目建设，加速推进基础设施建设，经济社会得到持续、健康、快速发展。实现了“弯道超车”，农村劳动力出现了“卖方市场”，由原劳动力剩余转向企业用工荒，且工价上涨幅度较大。据100户农户经济抽样调查，全年在本地企业务工人数78人，占全部劳动力总数的23.71%。人平在企业中劳动得到的收入为2034.49元，占纯收入的比重21.87%，比上年增加430.81元、增长26.86%；对农民增收的贡献率为26.87%。

二是外出从业仍是农民增收的有效途径。随着全球经济复苏，国际金融形势持续转好，加上国家出台了一系列相关政策，进一步保障外出务工人员的最低劳动报酬，提高工资待遇。从100户农村抽样调查户中显示，外出务工人数呈增长趋势，由上年的90人增至97人，比上年增加7人，占劳动力总数的29.48 %。外出从业得到的纯收入为2652.55元，比上年增加548.06元、增长26.04%，占农民人均纯收入增长额的34.18%。其中，乡外县内从业得到的纯收入为610.74元，比上年增加131.87元、增长27.54%；在县外省内从业得到的纯收入为763.12元，比上年增加154.8元、增长25.45%；在省外国内从业得到的纯收入为1278.69元，比上年增加261.39元、增长25.69%。

三是家庭经营纯收入呈持续稳定增长态势。年内，由于市场经济的不断升温，全年农民家庭经营纯收入人平为3370.58元，比上年增加410.79元、增长13.88%，占纯收入增加额的25.62%。(一)农业收入保持平稳。全年农业纯收入为901.89元，比上年增加79.58元、增长9.68%。上半年，全市受自然灾害的不利影响，早稻育秧期遭遇持续低温阴雨、强降雨等恶劣天气气候，农作物生产受到较大的负面影响，早稻出现了投产未增收的结果。下半年，天公作美，晚稻长势喜人，粮食生产比上年有所增加，全年100户农户稻谷产量与上年基本持平。另外，受粮食价格上涨因素的影响，早、晚稻平均出售价格分别由上年的1.83元/公斤、1.91元/公斤上涨为1.9元/公斤、2.01元/公斤，为农业收入稳中有升起到了积极作用。(二)家庭经营非农产业为农民纯收入增长提供了更多空间。随着世界经济形势逐渐好转，我国政策效应进一步发挥，全市经济趋稳回升势头增强，工业发展形势喜人，鞭炮烟花等传统产业迎来产销两旺，经济总量放大，质量不断提升，进一步带动了全市农村家庭经营中的第二第三产业的发展。年内，100户农户家庭经营非农产业纯收入人均为2125.67元，比上年增加400.21元、增长23.19%。其中，家庭经营中的第二产业纯收入人均为974.94元，比上年增加229.99元、增长30.87%；第三产业纯收入人均为1150.74元，比上年增加170.22元、增长17.36%。

四是财产性收入和转移性收入平稳增长。由于收入分配的调整和国家惠农政策的全面推进落实，全年农民财产性纯收入人平为130. 61元，比上年增加3.81元、增长3%；转移性收入人平为436.42元，比上年增加47.83元、增长12.31%。其中，因国家提高了离退休人员养老金，离退休人员工资人平达77.06元，比上年增加28.54元、增长58.81%；粮食直接补贴收入人平为11.72元，比上年增加3.43元、增长41.35%；良种补贴收入为15.81元，比上年增加3.29元、增长26.25%。

五是生猪价格受市场影响，牧业收入有所下降。上半年，受生猪价格前高后低的影响，生猪生产养殖量呈下跌趋势，特别是5月份出现“黄色预警”，价格持续走低，二季度生猪价格跌至9.78元/公斤，导致部分养殖户出现亏损，严重影响农民的生产积极性。虽然，从7月份生猪价格开始出现恢复性上涨，且持续至今，但绝大多数农户因驾驭市场能力较差，只能望价兴叹。综观全年，牧业纯收入人平比上年略有下降、人平为139.78元，比上年减少1.28元、下降0.91%。

2010年醴陵市农村100户农户经济状况调查主要指标

表20

主要指标	单位	2009年	2010年
一、基本情况			
1.常住人口	人	441	446
2.劳动力	人	325	329
其中:从事农业生产的劳动力	人	113	115
外出打工劳动力	人	90	97
3.人均住房面积	平方米	56.6	56.3
4.人均拥有生产性固定资产原值	元	1215.8	1506.5
5.水稻播种面积(人均数)	亩	0.9	0.9
6.蔬菜播种面积(人均数)	亩	0.2	0.2
7.主要耐用消费品拥有量			
洗衣机	台	85	90
电冰箱	台	66	75
空 调	台	20	26
热水器	台	9	12
摩托车	台	103	101
汽 车	台	1	0
电 话	部	80	77
移动电话	部	197	221
彩 电	台	119	122
二、农民收入情况(人均数)			
1.纯收入	元	7701	9304
(1)工资性纯收入	元	4225.8	5366.6
(2)家庭经营纯收入	元	2959.5	3370.6
其中:第一产业纯收入	元	1234.0	1244.9
第二产业纯收入	元	745.0	974.9
第三产业纯收入	元	980.5	1150.7
(3)财产性纯收入	元	126.8	130.6
(4)转移性纯收入	元	388.6	436.4
2.可支配收入	元	7531.9	8963.8
三、农民生活消费情况(人均数)			
1.食品消费支出	元	2508.8	2674.2

续表 20

主要指标	单位	2009 年	2010 年
2.衣着消费支出	元	306.8	366.6
3.居住消费支出	元	1144.0	1310.4
4.家庭设备、生活用品消费支出	元	398.5	523.6
5.交通和通信消费支出	元	423.4	494.8
6.文化教育、娱乐消费支出	元	241.1	392.4
7.医疗保健消费支出	元	282.9	347.2
8.其他商品和服务消费支出	元	157.2	135.8

（杨　维）

社会新风

【"抗洪救灾"英雄】 潘国可，男，54 岁，醴陵市东堡乡大塘坳村村民。2010 年 6 月 23 日晚，暴雨袭击醴陵市，洪水肆虐，市城区三分之二的城域面积进水，农村田野顿成泽国。全市城乡遭受严重的洪涝灾害，直接经济损失严重。

24 日傍晚 6 时左右，渌江河水依然在咆哮上涨，潘国可所在的三刀石廉租房建设工地也开始进水。这时，市人武部一艘救援冲锋舟奉命赶到三刀石处实施救援。指挥部根据转移被困群众工作量大的实情，决定让人武装部再调遣一艘冲锋舟前来参加救援。当时，潘国可也在此处，他见人手不够，便和另一名工友自告奋勇加入了营救队伍。并与工友随同人武部工作人员，急速赶往市人武部拿救援冲锋舟，并加入了冲锋舟自丁家坊村沿三刀石路营救沿线受困群众的援救行动。

在紧张的沿线救援中，人武部官兵和自愿加入营救的工友们，发挥了不怕苦、不怕累精神，在陆续救出并安置好 1 名妇女和 6 名小孩之后，冲锋舟却突然发生故障，漂浮的杂草将引擎缠死。失去动力的冲锋舟在咆哮的洪流中，节节后退，无力抵抗洪流的冲击，最终撞上了醴陵大桥的桥墩，导致冲锋舟侧翻。此时，同舟救援人员，在翻船的一瞬间迅速跳上了桥墩，有 2 名人武部官兵在落水后，牢牢抓住了岸边的树枝而被救上岸来。当同伴们上岸后，却发现潘国可不见了！

潘国可被侧翻的冲锋舟倒扣在水下。顷刻间，汹涌的洪水将他冲出好远。求生的本能促使他奋力扑打，最终他抓到了一根两丈长的竹竿而得以浮出水面，此时已被冲出桥墩下游数十米。

岸上的人们在想尽一切办法施救。紧急调遣的两艘冲锋舟却因水流太急，不仅始终无法靠近潘国可，而且冲锋舟几次险些翻船。同时，营救的消防队员在岸边、桥上几次施救未果。

天色已经渐渐暗了下来，潘国可在激流中已经漂浮了 10 余里，先后穿过醴陵大桥、渌江桥、渌江书院桥、江源大桥。严重透支了体力，周身的伤痛让他渐渐觉得意识模糊了。

晚上 7 点半左右，潘国可即将流经渌江电站拦河坝，救援指挥部在拦河坝两边部署了大量的武警、消防官兵。官兵们手持竹竿、绳索严阵以待。然而，汹涌的洪水几乎不容人们做出任何反应，潘国可瞬间被急速的旋涡卷入水里，转眼即逝！

手中保命的竹竿也早已脱落。幸好，老潘吉人自有天相。当他被卷入洪流后，在被水下另一股暗流将他冲刷时，他又抓住了一块门板，再次浮出了水面！此时，天已经黑了，潘国可落水已近 2 个小时。但救援行动却遇到了极大阻力，渌江河流经下游的神福港镇转步村沿河路段，因山洪暴发，道路全部被淹，营救人员和车辆无法通行。根据沿途救援路线被堵的实行情况，指挥部再次果断调遣冲锋舟，密切关注潘国可的踪迹。同时，命令下游的乡镇、村组做好施救的准备！

下游的板杉乡古城村在滔滔的渌江河水浸泡下，早已是一片汪洋，但广阔的农田也使水势变得较为平缓。村民徐迎春、陈浩宏此刻刚好在河边拆卸采砂船上的电机，远远的看见河中有人随着木板漂浮而下。两人二话没说，冒着生命危险，驾驶一艘小船，冲到下游的一个回水湾，全力施救。20 时许，在水中漂流了 20 余里、已经奄奄一息的潘国可终于获救。为了表彰抗洪抢险先进，弘扬市民奋不顾身的抗洪抢险精神，市委、市政府授予潘国可"醴陵市抗洪救灾英雄"称号。

【男子失足堤下，警民合力营救】 2010 年 5 月 16 日 16 时许，市民陈先生在醴陵大桥向东 100 米处的河堤上，用手机拍下了一组惊心动魄的营救场面。一名男子失足滚下河堤，警民合力将他营救上岸。

当天16时许，一名妇女行经醴陵大桥。当行至桥东100米处时,不经意俯身向下看河流,竟然发现河堤下躺着一个身穿白色衣服的男子，且离河水仅有一二米远。她大声呼喊:“河堤上有人躺着”。过往行人闻讯赶来，朝着她指的方向望去,果然发现有人。于是,大家相互猜测。有的说“肯定是不小心掉下去的”;有的说“不可能!怎么会掉下去呢?肯定是玩新鲜或精神有问题,故意在上面躺着玩……”众说纷纭中,有位围观的市民拨打了“110”报警。民警和医护人员及时赶到了现场。当民警赶到现场查看时才发现,这名男子是被一个土坑卡在了近60度的斜坡堤上动弹不得，已经昏迷不醒……救援行动开始了。此时,堤下是湍急的河水,如稍有不慎,救援人员及这名男子均有可能掉入河水中。正当救援行动陷入僵局时,有一居民迅速跑回家,拿来一根长麻绳,递给了救援的民警。救援人员将麻绳的一头系在岸边的树上,将另一头捆住这名男子。然后,通过围观并参与救援的市民,合力将这名男子拉了上来。整个救援工作仅用15分钟。将这名男子拉上来后,医务人员紧急对男子进了全面的简易的身体检查。原来,这名男子是因饮酒过量,醉酒昏迷而掉下河堤的。

【六旬老人勇救落水学生】 2010年5月6日，醴陵市普降特大暴雨,许多乡镇遭到洪水侵袭,东富镇也未能幸免，降雨量达155毫升，全镇25个村分别遭到不同程度的洪水灾害。其中,桐桥村境内许多地域一片汪洋。

14时许，东富镇乘前坪中学考虑洪水侵袭、学生被困,于是将学生提前放学。丁杰、张新芝两名年仅12岁的女学生,在放学途中,当行经桐桥村六斗湾的拱桥时,因雷雨交加,洪水泛滥,拱桥只露出部分桥面，大部分桥面被洪水覆盖,许多过往行人,均采取涉水而过。她俩相互搀扶在一起,也试图涉水冲过。当她俩行至桥面一半时,一不小心,脚下踏空,双双掉入水中……瞬间,被洪水冲出300余米远。

在这情况十分危急,千钧一发之际,过往行人见此情景,有的高喊:“快救人啦！有两名学生被水冲走……”有的则冒着被洪水卷走的危险，奋不顾身地冲进洪流,抢救落水女学生……

两名不识水性的女学生被洪水越冲越远。当她俩被冲到下游的一个回水湾时,被本村本子冲组66岁的刘友生、65岁的刘月秋两位老人发现。他俩见洪水中有两个人头忽沉忽现,知道有人被洪水卷走。于是,他俩随手操起竹竿,不顾个人安危,冲向被困落水者。在竹竿发挥不了作用时,他俩跳入湍急的洪流涉水救人。后来,在闻迅赶到的村民帮助下,将两名筋疲力尽的落水学生救起。（汪建平）

见义勇为

【售票员义正词严协擒“扒手”】 2010年8月23日10时30分左右,醴陵市公交公司2路公交车售票员易小利(女,汉族,1971年11月出生)跟车值班,当车停靠在市泰安医院站时,上来2名形迹可疑的人。易小利凭借几年公交售票员积累的经验,一眼就判定这两个人是“扒手”。她为了车上乘客的财物安全,阻止“扒手”得逞,一边售票,一边大声提醒车内乘客注意保管好现金及贵重物品。当公交车行驶一段时间后,“扒手” 找准了目标,欲对一乘客实施行窃。此时,小偷的一举一动早就在易小利的掌控之中,当她发现“扒手”的行窃意图后,及时跑到该乘客身边。提醒该乘客、“注意钱物保管”。使两名“扒手”没有得逞。随后,她一直用余光紧盯着这俩人,并在车内一再提醒乘客注意保管好自身财物,让两个“扒手”没有行窃的机会。恼羞成怒的“扒手”,见她一再阻断他们的“发财”机会,恶狠狠地辱骂易小利:“你少管闲事。不然，给你好看。”易小利没有被“扒手”的威胁吓退，并义正词严地警告他们:“不要胆大妄为”。两名“扒手”在众多乘客面前,拿她毫无办法。当公交车停靠在汽车客运北站时,两名“扒手”下车,其中一名“扒手” 用刀片将易小利的右手手掌划伤后仓皇逃窜……她被“扒手”用刀划伤手掌后,大声呼喊“抓扒手”,并立即拨打“110”报警。此举激起了周围乘客的同仇敌忾之心,大家纷纷下车追赶行凶的“扒手”。在众多乘客的协助下,终于将还未逃远的行凶“扒手”制伏。当值班民警赶到时，大家将2名“扒手”交给了民警。

【司机舍身救人】 2010年4月12日23时许,邹拥军(男、汉族,1968年生,醴陵市信用联社渌江信用分社职员)和李政伟(男、汉族,1971年生,住醴陵市来龙门街道办事处北门社区）驾车从株洲返回醴陵。行至320国道1159公里处时,忽然听到前面传来一声巨响。当他俩驶近时,才发现一辆汽车发生交通事故，而且是刚刚发生的事故。邹拥军和李政伟赶紧停车前往查看。发现该车损毁严重,车头着火,车内驾驶员已昏迷不醒,情况万分危急。他俩见此情景,急忙一边拨打“110”、“120”求救,一边脱下身上的衣服将车上的明火扑灭。然后,迅速抢救车内的司机。由于车身被碰撞、导致严重变形,车门无法打开。眼见车内昏迷不醒的司机,却无法施救。邹拥军和李政伟在无法打开车门时,立即跑到自己的车上,拿了扳手等工具,将该车前面的挡风玻璃砸开,才把昏迷不醒的驾驶员从车内救出。不久,交通警察和“120”救护车相继赶到。他俩才悄悄地驾车离去。

【群众舍身擒窃犯】 2010年2月1日19时30分左右,两名嫌疑人在城区某地段盗窃摩托车时，被人发现后仓皇逃窜。谭灿(男、汉族,1988年9月出生,醴陵市西山街道办事处碧山社区居民)和附近的群众闻讯后,立即参与追赶盗窃嫌疑犯。在追赶中,谭灿紧随盗窃嫌疑犯,并大声高喊:"站住!"。但嫌疑犯根本不听,拼命逃窜。他紧咬牙关,加速追赶。当他抓到一名嫌疑犯时,却被另一犯罪嫌疑人用刀划伤手臂并与被抓的嫌疑犯一起逃脱。谭灿不顾伤痛,仍继续追赶嫌疑犯。不久,参加追堵的群众越来越多,嫌疑犯逃跑的路线被堵。在大家的共同努力下,俩嫌疑人终被制伏。并交给了闻讯赶来的民警。

安全事故

【概况】 2010年,全市安全生产工作全面贯彻落实"安全生产年"的各项工作措施和要求,以"计划执法、日常监管、隐患排查治理、第二轮行政许可、打击和取缔非法生产、宣传教育和'科技兴安'"为重点,进一步加大安全生产监管力度,深入落实安全生产管理措施,齐抓共管,上下联动,有效掌控安全事故的高发态势,保持了全市安全生产稳定好转的良好局面。全年发生各类安全生产伤亡事故228起,死亡32人、伤325人,造成直接经济损失217.09万元。其中,烟花鞭炮行业发生事故5起,死亡9人、伤9人;非矿山企业发生事故1起,死亡1人;道路交通事故222起,死亡22人、伤316人。亿元GDP事故死亡人数为0.12人。消防部门共检查单位341家,接警出动276次,消除安全隐患402起,抢救人员41人。年内,醴陵市首次被湖南省评为"全省安全生产监督管理工作先进县(市)"。 (汪建平)

区·办事处·乡镇

长庆示范区

【概况】 中共醴陵长庆示范区工作委员会、醴陵市长庆示范区管理委员会(以下简称“长庆示范区”)地处城区东北角,是醴陵市委、市政府为推进新型城市化,对接长、株、潭“两型”社会建设,加快实施市“中提、东扩、南进、北连”组团式城市发展战略,按照高校、优质标准建设的新城区。规划中的长庆示范区行政区划范围(初拟,暂未正式确定)为北至王仙镇清潭村,南至来龙门街道办事处上洲村,东至阳三石街道办事处黄沙村,西至东堡乡樟段村。共涉及11个行政村、261个村民小组,总面积约28平方公里,总人口约3万人。

2010年6月9日,株洲市机构编制委员会办公室正式批复,同意设立中共醴陵长庆示范区工作委员会和醴陵长庆示范区管理委员会,分别为中共醴陵市委、市人民政府的派出机构(正科级)。6月21日,经醴陵市机构编制委员会批复正式设立中共醴陵长庆示范区工作委员会和醴陵长庆示范区管理委员会,分别为中共醴陵市委、市人民政府派出机构。长庆示范区在新区建设指挥部的领导下,负责示范区范围内的开发建设及行政事务管理。8月3日,市委下发了《关于成立“中国共产党醴陵市长庆示范区工作委员会”和“中国共产党醴陵市长庆示范区纪律检查工作委员会”的通知》,确立了领导机构,内设党工委委员7~9名。其中,书记1名、副书记2名(其中,兼任纪工委书记1名)。

长庆示范区以“生态、宜居、休闲”为理念,主要功能定位为“城市客厅、行政办公、商务会展、生态人居、休闲娱乐”。随着长庆示范区“两纵三横”道路的拉通、杭长高铁的建成通车及新区规划建设的日趋完善等,将作为醴陵市的一个重要窗口与长、株、潭“两型”社会建设有效对接,贯通沪昆高速(醴陵段)、杭长高铁(醴陵段)、106国道等。最终建成“集物流外贸、生态宜居和城乡统筹”的特色城市新区。一是围绕“两型”社会建设,推进新区学校、医院、公园、社区服务中心、汽车客运服务中心等基础设施建设。依托研发中心总部建设、人形山伏子岭生态公园、邦和健康产业园等项目,打造成“两型”社会建设的先导区。二是依托杭长高铁醴陵连接线及配套项目建设,打造成“高铁”经济窗口示范区。三是依托市行政中心、会议中心项目建设,带动企业总部、研发机构、金融服务业进驻新区,打造成“行政办公中心示范区”。四是依托醴陵会展中心、陶瓷博物馆、展览馆等公共服务设施的建设,搞好新华联莱茵小镇开发建设,大力发展高档房地产、商贸、流通、金融等现代服务业,商贸物流园、醴陵商贸城建设项目,打造成“现代服务业发展示范区”。五是依托流星潭人工湖的开发建设和长庆寺、沩山古窑址的保护和开发,打造成“区域休闲旅游示范区”。

【醴陵大道建设】 一是项目建设工程进展顺利。醴陵大道是醴陵市城市“一环六放射”交通骨架中的主放射道路。西起醴泉路路口,东至沪昆高速(醴陵段)黄沙互通口。道路全长6.6公里、路幅宽100米,双向八车道,主线时速为50公里。大道建设工程涉及2个乡镇、3个街道办事处、8个行政村、39个村民小组。截至12月底,财政累计投资3.5亿元,其中工程直接投入2.6亿元、为概算的74.25%。2010年,完成土石方271.7万立方米,占总工程量的111.2%;完成路基填方207.4万立方米,占总工程量的98.3%;完成清淤换填16.08万立方米、抛石挤淤2856立方米,粉喷桩12.5万延米,箱涵475.35米,分别为工程量的100%。完成排水工程圆管涵1770延米、雨水管7462.5延米,雨水检查井240座,污水管道8143米;流星潭主线桥工程的桩基、系梁、承台、墩柱、盖梁和台肋板等工程完工,制作预制梁120块,(年内已架设桥梁预制板94块)为工程总量的68.1%。完成人行道板7.87万平方米、占工程总量的82.9%;完成绿化给水管铺设2468米,占工程总量的41%;铺设水稳层20.9万平方米,占工程总量的63%。K5+100路段的3.5万伏高压杆线搬迁完成。二是关注民生,安置先行。年内,市政府投资3138.2万元,征地14.62公顷,对239户拆迁户分别在珊田、马脑、东岸、黄沙、钟鼓、庄埠村设立6个安置区,并以栋(户)安置形式进行集中安置。截至12月,6个安置区建设工程基本完工,预计春节前拆迁户可搬迁入住。年内,大道两厢各20米绿化带征地完工、共征地

37.84 公顷,105 户拆迁户安置,待新安置方案出台后启动。三是施工管理科学有序。为了严把工程质量关,保障每个施工工序落实到位,指挥部多次召开醴陵大道技术控制汇报会。针对 320 国道立交桥梁施工、管线搬迁、路基沉降、道路稳定层施工,绿化(20 米)带扩征等建设项目,进行了研究分析、设计、施工、监理、质监、检测,技术组等部门根据各自职责,制定了技术处理方案。针对 K0+000—K0+500 段中的 6 个土溶洞,投入了 3 台桩基设备,采取挤密碎石桩工艺施工处理;针对大道全线(长 6594 米),挖填搭界部位 40 余处。为保证路基质量,在普通光轮压路机分层压实路基的基础上,使用了羊角碾、冲击式压路机,对全线的填石路基、挖填(搭接)部位加强了冲击碾压。四是加快进度赶工期。为确保春节前完成道路水稳层铺设任务,中南航空港建设公司增添了机械设备和人员,采取 24 小时施工作业方式。指挥部全体工作人员放弃了节假日和双休日,坚守工地,负责工程质量的监督巡查和施工环境的协调,确保了工程质量和优良的施工环境。五是协调施工环境。为了确保施工顺利进行,指挥部加强了施工环境协调工作,每天安排专人值班,组织干警上路巡查,深入乡、村、组和施工现场,将工程重点前移,做到在施工过程中发生环境协调问题,随叫随到,及时做好疏导工作;对破坏、阻挠道路建设的违法事件,坚决予以打击。依靠各乡镇、街道办事处、村(居) 委会做好本区域内环境协调工作,做到有求必应,快速处理,将矛盾纠纷化解在萌芽状态、解决在施工现场。六是加强违法建设清查整治。组织了专门班子对沿线道路的违法建设进行摸底清查,共查出违法建筑及搭建房屋 72 处,拆除 24 处、约 2000 平方米。

【长庆大道建设】 长庆大道是市重点建设工程之一,西起城区珊田广场,东至来龙门街道办事处马脑潭村流星潭(渌江河边),全长 2756 米,设计路宽 31 米(5+21+5 米),总投资约 1.3 亿元。长庆大道是新老城区的连接道路,也是长庆示范区三个功能区的连接道路。该项目由市政府引资兴建,由郑州邦和药业公司投资 4000 万元,用于道路征地、拆迁。其他工程建设由该公司全额带资,借用醴陵大道建设模式,按照“4∶3∶3”结算模式予以结算。6 月,与长沙市华杰设计公司签定了设计合同,与郑州邦和药业公司签订了合作协议。年内,完成征地 11.87 公顷,摸底拆迁户 28 户;工程预算、施工图设计、立项、环评等报批工作完成。12 月 20 日,长庆大道建设工程动工。

【新华联房产项目】 新华联房产项目名为“华联莱茵小镇”。选址在醴陵大道两厢东部片区,是长庆示范区三大组团中心核心地带,东靠渌江大道、北连醴陵大道、南临渌江,是上瑞高速(醴陵段)、沪昆高铁(醴陵段)出入的门户。交通区位优势明显,地理条件优越,具有极大的商业开发利用价值。该项目由华联集团投资开发建设,预计征地 206.67 公顷,拆迁房屋 534 栋、面积 18.54 万平方米。年内,已完成项目总体规划、征地和拆迁摸底。 (万海棠)

来龙门街道办事处

【概况】 来龙门街道办事处(以下简称“办事处”)坐落于“瓷城醴陵”市中心。东濒渌水碧波,南望仙山青翠,公路、铁路贯穿境域,为醴陵主城区所在地。历来交通便捷,物流旺盛,经济活跃,商贸繁荣。下辖上洲、珊田、东岸、马脑潭行政村和丁家坊、四塘、狮子坡、马放塘、胜利、北门、文庙 7 个社区居委会,总面积 18.4 平方公里。有村(居)民联组 119 个、村民小组 70 个,有常住户 2.22 万余户,总人口 6.1 万余人。拥有耕地面积 222.22 公顷,其中水田 201.04 公顷、旱土 21.18 公顷。有山林面积 544.47 公顷;森林覆盖率 42.5%。有山平塘 16.99 公顷,蓄水量 25.48 万立方米。境内有行政机关、金融保险、医院、学校、建筑房产、商业服务等行政、企事业单位 185 个;有陶瓷、服装、食品、农产品等专业市场 6 个,大型超市 5 个;有私营企业和个体工商户 4591 家;有先农坛博物馆、文庙、东禅寺、三刀石、陈明仁故居等 5 处历史名胜古迹。是醴陵城区政治、经济、文化、商贸活动中心。

2010 年,办事处内设党政、企业、农业、城管、社区、综治、计生、财税所 8 个办(所)。有干部职工 85 人,其中在职 54 人、离岗休息 10 人;退休 21 人。1 月 16 日,办事处正式搬迁到新址办公。年内,办事处经济发展高开高走,以“华联火炬集团”为龙头的工业企业发展迅速,活力凸显,其他规模企业经济形势保持良好。全年全办实现工业总产值 8.68 亿元,是年度计划任务的 118%,比上年增长 27%;规模以上工业企业实现产值 2.97 亿元,是年度计划任务的 114%,比上年增长 17.86%;完成工业固定资产投资 4 亿元,是年度计划任务的 100%,比上年增长 57.48%;完成招商引资 2.44 亿元,是年度计划任务的 244%,比上年增长 16.19%;完成国税 1919 万元、地税 9600 万元,分别为年度计划任务的 100.2%、110.5%,分别增长 19.4%、28.2%。机关筹资 360 万元,改造、装修了新办公大楼,添置了办公设施,购置公务用车 2 台,改善了机关的办公条件。

年末,办事处被株洲市授予“2010 年度文明建设先进单位”、“2010 年度人口与计划生育工作先进单位”;被醴陵市评为“人口与计划生育工作红旗单位”、“社会治安综合治理先进单位”;被市纪委、监察局评为“2010 年度反腐倡廉建设先进单位”。

【党建工作】 2010 年,办事处始终把加强和改进党的建设作为做好一切工作的前提和基础,不断加强领导班子自身建设、党员干部队伍建设,扎实开展了“创先争优”、

"学习型党组织建设"、"四治"等活动,机关服务群众的工作效率明显提高，干事创业氛围进一步浓厚。围绕党的建设开展了党建系列活动,举办了建党对象培训班,培训入党积极分子48人。全年发展新党员40人，预备党员转正30人；接转党组织关系445人。组织开展了"弘扬先进典型、推进固本强基工程"先进评比表彰活动,推荐"双百"先进党建示范单位2个、党员示范标兵2名。年内,组织机关工作人员向青海玉树地震灾区捐款8900元;各支部共慰问特困党员130人、困难户110户,送去慰问金10万元。

【抗洪救灾】 2010年，醴陵普降暴雨,洪涝灾害严重。在"5·6"、"5·13"暴雨洪灾中,办事处地域因地处渌江河畔,地势低洼,辖区内造成大面积内涝,水田、菜地、房屋被浸,水渠、水坝、水塘被冲垮,暴雨形成的山洪和泥石流冲击房屋的墙体护坡,导致多处山体滑坡,群众的生命财产面临严重危胁。面对超历史洪灾，全办上下众志成城,奋力抗灾。妇幼保健院房屋被淹2米多深,市人武部、城管局等单位迅速赶赴现场,利用冲锋舟、船只及时转移医患人员。渌江沿线的滨河路、胜利路、三刀石、上洲、马脑潭等村因地势低,许多群众被困，灾情严重。市城管局、行业办、人寿保险公司、交警大队、安监局、信用联社、第四中学等单位筹资4万元，为受灾群众购买了2000余件饮用水、面包、饼干及手电筒、蜡烛等物品;市民政局安排资金3500元,购买了米、矿泉水等生活用品；金塔集团投资5000余元,购买了800余件食品、水、蜡烛等物资。同时,各单位派出了部分干部前往受灾现场参与救灾。在抗洪救灾中共排除险情30余处,组织转移群众3000余人，运送物资2万余件,保障了人民群众的生命财产安全。

【重点工程建设】 2010年，办事处境内重点工程建设工作紧扣市"三大战役"的主题,以"加快发展"为主线,以"提高城市品位"为目标，全方位支持重点工程项目建设。全年完成征地42.73公顷(其中,醴陵大道扩征、长庆大道征地28.2公顷，中南陶瓷大市场征地14.53公顷)，拆迁房屋87户（其中,私产27户、公产60户)。完成渌江防洪堤拆迁户476户、马放塘棚户区改造工程户309户(其中公产套房142户、私产套房154户、门面10户、公共设施租赁3户)的摸底工作。全年改造、新建住房面积48万平方米，一批批高档商住楼相继竣工,城市竞争力凸显。

【"城市创卫"工作】 2010年,辖区"创卫"工作紧紧围绕市委、市政府"城市创卫"工作任务,集中人力、物力和财力,在历时2个多月的整治行动中，共拆除违章搭建2675处，喷绘竖牌广告260块、破旧广告牌5836米;查处各类违章272起、占道经营156起;整治集贸市场6个，取缔马路市场2个;清理"城市牛皮癣"9.6万条,清运垃圾1450吨;下发"五小"行业整改通知书750份,取缔不合格门店46家，规范定点擦鞋和早点摊贩30余个；开展拆违行动3次，拆除违法建筑9处、800平方米；抓好了小街小巷清扫保洁、清除"城市牛皮鲜"、除"四害"、健康教育宣传、垃圾站台、公厕建设等工作。全年投入"创卫"资金286.8万元,实现了城市净化、亮化和美化,创卫验收顺利达标。

【综治工作】 一是强化治安防控。按照"打防并举、预防为主、标本兼治、重在治本"的方针,坚持"警防、民防、技防"的协调联动,不断强化街道、村(社区)、组三级治安网络建设,开展了"打黑除恶"、"秋季严打"专项整治行动和"我为大家守一天、齐心协力保平安"的街面治安巡逻行动。全年辖区共发生刑事案件726起，治安案件458起，查处140起。二是打击"黄、赌、毒"事件。年内,协助公安、派出所破获"开设赌场"案1起、刑拘1人、治安拘留3人、处罚6人；查处赌博案12起、刑拘2人、治安拘留23人、处罚28人;破获贩卖毒品案5起、刑拘6人、治安拘留6人;查处吸毒案3起、治安拘留4人、处罚2人、强戒3人。三是排查调处矛盾纠纷。全年调处、化解拆迁安置、医患纠纷、企业改制等各种矛盾纠纷70起,其中刑事和解1起、人民调解27起、"三调"联动6起、非正常死亡突发事件10起、医患纠纷15起、涉外婚姻纠纷1起、群体事件6起、平息不稳因素4起。调解履行率100%、成功率99%。妥善处理了"2·12"碧海蓝天洗浴场等突发死亡事件;成功化解了一起长达2个多月的大障镇湾富村星火组村民陈俊凡过激诉前医疗纠纷。年内,司法所针对医患纠纷,撰写了《建立以人民调解为主导的医疗纠纷调解机制》,并在株洲市委《领导参阅》第六期内参刊物上刊登。

【公共安全】 2010年，公共安全工作力度进一步加大,联合开展了食品安全、学校周边环境等专项整治活动20余次。结合"安全生产月大检查"、"安全生产宣传月"活动,定期开展了安全生产检查。配合市安委会、安监局对辖区内烟花爆竹生产企业、烟花爆竹销售门店、机砖厂、电瓷企业、加油站、危险化学品经营门店及建筑施工工地、公共聚集场所等296家的消防安全情况，进行了拉网式排查、检查。共查出各类事故隐患37处，停业整顿1家、整改24家、限期整改12家。

【民生民利】 2010年，全市民生民利工作充分利用社区现有资源,千方百计拓展就业领域,创造就业岗位。全年新增养老保险扩面人数1100人，工伤保险扩面人数1200人,失业保险人数600人。新增就业人员2200人，安置下岗失业人员再就业1300名，其中就业困难对象300名。办理《退休证》年审1万余人,《再就业优惠证》

4700本,《失业证》98本；帮助36名失业人员办理小额贷款108万元。开展了社会救助的“阳光行动”，核减城镇居民低保户61户、151人,调整农村低保户26户、35人。现有享受城镇居民最低生活保障户1554户、3381人，全年发放保障金503万元;有农村低保户188户、364人，全年发放低保金73万元。年内,解决安居房3户，灾后重建户3户，危房改造户3户。落实伤残、优抚对象183人，发放补助金68万元;上报医疗救助对象75人,解决重大疾病医疗补助18万元;解决临时救助2万元。完成了704户住房困难对象摸底建档，为214户困难家庭发放了租赁补贴,为78户特困家庭申请了廉租房和经济适应房。残疾人帮扶工作不断提升，残疾人生活质量有效改善，全年发放助残金2.06万元、配发轮椅4辆。组织残协委员14人、残疾人8人参加了市残联就业培训。安排0~6周岁残疾儿童4人到株洲参加免费康复治疗。全年共发放二代残疾人证318本。

【人口和计生工作】 2010年,计生工作坚持优质服务与基础工作并重、奖励兑现与依法行政并举，全面落实基本国策，稳定低生育水平。开展了计划生育优质服务“百日行”活动,为1.4万余名育龄妇女进行了生殖健康普查。严厉查处违法生育，全年征收社会抚养费31万余元。投资近20万元，在各村(社区)、320国道及辖内主要路段设置不锈钢宣传橱窗24块。开展了省内“一盘棋”清查、数据录入工作，全年共录入2.17万余户、6.2万人。全年出生447人，其中男219人、女228人;计划生育率为98%。

【教育事业】 2010年，渌江中学投资200万余元,着力打造学校特色,全面提升学校办学水平。4月26日，全省义务教育均衡发展现场会在醴陵召开。渌江中学作为一个现场点,与会领导、专家到该校进行了现场考查验收,并对该校给予了高度评价。年内,先后有茶陵、望城、芷江等兄弟学校的领导、专家到校学习考察。

【人口普查】 2010年，按照市有关人口普查的精神和要求,全办划分11个普查区、281个普查小区。为如质如量完成人口普查工作，配备普查指导员92名,聘请普查员579名,完成了普查区绘图、户主摸底、入户登记、过录汇总、编码、复查等普查工作。普查共登记人口户2.22万余户,总人口9.24万余人,其中常住人口7.82万余人。(万海棠)

阳三石街道办事处

【概况】 醴陵市阳三石街道办事处(以下简称“办事处”)位于城区东南部。下辖阳三、渌江、向阳3个社区居委会和泉湖、立三、阳东、企石、东门塘、玉屏山、黄沙7个行政村。有169个村(居)民小组(联组)、总户数1.39万户，总人口4.35万人。辖区总面积23平方公里。有耕地面积337公顷,山地面积135公顷；有小Ⅱ型水库1座。辖区是全市经济、社会发展最具潜力和活力的地区，交通十分便利，有青云南路、立三大道、泉湖路、阳三石路等大街小巷131条,320国道、106国道、上瑞高速横贯南北，浙赣铁路复线、醴茶铁路穿境而过。辖区以炻瓷、日用瓷、箱包、机械、食品加工、房地产、物流为主导产业,产业集群初具规模。

2010年，完成各项财税收入2.36亿余元，比上年增加4812万元,增长28.1%。其中,完成国税1.59亿余元、比上年增加3886万元、增长32.3%;完成小规模税收1430万元、比上年增加237万元;完成地税6259万元，比上年增加1153万元、增长110.04%。城镇居民人均可支配性收入达1.85万元,比上年增长12%。全年规模工业实现总产值28.48亿元、增加值10.82亿元。完成固定资产投资9.3亿元,比上年增加3.3亿元。年内,新增规划以上企业2家,完成招商引资1.25亿元，是年度考核目标任务的138%。实现农业总产值9.4亿元,比上年增长1亿元;农民人均纯收入达9395元，比上年增长11%。

【基础设施建设】 2010年，百富花园、富丽园、五环都会、财富铭城等小区基础设施建设全面完成。投资26万元,整修、硬化小街小巷道路12条。投资8万元的阳东农贸市场竣工并交付使用。渌江大道(三、四期)拓宽改造工程顺利推进；渌江防洪堤建设全面铺开;阳三路(一期)拆迁改造工程基本完成。投资200万余元,全面改造了故居路。

【“城市三创”工作】 一是强队伍,创建氛围不断增强。成立了爱委会、爱卫办,将城管中队纳入“三创”办统一调度。聘请保洁员、协管员65名，负责日常保洁并进行监督检查。开展了群众喜闻乐见的宣传教育活动,把健康教育作为“创卫工作”一项经常性工作开展。全年出宣传栏44期，发放宣传资料8000余份。二是重实效，专项整治着力展开。投资380万元,开展了市场、“五小”行业、交通秩序等系列专项整治活动。共清运垃圾1.08万吨,清除“城市牛皮癣”3.24万条，整治占道、出店经营1100余家,拆除破旧招牌、竖牌广告758块，强制拆除棚屋29处、1620平方米。三是抓整体,环境面貌焕然一新。全年新增绿化面积8700平方米,种植花草、树木3.13万余株。组织开展了以“爱我阳三、清洁家园”为主题的“爱卫月”活动,添置垃圾桶3400个,投放灭鼠药物1000公斤、蟑螂药物3000包、蚊子药物(敌敌畏)300瓶,除“四害”范围率达100%。通过“城市三创”工作一系列措施的落实与监管，辖区内环境卫生不断提质，宜居环境不断优化,城市功能不断完善,为醴陵市争创“省级卫生城市”作出了应有的贡献。

【重点工程建设】 2010年，办事处党政领导高度重视辖区各项重点工程建设，继续发扬"阳三速度"，各项重点工程扎实推进。全年完成重点工程拆迁房屋52户；完成渌江大道(三、四期)安置区、醴陵大道、第二消防站等项目建设征地37.5公顷和金鑫工业品市场、电视塔建设腾地3.33公顷。阳三路、泉湖体育中心及安置区、渌江防洪堤等项目建设工程进展顺利。

【计划生育】 2010年，计划生育工作以"阳光管理、执法破冰"为载体，扎实开展人口计生工作。在加强计划生育组织领导的同时，坚持"以村为主"，不断夯实基层基础工作。通过开展计生优质服务工作，建立健全利益导向机制，较好地完成了市委、市政府年初下达的各项人口目标任务。全年出生409人，其中计划内出生395人；人口自然增长率控制在7‰以内，无多孩生育；计划生育率达96.58%，统计数据准确率100%。综合节育率100%；生殖健康监测到位率100%，流动人口管理到位率98%，部门综合治理到位率100%。年内，在"株洲市计生创模工作"现场会上，办事处作为创建"阳光计生"示范单位作了典型发言。

【安全生产】 2010年，办事处共有安全生产重点监管企业32家，其中高危企业31家。全年安全生产工作以深入开展"安全生产年"活动为主线，以"有效防控事故"为目标，全面落实安全生产责任和各项工作措施。一是广泛宣传。开展了"安全生产宣传月"宣传活动，共出动宣传车11台(次)，悬挂宣传横幅35条，张贴标语300余张，出宣传板报50块。全年分别组织17家企业、4223名员工举办了安全生产知识培训，辖区企业安全生产意识明显增强。二是狠抓安全生产隐患排查治理。办事处与辖区企业签订《安全生产责任书》200余份，并在辖区180家企业中，开展了经常性安全生产大检查，其中确定51家重点监测企业，并实行每月至少一次例行检查。三是加大对重点物品、行业、区域的安全监管力度。不断加大打非力度，通过严密监控和举报奖励制度，消除非法生产在辖区内的生存空间。全面落实安全生产"三同时"(即：同时设计、同时施工、同时投产使用)制度，辖区31家高危企业特种作业人员持证上岗率达100%。

【综合治理】 2010年，社会治安综合治理工作始终坚持把综治工作作为办事处主要领导("一把手")工程，并将综治工作纳入全年工作目标管理，实行"一票否决"。全年投入"综治平安创建"资金9万余元，调处矛盾纠纷105起，排查不稳定因素139起。组织召开涉军、涉核人员座谈会10次，解决7人的城市低保(农村低保)和12人的公益性岗位。加强与有关部门联动，建立了信访工作联席会议、信访信息通报、处理信访协作制度等，实现了信访工作优势互补、整体推进，信访案件总量下降30%。依法严厉打击各类违法犯罪活动，开展了流动人口治安管理专项整治行动，共清查出租屋、废品收购点、旅馆、娱乐场所283处，查处治安案件51起、治安处罚85人；侦破刑事案件65起，摧毁犯罪团伙3个，刑事案件发案数比上年减少17起、下降6%。深入开展法律"进村、进社区、进学校、进企业""五五"普法活动，共发放《治安防范知识读本》1万余份；组织各类法律讲座11场(次)。通过各类强有力的措施，全年未发生一例集体性上访和重大群体性事件，辖区治安平稳可控。

【"两型"社会建设】 2010年，成立了"两型"社会建设工作领导小组，开展了"节能型"机关、企业、家庭建设，积极引导推广天然气入厂。辖区生产、生活单位能耗进一步降低，生态环境进一步好转。开展了"两型"社会建设征文、演讲、文体等系列活动，带动广大群众投身"两型"社会建设，从自己做起，从小事做起，保护生态环境，共建文明家园。全年完成节能减排改造项目9项，投入节能减排项目资金2000万余元。

【土地管理】 2010年，切实加大了基本农田管理力度，开展了清理闲置土地的执法监察。查处违法建设用地63户、3500平方米，建筑面积5200平方米。开展了强拆行动，拆除非法建筑23户，其中自拆4户、强拆19户，总占地面积2500平方米、建筑面积3600余平方米。

【社会救助】 2010年，发放扶贫救济金10万余元。为188名优抚对象、双定补助人员发放优抚金52万元。为城镇低保户每月发放低保金50万余元；为农村低保户每季度发放低保金7.2万元。全力做好辖区社会保障工作，帮助19户"零"就业家庭重新就业。安排下岗失业人员659人。帮助、申请办理大病医疗救助23例。组织辖区干部群众为玉树地震灾区捐款7.7万元。为"6·24"受灾群众捐款6.5万元。

【教育事业】 2010年，开展了"树立形象强师德"的学习教育活动，加强了教学教研、校园周边环境整治力度，加大了教育投入。全年投资300万余元，扩、改建了城南中学、东门塘小学、阳三石小学、泉湖小学教学楼。组织开展了广场舞、阳三星城绝技绝活比赛等系列群众文体活动，群众文娱生活更加丰富。

【党建工作】 2010年，认真落实党政班子成员分工责任制，重大事项实行民主科学决策。加快青年后备干部培养和选拔任用步伐，扎实开展党建创新工作。全年培养入党积极分子58名，转正党员40名，发展新党员41名；评选并通报表彰了67名优秀党员，党员队伍不断壮大，凝聚力和战斗力不断增强。 (钱明 巫娜)

西山街道办事处

【概况】 醴陵市西山街道办事处(以下简称"办事处")地处市城区西南,是全市的政治中心。辖区总面积38平方公里。有耕地518.9公顷、山林地1941公顷。下辖万宜、石成金、石门口、滴水井、五里墩、碧山、河西、江源、枫树塘9个行政村和财源塔、书院、南门及碧山4个社区。年末,有常住户1.2万户、4.1万人。辖内有市属以上行政事业单位48个。年内,设党政、综治、农村、社区服务、计生、城管、产业办、财政所和城管大队西山中队;有在职干部职工53人。办事处具有发达的交通、物流网络,环境优美,秩序良好,发展空间广阔。G106国道、S313线贯穿全境,G320国道、上瑞高速东接边境,背靠仙岳山、面向渌江河,坐拥仙山公园、渌江书院等风景名胜和宋名臣祠、烈士陵园等教育基地,是醴陵城市"南进"战略的重要组成部分。

2010年,实现工农业总产值27.48亿元,比上年增长32.2%。其中,规模企业实现总产值11.89亿元,比上年增长62.88%;40家三产服务业销售额(抽样调查)增长39.4%。实现财政收入8608万元,比上年增长32%,其中地税入库3362万元、增长56%,国税小规模入库746万元、增长20.1%。完成全社会固定资产投资8亿元,增长66.7%;城镇居民人均可支配性收入、农民人均纯收入分别达1.85万元、8030元,分别增长14.55%、16.1%。

【"城市三创"工作】 2010年,办事处创卫工作以醴陵市"城市创卫"工作为抓手,打好城市提质战,全力推进文明卫生单位和样板街、样板小区、样板集贸市场的创建。市人民法院、市工商局行政管理局通过了"省级文明卫生单位"考核,左权路示范样板街创建获提名表彰,江源、南门菜市场改造工程完成,达省检要求。年内,聘请了专职卫生清扫员、监督员,负责辖内60余条小街小巷、14.3万平方米的卫生保洁和卫生监督。以治理"六乱"(即:乱搭、乱建、乱涂、乱画、乱堆、乱放)为重点,加大卫生保洁力度,卫生状况明显好转。完成G106国道、S313线沿线路段的亮化工程,构成了"点、带、群"交相辉映的和谐夜景。全年投入"创卫"资金280万余元,开展了查违拆违、规范广告店牌、门店经营秩序、交通秩序、"五小"行业和植树补绿等10余项专项整治行动。年内,办事处在全年全市"城市三创"考核中,取得2次排名第一、1次排名第二的优异成绩。

【产业攻坚】 2010年,全面推进办事处、村和企业的互动合作,帮助企业解决具体问题。对骨干、优势企业和创利创税大户企业采取全程跟踪服务,创造性地实行"一个窗口对外联络服务",使企业发展环境得到有效优化。以新世纪为代表的规模企业发展速度不断加快,滴水井、石成金、枫树塘等村新、扩建了一批工业企业;霖都公司矿产加工项目、德兴瓷业釉下五彩花瓶开发、金龙粮油等一批项目建成投产;亚太陶瓷研制的双面超大釉下五彩瓷板画创世界吉尼斯新纪录。西山美墅、碧桂嘉园、渌水家园(二期)等项目工程顺利推进;新太阳集团会馆中心成功落地,零售、批发商贸企业不断壮大,超市、连锁店等新型产业不断涌现。年内,华冠电瓷、三塘瓷业共投资1000万余元,引进新项目2项、总投资6500万元。加大节能减排力度,全年关停"五小"行业6家,完成"煤改气"企业5家。全年全办规模以上工业增加值能耗比上年下降20%。

以项目为引领,打好"旅游升温战"。抢抓岳汝高速连接线、塔前路、左权南路延伸段建设机遇,构建快捷、通畅道路网络,连接周边旅游景点,为旅游升温带来物流、人气。年内,天然气管网五里墩支线铺设完成,滴水井支线延伸有力推进,荷叶塘变电站竣工并投入使用。中储粮完成了征地、拆迁,预计2011年将全面投入建设。成功引进了五里墩生态葡萄农业园,培育河西、西山、江源等农家乐。进一步加大征地拆迁工作力度,渌江拦河坝工程即将竣工,渌江风光带建设启动,体育馆项目如期腾地。投资39亿元的仙岳山文化景区建设进展顺利,年内完成了项目区17平方公里的总体规划评审、4.4平方公里的核心区详规设计,共征地13.51公顷、拆迁房屋8户。年内,启动预征地13.33公顷,水、电、气工程完工,道路网络建设规划设计完成,并即将动工兴建;投资1亿元的和谐四面大佛、圣德禅寺群建设项目工程顺利推进。仙岳山文化景区项目建成后,将成为长、株、潭独一无二的禅宗文化旅游基地和西山旅游产业经济发展新的增长极,并将会加速拉动辖内三产服务业的迅猛发展。

【综治工作】 2010年,社会治安综合治理工作确立了"建制度、强基础、察社情、重预防、抓严打"的工作思路和实现"五个到位(即:思想重视到位、措施手段到位、排查化解到位、资金支持到位、奖惩措施到位)、四个确保(即:有人管事、有处说事、有章理事、有效办事)、三个明显(即"社会治安明显好转、发案率明显降低、群众安全感明显提升)"工作目标,与各村(社区)及辖内单位签订了《综治维稳责任状》,对排名靠前的单位予以表彰,对排名末位的挂牌单位给予整治,对工作措施不落实、效果不理想的单位给予通报整改。全面开展法制宣传和教育活动,构建各类重点人员服务治理平台,澄清危险隐患因素底册。建立了"五包一(即:每一个不稳定问题都有一名责任领导、一名办理干部、一名综治专干、一名政法干警、一名村民干部负责处理结案)"维稳责任制度和集体赴省进京上访、突发事件处置工作预案,实行重点时期24小时跟踪维稳。开展了学校周边环境治理、扫黄打非、禁毒、禁赌、禁娼等专项整治行动和有案底人员帮教活动，切实落实维稳工作联席会议精神，开发社区保绿、保洁、保安等公益性岗位，安排企业下岗、涉军人员就业30名。全年妥善处理集体性矛盾纠纷7起。

【计划生育】 2010年，办事处计划生育工作严格落实目标风险金考核、“一票否决”、“一把手”亲自抓制度和办点干部包村、村（支）两委包片、党员包户制度，计生工作成效显著。全年落实计生经费35万元，免费施行计划生育手术400余例、发放避孕药具价值1.6万元、生殖健康检查2.4万余人（次），减免诊治费用2万余元。在沿106国道、S313线、桎马线沿线建立了计生宣传长廊，在滴水井、江源、枫树塘村分别建设了“阳光计生”精品村。全年发展计生协会会员3068人，落实独生子女伤残、死亡扶助15人，购买贫困家庭计划生育家庭保险65户。全年出生480人，符合政策生育率97.2%；落实节育措施438例，其中落实补救措施56例，“三查”到位率95%；采集、录入常住人口信息3.88万条、流动人口信息1925条，纠错12万余条。

【安全生产】 2010年，成立了安全生产委员会、打击非法生产领导小组和工作队，将安全生产纳入目标管理体系，各村(社区)成立了相应的安全生产管理机构，设立了安全信息员，构建了健全的安全网络。定期开展各种业务培训和安全检查，积极履行安全管理职能，确保了工业生产正常进行。“打非治违”日常化，与市相关部门职合开展执法行动10余次，有效遏制了石门口、石成金、万宜的非法采泥行为。对达不到安全生产要求的企业、一律要求停产整改，整改后仍不合格的、一律关闭、取缔并给予经济处罚；对触犯法律的，一律依法追究法律责任。通过采取一系列措施和整治，全年全办安全生产状况持续稳定，再次实现“零事故、零死亡”目标。

【新农村建设】 一是突出稳定粮食生产。集中种植区域以村统一种植、统一翻耕，严格杜绝抛荒，强力推行“单改双”，有效增加了粮食播种面积，全年粮食播种面积814.76公顷、实现总产量5833.42吨。二是以“发展生态农业”为契机，大力调整农业结构。建立了以碧山、河西、江源、五里墩和书院社区为核心的优质蔬菜基地，扩大种植面积13.33公顷；扶植、培育了湘丰（生猪）、江源（珍禽）、枫树塘（鸡鸭）养殖场，新增常年养殖生猪100头以上大户18户。三是全力改善农村环境。投入农村道路建设资金90.2万元，硬化组级道路5条、4.8公里。投入水利建设资金49.8万元，山平塘增容5口，整修加固24口；除险加固了水库；清淤渠道1.2万米、衬砌渠道3200米。投入乡村环境治理资金17万元，改水180户、改厕470户，安装垃圾桶1120个，清运垃圾1800吨。年内，完成了9个村、1个社区的林权制度改革，全面实施封山育林、植树造林，推进生态、绿色醴陵建设。

【民生民利工作】 2010年，共发放低保金34.16万元、优抚费6.7万元；为30人申请大病救助资金8万余元；投入灾害救济金10万余元，以支援甘肃舟曲泥石流受灾区、醴陵市5～6月份洪灾受灾群众和“金秋助学”帮困。发动机关工作人员捐款1.79万元，捐赠棉被100床、羽绒服150件。年内，为城中4个失地农民村中的760余名农民，按历史失地政策享受100元/月的生活补贴，其余7个组进入身份核定程序。全年完成安居房屋4户、灾后恢复重建户9户、危房改造户7户。完成了江源清水塘、河西林家老屋地质灾害整治，解除了近40户村（居）民房屋安全警报，实现居住安全，出入通畅。建立应急预警信息平台，在“6·24”特大暴雨洪灾中，万宜村耿塘组成功避免了山体滑坡造成房毁人亡的惨剧。全年新增就业人员1281人，其中下岗失业人员再就业502人，并为其减免税收27万元、申报社保补贴50万元、再就业培训补贴23.4万元。全年下拨农资综合直补款44.1万余元、种粮直补款7.4万元、家电补贴款5.4万元、汽车补贴款24.7万元、摩托车补贴款26万元。全年全办农村合作医疗覆盖率98%以上，城镇居民医保覆盖率85%。

【财政税收】 一是拓展财政税收空间，挖潜创税。贴紧新世纪陶瓷、百花瓷业、远大电瓷等15家税收达50万元以上的工业企业优化服务，拓展运转空间，深入挖潜，以点带面，全面推动税收增长。继续做大房地产等三产经济，全方位跟进，帮助企业办理土地挂牌、摘牌，拆迁许可证，规划审批等相关手续，并定期了解项目进展情况，确保开发商纳好税、多纳税。二是充分发挥密切联系群众、熟悉基层情况的优势。通过开展税源普查、建立税源档案、加强与税务部门共同协作和管理等方式，派专人跟、管、守、帮，及时收集小税种的涉税信息，对区内注册区外纳税的企业进行逐户梳理，消除“零”税户；对区内企业实行“阳光税收”，杜绝现有税源流失。

【教育工作】 2010年，坚持教育“优先发展”的理念，加大教育工作力度。年内，新建江源小学主体工程即将竣工，预计2011投入使用。境内5所中小学均通过上级合格学校验收。其中，碧山、江源小学获优秀；万宜小学被评为“特色学校”。南门中学被中国生命关怀协会授予 “关爱生命先进单位”（株洲地区仅3家），南门中学家长学校被评为“省级示范学校”。

【基层党建】 2010年，机关、社区、村（居）将“创先争优”活动进一步推向深入，并与转变发展方式、服务“三大战役”相结合。通过开展“四看三定两公开”（即：看是否突出党的先进性、看是否推动当前发展、看是否解决群众困难、看是否做到自我加压；与基层群众商定、与承诺对象拟定、与党组织确定;向社会公开、所在岗位公开)、批评与自我批评、专题学习活动,调动、带动了基层党组织和广大党员的积极性,在各自的岗位上“创先争优”,辖区上下洋溢着“创”的意识和“争”的勇气。成立了“湖南新世纪陶瓷有限公司党支部”,党的组织建设、队伍建设不断加强。全年培训入党积极分子23人,发展预备党员18名,批准转正新党员34名。 (王睿婷)

黄泥坳街道办事处

【概况】 黄泥坳街道办事处(以下简称“办事处”)地处醴陵城北,东与来龙门街道办事处和东堡乡接壤,西以渌江河为界,南起新街口,北邻板杉乡。下辖姜湾、车顿桥、国光、八里庵、五里牌5个居民委员会和老龙井、姜村、石子岭、华塘、石塅、横店6个行政村。有总户数12067户、总人口4.89万人;地域总面积33.8平方公里。

2010年,机关内设党政办、人大办、社会保障办、计生办、综治办、农业办、重点办、城管办、财税所。实现企业生产总值26.77亿元,比上年增长37.6%,其中规模企业完成产值11.8亿元、增长25.3%。全年工业固定资产投入9.8亿元;招商引资1.86亿元,引进企业3家。完成地方财政税收3628.8万元,超收404.8万元;完成国税税收847万元,超收115万元。

辖区交通便利,面貌日新,发展潜力巨大。320国道、醴潭高速、上瑞高速、浙赣铁路复线等途经域内,滨河路、玉瓷路、醴泉路、国瓷路、醴陵大道、李畋西路和江源大桥构成城区主体交通网络;醴泉小区、瑞和新城、星海明筑、时代汇丽、东风商务区、恒茂凯旋城等城市建设开发项目建设进展顺利;陶瓷科技产业园区快速发展。辖区整体陶瓷工业、房产开发、化工原料、建筑材料、鞭炮烟花等多产业配套协调发展,老工业基地由此呈现出新的活力。年内,国瓷路、岳汝高速、工业园区项目及房产开发等建设进展有序。全年累计投入150万余元,开展了“城市创卫”工作,辖区市容市貌得到明显改善。人口与计划生育、社会治安综合治理、安全生产等基础工作得到进一步巩固,民政及社会保障稳步推进。年末,办事处被评为株洲市“人口与计划生育工作先进单位”;被醴陵市评为“抗洪救灾先进单位”、“行政执法先进单位”、“招商引资先进单位”、“民政工作先进单位”、“残疾人工作先进单位”、“妇女工作先进单位”。

【重点工程建设】 2010年,国瓷路建设工程房屋拆迁户拆迁工作结束,主线建设全线贯通。岳汝高速及互通工程项目进展顺利。车顿桥广场建设竣工。渌江拦河坝建设稳步推进,寨子岭路路基平整基本结束。五彩新城项目建设、产业园内西气东输二线工程、建筑陶瓷园、汽车配件园、城北22千伏输变电站、五彩陶瓷艺术园等项目建设的征地、拆迁工作启动。横店、华塘、石子岭、石塅、五里牌安置区建设竣工,拆迁户全部搬迁。东风商务区、星海明筑、瑞和新城、恒茂凯旋城、荟萃置业等开发项目进展顺利,楼盘销售及商业经营步入正常轨道。

【城市创卫工作】 2010年,累计投入城市创卫资金150万余元,组建了一支由10人组成的城市协管队,新购置工具车1台,果皮箱50个、密闭式垃圾桶1000余个及大批清扫保洁工具;动用挖土机400余台次,运输车辆100余辆,清理陈年垃圾360余处、清运垃圾2000吨。投入20万余元,开展了辖区的美化、亮化、绿化,硬化、维修小街小巷道路12条。全力整顿了姜湾马路市场;配合市有关部门开展“五小”行业集中整治和户外广告、违章建筑等专项治理12次,组织开展拆除违法建筑行动26次、共拆除违法违章建筑物26处、4500平方米,有效控制了违章搭建50户、9975平方米。

【“三农”工作】 2010年,办事处实现农业生产总值1.05亿元。全年粮食作物种植面积742.67公顷、粮食总产量5760余吨。其中,早稻342.67公顷,总产量2450吨;旱粮、瓜菜100公顷。全年出栏生猪1.3万余头、家禽1.22万余羽;实现水产品产量430吨。完成了1430公顷林权发证。投资73.7万元,清淤、疏通干、支、斗、毛渠8500米,新修支渠5700米。投资472万元,新修村道13.2公里,拓宽村道16.9公里,硬化道路11.73公里。全年发放粮食补贴等3项直补款63万元,发放移民补贴35万元,免费发放晚稻增肥促熟防虫补贴尿素5吨、农药(吡呀酮)1.92万余包;发放家电下乡补贴234万元,汽车、摩托车补贴80万元。全年农民人均可支配性收入达8126元,比上年增长33%。

【计划生育】 2010年,辖区计划生育率96.75%,多孩控制率“零”,统计数据准确率100%,出生性别比为100∶106。实现“村为主”比率为100%,流动人口管理到位率98%,综合措施落实率100%,综合治理到位率100%,“三查”率95%,妇科病普查率20%。全年发放计划生育奖扶资金6.9万元。

【社会治安综合治理】 2010年,建立健全了维稳工作机制,化解了重点工程建设遗留、工业园失地农民上访、国光、醴浏等企业改制、涉军人员上访、重大项目征地拆迁安置等难题引发的问题和一系列矛盾纠纷,确保了辖区大局稳定。扎实做好社会治安综合治理的基础工作,完善了接访息访平台,畅通了干群沟通渠道,全年累计接待、处理来信来访170余件,集访、群访、越级上访局面得到彻底扭转。

【防汛抗灾】 2010年5~6月间,全市连续遭强降雨过程,造成辖内重大洪涝灾害4次,山体滑坡122处,倒塌、严重损毁房屋123间,房屋过水户2631户,损毁道路12处、2170米,防洪堤垮塌110米,

醴陵市官庄中学

校　长　程路平

校委会班子成员

“爱我官庄”宣传活动

美籍华人钟武雄到校考察

◀由钟武雄投资建设的科教大楼

学生军训

校文艺会演

人大主席 余 波

党委书记 朱思球

镇 长 王 平

醴陵市大障镇

二〇一〇年度经济发展综合实力
五快乡镇(街道)
中共醴陵市委
醴陵市人民政府
2011年2月

二〇一〇年度粮食生产工作
先进乡镇
中共醴陵市委
醴陵市人民政府
2011年2月

大障镇位于市南部，总面积108平方公里。境内煤炭、硅火泥、石灰石等资源丰富，目前已形成了花炮、煤炭、硅火泥、铸造四大支柱产业。辣椒、生姜、茶叶和生猪等闻名全市。

2010年，全镇上下以发展为第一要务，实现了“十一五”经济社会发展的大突破，跻身全市经济社会发展“五快”乡镇。全年实现工农业总产值48.58亿元，完成固定资产总投资2.1亿元，招商引资7930万元，农民人均纯收入达7570元。年末，被株洲市授予“株洲市农村科普示范基地”。被本市市委、政府评为“社会治安综合治理工作先进单位”、“粮食生产先进乡（镇）”、“民政工作先进单位”、“重大动物疫病防控工作先进单位”。

株洲市委常委、副市长黄曙光（左一）在市政协副主席、农业局副局长乔德良（右一）陪同下，到大障镇视察粮食生产工作。

镇敬老院

镇硅火泥有限公司一角

境内神马花炮厂是全市花炮龙头企业。图为礼花弹分厂。

醴陵市第四中学

市长蒋永清等到校指导工作

教育管理工作现场培训

"我最喜爱的教师"评选活动

新生军训

学校邀请管斌全（教育成功学专家，浙江省阜阳市大源中学一级教师）来校作报告会

校第八届艺体节上学生民乐表演

湖南出入境检验检疫局醴陵办事处

主　任　陈再辉

办事处班子成员

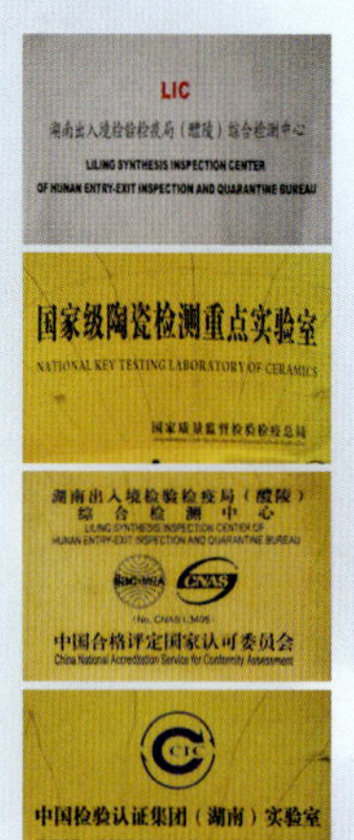

湖南出入境检验检疫局醴陵办事处是经国家质量监督检验检疫总局批准设在醴陵的正处级检验检疫分支机构，隶属湖南出入境检验检疫局。办事处内设办公室、综合科、检验检疫一科、检验检疫二科和醴陵唯一的国家级重点实验室——“国家陶瓷检测重点实验室”。主要负责醴陵、攸县、茶陵、炎陵四县市的出入境检验检疫工作。

◀国家质检总局魏传忠副局长（中）到醴陵视察检验检疫工作

醴陵办事处拥有全国质检系统首个出口电瓷检测实验室。图为检验人员在检测出口产品。

检验人员运用原子吸收分光光度计检测陶瓷产品的铅镉溶出量

化学检验室

陶瓷浸泡室

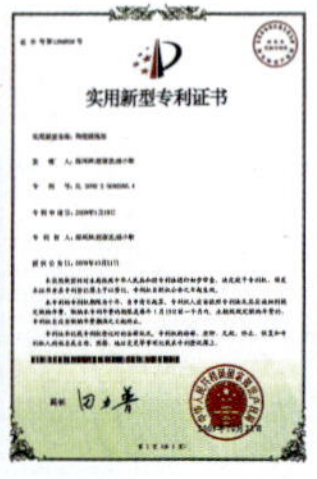

▶ 深入企业检验监管

醴陵市贺家桥镇

人大主席　王邦铁

党委书记　吴礼阳

镇　长　漆振洪

镇党政人班子成员

妙泉村集镇建设

农业产业发展势头强劲。图为镇西瓜、葡萄、辣椒等种植基地。

镇水利建设工程——龙龟山水库

醴陵市均楚镇

人大主席　郭中阁 　　党委书记　唐　飞 　　镇　长　钟富强

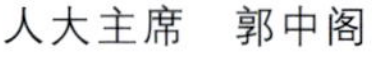

镇党政人班子成员

均楚镇距市城区30公里，距株洲市45公里。辖17个村，2个居委会，总面积167平方公里，总人口4.23万人，有农村劳动力2.5万人。均楚为山地、丘陵地形，地质条件良好，属中亚热带东南季风性湿润气候，自然条件得天独厚。

2010年，全镇实现社会总产值16.1亿元，比上年增长10%；规模企业实现产值4.1亿元，比上年增长58.3%；企业新增固定资产2亿元；招商引资3000万余元。全年完成小规模国税117万元，比上年增长23.2%；完成地税500万元，比上年增长33%；农民人均纯收入达7200元，比上年增长8%。

驻镇的现代电瓷工业有限公司一角

水稻生产丰收在望

醴陵市潘矿离退办

主　任　何宗和

醴陵市潘矿离退办主要负责管理关闭破产后潘家冲铅锌矿的离退休、工伤抚恤、精简下放人员管理和原潘矿代管办管理的资产。

全年按照省、市、县的要求及省有色局的部署，完成了潘矿棚户区改造异地安置建设经济适用房立项申报工作。完成了原潘矿退休人员、离休干部配偶及劳服公司退休人员医疗保险。做好了广大离退休人员思想工作，解决了生活中的困难和问题，确保了破产企业、社区平安稳定。完成了离退休人员、抚恤人员、精简下放人员的日常管理及特困人员的走访慰问。

办大门

离退休人员居住楼

老年活动中心

园林式的办公和居住环境

醴陵市疾病预防控制中心

LILINGSHIJIBINGYUFANGKONGZHIZHONGXIN

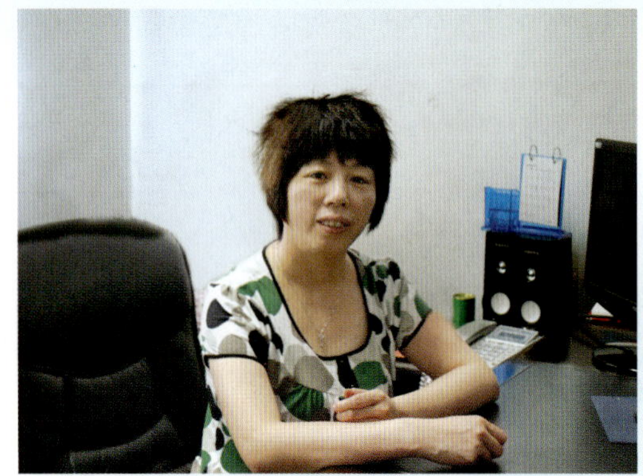

主 任 陈冬梅

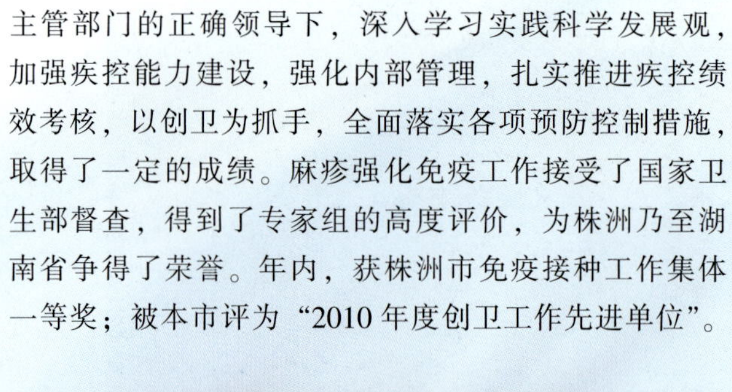

2010年，市疾控中心在市委、市政府及上级业务主管部门的正确领导下，深入学习实践科学发展观，加强疾控能力建设，强化内部管理，扎实推进疾控绩效考核，以创卫为抓手，全面落实各项预防控制措施，取得了一定的成绩。麻疹强化免疫工作接受了国家卫生部督查，得到了专家组的高度评价，为株洲乃至湖南省争得了荣誉。年内，获株洲市免疫接种工作集体一等奖；被本市评为“2010年度创卫工作先进单位”。

书 记 贺高虎

卫生部督查组一行到本市督查麻疹强化免疫工作

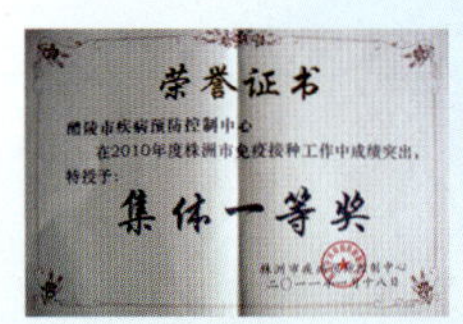

结核病防治宣传

团结务实的领导班子

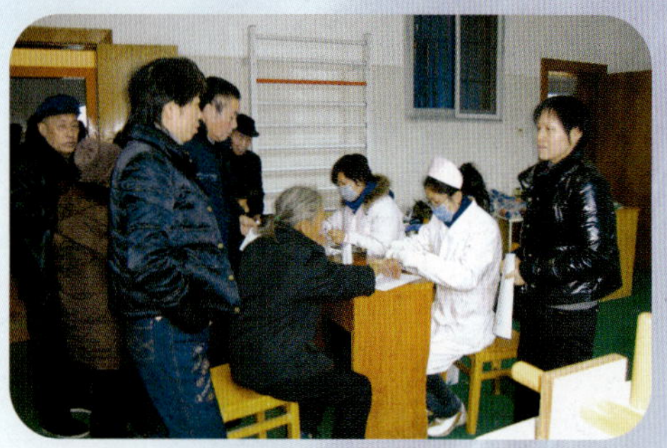

社区老年人体检

醴陵市神福港镇

镇党政人班子成员

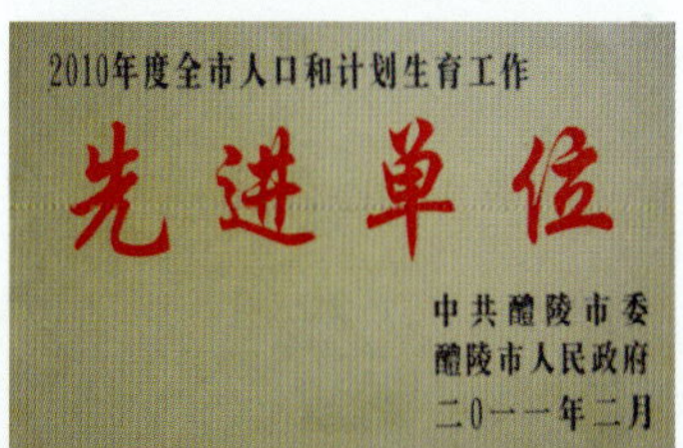

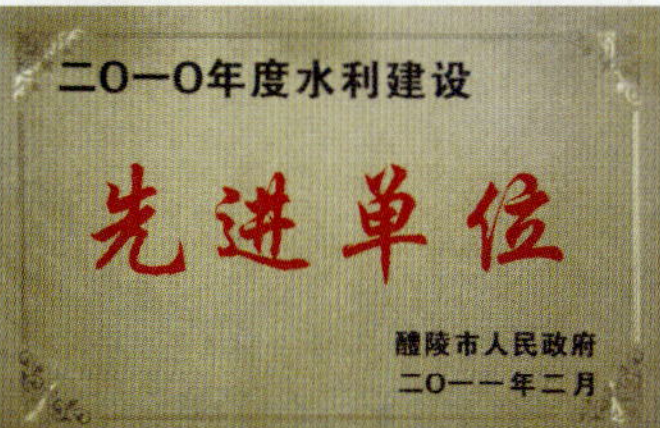

新建的神福大桥

集中育秧基地

神福港镇百亩玉米生产基地

大棚西瓜种植基地

醴陵市公路局

局　长　欧国荣

局班子成员

改建后的办公楼

军事化管理的路政大队

协作分工的机械化道路养护

庆"七一"党日活动

醴陵市农村信用合作联社

党委书记、理事长　李国赐

团结奋进的领导班子

2010 年，醴陵市农村信用合作联社积极向现代金融企业迈进，顺利完成了“三会一层”（即：社员代表大会、理事会、监事会、高级管理层）换届选举工作，法人治理架构进一步完善，各项业务蓬勃发展。年末，各项存款余额达 38.75 亿元，贷款余额 20.89 亿元，荣获省联社“先进集体”称号，城区信用社获“2010 年度湖南省银行业文明规范服务示范单位”。

工作人员向广大群众宣传、示范评级授信与凭证放款的流程

◀ 联社在渌江等 11 个信用社召开评级授信示范会

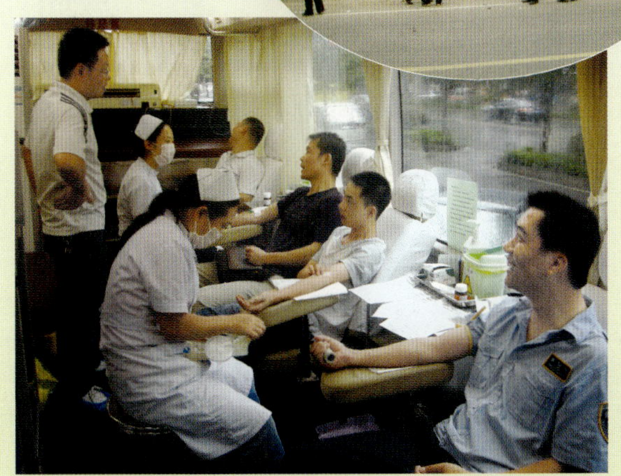

联社员工义务献血

联社党委与退休老同志齐聚一堂，共度“九九重阳节”

醴陵市石亭中学

校　长　晏守明

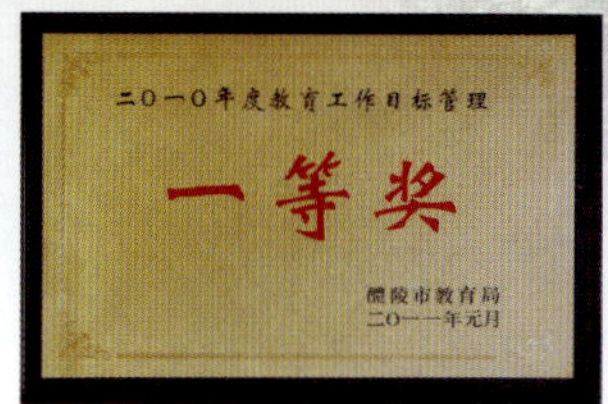

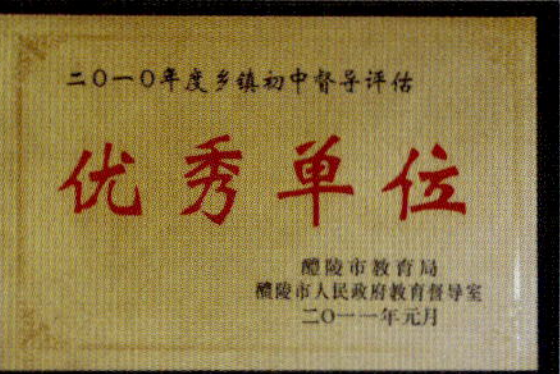

2010年，石亭镇中学下辖8所小学、2所中学、1所中心幼儿园、6所民办幼儿园。为改善教育教学环境，新建了综合楼、多媒体教室、电脑室，镇中心小学整体搬迁工程进度顺利；长岭、湖黄小学搬迁改造工程完工。

中学坚持践行科学发展观，办人民满意教育。全年上重点高中53人、普通高中146人，位居全市综合排名第四，小学毕业率100%、升学率100%。中学教学的“三段五环式”和小学教学的“四诊式”教学法在全市推广。

校领导班子成员

中小学教学常规管理现场会

中学校门

在建的石亭中心小学

学校运动会一角

醴陵市新阳乡

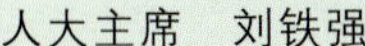
人大主席　刘铁强　　党委书记　郭　健　　乡　长　何　栻

新阳乡位于市西北部，东接板杉，南邻神福港，西接仙霞，北连八步桥。乡域总面积63.4平方公里。辖10个行政村，总人口2.45万人。乡交通便利，区域优势明显，距市城区10公里，距株洲市市区25公里，老320国道贯穿东西，渌江河流经境内。2010年，全乡实现工业总产值4.82亿元，比上年增长20%；完成国地两税485万元。农民人均纯收入达7570元，比上年增加991元。年末，被市评为“粮食生产先进单位”、“水利建设先进单位”。

楠竹山蔬菜基地一角

机关工作人员义务植树

水稻长势喜人

村级远程教育培训

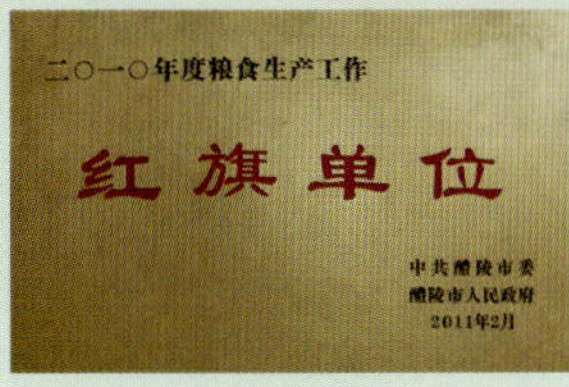

醴陵市农业机械管理局

局　长　何春伟

书　记　叶长华

局新办公大楼落成剪彩仪式

局办公大楼

农机培训

局领导指导农机田间操作

醴陵市档案史志局

局　长　徐志宏

书　记　杨水生

2010年，市档案史志局以提升档案工作整体水平和加快史志编纂步伐为目标，圆满地完成了各项工作任务。全年出版发行了《醴陵年鉴》2010年卷；档案馆接待来馆查、借阅档案利用600余人次，查阅档案资料2000余卷次；对全市各单位档案业务进行了指导，做好了改制企业档案的接收与整理工作。年末，局分别被中共湖南省委党史研究室和株洲市委评为“党史工作先进集体”、被株洲市档案局评为“档案工作先进单位”。《醴陵年鉴（2008）》在全国地方志系统第二届年鉴评奖工作中，获县区级地方综合年鉴二等奖。《醴陵人民革命史（1921~1949）》和《渌水神韵——醴陵风物志》分别获省档案史料编研成果二、三等奖。

局班子成员

档案馆库房一角

《中国共产党醴陵历史》自2006年开始编著，其中一、二卷共约62万字，于2011年6月底出版发行

局机关工作人员整理破产企业档案

▶ 指导机关单位档案规范化整理

◀ 对外查阅热情接待

醴陵市旅游局

局长 荣伟

团结务实的局领导班子

书记 钟武查

中共醴陵市委书记谢清纯（左二）陪同中共株洲市委书记陈君文（左五）在醴陵视察『旅游升温战』成果展示模型。

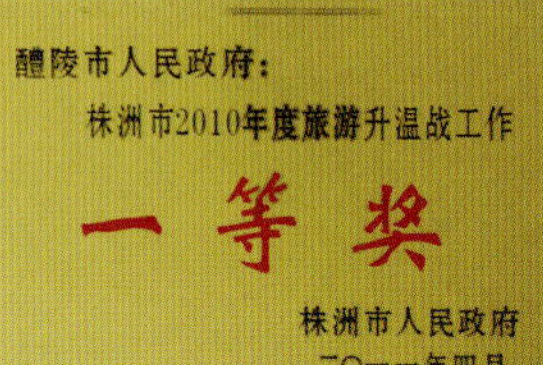
醴陵市人民政府：
株洲市2010年度旅游升温战工作
一等奖
株洲市人民政府
二〇一一年四月

全局人员陪同市政协主席陈立耀（左五）在醴陵『旅游升温战』成果展示上的合影。

湖南株洲佛塔全膜效果图

茌木嘴文化广场效果图

醴陵市旅游景点分布图

官庄水库旅游景区景点之一——仙鹅戏水

醴陵市南桥镇将塘村

村书记　曾显国

村主任　吴美臣

村支两委班子成员

南桥镇将塘村地处市东北部、紧邻浏阳市金刚镇，境内交通发达。有22个村民小组，710户、3200余人。总面积375公顷，有耕地面积72.5公顷，树林草地107公顷，水域面积3.33公顷。村工业主要以烟花鞭炮、烟花鞭炮机械制造为主，农业以水稻种植为主；以瓜果种植，生猪饲养为辅。将塘花炮厂是本镇的龙头企业之一，主要生产各类烟花鞭炮，产品畅销国内外。

新农村建设一角

将塘花炮厂一角

醴陵市船湾镇

镇党政人领导班子成员（左六为党委书记唐哲明，左七为镇长姚飞勇，左五为人大主席张坚）

镇机关大院

船湾镇地处市最南端，有醴陵市“南大门”之称。辖8个行政村、2个居委会，有289个村民小组、6700余户，总人口2.67万人。境内交通便利，醴茶铁路、106国道横穿全境。服装和路桥产业是本镇的两大支柱产业，是著名的“服装之乡”、“湖南省服装产业基地”。“韶峰”、“帅欧”、“湘绅”、“双双”、“亚西欧”被评为“湖南省著名商标”。2010年10月，“韶峰”服饰品牌获“中国驰名商标”、被评为“湘派服饰十大品牌”。

2010年，全镇完成国、地两税税收1416万元。其中，国税940万元、地税476万元；完成招商引资3000万余元；农民人均纯收入8778元，比上年增长34.84%。

韶峰服饰一角

全市重点路桥企业之一——通达公司

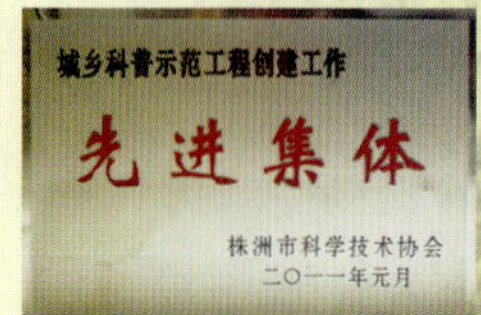

2010年度安全生产
先进基层单位

油菜种植基地

醴陵市孙家湾中学

孙家湾中学是一所普通农村初级中学，辖2所中学、6所小学。共有学生1673人，其中初中生767人、小学生906人，有在编在岗教师139人，其中高级教师4人，中级教师21人。1997年定为“株洲市基础教育重点课题研究单位”，1999年定为“株洲市农村中学示范学校”。

学校坚持科研兴校、科研兴教的办学理念。近年来，“九·五”“十·五”以及两个“十一·五”省级课题均获省级二、三等奖。2010年，教师撰写的教育教研论文获省级以上荣誉的达30余篇。学校德育工作独具特色，其经验在全市德育工作现场会上广泛推广。教学工作扎实有效，教学质量稳步提升，初中毕业会考连续5年获农村中学第一，2010年中考喜获全市第一。在市教育局的目标考核中连续多年获奖，2010年获一类学校一等奖。

校　长　潘水兵

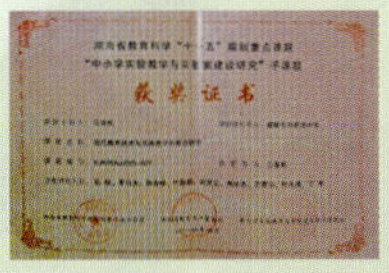

校委会班子成员

在全市德育工作现场会上，本校老师作德育工作经验介绍

全市教育技术现场会在本校召开。图为会议现场

学校大门

醴陵市园林绿化管理局

局　长　陈开球

局班子成员

暴雨过后，工作人员在状元洲清洗淤泥

园林工人在防治病虫害

节庆鲜花布展

保护雪后行道树

2010 年，局围绕创建省级园林城市工作目标，坚持一手抓绿化管理养护，一手抓绿化工程建设，大力实施城市基础设施绿化、园林绿化、边坡绿化和城市景观建设。截至 12 月，建成区绿地总面积 778.73 公顷，绿地率 31.60%，绿化覆盖率 36.06%；公园绿地面积 159.61 公顷，人均公园绿地面积 8.1 平方米；中心区人均绿地面积 6.64 平方米。年内，共创建省级园林式单位 18 家、株洲市级园林式单位 41 家、小区 11 家。全年改造绿地 3.3 万平方米，新增绿地 8800 平方米，补植、增植各种乔木 8500 余株，花灌木小苗 35 万株。山、水、洲、城和谐统一，以水带绿、水绿交融的生态布局初步形成。

国瓷路绿化建设

醴陵市均楚卫生院

团结务实的医院团队（前排左三为院长范志强）

院长范志强于2009年被株洲市卫生局评为“株洲市首届名中医”

村民们认真听取公共卫生健康教育知识讲座

均楚中心卫生院是一所集医疗、预防保健为一体的现代化综合一级甲等医院。有卫生技术人员36人，开设病床50张；设有内科、妇产科、外科、骨伤科、祖传中医眼科、牙科、碎石科、公共卫生等科室。其中院长范志强在2009年被评为“株洲市首届名中医”；中医内科用中医中药治疗中风、头痛、胃病、支气管炎、颈腰椎骨质增生等疾病有丰富的临床经验；中医眼科，以唐氏祖传眼科唐吕兵医师为主，疗效显著，其影响力已辐射周边县市。拥有500毫安X光机、B超机、心电图机、生化和电解质检验仪、血液和分析仪、尿液分析仪、心电和胎心监护仪、电子阴道镜、全自动麻醉机、多功能牵引治疗床等先进检验治疗设施。

乡村医生培训

全院干部职工大会

下村进行公共卫生健康检查

醴陵市浦口镇河泉村

书　记　陈云主

主　任　徐依和

村支两委班子成员

村农家书屋一角

境内花炮厂一角

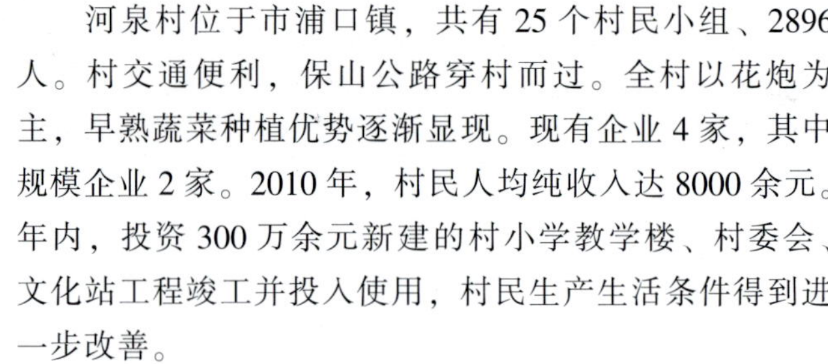

河泉村位于市浦口镇，共有25个村民小组、2896人。村交通便利，保山公路穿村而过。全村以花炮为主，早熟蔬菜种植优势逐渐显现。现有企业4家，其中规模企业2家。2010年，村民人均纯收入达8000余元。年内，投资300万余元新建的村小学教学楼、村委会、文化站工程竣工并投入使用，村民生产生活条件得到进一步改善。

醴陵市清水江乡

人大主席　刘　淼

党委书记　谢世军

乡　长　谢建林

乡党政人班子成员

◀乡民营敬老院——添福敬老院。图为院长瞿志英，曾获全国『孝亲敬老之星』称号。

◀粮食生产丰收在望

清水江乡位于市南部，地处醴陵、攸县、江西萍乡湘东区交界处。辖9个行政村，217个村民小组，总人口2.45万余人。2010年，全乡有各类企业15家，从业人员3000余人。全年实现工农业总产值12.73亿元，农民人均纯收入达7380元。年内，全年水稻播种面积2054公顷、其中早稻面积999.33公顷；优质稻种植面积1848.67公顷；实现粮食总产量1.58万吨。全年流转耕地200余公顷、旱土（山岭）666.67公顷。年末，被市评为“粮食生产工作先进单位”、“社会治安综合治理工作先进单位”、“人口和计划生育工作先进单位”、“林权制度改革先进单位”。

2010年度全市人口和计划生育工作
先进单位
中共醴陵市委
醴陵市人民政府
二〇一一年二月

二〇一〇年度粮食生产工作
先进乡镇
中共醴陵市委
醴陵市人民政府
2011年2月

二〇一〇年度社会治安综合治理工作
先进单位
中共醴陵市委
醴陵市人民政府
二〇一一年二月

醴陵市仙霞镇

人大主席 汤 文

党委书记 张 文

镇 长 孙 平

兰谊学校

镇政府大楼

西瓜基地

干净整洁的乡村街道

苗圃基地

二〇一〇年度集体林权制度改革工作
先进单位
醴陵市人民政府
二〇一一年二月

二〇一〇年度粮食生产工作
先进乡镇
中共醴陵市委
醴陵市人民政府
2011年2月

二〇一〇年度残疾人工作
先进单位
醴陵市人民政府
二〇一一年二月

2010年度安全生产目标管理工作
先进单位
醴陵市人民政府
二〇一一年二月

醴陵市板杉乡

乡党政人班子成员（左五为党委书记张永辉，左六为乡长余建明，左四为人大主席赖怡麦）

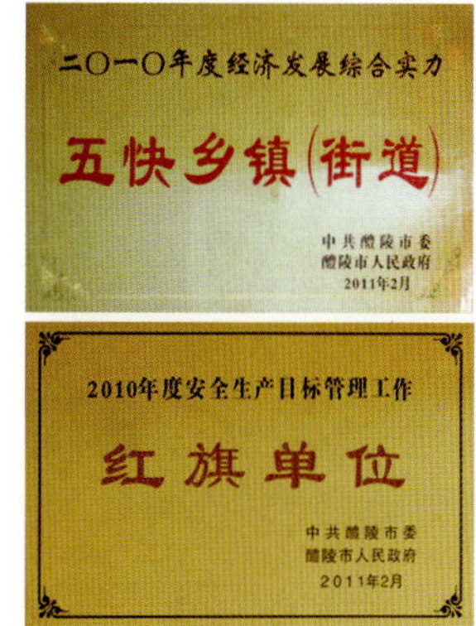

全市粮食生产工作现场会在本乡召开，市长蒋永清在会上作重要讲话

市林业局领导现场指导万亩油茶林建设

板杉乡地处市北部，乡域面积102平方公里。辖19个行政村、402个村民小组，总人口4.43万余人。境内交通区位优势明显，新、老320国道，醴潭高速、岳汝高速（在建）、醴官公路贯穿全境。其中，新320、醴潭、岳汝高速分别在域内设有互通口。

园林式的乡村环境

2010年，全乡有企业24家，其中规模企业9家。主要生产烟花鞭炮、陶瓷、化工、建筑建材等。全年完成国税213万元，为年度计划任务的102%；完成地税935万元，为年度计划任务的105%。年末，被市委、政府评为“2010年度经济发展综合实力五快乡镇（街道）”和“安全生产目标管理工作红旗单位”。

醴陵市浦口镇荣坪村

村书记　李万来

村主任　康　勇

村民在文化站查阅资料，了解各种种植技术。

浦口镇荣坪村有 20 个村民小组、697 户、3048 人，共有耕地面积 6.92 公顷，是浦口镇的一个农业大村；工业主要以烟花鞭炮产业为主。2010 年，为响应镇党委、政府关于大力发展农业生产的号召，全村上下齐心协力，全力打造以黄瓜、丝瓜为主的无公害蔬菜种植基地。全年全村共有 400 余个无公害早熟育苗大棚，年产值达 300 万余元。近年来，多次被镇党委、政府授予“双文明建设先进单位”和“社会治安综合治理先进村”等称号。

水稻丰收在望

荣坪花炮厂一角

醴陵市南桥中学

校 长 吴同兵

2010年，学校现有中学1所、小学10所，小学教学点2个。有在校初中生760人、小学生2435人，学前三年幼儿956人；有在职教职工219人，离退休教师72人，高级职称8人，中级职称117人。南桥中学为首批省级合格学校，南桥中心小学为株洲市示范小学、绿色学校。

校领导班子成员

学校物理实验室

课堂教学一角

校门

醴陵市残疾人联合会

省残联理事长肖红林（右二）、株洲市残联理事长胥明浩（右三）到清水江添福残疾人托养所考察调研。

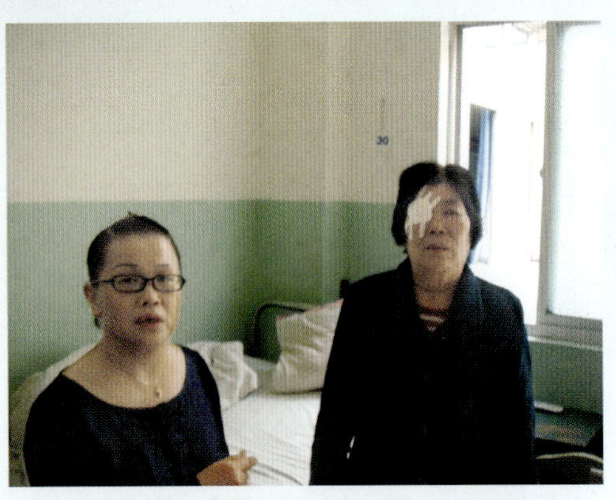

株洲残联副理事长戴碧蓉（左）到湘东医院看望白内障手术患者

慰问残疾人自强自立典型——盲人按摩师贺小梅

张水良理事长向参加农村实用技术培训的残疾学员颁发结业证书及奖金

农村残疾人实用技术培训班

株洲市残联领导出席本市第一期残疾人职业技能培训班

残联专干、残协专职委员培训

中国建设银行股份有限公司醴陵支行

支行领导班子成员

2010年，中国建设银行股份有限公司醴陵支行内设办公室、业务部、营业部。下辖中心街、火车站分理处；有在职员工37人。全年支行存款余额（全口径）13.71亿元、较年初增加1.49亿余元，全年支行人均、网均存款分别为3704万元、45685万元；信贷余额为3.61亿元，公司贷款发放额为1.37亿元;不良贷款额为309.3万元，比年初减少652.7万元。全年累计实现中间业务收入495.2万元，实现利润2298.77万元。

行长罗敏生（右一）参加总行百名代表座谈会受到郭树清董事长接见

市长蒋永清、副市长廖宏力到支行视察、指导工作

客户答谢酒会

办公大楼

支部党日活动

醴陵新兴建筑工程有限公司

董事长　王帮新

湖南省醴陵新兴建筑工程有限公司成立于2000年3月，是湖南省住建厅批准的房屋建筑工程施工总承包二级资质企业。拥有各类施工设备280余台，有各类专业技术人员180余人，其中中、高级职称28人，注册建造师20人。公司十分注重质量管理，连续多年被评为株洲市、醴陵市“先进施工企业”，省、株洲市、醴陵市“守合同重信用企业”及醴陵市“纳税大户”、“财源建设贡献奖”等称号。2010年，公司完成建筑产值1.1亿元，上缴国家税收560余万元；捐资助学、修路、修建敬老院、赡养“五保”老人40余万元。

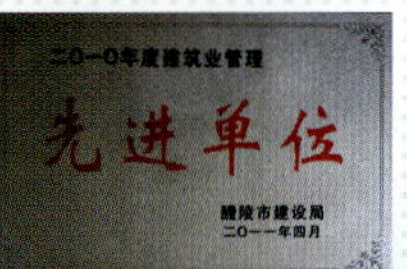

2011年端午节，董事长王帮新和“五保”老人欢度节日

公司办公大楼

董事长王帮新亲临施工现场督查工程进度

◀公司承建的市人防办办公大楼

公司承建的立三小区安居房工程一角

中国农业银行股份有限公司醴陵市支行

行 长 张文化

行领导班子正在研究银行发展工作

个人金融部工作人员正在认真工作

办公大楼一角

火车站分理处营业厅一角

▶市民踊跃来行办理各种业务

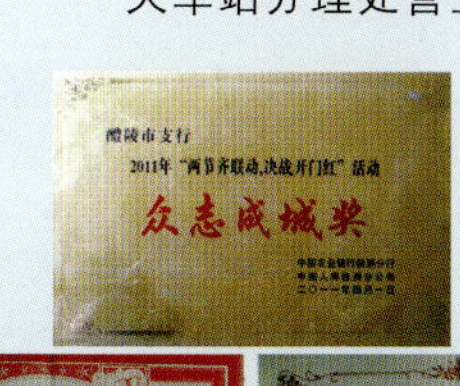

城东分理处一角

醴陵市高桥中学

校　长　胡鉴先

校委会班子成员

高桥中学创办于1950年。1988年迁址均楚镇黄谷村。学校总占地面积1.67万平方米，校舍建筑总面积6982平方米。校园环境优美，文化氛围浓厚，配套设施齐全。现有教学班11个，在校学生519人；有在职教师35人。近年来，学校依靠“质量求生存、创新谋发展”的办学理念，办学成绩逐步凸显。毕业会考成绩稳步上升，名列西乡前茅；在各类学科竞赛中获国家级奖励4次、省级8次、地市级400余次；教师教学比武获地市级一等奖6次，其他奖项16次，教学论文获奖90余次。学校连年获市教育系统“先进单位”称号。

校园一角

化学实验室

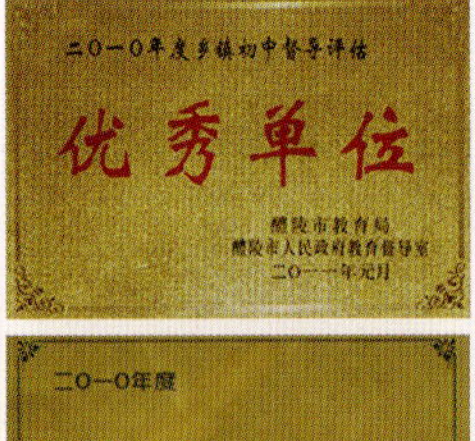

电脑室

水塘穿堤19口、过水漫堤90口，农田二次受灾面积200公顷，被淹菜地122.33公顷，被困人员近万人次，转移安置数千人。累计造成直接经济损失过亿元。面对洪涝灾害，办事处党政一班人十分重视，启动了抢险救灾紧急预案，全面动员，全力以赴投入抗洪抢险救灾中。在国光车顿桥广场至星火、文昌阁学校等地段的山体滑坡中，及时组织人员清理路障，确保道路畅通，转移安置群众近300人。机关干部清淤排危20多小时，工作组24小时现场驻守长达半月余。累计发放救灾款9万余元。

【社会保障】 2010年，投入10万余元，进一步规范了4个社区服务场所，实现办公大厅“一站式”服务。全年新增城镇就业人员1703人，城镇下岗失业人员再就业800人，解决就业困难人员200人。离退休人员年审1512人，社会养老保险扩面人数79人，工伤保险扩面人数1642人，失业保险扩面人数419人。年末，辖区有城市低保户1129户、2588人，全年累计发放低保金265.44万元；有农村低保户270户、542人，发放低保金28.09万元；有农村“五保”户82户、83人(含入住中心敬老院的26人)，发放“五保”金3.4万元；有优抚对象154人，发放优抚金60.9万元。全年为辖区群众发放新农合住院补助200万余元，完成2011年度农村参合农民参保金62.3万元。全年城镇居民医保报销住院补助30万元，完成2011年度参保农民参保金40万元。

【教育工作】 2010年，办事处积极整合资源，下大力度扶持硬件设施较薄弱的学校，在辖区掀起了捐资助学的热潮，辖区中小学的硬件设施显著改善。截至11月，辖内7所中小学校均通过了省合格学校验收。其中，五里牌小学作为全市的示范学校单位，迎接、承办了省义务教育现场会，并获得高度评价。年内，在初中毕业会考中，城北中学(重点高中)上线人数104人，上线率26%。 （阙宏丹）

南 桥 镇

【概况】 南桥镇位于市东北部，有106国道，南洪、潼富县道纵横交叉，北与浏阳市相邻，西距市城区30公里。辖15个村、1个居委会，有村民小组380个，总人口4.33万余人；镇域面积98.9平方公里。有耕地1110公顷。全镇有企业91家(其中鞭炮烟花企业75家)，其中规模以上企业36家。全年实现企业总产值38亿元；财政收入3200万元，其中花炮税收近3000万元。经济总量跻身全市“五强”乡镇行列。

【优势产业】 2010年，为科学规划产业发展区域，确立了烟花鞭炮、烟花原材料、机械、造纸等产业区。总投资近4000万元的9家军工硝企业、5家喷花硝厂，经有效整合后搬迁至洪源。投资2000万余元的浏阳中洲公司，年内在太平村征地40余公顷，新建了成品仓库和高空礼花、盆花生产基地。宏远出口花炮厂与日本公司合资，在太平村投资500万元，新建日式产品仓储及冷光花生产线。金鹏花炮厂在裕民村投资500万元，征地近20公顷，新建了精品花炮生产厂。年内，企业第二轮行政许可换发证工作基本完成，全镇烟花鞭炮企业竞争力进一步提升。金矿管理体制得到有效理顺，金宏、金明、金星黄金采矿企业管理日趋规范，采矿区秩序井然。

【农业经济】 2010年，农业经济工作认真贯彻落实国家、省、市有关精神，坚决制止耕地抛荒，努力遏制稻田“双改单”。全年早稻种植面积369.07公顷，水稻种植面积1343.07公顷，实现粮食总产量1万吨。农业产业结构进一步调整，洪源江南早熟梨基地全年实现收入20万元；新建金源樱花培植基地13.33公顷。投资300万余元，全面改造了高峰茶场，引进新茶品种培植33.33公顷。年内，新引进投资1000万元的华南农业投资有限公司开发“万亩油茶田”，实行生产、加工、销售一条龙。山区主要经济逐步实现由黄金采矿“地下”经济向农业“地上”经济的转型。

【集镇建设】 2010年，开展卫生集中整治行动6次，治理盘踞集镇多年的垃圾死角7处、清运垃圾5000立方米，疏通集镇下水道1100米；在人口密集地段安置垃圾桶140个，新建垃圾池80个、垃圾中转站40个，清理违章搭棚户6户。镇政府投资15万元，水泥硬化了镇垃圾场道路。潼塘村安装路灯100余盏，在澄潭江沿江风光带及村林场植树10万株。

【综治工作】 2010年，开展了“法律进村企”、“交通安全进学校”、“食品安全进村”等综治活动，切实抓好了烟花鞭炮等高危企业、中小学校舍、道路交通、民爆物品等安全生产和管理，严厉打击非法生产烟花鞭炮和非法采矿。全年累计悬挂宣传横幅240幅，张贴固定宣传标语150条，制作宣传栏24个。聘请法律专家为3600余名村级干部、群众授课117课时。全年“打非”刑拘3人、治安拘留22人，取缔烟花鞭炮非法作坊33户，拆毁设备120余台。年末，被醴陵市评为“综治工作先进单位”。

【民生民利工作】 2010年，总投资2000万余元，水泥硬化道路200公里。星湖、太平村水库(村级)、明兰水库(二期)除险加固工程总投资260万元；凤形、清水等村的11项水利设施建设项目如期完工。潼塘村投入100万余元，新建了潼塘自来水厂。年内，新型农村合作医疗参合农民3.86万余人、参合率93%。农村低保扩面人数5200余人，下发救灾救济和重大疾病救助资金15万余元。全年发放各项惠农补贴200万元。年末，镇文化站、6个村级农家书屋及镇计生综合服务站、南桥服务站分别被醴陵市评为“‘四优一满意'优质服务站"。

【党建工作】 2010年，镇党委按照市委的统一部署，在全镇22个基层党组织、1276名党员中，开展了"创先争优"活动。动员基层党组织做到"五个好(即：领导班子好、党员队伍好、工作机制好、工作业绩好、群众反映好)"、党员做到"五带头(即：带头学习提高、带头创造佳绩、带头服务群众、带头遵纪守法、带头弘扬正气)"。在开展"创先争优"活动中，共悬挂"创先争优"宣传横幅200余条、张贴宣传标语1000张；召开座谈会18次。通过"创先争优"活动的开展，涌现了潼塘村、凤形村、庆丰花炮厂、军工硝行业协会等先进党支部。年末，潼塘、凤形村分别被评为株洲市、醴陵市"文明建设先进单位"。 (高 英)

富 里 镇

【概况】 富里镇位于市东北部，地处两省(湘、赣)三县市(浏阳、醴陵、萍乡)交汇处，距市城区36公里，距106、319国道分别为6公里、10公里；总面积46平方公里。辖10个村、1个居委会，总人口3.68万人。有耕地面积1032.86公顷，其中水田802.8公顷、旱土230.07公顷。有山地面积21.33公顷。森林覆盖率60%。

富里镇鞭炮烟花生产历史悠久，是花炮祖师李畋的故乡，响炮产业占据富里经济的95%，是本镇的主导产业。农业以"无公害蔬菜种植"为主，无公害蔬菜基地是湖南省科普示范基地。全年蔬菜种植户3266户、种植面积533.33公顷，年产蔬菜2.6万吨；产品远销长沙、南昌、武汉等地。同时，富里蔬菜成功占领了长沙马王堆、南昌、武汉等市场。全年实现蔬菜总产值4500万余元，已成为继鞭炮烟花产业后的第二支柱产业。全镇有工业企业54家，其中烟花鞭炮企业48家。实现工业总产值22.36亿元，比上年增长48.37%。拥有固定资产总投资2.72亿元、比上年增长23%。全年完成税收1664万元、比上年增长9.85%；实现粮食总产量1.4万吨。农民人均纯收入达8250元。

【产业发展】 2010年，产业发展重点扶持花炮行业的龙头企业——科富实业有限公司组建花炮集团，充分发挥其行业主导和带动作用。积极引导企业通过兼并、收购等方式，整合资源，提高企业竞争力和抗风险能力。年内，科富花炮实业有限公司成功收购了卢氏并快速投产，大大增强了企业整体实力。同时，从拓展销售渠道着手，鼓励企业提高响炮产品竞争力，加强宣传推介自身品牌力度，扩大国内市场份额，提高国外市场占有率。富招花炮成为全镇出口创汇标杆企业，为富里花炮产业进军国外打下了良好基础。同时，大力推进与花炮相关产业发展，不断充实、完善产业链。充分发挥协会监管作用，尤其对个别破坏行业规则的企业实施有效制裁，维持行业内的有序竞争和产业集群的良性发展，提升了行业活力。

【农业结构优化】 2010年，富镇反季节蔬菜业的发展逐步趋向品牌化，长庆、富里村的"富裕牌"丝瓜及车上村的茄子、莴笋等蔬菜产品，以上市早、无公害等特点，畅销长江中下游各大省、市。年内，在醴陵市茄子上市评比会上，富里镇生产的茄子以"果型好、单个大"等特点获得一等奖。全年反季节蔬菜种植业共为农民直接创收4500万元。同时，养殖业逐步发展壮大，以"反季节蔬菜种植业为主、养殖业为辅"的农业发展格局正逐步形成。

【基础设施建设】 2010年，农村基础设施建设以"村、组路网建设"为重点，狠抓水利基础设施建设。全年投资近200万元，水泥硬化村组道路15公里。其中，利群村投资40万元，水泥硬化村道3公里；车上村投资近40万元，硬化道路1.8公里；富里村投资36万元，硬化组级道路2公里；华埠村硬化水泥路1.2公里，拓宽沙石路2公里；长庆村硬化水泥路1.2公里；塘坊村投资35万余元，硬化道路1.5公里；双江村投资45万元，硬化道路2公里；柏大村拓宽改造了柏富公路。全年清淤支、毛、斗渠21公里，维修大小山平塘、坝39处，其中麻石村改造山塘3口、塘坊村2口、华埠村3口。投资600万元，完成了柏兰、荷田水库除险加固扫尾工程。利群村投资近100万元，新建了集文化站、客运站、村级组织活动中心于一体的综合大楼。

【安全生产】 2010年，富里镇作为全市烟花鞭炮的主产区，始终把安全生产工作作为全镇工作的重中之重。一是加大服务力度。在7～8月高温季节中，为了企业的安全生产，防止不安全事故发生，确保企业经济持续发展，降低企业损失风险率，仍坚持让企业集中停产换证。全年全镇42家企业烟花鞭炮通过了第二轮安全行政许可，换证率达90%以上。二是加大安全生产整治力度。严格按程序查封工序混乱、严重违规的生产车间、生产线，对存在重大安全隐患企业及时进行严查整改。全年下发整改指令1428条，整改到位率100%。全年企业安全生产实现"零"事故。三是创新宣传方式。定期将最新安全动态、政策及典型经验等编辑成《安全简报》发放到各企业，全年发放简报24期，印刷安全宣传标语120条，悬挂宣传横幅96条，张贴宣传标语1000余张，出动宣传车辆50台(次)。四是创新培训方法。组织企业安全、特种作业人员举办了集中培训班，聘请了专家为企业安全员授课，全年培训人员4000余人(次)。五是"打非禁氯"工作取得新突破。与办点干部及村干部签订了《"四包二防"责任状》，实行村级周报告制度，建立了长年打非工作机制。全年取缔非法生产户364户，没收低钾6吨，销毁半成品鞭炮2.5万饼、没收成品521箱，销毁机械681台、引线728万米;治安拘留33人、刑事拘留2人。通过镇、村、企三级齐抓共管，全镇安全生产形势平稳。年末,被醴陵市评为“安全生产工作先进单位”；车上村被醴陵市评为“安全生产先进村”,并在全市安全生产总结表彰大会上作了典型发言。

【社会治安综合治理】 2010年，镇社会治安综合治理工作坚持“保稳定、促发展”的工作方针,以“维护治安”为中心,以“创建平安”为载体,确保了全镇社会治安秩序的持续稳定。一是扎实做好基础工作、完善各项综治台账。充分调动广大群众参与综合治理,积极排除各类纠纷,全年镇、村两级调解民事纠纷55起,调解成功率100%。二是大力开展“五五”普法、“平安富里”创建活动。在进一步完善两省三县(四镇)联防联控机制的基础上,充分发挥派出所作用,重拳出击,深入开展严打整治斗争。全年破获相关刑事案件15起，刑拘14人,治安拘留58人,追逃8起,充分保障了全镇人民的安居乐业。三是用真情换稳定。帮助涉军、涉农等人员解决就业、生活困难,全年未出现进京、赴省上访事件。

【关注民生】 2010年，富里镇针对特困学生、特困户、“五保”户、荣、复、转、退的困难军人,开展了“结对助学、结对扶贫”等关注民生活动。全年机关干部共向慈善事业机构捐款1.52万元；解决居民最低生活保障560户；走访慰问特困户、“五保”户430户,特困军人、部分困难党员干部70户。投资近30万元,新建了荷柏“五保之家”,对库区的“五保”老人实行了集中供养,使“五保”老人感受到家的温暖。

【教育事业】 2010年，加大了镇教育事业的投资力度,完善了富里中学学生公寓、双江小学附属教学楼和麻石、塘坊、富里、车上、利群、秀溪小学的相关配套设施建设。投资100万余元,新建了车上村明德小学;投资60万余元,新建了柏大小学教学楼。年内,富里中学毕业学生在毕业考试中,被醴陵市第一、二、四中学录取122人,上线率居农村中学首位。 （付海燕）

白兔潭镇

【概况】 白兔潭镇位于醴陵市东北部，东与江西省萍乡市接壤,南界王坊镇,西接浦口镇,北连南桥镇、富里镇。总面积48平方公里。辖2个社区,10个行政村,252个村(居)民小组;有9082户、总人口3.6万余人。镇政府驻白市居委会。镇建成区面积2.8平方公里、人口1.5万余人。有耕地面积1146.2公顷，其中水田1031.2公顷、旱田115公顷；有山地面积2913.3公顷;森林覆盖率70%。

白兔潭镇区位优势明显,106国道贯穿全镇，距市城区25公里,距沪昆高速15公里，与岳汝高速(在建)、沪昆高铁(在建)相距不足20公里。辖内白(白兔潭)富(富里)公路穿越东南,乡道、村道成网状连接，村民小组均通水泥路,交通十分便利。白兔潭镇是湘东赣西文化、经济、商贸流通中心城镇,被列为“湖南省小城镇建设示范镇”、“全国小城镇建设示范镇”。拥有文化路、金牛路等5条街道,金牛商业城、供销商贸城等4个专业市场。消防、城管、环卫专业队伍共有员工35名；自来水厂日供水1500吨；垃圾场日处理垃圾40吨。白兔潭镇是醴陵烟花鞭炮主产区之一,拥有各类企业68家(其中烟花鞭炮企业36家),其中规模以上企业30家；有个体工商户1465家。佘溪、湖下、黄甲、栎塘分别为国家、省、部级水稻高产示范基地。蔬菜、瓜果、生猪等种养业已形成“公司+农户”经营模式。

2010年，实现工农业总产值27.25亿元。其中，规模工业产值21.49亿元，比上年增长44.61%；农业产值3.22亿元，比上年增长46.36%。财政收入3840万元。其中，国税1546万元，比上年增长28.83%;地税954万元,比上年增长32.5%。全年招商引资1亿元。

【重点工程建设】 2010年4月，邀请醴陵市规划设计院进一步完善了《白兔潭总体规划》,期限为2010~2030年。拟将白兔潭镇建设为以“商贸、物流”为主,“陶瓷、花炮、农产品深加工”为辅的自身特色鲜明、商贸物流繁荣、人居环境优美、文化氛围浓厚的综合型中心城镇目标。年内,紧紧抓住示范镇这一建设投资的有利时机,按照“政府规划、市场运作”模式,重点完成了“两区两路”(即:环保工业园区、农民商贸小区,白金路、玄武大道)工程建设。全年工业园区征地15.33公顷，拆迁房屋9栋；有2家规模企业入园。投资1680万元，完成了农民商贸小区大楼主体工程、道路硬化、排水管道安装。9月,白金路水泥硬化路面完工,道路两厢由开发商整体开发。11月,启动了玄武大道项目建设,年内已完成征地、拆迁工作,路基已成型。预计2011年上半年全线通车。

【农业产业发展】 2010年，白兔潭镇大力推广新良品种,调整种植业产业结构。湖下、洙塘、黄甲等村引进了华泽集团“红缨子”高粱种植项目，共推广种植面积66.67余公顷，亩产实现产值1500元。佘溪村南方玉米(水稻超高产栽培示范)项目,其产量创长江流域最高纪录,并成全省大面积推广玉米(水稻超级稻栽培)的典型。年内,新建水稻高产示范基地73.33公顷、蔬菜基地253.33公顷、南方早熟梨基地26.67公顷。通过农业产业等项目的实施,进一步促进了农业集约化进程,既优化了农业产业结构,又增加了农民收入。

【新农村建设】 2010年，按照新农村建设的总体要求,坚持“示范先行、以点带面”,推进新农村与小城镇全面协调发展。一是抓基础建设。佘溪村投资20万余元,硬化村、组道路3条。田心村投资40

万余元，修缮了58户农房；投资12万元,新建了村大门、硬化组道5条;引进了汽车驾驶学校。蛇青村硬化组道4条、3250米;栎塘村硬化组道6条、6800米。蛇青村、洙塘村分别投资8万元,改造了村级活动中心。黄甲村投资5万余元,新开了渠道和清淤水圳等。泉沅村硬化水圳500米。峤岭村水泥硬化组级道路250米，清淤、硬化渠道1000米。湖下村整修了板边坝。二是抓文化建设。充分利用田心大舞台,丰富农民群众的闲暇生活。1月,山水村举办了元宵晚会，吸引了2000余名群众观看表演。8月,白兔潭镇举办了首届篮球赛和田心村的非物质文化遗产“星子灯”表演。11月,中央电视台国际频道《走遍中国》栏目组到田心村拍摄了烟花爆竹制作(原始)工序,将古老的烟花爆竹生产文化传遍全国。

【社会事业】 2010年，开展了美化、亮化、净化、绿化等专项活动,有效遏制了“乱停、乱放、乱摆”现象,塑造了良好的镇容镇貌形象。进一步强化城管队、环卫队、志愿消防队工作职责和服务职能的提升。为了不断完善环卫、城管及志愿消防队的服务效能,提升集镇品位,先后投资70万余元,购置了洒水车、垃圾装载车、消防车、垃圾桶。年内,开展了“阳光管理、执法破冰、生育关怀”阶段性活动,竖立大型户外宣传牌3块,喷绘墙体宣传画10幅,设立固定标语120条。通过配置专车、集中活动等形式,推动了计生工作再上新台阶。年末,田心村被评为株洲市“‘阳光管理’精品村”,余溪村、泉沅村被醴陵市评为“示范村”。 (刘　军)

浦　口　镇

【概况】 浦口镇位于醴陵市东部,是工业重镇和经济强镇,总面积58平方公里。辖15个村、2个居委会,总人口4.14万余人。镇产业结构合理,工业门类齐全,已形成“电瓷电器、烟花鞭炮、炻瓷、建筑建材”为支撑的四大支柱产业,其中电瓷是全国三大电瓷生产基地之一。全镇有各类工业企业200余家，其中规模企业35家。2010年,实现工业总产值32亿元,农民人均纯收入9000元。上缴国地两税税收9600万余元，比上年增长12.39%。其中,地税3145万元,名列全市乡镇之首。浦口镇经济发展总量跻身株洲市“十强乡镇”行列。

【产业发展】 一是发展壮大电瓷电器产业。浦口电瓷生产已发展成为全国三大电瓷电器生产基地之一。华鑫电瓷电器有限公司综合实力为全国电瓷行业龙头,其生产工艺、设备、成型均领先国内水平,高端电瓷产品不但占领国内市场重要份额，而且出口欧美等市场。年内,华鑫电瓷电器有限公司综合实力排名全国同类企业之首,年产值突破3亿元，上缴税收超3000万元;在国内创造了“中国浦口”的美誉。华鑫公司被列为“湖南省68家重点上市后备企业”之一。二是提质扩容烟花爆竹产业。年内，烟花爆竹生产提质扩容以“第二轮安全生产行政许可换证工作”为契机,引导烟花鞭炮企业整合生产资源,扩大生产规模,加大科技投入和技术改造力度,实现产业升级提质。浦口出口花炮厂、虹日鞭炮厂分别通过了换证,成为醴陵市内销烟花鞭炮标杆型企业。三是建筑产业蓬勃发展。浦口镇建筑行业已发展成为全市建筑行业的排头兵,滨江花园、国际新城、春天国际等楼盘相继建成,建设西路商业街亮相城区中心。

【农业产业结构】 2010年，农业产业结构调整力度进一步加大,充分挖掘自身优势资源和产业特色,促进农业增产、农民增收。全年新建了荣坪村“传统大棚育苗千亩基地”、保丰、三铺的“黄瓜、蔬菜”基地、李洲、天符(13.33公顷)优质葡萄基地和106国道沿线的山塘至茅坪等8个村的“西瓜、油菜特色作物种植基地”。

【安全生产监管】 一是抓有证企业的安全管理。加强烟花鞭炮企业的安全检查,建立健全了安全制度和长效机制，强化安全检查,确保安全监管到位。高标准、严要求完成了第二轮安全生产换证工作,全镇烟花鞭炮企业54家，其中已换证企业32家、已进入评估待验收企业8家。二是打击非法生产烟花鞭炮的行为。对非法生产行为始终保持高压态势,采取“铁腕”专项整治手段，取得了较好效果。年内,虹日花炮厂作为全市安全工作典型,在国家安监局等上级领导的安全生产督导、检查中,分别获得充分肯定。

【“城市三创”工作】 2010年,为落实市委、市政府的“城乡同创”的有关精神和要求,加大了“城市三创”工作力度,取得了较好的效果。一是确保“一街两线”(即:官山街、106国道线、保山公路线)清洁卫生。二是实施集镇区域亮化工程。镇政府投资80万元，安装路灯110盏。三是加大宣传力度。春节前夕,由镇政府牵头,在官山街组织开展了形式多样的宣传活动。充分展示了新浦口形象,得到居民和社会各界人士的好评。

【基础设施建设】 2010年，村级道路得到进一步完善,全年水泥硬化道路15公里。投资1600万元的饮水工程动工兴建,缓解了村、企业用电压力。

【党建工作】 一是积极开展“创先争优”活动。按照市委的部署和要求,召开了全镇“创先争优”工作活动动员大会，成立了领导小组,制定了实施方案。在集镇街道、境内主要路口、规模以上企业门前悬挂了横幅、张贴了标语;各支部制作了活动宣传栏,张贴了党员承诺书。围绕“推动科学发展、促进社会和谐、服务人民群众、加强基础组织”的总体要求,创建了“五个好(即:领导班子好、党员队伍好、工作机制好、工作业绩好、群众反映好)”先进基层党组织和争做“五带头(即:带头学习提高、带头创造佳绩、带头服务群众、带头遵纪守法、带头弘扬正气)”优秀共产党员。年内,湖南省省委副书记、省“创先争优”活动领导小组组长梅克保一行,到浦口镇华鑫电瓷电器有限公司、浦口中学党支部,督查“创先争优”工作。二是深入学习实践科学发展观。镇党委召开了学习实践科学发展观活动总结大会,对活动中涌现出的先进人物、先进事迹予以了表彰。

(镇办公室)

王　坊　镇

【概况】 王坊镇位于醴陵市东部,东临江西省萍乡市,西接王仙镇,南与东富镇一河之隔,北与浦口镇、白兔潭镇相连。境内交通便利,沪昆高速与镇冷金公路穿越镇域。地势由南部及东南部逐步向西北部与西南部降低,地貌以“山地、丘陵”为主,是山地、岗地、丘陵、平原俱全的多类型盆地,地质构造和岩性组合较复杂。气候为亚热带季风湿润气候,主要特点是大陆性气候较强,但温和湿润、季风明显、四季分明,热量丰富、光照充裕、雨量丰沛,适合作物生长。境内水系较为丰富,河流属湘江水系,有渌水、澄潭江;有小Ⅱ型水库3座(大塘、中塘、杨林水库)。境内矿藏主要有煤炭等。丰富的自然资源,为镇鞭炮烟花、印刷等工业的发展提供了优越的条件。境内人杰地灵。中国著名军事家蔡申熙故居坐落在王坊镇。位于醴萍(醴陵、萍乡)交界处的大屏山,海拔615.7米。山上有古寨遗迹、将军石等胜迹。其中,屏山寺号称“吴楚古刹”,为佛教圣地;始建于唐朝,曾损毁重修2次;被醴陵市列为“文物保护单位”。

镇域总面积48.1平方公里,距醴陵市城区25公里。辖10个行政村、2个居委会,有279个村民小组,7024户,总人口3.16万余人,其中非农业人口324人。年内,出生384人,死亡117人。有耕地面积920公顷。

王坊镇是醴陵烟花鞭炮主要产区之一,境内烟花鞭炮生产技术先进,小型旋转升空类产品独占鳌头,在国际国内享有声誉,产品远销欧美和东南亚等20多个国家和地区。有工矿企业41家,其中煤矿企业1家、金矿1家、软包装企业1家、烟花鞭炮企业32家(其中自营出口企业1家)、其他企业6家。已初步形成鞭炮烟花、包装印刷、制造、采矿等多行业“百花齐放”的局面。全年粮食作物播种面积1733.33公顷,粮食总产量过万吨。实现工农业总产值25.73亿元,比上年增长12%。其中,工业总产值20.21亿元,比上年增长13.67%;规模以上工业总产值17亿元,比上年增长61%。实现农业总产值5.52亿元,比上年增长6.15%。完成财政税收1656万元,比上年增长26.3%。其中,完成国税1160万元、增长21.7%;完成地税496万元、增长38.5%。完成社会固定资产投资2亿元。农民人均纯收入9364元,比上年增长18.9%。

【优化经济环境】 一是注重优化思想环境。确立了“以民为本”的服务理念,坚持把“想民、为民、便民”作为工作的出发点和落脚点,提高机关队伍素质,塑造积极向上的人文氛围。二是注重优化政策环境。对新引进企业在税收、用地等方面给予优惠政策,鼓励组织及个人积极参与招商引资。通过“以商引商”实现招商引资工作的良性发展。三是注重强化制度建设。制订并落实了廉政建设责任制、公开承诺制、首问负责制及相关配套制度,为全镇经济的健康发展奠定了基础。四是抓好传统产业发展规划。借助烟花爆竹第二轮行政许可证换发的契机,着力强化烟花鞭炮企业的安全生产意识,规范烟花鞭炮企业的发展行为,鼓励企业进一步做大做强,形成自主品牌和规模。五是充分利用矿产资源丰富的优势,进一步规范和扩大矿产业发展,不断加大矿产开发力度。六是引导和培植新型产业提质改造,为工业经济提供更广阔的发展空间。年内,王坊镇投资2000万余元,规范、扩建了烟花鞭炮企业,使之成为镇支柱产业。马颈坳煤矿投资700万余元,改造了生产线技术。新引进的株洲金旺矿业有限公司,计划投资3000万元,开采洋川金锑矿,年内完成投资700万余元。七是协助湖南远征印务有限公司筹资400万元,引进了先进生产设备和技术。

【税收工作】 一是加强领导,形成财政税收常抓不懈工作机制。年初,镇党委、政府把财政税收作为“一号工程”强力推进,并成立了财政税收工作领导小组,加大财政税收工作组织、协调力度。二是培植税源,增强财政税收可持续性。根据当地的历史、资源等特点,努力培植本土税源;支持重点企业发展,坚持做大支柱税源;鼓励发展个体私营经济,注重增加新生税源;充分利用招商引资政策,引进外来税源。三是广泛宣传,形成全社会诚信纳税氛围。组织开展了以“税收、发展、民生”为主题的税法宣传月活动,对“十佳模范纳税大户”的依法纳税、诚信纳税做法和经营管理经验及时在全镇进行宣传,营造了全民依法纳税的良好氛围。全年完成财政税收1656万元。四是加强机关财务管理,努力开源节流。年内,在“保投入、保吃饭、保民生”的基础上,挤出资金118万元,投入机关固定资产;投资24万元,添置机关办公用车1辆;投资94万元,装修、改造了机关办公场所,购置了机关办公设备及机关住房的基础生活设施。

【林业生产】 一是制订并贯彻落实了《护林防火责任制》。全年未出现较大火情火灾。二是加大林业管理力度。全年退耕还林29.18公顷,并按照有关政策落实了退耕地粮食补贴、生活补助资金的发放。三是培植油茶基地。引进了湖南金浩植物油有限公司,并在镇域内兴建了万亩油茶林示范基地。

年内,该公司完成土地流转466.67公顷,其他适种林地的流转工作正在推进中。四是加大集体林权制度改革工作力度。全镇全年完成林业勘界2546.67公顷、勘界率达99.2%;发放林权证2209本,发证农户6555户。

【畜牧生产】 2010年,畜牧生产按照"村不漏户、户不漏禽、禽不漏针"的要求,扎扎实实抓好畜禽防疫工作,杜绝了生猪蓝耳病、猪链球菌病、口蹄疫、禽流感等重大疫情发生。全年新发展年出栏生猪500头以上的养猪场4家、特禽养殖户3户。全年出栏生猪1.5万头;出售和自宰肉用家禽12.6万羽。实现水产品总产量17.2吨。

【新农村建设】 一是配合醴陵市"城市三创",狠抓"农村创卫"工作。按照醴陵市"城市三创"的有关精神和要求,制订了《农村创卫工作方案》,明确了目标和要求,进一步加大了对冷金线沿线的7个村的村容村貌整治力度。投资20万余元,亮化镇交通主干道8条,栽植树木3000棵;改栏(舍)12户,新建垃圾池54个、沼气池21口,添置垃圾桶600个,清理河道垃圾污染源3.6公里。二是加大农村基础设施建设力度。投资180万余元,整修村、组道路9.2公里、拓宽路基3.8公里;双河口大桥竣工通车,浦口大桥已完成桥墩浇灌,预计2011年4月通车。三是加大水利基础建设力度。全年新修水利22处,硬化水渠9.2公里,清淤水渠16.8公里、山塘11口;除险加固山平塘9口。

【重点工程建设】 一是途经镇境内的沪昆高铁(3.08公里)工程施工进展顺利。为配合国家《中长期铁路网规划》中"四纵四横"快速客运主干道,东西向铁路大动脉,沪昆高铁的建设有力加速推进了镇域建设工程速度。镇政府多次组织协调高铁指挥部及项目所涉及的杨林、渌石、大屏山村,主动做好拆迁、征地户的思想工作、施工方的协调、征地、拆迁、补偿等工作。全年拆迁安置户68户、征地5.73公顷,租借临时用地7.33公顷。二是西气东输二线工程顺利推进。西气东输二线工程是中国第一条引进境外天然气的大型管理工程,也是中国"十一五"规划中的重点工程之一。为了加速推进镇域内项目工程进程,政府十分重视,安排专人全力配合西气东输二线工程,途经王坊镇的温泉、杨林、渌石、大屏山村共计5.8公里的天然气管道安装的前期准备工作,年内已完成青苗赔付、土地丈量、阀室征地(0.23公顷)等工作,其他项目工程建设有序推进。

【"创先争优"活动】 一是积极开展"创先争优"活动。根据醴陵市委的统一部署,开展了以"'五个好'、'五带头'"为主要内容,以"村(支)两委班子建设"为重点的"创先争优"活动,全面实施党员承诺、村干部量化打分等制度。通过一系列举措,使村(支)两委班子及党员干部在思想建设、工作能力、作用发挥、清正廉洁等得到了进一步增强。二是努力提高党员干部队伍素质。充分利用现代远程教育资源,组织村、组干部、农村党员集中学习,以提高农村党员的思想觉悟、科技文化素质,增强带头致富的本领。三是严格程序发展新党员。全年有50余名入党积极分子向党组织递交了入党申请书;举办建党对象培训班一期,培训建党对象25名。全年新批预备党员14名,党员转正26名;上缴党费1.25万元。慰问特困党员45人(次),发放慰问金9500元。

【党风廉政建设】 一是建立健全党风廉政建设制度。从机关干部工作作风、思想作风等着手,建立健全了一系列规章制度。坚持以制度规范日常行为,加强教育和监督,切实抓好党风廉政建设和反腐败工作。二是明确职责,签订责任书。镇党委与各村签订了《村级党风廉政建设和反腐败责任书》,注重对农村党员干部的廉政教育。5月,由镇纪委牵头,组织20名村支部书记、村主任到市检察院接受了反腐倡廉教育,增强了勤政廉政自觉性。10月,镇纪委会同市纪委、联合市财政、经管、民政、计生、国土等部门清查了村级财务。其中,查理了温泉等村的财务问题;行政记过处分了党员1名。三是加大廉政检查力度。7月,组织召开了党员、干部民主生活会,要求全体党员进行自纠和互查互纠,认真剖析,找出存在问题的症结,制订了整改措施。通过廉政检查,有效促进了全镇廉政建设的深入贯彻落实。

【人口和计生工作】 2010年,以"全国第六次人口普查"为契机,开展了居民户口清理整顿和人口摸底调查,掌握了全镇基本人口数据,为科学发展决策提供了依据。全镇有已婚育龄妇女6528人,应查环查孕人数6348人,已查环查孕人数6125人,查环查孕率96.5%。全年出生384人(其中计内348人)、死亡117人;计划生育率90.6%,多孩控制率0.86%。统计数据准确率100%,实现村为主率100%,生殖疾病查治率92%,高危人群优生筛查检查率100%。全年落实意外险9200元,母婴险9360元;发放奖励扶助金4.68万元,独生子女伤残或死亡家庭父母补助金0.48万元。全年征收社会抚养费45万元。

【文教卫工作】 一是加强文化建设。完成了文化站建设,建筑面积450平方米。为农民群众提供了丰富的文化产品和服务,全年放映公益电影48场(次)。二是坚持把教育摆在优先发展的战略地位,全面推行素质教育。不断加大教育支持力度,投资300万余元,改造了杨林、王坊小学和王坊中学。加大扶贫助学工作力度,组织社会各界人士开展捐资助学活动,共筹资32万元。三是大力开展新型农村合作医疗保险工作。2011年新农合参合人数3万人,参合率93.6%。全年新型农村合作医疗救助4372人(次)、342.7万元。

【社保保障】 2010年,启动了"农村低保'阳光操作'",以"建立电子档案"为基础,全面掌握社会困难群体底数,做到应保尽保。通过逐村排查、走访、调查等形式,落实上报最低生活保障户484户,新增41户。全年共发放最低生活保障金67.73万元、优抚金26.17万元。全年落实安居房工程户3户,灾后重建工程户6户,改造工程户18户。进一步完善了残疾人个性化服务方案,全年帮助3户贫困残疾人家庭发展了养殖业,为4名肢体残疾人免费发放了轮椅;实物扶贫残疾户20户、资金1.4万元(折合人民币)。

【综合治理工作】 一是加大综治工作宣传力度。在村为主网络建设、综治进企业、防范和打击地下"六合彩"、"综治宣传月"等宣传活动中,投资1.2万余元,制作固定宣传栏2个;投资3000元,印刷宣传标语10条、悬挂宣传横幅22条、张贴宣传标语300余条,营造了建设"平安王坊"的浓厚气氛。二是建立健全制度。镇党委、政府与各村、企事业单位签订了《社会治安综合治理责任书》,做到任务落实到人,责任明确到人;并强化工作检查、督促和考核,以确保综治工作真正落到实处。三是完善机制。注重通过信访渠道解决各类矛盾纠纷,全年接受来信来访67次,化解矛盾纠纷58起、调解成功率100%。四是注重排查。针对醴潭高速征地补偿、拆迁安置、民办教师养老补贴发放等遗留问题的不稳定因素,及时做好了排查、疏导和化解工作。针对伤残退伍军人和参战人员组成的老上访户,明确监管领导和信息联络员,最大限度地做到早发现、早化解、早处置。五是加强整治。充分发挥派出所的主力军作用,以"'打黑除恶、缉枪治刀'、'两抢一盗'等专项行动"为载体,不断加大对暴力犯罪、侵财型犯罪、赌博、黑恶势力的打击力度。全年发生各类刑事案件28起,破获28起;治安立案31起,查处31起、查处率100%。

【安全工作】 一是增强全社会安全意识。开展安全生产大型宣传活动5次,在主要街道悬挂宣传横幅32条、张贴标语300余张,出动宣传车辆28台(次)、散发安全生产宣传资料5000余份。二是贯彻落实《中华人民共和国安全生产法》。组织开展了安全生产大检查、大整改活动,及时消除安全隐患,防止重大安全事故的发生。三是加强安全知识培训,提高安全意识。组织举办企业法人代表的安全生产知识、企业安全员培训5次。四是加大执法检查力度。坚持安全定期检查制度,加强对重点公共场所、单位火灾控制,消除安全隐患,确保辖区内无重特大安全事故发生。集中开展"打非"整治行动12次,处理非法生产户80余户,炸毁小煤窑7个,基本消灭了安全生产管理的"盲区"。组织开展生产企业、学校、道路交通、工程建设、农村危房检查6次,并将检查情况备案。五是进一步加强防汛力度。实施24小时值班制度,加强对山平塘、水库、危(旧)房、山边房的巡查。特别在6月份的连续3次暴雨侵袭后,镇主要领导多次带队下村检查,严格执行防汛每日汇报制度,确保人民群众的生命财产安全。 (王 伟)

王 仙 镇

【概况】 王仙镇地处醴陵东部,东临王坊、浦口镇,南濒渌江并与东富镇隔河相望,西连东堡乡,北接南桥镇、官庄乡。106国道、上瑞高速、沪昆高铁贯穿境内;距醴陵市城区14公里。镇域总面积74平方公里。辖12个行政村、3个居委会,391个村民小组,总人口4.06万人人。镇企业产业结构布局合理,以日用陶瓷、电瓷、瓷泥、纸业、机械制造业、鞭炮烟花六大产业为支柱;有大小企业300余家(其中规模企业32家)、从业人员1万余人。2010年,全镇实现工农业总产值40.2亿元,比上年增长25.63%。新增固定资产投资2.5亿元。完成财政总收入5610万元,比上年增长12.2%。其中,国税增长35.4%、地税增长39.4%。全年内销鞭炮烟花税收增长26.7%。农民人均纯收入突破1万元。年末,被醴陵市评为"经济综合实力'五强'乡镇"、"人口和计划生育工作先进单位"、"打非治违工作先进单位"、"妇联工作先进单位"。

【工业经济】 2010年,王仙镇加大了产业结构调整力度,扶持骨干企业5家,新、改、扩建企业9家。实现工业总产值35.16亿元,比上年增长32.3%。其中,规模以上企业完成工业总产值21.2亿元,比上年增长38.7%。加大招商引资力度,新引进了文辉包装、科宏动力机械、锦翔石矿、金木陶瓷等企业,企业总投资近6000万元。

【农业生产】 2010年,镇党委、政府高度重视农业生产工作,全年土地流转面积266.67余公顷。有种粮6.67公顷(100亩)以上的粮食生产大户15户。启动了106国道两侧的现代设施蔬菜等经济作物示范基地建设。支持、培育、发展了"庄埠芋头"、"景烈白兰"两大农业特色品牌;推广了"养殖业—沼气—种植业"等生态种养模式,兴建沼气池30个、三级化粪池80个,为畜禽养殖业发展创造了有利条件。全镇已基本形成了以"蔬菜种植、苗木培育、畜禽养殖"为主的农业生产格局。

【新农村建设】 2010年,王仙镇加大了新农村建设投入力度,加快了基础设施建设步伐。投资18万元,聘请湖南城建学院有关人员对坐落于镇域内的沪昆高铁火车站(在建)以北的新镇区进行了总规和控规设计。投资92万元,新建垃圾填埋场(面积2公顷)和封闭式垃圾池2个,购置垃圾转运车1辆。总投资120万余元的垃圾中转压缩站已完成征地和主体建设工程。投资近30万元，改造了镇政府机关。大力兴修水利,全年清淤河道4000米、山平塘50口、水渠8000米;扩衬砌山平塘8口,水泥硬化水渠2000米。投资60万元,新修了河道、堤坝。投资56万元,新建机埠4座,除险加固小Ⅱ型水库1座，新修村组道路31公里。开展了“农村创卫”工作,采取专人负责、村组聘请30名保洁员负责日常卫生打扫等措施,加强乡村环境整治。组织开展了拆箱拆棚行动和违法用地大清查,有效遏制了违法建筑的蔓延势头。

【重点工程建设】 2010年，王仙镇辖区内有沪昆高铁(杭长段)、西气东输二线工程、渌江大道、醴陵大道等重点工程相继开工建设。为确保重点项目工程稳步推进,积极创新机制，成立了环境维护、打击处理和宣传报道小组,实行干部包组、包工区、包工作面,坚持24小时服务制度，较好地完成了征地、拆迁任务,有力地保障了重点工程建设顺利推进。年内,完成沪昆高铁(杭长段)红线内征地30.15公顷、临时用地35.67公顷,拆除房屋69栋。渌江大道(四期)工程拆迁房屋6栋。醴陵大道项目工程扩征的40米用地(绿化带)、共征地0.93公顷。西气东输二线工程临时用地9.67公顷、迁坟232座。为维护城市核心利益,先后组织对清潭村象牙坡内的违法建设进行了强拆行动2次,并对暴力抵抗执法行为者给予了严厉打击。

【社会事业】 2010年，开展了农村低保调查摸底和复查工作,做到了“应保尽保”,全镇有农村低保户357户、584人。年内,新建了香水村“五保之家”。积极推进城乡医疗救助工作,进一步扩大医疗救助面,全年救助大病患者41人、解决优抚医疗救助5人,共计救助金7万余元。全年收取新型农村合村医疗保费96.46万元,有3.22万人人参保,参保率94.8%。积极配合市卫生局完成村级卫生室建设,进一步提高农村医疗水平。恺德医院赞助15万元，新建了司徒村卫生室。组织开展了各类文体活动,繁荣农村文化生活,新建农家书屋8个,给广大农民群众提供了学习农业科技知识平台。切实推进城镇职工再就业和农村剩余劳动力转移，全年全镇1.08万名下岗失业职工、失地农民和农村富余劳动力实现了就业。

【综治工作】 2010年，王仙镇突出“排查调处、打防结合、服务优先、基层基础”四个中心环节,强化工作措施,切实抓好社会治安综合治理。全年未发生暴力、恐怖的涉稳事件、严重刑事案件、群死群伤等重大安全事故,社会治安秩序稳定,刑事发案率比上年下降25%,公众安全感不断增强。认真抓好排查调处工作，抽调一批政策、理论水平高,农村工作经验丰富的机关干部充实信访工作,加强对“非访、闹访、上访”老户等重点人员的监控、疏导工作,把各种矛盾化解在萌芽状态。成立了由4名业务精通、素质过硬的退伍军人组成的治安巡防队,配备了制服、警棍、车辆等必要的巡防设备,在集镇实行24小时重点巡防。其他各村(居)分别组建了以“党员、组长”为主体的义务巡防队伍，建立了巡防制度,实行分时段巡逻。督促各企事业单位加强内保,仙凤、湘环等企业实现了“技防、人防、物防”一体化。通过各级层层建立综治组织、机构及防范措施,全镇形成了“村组联动、警民联动、部门联动、群防群治”的综治格局,治安防范体系日趋完善。

【安全生产】 2010年，全镇安全生产工作牢固树立“安全也是生产力”的理念,切实加大安全生产监督管理力度，积极开展各类安全隐患排查和整改，对全镇高危企业坚持每季度开展消防安全检查和消防火灾隐患排查整改活动，重点加强了烟花鞭炮企业重点时期的安全生产治理与第二轮行政许可换发工作。先后组织召开第二轮行政许可证换发证专题会议5次、现场参观点评会1次，加速了许可证换证工作进程。年内，全镇35家烟花鞭炮企业,通过关停并转,现有24家;共取缔非法生产企业20家,治安拘留27人,销毁机械设备32台,收缴成品、半成品2560万响。

【党建工作】 一是开展“创先争优”活动。按照醴陵市统一部署,立足实际、创新载体,积极推进“创先争优”活动。通过开展“创先争优”活动,党员干部素质得到提高,基层党组织凝聚力、战斗力得到增强,为全镇经济发展提供了坚强的组织保证。二是加强思想建设。规范党委中心组学习制度,努力提高班子成员政策理论水平。深入开展基层党员学习培训活动,有效提高了基层党员政策理论水平和创富致富能力。三是加强组织建设。公开承诺全面兑现,建立健全了村级党组织组织生活、教育管理、党务公开等各项制度,承办了市东乡片的村党组织书记的“创先争优”培训班。四是抓好党员发展工作。全年发展新党员43名，评选优秀党员63名，先进党支部7个。五是加强党风廉政建设。形成了“以廉为荣、以贪为耻”、“干事创业、执政为民”的良好氛围。 （谭春艳）

东　堡　乡

【概况】 东堡乡位于醴陵市北部,东接王仙镇,南邻城区来龙门街道办事处,西邻黄泥坳街道办事处,西北接黄达咀镇,北邻官庄乡。地势北高南低,属丘陵地貌。总面积97.2平方公里。乡政府驻东堡村黄土坳,距市城区6公里。下辖16个行政村,358个村民小组,有6120户、2.69万人。有耕地面积785.5公顷,其中水田682.5公顷。有山地面积7333.3公顷，森林覆盖率71%。

境内106国道、上瑞高速(在建)穿境而过,有中型水库(望仙桥水库)1座，为市城区居民饮用水源。境内沩山村曾是古代道教重要活动地，名为“沩山古洞天”，是国内“道教36小洞天”之一。是醴陵瓷业的发祥地，有丰富的瓷泥、耐火石等矿产资源。全乡工业经济主要依托矿产资源，形成了以陶瓷、采矿等为主的域内经济支柱产业。农业生产以种植、养殖业为主，颇具特色的无公害蔬菜、老鸦山蜂蜜、新安奈李已初具规模。

2010年，全乡经济健康、快速发展，实现工业企业总产值13亿元。完成招商引资3500万元。“阳光税收”成效显著，进一步完善了财税体制，推动了“阳光作业”、“科学定税”，全年完成税收1817万元，其中国税1280万元、地税537万元(增长44%)。全乡有乡办企业30余家，实现工农业总产值14.8亿元，其中企业总产值13亿元、农林牧副渔业产值1.8亿元。全年实现粮食总产量1.1万吨；农民人均纯收入达3978元。年末，被醴陵市评为“经济发展综合实力‘五快’乡镇”、“社会治安综合治理工作红旗单位”、“森林防火先进单位”、“计划生育工作先进单位”。

【基础设施建设】 一是加强基础设施建设。年内，由于遭连续降雨，乡域的农田、水利设施严重受损。为尽快恢复农田设施，保障农业生产，乡党委政府多方筹资，积极组织群众投工投劳，重点恢复水毁防洪堤、水渠、农田水利设施和维修、新建村、组道路。全年乡、村、组共筹资100万余元，水泥硬化渠道7200米（其中，大林村地段的易湾、严湾渠道竣工），加固山平塘30余口，修筑了樟椴村樟椴坝、漏水坪村白石口砂坝、赤竹村新湾坝。投资150万余元，新建了机关办公楼，完善了机关后勤设施。二是加强集镇管理，亮化乡村环境。为了进一步加强集镇管理和“农村创卫”工作，成立了集镇管理工作领导小组和“农村创卫”工作领导小组，制定了《2010东堡乡集镇管理工作计划》、《东堡乡创卫工作实施方案》，明确了目标、强化了责任，将集镇管理与“农村创卫”工作纳入了村级目标管理考核办法。全年筹资10万元，完善了垃圾池、垃圾填埋场设施，有效遏制了垃圾乱堆乱放现象。组建了专业保洁队伍，配备人员5人，安排垃圾清运车辆1辆，定期清运道路两旁及集镇垃圾。乡、村两级投资10万余元，在东堡、大林集镇共安装路灯100余盏，方便了群众出行。

【农业工作】 2010年，农业种植严禁耕地抛荒和“双改单”。东堡乡地处山区，人均耕地面积仅0.023公顷，抓好粮食生产对本乡农业的发展显得尤为重要。乡党委、政府制订了硬措施，将粮食播种面积责任落实到人，落实到春耕生产任务之中。并结合各村实际，聘请农技人员因地制宜地推广了良种种植，现场指导各类粮食作物的种植工作。将粮食生产工作作为对村级目标管理考核的重要内容，并与村级转移支付资金挂钩。通过层层落实任务，宣讲政策，制止耕地抛荒，全年全乡增加粮食种植面积40余公顷，实现了水稻单产、总产均达到年初计划。

【森林防火】 2010年，全乡投资5万余元，构建了森林防火体系。在各村的醒目位置设置固定防火宣传标语40余条；组建了50人的救火应急小分队，聘请了6名森林防火宣传员。在防火特护期间，有关人员昼夜坚持在林区巡防，并用喇叭进行宣传，严厉制止野外用火。年内，对大塘坳村一村民野外用火，实施了拘留5日的处理，为全乡森林防火工作起到有效的震慑作用，使全乡森林防火工作取得明显成效。年末，被醴陵市评为“森林防火工作先进单位”。

【林权制度改革】 2010年，全乡共有林地7333.33公顷，因山区村人员居住分散、外出务工人员多，林改工作量大，情况复杂。为确保全乡林权制度改革工作的实施和圆满完成。乡党委、政府十分重视，有力推进了林权制度改革进程。在全乡主要干道、村级集中居住地张贴宣传标语500余条，发放宣传资料6300余份；采取分组集中作业、上山勘界、地形勾绘等方式，率先完成了外业工作。为减少内业登记的错误，组织各村有关人员到乡政府集中办公、统一登记，发现问题及时解决。通过全乡各村的共同努力，较好地完成了林权制度改革的各项任务，并被醴陵市评为“林改工作先进单位”。

【安全生产】 2010年，共举办各企业法人代表、安全员等安全生产培训4次；发放安全生产资料2000余份，悬挂安全生产宣传横幅21条，张贴宣传标语400余张。开展“打非”行动16次、集中专项整治行动7次，下达整改通知书44份、整改指令82条，关闭非法生产户13户，没收引线、原材料3.2万余元(折合人民币)。协助企业完成了第二轮行政许可。

【社会治安综合治理】 2010年，开展了“平安东堡”创建，成立了矛盾纠纷调解中心和乡治安联防队，在集镇赶集或重大节日，加强了村、组巡逻。全年共排查民间矛盾纠纷57件，调处55件、调处率97%。建立了社会治安综合治理短信平台，及时发布信息，提醒群众增强治安防范意识。主动加强与重点信访稳控对象的联络，密切关注其动态，建立了村、组干部信访信息直通渠道，为维护全乡的稳定打下了良好的基础。

【人口和计划生育】 2010年，全乡计划生育率89.87%，落实节育措施352例。加强了对流动人口管理和社会抚养费征收力度，全年征收社会抚养费25万余元。为76名60周岁以上的二女户、独女户、残疾户发放养老金、特殊扶助金共计5.71万余元。年末，被醴陵市评为“人口与计划生育工作先进单位”。

【社会保障】 2010年，全乡新增“五保”户、低保户34人，共发放“五保”、低保金95.1万元。发放优抚“双定”金54.4万元；为23户特困村民申请大病救助金3.2万元。实施安居工程户38户，其中倒房重建户12户、危房改造户26户；落实安居资金19.8万元。发放灾后救济金7万余元。号召全乡企业捐款8万余元,改造、维修了敬老院的食堂、新建了猪场、沼气池等设施，乡敬老院内环境舒适,管理有序。（向唯端）

东富镇

【概况】 东富镇位于醴陵东南郊,地处湘赣边界,距市城区5公里。古称“吴楚咽喉”,今为“湘东门户”。是由原东富镇和枧头洲乡合并而成,现辖25个村(居)委会。总面积101平方公里,总人口4.74万余人。东富镇交通区位优势明显,紧靠106国道、浙赣电气化铁路、320国道、313省道贯穿全镜,东沈线、老枧线县道沟通南北,是连接湘东赣西的重要物资集散地。镇村公路纵横交错，有80余公里村组道路实现了水泥硬化。工农业经济蓬勃发展，有企业113家,其中规模以上工业企业19家、建筑施工企业(国家一级、湖南东富集团)1家、有全省投资最大的株洲市农业产业化龙头企业——明鑫农场、有全省第一家生物肥生产企业——鑫源生物肥业科技公司。全镇形成了以“民营企业”为主体,以建筑、花炮、陶瓷、橡胶、纸箱包装、耐火材料六大产业为支柱的工业企业群。

2010年,在市委、市政府的正确领导下，认真实践科学发展观,围绕“建设经济强镇、打造文明新镇、构建小康和谐新东富和实现经济社会跨越发展”的工作目标,迎难而上,开拓进取,团结奋斗,全镇呈现出经济持续健康发展,社会政治稳定，各项社会事业全面进步,人民生活水平进一步提高的良好局面。全年实现社会总产值23亿元,比上年增长12%。实现生产总值10.5亿元，比上年增长9.4%；实现工业总产值20亿元,比上年增长55%，其中规模以上工业企业总产值13亿、增长76.9%。完成固定资产投资4.2亿元,完成年度计划任务的143%。农民人均纯收入达8268元，比上年增长15.54%。招商引资5600万元,完成年度计划任务的133%。完成固定资产投资4.2亿元。加强税收征管力度，争取税收工作主动权,全镇涌现出年纳税100万元以上的建筑企业3家,其中湖南东富集团完成税收300万元、新兴建筑有限公司完成税收300万元、泰安建筑公司完成税收100万余元。全年上缴国税308.1万元,上缴地税1171万元。年内,成功组织鞭炮烟花税费统一征收，完成内销花炮税收326.4万元。

【招商引资】 2010年，招商引资始终坚持“以情招商、以商招商”原则，全年招商引资工作成绩显著。大拇指家具厂、友志花纸厂、包冲休闲农庄、机砖厂和投资100万以元上的湘楚出口公司、东升出口花炮公司、天马出口花炮公司等项目纷纷落户东富镇,征地、拆迁、基建等前期工程进展顺利。伏垅村引进了中山杰伟国际(香港)有限公司(中美合资企业),主要从事世界顶级品牌鞋材产品及成品鞋生产。9月,征地、拆迁、迁坟、推土等工程完成。10月,杰伟国际(香港)有限公司举行了隆重的签约、奠基仪式。该项目总投资1600万美元,工程分二期投入，预计2011年5月一期工程完工并投产。一期工程项目建成后,三年内可实现产值2亿余元、实现税收1000万余元;可解决就业人员600人。

【农业经济】 2010年，东富镇响应市委、市政府的号召,把粮食生产工作摆在了重中之重的位置来抓,在全镇形成了“种粮兴农”的浓厚氛围。全年新成立农业合作社4个,种植蔬菜6.67公顷(100亩)的大户5户。西林村新建了兔子特种养殖场,占地面积800平方,年存栏4000只、出栏2000只。被誉为“全国粮食生产大户”莲石村境内的张公农场投资100万元,购置了播种机、插秧机、拖拉机、烘干机等农业机械，实现了农业生产现代化。年内，通过大力宣传发动,在313省道、320国道、东沈线、阳枧线、枧阳线等主干道沿线的10个村,组织村民大面积推广了油菜种植，全年种植油菜面积400公顷。全年实现农业产值2.1亿元;农民人平纯收入达8268元,比上年增加715元、增长10%。

【农村水利建设】 2010年，投资150万元,清淤渠道2000米、支毛斗渠3000米;衬砌渠道5条、2500米。整修山平塘65口、新开山平塘5口。修筑坝基6处,修建机埠2座。

【重点工程建设】 杭长高铁属沪昆高速铁路(杭长昆客运专线)的三段之一(即:上海至杭州、杭州至长沙、长沙至昆明)。正线全长为927公里，估算总投资1308.8亿元，项目建设工期为4~5年。该项目东起杭州、西至长沙。年输送能力8000万人(次)。从长沙至昆明将由现在的近25小时缩短为4小时。杭长高铁在镇境内涉及莲石、狮湾2个村、15个组，全长3.34公里。为积极配合国家重点工程建设,东富镇自全市召开杭长高铁(醴陵段)动员大会后,抽调精干力量,成立了杭长高铁东富镇协调领导小组，积极主动与施工方(中铁二十局第一工区)衔接和协调,加班加点,主动工作。仅仅3天完成了红线内土地征地(4.36公顷)签字手续,仅仅10天完成了红线内23幢房屋拆迁协议签订。在全市所涉及的杭长高铁的6个乡镇中排名第一，被誉为“东富速度”。现阶段的施工便道、临时用地征用、祥云隧道、架设桥梁等后续工程正在有序进行中。

【敬老院建设】 2010年，为切实做好全镇284位“五保”老人的集中供养,东富镇决定在小洞塘村新建一所敬老院,集中供养“五保”老人50人。总投资120万元、占地0.67公顷、总建筑面积950平方米的敬老院，按照高标准、花园式敬老院的要求，接通了自来水，架设了电线，完成了庭院绿化，购置了彩电、健身器材，配备了老人休息室、棋牌室、健身房、餐厅、卫生间等功能设施。11月，敬老院竣工并投入使用。

【“农村创卫”工作】 2010年，按照醴陵市“城市三创”工作精神和要求，加速推进了“三创四化”和新农村建设进程，加大了“创卫工作”工作投入力度。投资近10万元，在313省道沿线新建垃圾池20个，添置玻璃钢桶120个、塑料桶200个；清理卫生死角10余处。并对各村的陈年生活垃圾进行了清理、转运、掩埋，集镇的镇容镇貌得到了很大程度的改观。为使“创卫工作”不断走向规范化、制度化，在全市率先创新创卫机制，成立了富美清洁公司，实行市场化运作。聘请保洁人员12名，购买了垃圾装载车和必要的环卫工具、设施，每日对集镇和各村的主干道轮流进行值扫。通过“创卫工作”的开展和措施落实，一个干净、整洁、文明、有序的新集镇呈现在人们眼前。

【安全生产】 2010年，全镇有企业113家，其中烟花鞭炮企业有29家。全年安全生产工作时刻绷紧“安全生产责任重于泰山”这根弦，严格落实安全生产责任。全年开展拉网式安全生产大检查8次，下发日常检查整改通知书420余份，消除安全隐患22余起。对所有的烟花鞭炮企业坚持每10天检查1次，对重点工厂、厂区坚持每周检查1次。集中精力，规范、整合全镇引线生产户，对不符合要求的27户下达了取缔通知书，并进行了全面的打击。年内，在烟花鞭炮企业第二轮行政许可证换发中，全镇29家企业有28家顺利换发证。

【综治工作】 2010年，全镇综治基础工作全面稳步推进，建立健全了阵地网络，采取定期排查与专项检查相结合的方式，严格实行各村不稳定因素及矛盾纠纷月报表，建立了排查台账。全年受理民事纠纷14起，成功调处14起、调处率100%；为当事人挽回经济损失160万元。严打整治工作成效显著，全年发生刑事案件31起，比上年下降21%；治安案件23起，比上年下降18%。11月，成立了治安巡防队，群众安全感明显增强。

【计划生育】 2010年，积极推进计生工作优质服务，加大社会抚养费征收力度，稳定低生育水平。年内，全员人口信息收集和录入工作已基本结束；接受了省检和市计生局的一、二、三阶段计生考核，均获得好评。8月，在全市“征收社会抚养费突击月”活动中，突出了“时间最短、措施最硬、效果最好”三大特点，共征收社会抚养费72万元，完成年度计划任务的180%，位居全市第二。

【教育事业】 一是教育水平实现历史突破。积极实施新课程改革，以杜郎口中学“三三六”教学模式，打造高效课堂，引起了广泛关注，赢得了“北有杜郎口、南有叉路口”的美誉。深入开展教育“提质创优”活动，教学质量大幅提升，其中枧头洲中学跻身全市10强。二是大力改善中小学校办学条件。四杨中心小学、乘前坪中学、横烟小学合格学校成功创建。东富中学新建了1100平方米学生公寓楼，可以一次性安排住宿学生220名。筹集100万余元，改修建了龙楚、桐桥、立新、横烟学校。年内，东富籍知名人士许铁辉捐款10万元，设立了奖励助学基金；邓日新捐款20万元无私助学。

【抗洪救灾】 2010年，醴陵从5月6日起连降暴雨，并连续多次遭遇百年难遇的特大洪水灾害袭击，灾情极为严重。东富镇也未能幸免，造成巨大洪涝灾害，全镇稻田被淹0.19万公顷，倒塌房屋14户、32间；近40条村组道路被阻，山平塘、渠道、河坝被冲垮87处，大小山体滑坡360余处。针对灾情，镇党委、政府果断采取措施，积极组织生产自救。一是成立相应机制，全力以赴抗洪救灾。成立了防汛救灾领导小组、防汛抗旱指挥部和应急小分队，制订了《防汛救灾紧急预案》。在全镇25个村(居)中，明确了由村支部书记负总责。镇政府实行24小时值班制度，值班人员及时掌握气象信息，督促落实应急措施。二是周密部署，确保电网、道路、桥梁及时修复。要求各村办点干部及时了解、上报各村水损工程情况，并及时排查隐患。在抗洪救灾中，在道路、桥梁醒目处分别设立了警告标语、警示牌，提醒过往行人和车辆。三是积极生产自救。镇民政办、农办牵头对全镇灾情澄清底子，与市级相关部门及时协调。镇党委、政府及时将民政局下拨的慰问物资及时发放到各受灾村民手中。通过镇、村(居)、组及全体群众的不懈努力，灾情得到有效控制，灾情损失降低到最低限度。灾后重建工作在全市各乡镇中位于前列。

【扶贫帮困】 2010年，发放优抚费110万余元。筹集120万元，兴建了“东富敬老院”并投入使用，可集中供养“五保”户50名。全年走访、慰问困难家庭220户，发放慰问金6.5万余元。解决灾后重建、安居工程、危房改造户18户。年内，年审低保人员1460人，调整低保人员177人。全年助残45人、下发资金2.1万元。 (朱响荣)

孙家湾乡

【概况】 孙家湾乡地处醴陵市南郊，东接东富镇、沈潭镇，南邻泗汾镇，西连神福港镇、嘉树乡，北靠西山街道办事处。距市城区6公里，总面积52.3平方公里。有耕地1156公顷。乡区位优势明显，有“醴陵南大门”之称。交通便利，106国道、湘东铁路纵贯南北，四线横穿东西。辖文家湾、观前、龙虎湾、孙家湾、西岸、李家山6个行政村，有199个村民小组、6004户，总人口2.2万人。2010年,实现生产总值16.56亿元,比上年增长30.29%;实现工业总产值14.96亿元,比上年增长30%;实现农业总产值1.6亿元。全年完成招商引资8200万元;完成国税、地税税收3322万元。

【基层组织建设】 2010年，乡党委高度重视基层组织建设，按照“常规工作争先进、重点工作有创新、亮点工作创特色”的工作格局,以改革创新精神全面推进党的建设，致力于培养一支政治上靠得住、作风上过得硬、群众信得过的干部队伍。坚持把学习作为一种机制和常态来抓,以“建设学习型党组织活动的开展”为载体,广泛开展集中学习、自学互学等活动,不断提高党员干部的政策理论水平和工作能力。大力开展“创先争优”活动,不断创新活动载体和方式,进一步夯实党建工作,着力把各个党支部建设成“攻坚克难、凝神聚力”的战斗堡垒。按照“坚持标准、保证质量、改善结构、慎重发展”的方针,把好党员“入门关”,将有能力、有文化的年轻人吸收到党员队伍中。全年发展新党员14名、转正党员22名。

【招商引资】 2010年，全乡突出“招商引资”这个重点,狠抓“项目推进”这个关键,坚持调结构、招大商、引大项,配强招商队伍,明确招商责任，强力推进招商引资工作。年内,在南部工业园规划区内,整合土地33.33公顷,建设“两型”工业园小区。成功引进了新世纪陶瓷工业园,预计投资约3亿元。同时,陶润瓷业、德兴瓷业、正招雨具、卓扬电子等企业进一步扩大了生产规模,新建了车间,大大提高了生产能力。全年实现工业总产值14.96亿元,比上年增长30%。

【农业生产】 2010年,乡党委、政府把粮食生产工作放在现代农业发展的首位,按照“扩播面、提品质”要求,全面落实扶持粮食生产的各项政策和措施。全年流转土地174.45公顷,扶持和发展专业种粮大户14户，组建农民专业合作经济组织7家。年内,双季稻种植面积1066.67公顷，占总耕地面积92.27%，其中晚稻种植面积99.8%。33.33公顷(500亩)早熟西瓜基地、66.67公顷(1000亩)高产油茶基地和龙湘园养殖场等一批农业特色项目发展势头良好。

【新农村建设】 2010年，新农村建设工作围绕“美化人居环境、创建宜居乡镇”的目标,进一步加大了新农村建设工作力度。投资30万余元,组织开展了“农村创卫”工作,形成了“人人讲卫生、户户搞洁净”的良好局面。实现道路保洁市场化运作、实行24小时保洁,做到“户户垃圾入池、池池垃圾入场”。投资200万余元,改造、扩建了乡自来水厂。目前,自来水厂日供水量由原来的1000吨增至3000吨,保障了居民及企业的正常用水。完善了各村的村级组织活动中心建设，一批村级农民文化运动场、老年活动中心、农家书屋等民生项目建成并投入使用,极大地丰富了农民群众文化体育生活,构成了新农村的一道靓丽风景线。年末,孙家湾乡被评为“湖南省文明村镇”。

【综治工作】 2010年，社会治安综合治理工作以创建“平安孙家湾”作为提高投资水平、发展乡域经济、构建和谐社会的重要举措,强化综治基层组织建设和矛盾纠纷排查。抓好了组织领导、目标任务、责任分解“三个落实”,健全了责任运行、情况调度、财政保障“三个机制”,做到了督促检查、责任追究、奖惩兑现“三个到位”,逐步形成了“部门牵动、社会联动、群众齐动”的维稳工作格局。聘请、组建了由退伍军人(4名)组成的专业巡防队,采取沿线巡逻与蹲点守候相结合的方式,对乡境内各主干道进行巡逻;加强夜间防控,实现了全乡综治的动态管理。全年全乡刑事发案率比上年下降47%，治安案件比上年下降25%，治安环境大大改善。

【计划生育工作】 2010年，人口和计划生育工作以“稳定低生育水平、提高出生人口素质”为抓手,加强计生队伍建设,加大计生经费投入，大力开展计划生育优质服务。先后投资近10万元,全面铺开了“阳光计生”工程,建立了计生宣传长廊，完善了村级“三位一体”建设,真正实现了以村为主的计划生育工作格局。全年出生252人,计划生育率97.62%；落实长效节育措施138例。全年发放扶助资金6.26万余元，发放独生子女死亡、伤残家庭困难扶助金7200元。年末,人口和计划生育工作被分别评为株洲市、醴陵市“红旗单位”。

(易悠悠)

沈潭镇

【概况】 沈潭镇位于醴陵市东南部，距市城区21公里。东接江西省萍乡市,南邻清水江乡,西邻泗汾镇,北连东富镇。镇域面积53.8平方公里。拥有耕地面积1432公顷,其中水田1223公顷、旱土209公顷；有山地面积2200公顷。全镇辖12个行政村,3个居委会,294个村民小组,有6702户,总人口2.8万人。

沈潭交通便捷,沈泗、清马、鹅美公路相互交接、贯穿全镇;铁河自南向北从域内经过。全镇有乡镇企业40余家,其中化工陶瓷企业有17家、烟花鞭炮企业有10家;有从业人员近6000人。沈潭是醴陵市粮食生产的先进单位，是国际杰出稻农、全国劳动模范瞿永寿的故乡。

农业以种植水稻为主,大力推广优质稻种植,积极推进农业产业化,严格禁止抛荒和“双改单”。全年双季稻种植面积2572.2公顷，粮食总产量2万吨。油菜种植面积133.33公顷。畜牧业以“养殖生猪”为主,年出栏生猪5.2万头,出栏禽类50.8万羽,并兼有麻鸭、土鸡、黑山羊、鲜鱼等繁育基地。全年完成招商引资3280万元；农民人均纯收入达7233.2元，比上年增长31%。完成国税、地税税收805万元。

【基层组织建设】 2010年，镇党委、政府高度重视基层组织建设，投资20万元，进一步完善了机关环境，改造了机关大门，美化了机关庭院；办公室配齐了计算机、饮水机、空调等基础设施设备。狠抓机关干部作风建设，严格管理措施，杜绝了“散、懒、玩、浮”等机关作风。积极培养服务为民意识，使理论学习常态化，为加强党员干部党性、党风、党纪教育，制订并坚持“两个学习”制度(即：党委理论中心组、机关干部定期学习制度)，进一步提高了干部理论知识和执政能力。全年培训入党积极分子36人，发展新党员45名。投资80万余元，新建村级组织活动中心5个，全镇实现了“村村有组织活动场所”的目标。

【基础设施建设】 2010年，大力推进基础设施建设，改善农村生产生活条件，努力构建社会主义新农村。在全面完成“村村通”水泥路工程的基础上，全年投资80万余元，水泥硬化组道6公里，基本实现了“组组通”水泥路目标。充分利用“以奖代补”政策，积极筹措资金开展水利设施建设，全年新修、衬砌渠道2公里，新开山平塘12口、衬砌山平塘7口，防渗支渠2公里，维修其他水利设施5处，进一步夯实了农业生产基础建设。投资90万元，除险加固小Ⅱ型水库1座。

【社会治安综合治理】 2010年，镇党委、政府以“维护社会稳定、优化经济发展环境、助推全市‘三大战役’”为目标，突出工作重点，强化责任管理，实行齐抓共管、标本兼治，进一步完善综治工作网络，健全各项制度。通过狠抓平安创建、信访维稳、基层基础制度规范、公众测评等工作，促进了综治工作规范化、社会化。全年全镇综治工作实现“三无”(即：无群体性事件发生、无集体上访、无民转刑案件)目标。全年共发生民事纠纷45起，成功调处45起，基本上做到了“小矛盾不出村、大矛盾不出镇”。全年破获刑事案件8起，比上年下降10%。年末，被株洲市评为“平安乡镇”。

【安全生产】 2010年，镇党委、政府始终把安全生产工作放在重要位置，坚持“安全第一、预防为主”的方针。切实加大投入，强化监管力度，保障人、财、物“三到位”。配足安监管理人员，保障经费投入，努力提高安监队伍素质，充实和强化安全生产日常监管力量。集中开展了“打非治违”专项行动，强化安全监管，隐患排查常抓不懈，确保了“三无一增”(即：无任何非法生产单位、无大小安全事故、无非法下单现象、全民安全意识增强)目标的实现。年内，成功创建了“省级安全生产示范乡镇”。

【招商引资】 2010年，镇党委、政府坚持以“经济建设”为中心，把招商引资作为头等大事来抓，充分发挥镇地理优势，大力招商引资。全年引进了贯发鞋厂、美田桥页岩机砖厂、新塘页岩机砖厂，解决农村剩余劳动力300余人。通过大力招商引资，有效带动了全镇的经济发展。

【社会事业】 2010年，以“新型农村合作医疗”为核心的农村卫生事业得到进一步完善，农民参合率93%。认真抓好了社会救助工作，帮助特困家庭新建安居户5户、危房改造户4户、水灾重建户6户。全年发放优抚救济款51万余元，走访、慰问困难群众、党员330名，发放慰问金9万元。狠抓集体林权制度改革，累计发放林权证6320本，充分调动了农民护林爱林积极性。高度重视森林防火工作，严控山林火灾，建立了森林防火应急分队，实行了严格惩治措施，使群众防火意识明显增强。 （张秋菊）

泗 汾 镇

【概况】 泗汾镇位于醴陵市南部，总面积62.5平方公里，其中集镇建成区面积1.5平方公里。有耕地1855.87公顷，其中水田1743.87公顷。辖12个行政村，3个居委会，总人口3.97万人(其中，集镇常驻人口1.2万人)。

2010年，紧紧围绕市委、市政府的中心工作，实施“三三方略”，以“创建先进基层党组织、争当优秀共产党员活动”为契机，深入学习实践科学发展观，狠抓财政税收、基层党建、粮食生产、农村创卫、人口与计划生育、招商引资和重点工程项目建设等工作，取得显著成效。全年实现农业总产值4.8亿元，比上年增长6.2%。规模以上工业实现产值9.47亿元、比上年增长26.5%，规模以下工业实现产值6.7亿元，比上年增长17%。全镇项目、工业、技改总投资达3.57亿元。完成国税税收114万元，超年度计划任务8万元，完成年度计划任务的107.5%；完成地税683万元，超年度计划任务127万元，完成年度计划任务的122.8%。完成招商引资4100万元。

【新型工业化建设】 2010年，全镇有规模以上工业企业18家。其中，丰德利瓷业、升华瓷厂等企业年产值均达3000万余元。积极优化企业发展环境，为企业做大做强提供保障。妥善安置了丰德利瓷业有限公司征地范围内的10户拆迁户、改建户和公司大门建设征地的村民签字手续。成功调处了毅升花炮厂因2009年发生爆炸事故时与周边村民的矛盾和因林改引发的山林权属纠纷。全年关闭污染严重的造纸企业4家，丰德利瓷业、国联瓷厂等企业的燃油发电机组被关停，减少了污染物排放，节约了能源。

【基层党建】 2010年，镇党委成立了以党委书记任组长的镇“创先争优"活动领导小组,制定实施方案,召开了全乡各支部书记和镇政府干部动员大会;共悬挂宣传横幅80余条、张贴宣传标语360余张。镇党委和党委班子成员及各支部党员,对年内的工作、个人学习生活等分别进行了公开承诺,接受群众的监督。全年发展新党员30名,培养入党积极分子61名。

【党风廉政建设】 一是严格落实反腐倡廉有关规定和要求,深入贯彻落实党风廉政建设责任制。制订了《泗汾镇2010年度党风廉政建设责任制和推进惩防腐败体系建设工作任务责任分解》,将党风廉政建设责任层层分解到村到人,进一步提高了基层党组织和党员干部的廉洁从政意识。二是以"主题教育"为抓手,实现廉政教育常态化。进一步完善廉政长廊建设,组织全镇机关干部进行《廉政准则》学习和考试。组织村(居)负责人29名到醴陵市反腐倡廉预防职务犯罪教育中心进行了学习。通过以案施教,提高了拒腐防变能力。三是认真落实各项惠农政策,确保重点工程顺利推进。及时、足额发放粮食、粮种补贴和重点工程(岳汝高速)的征地、拆迁款,并在各村村务公开栏中实行公开,公开率100%。四是进一步完善规章制度,切实方便群众。五是推行村级财务季度审查和报表制度,杜绝白条入账,进一步规范了村级财务。六是查信办案。年内,镇纪委接受市纪委交办案1件,查处违纪党员1名;受理举报来访案2件、办理2件。

【重点工程建设】 岳汝高速是湖南省规划的"五纵七横"高速公路网中的第一纵,起点为岳阳的平江,终点为郴州的汝城。途经浏阳、醴陵、茶陵、炎陵、桂东等。是连接湘东八县(市)的区域经济干线,也是湖南省"一点一线"地区及湘东地区南下香港,北上武汉的快捷通道,是泛珠三角经济区和中部崛起的重要南北通道。醴茶段北起浏阳黄泥界。岳汝高速(醴陵段)穿越境内11公里,涉及施工标段2个。年内,沿线拆迁工作已全面完成,共拆迁房屋87栋,下发房屋拆迁、地面设施补偿、青苗补偿等款总计3500万元。年内,岳汝高速(醴陵段)瓷城服务区选址在泗汾镇双塘村境内,已签订了39户房屋户的拆迁协议,拆迁户拆迁款发放到位。

【重点镇建设】 2010年,泗汾镇被批准为"市重点镇建设项目镇"。全年全镇围绕重点镇建设规划和项目,加大了项目建设投入等工作力度,本着"为民办实事、办好事"原则,科学规划,合理利用有限项目资金,加速推进项目建设进程。年内,新建下水道(林田小区)700米、安装集镇路灯23盏、硬化水泥路面760米,新购垃圾桶1000余个,扩建垃圾场3500平方米。通过加强集镇建设和管理,基础设施进一步完善,集镇面貌焕然一新。

【粮食生产】 2010年,泗汾镇狠抓耕地抛荒,遏制水稻"双改单",全年水稻播种面积3566.67公顷,其中早稻播种1696.67公顷;实现粮食总产量25546吨,其中水稻单产产量达950公斤。年内,积极开展"水稻高产创建示范带"活动,在石湾、枧上、符田村分别建立了"双季稻高产创建核心示范片"。年中,农业部副部长危朝安、湖南省副省长徐明华、省政协副主席、国家工程院院士袁隆平、省农业厅厅长田家贵等领导到石湾村进行现场考察和指导,对泗汾镇粮食生产工作给予了高度肯定,为全市乃至全省的粮食生产工作树立了样板,争得了荣誉。

【水利基础设施建设】 2010年,全镇各村(居)共投入水利基础设施建设资金200万余元,大力冬修水利建设。其中,淇田村筹集70万余元,清淤、衬砌了村境内的主渠道。

【计划生育工作】 2010年,镇计生工作按照上级主管部门的有关精神和要求,圆满完成了全员人口信息录入、社会抚养费征收、生育关怀"三项中心工作"。全年征收社会抚养费42万元,超额完成年计划任务2万元。帮助泗汾村15名妇女获得计划生育小额贷款3万元。开展了"三查"活动,落实补救措施。全年应查8391人,已查8295人、孕检率98.9%。

【新型农村合作医疗】 2010年,进一步加大了新型农村合作医疗覆盖面力度,将"五保"户、特困户纳入了医保范围。全年参加新型农村合作医疗人数3.37万人(其中,由市民政代缴1466人),参合资金96.68万元,参合率92.7%。

【"农村创卫"工作】 2010年,全镇新建垃圾池120个,集镇范围内新添置垃圾桶1000余个,扩建垃圾场3500平方米。镇政府与各村(居)签订了《'农村创卫'责任状》,发放创卫宣传资料6000余份。

【社会保障】 一是加强城乡社会救助体系建设,切实保障困难群众基本生活。进一步完善了城镇居民最低生活保障制度,实现了动态管理下的应保尽保。全年全镇有享受城镇居民最低生活保障户118户,发放低保金27.12万元;有农村低保户835户、1143人,发放低保金68.58万元。有"五保"户184人。其中,集中供养50人、补助17.28万元;分散供养134人、补助20.9万元。全年大病救助25人、发放救助金3.25万元;临时救助143人、发放救助金5.4万元。有灾后恢复重建户9户,发放救灾救济金9万元。大力实施农村困难群众危房改造工程,全年安居工程户3户,发放改造金3万元;危房改造户3户,发放改造金9000元。二是全面落实优待抚恤政策。全镇有符合优待抚恤政策人员240人。其中,伤残军人8人、病故军人家属4人、复员军人29人、老地下党员1人、带病回乡退伍军人

46人、参战退伍军人112人、双定补助退伍军人39人、1953年前入伍退伍军人1人;共发放优待抚恤金75.58万余元。

【安全生产】 一是认真落实安全生产工作精神。召开了全镇安全生产会议,镇政府与各村(居)签订了《安全生产责任状》,明确了辖区安全生产责任。二是加大安全生产监督检查力度。开展了定期和不定期各类检查8次,参加人员50余人(次)。重点排查了烟花鞭炮生产企业,严厉打击了非法生产,治安拘留1人。三是实行风险押金制度。各烟花鞭炮生产企业分别按照生产规模缴纳了安全生产风险金。通过安全生产工作的多管齐下,确保了全镇全年企业的安全无事故。

【综治工作】 一是健全综治机制。健全了组织机构,配备了综治人员,制作了综治管理袖章,加大了巡逻力度,增强了农民群众的安全感。二是加大培训力度。组织村干部集中培训3次,进一步加强了信访民调网络建设,提高了村干部调处矛盾能力,确保了社会和谐稳定。三是与各村签订了《社会治安综合治理目标责任书》,安装了综治准则记录牌。四是加大学校周边环境整治力度。加大了各幼儿园、中小学安全办学力度,督促各校新建了铁门,配备了必要的安防用具,确保校园安全。

【休闲旅游】 2010年,围绕市委、市政府"旅游升温"战役,泗汾镇根据实际情况,充分发挥自身地理位置优势,重点扶持了以金泗度假山庄、快活岭休闲山庄为主的农家乐休闲旅游胜地。成立了工作机构,指定了专人负责,每年投入休闲旅游资金4万元。同时,以岳汝高速(醴陵段)瓷城服务区建设为契机,将旅游业纳入镇"十二五"规划中。预计5年内,以双塘村为核心,新建一个以农家乐休闲度假为主的旅游胜地。 (陈嗣佳)

船湾镇

【概况】 船湾镇地处醴陵市最南端,南临攸县,北连泗汾镇,东接清水江乡,西衔大障镇;有醴陵市"南大门"之称。镇域面积68.3平方公里。有耕地面积1227公顷。其中,水田1134.33公顷、旱土92.67公顷。辖8个行政村、2个居委会,有289个村民小组、6700余户,总人口2.67万人。境内交通便利,醴茶铁路、106国道横穿全境。服装和路桥产业是船湾镇的两大支柱产业,是著名的"服装之乡"、"湖南省服装产业基地"。"韶峰"、"帅欧"、"湘绅"、"双双"、"亚西欧"被评为湖南省著名商标。2010年10月,"韶峰"服饰品牌获"中国驰名商标"、被评为"湘派服饰十大品牌"之一。

2010年,农民人均纯收入8778元,比上年增长34.84%。完成国税、地税税收1416万元。其中,国税940万元、地税476万元。完成招商引资3000万余元。

【基础设施建设】 2010年,船湾镇投资650万余元,完成了10项镇级工程建设,镇、村面貌明显改观。其中,投资17万元,完成了原工业园征地;投资10万元,解决了移民饮水问题;投资30万元,完成了狮力、大界、船湾村"一事一议"工程;投资60万元,水泥硬化了德新桥连接线、新建了台前村村道;投资30万元,改造了机关办公条件;投资40万元,新建了玉堂"五保之家";投资15万元,添置了环卫车、完善了垃圾场的有关设施建设;投资120万元,完成了丽山、四方、乐家村小农水建设;投资140万元,完成了金子坪、德新桥、台前、船湾村村部建设;投资200万元,衬砌渠道1300米、山平塘15口;新开山平塘9口,维修、加固小型河坝2处、机埠1台。

年内,投资5万余元,升级改造了远程教育站点,创建了新的学习平台。切实抓好村级组织活动中心建设,改造和新建了星桥村、船湾村、台前村、大界村的村级组织活动中心。金子坪居委会在未立项情况下,自筹资金80万余元,新建了村级组织活动中心并投入使用。截至12月,全镇90%以上的村(居)均实现并拥有了独立的村级办公和组织活动场所。

【产业发展】 一是转变观念,打造"职业服装之乡"。镇党委、政府在对全镇服饰产业进行深入调研的基础上,科学决策,决定将船湾镇打造成"中国职业服装之乡"。二是校企联合,探索产学研一体化建设模式。年内,与湖南省工程学院纺织服装学院合作,成立了"船湾职业服装产业集群研发中心",并将其发展成为"湖南省职业服装研发中心",探讨产、学、研一体化校企合作新模式。全镇拥有服装生产厂69家,布匹、原材料、辅料等经营户100余户;有从业人员3000余人。全年实现产值3亿余元。三是捆绑发展,服装商会领航。成立了服装商会,有效解决了企业间的无序竞争,促进了行业的良性发展。年内,市通达建设工程有限公司通过镇政府的正确引导及上级大力支持,从镇级企业转为股份制企业,改制后并获得公路工程(主项)兼房屋建筑两项总承包施工贰级资质等级企业。该企业有从业人员1000余人,年产值超亿元,上缴地税100万余元。

【农业生产】 2010年,镇党委、政府高度重视粮食生产工作,将其作为农业生产工作的一个重点来抓。大力宣传、落实粮食生产及支农惠农政策,扭转部分农民"种田无出路"的观念,鼓励农民多承包多种植,做种粮大户和特色种植大户。全年农民人均纯收入8778元,比上年增长34.84%。全年发放农资综合补贴289.56万元,粮食直补补贴255.4万元,能繁母猪补贴款20万元。年内,按照醴陵市委"特色强市"要求,结合船湾镇实际,蔬菜、生猪养殖采用"龙头企业+农户"模式,规模不断状大。全年流转土地266.67公顷,涌现出20余户种养大户。船湾村村民谢树雪试种紫薯53.33公顷,实现亩产2000余公斤;船湾66.67公顷连片油菜基地,得到了相关部门的一致好评。鸿业公司已形成集生猪养殖、南方早熟梨、蔬菜瓜果、休闲垂钓为一体的新型农业基地。新型林业公司全年流转林地1333.33公顷。

【"农村创卫"工作】 2010年,围绕醴陵市"城市三创"工作的有关精神和要求,深入开展"城市三创"活动,加速推进"农村创卫"工作进程,制定了《船湾镇集镇管理实施细则》,与集镇域内的四方、金子坪居委会及船湾、大界村签订了《"农村创卫"工作目标管理责任状》。全年投资20万余元,添置了环卫车及创卫装备,新建垃圾池20余个,购买了环卫工人养老、工伤保险;聘请了保洁工人,保证了垃圾日产日清。投资12万元,启动了集镇排水、排污改造工程,修复老化排污管道200米,新开排污沟300米,铺设涵管300米,新建沉沙池7个;清淤排污渠道900米,修复垮塌主道涵洞1处、毁损主道路面1处。投资2万元,在金子坪居委会烟塘组境内新建了垃圾处理场;在集镇范围内添置垃圾桶730个。投资5万元,在106国道沿线两侧和各村集中居住点新建垃圾池50个。

【重点工程建设】 2010年,岳汝高速(醴陵段)穿越镇境内7.78公里,涉及4个村、31个组。为圆满完成和加强推进湖南省交通重点工程在船湾镇内的建设工程进程,镇党委、政府十分重视,专门成立了征地、拆迁工作领导小组。工作组成员坚持到村到户,积极协调、处理各种矛盾,做好项目服务,全年召开重点工程建设工作会议110次,共征地(红线内)36.05公顷,拆迁房屋50栋,较好地完成了各项任务。

【民生工程】 2010年,着力改善民生,大力保障"三个群体"基本生活权益。全年救助农村低保对象832人,发放低保金12.48万元;困难患者大病医疗救助12人次,发放救助金2.4万元。全镇有139人被纳入"五保"供养,共发放"五保"供养金22.24万元,其中68人入住镇敬老院。投资6万元,改造了镇敬老院;投资40万余元,新建了玉堂村"五保之家"。全年发放优抚金27万余元,老职工补助9600元。全年新型农村合作医疗参合人数2.29万人,参合率93%。

【文化建设】 2010年,投资5万元,完善了船湾镇中心文化站建设,村(居)"农家书屋"普及率达50%。四方"农家书屋"和镇中心文化站共有藏书近3万册。全年借阅人数3200人(次)。 (李 顺)

大 障 镇

【概况】 大障镇位于醴陵市南部,毗邻泗汾、船湾、嘉树、栗山坝、均楚、贺家桥6个乡镇;南联攸县,距106国道8公里、岳汝高速(醴陵段)10公里。总面积108平方公里。辖16个行政村、4个居委会,有443个村民小组,总人口5.01万人。全镇有22个党支部,1920名党员。有耕地1851.4公顷,其中水田1775.67公顷、旱土75.73公顷。镇境内煤炭、硅火泥、石灰石等资源丰富,目前已形成了花炮、煤炭、硅火泥、铸造四大支柱产业。辣椒、生姜、茶叶、生猪等闻名全市。

2010年,坚持以"科学发展观"为统领,以"争创一流业绩、构建和谐大镇"为目标,立足镇情,紧扣发展第一要务,按照"目标提高、标准提升、发展提速"的总体要求,全面超额完成了上级下达的各项工作任务,实现了"十一五"经济社会发展的大突破,跻身全市经济社会发展"五快"乡镇。全年实现农业总产值20亿元,工业企业总产值28.58亿元、企业增加值8.9亿元。完成固定资产总投资2.1亿元,比上年增长77%;招商引资7930万元;农民人均纯收入达7570元。年末,被醴陵市评为"社会治安综合治理工作先进单位"、"粮食生产先进乡(镇)"、"民政工作先进单位"、"重大动物疫病防控工作先进单位";被株洲市授予"株洲市农村科普示范基地"。

【产业集群建设】 2010年,大障、马恋煤矿区产能升级完成,实现产量6万余吨。铸造产业通过人才、技术、资源的有效整合,已初步形成双桥、湾富2个铸造产业群。全年新增规模企业6家。截至12月,逐步形成了以大障、马恋集镇为主的商贸区;以弹子坑、斋江、西林等村为主的非煤矿山区;以湾富、双桥村为主的翻砂、铸造行业区;以申明、汪家垅、盐山等村为主的烟花鞭炮产业区;以马恋等村为主的硅火泥产业区;以申明、东江、汪家垅、罗夹口等村为主的煤炭产业区。

【农业生产】 2010年,全镇种植水稻3658公顷。陶家垅村建立了"陵两优268"超级稻攻关示范片,测产产量每亩600余公斤。申明村实施了以"陆两优996、湘早籼24号"和"国稻6号、湘晚籼13号"两个组合的双超配套示范,采用宽行窄株等新技术,实现亩均增产100公斤、亩均增收100余元,并得到农业部和省、市农业部门的肯定。同时,大障镇是株洲地区(5个)瘦肉型生猪养殖基地之一,全年全镇新增出栏生猪500头以上大户5户,母猪存栏量新增2500头;全年出栏生猪10万余头。年内,对360户年出栏100头以上养殖大户,提供了科技信息、融资、销售、防疫等服务,采用"公司+农户"的形式重点扶持了吉泰种禽养殖有限公司。目前,该公司已成为株洲市农业产业化龙头企业,年出栏种禽8000万羽。

【新农村建设】 2010年,镇党委、政府始终把创卫和山、水、林、田、路的综合整治作为"新农村建设"

工作重点，狠抓镇域公共环境建设。同时，将各村卫生工作纳入年度目标管理考核内容，并把长效机制的建立作为创卫工作的重中之重来抓。先后投资15万余元，在集镇新建垃圾池7个、安置垃圾桶160余个。投资200万余元，兴修水利工程360余处，完成土石方20万余立方米；8个村的国家小型农田水利建设项目超额完成任务。陶家垅、双桥、汪家桥、东江、湾富等村水泥硬化村组道路25.6公里。修缮了符新线、符神线（大障段）道路路面，确保了镇域主干道的交通通畅。

【社会保障】 2010年，共化解涉军等上访事件10余起，全年未发生进京上访等事件。全年新型农村合作医疗参合资金130万元，参保率93%以上。认真做好了低保、救济救助、优抚事业专项资金的发放工作，全年新建"五保之家"1所；完成灾后重建工程户7户、危房改造户5户；救助农村低保人员506人、"五保"户208人，共发放优抚金110万元、困难救助金8万余元。（熊　波）

贺家桥镇

【概况】 贺家桥镇地处醴陵市西南端，东南邻攸县，西接株洲县，北靠大障镇，是醴陵、株洲县、攸县交界地。镇政府位于贺市村域内。距市城区42公里。镇域面积62.2平方公里。辖9个村、2个居委会，150个村民小组、5301户。总人口2.28万人，其中非农业人口325人。有耕地795.8公顷，其中水田669.13公顷、旱土56公顷。有山林面积2879.85公顷。森林覆盖率70%。

2010年，实现工业总产值5.6亿元，完成固定资产投资1.5亿元。完成国税35.2万元，地税491万元。招商引资1860万元。年末，被醴陵市评为"粮食生产红旗单位"、"人口和计划生育工作先进单位"、"安全生产工作先进单位"、"残联工作先进单位"。

【"三农"工作】 2010年，"三农"工作紧紧围绕"粮食增产、农业增效、农民增收"目标，积极改善农业生产条件，大力调整农业产业结构，坚决遏制耕地抛荒和"双改单"，粮食生产得到进一步巩固，农业效益进一步提高。通过加大土地流转力度，大力发展农村专业合作经济组织，新成立水稻种植专业合作社2家，全年种植水稻100公顷，促进了农业标准化生产、产业化经营。全年全镇种植早晚稻1400公顷，总产量1.02万吨。同时，因地制宜发展果品、蔬菜、油茶等农产品基地，成立果园合作社1家、面积17.33公顷，全年种植各种果树2万株。开辟油茶种植基地30公顷、以金银花种植为主的药材种植基地13.33公顷。通过连片种植，集中经营，有效降低了生产成本，增强了农产品市场竞争力，取得了良好的规模效益。全年完成500余户废旧宅基地复垦，新增耕地面积17.33公顷，盘活了大批旧宅基地闲置土地，提高了土地有效利用率。完成农田土地整理113.33公顷，确保了全镇耕地占补平衡和耕地总量动态平衡。

【基础设施建设】 2010年，筹资20万余元，水泥硬化妙泉村境内组道1.4公里。改造、水泥硬化了贺市村境内的南华街、向阳路(计1000余米)集镇道路。年内，龙龟山水库除险加固工程被列入水利部年度计划之中，工程施工进展顺利。全年筹资40万余元，投入劳动工日3000余个，共衬砌山平塘20口、渠道6公里，整修河堤河坝20处，改善农田灌溉面积60公顷。深入开展农村"创卫"、"亮化"工程，成立了专业保洁队伍，建立了创卫长效机制。筹资5万元，新增垃圾桶260只，垃圾托运车6辆。在档梓山、贺市村等5个村新装路灯200余盏。

【招商引资】 2010年，镇党委、政府树立"筑巢引凤、以商招商"的理念，着力改善发展环境，无条件提供优质服务，积极为企业排忧解难。全年招商引资1860万元，新落户企业4家，解决农村剩余劳动力116人。同时，积极响应市委、政府打好"旅游升温"战役的号召，突出旅游资源招商，重点开发了以云岩寺、潘家祠堂、天华台、石笋冲、明月峰为代表的佛教、人文、自然景观资源。邀请了醴陵市电视台专业人员拍摄了旅游资源宣传片，并在市电视台滚动播出，取得了良好的宣传效果。年内，云岩寺景观资源开发被纳入醴陵市仙岳山风景文化区旅游开发项目中。

【综治工作】 一是建立健全覆盖调解网络。构建了"三位一体"的排查调解机制，规范了工作流程和制度，完善了打、防、管、控体系，建立健全了群防群治网络，为打造"平安贺家桥"提供了坚强保障。二是开展普法宣传教育活动，着力推进依法治镇进程。开展了治安隐患、不稳定因素排查、治理等整治行动，时刻掌握维稳动态，对不稳定因素及热点问题做到早发现、早介入、早处理，实现了"发现得早、化解得了、处置得好"的工作目标，把各种矛盾化解在萌芽状态，为全镇经济发展营造了和谐稳定的社会环境。

【安全生产】 2010年，安全生产工作始终坚持"安全第一、预防为主"的方针，狠抓安全管理制度、措施的落实，层层落实安全生产责任制，遏制了安全生产事故的发生。广泛开展了烟花爆竹企业规范化建设活动，消除了企业安全隐患。在"安全生产月"期间，组织并邀请市安监局有关人员对镇烟花鞭炮企业的200余名员工进行了集中培训。通过培训，增强了企业员工的安全生产意识，提高了安全生产技能。同时，在各企业中，广泛开展了"安全生产知识竞赛"活动。

【社会保障】 2010年，共发放水库移民扶植金9.45万余元、后期移民扶植资金34.32万元、"五保”供养资金14.59万元、低保困难补助金48.2万元、优抚费39.94万元。全年落实各类奖扶资金5.95万余元。

【党建工作】 2010年，深入开展了“创先争优”活动，扎实推进了“公开承诺、领导点评、群众评议、整改提升”等主题活动，不断创新活动主题和载体，确保活动取得实效。以建立学习型党组织和开展干部“四治”活动为契机，积极创建“学习型”、“服务型”机关。通过党建工作系列活动的开展，机关干部整体思想水平明显提高，执政为民意识明显增强。年内，投资40万元，新建了洪罗村村级组织活动中心；投资近10万元，改造了新台村办公场所。（谢 玲）

嘉 树 乡

【概况】 嘉树乡地处醴陵市南部，东邻泗汾镇，南接大障镇，西界栗山坝镇，北与孙家湾乡西岸村、神福港镇筱溪村相邻。属丘陵地区，总面积65平方公里。乡政府驻腊树下，距市城区13.8公里。辖12个行政村，209个村民小组，有5632户、总人口2.42万人。有党总支2个(下属支部8个)，支部17个，有党员1021人。年末，再次被市评为“经济‘五强’乡镇”。全乡有工业企业35家，其中规模以上企业15家。其中，销售收入过4亿元企业(华联瓷业)1家、过5000万元企业3家、过3000万元企业5家。有自营出口企业7家，中外合资和台商企业3家。全年规模企业实现工业总产值18.3亿元，比上年增长37.6%；完成固定资产投资4亿元，比上年增长40%。招商引资7500万元，比上年增长67%。农民人均纯收入达1.02万元。完成国税230万元、地税1080万元。农业生产始终坚持以“粮食增产、农业增效、农民增收”为目标，大力推行代耕代种、优化土地流转工作。坚决杜绝“双改单”，严厉遏制耕地抛荒，全年全乡早稻种植覆盖率77%，晚稻种植覆盖率90%。

【基础设施建设】 2010年，投资90万元，新开挖山平塘16口，整修、加固山平塘25口；整修河坝8处；硬化渠道3000余米，清淤渠道1800米。以工代赈资金15万余元，新增农田有效灌溉面积133.33公顷，改善农田灌溉面积200余公顷。

【社会事业】 2010年，乡党委、政府牢记“立党为公、执政为民”的宗旨，做到情为民所系、利为民所谋。全年新、改建了村级组织活动中心4个。截至12月，全乡村级组织活动场所覆盖率100%。投资300万余元，新修组道15公里、共涉及5个村。引进了株洲市国土局在乌石村、罗儒村的土地整理项目，总投资650万元，面积166.67公顷。投资15万元，新建了荷树村住宅小区，年内完成了下水道和电力设施建设。玉茶村投资27万元，扩容、改造了村自来水。完善了民政救助服务平台，成立了社会救助站、村救助中心，全年新增农村低保人数230人、农村安居工程户9户。投资30万余元，新建了“五保之家”。华联瓷业党总支投资30万元，设立了爱心基金，帮助群众排忧解难，让群众切实感受到学习实践活动带来的新气象。年初，结合党员干部“三访三为民”活动，开展了“进百家门、知百家情、暖百家心、解百家难”的“四百”走访活动，每名党员联系一户困难户或“五保”户。全年走访困难群众142人，发放慰问金4.2万元。全年全乡新型农村合作医疗参合率95%。

【计划生育】 2010年，积极推行计划生育村民自治，认真抓好已婚育龄妇女孕检工作，，统计数据准确率100%。加强计生宣传阵地建设，大力推进“阳光计生”工程，全年全乡新设置大型公益宣传牌2块，大幅墙体广告4幅，张贴宣传标语3000余条；成功打造嘉树、里都、荆林3个“阳光计生精品村”。加强流动人口的管理，管理到位率100%。开展了“关爱女孩、亲情牵手”活动，对农村计生女儿户家庭给予14项优惠政策，全乡有500余户享受1项或多项优惠。全年征收社会抚养费30万余元。

【综治工作】 2010年，社会治安综合治理坚持“稳定压倒一切”的方针，加大社会治安综合治理力度，为经济发展和人民生活创造了和谐环境。一是加强普法宣传。通过悬挂横幅、张贴标语、发放宣传资料和法制培训，使广大群众法律意识明显增强，形成了学法、懂法、用法、守法的良好风尚。二是加大社会治安综合治理投入力度。加强阵地和网络建设，落实机构、人员、职责、任务和办公场所。三是加强调处打击力度。全年调处矛盾纠纷121起，成功调处率100%；依法严厉打击违法犯罪行为，全年未发生重大恶性案件、群体性械斗和群体上访事件，社会治安状况良好。四是开展“无毒村”创建活动。加强禁毒宣传教育，增强广大群众特别是青少年拒毒、防毒、反毒，远离毒品意识；严厉打击“黄赌毒”违法犯罪行为；加强对辖内歌舞厅、网吧等场所的监管和检查，努力营造良好的社会环境。

【重点工程建设】 2010年，湖南省交通重点工程之一的岳汝高速(醴陵段)途经嘉树乡玉茶、里都、荷树、荆林、渗泉、罗儒6个行政村，涉及34个村民小组，主线长9005米。为积极配合岳汝高速公路工程建设，确保工程进度，乡党委、政府广泛发动干部群众，成立了协调小组。积极配合上级有关部门，较好地完成了岳汝高速公路(醴陵段)拆迁等工作。全年征地55.57公顷，拆迁房屋102栋。在施工阶段中，乡党委、政府加强宣传、细化任务、明确责任、认真做好拆迁户安置工作。对沿线涉及的6个村，采取办点干部包村制，及时解决群众诉求，化解矛盾纠纷。同时，以“白加黑、五加二”(即：白天加夜晚，五个工作日加两个双休日）的工作作风，积极做好环境维护协调，确保了良好的施工环境。

【"农村创卫"工作】 2010年，"农村创卫"工作以市"城市三创"为契机，通过警示牌、横幅、倡议书等形式加强卫生宣传，加大投入力度。全年乡政府投资7万元，新增垃圾桶700余只，在杉仙村租地1.33公顷，新建了垃圾处理场。先后开展专项集中整治行动4次，投资4万元，集中清理了乡交通主干道垃圾，治理集镇陈年垃圾3处。落实了"门前三包"责任制，在荷树、嘉树、杉仙、井冲村新增垃圾桶100余只，并在各村随地倒垃圾地段设立警示牌100块。同时，各村均聘请了专职保洁人员。通过深入推进"农村创卫"各项工作，全乡卫生状况得到明显改善。 （张玲樱）

清水江乡

【概况】 清水江乡位于醴陵市南部，地处醴陵、攸县、江西萍乡湘东区交界处。东与江西省湘东区东桥镇接壤，西邻泗汾镇、船湾镇，北邻沈潭镇，南邻攸县皇图岭镇。地势南高北低，南部多丘陵，中部地势平坦，属亚热带季风性湿润气候。东西长8公里、南北长8.2公里。乡域面积53.3平方公里。拥有耕地1192公顷、山林2895公顷。森林覆盖率66%。乡政府驻东山村桥头组，距市城区32公里。辖9个行政村，217个村民小组，总人口2.45万余人。党委下辖12个支部，共有党员847名。

乡境内交通十分便利，位于106国道旁，鸡清公路横穿境内，实现了"村村通"水泥路目标，大部分村实现了水泥路到组、到户。境内有铁河、清水江、市上坪3条主要河流，其中铁河流经境内主要河流。酒埠江东干渠横贯全乡5个村。有小Ⅱ型水库2座，拦河坝1座，山平塘800余口。农业以种养业为主，主要水稻、西瓜、生猪、家禽、水果、茶叶、竹木等；工业主要门类有服装、建材、竹木加工、鞭炮烟花等。2010年，全乡有各类企业15家，从业人员3000余人。实现工农业总产值12.73亿元，农民人均纯收入达7380元。

【农业工作】 2010年，乡党委、政府提出了"力保粮食生产"口号，并付诸实施。认真贯彻落实中央、省、市农村工作会议及粮食生产工作会议精神，加强领导，落实责任，细化措施。坚持以"农民增收"为目标、以"农业增效"为宗旨，进一步优化农业产业结构，全面提高农业经济效益。深入贯彻执行惠农政策，坚决制止耕地抛荒，遏制水稻"双改单"现象，确保粮食生产播种面积。全年水稻播种面积2054公顷、其中早稻面积999.33公顷；优质稻种植面积1848.67公顷；总产量1.58万吨。年末，被市评为"粮食生产工作先进单位"。充分发挥土地流转服务中心作用，切实搞好土地依法流转，大力发展各类农业专业合作组织。全年流转耕地200余公顷、旱土(山岭) 666.67公顷。成立了青山红西瓜种植专业合作社、深山古林油茶合作社和金浩油茶、清水文山蔬菜基地。

充分运用惠农政策，大力发展养殖业。年内，张理根、丁勇军、丁小桥、张龙新等养殖大户生猪养殖规模不断扩大，产量产值有所增加；界陂村张理根新建了养殖生态园，科学利用沼气发展生态园建设，被市评为"农村党员创业之星"；刘跃辉等养殖大户层出不穷。全年出栏生猪3万余头，存栏2万头。在抓好畜牧业生产发展的同时，继续抓好动物防疫工作，严格按照"两个百分之百、五个不漏"的要求，确保了全乡畜牧未发生禽流感、"五号病"和其他重大疫情。

【封山育林】 2010年，封山育林与林权制度改革工作齐头并进。在新增造林面积基础上，巩固退耕还林成果，全面实现封山育林。充分利用丰富油茶资源，创办了深山古林油茶合作社和金浩油茶基地，全年种植茶油面积533.33公顷。9月，全乡0.27万公顷林地林权制度改革工作全面完成，并被醴陵市评为"林权制度改革先进单位"。

【招商引资】 2010年，乡党委、政府十分重视招商引资工作，针对地理位置偏僻，交通状况不被看好的招商环境，加大招商引资力度。为寻求突破，仔细分析了优劣态势，调整了招商方向，充分发挥了土地廉价、劳动力富余、外出务工人员多的优势，走低碳、绿色、环保发展模式，着重从生态农业招商。年内，成功引进了种养业立体式生态开发招商项目。目前，该投资商与杨木档村签订了集中流转土地(333.33公顷)开发协议。开发项目分二期进行。其中，一期开发主要是发展养殖业，预计投资1700万元；二期开发主要为种养业立体式生态开发。同时，国强富村、清水江村和文山村争取了国家发改委对产粮区农田(400公顷)水利整理项目，项目投资240万元。同时，争取土地整理项目93.33公顷，总投资450万元。文山洛塘水库生态园建设项目，预计投资200万元。

【综治工作】 2010年，积极探索农村群防群治工作新途径，努力解决农村社会治安"线长面广、警力不足"问题，着力打造清水江乡政法综治工作，全力推进"平安清水江"建设。一是建立综治短信平台。收集了全乡各村村民户主手机号码，建立了清水江乡综治短信平台，成为全市第一个搭建综治短信平台的乡镇。综治短信平台定期群发治安防范温馨提示，提高辖区群众自我防范意识，让群众支持并积极参与"平安清水江"创建活动。实践证明，建立综治短信互动平台，是一个高效的宣传"直通车"，可以把乡党委、政府决策和号召在第一时间传达给老百姓，进一步延伸综治工作触角。同时，是一座政府与群众的"连心桥"，老百姓可通过手机短信方式将涉及村民自治、社会治安等需求和意见传递给乡党委、政府，促进综治工作的开展。

二是组建“红袖章”巡逻队。组建了一支由驻乡民警、乡、村干部和热心村民组成的义务巡逻队,印制了红袖章200个,分发给每一位乡村干部和巡逻员,要求带袖章巡逻,协助处理辖区的社会治安,构筑起一个立体的治安防控网络。巡逻队主要负责维护辖区内治安秩序,监督卫生环境、宣传安全防范知识、开展治安巡逻,督促群众加强自防意识。三是书写全民平安信。6月,为了让每家每户了解全乡综合治理状况、家庭防范常识,印发平安信6838份。四是撑起“平安伞”咨询台。利用赶集时间,设立政策法规咨询台。联合司法、公安、交警等部门开展了以综治为主题的“平安出行”等各类宣传活动。年末,被醴陵市评为“综治维稳工作先进单位”。

【人口和计划生育】 一是开展“阳光计生”宣传教育活动,营造浓厚的计生工作氛围。根据市统一安排部署,组织开展了“5·29”协会活动日、“关爱女孩”和宣传长廊等一系列大型宣传活动。设置固定计生宣传标语60余条,制作大型计生宣传广告牌2幅,悬挂张贴大型喷绘广告5幅。二是完善责任机制,加强统计和流动人口管理。全年出生350人,其中计划内生育315人、计划外生育35人;计划生育率90%。三是稳步推进集中服务活动,落实计生长效节育措施。采取整体推进与分村进行、集中整治与个别落实、上门做工作与个别强制执行相结合方式,认真开展了第三阶段生育关怀活动。全年落实节育391例;征收社会抚养费35.78万元。

【安全生产】 一是强化制度建设,落实安全责任。进一步完善了花炮企业安全巡查、花炮企业安全生产日报告制度等。进一步明确了驻村干部联系村、村干部包组包户责任体系,严格落实安全生产责任制和事前责任追究制,构建了乡、村、企业安全责任网络。二是加强巡查,排除安全隐患。建立健全了“四级巡查”体制,乡安监站坚持经常巡查,驻村干部每周排查,村干部每天排查,村级安全信息员随时掌握、报告非法生产情况和非法生产动态,打击处置非法生产行为,排除安全隐患。三是开展“打非治违”。年内,对“三非”现象坚持每半个月进行了一次大查处,发现并化解安全隐患2起。加强对花炮企业的安全监管,及时打击整治有证企业的“三违”和“四超两改”行为。对各企业生产、储存、运输、销售和应急救援等环节进行彻底检查,切实做到查深、查实、查细,及时消除隐患,不留盲区和死角。

【民生工作】 一是改善群众生活条件,提高生活质量。加快新农村建设,改善村民居住条件,提高村民生活质量。完成了清水江、杨木档、界陂3个村的村民聚居点规划建设。切实抓好“农村创卫”工作,新建了垃圾填埋处理场;确保了各村主干道两旁无生活、建筑垃圾。规范中巴、的士、摩托车停放及摊贩摆放,市场管理进一步规范。二是夯实基础设施建设,推动新农村建设。全年水泥硬化村组道26公里,整修、加固渠道10.5公里、山平塘6口,维修机埠3座,除险加固小Ⅱ型水库1座。抓好村级公益事业建设的“一事一议”财政奖补,投资80万元,实施了“一事一议”财政奖补项目2项。争取省发改委年度灾后重建资金6万元,为推动新农村建设夯实了经济基础。三是完善农村民政卫生服务体系,提供高效优质服务。年内,界陂、龙塘村“五保之家”竣工并投入使用;新建安居房5栋,灾后重建房屋8栋。扶持残疾人家庭3户,并配合市残联成功举办了第三期残疾人实用技术培训班。全年新型农村合作医疗参合率91%。四是调动社会力量捐资助学,谋划百年大计。因地处偏僻,好教师留不住,年轻教师不愿来,教学质量逐年滑坡,群众怨言较大。乡党委、政府通过多种方式,与清水江外籍人士多方沟通与联系,号召全乡人民共同尊师重教,许多知名人士均愿意对家乡教育事业献爱心。12月,张建萍个人捐赠50万元,成立了“张建萍奖教助学基金理事会”,并承诺每年捐资10万元,用于奖励优秀教师、品学兼优学生和资助困难学生。从而激励了教师爱岗敬业,学生奋发进取。

【党建工作】 一是加强班子队伍建设。建立了“书记抓班子、班子带队伍、队伍促发展”工作机制,强化党支部书记为第一责任人,树立“不抓党建是失职、抓不好党建是不称职”的思想,加强党员干部群众宣传教育。年内,结合学习实践科学发展观和市“创先争优”活动,对党员进行了经常性教育。利用党支部会、民主生活会、乡村党员干部会等进行党的政治、纪律教育,进一步增强了党员干部服务意识。年内,增加村支部瞿志英被评为“全国孝亲敬老之星”、被市评为“我身边的优秀共产党员”。二是助推和谐基层组织建设。乡党委积极创新思维、锐意进取,全年培训入党积极分子37名,发展党员28人,按期转正党员15人。“七一”前夕,乡党委分赴各村走访、看望12名困难党员和3名新中国成立前党员。投资20万余元,新建了国强富村组织活动中心。

(陈姗姗)

栗山坝镇

【概况】 栗山坝镇地处醴陵市西南部,东邻嘉树乡,南邻大障镇,西接石亭、均楚镇,北连神福港镇,距市城区29公里。镇政府驻茶山居委会。总面积101平方公里。辖栗山坝、龙井、茶山3个居委会,大石桥、冷水、南塘、茶溪、石均塘、南源、长马、梅筱、上湖、双滂、东岗、营田12个村,有339个村民小组,8649户,总人口3.57万人。有耕地1800公顷,其中水田1530公顷、旱地270公顷。有山地7000公顷;森林覆盖率57%。

栗山坝镇交通较为便利,市道

神(神福港)马(马恋)线贯穿全境，北通S313省道，东出大障连桎马公路。酒埠江灌区左干渠自东向西流经全境。有小Ⅰ型水库3座、小Ⅱ型水库7座，山平塘1421口，水域总面积75.8公顷，蓄水量458.3万立方米。境内有石灰石、硅火泥、石英、煤等矿产资源。农业以种养业为主，主要农产品有水稻、茶油、茶叶、辣椒、柑橘、生猪、鲜鱼、黑山羊等。域内土壤成分以板页岩为主、占47.8%，以红色黏土为辅，占20.7%。有规模企业11家，主要生产橡胶、坩埚、水泥、石灰、硅火泥、鞭炮烟花、耐火材料、防水材料等产品，拥有“双九”、“三六”和“火神”等省著名商标，其中琉璃坩埚、游璃碳坩埚曾获“国家银质奖”。

栗山坝冷水包公庙始建于元成宗大德年间，历经700余年、近10次修缮、扩建，占地面积达1600余平方米；是全市最大的包公庙，被列为醴陵市“重点文物保护单位”。

【基础设施建设】 2010年，镇党委、政府克服一切困难，积极筹措资金，加大以“道路、水利”为重点的基础设施建设力度。全年水泥硬化村组道路25公里，“十一五”规划中村组交通道路计划全面完成。全年防渗渠道24360米、山平塘122口，新建机埠12处，铺设涵管600米，修复河堤(河坝)8处，改造加固病险水库3座。

【农业生产】 2010年，农业生产紧扣“农业增产、农业增收、农业增效”这一主题，成立了以镇长为组长的栗山坝镇粮食生产工作领导小组。领导小组具体负责对粮食生产工作安排部署和检查督促落实，全力破解农业发展难题，与各村签订了《粮食生产责任状》，将粮食生产面积和产量分解到各村，层层落实责任。各村成立了粮食生产工作小组，采取多种方式，通过多种渠道，号召群众加入粮食生产行列。同时，积极推动土地流转，促进农业生产规模化、产业化。全年流转土地313.33公顷。坚持“生态与生存并举、绿地与富民并重”原则，保持经济、社会、环境协调发展，以农户造林促结构调整。全年完成荒山造林34.67公顷，退耕还林13.33公顷，落实冬季造林73.33公顷。畜牧养殖业发展迅速，通过重点扶植养殖大户，逐步形成了“栗山旺元菜牛、南塘生猪、石均塘竹鼠”等养殖基地。

【旅游业】 2010年，按照醴陵市“建设长株潭地区后花园”的旅游空间格局，以“打造经典休闲度假旅游”为重点，以“突出农业观光品牌建设”为目的，加速推进了旅游产业发展步伐。以“茶溪大坝冲休闲旅游”为核心，整合资源，推出了茶溪大坝冲休闲旅游、东岗渔业农家乐等农业休闲观光旅游和冷水包公庙、茶山观音庙等历史宗教文化旅游项目。

【人口和计划生育】 2010年，人口和计划生育工作坚持计划生育国策地位、“三为主”方针、完成年度人口计划、计生工作列入议事日程不动摇，继续稳定了低生育水平。全年征收社会抚养费38万元。继续加强了流动人口管理，三查到位率91%，节育措施落实到位率99%，人口出生计划率88.9%，多孩出生控制率在规定范围内，统计准确率100%，药具应用率100%。

【社会保障】 2010年，全镇有3.48万人参加了新型农村合作医疗，参合率达97.5%。年内，有3600人享受了合作医疗补偿，补偿额近600万元。全年解决大病救助15户、共8000元。“手足口病”、“甲型H1N1流感”防控工作全面到位，免疫接种率100%。

【党风廉政建设】 一是党建工作成效显著。坚持“以加强党的思想、组织、作风、制度和反腐倡廉建设”为重点，着力建立一支高素质领导班子和队伍。举办了建党对象培训班，有37名青年参加培训；全年发展新党员30名。二是干部作风大力改进。严格贯彻落实醴陵市“四治”(即：治懒、散、玩、浮)，继续坚持每周一召开机关干部例会制度，使“懒、散、玩、浮”现象得到有效控制，干部作风明显好转。全年解决各类疑难问题32起，形成了重实务实的良好氛围。（胡望华）

神福港镇

【概况】 神福港镇地处醴陵市西部，渌江河畔，毗邻西山街道办事处和孙家湾、栗山坝、均楚、石亭、新阳、板杉等6个乡镇。地形狭长，东南高西北低。总面积65平方公里。辖长沙岭、神福港2个居委会和筱溪、龙虎、转步、下三洲、铁河口、枫树山、西塘坪、汤家坪、大西垅9个行政村；有252个村（居）民小组、7075户，总人口2.93万余人。

2010年，镇党委、政府在市委、市政府的正确领导下，以“科学发展观”为指导，以“开展‘创先争优’活动”为契机，按照年初确定的发展思路和奋斗目标，团结和带领全镇广大干群，攻坚克难，扎实苦干，强力推进各项工作，实现了经济社会各项事业快速协调发展。全年全镇实现工业产值6000万元，比上年增长20%；招商引资2000万元，比上年增长35%；完成固定资产投资5000元，比上年增长15%；完成国税84万元、地税255万元。农民人均纯收入达6800元，比上年增长34.12%。

【“两型”社会建设】 2010年，根据全市构建“两型”社会建设整体规划，镇大力发展绿色经济、低碳经济，加速推进能源结构向清洁化转变、产业结构向高端演进、经济结构向低碳化发展，有效推进经济发展方式的加快转变，带动全镇经济社会又好又快发展。一是努力发展现代农业。突出莲藕、优质稻、西瓜等特色产业，加快农业板块基地建设，加速发展农产品加工龙头企业，打造醴陵城市农副产品生产加工供应基地。二是挖掘文化内涵,整合旅游资源,大力发展农业生态旅游产业。年内,有效整合各类资源,着力打造农业休闲旅游开发区,现有初具规模农家乐1家。

【招商引资】 2010年,成立了由镇党委书记任组长的招商引资工作领导小组,制订、完善了领导联系企业、跟踪服务、企业帮扶制度,并以组建行业协会等形式为企业发展创造了条件。全年招商引资企业5家,总投资2000万元。

【产业结构调整】 一是发展高效农业,实施"名牌产品战略"。在坚持抓好粮食生产前提下,狠抓农业产业结构调整。依托莲藕、优质稻、西瓜等优势产业,大力发展高效农业,实施"名牌产品战略",全面提高农业综合效益。年内,在枫树山村、铁河口村、长沙岭居委会分别建立了莲藕、西瓜基地。全年莲藕种植面积266.67公顷、西瓜种植面积100余公顷。二是推进农村土地承包经营权流转。成立了农村土地承包经营权流转领导小组,规范了农村土地承包经营权流转工作程序,切实保障土地承包经营权流转双方的合法权益,全年扶持、发展种植专业合作社和农业公司16家,流转土地333.33公顷。

【基础设施建设】 2010年,投资110万元,修复了粮食主产区水毁防洪堤。争取上级土地整理项目资金700万余元,该项目共涉及7个村的农业综合开发项目。

【林权制度改革】 2010年,镇党委、政府高度重视林改制度改革工作,投入大量人力、物力、财力,共完成6721户、1.68万宗、3196.4公顷的林地勘界确权及林权证发放,调处矛盾纠纷45起,林权制度改革工作较好地完成。

【"农村创卫"工作】 一是组织领导到位。成立了"农村创卫"工作领导小组,由镇长牵头,2名副科级干部协调,办点干部办村督促。二是经费保障到位。全年政府投入"农村创卫"资金25万元。三是管理队伍落实到位。设立了创卫办公室、配备了保洁队伍。四是长效机制健全到位。形成了"分管领导+管理办公室+保洁队伍"的层级管理体系,制订了各级具体实施细则和绩效考评办法。全年新建村级垃圾回收池50个、购买垃圾桶400余个。进一步加强村(居)环境卫生的综合治理,实现了道路整洁、卫生、美观。 (谢玲芝)

均 楚 镇

【概况】 均楚镇位于醴陵市西部,东接栗山坝镇,南邻贺家桥镇,西至株洲县,北连石亭镇。镇政府驻金山居委会,距市城区30公里、距株洲市45公里。镇域面积167平方公里。辖17个村,2个居委会,413个村(居)民小组,有1.1万余户、总人口4.2万人。有耕地2330公顷。均楚为山地、丘陵地形,地质条件良好,属中亚热带东南季风性湿润气候,自然条件得天独厚。自然资源丰富,山青水秀,竹木茂盛,有山林面积1.13万公顷,森林覆盖率68%。有中小型水库17座,地表与地下水资源充足。金、银、铜、铅、锌等矿产资源储量丰富。

均楚镇交通便利,X021歇军线(歇马岭至军山)、X022长沈线(长岭坳至株洲县沈家湾)贯穿全境,与S313线连接互通,镇、村、组道路四通八达。境内有110千伏变电站1个,邮政、移动通信、光缆通信、宽带网络密布。工业以电瓷制造、采矿、造纸、鞭炮烟花、电子加工为主。均楚镇是醴陵西部的政治、经济、文化中心和物资集散地,是服务于醴陵西部地区的综合型中心城镇。2010年,实现生产总值6.9亿元;规模企业产值实现4.2亿元,比上年增长62.2%。全年新增固定资产投资2.1亿;完成招商引资4200万元。实现财政总收入1500万元,其中完成地税501万元、国税119万元。农民人均纯收入达7410元。实现粮食总产量2.95万吨。

【财税工作】 2010年,完成国税119万元,为年度计划任务的104.1%,比上年增长23.4%;完成地税501万元,为年度计划任务的106.6%,比上年增长31.6%。在税收工作中,重点抓好了境内税源监管、税收优质服务等工作,促进了经济的良性发展。认真落实各项惠农政策,利用"一卡通",全年发放各类粮食直补资金393万余元。认真组织实施家电下乡工作,全年发放家电下乡补助金40万余元,摩托车、小汽车补贴100万余元。

【招商引资】 2010年,镇党委、政府进一步加大招商引资力度,发展和壮大工业企业规模。均楚、竹鸡湾萤石矿共吸引资金3000万余元,年内全面实现了企业改制并正式投产。积极承接沿海产业转移,引进玩具厂2家,其中1家已投产。2家玩具厂建成后,玩具产品将出口欧洲,可解决近500名农村劳动力就业。协助石景冲银矿与投资方达成了投资洽谈协议,预计2011年投产。

【综治工作】 2010年,社会治安综合治理继续强化群防群治长效机制,落实社会治安综合治理目标管理工作责任。全年投资2万余元,完善了基础工作,19个村(居委会)全面实行了规范化管理。建立健全了科学有效的利益协调机制,坚决防止和纠正任何侵害群众利益行为。及时做好矛盾纠纷化解工作,注重用调解方式化解各类社会矛盾,从源头上减少不稳定因素,全年调处各类矛盾纠纷35起,调处成功率100%。重点做好涉军、下放民办教师、涉法、移民、信用站代办员、农机员等上访群体信访维稳工作,全年无越级上访事件。始终保持"严打"高压态势,严厉打击各类违法犯罪行为,刑事、治安发案率比上年大幅下降,人民群众安全感大大增强。

【农业生产】 2010年,镇党委、政府全面贯彻落实市农业工作会议精神,大力推行双季稻种植,进一步巩固农业大镇地位。全年水稻种植面积4066.67公顷,其中优质稻种植面积2066.67公顷;实现粮食总产量2.95万吨。养殖业蓬勃发展,全年出栏生猪8万头、黑山羊2000余头、鸡鸭鹅等家禽13万羽。特色产业初具规模,黄谷村中药材基地、岱兴桥村红薯种植加工基地、殷家冲村优质水稻基地、周坊村茶叶基地已初具规模。年内,新立了红薯种植专业合作社,并被省授予“农村专业合作社示范单位”,其产品连续两年获省农博会金奖。大力推进水利冬修工作,利用有限的资金,除险加固了病险水库。

【林权制度改革】 2010年,根据市委、市政府《关于林权制度改革》有关精神和要求,科学统筹林改工作,全年完成林改面积1.19万公顷。其林改工作模式被醴陵市作为林改工作样板,并在全市给予推广。并代表醴陵市迎接了省林权制度改革检查,得到省检查组的高度评价。同时,较好地完成了森林防火和封山育林工作。

【重点工程建设】 2010年,投资500万余元,在殷家冲征地0.6公顷,新建了自来水厂。该厂主要引用周芳水库水源。年内主体工程竣工,水管铺设等一期工程已接近尾声。自来水厂的兴建,解决了均楚、石亭镇居民的饮水安全问题。全年整理废弃宅基地200余处、面积26.67公顷。投资21万元,将原均楚镇影剧院改建为综合文化站,内设多功能室、放映室、图书室、阅览室等,可容纳1000余人。投资40万余元,改造了镇机关办公及住宿条件。 (刘礼英)

石 亭 镇

【概况】 石亭镇位于醴陵市最西部,距市城区20公里,距株洲市区17公里。东邻神福港镇,南邻均楚镇,西与株洲县洲坪乡、南阳桥乡毗邻,北与株洲县仙井乡接壤。镇域面积106.7平方公里。有耕地2101.1公顷,其中水田2020公顷、旱土81.1公顷。有山林面积5 571.3公顷;森林覆盖率98%。有小Ⅰ型水库2座,小Ⅱ型水库11座。辖永红、樟树、长塘、渔潭洲、石塘岭、苏家垅、花溪、上保、长岭、高冲、聂湖、妙泉12个行政村和石亭居委会,有9790户,总人口3.86万余人。2008年,石亭镇被列入“长株潭一体化两型社会区”。2010年被醴陵列为“集镇建设重点镇”。

石亭镇水陆交通十分便利,渌江河流经境内7个村,S313线横穿东西并连接京珠高速。境内公路四通八达,形成“二纵三横”的交通网络。全镇种养业以优质稻、荸荠、湖鸭、鲜蛋、生猪为主,工业以鞭炮、烟花、化工产品为主。以长塘村、石亭居委会、樟树村为主体的工业小区初具规模,初步实现以“农业重镇”向“工业重镇”的转变。坐落于石亭镇花溪村与聂湖村交界处的姑仙寺,始建于宋朝,距今已有800年历史,是株洲市境内有名的佛教寺院。该寺风景秀美,香火旺盛,极具开发价值。

2010年,全镇完成工农业总产值6.35亿元,比上年增长16.1%。其中,工业产值2.77亿元、增长25.9%;农业产值3.58亿元、增长9.5%。完成财政收入345万元,比上年增长2.38倍。完成国地两税收入338万元。其中,国税63万元,为年度计划任务的107%;地税275万元,为年度计划任务的290%。

【集镇建设】 2010年,根据醴陵市“大力加强镇区建设,提高集镇品位,增强集镇辐射功能”的有关精神和要求,镇党委、政府坚持“高标准、高起点、高规划”的原则,努力抓好集镇整体规划和管理,进一步完善基础设施建设。截至12月,学校、医院、幼儿园、商场等公益设施设备齐全,实现了路通、水通、电通、网通。通过科学规划和建设,集镇品位不断提升,居民幸福指数明显提高。

【农业生产】 2010年,根据农业经济为主的实际情况,镇政府与13个村(居)及办点干部签订了《农业生产责任状》,严格落实责任追究制度。进一步加大农田抛荒、“双改单”管理力度,鼓励农民种粮,加强科技应用。全年粮食种植面积、粮食总产量均创历史新高。扩大了油茶、优质稻、蔬菜、油菜、树苗、野猪、珍禽、鸭等特色养殖产业规模,成立了永红、晓春、黄鑫、诚实4家规范化运作的农民专业合作经济组织。青欣、金牛农业公司及六顺规模养殖场,全年发展水稻种植大户16户、蔬菜种植大户2户、养殖大户14户。

全年清淤渠道27公里,整治病险水库2座,整修水损大型防洪渠400米,衬砌水损小型渠道2.4公里;整修闸门、河堤(坝)21处、大型防洪堤10处,加固、衬砌山平塘136口,恢复其他水损工程145处。年内,镇林权制度改革工作走在全市前列,率先完成了林改工作。其自培勘界人员、层级推进的“石亭林改模式”在全市推广。加大森林防火工作宣传力度,严格火源管理,加强防火队伍建设,依法处置失火者,全年拘留1人,判刑1人。

【党建工作】 2010年,根据市委基层党组织建设的有关精神和要求,深入推进了学习型党组织建设,党员干部的学习氛围蔚然成风。扎实开展了“创先争优”活动,从公开承诺、领导点评、群众评议、评选表彰等重点环节开展工作,党的组织建设全面加强,基层党组织凝聚力、战斗力显著提高,党员先锋模范作用不断增强。实施了远程教育工程,在全镇13村(居)建立了远程教育终端接收站点和远程教育月报告、督查工作、考核评比等制度。新建、改造村级活动中心2个。举行了“感动石亭十佳人物”评选活动,选出了在各行各业中有表率作用的十佳人物,激发了石亭活力,促成了石亭合力,为开创石亭科学发展新局面树立了良好精神风貌。

【"农村创卫"工作】 2010年,认真贯彻市"城市三创"有关精神和要求,深入开展"农村创卫"工作,开展了农户改厕、农宅周边环境整治、庭院绿化等整治行动。投资30万余元,添置垃圾车1台,安装垃圾桶300个,沿313线省道新建垃圾池30个。招聘环卫工人6名,确保集镇时时清洁。镇政府与集镇居民签订了《门前三包责任状》,在全镇实行了卫生公约,镇卫生环境面貌大有改观。年末,被醴陵市评为"环境优美乡镇"和"创卫红旗单位"。

【安全生产】 2010年,镇政府高度重视安全生产工作,强化责任意识,落实安全责任。分别与机关干部、村书记、企业主签订了责任状,在全镇形成一个层层落实、环环相扣的责任监管网络。以第二轮烟花爆竹安全生产许可证换发为契机,开展了企业安全生产秩序整顿,完成了10家烟花鞭炮企业换发证。全年全镇无非法生产企业,实现了安全生产"零"事故。

【综治工作】 2010年,共接待群众来访380人次、来信52件,回复率96%。调解民事纠纷22起,办结率100%。密切关注涉军、涉教、S313沿线拆迁上访易发群体,及时召开了退伍军人代表座谈会,慰问特困退伍军人43名。在集镇主干道,安装摄像头12部;建立短信发布平台,形成长效机制;组建义务巡防队,群防群治,确保一方平安。

【社会保障】 2010,加强了企业职工保险扩面工作力度,全年企业职工投保工伤保险175人次。新建了"五保之家",新增"五保"户37人。农村低保通过实行"阳光行动",做到应保尽保、应退尽退,全年共有低保户696户、1421人。年内,灾后重建房户31户、危房改造户16户、安居工程户6户工程完成,经市、乡抽查验收合格。

(廖绚丽)

新 阳 乡

【概况】 新阳乡位于醴陵市西北部,东接板杉,南邻神福港,西接仙霞,北连八步桥。乡域总面积63.4平方公里。辖10个行政村,总人口2.45万人。乡交通便利,区域优势明显,距市城区10公里,距株洲市市区25公里,老320国道贯穿东西,渌江河流经境内。新阳乡人杰地灵,著名抗日将领、原八路军副总参谋长左权将军系新阳乡将军村(原黄猫村)人;著名爱国将领、在湖南和平解放中做出重要贡献的李明翰将军系新阳乡将军村(原横田村)人;当代著名书法家李铎将军系新阳乡青泥村(原五星村)人。2010年,全乡实现工业总产值4.82亿元,比上年增长20%;完成国税、地税税收485万元。农民人均纯收入达7570元,比上年增加991元。年末,被醴陵市评为"粮食生产先进单位"、"水利建设先进单位"。

【经济发展】 2010年,乡党委、政府坚持以"经济建设"为中心,进一步优化企业发展环境,以"服务企业"为宗旨,为企业排忧解难。年内,新引进了以湖潭村为主体的药材基地,总投资1400万余元,面积40公顷;引进了醴陵市新世纪陶瓷有限公司的工艺瓷厂,总投资1000万元。农业生产结构调整加快,有湖潭村村民张中民等种粮大户(面积20公顷),另有一批以生猪养殖、花卉栽培、油茶种植等为代表的种养大户。年内,投资1000万余元,成立了协力生猪合作养殖社,新建高标准养殖分场4个,全年有能繁母猪600余头,存栏生猪5000头。投资100万余元的荷塘村、楠竹山花木基地,引进了优质苗木栽培,年内种植苗木33.33公顷。投资600万余元,开发了以花桥、新阳、陈家湾村为主的油茶基地133.33公顷。

【党建工作】 2010年,总投资21万余元,新建了占地面积176平方米的花桥村组织活动中心;改造了渔梁桥村织织活动中心。6月,举行了一期建党对象培训班,全年发展新党员18名。年内,中组部到新阳乡进行了组织工作群众满意度测评,满意率100%。

【基础设施建设】 2010年,乡党委、政府克服一切困难,积极筹措资金,加大了以道路、水利为重点的基础设施建设力度。全年硬化村组道路8公里;清淤渠道、水圳21公里;新开山平塘4口、硬化17公里;维修山平塘、水库9处。

【社会保障】 2010年,乡党委、政府坚持关注弱势群体,促进社会和谐。全年发放优抚金54.9万元、农村低保金59.8万元、大病救助金2.8万元。新建灾后重建房屋户38户、改造户30户。购买社保40余人、工商保险19人。新型农村合作医疗继续保持高参合率,全年筹集资金66万元,农民参合率达90%以上。完善了将军村等"农家书屋"5家,配备图书5000余册,添置了阅览室书架、书桌等设施。

【综治工作】 2010年,乡党委、政府紧紧围绕建设"平安新阳"的目标,坚持"打防结合、预防为主"的方针,严厉打击违法犯罪,及时做好矛盾纠纷排查、调处工作,确保了全乡长治久安。全年共发生刑事案件7起,治安案件2起,处理率100%。调处矛盾纠纷37起,调处成功率100%。全年未发生一起民转刑事件和群体性事件。

【人口和计划生育】 2010年,人口和计划生育工作以"稳定低生育水平"为核心,以"夯实计生工作基础"为抓手,实行"阳光计生、执法破冰、生育关怀"三大战役,全面完成了计生工作任务。全年接受"三查"1.09万人(次),"三查"到位率

98%。全年出生 291 人,其中计内 262 人,计划生育率 90%。全年征收社会抚养费 40 万余元。年内,为 76 户 60 周岁以上的二女户、独女户发放奖扶金 5.04 万元,发放特种扶助金 6 户、7200 元。

(张致轶)

板 杉 乡

【概况】 板杉乡地处醴陵市北部(城乡接合部),东南西北分别与东堡、黄泥坳街道办事处,神福港镇,新阳乡,黄达咀镇、枫林市乡、株洲县姚家坝镇接壤。乡政府驻长坡口,距市城区 5 公里。乡域总面积 102 平方公里。辖 19 个行政村、402 个村民小组,总人口 4.43 万余人。有耕地面积 1926.8 公顷,其中水田 1824.3 公顷、旱土 102.5 公顷;有山地面积 5997 公顷;森林覆盖率 58.5%。境内有小Ⅱ型水库 2 座、总面积 4 公顷、蓄水量 45.5 万立方米。有中学 2 所、小学 6 所,卫生院 2 所、医疗点 9 个;敬老院 2 所。境内交通区位优势明显,新、老 320 国道,醴潭高速、岳汝高速(在建)、醴官公路贯穿全境。其中,新 320、醴潭、岳汝高速分别在域内设有互通口。

2010 年,全乡有企业 24 家,其中规模企业有 9 家。主要生产烟花鞭炮、陶瓷、化工、建筑建材等。完成国税 213 万元,为年度计划任务的 102%;完成地税 935 万元,为年度计划任务的 105%。

【"农村创卫"工作】 2010 年,以市"城市三创"工作为契机,根据新农村建设"村容整洁"的要求,积极开展了"农村创卫"工作,制订了"创建文明卫生示范乡镇"方案。投资 10 万余元,聘请专职保洁人员 7 人,租用垃圾场 3 处,新建垃圾池 30 个,添置了清扫、清运设施设备等。集镇坚持白天 12 小时清扫保洁,垃圾及时清运。在 320 国道、醴官公路沿线的长坡口、土株岭、黄塘、夏坪桥、红光等 8 个村,安排了 16 人进行常年卫生巡查。其中,黄塘村兴建垃圾池 7 个,配备保洁员 2 人,配置垃圾清运车 2 台,坚持每周清扫 2 次。通过"农村创卫"工作的层层落实和监管,全乡集镇街道、公路两旁基本做到无堆积物、果皮纸屑、乱涂乱画、乱搭乱建、乱停乱放等现象,确保了集镇美观卫生,村容整洁有序。

【粮食生产】 2010 年,全乡有市级高产示范带双季稻种植面积 540 公顷,其中耿境、东冲铺、大石桥、杨家湾、黄塘、土株岭等村为示范带核心区。近年来,面对农民"双改单"的严重形势,乡党委、政府认真贯彻落实市委"抓粮食、保供给"要求,进一步加大粮食生产工作力度。在充分调研的基础上,确定了"将加速土地流转作为突破粮食生产工作瓶颈"的工作思路,与各村支书、村主任、办点干部签订了《粮食生产工作责任状》,出台了粮食生产工作的有关规定和方案,将粮食生产工作纳入村乡干部绩效考核,并从村级支付转移中安排 3000 元作为绩效考核资金,乡机关干部从津贴中安排 1000 元用于粮食生产考核,加速了土地流转进程。采取了以村为单位的统一购种、育秧,代耕代种分队,集中翻耕、集中直播等措施,确保了全乡双季稻高产创建示范带的无抛荒现象。全年早晚稻播种面积 0.17 万公顷,高产示范带区域内双季稻种植率 95%以上,早晚稻优良品种达 90%。全年实现粮食总产量 19 万吨,

【重点工程建设】 2010 年,乡域内重点工程有岳汝高速(醴陵段)、西气东输二线工程等。其中,岳汝高速(醴陵段)途经境内 4 个村;西气东输二线工程涉及境内 7 个村。为保证国家、省重点工程建设顺利开展,乡党委、政府领导十分重视,统一思想,多次召开各级各类会议,使全乡上下思想高度统一到支持国家发展大局上来,要求分管负责人和村、组干部了解、掌握红线内及红线 30 米内的土地、建设物、青苗、农户基本情况,对可能影响重点工程进度的问题做到早发现、早解决,不上交矛盾。对征地拆迁、资金补偿等,严格按照相关政策执行,在全面核准权属、地类的基础上,确保各项资金准确足额发放到位,保证群众的合法权益不受侵害。通过一系列措施的贯彻落实,竭尽全力配合工程施工建设,确保了多项重点工程建设施工环境优良,工程进展顺利。

【安全生产】 2010 年,安全生产工作始终绷紧安全生产这根弦,贯彻执行"以人为本、安全第一、预防为主、综合治理"的方针,切实加强安全生产工作,加强领导,落实责任,建立健全了乡安监站、各部门、村级、企业等齐抓共管的安全工作长效机制。开展了"安全宣传月"、"百日安全整治"行动,突出隐患排查治理,坚持每月对烟花鞭炮、矿山企业等监督检查不少于 4 次,保证了安全生产的良性循环,并连续八年实现了"三无"(即:无任何大小安全事故、无非法生产、无重大安全隐患)。年末,被醴陵市评为"安全生产工作管理红旗单位"。年内,原有的 23 家烟花鞭炮企业,在第二轮行政许可整改重组的过程中,有 7 家企业关停并转,有 13 家取得了第二轮行政许可证,有 3 家正在整改中。

【植树造林】 2010 年,全乡大力开展植树造林,重点抓好"三边"(即:城边、路边、水边)、油茶造林。全年造林面积 206.67 公顷。其中,擂鼓桥村油茶林种植规模达 333.33 公顷、竹花山村引进了春晓林业发展有限公司并开发山地 66.67 公顷。引进了浙江万森生态农林综合开发有限公司,注册资金 1000 万元,年内投资 5000 万元,在耿境、东冲铺、擂鼓桥、八步桥村开发 666.67 公顷(万亩)花木基地。全面实行封山育林,将现有植被保护责任层层落实到人,加大对乱砍滥伐林木行为查处力度,切实维护了正常封山育林秩序。

【林权制度改革】 2010 年,全乡

有林地面积5400公顷。为认真贯彻落实市委、市政府林权制度改革的有关精神和要求,为确保集体林权制度改革保质保量、如期完成各阶段任务。自4月份开始,通过大力宣传,层层落实,加大业务培训力度,30余名外业勘界技术人员头顶烈日、翻山越岭,历经4个月完成了外业勘界任务;10月,内业资料完成。全乡山地采取均股、均利、到户的形式全部落实到位,全年发放林权证7629本。

【森林防火】 2010年,发放森林防火宣传资料1.2万份,查处野外用火35起,其中行政拘留7人、经济处罚7人、口头批评、制止21人。全年发生火灾6起,过火面积10.67公顷。通过森林防火措施落实和贯彻,有效遏制了火灾隐患,全乡森林防火工作实现了大逆转。

(简香萍)

仙 霞 镇

【概况】 仙霞镇位于醴陵市西北部,地势南高北低。东邻新阳乡,南接石亭镇,西与株洲县仙井乡接壤,北连株洲县姚家坝乡。距市城区20公里。镇域面积58.7平方公里。辖狮形岭、清安铺、油田、篾织街、仙霞、东江冲、杉仙店、赵高墩、玉潘村和莫家咀居委会。有248个村民小组,5748户,总人口2.14万余人。有耕地面积999.6公顷,其中水田948.6公顷、旱土51公顷;有山地面积6028公顷。森林覆盖率90%。

镇区位优势明显,老320国道自东向西穿越境内,乡村公路发达。官庄灌区右干渠穿境而过,流入新阳。有小Ⅱ型水库3座,山平塘462口,水域总面积71.5公顷,蓄水量370万余立方米。农业生产特色突出,以种养业为主,盛产稻谷、生猪、家禽、茶油。工业经济形成了以防水建材、电瓷艺术瓷、鞭炮烟花"三大产业"为主体的发展格局。新农村建设有声有色,水泥道路实现"村村通"目标。年末,被评为"2010年度株洲经济社会发展十快乡镇街道"。2010年,实现生产总值4.9亿元,完成固定资产投资0.3亿元。规模企业实现总产值1.2亿元、销售产值1.1亿元。完成财政税收376万元。其中,国税58万元,为年度计划任务的107.4%、增长26.1%;地税318万元,为年度计划任务的119.3%、增长119.21%。农民人均纯收入达7677元,增长23.4%。年末,被市评为"粮食生产工作先进单位"、"林权制度改革工作先进单位"、"安全生产目标管理先进单位"、"残疾人工作先进单位"。

【招商引资】 2010年,镇党委、政府始终坚持以"经济建设"为中心,立足现实,优先工业发展,积极做好各项优化环境工作,采取各种方式大力招商,服务企业,力促镇域经济稳步向前发展。全年引进了好利阳绵厂(由浙江温州企业投资)、红鑫塑料颗粒公司、服装厂等3家企业。其中,好利阳绵厂位于狮形岭村,征地1.33公顷;服装厂位于篾织街,年内建成并投产。

【农业经济】 2010年,镇作为市"两型"社会综合配套改革试验核心区,农村综合改革深入推进,落实各项惠农政策,粮食生产喜获丰收,全年实现粮食总产量1.1万吨。全年早稻种植面积593.33公顷。其中,公路沿线的3个村落实早稻种植面积59.73公顷,种植率100%。全镇有市级种粮大户1户,乡级种粮大户5户,种田专业合作社2家。大力扶植农业合作社建设,积极推进现代化农业,组建了畜禽专业合作社2家,成立了农作物病虫害防治合作社。全年植树造林22.33公顷,其中面上造林20公顷。科学规划农田水利基础设施建设,采取"以奖代补"、"一事一议"的方式,重点改造、维修了山平塘、水库、河堤(河坝)等水利基础设施。积极推进农业产业化、农村土地流转等工作。高标准、高质量完成了集体林权制度改革主体工作,并代表醴陵市迎接了省林业厅的检查。积极发展休闲农业,扶植农家乐项目发展,加快了清安铺村休闲农庄建设步伐,产业结构调整日显成效。

【人口和计划生育】 2010年,人口和计划生育工作进一步落实目标管理责任制,坚持依法行政,加大对违法生育处罚力度,营造良好的计生优质服务环境。投资10万余元,完善了计生服务网络,全面提高基层基础工作。加大规范化管理力度,重点管理流动人口,以减少计划外生育隐患。开展了计划生育秩序集中整治活动,加大了社会抚养费征收力度,全年征收社会抚养费30.3万元。认真落实农村计生奖励扶助政策,推进利益导向机制的实施,全年出生252人,其中计划内219人;计划生育率90%。落实各种避孕措施377例,全镇已婚育龄妇女2185人,孕检率达95%。

【重点工程建设】 2010年,湖南省重点工程醴潭高速芷线桥互通至渌口公路(芷渌线)仙霞段,全长2.2公里、路基宽12米,硬化路面9米。途经狮形岭村,涉及10个村民小组,共征地5公顷、拆迁房屋15户(共计16栋)。芷渌线工程自5月启动后,镇党委、政府成立了领导小组,组织强有力班子,切实开展工作,分别签订了拆迁、征地协议,完成了16栋房屋的拆迁。全年完成土方工程量90%。

【党建工作】 一是深入开展"创先争优"活动,创建学习型党组织。紧密联系实际,强化先锋意识,构筑创建平台。"创先争优"活动开展以来,党员找到了发挥作用的平台,"履行承诺、服务群众"的风尚蔚然成风。二是强化党风廉政建设和干部作风建设。巩固领导班子廉洁自律意识,落实党风廉政建设责任制。领导干部率先垂范,带动机关干部下基层、勤调研、访民情、解民忧，切实转变干部工作作风，全面提升服务水平。与党建帮扶单位走访、慰问受灾群众、特困户、特困党员、“五保”老人95人(次)，为群众解决实际问题58个。三是加强组织队伍建设。全年培养入党积极分子29名，发展预备党员20名，转正党员22名。四是狠抓基层党组织活动阵地建设。全面启动了杉仙店、赵高塅、玉潘、仙霞、清安铺村组织活动中心建设，实现了村级组织活动场所行政村全覆盖目标。通过党建工程系列活动的开展，进一步促进了党组织建设，党组织的先锋模范作用得以充分体现，营造了全镇党员、干部团结一致、攻坚克难的良好氛围。

【民生民利】 2010年，继续完善了低保、“五保”救助申请和审批程序，走访、慰问“爱心功臣”、“关爱对象”，落实重点优抚对象的各项优惠政策。全年全镇有各类优抚对象208人，共发放优抚金55.94万余元；有低保对象777人，发放低保金46.2万余元；有“五保”对象154人(其中分散供养107人)，发放生活补助32.8万余元。全年落实灾后重建户34户、危房改造户15户；共发放救助金6.1万元。年内，全镇新增就业岗位138个，下岗失业人员再就业11人；养老保险扩面人数13人，医疗保险扩面人数355人，工伤保险扩面人数368人。新型农村合作医疗进一步巩固，参加新型农村合作医疗人数2.08万人，参合率90%。

【文、教、卫工作】 一是教育优先发展。深入开展了“一校一品”学校品牌建设。中学以督导为契机，以“督”导“学”、以“督”促“教”，促进学校规范化发展。投资120万元，将赵家塅学校改造成一所农村寄宿制小学。二是文化创建品牌。完善了莫家咀、篾织街、清安铺、玉潘村“农家书屋”建设，配备图书5000余册和阅览书架、书桌等设施。配合市有关部门，完成了清安铺村麻石街、指路碑等文物测绘定标工作。三是卫生大幅推进。改善了镇卫生院医疗环境，稳定了医疗技术人员，提高医疗水平和服务质量。卫生保健在切实抓好传统传染病防治工作的同时，重点抓好了儿童“计划免疫”等工作。

（张洁玉）

黄达咀镇

【概况】 黄达咀镇地处醴陵市北部，是北乡中心集镇、株洲市重点建设镇。东临东堡乡、南接板杉乡、西北连枫林市乡、东北界官庄乡。地势东北高西南低，南北长10公里、东西宽9公里。镇域面积50平方公里。辖9个行政村，2个居委会；有215个村(居)民小组，总人口2.4万人。有耕地面积915.7公顷，山地面积3000公顷。森林覆盖率66%。

黄达咀镇人杰地灵，矿产丰富。是国务院原副总理、全国人大常委会原副委员长耿飚的故乡。境内有丰富的石英、瓷泥、花岗岩、黄金等矿产资源。主要分布在隆兴坳、狮形山、双井、蕉源等村。地理位置优越，交通便利，醴(醴陵)官(官庄)公路贯穿全境，是岳汝高速、沪昆高铁途经之域。镇政府驻黄达咀集镇，距市城区18公里。境内官庄灌区左干渠自北向东南绕境而过。镇域经济以农业为主，盛产稻谷、茶油、茶叶、柑橘、生猪、鲜鱼、木材等农产品；工业以采矿、鞭炮烟花等为支柱产业。2010年，实现地区生产总值4.5亿元，完成国税96万元，地税273万元。

【粮食生产】 2010年，全镇种植粮食作物面积1190公顷，比上年增长6.3%。其中，粮食高产示范长廊(醴官线两侧)种粮面积落实率100%；村道两旁200米范围内的种粮面积落实率80%。全年培育种粮大户28户，争取奖励资金10万余元。

【林权制度改革】 2010年，根据市林权制度改革工作部署，较好地完成了林权制度改革。全镇林改范围集体林地面积2391.97公顷，共发放林权证1.02万本，发证农户5722户，发证率100%。全年植树造林122公顷，其中油茶种植46公顷、桉树种植36公顷。

【重点工程建设】 杭长高铁是我国客运网主骨架之一，东起杭州车站，西至新长沙站。全长883.28公里，横穿浙江、江西、湖南。是一条承担区域间长途客运为主，城际客运为辅，同时兼顾与南北方向快速铁路转换客流的东西向客运专线。年内，完成了杭长高铁在镇域内的征地、拆迁，共拆除违法建筑(红线内、外)56栋，拆迁房屋97栋，征地11.8公顷，迁坟1658座；提供施工单位施工临时用地33.33公顷。同时，全力协助施工单位解决各种难题，全年协调、处理各类大小矛盾、纠纷100余起。

【安全生产】 2010年，安全生产工作管理力度进一步加强，切实抓好了烟花爆竹企业、学校、市场、危险化学品经营单位、采矿企业等安全隐患排查工作，确保全年无一起重大事故发生。年内，取缔非法引线厂1家，查处了台州、黄达咀居委会等村(居)烟花鞭炮非法下单行为，没收成品、半成品花炮150余件。取缔非法采泥、非法采矿点10处，下发停工通知、行政处罚决定书16份，现场带离非非法采矿作业人员86人，处理非法采矿作业机械设备、工具46(台)件。

【综治工作】 2010年，调处重点工程矛盾纠纷200余起，强制带离、训诫60人(次)，治安拘留10人，刑事拘留2人。加强了涉军、涉核、涉法、涉诉、民办教师等60余名重点人员的动态掌握、稳控工作。通过采取“人盯人”、“五包一”等措施，有效控制了越级上访、串访、缠访事件的发生。

【人口和计划生育】 2010年，人口和计划生育工作不断强化优质服务,提升管理水平,开展了“阳光计生”、“生育关怀”活动。全年出生287人,计划生育率89.1%。征收社会抚养费30.5万元。投资4万元,制作大型计划生育宣传牌4个,发放宣传资料8000余份,出动宣传车辆6台(次)。年末,被醴陵市评为“人口与计划生育工作先进单位”。

【“农村创卫”工作】 2010年,以市“城市三创”为契机,大力开展“农村创卫”工作,确保集镇及醴官线沿线范围内环境整洁。投资10万元,新建了垃圾处理场;新建垃圾池46个。壮大保洁队伍,实行24小时保洁责任制。

【基础设施建设】 2010年,加大了基础设施建设投入力度,采取由村、组通过“一事一议”、政府以奖代拨、社会各界捐助等形式筹措资金,镇政府给予一定支持,使全镇基础设施进一步改善。投资180万余元,硬化村组道路8公里,其中金鸡村3公里、狮形山村3公里、社冲居委会2公里。蕉源、狮形山村等村筹资60万余元,改造、整修渠圳6公里、新修山平塘4口、改造桥涵3处、整修河堤(坝)10处。

【社会事业】 2010年,按照审批程序和标准,调整低保户89户、102人,共发放低保金43万元。有大病救助对象29人,共发放救助款5.8万元。落实危房改造户40户,发放改造资金31万元。全年全镇参加新型农村合作医疗人数2.15万人,收缴参合金64.49万元。 (付欣荣)

枫林市乡

【概况】 枫林市乡位于醴陵市北部,地处株、醴、浏三县(市)接合部,距市城区22公里,总面积50平方公里。有耕地1033公顷、林地2986公顷。辖9个行政村,166个村民小组,总人口1.76万人。乡政府驻地五石村。

枫林市乡区位优势明显,地理位置十分重要,是醴陵北乡交通枢纽。上瑞高速、醴官公路、五杨公路穿境而过。沪昆高铁、岳汝高速途经乡域。其中,岳汝高速在乡境内设立了互通口。年末,被株洲市评为“人口和计划生育工作红旗单位”、被醴陵市评为“人口和计划生育工作红旗单位”、“粮食生产工作先进单位”、“农村创卫工作红旗单位”等。

【粮食生产】 2010年,粮食生产工作延续上年的成功经验,要求各村组织代耕代种小分队,促进土地流转,大力扶持种粮大户,搞好化肥农药供应、病虫害防治等服务。全年种植早稻669.8公顷,发展种粮大户13户。五石、唐家坳、蒋家桥、肖家冲等村,为调动老百姓的种粮积极性,确保双季稻播种面积,投入了大量人力、物力,取得显著成绩。年内,协调市农技部门、供销社,完成了南方水稻黑条矮缩病防治及晚稻增施肥、防虫害、促早熟实物补贴发放,使国家惠农政策真正落到实处。

【基础设施建设】 2010年,继续加大基础设施建设投入力度,鼓励村民集资筹劳,实行以奖代补政策,逐步完善水利等基础设施建设。投资10万余元,完善了水利项目建设。其中,肖家冲村、白眉冲村的国债项目(官庄灌渠改造工程)正在建设中。投资20万余元,在五石、唐家坳集镇范围内安装路灯40盏。

【人口和计划生育】 2010年,进一步强化计划生育工作措施,夯实计生工作基础,扎实推进计划生育工作。投资10万余元,在沪昆高速、醴官公路沿线设置大型户外广告3块,新喷涂墙体广告5块。投资5万元,创建了枫林市村、黄村2个计生精品示范村。全年计划生育率92.4%,多孩控制率为“零”。加大征收社会抚养费力度,完成社会抚养费征收24.1万元。

【重点工程建设】 2010年,国家、省重点工程的岳汝高速、沪昆高铁、西气东输二线工程途经枫林市乡。其中,岳汝高速境内总长1.8公里,并设立互通口。年内,岳汝高速工程拆迁户已完成拆迁并安置到位,李家坳组集中安置区建设工程已进入水电等基础配套设施完善阶段。杭长高铁途经本乡5.97公里,涉及五石村、白眉冲村、共13个村民小组;共征地(红线内)10公顷,临时用地13.33公顷,拆迁房屋28栋。为积极配合国家、省重点工程建设,圆满完成境内各项工程,确保工程质量,全体机关干部齐上阵,采取“5+2”、“白加黑”工作方式,确保工程如期完成。坚持“落实政策、规范拆迁、以人为本、和谐拆迁”的理念,为群众解决实际困难和问题。西气东输二线工程境内总长2公里,途经太阳桥村,涉及村、组的田土临时用地。为确保工程进度,配合市工程指挥部有关人员现场勘查了地形,村、组划界,实物调查、测量,完成了租地等工作。截至12月,境内管道铺设工程完工,填埋、复垦工程正在进行中。

【社会保障】 2010年,枫林市乡坚持关注弱势群体,促进社会和谐。全年发放农村低保金39万余元、优抚金31万余元、救灾救助金3万余元。新建安居工程户5户、因灾重建房屋户21户、扩建户14户。全年新增农村低保户264户。唐家坳村筹资58万元,新建了“五保之家”,可集中供养“五保”老人16名。 (喻 磊 吴 妙)

官庄乡

【概况】 官庄乡位于醴陵市北部、罗霄山脉九岭山支脉西南部。东接南桥镇和王仙镇李山村,南衔黄达咀镇、东堡乡和枫林市乡唐家坳村,西北部与浏阳市石围接壤。乡域面积183.4平方公里。乡政府驻大坝村谭湾组。距市城区30公里。辖14个行政村,有310个村民小组、4706户、总人口1.8万余人。有耕地900公顷，其中水田470.73公顷。

官庄地理位置优越，交通便利，境内有醴官线(醴陵至官庄)、大石公路(大坝至浏阳石围)，距醴潭高速互通口仅12公里，岳汝高速(在建)公路穿境而过。地貌以山地为主，有山地1.53万公顷，占乡总面积的84%。境内森林资源丰富，是醴陵市林业主产区，有万亩林场——桃花林场。森林总蓄积量90万余立方米。地下蕴藏着丰富的金、铜等矿产资源。有国家大Ⅱ型水库1座(官庄水库)；该水库始建于1958年，蓄水量1.07亿立方米，灌溉着浏阳市、株洲县及醴陵市等地1.47万公顷良田、6670公顷旱土；官庄水库水质优良，是醴陵市城区居民饮用水源供应点。库内景色秀丽，气候宜人，有樟仙古庙(大佛寺)、黄巢墓、圣地庙、涧江秋月、小溪桃涨、龙池烟雨、狮岭暮云、远村夕阳、古寺疏钟等。是休闲、度假、避暑、旅游的理想去处。

官庄物华天宝、人杰地灵。全乡有在册革命烈士227名。是原湖南省政府主席、第一任省长、全国人大常委会原副委员长程潜和湖南省政协原主席程星龄、美籍华人钟武雄的故乡。全乡经济以农业为主、粮林并举。粮食作物以水稻、玉米、红薯为主，有木材、楠竹、茶油、茶叶、药材、薪炭、棕片等主要农产品。家庭副业以饲养生猪、黑山羊、蜜蜂和水产养殖为主。工业主要集中于矿产开采、鞭炮烟花、砖瓦、木材加工、竹木制品、农产品加工等。曾被株洲市授予“黑山羊之乡”称号。

2010年，全乡有工业企业9家，个体工商户459家，从业人员1890人。全年完成生产总值4.91亿元，其中工业企业总产值2.96亿元。农民人均纯收入5000元，比上年增长11.1%。完成地税335万元。

【基础设施建设】 2010年，乡党委、政府高度重视农村基础设施建设。投资26万元，修缮了桃花敬老院，集中供养“五保”老人48名。投资40万元，修建了潭塘大桥(水损)。投资50万元，新建了中学宿舍楼并投入使用。集中人力、时间、精力，如期完成了岳汝高速公路建设工程的征地、拆迁工作。

【旅游开发】 2010年，按照醴陵市“三大战役”的有关精神和要求，为搞好官庄库区旅游开发，乡党委、政府集思广益，积极创新，强力助推旅游升温。从1月1日起，境内全面实施封山育林，实行封管并举、造防并重，大力开展植树造林。冻结库区周边的随意性建房，严格按照景区旅游规划整体布局，科学建筑。严禁在鱼类繁殖期捕鱼，禁止用电和危爆物品打渔。严禁生活垃圾入库，实施垃圾定点投放，有效保护水源。年内，通过设立《旅游简报》、博客等方式，大力宣传官庄库区旅游。深圳深亚集团、澳大利亚投资商、香港新太阳集团等多次到景区考察，对库区开发表示了浓厚的兴趣。8月，株洲电视台等八大媒体到官庄拍摄了旅游开发相关的宣传资料，掀起了休闲旅游的新高潮。同时，与醴陵市各旅行社开辟了“官庄一日游”的生态旅游，全年接待各类组团50余个。

【集镇建设】 2010年，官庄乡是醴陵市4个重点镇建设之一，集镇建设又是打好“旅游升温战”的关键点。为此，乡党委、政府十分重视，科学规划，强力推进集镇建设力度，取得显著成绩。一是严格控制集镇用地。重新修编了《集镇规划建设方案》，确保集镇依法、依规、高标准、高档次兴建。全年打击、制止违规建筑房屋5起。二是兴建长连新区。“长连新区”是官庄集镇规划的重点建设小区，是以“岳汝高速公路建设境内沿线拆迁”为契机，集中安置拆迁户、村部和长连中心小学的集镇新区。新区建筑按“统一规划、统一外观”建筑设计原则，将建设成为集观光、旅游、商贸于一体的、独具旅游风格的“江南水镇”。年内，长连新区建设在市指挥部、国土、规划、电力、电信等部门的大力支持下，完成了建设用地规划报审、项目立项等工作；“三通一平”基础工程完工，下水道、排污渠道、渠道护坡等附属工程建设完工。目前，各拆迁户正在新区内有序建房。

【“农村创卫”工作】 2010年，根据醴陵市“城市三创”工作有关精神和要求，大力开展了“农村创卫”工作，成立了以书记为组长的创卫工作领导小组，建立了创卫长效机制，配备创卫设施设备。筹资近100万元，修建了长连新区排水排污等配套设施。投资40万元，新建了垃圾处理场。投资1万元，新建垃圾池20个，购置垃圾桶100个。通过广大干部群众的共同努力，全乡环境卫生面貌焕然一新。

【农业产业结构调整】 2010年，乡党委、政府因地制宜，进一步调优产业结构，在抓好粮食生产工作的同时大力发展种养业。由分散、自发的粗放型逐渐向规模、深加工的高效型发展。全年种植百合40公顷、金银花26.67公顷；养殖黑山羊1万头(其中，200头以上的大户有3户)。同时，形成了一批上规模、上档次的农产品基地、种养大户。如潭塘村桥背组的百亩百合种植基地、鹅颈村村民宋乐伟的百亩金银花种植基地和农产品加工厂等。

【林业资源保护】 2010年，官庄乡加大了维护林政秩序的宣传力度，按照市委、市政府的有关精神，下发了《封山育林通告》，取缔和撤离了辖内林木加工点，全面发动护林员及村民护林，杜绝乱砍滥伐及偷盗林木行为，有效保护了辖内林木资源。狠抓森林防火工作，与村、组、企事业单位层层签订了《森林防火责任状》，加强了森林防火值班和巡逻制度，将责任层层分解，落实到人，有效遏制了森林火灾发生。年末，被醴陵市评为“森林防火先进单位”。同时，在规定时间内完成了林权制度改革。

【综治工作】 一是突出重点企业安全。积极开展打非治违隐患排查、尾砂库整改和禁氯、危爆物品等专项整治，共查处安全隐患21处，督促企业按期整改到位，确保了“零”事故率。二是铁腕打击非法生产。采取日报告、周巡查、月打击方式，对非法采矿、采砂和非法生产花炮等，实行发现一起，打击一起，全年遣散非法采矿人员200余人，炸毁洞井、氯化池23个，拆除工棚35个，撤退挖掘机10台，取缔非法生产花炮户5户。三是狠抓水上交通安全。乡安监站与各库区船主签订安全责任状58份，销毁和取缔破损船只4艘。同时，采取“抓五一、促三法”的新举措，健全乡村网络，开展“大排查、大接访、大调解”活动，化解基层矛盾。全年调处各类矛盾纠纷85起，确保了全乡无一起群体性上访事件和不稳定治安事件，保持了全乡社会秩序的和谐稳定。11月，株洲电视台法制频道就官庄乡乡的平安创建工作进行了现场采访和专题报道。年末，获株洲市“十佳平安乡镇”之一称号。

【人口和计划生育】 2010年，官庄乡克服山区地广人稀、工作难度大的困难，突出“计划外生育”、“社会抚养费征收”两个中心。全年处罚违法生育28人；征收社会抚养费13万元；计划生育率91%。

（王　冰）

区、街道办事处、乡镇负责人名录

（2010年1月1日～2010年12月31日）

中共醴陵长庆示范区工作委员会
醴陵长庆示范区管理委员会(新成立)

书　　　　记　石永辉(2010.3任)
管委会主任、副书记　荣树伟(2010.3任)
管委会副主任　付华德(2010.7任)
　龙理真(2010.7任)
党工委委员　易　勇(2010.7任)

来龙门街道办事处

党工委书记　李华定(2010.3任)
　翁菊清(2010.3止)
主　　　　任　刘天汉(2010.3任)
　李华定(2010.3止)
人大工作室主任　钟光荣(2010.3任)
党工委副书记　刘天汉(2010.3任)
　钟光荣(2010.3任)
　王　平(2010.3任)
　李华定(2010.3止)
　李春兰(女、2010.3止)
　黎建辉(兼、2010.3止)
纪工委书记　王　平(兼、2010.3任)
　黎建辉(兼、2010.3止)
副　主　任　文洪国
　陈　琪(2010.3任)
　唐海涛(2010.3任)
　胡秋良　王伏云
　杨新科(2010.3止)
党工委委员　文洪国
　陈　琪(2010.3任)
　唐海涛　李启木
　杨蒲珍(女、2010.3任)
　易朝华(兼)
　马提云(女、2010.3任)
　贺志辉(女、2010.3止)
人大工作室副主任　兰久林
人民武装部部长　唐海涛(兼)
办公室主任　王云芝(女、2010.3任)
　马提云(女、2010.3止)

阳三石街道办事处

党工委书记　肖建辉(2010.3任)
　陈建球(2010.3止)
主　　　　任　李友鹏(2010.3任)
　肖建辉(2010.3止)
人大工作室主任　杨占文(2010.3任)
　荣树伟(2010.3止)
党工委副书记　李友鹏(2010.3任)
　杨占文　陈绍军
　肖建辉(2010.3止)
　荣树伟(2010.3止)
纪工委书记　徐鹏祥(兼、2010.3任)
　杨占文(兼、2010.3止)
副　主　任　杨金花(女)　黄湘礼
　陈大兵(2010.3任)

刘建强(2010.3 任)
徐鹏祥(2010.3 止)
党 工 委 委 员 杨金花(女) 黄湘礼
陈大兵(2010.3 任)
王伯贵 周美华
贺志辉(2010.3 任)
黄 蔚(2010.3 任)
张 铝(兼)
刘建强(2010.3 止)
杨蒲珍(女、2010.3 止)
彭秋生(2010.3 止)
徐鹏祥(2010.3 止)
人大工作室副主任 汤必成
人民武装部部长 黄 蔚(兼、2010.3 任)
彭秋生(兼、2010.3 止)
办 公 室 主 任 钱 明(2010.3 任)
黄 蔚(2010.3 止)

西山街道办事处

党 工 委 书 记 殷 辉
主 任 周海军(2010.3 任)
李友鹏(2010.3 止)
人大工作室主任 周细平(2010.3 任)
宋护林(2010.3 止)
党 工 委 副 书 记 周海军(2010.3 任)
周细平
黎建辉(2010.3 任)
李友鹏(2010.3 止)
宋护林(2010.3 止)
纪 工 委 书 记 黎建辉(兼、2010.3 任)
周细平(兼、2010.3 止)
副 主 任 张国夕(女)
宋 恒(2010.3 任)
唐伏华 龙汉元
王 平(2010.3 止)
李秀玉(2010.3 止)
党 工 委 委 员 张国夕(女)
宋 恒(2010.3 任)
唐伏华(2010.3 任)
施青松 王文开(2010.3 任)
何跃红
苏继峰(兼、2010.3 任)
王 平(2010.3 止)
刘小平(兼、2010.3 止)
李秀玉(2010.3 止)
人大工作室副主任 易立歆(女)
人民武装部部长 施青松(兼)
办 公 室 主 任 周亚鹏

黄泥坳街道办事处

党 工 委 书 记 程曙光(2010.3 任)
陈建军(2010.3 止)
主 任 黄振伟(2010.3 任)
余足矣(2010.3 止)
人大工作室主任 彭国平(2010.3 任)
汪海雕(2010.3 止)
党 工 委 副 书 记 黄振伟(2010.3 任)
彭国平 李小林
李自力(2010.3 任)
余足矣(2010.3 止)
汪海雕(2010.3 止)
纪 工 委 书 记 李自力(兼、2010.3 任)
李小林(兼、2010.3 止)
副 主 任 周江龙 刘道平(女)
谭小林(2010.3 任)
许建平(2010.3 任)
赖惠萍(女)
党 工 委 委 员 周江龙 刘道平(女)
谭小林(2010.3 任)
许建平 郭方生
彭秋生(2010.3 任)
柳略涛(2010.3 任)
郭蛟龙(兼、2010.3 任)
李自力(2010.3 止)
刘双周(兼、2010.3 止)
人大工作室副主任 江文佳
人民武装部部长 彭秋生(兼、2010.3 任)
许建平(兼、2010.3 止)
办 公 室 主 任 阙宏丹(女)

南 桥 镇

中共镇委员会

书 记 黎平华
副 书 记 彭亿安 尹亦文
委 员 刘文秀 曾祥军
高 英(女、2010.3 任)
陈友水(2010.3 任)
席小斌(2010.3 止)
办 公 室 主 任 邓实奇

中共镇纪律检查委员会

书 记 刘文秀(兼)

镇人民代表大会

主　　　席　黎平华
副 主 席　钟发军(2010.3 任)
　　　　　赖艳霞(女、2010.3 止)

镇人民政府

镇　　　长　彭亿安
副 镇 长　徐依军　陈蓉军
　　　　　赖艳霞(女、2010.3 任)

镇人民武装部

部　　　长　陈友水(兼、2010.3 任)
　　　　　席小斌(兼、2010.3 止)

联合工会

主　　　席　黄先海(2010.3 任)
　　　　　钟发军(2010.3 止)

富 里 镇

中共镇委员会

书　　　记　刘高飞(2010.3 任)
　　　　　张建庚(2010.3 止)
副 书 记　杨　翔(2010.3 任)　付建安
　　　　　刘高飞(2010.3 止)
委　　　员　张家富　温水林
　　　　　席小斌(2010.3 任)
　　　　　刘　海(2010.3 任)
　　　　　杨　成(2010.3 止)
　　　　　汪　洋(2010.3 止)
办公室主任　张妍明(女、兼、2010.3 任)
　　　　　邓日云(2010.3 止)

中共镇纪律检查委员会

纪委书记　温水林(兼)

镇人民代表大会

主　　　席　刘高飞(2010.3 任)
　　　　　张建庚(2010.3 止)
副 主 席　彭昌烈

镇人民政府

镇　　　长　杨　翔(2010.3 任)
　　　　　刘高飞(2010.3 止)
副 镇 长　杨　成(2010.3 任)
　　　　　姚　瑾(女、2010.3 任)
　　　　　邓日云(2010.3 任)
　　　　　付建安(2010.3 止)
　　　　　陈仕良(2010.3 止)
　　　　　易辉平(2010.3 止)

镇人民武装部

部　　　长　张家富(兼)

联合工会

主　　　席　张妍明(女)

白兔潭镇

中共镇委员会

书　　　记　凌　伟
副 书 记　陈朝科　钟　敏
委　　　员　李国平(女)
　　　　　周远志(2010.3 任)
　　　　　廖志高(2010.3 任)
　　　　　吴德根(2010.3 止)
　　　　　张昌来(2010.3 止)
　　　　　罗明波(2010.3 止)
办公室主任　刘　军(2010.3 任)
　　　　　周远志(2010.3 止)

中共镇纪律检查委员会

书　　　记　李国平(女、兼)

镇人民代表大会

主　　　席　凌　伟
副 主 席　张昌来(2010.3 任)
　　　　　孙宇先(2010.3 止)

镇人民政府

镇　　　长　陈朝科
副 镇 长　周卫东　付兴乾
　　　　　罗明波(2010.3 任)
　　　　　钟　敏(2010.3 止)

镇人民武装部

部　　　长　周远志(兼、2010.3 任)

吴德根(兼、2010.3止)

联合工会

主　　席　陈利华(女)

浦　口　镇

中共镇委员会

书　　记　林志祥
副 书 记　张承宜　文建纯
委　　员　谭铁庚
章　佳(女、2010.3任)
贺勇峰(2010.3任)
李跃林(2010.3止)
姚　瑾(女、2010.3止)
周应和(2010.3止)
办公室主任　吴　敏(女、2010.3任)
章　佳(女、2010.3止)

中共镇纪律检查委员会

书记　谭铁庚(兼)

镇人民代表大会

主　　席　林志祥
副 主 席　付华德(2010.7止)

镇人民政府

镇　　长　张承宜
副 镇 长　甘飞兵　罗宏龙
黄永辉(2010.3任)
文建纯(2010.3止)

镇人民武装部

部　　长　贺勇峰(兼、2010.3任)
李跃林(兼、2010.3止)

联合工会

主　　席　邓　达(2010.3任)
程正良(2010.3止)

王　坊　镇

中共镇委员会

书　　记　蔡家财
副 书 记　陈云涛　黄　靖
委　　员　吴德根(2010.3任)
金小平(女)
赵西京(2010.3任)
刘宁波(2010.3止)
黄永辉(2010.3止)
钱素芳(女、2010.3止)
办公室主任　宋喜炎(2010.3任)
赵西京(2010.3止)

中共镇纪律检查委员会

书　　记　吴德根(兼、2010.3任)
黄永辉(兼、2010.3止)

镇人民代表大会

主　　席　蔡家财
副 主 席　漆建国(2010.3任)
沈贤陆(2010.3止)

镇人民政府

镇　　长　陈云涛
副 镇 长　欧阳戈德
易辉平(2010.3任)
刘宁波(2010.3任)
陈大兵(2010.3止)
黄　靖(2010.3止)

镇人民武装部

部　　长　赵西京(兼、2010.3任)
黄永辉(兼、2010.3止)

联合工会

主　　席　王英春(女)

王　仙　镇

中共镇委员会

书　　记　赖　洪(2010.3任)
石勇辉(2010.3止)
副 书 记　谢建林(2010.3任)
邓元新(2010.3任)
赖　洪(2010.3止)
孙　勇(2010.3止)
委　　员　陈茶花(女)　瞿孝桂
尹杰斌(2010.3任)

朱兴兵(2010.3 止)
办 公 室 主 任 谭春艳(2010.3 任)
尹杰斌(2010.3 止)

中共镇纪律检查委员会

书 记 尹杰斌(兼、2010.任)
朱兴兵(兼、2010.3 止)

镇人民代表大会

主 席 赖 洪(2010.3 任)
石勇辉(2010.3 止)
副 主 席 黄念军

镇人民政府

镇 长 谢建林(2010.3 任)
赖 洪(2010.3 止)
副 镇 长 姜 丹(女)
石金细(2010.3 任)
田芳宇(2010.3 任)
孙 勇(2010.3 止)
王邦铁(2010.3 止)

镇人民武装部

部 长 瞿孝桂(兼)

联合工会

主 席 胡 斌(2010.3 任)

东 堡 乡

中共乡委员会

书 记 赖晓智(女)
副 书 记 丁武华(2010.3 任)
郭 晖(2010.3 任)
谢世军(2010.3 止)
委 员 陈水云(女) 谢敬华
万卫华(2010.3 任)
文志勇(2010.3 止)
谢湘灵(女、2010.3 止)
钟 方(2010.3 止)
办 公 室 主 任 李 淼(2010.3 任)
万卫华(2010.3 止)

中共乡纪律检查委员会

书 记 谢敬华(兼)

乡人民代表大会

主 席 赖晓智
副 主 席 巫立新

乡人民政府

乡 长 丁武华(2010.3 任)
谢世军(2010.3 止)
副 乡 长 刘新建 陈金林(2010.3 任)
谢湘灵(2010.3 任)
文志勇(2010.3 止)
郭 晖(2010.3 止)

乡人民武装部

部 长 万卫华(兼、2010.3 任)
钟 方(兼、2010.3 止)

联合工会

主 席 向唯端

东 富 镇

中共镇委员会

书 记 邹柏柯(2010.1 任)
谭 辉(2010.1 止)
副 书 记 谢辉荣(2010.3 任) 蒋红专
委 员 刘秋竹(女)
阳自更(2010.3 任)
施祖泰(2010.3 任)
陈金林(2010.3 止)
王 军(2010.3 止)
办 公 室 主 任 邓 纯(女、2010.3 任)
施祖泰(2010.3 止)

中共镇纪律检查委员会

书 记 阳自更(兼、2010.3 任)
陈金林(兼、2010.3 止)

镇人民代表大会

主 席 邹柏柯(2010.1 任)

谭　辉(2010.1 止)
副主席　程许芬

镇人民政府

镇长　谢辉荣(2010.3 任)
副镇长　张卫根　谢宏治(2010.3 任)
王　军(2010.3 任)
蒋红专(2010.3 止)
石金细(2010.3 止)

镇人民武装部

部长　施祖泰(兼、2010.3 任)

联合工会

主席　张　益(2010.3 任)
阳自更(2010.3 止)

孙家湾乡

中共乡委员会

书记　温国战
副书记　杨　璟(女)
孙　勇(2010.3 任)
谢建林(2010.3 止)
委员　杨春雷　罗家田
谭怀民
钟　洁(女、2010.3 任)
谢建林(2010.3 止)
办公室主任　陈　靖(2010.3 任)
钟　洁(女、2010.3 止)

中共乡纪律检查委员会

书记　杨春雷(兼)

乡人民代表大会

主席　温国战
副主席　谢纪政

乡人民政府

乡长　杨　璟(女)
副乡长　陈仕良(2010.3 任)
黄永刚(2010.3 任)　易康广
邓元新(2010.3 止)

乡人民武装部

部长　谭怀民(兼、2010.3 任)
谢建林(兼、2010.3 止)

联合工会

主席　易悠悠(女、2010.3 任)
钟　峰(2010.3 止)

泗汾镇

中共镇委员会

书记　易拔山
副书记　欧阳未来(2010.3 任)
何春晖　漆振洪(2010.3 止)
委员　谢逢线　聂运虎
朱启才　彭承根(兼)
陈嗣佳(2010.3 任)
何宗和(2010.3 止)
办公室主任　林　波(2010.3 任)
胡海燕(女、兼、2010.3 止)

中共镇纪律检查委员会

书记　陈嗣佳(兼、2010.3 任)
何宗和(兼、2010.3 止)

镇人民代表大会

主席　易拔山
副主席　石新林

镇人民政府

镇长　欧阳未来(2010.3 任)
漆振洪(2010.3 止)
副镇长　宋艳红(女)　付竹生
何宗和(2010.3 任)
何春晖(2010.3 止)

镇人民武装部

部长　谢逢线(兼)

联合工会

主席　胡海燕(女、2010.11 止)

沈 潭 镇

中共镇委员会

书　　记　刘新华(2010.1 任)
　　　　　邹柏柯(2010.1 止)
副 书 记　胡炼红　文志勇(2010.3 任)
　　　　　刘新华(2010.1 止)
委　　员　张　勋
　　　　　邓丽君(女、2010.3 任)
　　　　　唐建辉(2010.3 止)
　　　　　胡炼红(2010.3 止)
办公室主任　钟　杨(兼、2010.3 任)
　　　　　瞿钦娟(女、兼、2010.3 止)

中共镇纪律检查委员会

书　　记　邓丽君(女、兼、2010.3 任)
　　　　　胡炼红(兼、2010.3 止)

镇人民代表大会

主　　席　刘新华(2010.1 任)
　　　　　邹柏柯(2010.1 止)
副 主 席　瞿钦娟(女)

镇人民政府

镇　　长　胡炼红(2010.3 任)
　　　　　刘新华(2010.1 止)
副 镇 长　谭新建　易传凤
　　　　　苏赤明(2010.3 任)
　　　　　胡炼红(2010.3 止)

镇人民武装部

部　　长　张　勋(兼)

联合工会

主　　席　钟　杨(2010.3 任)
　　　　　邓丽君(女、2010.3 止)

清水江乡

中共乡委员会

书　　记　谢世军(2010.3 任)
　　　　　苏承蒲(2010.3 止)
副 书 记　颜少龙(2010.3 任)
　　　　　刘　淼(女、2010.3 任)
　　　　　谢辉荣(2010.3 止)
委　　员　刘立群(女)
　　　　　易开春(2010.3 任)
　　　　　曾　亮(2010.3 止)
　　　　　颜少龙(2010.3 止)
办公室主任　易开春(兼、2010.3 止)

中共乡纪律检查委员会

书　　记　刘立群(女、兼)

乡人民代表大会

主　　席　谢世军(2010.3 任)
　　　　　苏承蒲(2010.3 止)
副 主 席　晏小虎(2010.3 任)
　　　　　漆建国(2010.3 止)

乡人民政府

乡　　长　颜少龙(2010.3 任)
　　　　　谢辉荣(2010.3 止)
副 乡 长　郭陆军　沈贤陆(2010.3 任)
　　　　　曾　亮(2010.3 任)
　　　　　颜少龙(2010.3 止)　刘　淼

乡人民武装部

部　　长　易开春(兼、2010.3 任)
　　　　　曾　亮(兼、2010.3 止)

联合工会

主　　席　易开春(兼、2010.3 止)

船 湾 镇

中共镇委员会

书　　记　唐哲明
副 书 记　姚飞勇(2010.3 任)
　　　　　张　坚(2010.3 任)
　　　　　周海军(2010.3 止)
　　　　　欧阳未来(2010.3 止)
委　　员　熊　敏(女)
　　　　　林　威(2010.3 任)
　　　　　刘传许(2010.3 止)

欧阳未来(2010.3 止)
办　公　室　主　任　汤婧晗(女、兼、2010.7 任)
林　威(兼、2010.3 止)

中共镇纪律检查委员会

书　　　　　　记　熊　敏(女、2010.3 任)
欧阳未来(兼、2010.3 止)

镇人民代表大会

主　　　　　　席　唐哲明
副　　　主　　　席　金俊雄

镇人民政府

镇　　　　　　长　姚飞勇(2010.3 任)
周海军(2010.3 止)
副　　　镇　　　长　刘　举(女)
刘传许(2010.3 任)
谭运喜(2010.3 任)
张　坚(2010.3 止)
欧阳未来(2010.3 止)

镇人民武装部

部　　　　　　长　林　威(兼、2010.3 任)
刘传许(兼、2010.3 止)

联合工会

主　　　　　　席　汤婧晗(女、2010.7 任)
林　威(2010.3 止)

大　障　镇

中共镇委员会

书　　　　　　记　朱思球(2010.3 任)
李忠业(2010.3 止)
副　　　书　　　记　匡兴武　刘　斌(2010.3 任)
陈云峰(2010.3 止)
委　　　　　　员　徐　瑾(女、2010.3 任)
钟　方(2010.3 任)
程正良(2010.3 任)
钟　华(女、2010.3 任)
漆　骋(2010.3 止)
欧阳建新(2010.3 止)
陈云峰(2010.3 止)
办　公　室　主　任　徐　瑾(女、2010.3 止)
熊　波(兼、2010.3 任)

中共镇纪律检查委员会

书　　　　　　记　徐　瑾(女、兼、2010.3 任)
欧阳建新(兼、2010.3 止)

镇人民代表大会

主　　　　　　席　朱思球(2010.3 任)
李忠业(2010.3 止)
副　　　主　　　席　熊　波(2010.3 任)
姚　宁(2010.3 止)

镇人民政府

镇　　　　　　长　匡兴武
副　　　镇　　　长　刘正旺　漆　骋(2010.3 任)
欧阳建新(2010.3 任)
陈云峰(2010.3 止)
刘　斌(2010.3 止)

镇人民武装部

部　　　　　　长　钟　方(兼、2010.3 任)
漆　骋(兼、2010.3 止)

联合工会

主　　　　　　席　李静伊

贺家桥镇

中共镇委员会

书　　　　　　记　吴礼阳(2010.1 任)
副　　　书　　　记　漆振洪(2010.3 任)
王邦铁(2010.3 任)
谭小林(2010.3 止)
吴礼阳(2010.1 止)
委　　　　　　员　漆锦江　杨兵文
谭小林(2010.3 止)
办　公　室　主　任　黄　睿(女、兼、2010.3 任)
晏小虎(2010.3 止)

中共镇纪律检查委员会

书　　　　　　记　漆锦江(兼)

镇人民代表大会

主　　　　　　席　吴礼阳(2010.1 任)

副主席　易虎龙(2010.3 止)

镇人民政府

镇长　漆振洪(2010.3 任)
　　吴礼阳(2010.1 止)
副镇长　胡金文　易虎龙(2010.3 任)
　　杨升良(2010.3 任)
　　陈海燕(女、2010.3 止)
　　谭小林(2010.3 止)

镇人民武装部

部长　漆锦江(兼)

联合工会

主席　黄　睿(女、2010.3 任)
　　晏小虎(兼、2010.3 止)

嘉树乡

中共乡委员会

书记　何文立
副书记　苏小中　彭卫东(2010.3 任)
　　杨　翔(2010.3 止)
委员　杨建文 贺凌艳(女)
　　易惠超(2010.3 任)
　　钟显亮(2010.3 止)
　　田芳宇(2010.3 止)
　　杨　翔(2010.3 止)
办公室主任　何　帆

中共乡纪律检查委员会

书记　杨建文(兼)

乡人民代表大会

主席　何文立
副主席　谭跃龙

乡人民政府

乡长　苏小中
副乡长　文万艳
　　陈海燕(女、2010.3 任)
　　钟显亮(2010.3 任)
　　谭宏治(2010.3 止)
　　杨　翔(2010.3 止)

乡人民武装部

部长　易惠超(兼、2010.3 任)
　　钟显亮(兼、2010.3 止)

联合工会

主席　贺　林(2010.3 任)
　　易惠超(2010.3 止)

神福港镇

中共镇委员会

书记　李子平
副书记　王　宇　邱红星
委员　易学均　钟志远(女)
办公室主任　徐达斌(兼、2010.3 任)
　　刘　海(兼、2010.3 止)

中共镇纪律检查委员会

书记　易学均(兼)

镇人民代表大会

主席　李子平
副主席　李　刚

镇人民政府

镇长　王　宇
副镇长　黄志凯　钟　征(2010.3 任)
　　王丽芳(2010.3 任)
　　宋　恒(2010.3 止)
　　邱红星(2010.3 止)

镇人民武装部

部长　易学均(兼)

联合工会

主席　徐达斌(2010.3 任)
　　刘　海(2010.3 止)

栗山坝镇

中共镇委员会

书记　何春伟

副　书　记　周绪球　王生如(2010.3 任)
丁武华(2010.3 止)
委　员　王智辉(女)
邹曼莉(女、2010.3 任)
周华林(2010.3 任)
唐彩霞(女、2010.3 止)
钟　征(2010.3 止)
贺志刚(2010.3 止)
丁武华(2010.3 止)
办公室主任　李　顺(2010.3 任)　王智辉

中共镇纪律检查委员会

书　记　王智辉(女、兼)

镇人民代表大会

主　席　何春伟
副　主　席　彭霞辉

镇人民政府

镇　长　周绪球
副　镇　长　文启华
唐彩霞(女、2010.3 任)
贺志刚(2010.3 任)
邹木蒲(2010.3 止)
丁武华(2010.3 止)

镇人民武装部

部　长　周华林(兼、2010.3 任)
钟　征(兼、2010.3 止)

联合工会

主　席　王　华

均　楚　镇

中共镇委员会

书　记　唐　飞
副　书　记　郭中阁
委　员　廖松华(女)　马楚坚
易　文(2010.3 任)
杨少武(2010.3 止)
赖洪璋(2010.3 止)
办公室主任　杨明军(2010.7 止)

中共镇纪律检查委员会

书　记　廖松华(女、兼)

镇人民代表大会

主　席　唐　飞
副　主　席　田花龙

镇人民政府

镇　长　钟富强
副　镇　长　叶建明　杨少武(2010.3 任)
赖洪璋(2010.3 任)
郭中阁(2010.3 止)
文放武(2010.3 止)

镇人民武装部

部　长　易　文(2010.3 任)
杨少武(兼、2010.3 止)

联合工会

主　席　刘礼英(女、2010.3 任)
王丽芳(女、2010.3 止)

石　亭　镇

中共镇委员会

书　记　田安平
副　书　记　张战明　余志勇
委　员　廖平安　王波涛
辜芝霞(女、2010.7 止)
谭运喜(2010.3 止)
办公室主任　李治国(2010.3 任)
万里鹏(2010.3 止)

中共镇纪律检查委员会

书　记　廖平安(兼)

镇人民代表大会

主　席　田安平
副　主　席　刘申强

镇人民政府

镇　长　张战明

副　镇　长　张光雪　田春耕
万里鹏(2010.3 任)
余志勇(2010.3 止)

镇人民武装部

部　长　王波涛(兼)

联合工会

主　席　刘金凤

板　杉　乡

中共乡委员会

书　记　张永辉
副　书　记　余建明　赖怡麦
委　员　钟淑秋(女)　文以祥
邓秋德　何春泉(2010.3 任)
郭　雄(2010.3 止)
办 公 室 主 任　简香萍(女、2010.3 任)
易　文(2010.3 止)

中共乡纪律检查委员会

书　记　何春泉(兼、2010.3 任)
郭　雄(兼、2010.3 止)

乡人民代表大会

主　席　张永辉
副　主　席　张圣密

乡人民政府

乡　长　余建明
副　乡　长　唐安邦　邹木蒲(2010.3 任)
郭　雄(2010.3 任)
吴文辉(女、2010.3 止)
赖怡麦(2010.3 止)

乡人民武装部

部　长　邓秋德(兼)

联合工会

主　席　黄日强

新　阳　乡

中共乡委员会

书　记　郭　健
副　书　记　王太忠　刘铁强(2010.3 任)
彭卫东(2010.3 止)
委　员　宋瑶林(2010.3 任)
卜　旭(女、2010.3 任)
高　英(女、2010.3 止)
唐　勇(2010.3 止)
彭卫东(2010.3 止)
办 公 室 主 任　张致轶(兼、2010.3 任)
宋瑶林(兼、2010.3 止)

中共乡纪律检查委员会

书　记　宋瑶林(兼、2010.3 任)
高　英(女、兼、2010.3 止)

乡人民代表大会

主　席　郭　健
副　主　席　张正跃

乡人民政府

乡　长　王太忠
副　乡　长　兰运平　匡润利
唐　勇(2010.3 任)
彭卫东(2010.3 止)

乡人民武装部

部　长　宋瑶林(兼、2010.3 任)
唐　勇(兼、2010.3 止)

联合工会

主　席　张致轶(2010.3 任)
宋瑶林(2010.3 止)

仙　霞　镇

中共镇委员会

书　记　张　文
副　书　记　孙　平　汤　文

醴陵市来龙门街道办事处马脑潭村

市党代表、书记　周江勇

主　任　张维斌

村支两委成员

醴陵市马脑潭村地处城区东郊，醴陵新城长庆示范区域内（在建）。辖区总面积4平方公里，有10个居民联组，总户数380户，总人口1400人。村党支部有党员56人，下设5个党小组。支委会由支部书记、副书记、组织委员、宣传委员组成。年内获株洲市“卫生村”和醴陵市计划生育“红旗单位”称号。

村支两委办公大楼

正在建设中的安置房

横跨村域的醴陵大道

株洲华宇房地产开发有限公司
（株洲市嘉信建筑工程有限公司）

总经理　李发佑

河西农贸综合楼设计图

株洲华宇房地产开发有限公司成立于2006年，集房产开发、销售为一体，拥有三级资质等级的房产开发企业，注册资金800万元。

公司成立至今，已成功开发陶瓷机械厂住宅楼、华宇商住楼、南门芙蓉园、天玺大厦、城投公司安置区、河西农贸综合大楼等。目前正在开发中的项目有银苑山庄，年竣工面积达3万余平方米。

2010年，公司完成投资4800万元，实现利润5000万元。新开工面积2.9万余平方米，施工面积2.17万余平方米。

年内，天玺大厦、河西农贸综合楼项目建设工程竣工，水、电、气、智能等附属工程和配套设施完成。新开工的“银苑山庄”别墅住宅小区的开发项目，占地面积8900.2平方米，建筑面积7404平方米，主体建筑施工正在进行中，预计2011年10月竣工。

天玺大厦设计图

正在建设施工中的银苑山庄

醴陵市枫树塘村

村委会成员

村级组织活动中心

西山街道办事处枫树塘村地处醴陵西郊，紧依渌水河畔，S313穿境而过。全村有15个村民小组、348户，1360人，有耕地面积44.37公顷。全年完成工农业总产值16003万元，比上年增加3210万元、增长25.1%。农民人均纯收入8450元，比上年增长12.2%。年内，投资37万余元，改造硬化组道1100米。为改善村容村貌，投资33.1万元，安装路灯46盏，同时聘请了专门人员负责境内道路两旁的清扫保洁。年底，村被西山街道办事处评为“新农村建设”和“农村创卫”工作先进单位。

市新农村建设试点项目之一——岳汝高速安置区。该项目按统一规划设计，统一外观、层高。图为施工现场。

村养殖场。图为饲养人员正在喂养家禽。

“农村创卫”一角

水稻长势喜人

醴陵市船湾中学

校　长　刘小昂

校委会班子成员

船湾中学现有中小学教师130人，学生共2000余人。学校始终把全面提高教育教学质量作为一切工作的出发点和归宿，教学质量跻身全市先进行列，省级历史科研课题《利用网络资源进行历史探究式教学》被评为全国教育科研成果一等奖。作为省教育学会心理教育专业委员会理事之一，学校曾多次被评为该理事会的先进单位，多年被评为市教育系统先进单位和“双文明”单位。

学校师生“创卫”宣传

▶ 精彩纷呈的校园艺术节

校园“红歌”赛

校园一角

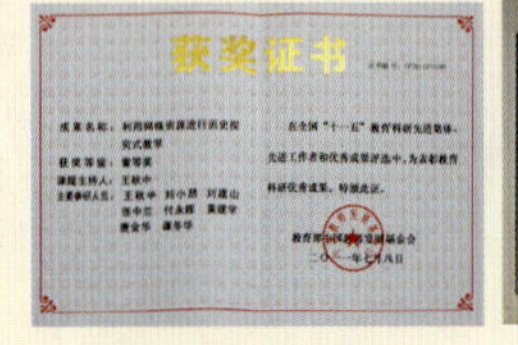

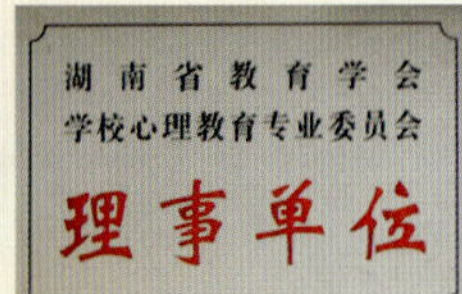

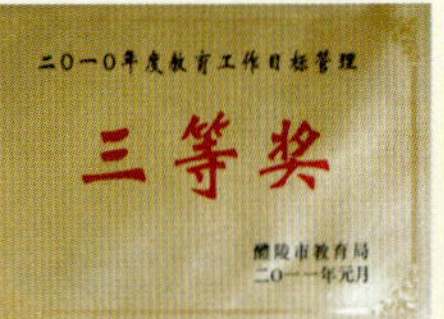

醴陵市渌江中学

校　长　李新建

书　记　钟武宜

市委书记谢清纯一行到校检查指导工作

中组部领导到校考察瓷艺教学

为弘扬醴陵陶瓷文化，提高学生动手能力，学校成立了瓷艺班。图为刘稀宬老师为学生进行瓷艺创作示范。

阳光体育活动

学校大门

醴陵市富里镇车上村

市人大代表、村书记　陈身福

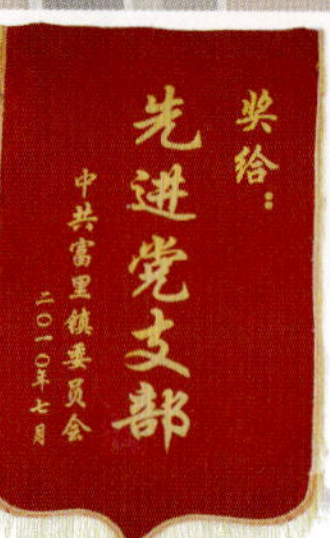

村支两委班子成员

村支两委班子成员检查、指导“三创”工作

全体党员“党日活动”

农业现代化

中国移动通信集团湖南有限公司株洲市醴陵市分公司

办公大楼

营业厅一角

2010年，中国移动通信集团湖南有限公司株洲市醴陵市分公司新增手机卖场1家、代办网点14家，实体渠道已达143家，形成了从农村到城市的立体营销服务网络。年内，以“创先争优”为主线，拓宽思路，创新营销，坚持诚信经营、用心服务，有效应对市场竞争，全年上缴地方税收880万元。年内，累计投入建设维护资金近7000万元，在白兔潭、船湾、嘉树等乡镇新建基站35个，分别在23个原有基站新增了3G设备。醴陵移动一直遵循“正德厚生、臻于至善”的核心价值观，全面开展“创建学习型组织、争做知识型员工”活动，不断提升全体员工的职业能力和水平，承担起应尽的社会责任。年内，分别获本市“2010年文明建设先进单位”、“诚信纳税户”、“文明窗口”等称号。

株洲分公司领导视察醴陵分公司

醴陵分公司领导深入门店督查

移动铁通移固电话综合捆绑促销活动动员大会

世界电讯日促销活动

班组知识竞赛

贺岁促销活动

醴陵市富里镇富里村

市人大代表、村书记　李志兵

村支两委班子成员

醴陵市富里镇富里村地处市东北部，紧邻富里集镇，辖村民小组28个，有1020户、4200人。村域面积5.46平方公里。有水田124公顷、旱土23.33公顷。本村以农业生产为主，不断发展乡村企业和蔬菜产业，目前全村蔬菜种植面积58.67公顷。帮助菜农引入先进技术支撑，加大科技投入力度，并于2009年成立“富里镇无公害蔬菜合作社”。菜农年均收入达9600元。年内，积极响应市“农村创卫”号召，投资10余万元，新增垃圾桶700个、配备环卫车辆1台，修建垃圾池40个，配备环卫人员6名；投资近70万元，新建了农民生活污水四级净化池；投资40余万元，改造了村级范围内生态猪圈。通过一系列的创卫举措，村面貌大为改观，为村民营造了一个美丽、干净、舒适的宜居环境。

村主任　李家法

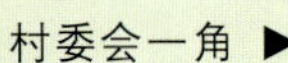
村委会一角 ▶

农家书屋一角

村蔬菜基地一角

醴陵市神福港中学

校长扬长花（左二）给校运动会获奖者颁奖

醴陵市神福港镇中学现有中小学生 1859 人，中小学校 8 所，幼儿园 8 所，在编教师 126 人。近三年来，学校投入软硬件建设资金 300 万余元，办学条件大为改善，教育质量大幅提升。现有 6 所中小学校成为省合格学校；神福中学被授予“株洲市示范性初中”和醴陵市“园林式单位”。

团结务实的校委会班子

化学实验课

校运动会

中心小学校园

神福港中学本部

转步中学

醴陵市石亭镇卫生院

醴陵市石亭镇卫生院是一所综合性的乡村医院，是市新型农村合作医疗的定点医院。内设内科、妇产科、儿科等多个科室，现有医护人员22人，其中医师6人。医院拥有超声乳透仪、电子阴道镜、全自动牵引床等设备。多年来，医院始终坚持”全心全意服务人民、服务群众”的宗旨，以最优的服务回报社会。

院　长　张进先

紧张有序的配药房

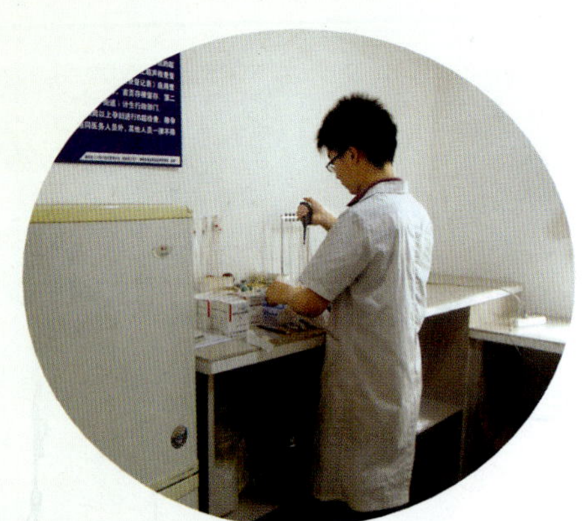

化验师正在进行相关化验

工作人员正在配药房紧张工作

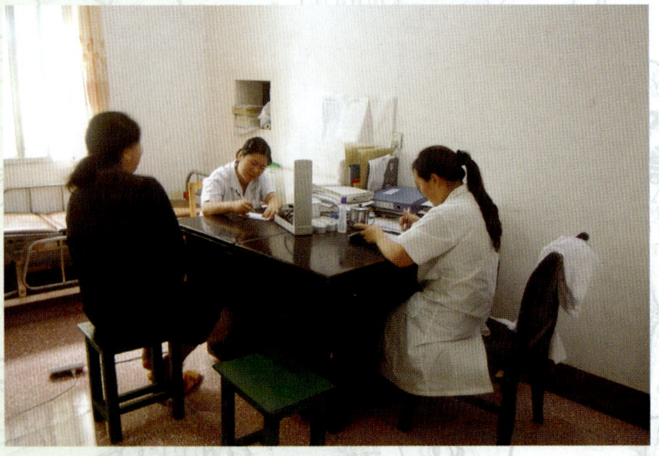

妇产科医师正在给病人细心问诊

醴陵市南桥镇清水村

市人大代表、书记　李呈旺

镇人大代表、主任　周光连

村支两委班子成员

村级道路

清水村位于市东部，村域面积9.3平方公里，有35个村民小组，1128户，4126人。有耕地面积1600公顷。交通便利，距市城区32公里，106国道穿境而过，“组组通水泥路”目标实现。工业以烟花鞭炮为主，有鞭炮加工企业15家，规模企业7家，个体私营企业20家，全年上缴税收500余万元。农业以水稻、油菜种植为主，生猪饲养为辅，其中龙场养猪场年出栏生猪4000多头。年内，为加快新农村建设步伐，加大了村基础设施建设力度。

养猪场一角

青云出口花炮厂

醴陵市富里镇塘坊村

市政协委员、镇人大代表、村书记　赖　年

村主任　陈友红

村支两委办公楼

村支两委班子成员

塘坊村地处市东北部，紧邻江西上栗县，有村民小组 11 个，465 户、2036 人。有劳动力 772 人，有党员 63 人，6 个党小组。村域面积 444.87 公顷，其中水田 62.33 公顷，旱土 26.13 公顷，山平塘 42 口，变压器 4 台，机埠 6 处。村域交通便利，市级栗富公路横穿本村，有村级公路 5.3 公里。现有企业 9 个，其中烟花鞭炮厂 6 个、砖厂 1 个、机械加工厂 2 个。

农家书屋一角

▲生产的部分花炮产品

村企业——湘泰出口花炮厂

委　　员　王　振
张洁玉(女、2010.3 任)
陈庆军(2010.3 止)
办公室主任　胡　广(兼、2010.3 任)
陈庆军(兼、2010.3 止)

中共镇纪律检查委员会

书　　记　王　振(兼)

镇人民代表大会

主　　席　张　文
副 主 席　陈　蒙

镇人民政府

镇　　长　孙　平
副 镇 长　董秋平(女)
陈庆军(2010.3 任)
汤　文(2010.3 止)
黄永刚(2010.3 止)

镇人民武装部

部　　长　王　振(兼、2010.3 任)
陈庆军(兼、2010.3 止)

联合工会

主　　席　胡　广(2010.3 任)
邹植军(2010.3 止)

黄达咀镇

中共镇委员会

书　　记　程高翔
副 书 记　夏春良　文放武(2010.3 任)
陈　琪(2010.3 止)
委　　员　吴拥军　晏振方(2010.3 任)
肖小武(2010.3 止)
陈　琪(2010.3 止)
办公室主任　廖　勇(女、兼、2010.3 任)
易悠悠(女、2010.3 止)

中共镇纪律检查委员会

书　　记　晏振方(兼、2010.3 任)
肖小武(兼、2010.3 止)

镇人民代表大会

主　　席　程高翔
副 主 席　钟　峰(2010.3 任)

镇人民政府

镇　　长　夏春良
副 镇 长　黄茂群　肖小武(2010.3 任)
唐建辉(2010.3 任)
陈　琪(2010.3 止)
苏赤明(2010.3 止)

镇人民武装部

部　　长　晏振方(兼、2010.3 任)
肖小武(兼、2010.3 止)

联合工会

主　　席　廖　勇(女、2010.3 任)

枫林市乡

中共乡委员会

书　　记　王志强(2010.3 任)
朱思球(2010.3 止)
副 书 记　丁　瑜(女、2010.3 任)
陈云峰(2010.3 任)
王志强(2010.3 止)
委　　员　兰礼平(女)
赵金亮(2010.3 任)
易恒珍(2010.3 止)
丁　瑜(女、2010.3 止)
办公室主任　周玉梅(女、兼、2010.7 任)
吴集兴(兼、2010.3 止)

中共乡纪律检查委员会

书　　记　兰礼平(女、兼)

乡人民代表大会

主　　席　王志强(2010.3 任)
朱思球(2010.3 止)
副 主 席　付暑炎

乡人民政府

乡　　长　丁　瑜(女、2010.3 任)
　　　　　王志强(2010.3 止)
副 乡 长　巫启军　易恒珍(2010.3 任)
　　　　　吴集兴(2010.3 任)
　　　　　丁　瑜(2010.3 止)

乡人民武装部

部　　长　赵金亮(兼、2010.3 任)
　　　　　易恒珍(兼、2010.3 止)

联合工会

主　　席　周玉梅(女、2010.7 任)
　　　　　吴集兴(2010.3 止)

官 庄 乡

中共乡委员会

书　　记　胡兆霖
副 书 记　彭庆纪　李明林
委　　员　刘　勇　瞿海翔
　　　　　李　兵(2010.3 任)
　　　　　朱印飞(2010.3 止)
　　　　　付伟文(2010.3 止)
办公室主任　黄定峰(兼、2010.3 任)
　　　　　邓　达(2010.3 止)

中共乡纪律检查委员会

书　　记　李　兵(兼、2010.3 任)
　　　　　朱印飞(兼、2010.3 止)

乡人民代表大会

主　　席　胡兆霖
副 主 席　付伟文(2010.3 任)
　　　　　柳略涛(2010.3 止)

乡人民政府

乡　　长　彭庆纪
副 乡 长　黄向阳(女)
　　　　　朱印飞(2010.3 任)
　　　　　邓亚军(2010.3 任)
　　　　　刘铁强(2010.3 止)

乡人民武装部

部　　长　瞿海翔(兼)

联合工会

主　　席　黄定峰(2010.3 任)
　　　　　邓亚军(2010.3 止)

(周海波)

人　　物

醴陵籍名人

何永才　男，汉族，中共党员，1953年8月出生于湖南省醴陵市。1970年12月入伍，1971年9月加入中国共产党，本科学历。历任××军军直高炮团、××集团军步兵第××师高炮团、高炮旅、师、集团军和山西军区战士、班长、排长、连长、营长、团长、副旅长、师参谋长、集团军副参谋长、军区副司令员等职。现任中国人民解放军山西省军区副司令员，少将军衔。先后荣立二等功一次、三等功四次。1998年，被国家防汛抗旱总指挥部授予“抗洪模范”称号。

从戎40余载，从士兵到将军，何永才无论身居何职，自觉用行动实践我军宗旨，善于用党的创新理论成果武装头脑、指导实践。他政治立场坚定，在大是大非面前旗帜鲜明，在思想上、行动上始终与党中央、中央军委保持高度一致。他热爱学习，始终把学习作为第一要务，自觉学习党的一系列创新理论成果，在军内外报纸杂志上刊发军事学术论文20余篇。他对已要求严格，尤其在担任不同的领导岗位中，始终坚持与党委“一班人”密切配合，工作中讲政治、讲团结、顾大局，具有较强的组织和领导能力。他勤奋敬业，阅历丰富，始终以对党、对人民、对军队建设高度负责的精神，坚持创新，锐意进取，扎实工作，屡创佳绩。

1974年5月，在任××军军直高炮团排长期间，因工作成绩突出荣立三等功一次。在任连队主官后，他身先士卒，勤奋敬业，所在连队被北京军区评为“硬骨头六连”式先进连队，并荣立集体二等功、个人荣立三等功。在任团长期间，始终牢记我军使命和任务，开拓进取，坚持创造性地开展工作，使团队全面建设的多项先进经验被上级广泛推广，所带团队被评为“全国‘二五普法’先进单位”，本人在全国普法工作会议上作典型经验介绍。

1986年11月至1988年5月，在任××集团军步兵第××师高炮团主官期间，积极响应国家号召，他率领全团官兵奔赴云南前线，参加中越边境自卫还击战，并荣立三等功一次。1993年，任步兵第××师参谋长后，坚持科技练兵，大胆创新训法战法，扭转了制约部队训练低层次徘徊的局面。所在单位、所属司令部曾先后多次被北京军区评为“军事训练先进单位”、“先进机关”。

1996年8月，他率队参加河北中南部抗洪抢险。在封堵饶阳决堤的缺口中，连续奋战七天七夜，为最终夺取抗洪抢险胜利做出了应有贡献。1998年，时任×集团军副参谋长的何永才，奉命率部参加“三江”流域历史罕见的“98抗洪”中，他率队转战江西九江、湖北洪湖、黑龙江哈尔滨等重灾区，行程数千公里，组织官兵成功封堵了长江干堤九江段决口，为保障沿江两岸人民群众的生命财产做出了突出贡献，被北京军区记二等功一次，被解放军四总部通报表彰，被国家防总、人事部、总政治部授予“抗洪模范”称号。同时，受到江泽民总书记、军委副主席张万年、迟浩田的亲切接见。

何永才热爱国防事业，立足军营建功业。在数十年的军旅生涯中，先后带领部队圆满完成了“南剑××”战役演习、××年新编摩步旅作战能力评估演练、“统一××××”战役演习等重大军事活动。其过硬的军政素质和优秀的军事指挥才能，深受各级好评。2002年3月，因突出表现、成绩显著，被组织选送到国防大学高级班深造。2006年10月，何永才调任山西省军区副司令员，主抓战备管理、部队安全稳定和后勤装备建设等工作。任期内，他深入基层，创新工作，坚持用科学发展观指导实践，所在单位一举跨入北京军区先进单位管理行列，其分管的工作曾多次受到总部、北京军区的通报表彰。

李泉华　男，材料热处理国家突出贡献专家。1940年5月11日生于贺家桥镇档梓山村。出身于教师家庭，从小受到良好的家庭教育，学习成绩优秀，品德高尚。1959年8月，毕业于醴陵一中高21班。1963年9月，毕业于贵州大学材料科学与冶金工程学院(原贵州工学院冶金系)，被分配至北京汽车集团北内有限公司（原北内集团）工作，先后任技术员、工程师、高级工程师、教授级高工、主任工程师、科长、处长、总工程师。连续多年被评为公司“先进工作者”、“先进职工标兵”、“优秀共产党员”，“北京市技术革新能手”和“技术协作标兵”。1990年，获北京市优秀科技人员一等奖。1992年，享受国家政府特殊津贴。1995年，获北京市有突出贡献的科学技术专家、有突出贡献专家(国家级)称号。

李泉华长期从事材料热处理

新工艺、新设备、新技术的研究和开发工作,凭着高度的责任心、事业心,不断拼博进取,连续取得科技进步奖15项、省部级以上的科技进步奖8项。其中,《加氧气体软氮化工艺》从根本上治理了工人操作环境;《结构钢零件热处理零保温工艺》打破了传统的加热理论,节省电耗40%左右;《高速钢刀具深冷处理工艺》提高刀具耐用度1倍以上。这些科技成果不仅为企业创造了千万元以上的经济效益,而且在节能、环保等方面为国家作出了突出贡献,社会效益更加显著。

李泉华发表论文50余篇,其中获优秀论文奖15篇。由机械工业出版社出版了《材料热处理技术论文集》、《热处理实用技术》、《热处理技术400问解析》、《热处理设备市场》、《材料热处理工程师资格考试指导书》等专著,共200万余字。他的先进事迹被先后收录于《当代中国自然科学者大辞典》、《当代科技之星》、《中国专家大辞典》、美国《工程机械》杂志、《世界工程专家名人录》等辞书,并在《北内工人报》、《北京汽车报》、《中国机电报》、北京人民广播电台等媒体上报道。

李泉华兼任了中国热处理行业协会常务理事,"全国拖拉机行业材料处理协作网"副网长兼内燃机网长,北京热处理行业协会副理事长,北京材料学会副理事长、秘书长,北京机械工程学会理事等职。先后被聘任为北京工业大学、华中科技大学、贵州工业大学兼职教授和多家企业、研究所技术顾问。连续四届任北京市高级职称评审委员会委员和评审专家。现任北京北内有限公司技术专家顾问委员会主任委员。

先进人物

第三届"感动株洲"十大人物

肖　敬　男,汉族,湖南醴陵市人,生于1986年6月6日。"关爱生命万里行"活动小组创始人。曾任中国生命关怀协会、中国宋庆龄基金会青少年生命教育组委会、中华国学院等顾问、督导、专家、委员。在醴陵市一中等多所学校担任校外辅导员。近十年来,他以从事为青少年提供生命教育、心理支持等为内容的志愿服务。

肖敬出生在醴陵一个农民家庭。2000年初,读初一时意外被烧伤。出院之后,他变得多思起来,并创办一个同伴教育组织,开始了同伴教育组织与志愿服务。2003年12月6日,他从某媒体上获得一则新闻:"12月5日,北京某大学一名大学生,因心理问题跳楼自杀"。那一刻,他的心情无比沉重。此后,他开始系统收集相关的案例,并以此为基础,筹拍了一部(共十集)关注青少年自杀现象的专题片。专题片拍完,他把片子揣进包里,自费到北京、武汉、长沙等地,以争取获得社会各界的支持。

经他近半年的宣传发动和向社会的呼吁,得到了国家和社会有关组织、群体等的大力支持。2004年4月30日,以"共建中国人道长廊"为目的,为了让全社会都来关注青少年的心理健康,在醴陵正式启动了"关爱生命万里行"活动。这是中国第一个以"预防青少年自杀和加强生命教育"为主题的民间公益群体。近年来,"关爱生命万里行"活动小组已发展成为一支遍及全国且以医务、教育、社会工作者、心理咨询师为主体的心理援助和生命教育的志愿者队伍,拥有数十万人。在全国各地举办100余场次生命教育活动,共发放和捐赠《浅谈生命教育读本》等生命教育类图书、手册数万本,印发各类宣传单数万份,举办"关爱生命展览"多次;并成功组织赴四川地震灾区的关爱行动5次。特别是一年一届的"茉莉花论坛"项目,已成为民间加强改进未成年人和大学生思想道德建设、探讨市场经济环境下的自我价值实现与生命和谐问题的交流平台。

肖敬,被媒体称为"网络游侠"、中国非著名自杀研究者,撰写了《浅谈生命教育》。通过书信、英特网、电话、面对面等多种形式,共接待、帮助有自杀倾向的青少年数百人;连续4年促成全国人大代表在全国人大会议上提出了预防自杀、生命教育的相关议案、建议。在市教育局、共青团醴陵市委的支持下,在全市多所学校探索了有中国本土文化的生命教育研究、实践和发展模式。在汶川"5·12"地震、玉树"4·14"地震发生的第二天,组织开展了为灾区青少年灾后紧急医疗、心理救援、生命理念的重构与生活信心的重塑工作。此外,他和"关爱生命万里行"活动小组其他志愿者,帮扶和助养了地震灾区10余个孤儿及贫困家庭孩子。他曾接受过日本国家电视台、《华盛顿邮报》、中央人民广播电台、中央电视台等近100家新闻媒体的采访和报道。

2005年11月,肖敬代表"关爱生命万里行"活动小组,给温家宝总理写信。很快,温总理给予了"省、市相关部门高度重视并落实"的相关批示。2010年12月,温总理给"关爱生命"志愿者活动小组回信,对五年来"关爱生命万里行"活动给予了充分肯定和鼓励。

五年来,肖敬先后获得"全国生命彩虹奖章"、湖南省青少年科技创新二等奖、"株洲市优秀青年志愿者"、第三届"感动株洲"特别奖等。

钟森林　52岁,现任官庄乡桃花小学校长。1978年,钟森林第一次踏上讲台。33年以来,他坚守山区,无怨无悔,一直在桃花冲的白合寺、小阳坑、大阳坑、三联、利川等学校任教。他翻山越岭,行走3万余里山路,他的足迹走遍了桃花冲里的每一个角落……

"军人以服从命令为天职,教师以关心爱护学生为天职",这是钟森林的座右铭。他常以父母之心去关爱每一个学生。山区里的人家多为单居独处,有的甚至相隔二三里地不见人家。但他却常去学生家家访、辅导学生或做留滞学生的工作。为了能好好地照顾学生,无论严寒酷暑,他一直坚持住校,把所有的精力全都花在了学生身上。多年来,他从未向组织提过什么要求,也从没向教育部门提出要调离这片大山。他说:“我离不开这里的学生,这里的孩子们也需要我;我不会离开这里,直到退休。”

几十年来,他一直过着省吃俭用的日子。尽管家庭负担重,至今仍住的是土墙屋,但他一直以来却尽力帮助贫困学生,不让一个孩子辍学。1983 年,在白合寺学校任教中,因学生杨光金兄妹家中母病住院,没钱再上学。他获悉这一情况后,立即赶到学生家,耐心细致地做家长及学生的思想工作,,并针对实际情况,主动帮助兄妹俩交了学费,还为他们购买了书包及学习用品等。仅这一次,他就为兄妹俩花销了 40 余元,这可是他当时的一个月工资收入。1989 年,在桃花中学任教中,也因学生杨科枚家中父病住院,无钱上学,他又帮她支付学费、生活费等 200 余元。而那时,他自己的两个孩子也在上学,但他从不舍得给他们零花钱,很少为他们添置新衣服。

钟森林上有两位老人,下有一双儿女,但生活的压力抵不过工作的高度责任与执著,这个瘦小的男人一直如一棵大树般地支持着。人不是铁打的。多年前,他患了严重的胃病,但他仍然带病坚守在课堂上。痛的时候,他忍住,经常等到下课后才偷偷躲在房间里用枕头顶住胃部,或是用毛巾捆住肚子,以此方法来缓解一下痛楚。后来,直到病情不能再拖了,他才不得不去医院做手术,切除了半个胃。他从手术台上下来没几天,就马不停蹄地回到了学校。由于他上课时太过于专注,有好几回,药罐子里熬的药被熬焦了,他浑不知晓。在他心里,始终只有那帮孩子。

钟森林付出了很多,但心里却十分满足。因为,33 年来,在他含辛茹苦的教育及关爱下,这些大山中的孩子陆续走出去,独自闯下了自己的一片天地。

钟光发　1997 年,从铁路部门退休的钟光发,坚持每天到醴陵渌江两岸捡垃圾。

从小在渌江边上长大的他,见到“母亲河”(渌江)被污染,痛心不已。“以前渌江河里有不少鱼,水很清澈。但现在鱼儿少了,污染很严重”。从此,钟光发立志:“要用行动感化别人。”于是,他起早贪黑、长年累月出没在渌江两岸捡垃圾。他想用自己的实际行动,为“母亲河”创造更好的环境。可是,捡了几年,他发现垃圾越捡越多。也常想“我再怎么拼命捡,还是赶不上别人扔垃圾的速度”。

一个人的力量有限。2002 年,在他的发动下,联合 40 余名志同道合者(其中年龄最大的 76 岁),并在市民政局注册成立了株洲市环保志愿者协会醴陵分会。另,成立了环保知识宣传乐团。他们进学校、进社区、进企业、到农村,并组织举办了环保知识书画展,倡导保护“母亲河”(渌江)、植树种草等一系列环保活动。截至当年 12 月,醴陵环保志愿者组织已发展到 3600 余人。

2007 ~ 2008 年,钟光发耗时 4 个月,他一个人骑着自行车,沿渌江到沿江两岸的王仙镇、南桥镇、富里镇、白兔潭镇,浏阳市的大瑶镇、金刚镇,株洲县的渌口镇及湘潭、长沙等地宣传环保,并调研沿途的造纸厂、化工厂等江边污染企业。他在自行车上插着一面写着“绿色、健康、低碳”字样的旗子,车子前面安装着喇叭。每到一个地方,他就向当地人宣传环保。若遇上污染企业,他就找厂领导、职工劝导,让他们重视环保,共同治理污染。

一个人的力量是渺小的,环境治理需要全社会的力量。他为治理“母亲河”风餐露宿,兢兢业业。但有时对那些缺乏环保意识的举动,感到羞愧不已。在富里镇镇域内,曾出现造纸厂老板放狗咬他的事情。当时,他到富里镇后,发现该镇造纸厂的污染很大,便找到当地村民、村干部,一起要求厂里综合处理污染问题。但该厂负责人却躲着不见。于是,他拿着喇叭在厂门口宣传环保。厂里对这位老人的行为感到很不满,就放出一只大狼狗吓他。

钟光发的胃因近年饮食不正常,导致时常出血。但他仍没日没夜地坚持在沿河两岸宣传环保。2007 年 6 月 5 日(世界环境保护日),他母亲去世,当时他正带着学生和环保志愿者在城区的街道上进行环保宣传。市环保志愿者协会醴陵分会成立 10 余年来,他以其执著和无私奉献的精神,身体力行,倡导绿色,宣传环保,为人类生存环境贡献出了自己的一份力量。

逝世人物

丁孝廉　男,汉族,1933 年 1 月出生于湖南攸县。1949 年 9 月参加革命工作。1949 年 10 月 ~ 1950 年 2 月,在湖南人民革命大学学习。1950 年 2 月,入省公安干校学习;6 月,调任湘西自治州公安处,任干事。后历任湖南省公安厅一处办事员、科员、副科长,其间荣立三等功一次。1954 年 3 月,加入中国共产党。1979 年 12 月,调醴陵县人民检察院任检察员。其间,曾多次荣获县、市先进工作者,3 次被株洲市授予“政法系统先进工作者”,2 次荣立三等功。1993 年 8 月,离职休养,享受副县级待遇。2010 年 9 月 3 日逝世,享年 77 岁。

汤太忠　男,汉族,1949 年 1 月 15 日,出生于市神福港镇。1968 年,湘潭师范毕业后,被分配到醴陵县革委会工作。曾先后在王仙镇、东堡乡任办公室主任,区委、公社党委委员、区委书记、县委办公室副主任。1971 年 11 月,加入中国共产党。1987 年,任醴陵县政府办公室主任。1994 ~ 1997 年,任醴陵市市委常委、宣传部长。1988 年,被株洲市授予“双文明建设先进工作者”。1997 年 10 月以后,先后任市统战部部长、政协副主席。2009年6月退休,享受正县级待遇。2010年3月16日,因病逝世,享年61岁。

张 林 男,汉族,1926年5月出生于天津市。1948年1月加入中国人民解放军,7月加入中国共产党。1949年南下。1954年,任黔区公安二队排长。1966年1月,任公安处第三劳改大队三中队副中队长。1972年,调醴陵县公安局任职。其间,曾先后被评为“醴陵县政法系统先进工作者”,县、局先进工作者,并记三等功一次。1986年3月离休,享受副县级待遇。2010年9月29日逝世,享年84岁。

孙茂竹 男,汉族,1924年5月19日出生于山东省福山县西黄山村。1949年2月至1949年4月,在沈阳市东北工人政治大学学习。1949年4月加入中国共产党并南下;1949年9月至1950年8月,任醴陵县渌江税务所稽查员。1950年8月至1951年11月,任醴陵县渌江税务所所长。1951~1956年,任醴陵县税务局副局长。1973~1976年,任醴陵县税务局工会主席。1976年5月,任醴陵县外贸局工会主席。1984年2月离休,享受副县级待遇。2010年11月19日逝世,享年86岁。

钱星期 男,汉族,1927年7月22日出生于醴陵王仙乡(现为王仙镇)。1949年4月,加入中国共产党醴陵地下支部秘密组建的中国新民主主义青年团。1950年1月,由醴师推荐调醴陵县公安局工作,先后任内勤、副股长、股长。1952年,加入中国共产党。1955年10月,调湘潭地区公安处协助工作。1957年3月,调醴陵县公安局任副局长。1958年,被错划为右派,曾先后被下放到公社、农场等地工作。1979年3月平反。1979年12月,由白兔潭公社调醴陵县人民法院,先后任审判员、民庭副庭长、党组成员兼协理员。1988年3月离休,享受副县级待遇。2010年3月11日,因脑梗塞医治无效逝世,享年83岁。

唐训初 男,1929年7月出生于湖南省浏阳县。1946年8月至1949年2月,服役于新四军6师16旅4团。1949年10月,加入中国共产党。1952年12月至1953年1月,服役于中国人民志愿军工兵三团,任见习管理员。1953年1月至1960年2月,任工程兵81团一连连长。1960年2月至1961年3月,就读于长沙高级工程兵学校。1961年3月至1974年3月,先后任沈阳军区、贵州军区工程兵队长、科长、副部长。1976年4月至1989年12月,任湖南醴陵电瓷厂副厂长。1989年12月退休,享受副处级待遇。2010年4月23日逝世,享年81岁。

(李春玲)

荣 誉 谱

先 进 集 体

2010 年醴陵市获奖综合荣誉

表 21

<table>
<tr><th>获奖单位</th><th>奖励(命名)名称</th><th>授予(命名)单位</th></tr>
<tr><td rowspan="2">醴陵市</td><td>全国粮食生产先进县</td><td rowspan="2">农业部</td></tr>
<tr><td>获批“国家粮食生产储备基地县(市)”</td></tr>
<tr><td>醴陵市</td><td>全国推进义务教育均衡发展工作先进市</td><td>教育部</td></tr>
<tr><td rowspan="2">醴陵市</td><td>全国婚姻登记规范化单位</td><td rowspan="2">民政部</td></tr>
<tr><td>全国农村五保供养工作先进县(市)</td></tr>
<tr><td>醴陵市</td><td>全国交通运输文明执法示范窗口</td><td>交通部</td></tr>
<tr><td>醴陵市</td><td>全国科技进步先进县(市、区)</td><td>科技部</td></tr>
<tr><td>醴陵市</td><td>全国人口和计划生育工作优质服务先进单位</td><td>国家人口和计划生育委员会</td></tr>
<tr><td>醴陵市</td><td>中国十佳和谐可持续发展城市(中小城市)</td><td>第三届中国和谐城市可持续发展论坛委员会</td></tr>
<tr><td>醴陵市</td><td>中国金融生态城市</td><td>欧洲和中国战略合作与发展论坛委员会</td></tr>
<tr><td>醴陵市</td><td>中国绿色名县</td><td>中国绿色名县推介委员会、中国县镇绿色发展论坛组委会</td></tr>
<tr><td rowspan="6">醴陵市</td><td>湖南省卫生城市</td><td rowspan="8">湖南省人民政府</td></tr>
<tr><td>湖南省发展乡镇企业先进县(市)</td></tr>
<tr><td>湖南省引进外资工作先进县</td></tr>
<tr><td>湖南省建设教育强县(市、区)先进集体</td></tr>
<tr><td>湖南省学前三年教育先进县(市)</td></tr>
<tr><td>湖南省安全生产监督管理工作先进县(市)</td></tr>
<tr><td rowspan="2">醴陵市</td><td>湖南省“芙蓉杯”水利建设先进县(市、区)</td></tr>
<tr><td>湖南省推进新型工业化工作红旗单位</td></tr>
<tr><td>醴陵市</td><td>湖南省粮食生产标兵县</td><td>湖南省农业厅</td></tr>
<tr><td rowspan="3">醴陵市</td><td>湖南省人口和计划生育工作优质服务先进单位</td><td rowspan="3">湖南省省委办公厅、省人民政府办公厅</td></tr>
<tr><td>湖南省全员人口信息化建设工作先进单位</td></tr>
<tr><td>湖南省综合治理出生人口性别比偏高问题工作先进单位</td></tr>
<tr><td rowspan="3">醴陵市</td><td>株洲市 2010 年非物质文化遗产普查先进集体</td><td rowspan="3">株洲市人民政府</td></tr>
<tr><td>株洲市推进新型工业化工作红旗单位</td></tr>
<tr><td>株洲市政务公开工作先进单位</td></tr>
<tr><td>醴陵市</td><td>株洲市“普通话初步普及、汉字社会应用基本规范达标城市”</td><td>株洲市语言文字工作委员会</td></tr>
<tr><td>醴陵市</td><td>株洲市科普示范先进县(市)</td><td>株洲市科协</td></tr>
</table>

2010年全国(条线)先进单位、集体

表22

获奖单位	奖励(命名)名称	授予(命名)单位
醴陵市民政局	全国五保供养工作先进单位	民政部
	全国婚姻登记规范化单位	
醴陵市交通局	全国交通运输文明执法示范窗口	交通部
醴陵市交通警察大队	全国优秀县级车辆管理所	公安部
湖南师范大学附属湘东医院	全国医院感染监测先进单位	卫生部
	全国绿化模范单位	全国绿化委员会
醴陵市教育局关工委	全国教育系统关工委工作先进单位	教育部
醴陵市第一中学	英语等级(PETS)考试全国优秀考点	
醴陵市文化体育局	全国新闻出版系统"五五"普法先进单位	国家新闻出版总署
醴陵市人口和计划生育局	全国人口和计划生育系统先进集体	国家人口计生委
醴陵市纪律检查委员会	全国纪检监察系统先进单位	中央纪律检查委员会
醴陵市统计局	全国2006~2010年统计法制统计宣传教育先进单位	国家统计局
	"五五"普法先进单位	
醴陵市林业局	全国村级森防员培训工作先进单位	国家林业局
醴陵市嘉树乡	全国创建文明村镇工作先进村镇	中央精神文明建设指导委员会办公室
醴陵市文化体育局、新闻出版(版权)局	全国新闻出版系统"五五"普法先进单位	国家新闻出版(版权)总局
湖南出入境检验检疫局醴陵办事处	全国质检系统"五五"普法先进单位	国家质量监督检验检疫总局

2010年湖南省(条线)先进单位、集体

表23

获奖单位	奖励(命名)名称	授予(命名)单位
醴陵市人民检察院、湖南华联瓷业有限公司	湖南省文明单位	中共湖南省委、省人民政府
醴陵市孙家湾乡	湖南省文明村镇	
醴陵市商务局	湖南省市场监测工作先进单位	湖南省人民政府
	湖南省利用外资先进单位	
	湖南省内联引资先进单位	
醴陵市安全生产监督管理局	湖南省安全生产监督管理工作先进单位	
醴陵市物价局物价检查所	湖南省依法办事示范窗口先进单位	
武警株洲市支队醴陵中队	湖南省交通警察按纲建队先进中队	湖南省武警总队
	湖南省交通警察安全工作先进单位	
	湖南省交通警察正规化执勤一级单位	
醴陵市物价局	湖南省价格工作先进集体	湖南省物价局
醴陵市物价局价格调节基金办公室	湖南省价格调节基金征管工作先进集体	
醴陵市物价局物价检查所	湖南省价格综合法规先进集体	
醴陵市物价局价格认证中心	湖南省先进价格认证中心	
醴陵市纪律检查委员会	湖南省纪检监察系统先进单位	湖南省纪律检查委员会
醴陵市烟草专卖局	湖南省优秀县级烟草专卖局	湖南省烟草专卖局
	湖南省优秀县级烟草专卖分公司	

续表 23

获奖单位	奖励(命名)名称	授予(命名)单位
醴陵市公安局交通警察大队车管所	湖南省人民满意交警基层所队	湖南省公安厅
醴陵市公安局人口与出入境管理大队	湖南省证照工本费管理工作先进单位	
醴陵市公安局交通警察大队	湖南省公安机关"三基一化"工作先进基层单位	
	湖南省公安交警系统规范执法示范岗	湖南省公安厅交警总队
	湖南省一等县级车辆管理所	
	湖南省创建“人民满意车管所”先进单位	
	湖南省公安交警系统综合考评优秀单位	
醴陵市法律援助中心	湖南省“十佳法律援助机构”	湖南省司法厅
醴陵市交通局	湖南省交通运输法制工作暨行政执法工作先进集体	湖南省交通厅
中国邮政储蓄银行醴陵市支行	湖南省公司业务发展“十优”支行	中国邮政储蓄银行湖南省分行
醴陵市农村信用合作联社	2010 年度湖南省先进单位	湖南省农村信用合作联社
醴陵市农村信用合作联社城区信用社	2010 年度湖南省银行业文明规范服务示范单位	
醴陵市畜牧兽医水产局	湖南省畜牧水产综合管理工作先进单位	湖南省畜牧兽医水产局
	湖南省动物防疫工作先进单位	
	湖南省饲料管理工作先进单位	
醴陵市人民武装部	全面建设先进旅团单位	湖南省省军区
醴陵市人民武装部党委	先进旅团单位党委	
醴陵市农业机械管理局	湖南省农机系统“创先争优”先进单位	湖南省农业厅
醴陵市神福港镇	湖南省平安农机示范乡镇	
醴陵市农业局	湖南省农产品质量监管综合示范县先进单位	
醴陵市老干部局	湖南省老干部宣传工作先进单位	湖南省委老干部局
醴陵市妇女联合会	湖南省妇联系统宣传工作先进单位	湖南省妇联
醴陵市档案史志局	湖南省党史系统“2009～2010 年度先进集体”	中共湖南省委党史研究室
醴陵市房产管理局	湖南省白蚁防治优质服务先进单位	湖南省白蚁防治专业委员会
醴陵市第二中学	湖南省优秀考点	湖南省教育厅
醴陵市第一中学	湖南省基础教育课程改革样板校	
	湖南省学校心理健康教育先进单位	
醴陵市林业局	湖南省“林地管理年”活动先进单位	湖南省林业厅
	湖南省“十一五”林业有害生物防治工作先进单位	
	湖南省林木测土配方信息系统建设工作先进单位	
醴陵市民政局	湖南省民政信息化建设先进单位	湖南省民政厅
	湖南省 2010 年度乡镇地名设标工作先进单位	
	湖南省 2010 年度慈善工作先进单位	
	湖南省全员人口信息化建设工作先进单位	

续表 23

获奖单位	奖励(命名)名称	授予(命名)单位
湖南省电力公司电瓷电器厂	湖南省电力公司 2010 年“三节约活动”先进单位	湖南省电力公司
	湖南省电力公司 2010 年“预算管理”先进单位	

2010 年株洲市(条线)先进单位、集体

表 24

获奖单位	奖励(命名)名称	授予(命名)单位
醴陵市地方税务局	株洲市 2010 年度文明建设红旗单位	中共株洲市委、市人民政府
醴陵市石亭镇、富里镇、来龙门街道办事处、市人民法院、人口和计划生育局、广播电视(中心) 局、房产管理局、农业发展银行、中国人民银行醴陵支行、公安局、株洲时代金属制造有限公司、南桥镇潼塘村	株洲市 2010 年度文明建设先进单位	
醴陵市公安局交通警察大队	株洲市优化发展环境先进单位	株洲市人民政府
	株洲市道路交通安全工作先进单位	
醴陵市物价局	株洲市价格管理工作红旗单位	
醴陵市安全生产监督管理局	株洲市安全生产监督管理工作红旗单位	
醴陵市城市管理行政执法局	株洲市抗冰救灾先进集体	
醴陵市城市管理行政执法局	株洲市“两型社会”创建先进单位	
醴陵市纪律检查委员会	株洲市反腐倡廉建设工作先进单位	株洲市纪律检查委员会
醴陵市来龙门街道办事处胜利社区	株洲市精神文明建设文明社区	株洲市文明委
醴陵市孙家湾乡孙家湾村	株洲市精神文明建设文明村镇	
醴陵市交通局机关	株洲市精神文明建设文明机关	
湖南出入境检验检疫局醴陵办事处	株洲市精神文明建设文明窗口	
左权中路	株洲市精神文明建设文明街道	
李立三同志故居管理所	株洲市精神文明建设文明风景旅游区	
周蕾、杨棉堂家庭,谢年华、郭智家庭,周蒲英、翁菊清家庭	株洲市精神文明建设文明家庭	
湖南出入境检验检疫局醴陵办事处	株洲市“文明窗口”单位	
醴陵市统计局	株洲市统计系统综合考核先进单位	株洲市统计局
醴陵市供销合作社联合社	2010 年度供销合作社综合业务考核先进单位	株洲市供销社
醴陵市公安局国保大队	株洲市政法工作先进集体	株洲市政法委
	株洲市政法工作先进单位	
醴陵市人民检察院	株洲市先进基层检察院	株洲市人民检察院
醴陵市交通局	株洲市春运工作先进单位	株洲市交通局
醴陵市邮政局	株洲市邮政工作先进单位	株洲市邮政局
中国邮政储蓄银行醴陵市支行	株洲市新闻信息先进单位	中国邮政储蓄银行株洲市分行
	株洲市三优支行	
	株洲市先进县(市)支行	

续表 24

获奖单位	奖励(命名)名称	授予(命名)单位
醴陵市盐业管理局	株洲市盐政管理先进单位	株洲市盐业管理局
	株洲市盐业系统双文明建设先进单位	
醴陵市地方税务局	株洲市“省直县管”先进单位	株洲市地方税务局
醴陵市卫生局	株洲市老科协工作先进单位	株洲市老科协
醴陵市卫生局	株洲市卫生工作综合目标管理考核先进单位	株洲市卫生局
醴陵市新型农村合作医疗管理办公室	株洲市新农合工作综合目标管理考核红旗单位	株洲市卫生局
醴陵市卫生监督所	株洲市学校卫生监督工作先进集体	
醴陵市文学艺术界联合会	株洲市文联系统先进单位	株洲市文联
醴陵市广播电视(中心)局	株洲市广播电视工作先进单位	株洲市广播电视局
醴陵市畜牧兽医水产局	株洲市重大动物疫病防控红旗单位	株洲市畜牧兽医水产局
	株洲市养殖业工作红旗单位	
醴陵市人民武装部	军事训练先进单位	株洲市军分区
	安全管理先进单位	
	后勤管理先进单位	
醴陵市农业机械管理局	株洲市农机化工作先进单位	株洲市农机管理局
	株洲市农机信息工作先进单位	
中共醴陵市委组织部	株洲市调研工作先进单位	中共株洲市市委组织部
中共醴陵市委宣传部	株洲市党报党刊发行工作先进单位	中共株洲市委宣传部
醴陵市档案史志局	株洲市党史工作先进单位	中共株洲市委
	株洲市档案工作先进单位	株洲市档案局
《醴陵年鉴》	全国第二届地方综合年鉴评比二等奖(2008 卷)	中国地方志指导小组办公室、中国地方志协会
醴陵市总工会	株洲市工会工作先进单位	株洲市总工会
	株洲市工会组建工作先进单位	
醴陵市人民法院、阳东电瓷电器有限公司工会委员会	株洲市“模范职工之家”	
醴陵市均楚镇、阳三石街道办事处工会联合会	株洲市“六好”乡镇(街道)工会	
醴陵市妇女联合会	株洲市妇女工作先进单位	株洲市妇女联合会
醴陵市农业局	株洲市农业工作红旗单位	株洲市农业局
	株洲市农产品质量监管红旗单位	
醴陵市科学技术局	株洲市科技工作红旗单位	株洲市科技局
醴陵市民政局	株洲市民政工作先进单位	株洲市民政局
	株洲市村务公开民主管理先进单位	
	株洲市城市社区建设先进单位	
	株洲市婚姻登记规范化建设先进单位	
	株洲市婚姻登记计生综治工作先进单位	
醴陵市第一中学	株洲市教学质量管理先进单位	株洲市教育局
	株洲市教育学会先进集体	
	株洲市 2010 年高中学业水平考试先进单位	

续表 24

获奖单位	奖励(命名)名称	授予(命名)单位
醴陵市第四中学	株洲市教学质量管理突出贡献单位	株洲市教育局
醴陵市陶瓷烟花职业技术学校	株洲市教学管理先进单位	
醴陵市德才职业学校	株洲市民办教育先进单位	
醴陵市枫林市乡	株洲市人口和计划生育红旗单位	株洲市人口和计划生育局
醴陵市黄泥坳街道办事处	株洲市人口和计划生育先进单位	
醴陵市来龙门街道办事处		

2010 年醴陵市级先进单位、集体

表 25

获奖单位	奖励(命名)名称	授予(命名)单位
醴陵市国家税务局、财政局、农业局、企业发展促进局、电力局、交通警察大队、阳三石街道办事处、沈潭镇、环境卫生管理处、来龙门街道办事处珊田村、华鑫电瓷电器有限公司、湖南新世纪陶瓷有限公司	醴陵市文明建设红旗单位	中共醴陵市委、市人民政府
醴陵市人民政府办公室、卫生局、劳动和社会保障局、规划局、林业局、工商行政管理局、株洲海关驻醴陵办事处、株洲移动通信醴陵分公司、高新技术产业发展有限公司、人民检察院反贪污贿赂局、计划生育执法局、文物局、安全生产打非联合执法大队、市委组织部组织科、地方税务局第一税务分局、周坊水库管理所、公路局路政大队、生猪定点屠宰办、黄泥坳街道办事处八里庵社区、石椴村、西山街道办事处河西村、湖南泰鑫瓷业有限公司、阳三石街道办事处企石村、南桥镇凤形村、富里镇利民花炮厂、白兔潭中学、王坊中学、王仙镇、石艳村、孙家湾乡孙家湾村、泗汾镇车站居委会、沈潭镇双龙村、湖南金塔集团、船湾镇船湾村、醴陵神马花炮有限公司、贺家桥镇洪罗村、嘉树乡嘉树村、均楚镇潘家冲村、石亭镇石亭居委会、栗山坝镇茶溪村、神福港镇龙虎村、板杉乡流碧桥村、新阳乡湖潭村、醴陵泰华建筑工程有限公司、枫林市乡黄村、湖南东富集团醴陵建设有限公司、湖南太阳电力电瓷电器制造有限公司、中天建设有限公司官庄分公司、雄鹰出口烟花爆竹厂、远泰建设工程有限公司清水江分公司	醴陵市文明建设先进单位	
阳三石街道办事处、嘉树乡、东富镇、白兔潭镇、王仙镇	经济发展综合实力"五强"乡镇(街道)	
泗汾镇、板杉乡、大障镇、沈潭镇、东堡乡	经济发展综合实力"五快"乡镇(街道)	

续表 25

获奖单位	奖励(命名)名称	授予(命名)单位
醴陵市财政局、水利局、监督局、农业局、农机局、统计局	醴陵市粮食生产先进工人部门	中共醴陵市委、市人民政府
醴陵市国家税务局、地方税务局、株洲海关驻醴陵办事处、南桥镇大平村、东富镇伏龙村、醴陵中油燃气有限责任公司	支持产业发展先进单位	
醴陵市环境卫生管理局、卫生监督所、来龙门街道办事处文庙社区、西山街道办事处碧山社区、醴陵市太一综合市场管理处	醴陵市城市“创卫”工作红旗单位	
醴陵市卫生局、城管执法大队、交通警察大队第一执勤中队、工商行政管理局中心工商所、疾病预防控制中心、自来水公司、来龙门街道办事处四塘社区、黄泥坳街道办事处姜湾社区、阳三石街道办事处玉屏山村、西山街道办事处书院社区	醴陵市城市“创卫”工作先进单位	
孙家湾乡、东堡乡	醴陵市社会治安综合治理工作红旗单位	
中共醴陵市市委办公室、市人民政府办公室、市国家税务局、地方税务局、农村信用合作联社、交通局、工商行政管理局、农业局、房产管理局、规划局、城市管理行政执法局、审计局、广播电视(中心)局、物价局、嘉树乡、官庄乡、石亭镇、清水江乡、栗山坝镇、均楚镇、白兔潭镇、大障镇、南桥镇、浦口镇、来龙门街道办事处、阳三石街道办事处	醴陵市社会治安综合治理工作先进单位	
板杉乡	醴陵市安全生产工作红旗单位	
富里镇、东富镇、贺家桥镇、仙霞镇、嘉树乡、孙家湾乡、阳三石街道办事处、公安局、安全生产监督管理局	醴陵市安全生产工作先进单位	
阳三石街道办事处、来龙门街道办事处、孙家湾乡、枫林市乡、东富镇	醴陵市人口和计划生育工作红旗单位	
西山街道办事处、嘉树乡、清水江乡、黄泥坳街道办事处、沈潭镇、神福港镇、王仙镇、黄达咀镇、贺家桥镇、东堡乡	醴陵市人口和计划生育工作先进单位	
醴陵市监察局、财政局、人民法院	醴陵市综合治理工作红旗单位	
醴陵市民政局、广播电视(中心) 局、人事局、卫生局、公安局、工商行政管理局、建设局、人民检察院、教育局、移民局、农业综合开发办公室、房产管理局、劳动和社会保障局、食品药品监督管理局、人口和计划生育局	醴陵市综合治理工作先进单位	
泗汾镇淇田村、板杉乡土株岭村、东堡乡大林村、官庄乡长连村、来龙门街道办事处珊田村、阳三石街道办事处黄沙村、西山街道办事处万宜村、黄泥坳街道办事处横店村	醴陵市支持重点工程建设先进单位	
南桥镇、孙家湾乡、黄泥坳街道办事处、畜牧兽医水产局、财政局、国土资源管理局	醴陵市招商引资先进单位	

续表 25

获奖单位	奖励(命名)名称	授予(命名)单位
贺家桥镇、石亭镇、黄达咀镇、泗汾镇	醴陵市粮食生产工作红旗单位	中共醴陵市委、市人民政府
沈潭镇、大障镇、清水江乡、均楚镇、富里镇、新阳乡、仙霞镇、枫林市乡、孙家湾乡、白兔潭镇	醴陵市粮食生产工作先进单位	
富里镇、石亭镇、孙家湾乡、枫林市乡	醴陵市农村"创卫"工作红旗单位	
富里镇	醴陵市森林防火工作红旗单位	
官庄乡、嘉树乡、东堡乡、监察局	醴陵市森林防火工作先进单位	
白兔潭镇洣塘村、王坊镇联盟村、东富镇凤仪塘村、沈潭镇美田桥村、大障镇马恋村、贺家桥镇新台村、嘉树乡玉茶村、石亭镇永红村、板杉乡擂鼓桥村、枫林市乡枫林市村	醴陵市精神文明建设文明村	醴陵市精神文明建设指导委员会
来龙门街道办事处胜利社区、黄泥坳街道办事处姜湾社区、西山街道办事处碧山社区、阳三石街道办事处阳三社区、玫瑰园小区	醴陵市精神文明建设文明社区(小区)	
醴陵市人事局机关、文化体育局机关、建设局机关、西山街道办事处机关、东富镇镇政府机关	醴陵市精神文明建设文明机关	
醴陵市政务中心办证大厅、国土资源局办证大厅、劳动和社会保障局办证大厅、交通警察大队车辆管理所、新华书店瓷城大道营业部	醴陵市精神文明建设文明窗口	
付业阳、黄保卫家庭,邓林发、史月华家庭,叶武英、肖金花家庭,汤洁、张田强家庭,袁秋中、张庆家庭,陈升文、黄月梅家庭,叶志刚、曹细媛家庭,付端林、易理云家庭,汪梅英、杨长岳家庭,王恢兵、殷爱珍家庭	醴陵市精神文明建设文明家庭	

先进个人

2010年全国(条线)先进个人

表 26

获奖个人	奖励(命名)名称	授予(命名)单位
颜建明	全国先进工作者	国务院
张本忠	2010 年度全国模范调解员	司法部
彭新国	全国乡镇卫生院优秀院长	全国农村卫生协会
刘建辉	2010 年全国优秀教师	中国教育学会化学专业委员会

2010 年湖南省(条线)先进个人

表 27

获奖个人	奖励(命名)名称	授予(命名)单位
余汉平	湖南省 2010 年春运工作先进个人	湖南省人民政府
贺建军	优秀旅团单位党委书记	湖南省省军区
周　刚	抗洪抢险先进个人	
李云翔	湖南省公安机关正规化建设基层示范标兵	湖南省公安厅
陈淳华	2008～2009 年度全省优秀破案办案能手	
何泉生	湖南省"三好"老干部	湖南省委老干部局
陈彰伟	湖南省老干部工作先进个人	
徐志宏	湖南省党史系统"2009～2010 年度先进工作者"	中共湖南省委党史研究室
姚　丹	民革湖南省优秀基层党务工作者	中国国民党革命委员会湖南省委员会
李忆湘　李潜滋　邓立平　胡志力　刘　华	民革湖南省优秀党员	
何　柢	湖南省优秀共青团干部	共青团湖南省委、省人力资源和社会保障厅
汤再忠	湖南省城市市容环境卫生工作先进工作者	湖南省建设厅
郭云英	湖南省优秀监考员	湖南省教育厅
汪　丹	湖南省语言文字工作先进个人	湖南省教育厅、湖南省语言文字工作委员会
方　勇	湖南省第十一届运动委员会先进个人	湖南省第十一届运动委员会

2010 年株洲市(条线)先进个人

表 28

获奖个人	奖励(命名)名称	授予(命名)单位
宋友红　田安平　刘高飞　程曙光　钟国建　许君明　温国战　夏文华　刘晋湘　肖国平　陈建球　丁　辉　潘俊明　顾东来　石军生　何文立　钟森林　陈振江　张静文　龙理真　江小英　罗　哲　凌雪枚　曾喜来　肖　敬　余汉平　文巧凡	株洲市文明建设先进个人	中共株洲市委、市人民政府
张思友　陈自绪　何昌楚　张树基　易显云　陈留辉　陈光立　周中全　周莲香　兰　飞　潘国可　王邦新　彭冬华　谢树雪　张建萍　李　丹　贺建先　姚志群　朱亚罗　汤学中　付足平　李思念　张德雨　程佰勋　程伟光	株洲市精神文明建设文明公民	株洲市文明委
黎志清	株洲市招商工作先进个人	株洲市人民政府
文巧凡	株洲市劳动模范	
杨水生	株洲市党史工作先进个人	中共株洲市委
邓　攀	株洲市政法系统"创五好、争一流"竞赛活动先进个人	株洲市政法委
张　倩	株洲市公安机关"十佳社区民警"	株洲市公安局

续表 28

获 奖 个 人	奖励(命名)名称	授予(命名)单位
周 刚 贺建军	“四会教育”先进个人	株洲市军分区
谭亚平	新闻报道先进个人	
刘卫军 瞿孝云	年度工作先进个人	
瞿志英	株洲市首届“道德模范”	株洲市总工会
汪发良 杨 颖 邓勇航等	民革株洲市优秀党员	中国国民党革命委员会株洲市委员会
肖祥甫 王大祥	民革株洲市优秀党务工作者	
彭湘陵	株洲市优秀青年志愿者	共青团株洲市委
何 柢 何泽华 唐新颜 王 辉 江小根	株洲市优秀共青团干部	共青团株洲市委
钟 琼 金 悦 龙毅旭 吴 婷 易擎龙 李美玲	株洲市优秀团员	
殷建湘	株洲市“两型社会”创建先进个人	株洲市 “两型社会”建设综合配套改革领导小组
	株洲市 2010 年度城市管理先进个人	株洲市城管局
曾丽霞 彭秋瑾 郭 智	株洲市数学、政治、体育“学科带头人”	株洲市教育局
丁佳水	株洲市高考工作先进工作者	
尹小平	株洲市优秀教师	
漆树绿	株洲市优秀班主任	
文 华	株洲市幼教学科带头人	
陈 平 金 玲 陈 亮 贺理刚 何拂晓 黄艳清 钟 华	株洲市“百优教师”	
李 艳	株洲市骨干教师	
郭米红	株洲市“十佳校长”	株洲市委宣传部、教育局、《株洲日报》社
吴建成	株洲市科普工作先进个人	株洲市科协
汤艳辉	株洲市优秀支行长	中国邮政储蓄银行株洲市分行
杨晓花	株洲市优秀信贷员	
陈艳辉 林 英	株洲市优秀客户经理	
李 洁	株洲市优秀信息员	

2010 年醴陵市级先进个人

表 29

获 奖 个 人	奖励(命名)名称	授予(命名)单位
陈彰伟 徐德军 周承进 刘建文 何 柢 廖胜云 徐 辉 晏细毛 丁全生 潘应生 谢新国 李冬汉 张国文 张建庚 郭米红 刘新华 赖晓智 邹柏柯 王志强 李华定 钟富强 刘金堂 杨 鹏 付 权 余波玲 田佩峰 彭开仁 吴海江 刘 薇 陈志高 何 文 易朝华 钟小林 陈彩霞 殷建湘 陈开球 欧阳立敏 王伏云 彭卫东 钟 洁 晏小虎 何春晖 万年春 吴文戈 陈长贵 李家保 蔡友生 孙 喆 谢玉莹 杨 建 吴兆章 张浩良 贺岳明 王卫宇 文喜良 杨 晖	醴陵市“文明建设”先进个人	中共醴陵市委、市人民政府

续表 29

获 奖 个 人	奖励(命名)名称	授予(命名)单位
杨娟娟 丁英姿 刘卫国 李荔枝 程金霞 陈天祥 许春作 荣辉帅 邹熙玲 付冬平 叶伯诚 谢秋剑 陈贤忙 金 铭 陈 宇 李 娟 张 乐 陈 灏 江 娅 李 洁 陈逾锋 温和清 李 立 王 昊 漆 荣 叶 骏 李建国 刘昌全 黄小龙 朱桂和 万海棠 余足矣 周艳云 贺觉龙 陈彰平 蔡建峰 吕立支 李新建 胡小玲 郭勇军 叶武英 丁 力 王喜金 刘淑群 彭 丽 顾家金 幸显开 何伟利 李蔚霞 刘志方 陈 波 陈留辉 阵章生 吴升明 徐 昂 石军生 林迪辉 殷作明 邹伏德 邓坚强 钟良生 金庆云 林 丹 李 成 刘兵维 汪全生 刘优龙 方卫东 瞿志英 郭世华 汪绍华 贺水奇 颜建德 谢 玲 许君鹏 谢云辉 罗 明 袁林福 唐 胜 钟建武 文万财 汪桂林 陈自力 刘宏明 陈杨金 黄 唯 邹国富 张理纯 付业阳 程国虎 程露平 黄韬敏	醴陵市“文明建设”先进个人	中共醴陵市委、市人民政府
巫启凤 谢树雪 张旭良 易开冬 李春华	粮食生产工作种粮标兵	中共醴陵市委、市人民政府
刘金堂 刘高飞 李子平 程高翔 周海军 王志强 丁全生 何 柢 欧阳立敏 傅梓仁 夏文华 刘开曙 王帮铁 汤 文 何春辉 刘铁强 张 铝 张龙新 张申密 王 新 周文峰	社会治安综合治理工作先进个人	

(汪建平)

文件选登

中共醴陵市委 醴陵市人民政府关于推进教育强市工作的决定

醴发〔2010〕2号

为进一步加快教育事业发展，深入推进“教育强市”工作，根据《中共湖南省委湖南省人民政府关于建设教育强省的决定》和《中共醴陵市委醴陵市人民政府关于建设教育强市的决定》精神，结合本市实际，特作如下决定。

一、指导思想和奋斗目标

（一）指导思想和总体目标

以邓小平理论和“三个代表”重要思想为指导，深入学习实践科学发展观，始终把教育放在优先发展的地位，坚持解放思想，大胆开拓创新，巩固学前教育、义务教育、普通高中教育成果，加快发展职业技术教育，全面提升教育服务经济社会发展的能力，形成“体系完善、基础厚实、质量上乘、社会满意”的教育发展格局，率先在全省建成教育强市，为实现本市“争一进百、科学跨越”战略目标奠定坚实的人才基础。

（二）具体目标

学前教育：以公办为主体，各乡镇（街道办事处）建好1所示范性中心幼儿园；全市建好“省级示范性幼儿园”1所、株洲市规范化幼儿园2所。全市学前三年幼儿入园率达90%以上。

义务教育：完成率达99%以上，三类残疾儿童、少年入学率达85%以上；初中毕业生高中阶段升学率达95%以上。

普通高中：强化管理，提升内涵，打造“省示范性高中”品牌。因地制宜，“普职兼容”，试行农村普通高中办学模式改革。

职业教育：加强基础能力建设，整合全市职教资源，创建“省示范性县级职教中心”，努力使全市新增从业人员受教育年限达13年以上。将市陶瓷烟花职业技术学校创建为“省示范性中等职业学校”、“国家级重点职业中专”。

成人教育：以“全民化、终身化教育”为指导，健全城乡联动的成人、社区教育网络和运行机制。

二、统筹安排推进教育强市的各项工作

（一）协调发展各类教育

学前教育方面。城市以社区为依托创办幼儿园，农村利用中、小学布局调整后的闲置教育资源，积极发展乡镇、村级幼儿园。鼓励社会力量按标准设立学前教育机构。推广先进的学前教育理念、方法，提高幼儿教育质量、办园水平。

义务教育方面。根据行政区划调整、人口流动趋势、经济社会发展要求，继续调整中、小学布局，大力推进农村合格学校建设，按照省合格学校建设标准，两年内全部完成义务教育合格学校建设任务。着力优化城区义务教育资源配置，有计划、有重点地维修、改造一批村级小学，实现义务教育均衡发展。健全城乡教师交流机制，推动优秀教师在城乡之间、校际之间的合理流动，鼓励教师到农村学校、薄弱学校任职、任教，发挥示范、辐射和带动作用。

高中教育方面。注重普通高中教育的内涵发展和特色建设，在不断扩大优质教育覆盖面的基础上，精心培育优质品牌。发挥省级示范性普通高中辐射作用，建立健全结对帮扶、输出管理、联合办学机制，加大对发展滞后学校的扶持、指导、督促和考核，推动普通高中办学水平的整体提升。因地制宜，试行农村普通高中办学模式改革。

职业教育方面。加强初中毕业生升学引导，确保普通高中和职业高中招生比例大体相当。根据本市产业发展、经济结构调整情况，及时调整专业设置，提高专业水平，形成有一定品牌优势和竞争实力的专业体系。积极探索校际合作、校企合作、校园合作等多种办学形式，推进订单培养，把中等职业教育学校办成劳动力后备资源基地，企业人才培训基地。加强市陶瓷烟花职业技术学校基础能力建设，按照《湖南省示范性中等专业学校建设基本要求》（试行），采用行政划拨方式解决其发展用地，在办好市陶瓷烟花职业技术学校基础上，创建“醴陵陶瓷烟花职业技术学院”。

（二）努力促进教育公平

继续实施助学工程。落实义务教育救助政策，确保义务教育阶段的贫困学生完成义务教育。落实国家助学贷款政策，做好贫困学生助学工作。鼓励和支持企（事）业单位、社会团体和个人建立非营利性助学基金或设立各种奖学金。

满足进城务工人员子女教育需求。把进城务工人员子女义务教育纳入经济社会发展规划,统筹安排。按照以"流入地政府和公办学校"为主的原则,保证进城务工人员子女接受义务教育享受与城镇学生同等待遇。

认真抓好特殊教育。改善特殊教育学校办学条件,提高对残疾学生的救助标准。采取"特殊教育学校教育与随班就读"相结合的方式,尽可能地吸纳残疾儿童入学。

(三)大力推进素质教育

全面贯彻党的教育方针。把培养"有理想、有道德、有文化、有纪律",德、智、体、美全面发展的社会主义事业建设者和接班人,实现人的全面发展作为衡量教育质量的根本标准。严格执行课程计划,加强学生用书管理,切实减轻学生课业负担,严禁违规办班和补课,严肃查处违规家养家教行为。重视抓好学校体育卫生工作,建立学生体质健康监测体系,开展学生心理、青春期健康教育,促进学生身心健康发展。

不断强化德育工作。把德育工作摆在素质教育的首要位置,贯穿于教育教学的各个环节,充分发挥学校教育在加强和改进青少年学生思想道德建设方面的主渠道、主阵地、主课堂作用。

不断深化课程改革。通过校本教研,不断改进教学方法、学习方式,构建"师生互动、合作探究"的高效课堂,不断提升学生的自主性、独立性和创造性,培养学生的创新精神和实践能力。

不断完善评价体系。严格规范考试科目与次数,建立以"学业水平测试和学生综合素质评定"等为主要指标的综合评价体系。在改革学生评价的同时,不断强化"以素质教育"为导向的学校办学绩效评价,引导学校由生源竞争向办学水平的竞争转变。

不断规范招生秩序。坚持义务教育阶段公办学校免试就近入学,严禁义务教育阶段学校提前招生和举行任何形式的选拔性考试。严格执行高中"三限"政策,不断加大将"省示范性高中"公助生招生指标均衡分配到初中学校的改革力度。严肃查处学校招生中的违法违纪行为。

(四)加强教师队伍建设

提升教师整体素质。优化教师队伍结构,每年公开招聘师范院校毕业生和优秀教师充实农村教师队伍。加大知名教师培养力度,切实抓好学科带头人和骨干教师的选拔与培养。

切实加强师德建设。大力弘扬"爱岗敬业、学为人师、行为示范"的师德风尚,严格执行教师职业行为准则,建立和完善教师职业道德评价、考核和奖惩机制。

依法保障教师合法权益。依法落实教师工资待遇,保障教师的平均工资水平不低于当地公务员的平均工资水平。努力改善教师尤其是农村教师的工作、学习和生活条件。

(五)深化教育体制改革

深化教育管理体制改革。进一步明确政府对教育的管理职责,健全各级各类教育分层管理、分级负责的管理体制。巩固和完善省统筹、区县(市)为主、中央和地方各级政府共同负责的基础教育管理体制,完善"分级管理、市县为主"的职业教育管理体制。

深化教育办学体制改革。坚持发展与规范并举,鼓励和支持社会力量投资办学,逐步形成民办学校与公办学校相互促进、公平竞争、共同发展的格局。依法保障民办教育的合法地位,确保民办学校在基本建设等方面与公办学校同等对待,确保民办学校教职工与公办学校教职工享有同等的社会保险等政策。依法加强对民办教育的管理和指导,切实规范民办学校办学行为、风险,确保民办教育健康发展。

深化学校内部管理改革。全面实行教师聘用制度,对新补充教师实行面向社会公开招聘。坚持"按需设岗、平等竞争、择优聘用、严格考核、合同管理"的原则,以"聘用制和岗位管理"为重点,建立"能进能出"的教师聘用机制。完善校长选拔任用办法。改革和完善分配制度。全面实施和完善义务教育阶段教师绩效工资制度,建立与聘用制度相适应的分配激励机制,实行向关键岗位和优秀教师倾斜的分配政策。

三、全力落实推进"教育强市"工作的保障措施

落实领导责任。要切实加强对推进"教育强市"工作的领导,建立健全推进"教育强市"工作的目标责任制,党政一把手负总责。继续完善党委、政府定期研究教育工作、党政领导联系学校等制度,及时研究和解决"教育强市"建设中的重大问题。各乡镇(街道办事处)及市相关部门主要领导重视、关心教育的情况,纳入领导干部年度绩效考核内容。各相关部门要把推进"教育强市"工作列为本部门的重要职责,研究和制定支持教育优先发展的政策措施,共同为"教育强市"工作作出贡献。

保障经费投入。要按照"建立公共财政"的要求,积极调整财政支出结构,完善教育投入的稳定增长机制。继续把教育列为财政支持的重点,按照国家有关法规予以优先安排。依法保证教育财政拨款的增长高于财政经常性收入的增长,生均教育经费逐步增长,教师工资和学生生均公用经费逐步增长。财政预算执行中的超收部分要按相应比例安排教育支出,确保全年预算执行结果实现预算内教育经费拨款增幅高于财政性收入增幅,征收的教育费附加必须全部用于发展教育事业。同时,积极、稳妥地开展非义务教育债务化解工作。

坚持依法治教。坚决查处各种涉及教育的违法事件,切实保护学校和师生的合法权益。加强学校周边环境综合整治,维护学校正常的教学秩序。实行学校检查准入制度,严格禁止擅自进入学校进行检查的行为。进一步加强教育督导制度,坚持"督政为主、督学为本",加大教育督导工作力度,健全督导评估制度,抓好各项工作制度落实。积极倡导全社会尊师重教,营造有利于教育事业发展的良好氛围,促进教育事业科学发展、和谐发展,努力实现"教育强市"工作目标。

中共醴陵市委办公室 醴陵市人民政府办公室关于印发《2010年为民办实事实施意见》的通知

醴办发〔2010〕14号

为确保2010年全市为民办实事工作各项目标任务的全面完成,特制定本实施意见:

一、责任体系

市直主要责任单位和相关部门为责任主体,承担工作责任。

(一)市人民政府工作责任

负责全市为民办实事的组织实施工作。

(二)责任主体和工作责任

1. 责任主体。市劳动和社会保障局、市交通局、市民政局、市教育局、市卫生局、市农业局、市水利局、市林业局、市文化体育局(新闻出版局)、市环境保护局、市商务局、市司法局、市农村办、市城市管理行政执法局、市房产管理局、市畜牧兽医水产局、市移民局、市综治办、市残疾人联合会、市人口和计划生育局、市建设局、电信公司醴陵分公司、移动公司醴陵分公司等为主要责任单位。

2. 工作责任。(1)建立领导责任制。主要领导亲自抓,分管领导具体抓;并组建工作班子,确定专人负责。(2)建立工作责任制。制定工作方案,明确工作进度,报告工作情况。(3)建立协调责任制。及时协调处理工作中的矛盾和问题。(4)建立督查责任制。定期调度工作情况,督促工作目标任务的完成。

二、指标体系

全市为民办实事工作分解为56个考核指标,任务落实到23个责任单位,具体指标解释及计算方法由市统计局依照上级相关标准商有关单位制定,完成目标的数据由责任单位提供,由市统计局评估、认定。

三、考核体系

(一)考核机构。由市为民办实事考核办公室(以下简称"市考核办")负责组织考核工作。市考核办由市人事局牵头,市委督查室、市政府办信息督查科、市发展和改革局、市财政局、市监察局、市统计局等为成员单位。

(二)考核对象。23个主要责任单位。

(三)考核办法。对23个主要责任单位采取"月调度、季自评、半年检查、年终考核"的方法。即由23个主要责任单位每月进行调度、每季进行自评,半年由市考核办组织检查,年终由市考核办综合考核评定。

(四)考核结果。各责任单位其负责人考核结果分为达标和不达标两个等级。所有考核的指标任务全部完成的,考核结果为达标;考核指标中有一项不达标的,考核结果为不达标。凡考核结果为达标的,其主要负责人在年度考核中可评为优秀,事迹突出的可记功;凡考核结果为不达标的,其主要负责人和分管负责人在年度考核中均评定为不称职,并不得参加其他奖励项目的评选。

四、工作要求

(一)切实加强领导。2010年,全市为民办实事的实施工作由市委常委、市人民政府常务副市长刘正平牵头负责,各分管副市长按市人民政府领导班子成员分工、分线、分部门负责。各主要责任单位要把为民办实事作为全面贯彻党的十七大和十七届四中全会精神、深入贯彻科学发展观、让广大人民群众共享改革发展成果的重要举措,作为构建和谐醴陵的重要内容和改进工作作风、提高工作效率的实际行动,列为本单位的工作重点。要建立健全领导责任制,主要领导亲自抓,分管领导具体抓,并组建专门工作班子具体抓落实,真正把实事办实,好事办好。

(二)认真组织实施。各级各有关部门要通力合作,加强协调,真抓实干,不断提高工作效率和水平,确保工作、工程质量。各主要责任单位要认真制定项目实施方案,落实工作责任。有关部门要继续实行为民办实事的优惠政策,简化工程建设项目审批手续,降低项目收费标准或减免收费,为办好实事提供优质服务。财政部门要加大对为民办实事的投入,加强对资金的统筹和监管,并根据项目实施进度及时拨付资金。

(三)严格督查考核。市人民政府要适时听取为民办实事落实情况的汇报,加强督查指导,及时解决工作中的困难和问题,并严格检查验收;各责任单位要进一步改进工作方法,提高工作效率;市人大、市政协要建言献策、加强监督;市委办、市政府办、市考核办要加强督查,对进度不快、工作措施不力的单位,要及时督办、限期整改;市纪检监察机关要加强监管,对为民办实事工作中政令不畅、玩忽职守,对乱设关卡、乱摊派、乱收费,对挪用、挤占、抵扣、滞留为民办实事专项资金的行为严肃查处;市统计局要依法对为民办实事统计数据进行评估认定,确保真实可靠、客观公正;新闻媒体要进一步做好宣传工作,动员社会各方面力量积极参与,促进为民办实事目标任务的全面完成。

(四)完善后续管理。各责任单位要坚持强化领导抓推进、强化制度抓规范、强化协调抓联动、强化督促抓落实,进一步明确、强化工作责任,通过建立健全领导责任体系,针对具体实事项目,在认真做好工作确保绩效考核指标任务完成的基础上,制定出切实可行的后续管理方案。建立健全维护、管理等各项规章制度，及时解决后续管理过程中遇到的困难和问题，做到职责明确、制度完善，使相关工作良性运行，长期发挥效益。完善后续管理工作将纳入各责任单位本年度实事办理工作考核的重要内容和各责任单位班子年终绩效考核的重要内容中，实行专项考核和综合考核相结合的双重考核机制。要在全市上下真正形成"一级抓一级，层层抓落实"的实事办理长效考核机制，让老百姓长期得到实惠。

中共醴陵市委办公室 醴陵市人民政府办公室 关于鼓励和支持农民进城(镇)落户创业的若干意见(试行)

醴办发〔2010〕10号

为鼓励和支持农民进城(镇)务工、创业、购房定居，推动农村劳动力向非农产业转移、农村人口向城镇转移，加速推进新型城市化，实现城乡统筹协调发展，特提出如下意见：

一、鼓励农民进城(镇)购房定居

1.完善户籍管理模式。进城(镇)购买住房定居的农民，可将户口迁入城(镇)，户口未迁入的必须实行人户分离管理。农民进城(镇)务工经商一年以上，只需有合法固定的住所、有稳定的职业或生活来源，也可将户口迁入城(镇)，户口未迁入的必须实行人户分离管理。市外的实行居住证管理。

2.调整住房供应结构。制定出台《房地产业发展规划》，规范发展房地产市场，逐步建立起由高档商品房、普通商品房、二手房构成的多层次的住房供应体系。积极开发面向城市中低收入家庭和农民的限价商品房、微利商品房；大力促进住房租赁市场发展，保障进城(镇)农民的住房需求。

3.对农民进城(镇)购房实行政策优惠。凡进城(镇)购买住房的农民，凭所在地户口簿办理房产权属登记时，可减半征收房产交易服务费和登记费；其实际缴纳的契税、购买二手房的营业税、城建税及教育费附加，凭税票由市财政直接补助50%。以上政策以户为单位，每户只能享受一次。

4.增加住房信贷支持。鼓励企业为务工人员缴存住房公积金，享受住房保障贷款。各金融机构要积极开办进城(镇)农民购房按揭和个人消费贷款，为进城(镇)农民购房提供信贷支持。

二、优化农民进城(镇)就业创业环境

5.依托工业园区和城市发展，积极发展高新技术产业、劳动密集型企业和城市三产。加快发展现代物流、金融保险、信息中介、商务服务、出口服务、电子商务等生产性服务业和商贸服务、餐馆业、物业管理、社区服务、养老托幼等生活性服务业，重点发展休闲产业、健康产业、文化娱乐产业和旅游业。通过城市二产、三产发展，增加城市就业承载能力。

6.进城(镇)务工农民享受与城镇居民同等的就业待遇和就业优惠政策，在求职、考试、招聘、录用等方面一视同仁，每年可享受一次职业培训补贴、职业介绍补贴和职业技能鉴定补贴。以市人力资源市场为龙头，乡镇劳动保障服务站为纽带，为进城(镇)农民免费提供就业信息和政策咨询。每年举办4次以上进城(镇)农民专场招聘会，鼓励社会职业中介机构为进城(镇)农民提供招工、招聘信息。

7.有关部门要依托现有各类培训学校，不断加大农民技能培训力度，提高农民就业能力，使农民进得来、稳得住。

8.鼓励农民进城(镇)创业。降低创业准入门槛，简化审批手续，实行"一站式"服务，为进城(镇)农民提供创业项目开发、创业指导、创业培训、市场开拓、政策咨询等服务。申请进入城(镇)各类市场或商业街经营的农民，工商、市场服务、城市管理等部门应优先受理、优先办照、优化安排摊位，就低收取按政策应缴纳的各项费用。法律法规未禁入的基础设施、公用事业及其他行业和领域，进城(镇)创业农民均可以进入。

9.鼓励有资金、有技术、有经济头脑的农民进入城(镇)新办企业，发展第三产业，并按招商引资相关政策给予适当优惠。

10.市中、小企业担保公司和其他金融担保机构要积极探索担保机制，为农民进城(镇)创业提供贷款担保服务。

三、保障进城(镇)农民的各项权益

11.保障进城(镇)农民的政治权利。社区居委会换届选举时，在社区居委会居住半年以上的农民，享有与城镇居民同等的政治权利。

12.保障进城(镇)农民子女接受义务教育的权利。农民进城(镇)定居或务工创业，其子女均可在现居住地就近入学，并实行同一收费标准。

13.进城(镇)农民享有与城镇居民同等的计划生育服务。已办理"农转非"的，执行城市生育政策；未办理"农转非"的，执行农村生育政策。计划生育奖扶政策按国家规定执行。

14.维护农民工权益。进城务工农民执行城市最低工资保障制度，有关部门要加大对用人单位拖欠劳动报酬、工伤待遇等方面的侵权行为的执法力度，全面推进劳动合同签订,依法维护进城农民的合法权益。

15.建立健全社会保险制度。进城(镇)务工农民凡有用人单位的,所在用人单位应当为其办理养老、医疗、失业、工伤、生育保险;自主创业或从事第三产业的人员,凭工商营业执照可以个人身份参加城镇职工养老保险。已进城(镇)落户定居农民,可参加城镇居民养老保险。

16. 已经取得城镇户口但尚未参加城镇居民医疗保险的农民,已经参加新型农村合作医疗的,当年可继续享受新型农村合作医疗的报销政策,并可从次年起参加城镇居民医疗保险。在城(镇)定居或务工经商但户口未迁入城镇的农民,可继续参加新型农村合作医疗。进城(镇)落户定居的农民均可享受与城镇居民同等的社区公共卫生服务。

17. 已经取得城镇户口且放弃农村土地承包经营权的农民,在城(镇)有固定住所且居住三年以上的,如符合城镇最低生活保障条件,可申请享受城镇最低生活保障待遇。

18.坚持农村土地承包政策。农民进城(镇)落户后,户口由农业户口转为非农业户口,其所承包土地的经营权保留不变,享有国家各项惠农补贴维持不变,享有集体经济组织的其他各项权益分配也维持不变。

19. 鼓励农民土地承包经营权合理流转。进城(镇)务工经商农民可在自愿的基础上,依法、有偿流转土地承包经营权。当地村民委员会、村民小组应为其提供协助、流转合同等服务,但不得截留土地流转费用。

有条件的乡镇(街道办事处)要成立土地流转服务机构。愿意流转耕地的农民可将土地有偿交给流转服务机构,流转服务机构可采取多种方式重新流转或实施规模经营。

20.鼓励农民空闲宅基地进行置换。凡进城(镇)定居的农民,只要自愿退宅还耕、且以后不再申请新宅基地,由国土部门按照相关政策给予奖励。

四、全面落实各项保障措施

21. 加强领导。成立醴陵市鼓励和支持农民进城(镇)落户创业工作领导小组,由分管城建的副市长任组长,相关部门为成员单位,办公室设在市建设局。将鼓励和支持农民进城(镇)落户创业工作纳入各乡镇(街道办事处)和相关部门年度目标管理,实施绩效考核。各级各部门要切实加强组织领导,制定出台实施方案,创新工作思路、方法,全面落实工作责任。

22.优化服务。建设、财政、公安、教育、民政、卫生、人口和计划生育、农业、农办、企发、商务、国土资源、房产、工商、人事、劳动和社会保障、人民银行、税务等部门要依据本意见,于2010年5月1日前出台相关实施细则。针对进城(镇)农民的相关服务由市人民政府牵头,各相关部门参加,组建综合服务大厅,实行一个窗口对外,一站式审批,一条龙服务。

23.加强宣传。宣传部门要制定详细的宣传方案,电视台等媒体要开辟专栏或专题,全方位、深层次、多角度地宣传报道鼓励和支持农民进城(镇)落户创业的重要意义以及新举措、新动向。要把相关优惠政策和具体落实的责任部门向全社会公布,使我市鼓励和支持农民进城(镇)这一战略举措家喻户晓,人人皆知,营造鼓励农民进城(镇)落户创业、加速推进新型城市化的浓厚氛围。

24. 上述优惠政策仅适用于本市行政区域内的农民。

上述政策自颁布之日起试行。现行政策中有与上述政策相冲突的,以上述政策为准;未涉及的以原有政策为准。

中共醴陵市委办公室 醴陵市人民政府办公室 关于《醴陵市全面开展农村创卫活动实施方案》的通知

醴办发〔2010〕21号

为进一步改善城乡人居环境,加快新农村建设步伐,建设生态、文明、宜居的绿色生态醴陵,根据市委十届九次全体会议精神,结合本市实际,特制订本实施方案。

一、指导思想

以"科学发展观"为指导,以创建"省级卫生城市、园林城市和文明城市"为目标,以"净化、美化、绿化、亮化"为任务,深入开展乡村环境卫生整洁行动,全面改善乡村环境卫生状况,致力培养良好卫生习惯,提高人民幸福指数。

二、目标任务

深入开展农村创卫,彻底解决农村环境卫生脏、乱、差等现象。各乡镇、村要对田边地头、沟渠河塘、房屋前后、道路两侧、公共厕所等地的存积垃圾和堆物废料进行大清扫、大清理、大清运,做到垃圾入池、分类处理、及时清运、专人保洁。有效治理垃圾乱倒、污水乱排、杂物乱堆、车辆乱停、街道乱搭、广告乱贴等"六乱"现象,达到"卫生状况改观、乡容村貌整洁、人居环境优美、村民素质提升”的目标。

三、实施原则

（一）规划与规范的原则。科学规划布局乡镇、村环境卫生设施，切实抓好乡镇、村垃圾处理设施建设。以村为单位，制定《村规民约》，注重宣传教育，建立健全长效管理机制，规范村民生活卫生行为。

（二）统一与统筹的原则。按照“市指导、乡镇组织、村为主、户实施”的基本原则，实行一个标准创建、一套制度管理、一把尺子考量，确保农村创卫活动有序推进。

（三）分级与分类的原则。根据中心村、路边村、偏远村的具体情况，讲究工作方法，加强分类指导，确保国、省、县、乡、村道、集镇和村庄无堆积垃圾。对生活垃圾实行分类处理，做到有机垃圾回填还土，无机垃圾集中处理。

（四）有奖与有偿的原则。市财政安排一定资金，采取“以奖代补”的方式，每月对乡镇、村进行暗访和督查，每季度以乡镇为单位根据考核情况给予适当资金支持。活动期间，市财政每年安排每个村“农村创卫”专项资金0.5万元，由乡镇统筹安排到村。资金下拨与考核结果挂钩，实行分季度拨付。各乡镇要以村为单位，采取市场化运作的方式，对农户垃圾清理实行有偿服务。

四、保障措施

（一）加强组织领导。市“农村创卫”活动领导小组办公室要抽调相关单位人员组建4～6人的专门班子，负责各乡镇、村“农村创卫”的考核、奖惩工作。各乡镇、村要成立相应机构，制定实施方案，落实工作责任，安排专门人员，具体抓好落实。

（二）完善工作机制。要建立乡镇党政一把手负总责，分管负责人具体抓，部门单位配合抓的工作体系，并出台具体的考核奖惩办法，细化工作任务，建立完备的工作责任机制，确保农村创卫活动取得实效。

（三）加大宣传力度。各乡镇、村及相关单位要充分利用各种宣传媒体，全方位、多角度，广泛宣传“农村创卫”工作的重要意义。加强正面引导，树立先进典型，发挥示范作用，充分调动群众参与的主动性和自觉性，形成“农村创卫”良好氛围。

（四）建立长效机制。各乡镇、村要建立健全各项规章制度，组建专业保洁队伍，落实门前“三包”，添置环卫设施，建好垃圾填埋场，做到有人管事，有人做事，使农村创卫工作走上规范化、制度化的轨道。

（五）严格考核奖惩。实行百分考核制。对各乡镇实行每月一考核，对各村实行每季一抽检（每个乡镇抽10%左右的行政村）。实行以“暗访为主、明查与暗访”相结合的考核方式。考核结果实行每季度一通报、一奖惩、一兑现，考核结果将在电视台等媒体通报。考核排名一类的乡镇，每季度除拨付正常工作经费外，并给予2万元的奖励；考核排名三类的乡镇，除扣除正常工作经费外，给予2万元的罚款。排名末位的予以“黄牌”警告，其主要负责人要在全市“农村创卫”讲评会上作整改发言；连续2次排名末位的，对其主要负责人和分管负责人进行诫勉谈话；连续3次排名末位的，其主要负责人和分管负责人接受组织处理。“农村创卫”综合考评结果将作为各乡镇、行政村评先评优的重要依据。

醴陵市人民政府
关于醴陵市国有资产处置办法

醴政发〔2010〕23号

第一章　总　则

第一条　为加强本市国有资产处置管理工作，规范行政、企事业单位的资产处置行为，促进各项事业发展。根据《中华人民共和国企业国有资产法》、《行政事业单位国有资产处置管理实施办法》规定，结合本市实际，特制定本办法。

第二条　国有资产处置是指国家机关、事业单位、国有独资（控、参股）企业（含改制企业）和集体企业及社会团体依法对其占有、使用的国有资产进行产权转让及注销产权的行为，包括调拨、出售、转让、收购、抵押、租赁、报废、报损等。

第三条　市人民政府设立国有资产处置工作领导小组，对全市国有资产处置工作实行统一领导。市国有资产管理部门负责对本市所有行政、企事业单位国有资产处置的组织实施。

第四条　所有国有资产的处置必须经市国有资产管理部门和国有资产处置工作领导小组审核，报市人民政府批准后依法依规公开处置。

第二章　处置程序和办法

第五条　行政事业单位及相关企业按照申报、核实、审批、评估、定价、处置的程序处置国有资产。

(一)申报。申请资产处置单位首先向主管部门申报,提交申请资产处置的书面报告(即:写明申请处置原因、处置资产情况,提出处置形式及意见),分别领取并填写《国有资产调拨、转让、报废、报损审批表》,经主管部门审核并提出意见后,报市国有资产管理部门审核。

(二)核实。市国有资产管理部门依据申请资产处置单位的资产处置申请和相关主管部门意见,会同资产处置单位,逐一对所申报处置的资产现状及权证、证照等进行清查核实,做到账账相符、账卡相符、账实相符。

(三)审批。在核实的基础上,于申请之日起10日内对资产处置单位给予答复,按规定程序作出处理批复意见。

(四)评估。资产占用单位对经批准对外出售、转让的资产,要按照《国有资产评估管理办法》的规定,由市国有资产管理部门委托评估机构进行资产评估并出具评估报告,并以此作为确认产权转让价格的参考依据。

(五)定价。由市国有资产管理部门牵头,报市国有资产处置工作领导小组,确定处置资产价格。

(六)处置。处置全过程必须坚持"公开、公平、公正、依法处置"的原则,切实维护国家和其他各方的合法权益。由市国有资产管理部门通过招投标方式确定中介机构,由中介机构公开拍卖处置。如处置过程中,出现流拍现象,国有资产管理部门应当及时报告国有资产处置工作领导小组,经重新定价后,再依法依规公开拍卖。

第六条 转让的国有产权权属应当清晰。被设置担保物权的国有产权转让,应当符合《中华人民共和国担保法》的有关规定。权属关系不明确或者存在权属纠纷的国有资产不得转让。

第七条 国有资产占用单位因隶属关系改变(上划、下划或撤销、合并、分立)移交的国有资产,由市国有资产管理部门负责依法按程序报批后公开处置。对于报废资产、闲置资产和超编制定额的资产,市国有资产管理部门有权依法收回并进行处置和调剂,有关单位不得拒绝。

第八条 行政、企事业单位无偿调拨、转让、报废、报损的资产,申报单位可凭审批部门最终核准的《国有资产调拨、转让、报废、报损审批表》和市产权交易中心批准的《产权交割书》,调整有关资产、资金账目,并作为重新入账的原始凭证,在固定资产账(卡)上说明资产处置情况,并作为单位产权登记年检时产权变更的依据和财政部门重新安排单位有关资产配置项目预算资金的依据。

第九条 任何单位在国有资产处置工作中未按规定程序办理相关手续的,市国有资产管理部门不予出具《国有资产调拨、转让、报废、报损审批表》和市产权交易中心不予出具《产权交割书》等表明产权变动的合法凭据。国土、房产、交警等相关部门不得办理相关过户手续。

第十条 行政事业单位及相关企业的国有资产处置收入(包括出售收入、报废报损残值变价收入)均属国家所有,应按照"收支两条线"资金管理规定及时足额上缴市国有资产处置专户管理。变现资金要在维护国家和集体合法权益的前提下,由市人民政府核准统筹使用(正常运行的国有独资企业资产处置收入的使用参照《企业财务制度》的相关规定执行)。

第三章 责任追究

第十一条 政府各有关部门要紧密配合,加强对国有资产处置的监督管理,制止资产处置中的各种违纪违法行为。市国有资产管理部门对各单位资产处置情况要不定期进行检查指导,发现问题,及时纠正,并针对不同情况及时予以处理。

第十二条 凡发生以下行为,由市国有资产管理部门会同监察、审计、财政等有关部门依照财经纪律和国有资产管理有关法律法规,对违纪部门和责任人作出经济或行政处罚。构成犯罪的,交由司法部门依法追究其刑事责任。

(一)国有资产占用单位擅自处置国有资产的。

(二)未按程序依法进行评估,逃避国有资产管理部门审查监督的。

(三)拒绝市国有资产管理部门对单位闲置资产或超编制定额资产调剂处理的。

(四)拖欠、挪用、截留、转移国有资产变价收入的。

(五)借处置国有资产徇私舞弊、牟取个人私利,造成国有资产流失的。

第十三条 各相关行政管理部门在办理国有资产处置和有关过户手续(证、照)中,如有违反本办法有关规定的行为,或玩忽职守、徇私舞弊、弄虚作假,致使国有资产遭受损失的,要视其情节轻重,依法追究直接责任人的责任。构成犯罪的,移交司法机关处理。

第四章 附 则

第十四条 本办法由市人民政府办公室负责解释。

第十五条 本办法自公布之日起30天施行。醴政发【2007】32号文件同时废止。

醴陵市人民政府
关于醴陵市森林防火责任追究暂行办法

醴政发〔2010〕7号

为保护森林资源和人民生命财产安全，进一步落实森林防火工作行政领导责任制，依据《中华人民共和国行政监察法》、《中华人民共和国森林法》、《森林防火条例》、《湖南省森林防火实施办法》、《湖南省重大安全事故行政责任追究规定》等有关法律法规，结合本市实际，制定本暂行办法。

一、适用范围

本市行政区域内乡镇人民政府、街道办事处、森林防火指挥机构、林业主管部门、行政村（居委会）及承担森林防火职责的国有林场、森林公园等有森林防火任务的单位，均适用本暂行办法。

二、责任划分

根据国家法律法规的有关规定，市人民政府、乡镇人民政府、街道办事处行政主要领导为森林防火第一责任人，分管森林防火工作的领导为主要责任人，市林业主管部门的主要领导和本市区域内国有林场、森林公园、行政村（居委会）等有关单位主要负责人为森林防火工作直接责任人。

三、主要职责

按照"属地管理、分级负责"的原则，森林防火工作实行乡镇人民政府、街道办事处行政领导负责制；行政村（居委会）对森林防火负直接责任；市林业主管部门对全市森林防火工作负有重要责任；林区各单位应当在当地乡镇人民政府、街道办事处领导下，实行部门和单位领导负责制。

各乡镇人民政府、街道办事处（以下简称为"辖区"）森林防火的主要职责是：

（一）贯彻执行国家、省、株洲、市人民政府关于森林防火工作的法规和政策及省、株洲、市人民政府和市森林防火指挥部的工作部署，制定和落实森林火灾预防措施。

（二）设立森林防火指挥小组，乡镇长、街道办事处主任任组长。配备1～3名干部负责日常工作，实行24小时值班、领导带班制度，确保政令信息畅通。

（三）制定本辖区内的森林防火应急预案，并组织实施。

（四）将森林火灾预防和扑救专项经费列入乡镇（街道办事处）财政预算，确保森林防火资金及时到位并专款专用。根据辖区的扑火任务和扑火力量，储备足够的防扑火物资机具。

（五）组织开展经常性的森林防火宣传教育和培训工作，不留死角、盲区，提高全民的森林防火意识和安全扑火知识。

（六）与各行政村（居委会）签订森林防火责任状，并将森林防火责任列入年度各村（居委会）乡村干部目标管理考核内容；并可视森林面积的大小收取防火工作风险金。

（七）制定野外用火和火源巡查管理制度，组织行政村（居委会）开展森林防火安全检查和巡山护林工作，及时上报火情，制止违规野外用火行为，切实消除森林火灾隐患。

（八）发生森林火灾，按照《森林火灾事故应急预案》制定扑火预案，领导靠前指挥，科学组织指挥扑救，并协助市森林公安局查处森林火灾案件。

（九）组建一支30人以上的半专业扑火队伍，并组织村（居委会）组建应急扑火队伍，加强队伍制度建设和培训演练工作，提高扑火技能和处置突发森林火灾的能力。

（十）对已经发生火灾的地方进行事故分析，追究责任，并且建立有偿举报制度，对野外违规用火及失火案件举报有功人员进行表彰与奖励。

各行政村、居委会（以下简称"本辖区"）森林防火的主要职责是：

（一）贯彻执行国家、省、株洲、市人民政府关于森林防火工作的法律、法规和政策及市、乡镇人民政府、街道办事处和市森林防火指挥部的工作部署，制定和落实森林防火预防措施。

（二）指定专（兼）职人员负责森林防火工作。在防火特护期内，要开展森林防火安全检查工作，并安排专人巡山护林，严管野外用火，及时上报火情，实行24小时值班制度，确保政令信息畅通。

（三）制定扑火预案，掌握火情动态，科学组织指挥扑救森林火灾，并负责调查失火原因及肇事人员，积极配合和协助市森林公安局查处案件。

（四）在开展森林防火宣传教育的同时，加强对痴、呆、傻及未成年人等特殊群体的监控管理。

（五）组建30人以上的应急扑火队伍，反应快速，确保"打早、打小、打了"。

四、责任追究

（一）乡镇人民政府、街道办事处辖区内有下列情

形之一的,由市人民政府或市森林防火指挥部给予第一责任人和主要责任人通报批评,并责令其写出书面检查,限期整改:

1.全年发生3起以上森林火灾的。

2.一次发生火灾受害面积超过20公顷的。

3.一次森林火灾连续燃烧时间超过5小时仍未扑灭的。

4.未将森林防火专项经费列入本级年度财政预算安排,致使保障不到位而使森林火灾造成森林资源较大损失及其他重大损失和影响的。

5.发生森林火灾后,主要领导无特殊原因,在1小时内未到火灾现场组织指挥扑救的。

6.辖区内存在森林火灾隐患,经市森林防火指挥部指出仍不组织整改消除的。

(二)乡镇人民政府、街道办事处第一责任人和主要责任人及有关责任人对辖区内发生森林火灾,未按照有关规定组织预防、扑救或者在森林防火工作中,有失职、不负责任行为,造成下列情形之一的,由市纪检监察机关按照《中国共产党纪律处分条例》、《中华人民共和国行政监察法》、《中华人民共和国公务员处分条例》等有关规定视情追究其党纪政纪责任。

1. 辖区内发生一次森林火灾受害面积超过60公顷或连续12小时未扑灭森林火灾的。

2.所管辖内的国有林场、森林公园一次森林火灾受害有林地面积超过30公顷,或者因森林火灾使通信、供电、军事、能源等重要设施遭受破坏的。

3.接到森林火灾报告或通知后,无特殊原因,在1小时内不到达火灾现场组织扑救或因行动迟缓而造成火灾蔓延的。

4. 因森林火灾造成1人以上死亡或2人以上重伤的。

5.辖区内全年森林火灾累计受害有林地面积超过1.5‰的。

(三)行政村(居委会)的主要负责人及相关责任人对辖区内发生的森林火灾,未按照有关规定组织预防、扑救或者在森林防火工作中,有失职、不负责任行为,造成下列情形之一的,将按照《中国共产党纪律处分条例》、《中华人民共和国村民组织法》等有关规定酌情追究其党纪责任或依程序予以免职。

1.发生森林火灾后,30分钟内未向乡镇、街道办事处和森林防火指挥部报告的。

2. 接到森林火灾报告或通知后,无特殊原因,在30分钟内

不到达火灾现场组织扑救或因行动迟缓而造成火灾蔓延的。

3. 辖区内发生一次森林火灾受害面积超过30公顷或连续10小时未扑灭森林火灾的。

4. 因森林火灾造成1人以上死亡或2人以上重伤的。

5. 对森林公安机关调查的失火案件不作为的,工作不作为的,隐瞒真相或知情不报的从重处罚。

6.辖区内全年森林火灾累计受害有林地面积超过3‰的。

(四)对违反野外火源管理规定,擅自批准炼山等生产性用火,或者对经批准的炼山等生产性用火未落实防范措施,造成一次森林火灾受害面积超过30公顷或较大经济损失的,追究审批人及有关领导的责任,视情节责成作出书面检查或给予相应的纪律处分,情节严重的移交司法机关追究刑事责任。

(五)森林火灾技术鉴定人员,假报或虚报森林火灾损失;指使技术鉴定人员假报、虚报火灾损失情况的,视情节对相关人员给予相应的纪律处分,情节严重的移送司法机关追究刑事责任。

(六)市森林防火指挥部成员单位不履行职责,因失职、渎职造成重大损失的,追究主要责任人的责任并给予相应的纪律处分,情节严重的移送司法机关追究其刑事责任。

(七)负有领导责任,因玩忽职守,对扑救森林火灾组织不力,造成严重经济损失或者重大伤亡事故的,由司法机关依法追究刑事责任。

(八)跨区域发生火灾时,必须服从指挥部统一调度。因工作不力,各自为战,延误战机,造成严重后果的,追究主要责任人的责任并给予相应的纪律处分,情节严重的移送司法机关追究其刑事责任。

五、事故处理

(一)森林火灾发生后,市林业主管部门应及时指派技术人员进行损失鉴定,市森林防火指挥部应组织有关部门进行调查,及时提出处理意见报市人民政府和上级森林防火指挥部;指挥部可责成下级机构对当事人进行纪律处分。需给予有关人员纪律处分或追究刑事责任的,由指挥部提出建议并附有关材料,及时移送市纪检监察机关或司法机关处理。市纪检监察机关和司法机关应在规定期限内将处理意见报告或通报市人民政府和上级森林防火指挥部。

(二)森林公安机关应加大对森林火灾案件的查处力度,做到发生一起,查处一起,并根据案件的性质、情节和后果依法处理。

(三)凡发现在查处森林火灾案件中玩忽职守、徇私枉法者,追究有关领导和办案人员的党纪政纪责任,触犯《中华人民共和国刑法》的,移送司法机关处理。

六、本暂行办法中规定的"以上"、"超过"均含本数。

七、本暂行办法自印发之日起施行,2009年2月16日醴陵市人民政府办公室印发的《醴陵市森林防火责任追究暂行规定》同时废止。

醴陵市人民政府办公室
关于醴陵市新型农村合作医疗门诊统筹补偿实施办法(试行)

醴政办发〔2010〕18号

第一章 总 则

第一条 根据《湖南省新型农村合作医疗协调领导小组关于新型农村合作医疗普通门诊统筹试点工作的指导意见》(湘合医组字【2008】6号)和《湖南省新型农村合作医疗协调领导小组关于进一步调整完善新型农村合作医疗补偿方案的指导意见》(湘合医组字【2009】3号)精神,为科学合理使用和管理新型农村合作医疗(以下简称"新农合")门诊统筹基金,提高新农合基金的使用效益,切实做好全市门诊统筹补偿工作,特制定本办法。

第二条 门诊统筹基金从总统筹资金20元/人/年切块解决。其中,14元用于普通门诊补偿、4.5元用于特殊重大疾病门诊和血透门诊补偿、1.5元用于狂犬疫苗接种定额补偿(特殊重大疾病参照醴合【2009】4号文件执行,狂犬疫苗接种定额补偿参照醴合【2009】6号文件执行)。

第三条 门诊统筹基金主要用于参合农民普通门诊、特殊重大疾病门诊、血透门诊及狂犬疫苗接种所发生费用的补偿;普通门诊补偿实行以家庭为单位进行管理,限额补偿;特殊重大疾病门诊补偿按《醴陵市新型农村合作医疗特殊重大疾病门诊费用补助办法》执行。

第四条 普通门诊定点医疗机构为经卫生行政部门核定的门诊定点医疗机构,包括乡级门诊定点医疗机构(各乡镇卫生院及分院、来龙门社区卫生服务中心、渌江中心卫生院)和村级门诊定点医疗机构(经审批合格的村卫生室),原则上一个村只设一个门诊定点医疗机构,乡级门诊定点医疗机构所在的村,不设村级门诊定点医疗机构,列项的特殊重大疾病不受此限制。

第五条 普通门诊统筹实行"定比补偿、以户限额"的方式,确保基金平衡。

第二章 门诊统筹基金补偿及结算

第六条 普通门诊医疗费用补偿由市内普通门诊定点医疗机构统一运作,补偿标准为:

(一)普通门诊费用补偿不设起付线。

(二)乡级门诊定点医疗机构单次门诊医疗费用补偿按照实际发生费用的50%补偿,村级门诊定点医疗机构单次门诊医疗费用补偿按照实际发生费用的60%补偿;以户为单位一次性补偿到位。

(三)封顶线。参合农民以家庭为单位,按家庭参合人数×14元为每户封顶线,实行整户封顶,户内通用。

第七条 普通门诊定点医疗机构应建立新农合门诊病人登记制度,使用统一印制的《醴陵市新型农村合作医疗普通门诊登记本》如实登记门诊就诊病人。

第八条 门诊定点医疗机构应安排专人承担村级和辖区普通门诊费用的结报服务工作。

第九条 普通门诊实行定点报销制度。参合农民在本乡镇(街道办事处)门诊定点医疗机构就医发生的普通门诊医疗费用,凭《新型农村合作医疗证》、有效身份证明、复写处方、正规发票在就诊点直接办理即时结报手续。由门诊定点医疗机构先垫付补助款,并在合作医疗证上如实填写补偿相关内容。

参合农民跨乡镇(街道办事处)在门诊定点医疗机构就医所发生的普通门诊医疗费用,回本乡镇(街道办事处)乡级门诊定点医疗机构办理门诊补偿(其中,黄泥坳、来龙门街道办事处到来龙门社区卫生服务中心,阳三石、西山街道办事处到渌江中心卫生院),医疗单位不得以任何理由和借口拒付。办理门诊补偿时票据必须为原件,不允许复印件补偿,不跨年度补偿。

第十条 各乡级门诊定点医疗机构须提供《醴陵市新型农村合作医疗门诊补偿登记汇总表》、《醴陵市新型农村合作医疗门诊补偿单》(须有参合人或者家属签字,留有联系电话)等材料向市合管办申报资金。以上资料加原始发票、复写处方、门诊病历复印件、合作医疗证复印件和有效身份证件复印件,由各乡级门诊定点医疗机构分月归档保存,以便备查。市合管办将定期或不定期抽查,发现违规现象将严肃处理。

第十一条 普通门诊费用补偿范围

(一)药品费用。按《湖南省新型农村合作医疗基本药品目录》、《湖南省乡村医师基本用药目录(试行)》执行。

(二)注射费、清创缝合及外科换药费、针灸及拔火罐等常规治疗费用。

(三)医技检查费。X线、心电图、B超、化验等常规检查费用(限乡级门诊定点医疗机构),CT检查费。

(四)卫生行政部门规定可以开展的其他医疗服

务项目,符合物价收费标准的医疗收费。

下列情况不属于普通门诊补偿范围:

(一)在市内非门诊定点医疗机构、市外医疗机构所发生的门诊费用。

(二)与疾病无关的检查费、药品费用。

(三)经审查属舞弊行为的检查费、药品等费用。

(四)超出药品限价、诊疗项目限价部分。

(五)材料费。

第十二条 各门诊定点医疗机构垫付的门诊补偿金由市合管办与各乡级门诊定点医疗机构结算。具体结算办法为:

乡镇、街道办事处合管站每月10日前须将上月门诊补偿单和汇总表报送市合管办每月结算拨付一次。

第三章 管理与监督

第十三条 普通门诊定点资格采取医疗机构自愿申报、市合管办考核评估、市卫生行政部门复核发证的办法,确定医疗机构的门诊定点资格。村级医疗机构先向所属乡级门诊定点医疗机构提出申请,征求乡镇人民政府、街道办事处意见,报市卫生行政部门验收合格后方可定点,一村原则上只设一个村级门诊定点医疗机构。市合管办与定点医疗机构签订门诊服务协议。门诊定点医疗机构全部使用计算机信息管理,并将此作为门诊定点准入的必备条件。

第十四条 乡级门诊定点医疗机构在市合管办的统一管理下,承担区域门诊定点医疗机构工作管理和业务指导职责,实行院长领导、合管站落实的逐级负责制,加强本辖区内的门诊定点医疗机构的管理,每月对本乡镇、街道办事处的门诊基金使用情况进行检查,并向市合管办汇报。

第十五条 门诊定点医疗机构及其工作人员,应熟悉和严格执行各级关于新型农村合作医疗的政策和规定,积极开展新型农村合作医疗政策宣传工作;要本着方便群众,合理控制医疗服务成本,提高医疗服务质量,为参合农民提供规范、价格适度、质量优良的医疗服务,做到合理用药、合理检查、因病施治,切实减轻参合农民医药费用负担。

门诊定点医疗机构及其工作人员应严格遵循诊疗规范和技术常规,严格书写门诊病历、门诊日志、处方,使用统一的专用票据;确保医疗文书、就诊补偿记录真实准确,保存完整,严禁涂改、伪造、隐匿、销毁等。

第十六条 严格执行基本用药制度。门诊定点医疗机构超出《湖南省新型农村合作医疗基本药品目录》范围的用药不得超过门诊药品总费用的5%。乡级门诊定点医疗机构单次处方费用每日最高限额为30元,村级门诊定点医疗机构不得超过20元;处方用药量一般病人不得超过3日剂量,慢性病人不得超过7日剂量。

第十七条 严格基本医疗和技术准入范围。门诊定点医疗机构不得将开展技术准入范围之外和规定补偿项目之外的检查、诊疗项目纳入补助。

第十八条 各门诊定点医疗机构必须悬挂市合管办统一制作的"醴陵市新型农村合作医疗门诊定点医疗机构"标志牌,张贴门诊项目收费标准、补偿项目,定期公示农民获得门诊补偿的情况;市合管办将各定点医疗机构次均门诊费用和目录外用药情况进行公示,引导参合农民自主选择门诊定点医疗机构。

第十九条 建立举报投诉制度。各门诊定点医疗机构必须设立举报投诉箱,公开监督投诉电话,及时调查、处理和回复投诉事件,并向市合管办上报调查、处理结果;对于情节严重的违规事件由市合管办调查,报市卫生行政部门按照《湖南省新型农村合作医疗定点医疗机构管理办法(暂行)》的规定予以处理。

第四章 附 则

第二十条 本办法自2010年9月1日起施行。2011年起门诊统筹基金分配按湘合医组字【2009】3号规定的标准执行,补偿封顶线和补助比例根据普通门诊统筹运行情况予以修订。

第二十一条 本办法由市人民政府办公室负责解释。

醴陵市人民政府办公室
关于醴陵市城市容貌规定

醴政办发〔2010〕24号

第一章 总 则

第一条 为规范城市容貌,根据国务院《城市市容和环境卫生管理条例》、建设部《城市容貌标准》、《湖南省实施〈城市市容和环境卫生管理条例〉办法》、《株洲市城市容貌规定》,结合本市实际,制定本规定。

第二条 城市的道路、建(构)筑物、公共设施、园林绿化、户外广告、照明、公共场所、水域、社区等的容貌,应当符合本规定。

第三条 城市管理行政主管部门负责城市容貌

的监督管理工作，建设、规划、环保、交通、文化、水利、民政、公安、消防、交警、公路、邮政、电力、广电、电信、市政、园林、自来水、燃气办等相关部门按照各自职能做好相关管理工作。

第二章　城市道路

第四条　本规定所指城市道路包括车行道、人行道、桥梁、人行地下通道、道路附属设施、停车场等。

第五条　本规定按城市容貌要求将城市道路划分为一、二、三、四等级。其中，一级道路为城市主干道和重要景观道路、二级道路为城市次干道、三级道路为城市小街小巷道路、四级道路为城乡结合部支路和居民社区街巷道路。

第六条　城市道路的规划、设计、建设、养护应符合国家规范要求。

第七条　城市道路应进行日常清扫、保洁、冲洗、清洗，保持整洁，不得乱扔烟头、纸屑、瓜皮果核；不得乱倒垃圾、粪便、污水、污物；不得随地吐痰、便溺；不得任意焚烧垃圾、杂草等废弃物；不得随意燃放鞭炮，禁止抛撒冥纸。冲洗作业应规范，道路污染应及时清除。各等级道路清扫保洁工作质量应符合城市环境卫生质量标准。

第八条　城市道路应保持平坦、完好，便于通行。出现坑洞、网裂、拥包、溢水、塌陷等情况时，应及时进行养护维修工作。城市道路街边石应整齐、完好，设置标准为高出机动车路面 15～20 厘米(便道除外)。

第九条　城市道路临时占用、开挖或新建、扩建、改建道路等施工作业应按规定报批，施工现场要设置高度不低于 1.8 米的实体围档，并设置警示标志。处置和运输建筑垃圾应申请许可。建设工地出入口路面应硬化，在出入口建有洗车设施，对进出的车辆进行清洁，做到净车出工地。工地渣土运输(含生活垃圾)应采用密闭式车辆运输，严禁滴、撒、漏。建设工地的施工材料、机具及建筑垃圾等应置于围档范围之内。建筑垃圾堆放不得超过围档高度并应及时清除；施工期间，废水、泥浆不得流出场外、浸漫路面、堵塞管道，并应采取浇湿等措施严格控制扬尘污染。施工完毕后应及时清理现场、拆除围档。

第十条　任何单位和个人不得在道路两侧和公共场地堆放物料，搭建建(构)筑物或者其他设施(包括各种站、亭、屋)。因建设等特殊需要，在街道两侧和公共场地临时堆放物料，搭建非永久性建(构)筑物或者其他设施的，必须经城市管理行政主管部门批准。

第十一条　未经城市管理行政主管部门批准，任何单位和个人不得擅自在城市行道、广场、人行通道等公共场地从事公益、商业宣传活动。经批准的公益、商业宣传活动，应在指定位置进行，保持场地整洁，及时清扫、处置垃圾。活动使用的各种器材设备及广告设施不得出现污损，摆放应整齐，活动结束后应立即移走；经批准临时搭建的设施，活动结束后应立即拆除。

第十二条　人行道路面应平整、牢固、畅通。禁止在坡道、盲道等无障碍通道上设置任何设施，人行道及临人行道的空坪隙地上不得堆放杂物垃圾、晾晒衣物等，未经许可，机动车不准停放和占用人行道，摩托车和非机动车应在划定区域内有序停放(摆放)。

第十三条　城市道路护坡应保持整洁，坡上无垃圾、杂物，无涂画、张贴、张挂等现象。

第十四条　桥梁外观应保持美观、完好，出现损坏时应及时维修。桥梁的护栏、扶梯、桥塔、悬索、桥墩等部位应定期进行清洗或涂装。桥梁下的地面应进行硬化或绿化，不得擅自搭建建(构)筑物及其他设施。城市重要交通道路上的江河桥上禁止垂钓、放风筝等。

第十五条　城市每个路口应设置路铭牌。路铭牌应按规定制作设置，做到清晰醒目，准确规范。路铭牌出现污损、倾斜等情况应及时清洗、维护，路名变更时应及时更换。

第十六条　城市交通信号灯、交通护栏、隔离墩的设置应符合有关标准。城市交通护栏、隔离墩应经常清洗、维护，出现损坏、空缺、移位、倾斜时，应及时更换、补充和校正。城市交通设施立杆、交通护栏、隔离墩应每年进行一次刷新。

第十七条　路缘石应排列整齐，出现隆起、移位、缺失、塌陷、错台等现象，应及时修复。禁止在路缘石设置踏步。

第十八条　路面上的各类井盖应与路面平齐，出现松动、破损、移位、丢失时，井盖产权单位和使用单位应及时补缺、修复。

第十九条　道路的排水、排污设施应保持畅通，应及时清理疏浚，雨后路面无积水。禁止将垃圾、杂物等弃置于下水道。

第二十条　交通标志、标线的设置应符合国家道路交通标志和标线的规定。交通标志上不得设置单位指示标志和商业广告。交通标志应整洁完好，出现损坏、破旧、倾斜等应及时维修、刷新或更换。交通标线及道路上机动车辆临时停靠点的标线应完整、清晰，因路面磨损、维修等出现不清晰和残缺时，应重新标识。

第二十一条　停车场内应保持整洁，不得堆放垃圾、杂物等。停车场车位线应做到清晰醒目，无残缺、覆盖；场内其它设施应当整洁完好，使用正常；场内机动车辆、非机动车辆应按指定位置有序摆放。所有建筑物的附属停车场及地下停车场不得挪为它用，并接受相关部门的管理和监督。

第三章　建(构)筑物

第二十二条　本规定所指建(构)筑物包括建筑

外墙面、屋顶、防护栏、阳台、外走廊、门窗、空调架、油烟排放口、遮阳(雨)棚、围墙等。

第二十三条 新建、改建、扩建的建(构)筑物应讲究建筑艺术,注重美观,其造型、装饰、色调应与所在区域周边建筑及空间景观的环境相协调。

第二十四条 临街建(构)筑物外墙应保持完好、整洁,并定期清洗或粉刷。破残或土墙结构的建(构)筑物和危险房屋,应及时拆除或整修,符合街景要求。严禁临街建(构)筑物土墙破残或粉刷脱落影响市容市貌。

第二十五条 城市建(构)筑物的高度、体量、形式等应符合城市规划要求。建(构)筑物外形应完好、整洁。保护性建(构)筑物、标志性建(构)筑物、临街建(构)筑物等应保持原有风貌特色和历史环境,不得擅自拆除、改建、装饰和装修。临街建(构)筑物外部污损、残破的,应及时清洗、粉饰、维修。

第二十六条 建筑物外墙面(含玻璃幕墙、玻璃门窗内侧)上严禁有碍观瞻的涂写、刻画、粘贴、吊挂等现象。建筑物外墙面进行装饰或者维修时应保持与周围环境相协调。任何单位、个人不得占用台阶、过道、行道进行规划设计以外的搭建和改造。位于一、二级道路的建(构)筑物的外墙面,采用玻璃幕墙的所有人或责任单位必须定期进行检查和维修,并每两年清洗一次;采用涂料装饰的每三年至少粉刷一次;采用其它形式的每两年至少清洗一次。位于三、四级道路的建(构)筑物的外墙面,采用玻璃幕墙的每两年至少清洗一次; 采用涂料装饰的每四年至少粉刷一次;采用其它形式的每三年至少清洗一次。

第二十七条 建筑物屋顶的轮廓线、颜色、形态不得擅自改变,屋顶设施应与周围景观相协调,无乱堆乱放、乱搭乱建现象,保持整洁、美观。

第二十八条 城区内建筑物的阳台、窗户上安装的防护栏必须符合规划、消防等要求。临街建筑一、二层窗户、阳台、外走廊、护栏,按《住宅系统通用技术要求》规定,只能设置内嵌式防盗窗或隐形防盗网,三层以上一般不设置防盗窗,如确需安全防护的也只能设置不影响城市美观的隐形防盗网。内嵌式防盗窗或隐形防盗网的设置应符合消防逃生和保证安全的要求,同一栋楼应该采用相近的材料、色彩、式样。一、二级道路临街建筑物不得设置开放式阳台、平台、外走廊,且封闭式阳台、平台、外走廊内堆放的物品不得超过护栏高度,衣被等物应晾晒在阳台、平台、外走廊内。建筑物临街的门窗、门帘应经常清洗,出现脱漆、破损等现象时应及时维修、更换。

第二十九条 新建和改造的建筑物应预留有供空调外机安装的位置和供空调机冷凝水统一排水的管道, 空调机冷凝水应接入统一安装的排水管道,不得直接流向建筑物的外墙面或凌空排放。空调外机临街安装时,不得占用人行道,外机下缘离地面高度不得低于2米,并做到每单栋统一,规范美观。空调外机应保持外观整洁,表面无尘垢,顶端无垃圾和杂物。空调外机使用空调机罩的,如机罩污损、破旧时,应进行清洗或更换。不得在人行道安装空调外机和发电机。

第三十条 住宅楼应该设置统一的烟道供厨房油烟排放。餐饮单位、加工制作场所应安装油烟排放通道和油烟净化装置。油烟排放不得污染建筑物,不得在街面占道或出店设置灶(炉)台,且临街的油烟排放通道应隐蔽安装, 被污染的建筑物应及时进行清洗。

第三十一条 临街建筑物门店要落实“门前三包”责任制,不得从事有损市容环境的经营活动,应保持门前整洁,严禁出店经营、占道经营、店外作业、店外堆物及店外倾倒垃圾。

临街建筑物不得占道安装自来水龙头或将自来水开放式排向城市道路。

第三十二条 建筑物装修、变更门窗必须经相关部门批准并按有关规定和要求施工。不得擅自开门堵窗、破墙开店,改变建筑物的原有使用性质。严禁在临街道路两侧搭建临时建(构)筑物和其它设施。

第三十三条 建筑物临街立面不得在规划设计外新增设遮阳(雨)棚。非临街面增设遮阳(雨)棚的应做到单栋统一, 整洁美观, 底部离地面高度应大于3米,挑出部分不得超过1米,且不得妨碍消防车、电力维修车通行。遮阳(雨)棚应保持完好,出现陈旧、污损、破烂应及时清洗和更换。

第三十四条 临街单位应选用绿篱、花坛(池)、草坪等形式与道路分界, 因使用功能确需修建围墙的,应尽量采用通透式围墙,高度控制在1.6米以下。采用透景或半透景的围墙内的空地应进行景观绿化。建设和待建施工工地应设置钢性围档,围档高度不得低于1.8米。围档外档面应保持整洁有序、完好无损,不得有污迹和乱张贴、张挂、涂画,围档外不得堆放材料、机具、垃圾等。靠近档内的临时工棚屋顶及堆放物品高度不得超过围档顶部。

第四章 公共设施

第三十五条 本规定所指公共设施包括电力、邮政、通讯、供水设施、公交线路站、的士停靠站、人行天桥、公共厕所、公共垃圾站(点)、废弃物收集箱、交通(治安、城管)岗亭等。

第三十六条 公共设施应按规划设置, 使用正常,外观完好,无污渍、破损、残缺、锈蚀,不得随意涂画、张贴、悬挂。不得随意拆除或破坏。

第三十七条 依附城市道路设置的管线设施(包括供水、供电、供气、消防、通讯等)应按规划要求设于地下。未设于或不能设于地下的架空线路应排列整齐有序。对不能设置于地下的配电箱、电讯接线箱等设施应保持完好无损、干净美观。消火栓应每年油饰一次,无锈蚀和滴、漏水现象。路灯杆、架设线路的杆柱,应保持直立,发生倾斜、断裂、倒地、废弃时应及时扶正、更换或清除。

第三十八条 报刊亭应经城市管理行政主管部门批准设置，严格遵守相关规定，不得妨碍交通视线，不得移动设点，不得亭外经营，不得随意设置招牌、广告，不得在亭外堆放物品、垃圾等。

公用电话亭、邮箱、银行ATM机、读报栏、公共信息等应造型美观、布局合理，并应与周围环境相协调，设施本体不得附设广告，外部不得摆放物品（商品），保持清洁。

第三十九条 公交线路站、的士停靠站点的设置应经相关部门批准。公交线路站设置的候车亭、的士停靠站点牌应设置合理、体量适当、造型简洁、清洁美观。线路指示牌与站内广告牌应分开设立。线路指示牌应清晰醒目，方便阅读，无广告内容，有条件的应配有照明设施。

第四十条 人行天桥、立体交叉桥、城市道路和铁路两用桥外观应保持美观、完好，出现损坏时应及时维修。天桥的护栏、扶梯、桥墩等部位应定期进行清洗或涂装。桥下不得出现乱搭乱建、乱拉乱挂、乱设摊点等现象。

第四十一条 公共厕所应为水冲式或环保型，公共厕所及周围区域应每天清扫保洁，无粪便外溢和垃圾、蝇蛆、积水、臭气等。独立式公共厕所的外部结构、造型、风格、材料、色彩等应与周围环境和景观相适应。

第四十二条 公共垃圾站（点）应采用符合密闭收集运输的形式或其他能避免产生垃圾二次污染的形式。公共垃圾站（点）的垃圾应做到日产日清。站（点）外不得弃置垃圾、堆积废品，站（点）周围区域应进行清扫保洁，无垃圾二次污染现象发生。公共垃圾站（点）外墙面及门窗应每年至少进行一次清洗和油漆。

第四十三条 道路两侧和广场、休闲旅游景区等公共场所应设置废弃物收集箱。废弃物收集箱应造型美观，使用方便。废弃物收集箱应及时清理清洗，确保箱外干净，箱内无膨溢，周围无废弃物，地面无明显污迹。

第四十四条 交通（治安、城管）岗亭应经常清洗，保持整洁，不得在亭外堆放物品、垃圾等。废弃的交通（治安、城管）岗亭应及时拆除，不得改作它用。

第五章　园林绿化

第四十五条 本规定所指园林绿化包括植物、园林建筑、小品及景观水系工程等。

第四十六条 城市绿化以绿为主，以美取胜，应遵循生物多样性和适地适树原则，合理配置乔、灌、草和园林建筑、小品等；对老城区改造不能达到绿化指标的要注重立体绿化、垂直绿化。

第四十七条 公园、广场应严格按等级实施管理，养护到位，保持设施良好、清洁美观。

第四十八条 行道树、绿地管养到位，长势良好，无缺株、死树枯枝现象，无病虫害。护桩、保湿、防晒、防冻设置整齐，无破损。树穴无黄土裸露，树穴防护盖板、侧石无缺损，树穴内的泥土应低于侧石5厘米。绿篱、草坪修剪及时，整齐美观，无明显灰尘。花坛、绿化带内边缘的泥土应低于侧石5厘米，侧石整齐无缺损。因自然灾害、自然老化倾倒的树木应及时清理。

第四十九条 绿地内禁止践踏花草，损坏设施；搭棚摆摊，堆放物品；挖沙取土，倾倒垃圾、燃放鞭炮；禁止利用树木盖房搭棚，架线；禁止攀登树木，掐花，摘果，折枝；禁止在树木上钉字、刻字，栓系动物，禁止在城市树木、花草和绿化设施上悬挂、摆放与绿化无关的物品。

第五十条 景观水体应达到设计水位，水面清洁，无污染，无漂浮杂物。

第五十一条 园林建筑和小品、座櫈、垃圾箱、游路、景观灯等完好无损，出现破损、蒙尘等影响原有风貌、功能和观瞻时，应及时维修、更换和清洗。

第五十二条 摆放的时令花卉或造型植物应注重景观效果，保持整齐美观，出现凋谢、残损应及时更换。

第五十三条 城市绿化美化应符合城市规划，新、扩、改建工程项目的园林绿化必须按照基本建设程序办理报建手续，并且必须达到各类绿地指标，做到同步规划、同步设计、同步施工、同步验收、文明施工。

第五十四条 严禁侵占绿地，临时占用绿地需经相关部门批准，并进行围档；占用到期后，应在15个工作日内按原状和协商意见恢复。

第五十五条 对城市风景名胜区和古树名木实行统一管理，分别养护，并应设置保护标志，明确保护级别及养护责任人。保护标志应制作规范，出现污损，应及时清除和更换。

第六章　户外广告

第五十六条 本规定所指户外广告包括在户外设置的商业广告、公益广告、牌匾（包括店牌、招牌、路铭牌、单位指示牌）。

第五十七条 户外广告应符合城市规划要求，并经城市管理行政主管部门批准设置，与城市功能和形象相适应，合理布局，规范设置。

第五十八条 户外广告应整洁完好、文字规范、字体无残缺，配有灯光设施的应使用正常。户外广告出现污损、残缺等情况或灯光不亮、显示不全时，应及时清洗、维修或更新。户外广告的制作应使用高品质形式。户外广告的设计、制作安装必须牢固、安全，符合相应的技术要求和质量标准。

第五十九条 不得在道路上设置过街龙门式户外广告，不得在道路交叉路口设置占道式户外广告，不得在道路（含行道）、绿地上摆放可移动式户外广告,不得在人流密集、建筑密度大的沿线,城市主要景观道路沿线、主要景区设置大型立柱式户外广告,不得利用树木等植物设置户外广告。城区范围内不得悬挂条幅、横幅、单体喷绘布等形式的户外广告。

第六十条 下列区域、建(构)筑物和设施禁止设置户外商业广告:国家机关、文物保护单位的建筑控制地带和风景名胜区核心景区;学校教学区、居民区、住宅楼;主干道建筑物墙面(不含商场墙面预留广告位);交通安全设施、交通标志、城市标志性建(构)筑物、电杆、变压配电箱等;残疾人专用设施。

第六十一条 户外广告设施闲置时间不得超过10日,超过10日的应临时设置公益宣传广告。

第六十二条 建(构)筑物上的户外广告的形状、规模、色彩、图案等应与周边环境相协调,不得影响建(构)筑物的原有风貌、轮廓等。新建建(构)筑物规划设计时应预留广告位。

第六十三条 建筑高度低于10米(含10米)的，顶部设置户外广告高度不得超过建筑物高度的1/2;建筑高度为10～24米(含24米)的,顶部设置的户外广告高度不得超过建筑物高度的1/3; 建筑高度在24米以上的,顶部设置的户外广告高度不得超过建筑物高度的1/5; 设置的户外广告牌面宽度不得超出建(构)筑物两侧墙面,牌面水平方向不得凸出建(构)筑物外墙面，建筑高度在50米以上的建筑物不得设置大型户外广告(不含标识)。

第六十四条 重要商业街区户外广告要进行整体规划,建筑物应预留统一规范的广告位置。户外广告画面平行于墙面设置的,高度不得超过依附物的墙体顶线,宽度不得大于两侧墙面,其外端距离墙面不得超过0.5米。不得在建筑物层与层之间的窗间墙上和临街建筑的窗户玻璃上设置广告。不得在临街墙面设置竖牌喷绘灯箱。户外广告画面垂直于墙面设置的,宜采用新型材料制作,其底部离地面的净空高度不得低于4.5米,外端距离墙面不得超过1.5米。

第六十五条 橱窗应经常整理和清洗，保持明亮、美观,具有良好的展示效果。橱窗内展示的物品应保持整洁、完好、雅观。

第六十六条 悬于道路空间的户外广告,其底端距离地面高度:位于车行道上方的不得低于4.5米,位于人行道上方的不得低于2.8米。竖立在人行道的户外广告版面面积不得大于4平方米,其画面与道路走向垂直时,竖立宽度不得超过0.6米;其画面与道路走向平行时,竖立宽度不得超过1.5米。

第六十七条 施工期半年以上的建设工地和外部陈旧、破烂或毁坏三个月内难以维修或拆除的建(构)筑物进行遮挡、美化的,可设置临时广告。

第六十八条 在城市入城口、快速环道等空旷区域设置的大型立柱式户外广告，其牌面高度不得大于6米,宽度不得大于18米,设置点与附近桥梁、道路、建(构)筑物等的直线距离不得低于该广告的整体高度。

第六十九条 会展期间需设置临时性户外广告、宣传品的,应在会址和代表集中处的附近区域按要求统一设置，会展结束后的次日应将所设的户外广告、宣传品等清除完毕。

第七十条 运输工具的车身广告,不得设置在车辆的车窗玻璃及车辆的前后部、顶部。设置的车身广告不得使用布幅形式。

第七十一条 气模广告设置规范，形式新颖,外观整洁,色彩与周边的景观相协调,符合防空、防雷要求,不得出现倾倒、坠落和充气不饱满等现象。城市中心区、广场气模广告设置要严格控制。

第七十二条 张贴栏应设置在既方便浏览又不影响市容观瞻的地方,需要张贴、公布的信息、公告等应整齐张贴在张贴栏内。张贴栏应定期清理。

第七十三条 路铭牌、公交站亭(牌)的广告设置应符合规范、美观的要求,并以公益广告为主。

第七十四条 户外牌匾的设置规划应服从城市规划,内容为单位名称、商号(字号)、标志,其规格、式样应与建(构)筑物、周边景观相协调。凡新建、扩建或改建,以及立面装修的单位,应按照户外牌匾设置规划要求,安装龙骨架和牌面,确保牌匾整齐规范。

第七十五条 单位指示牌设置一般实行多个单位共用一块。同一单位临多条道路的,可在该单位主要进出道路的入口位置设置一块单位指示牌。

第七十六条 同一建筑物内有多个单位的,物业管理者应当按照一栋一牌和统一设置的原则规范户外牌匾,禁止单个单位在该建筑物墙面、楼顶独立设置户外牌匾。

第七十七条 门面户外店牌设置实行一店一牌，应统一设置在门楣位置,其大小应与建筑物及相邻店牌相协调。店牌的高度不超过 2 米,宽度视门面宽度而定,但不得超过建筑物两侧墙面。

第七十八条 严禁在建(构)筑物的窗户玻璃上设置牌匾，严禁在一楼以下设置垂直于墙面的牌匾，二楼以上不得设置封墙面的招牌。

第七十九条 不得在户外牌匾上发布商业性广告。

第七章　城市照明和噪声

第八十条 本规定所指城市照明包括公共照明和景观照明(包含城市道路、小街小巷、人行地下通道、桥梁、广场、公共停车场、公共绿地、城市主、次干道临街建筑和不临街12层以上建筑物体照明)。

第八十一条 城市道路、小街小巷、人行地下通道、桥梁、广场、公共停车场、公共绿地、城市主、次干道临街建筑等应有道路夜间照明。

第八十二条 照明设施应保持完好，使用正常，出现灯光不亮或显示不全时应及时维修或更换，无特殊情况，照明设施应按规定启闭。施工单位不得破坏、覆盖路灯管线和接线井。

第八十三条 新建和改造照明设施，必须符合有关设计安装规定，并采取新光源、新技术、新设备。

第八十四条 公共照明设施管理单位要加强维护管理，确保亮灯率达97%以上，设施完好率达95%以上，确保照明设施正常运行。

第八十五条 路灯杆、临时架设线路应保持直立，不得发生倾斜。如遇人为损坏和不可抗力造成灯杆倾倒，应及时清除修复。

第八十六条 广场、商业街、一、二级道路两侧建(构)筑物、不临街高层建筑、园林水景等必须亮化，设置夜间景观照明。景观照明设计必须经相关部门批准，并与主体工程同步设计、同步施工、同步验收。

第八十七条 景观照明应充分反映被照物体的特征，与周围环境相协调，采用环保型、节约型照明光源，合理控制照度和亮度，减少光污染。

第八十八条 景观照明的控制箱、管线安装应采用隐蔽方式，做好防盗、防火、防雷击等安全防护措施。

第八十九条 城区KTV、歌舞厅、游艺厅等娱乐场所应当距离学校(中、小学)、医院、机关200米以外，门店播放喇叭、KTV、歌舞厅等娱乐场所的边界噪声确保达到环保要求，每日凌晨2时至上午8时，娱乐场所不得营业。

第八章　公共场所

第九十条 公共场所是指车站、港口、码头、影剧院、体育场(馆)、公园、广场等供公众从事社会活动的各类室外场所。

第九十一条 公共场所及其周边环境应保持整洁卫生，无乱贴乱画、无乱搭乱建、无乱设的摊点，无垃圾、污水、痰迹、无噪声污染等现象。

第九十二条 在公共场所设置娱乐设施、简易售货亭，举办节庆、文化、体育、宣传、商业等活动，必须经城市管理行政主管部门批准。

第九十三条 机动车停车场、非机动车停放点(亭、棚)应布局合理、设置规范，车辆停放整齐。

第九章　城市水域

第九十四条 城市水域是指城市总体规划区内，渌江河城区段及支流、河港、水库、水塘等岸线内由水体、滩涂和岸坡等组成的区域。

第九十五条 城市水域水面应保持清洁，无弃置渣土、无垃圾、粪便、油污、动物尸体等废弃漂浮物。城市水域范围内无高杆作物，无采沙、取土、淘金、爆破、存放物料等现象。

第九十六条 城市水域内的各类船舶、趸船、码头应容貌整洁，不得进行有碍观瞻的悬挂等行为，垃圾、污水等各种废弃物不得排入水域。

第九十七条 城市水域的岸坡应完好、无缺损，无裸露垃圾，无乱搭乱建。两岸的护栏、杆线及建(构)筑物上不得晾晒、悬挂衣物。

第九十八条 水域范围内严禁从事污染水体的餐饮、食品加工等活动。沿岸的污水不得直接注入水域。

第十章　城市社区

第九十九条 城市社区应保持清洁、舒适，无垃圾、杂草、粪便、屯积污水及其他废弃物等。

第一百条 社区建(构)筑物墙面应保持洁净，无乱贴乱画、乱拉乱挂、油渍污迹。非临街建筑物外凸式防盗窗内不得堆放有碍城市市容的物品。

第一百零一条 社区内居民区严禁放养家禽家畜，严禁占用空隙地种植蔬菜，严禁利用绿化树、灯杆电杆及其它公用设施挂、晒衣物，严禁进行规划之外的各种搭建，严禁在车道、行道、绿化地及其它公用场所乱堆、乱放。

第一百零二条 社区内的摊担必须入场入室，严禁在车道、行道和公共活动场所摆摊设点。

第十一章　附　则

第一百零三条 如有违反本规定的，按照国务院《城市市容和环境卫生管理条例》、《城市绿化条例》、《城市道路管理条例》、建设部《城市生活垃圾管理办法》、《城市建筑垃圾管理规定》、《城市道路照明设施管理规定》、《湖南省实施〈城市市容和环境卫生管理条例〉办法》、《湖南省城市市政公用设施管理办法》、《湖南省实施〈城市绿化条例办法〉》等有关法律、法规、规章的规定给予处罚。

第一百零四条 农村集镇容貌管理可参照本规定执行。

第一百零五条 本规定自公布之日起30日后施行。

醴陵市人民政府
关于加强中小企业信用体系建设
促进中小企业发展的意见

醴政办发〔2010〕27 号

各乡镇人民政府,街道办事处,市直有关单位:

中小企业是经济和社会发展的重要力量。促进中小企业发展,是实现本市经济平稳较快发展的重要基础,是关系民生和社会稳定的重大战略任务。为支持有市场、有效益、有信用的中小企业发展,充分发挥中小企业信用体系在支持中小企业融资中的重要作用,现就加强中小企业信用体系建设、促进中小企业发展提出如下意见:

一、指导思想

以科学发展观为指导,按照国务院及省、株洲市有关加强信用体系建设,促进中小企业发展的政策要求,建立以政府主导、央行推动、部门联动的工作体系, 在全市建立中小企业信用体系建设长效机制,构建中小企业信用信息服务平台, 强化信用信息服务,加大对守信中小企业的政策扶持和融资培育力度,探索解决中小企业融资难的有效途径,争创全国中小企业信用体系建设模范市,促进本市经济社会又好又快发展。

二、工作内容

(一)建立组织领导与工作协调机制。

市人民政府成立以市长为组长,分管副市长为副组长,市金融证券办、人民银行醴陵支行、醴陵陶瓷产业园区管委会、市企业发展促进局、市财政局、市人民法院、市环境保护局、市工商行政管理局、市国家税务局、市地方税务局及公共事业单位(市电力、自来水、燃气)和各金融机构等单位的相关负责人为成员的市中小企业信用体系建设领导小组(以下简称“领导小组”)。由市金融证券办牵头,人民银行醴陵支行推动,各有关部门单位配合,构建高效、务实的外部协调联动工作机制。

(二)建立信息采集与更新机制。

1. 人民银行醴陵支行在领导小组成员单位配合下,以“政府、企业、金融机构需求”为基础,合理确定中小企业信用信息数据内容,整合工商、税务、法院、人民银行、环保以及公共事业等部门单位的中小企业相关数据,建立全市统一的中小企业信用信息数据库。

2. 各成员单位与人民银行醴陵支行密切配合,根据本部门本单位职能所掌握的中小企业相关信用信息,进行批量采集,及时向数据库报送,实现中小企业信用信息的更新与共享。

(三)完善信用信息服务机制。

1.人民银行醴陵支行以中小企业信用信息数据库为基础,建立中小企业信用信息服务平台,为政府及相关部门、金融机构提供中小企业信息查询、批量筛选、统计汇总服务,强化中小企业信用信息服务。

2. 人民银行醴陵支行、市企业发展促进局等部门组织金融机构和相关企业,依托专业评级机构,完善中小企业信用评价机制,建立符合中小企业特点的信用评价方法,实现对优秀中小企业的筛选推荐,为中小企业融资培育提供有效支持。

3.政府各相关部门以信用信息服务为基础,积极实施中小企业融资培育计划,通过政策扶持、信用评价、定期监测等途径,实现多渠道、多形式的政、银、企融资推荐和对接。

4. 各金融机构加强对中小企业信用信息的使用,积极改善中小企业金融服务,大力创新适合中小企业特点的金融产品和服务方式,建立针对中小企业的审贷管理制度,为中小企业融资提供便利。对于信用等级较高、财务状况和发展前景良好的优质中小企业,加大信贷支持力度,在贷款额度、期限、利率等方面给予优惠。跟踪监测中小企业信贷客户,降低贷后管理成本与风险,促进银行和企业建立长期信用关系。

5.担保机构积极向信用状况良好的中小企业提供担保扶持,对于信用状况良好、有发展前景但自身担保财产不足的中小企业,积极提供第三方贷款担保服务,并适当降低担保费率。

(四)完善信用支持服务体系。

1.进一步完善中小企业发展政策支持体系。市政府及相关部门在中小企业发展基金、风险补偿基金、财政扶持及税收减免等方面加大支持力度,切实降低中小企业融资成本及金融机构的信贷风险,为中小企业发展提供良好的政策环境。

2.加快建设中小企业信用增进体系。综合运用资本注入、风险补偿和奖励补助等多种方式,提高担保机构对中小企业的融资担保能力,培育担保机构与金融机构的良好合作关系;发展中小企业联保、上下游合作关系担保、个人资产担保等信用增进方式,提高中小企业信用水平; 引导中小企业利用应收账款、动产等登记公示系统,扩展中小企业可用于抵押、质押等保证范围。

3.加大信用报告和评级报告应用力度。进一步完善守信激励和失信惩戒工作机制,将中小企业信用报告和评级报告作为政策扶持的重要依据,在落实税收优惠、企业资质管理、政府采购和招投标、中小企业发展项目审查、企业评优评先等工作中，对信用状况良好的中小企业优先给予支持，对信用状况不良的企业加以限制。

(五)加强中小企业信用宣传。

领导小组各成员单位联合组织开展适合中小企业特点、形式多样的信用体系建设和金融知识的宣传、教育、培训活动，为中小企业提供公司治理、财务管理、技术咨询等专业培训和辅导，提升中小企业经营管理水平，提高中小企业使用金融产品的能力，增强中小企业信用意识和风险意识，促进中小企业重视和积累自身信用记录，积极营造“守信受益、失信惩戒”的良好社会氛围，进一步改善中小企业信用环境。

三、工作要求

(一)加快平台建设。中小企业信用信息采集、信用平台的建立与应用是中小企业信用体系建设的基础性工作，事关我市中小企业发展战略的顺利实施。各相关部门必须各司其职、各负其责，及时整理、提供中小企业相关信用数据，尽快完成中小企业信用信息服务平台建设。

(二)开展试点工作。陶瓷产业园区要发挥中小企业聚集、信息集中、管理高效的优势，率先开展中小企业信用体系建设试点工作。园区管委会要加强组织领导，积极协调相关部门、园区企业进行数据采集和报送，力争在2010年11月底前建立内容比较完整、数据质量较高的中小企业信用信息数据库。市金融证券办及人民银行醴陵支行要依托中小企业服务平台，联合专业评级机构对园区企业进行评级筛选和融资培育，促进政、银、企的有效对接，为园区企业发展提供良好的融资环境。

(三)提供资金保障。中小企业信用体系建设事关我市经济与社会发展的大局，是一项复杂的系统工程，涉及面广，工作任务重，人财物投入多，要给予相应的资金保障。市财政局要统筹兼顾，合理安排专项资金，确保中小企业信用体系建设顺利实施。

(四)强化考核机制。将中小企业信用体系建设工作纳入政府年度工作考核，建立健全考核指标体系，对相关部门定期考核。对在中小企业信用体系建设中成绩突出的单位和个人，给予表彰奖励；对工作不力，影响中小企业信用体系建设的单位和个人，给予通报批评，取消年度评先评优资格，并酌情给予处罚。

2010年重要文件索引

中共醴陵市委

【市委的重要决定、规定、意见、通知、通报】 1月15日《中共醴陵市委、市人民政府关于推进教育强市工作的决定》

3月12日《中共醴陵市委、市人民政府〈关于表彰2009年度全市文明建设、产业发展等工作先进单位和先进个人的决定〉》

3月23日《中共醴陵市委关于深入学习实践科学发展观活动情况的报告》

3月29日《中共醴陵市委关于请求推荐颜建明、凌继贤两位同志为先进典型人物的请示》

3月30日《中共醴陵市委关于批转〈醴陵市人大常委会2010年工作要点〉的通知、《中共醴陵市委关于批转〈政协醴陵市委员会2010年工作要点〉的通知》、《中共醴陵市委关于进一步加强社会治安综合治理基层基础设施建设的意见》

5月15日《中共醴陵市委关于醴陵市政府机构改革方案的请示》

5月21日《中共醴陵市委关于成立中共驻醴株洲市国有改制企业临时委员会的通知》

6月25日《中共醴陵市委关于株洲市政绩考核2010年度重点工作(项目)的报告》

7月3日《中共醴陵市委关于给予曾兰秋开除党籍处分的请示》

8月3日《中共醴陵市委关于成立“中国共产党醴陵市长庆示范区工作委员会”、“中国共产党醴陵市长庆示范区纪律检查工作委员会”的通知》

8月18日《中共醴陵市委关于呈报醴陵市县级副职后备干部人选的报告》

8月20日《中共醴陵市委关于醴陵市贯彻落实君文书记“8.13”讲话精神的情况报告》

11月17日《中共醴陵市委关于建设李铎艺术馆的报告》

11月23日《中共醴陵市委关于召开市委常委班子专题民主生活会的请示》

12月22日《中共醴陵市委关于2010年度党风廉政建设责任制执行情况的报告》

中共醴陵市委办公室

【市委办公室的重要通知、通报】 1月14日《中共醴陵市委办公室、市人民政府办公室关于开展向农村五保户、特困户送温暖、献爱心活动的通知》

1月20日《中共醴陵市委办公室、市人民政府办公室关于开展城市环境卫生交通秩序管理活动的通知》、《中共醴陵市委办公室、市人民政府办公室关于做好2009年度机关事业单位工作人员年度考核与评优评奖工作的通知》

1月21日《中共醴陵市委办公室关于2009年度政风行风民主测评结果的通报》

1月28日《中共醴陵市委办公室关于加强春节前后“城市三创”工作的通知》

2月6日《中共醴陵市委办公室关于确保重大节日期间安全稳定欢乐祥和的通知》

3月4日《中共醴陵市委办公室关于2009年度“城市三创”工作考核排名情况的通报》

3月16日《中共醴陵市委办公室关于成立醴陵市“三大战役”指挥部的通知》

3月29日《中共醴陵市委办公室关于建立市级领导联系社区(村)开展“城市三创”工作制度的通知》、《中共醴陵市委办公室关于印发〈醴陵市2010年“城市三创”工作考核评比办法〉的通知》、《中共醴陵市委办公室关于进一步加强创卫宣传工作的通知》、《中共醴陵市委办公室关于切实做好当前及清明期间森林防火工作的通知》

3月31日《中共醴陵市委办公室关于2009年度全市绩效考核结果的通报》

4月1日《中共醴陵市委办公室关于调整醴陵市党风廉政建设责任制工作领导小组成员的通知》、《中共醴陵市委办公室关于调整市先进文化带动战略实施领导小组成员的通知》

4月14日《中共醴陵市委办公室关于调整市爱国卫生运动委员会成员的通知》、《中共醴陵市委办公室关于调整醴陵市作风建设领导小组成员的通知》、《中共醴陵市委办公室关于成立醴陵市乡镇(街道办事处)经济发展综合考核评价工作领导小组的通知》

4月19日《中共醴陵市委办公室关于切实做好汛期水利工程安全工作的通知》

4月21日《中共醴陵市委办公室关于开展抗震救灾捐款活动的通知》

4月22日《中共醴陵市委办公室关于加强国家秘密载体销毁管理的通知》、《中共醴陵市委办公室关于规范全市各级党组织印章的通知》

5月5日《中共醴陵市委办公室关于成立李畋中路工程建设指挥部通知》

5月7日《中共醴陵市委办公室关于开展〈醴陵市纪检监察派出(驻)机构统一管理改革工作实施方案〉落实情况督查的通知》、《中共醴陵市委办公室关于调整中共醴陵市委党史联络组成员的通知》

5月10日《中共醴陵市委办公室关于进一步加强集体林权制度改革工作的通知》

5月13日《中共醴陵市委办公室关于调整醴陵市关心下一代工作委员会和老年教育领导小组成员的通知》

5月28日《中共醴陵市委办公室关于成立中共醴陵市委“创先争优”活动领导小组的通知》

6月9日《中共醴陵市委办公室关于建立醴陵市“创先争优”活动领导联系点制度的通知》

6月24日《中共醴陵市委办公室关于迎战6月23~24日强降雨值班备守督查情况的通报》

7月7日《中共醴陵市委办公室关于城区灾后环境卫生清扫活动开展情况的督查通报》

7月12日《中共醴陵市委办公室关于成立市委建设学习型党组织工作领导小组的通知》、《中共醴陵市委办公室关于印发〈杭长客运专线、岳汝高速公路等重点工程项目建设环境专项整治行动方案〉的通知》、《中共醴陵市委办公室关于印发〈醴陵市开展“机关效能建设年”活动实施方案〉的通知》

7月14日《中共醴陵市委办公室关于进一步加强“城市创卫”工作考评的通知》

8月3日《中共醴陵市委办公室关于调整醴陵市为民办实事工作领导小组的通知》

8月23日《中共醴陵市委办公室关于调整醴陵市新型农村合作医疗管理委员会和监督委员会成员的通知》

8月27日《中共醴陵市委办公室关于调整醴陵市渌江防洪堤工程建设指挥部成员的通知》

8月30日《中共醴陵市委办公室关于规范市委书记批示件办理制度的通知》

9月13日《中共醴陵市委办公室转发醴陵市残疾人联合会〈关于召开醴陵市残疾人联合会第四次代表大会的请示〉的通知》

9月20日《中共醴陵市委办公室关于开展第七届村级组织任期财务清查和经济责任审计工作的通知》

9月21日《中共醴陵市委办公室关于市委十届九次全会精神贯彻落实情况的通报》

9月26日《中共醴陵市委办公室关于成立醴陵市仙岳山文化景区建设指挥部的通知》

9月30日《中共醴陵市委办公室关于成立醴陵市强农惠农资金专项清理和检查工作领导小组的通知》

10月8日《中共醴陵市委办公室关于调整醴陵市创建“省级卫生城市”工作领导小组等机构组成人员的通知》

11月3日《中共醴陵市委办公室关于做好2011年度全市党报党刊发行工作的通知》

11月9日《中共醴陵市委办公室关于进一步加强老年人优待工作的意见》

11月12日《中共醴陵市委办公室关于印发〈醴陵市来宾接待、重要会议、市级领导公务活动、秘书长联席会议工作规范〉的通知》

11月23日《中共醴陵市委办公室关于组织全市村(社区)主任及科学发展指导员体检的通知》

12月15日《中共醴陵市委办公室关于调整中共醴陵市委人才工作领导小组成员的通知》、《中共醴陵

市委办公室关于调整醴陵市妇女儿童工作委员会组成人员的通知》

12 月 17 日《中共醴陵市委办公室关于开展评选 2010 年度文明建设红旗单位、先进单位和先进个人活动的通知》

12 月 21 日《中共醴陵市委办公室关于开展全市村(社区)党组织书记和大学村官专题培训的通知》

12 月 24 日《中共醴陵市委办公室关于表彰醴陵市 2010 年度档案史志工作先进单位和先进个人的通报》

12 月 30 日《中共醴陵市委办公室关于开展 2010 年度绩效考核工作年终考核的通知》、《中共醴陵市委办公室关于做好 2011 年元旦、春节期间有关工作的通知》

中共醴陵市委办公室、市人民政府办公室

【中共醴陵市委办公室、市人民政府办公室的重要通知、通报】

3 月 3 日《中共醴陵市委办公室、市人民政府办公室关于 2009 年度全市人口和计划生育工作评估考核情况的通报》

3 月 13 日《中共醴陵市委办公室、市人民政府办公室关于 2010 年市级领导联系乡镇（街道办事处）、村(社区)工作安排的通知》

3 月 16 日《中共醴陵市委办公室、市人民政府办公室关于计划生育工作提质固本谋发展、务实创新求突破的实施意见》、《中共醴陵市委办公室、市人民政府办公室印发〈关于进一步强化粮食生产工作措施的有关规定〉的通知》

3 月 29 日《中共醴陵市委办公室、市人民政府办公室关于印发〈醴陵市 2010 年创建省级卫生城市工作方案〉的通知》

3 月 30 日《中共醴陵市委办公室、市人民政府办公室关于表彰全市第二、第三批深入学习实践科学发展观活动先进单位和先进个人的通报》

4 月 1 日《中共醴陵市委办公室、市人民政府办公室关于印发〈醴陵市文化发展战略纲要〉2010 年度项目推进计划〉的通知》、《中共醴陵市委办公室、市人民政府办公室关于印发〈醴陵市 2010 年民主评议政风行风工作实施方案〉的通知》

4 月 15 日《中共醴陵市委办公室、市人民政府办公室关于鼓励和支持农民进城(镇)落户创业的若干意见(试行)》

5 月 10 日《中共醴陵市委办公室、市人民政府办公室关于 2009 年度全市社会治安综合治理工作考核结果的通报》

5 月 17 日《中共醴陵市委办公室、市人民政府办公室关于印发〈醴陵市创建创业型城市工作实施方案〉的通知》

5 月 21 日《中共醴陵市委办公室、市人民政府办公室转发〈市委组织部、市委宣传部关于在党的基层组织和党员中深入开展“创先争优”活动的实施意见〉的通知》

6 月 23 日《中共醴陵市委办公室、市人民政府办公室关于印发〈2010 年为民办实事实施意见〉的通知》

7 月 1 日《中共醴陵市委办公室、市人民政府办公室关于印发〈2010 年醴陵市灾后恢复重建工作方案〉的通知》、《中共醴陵市委办公室、市人民政府办公室关于表彰抗洪英雄的决定》、《中共醴陵市委办公室、市人民政府办公室关于表彰抗洪救灾先进单位、先进基层党组织、先进个人的决定》

7 月 12 日《中共醴陵市委办公室、市人民政府办公室关于推进学习型党组织建设的实施意见》

7 月 21 日《中共醴陵市委办公室、市人民政府办公室关于开展 2010 年度“爱心献功臣”活动的通知》

8 月 25 日《中共醴陵市委办公室、市人民政府办公室关于印发〈醴陵市秋季严打整治行动实施方案〉的通知》

10 月 8 日《中共醴陵市委办公室、市人民政府办公室关于印发〈醴陵市全面开展农村创卫活动实施方案〉的通知》

10 月 20 日《中共醴陵市委办公室、市人民政府办公室关于印发〈醴陵市旅游升温战 2010 年度工作考核评分细则〉的通知》、《中共醴陵市委办公室、市人民政府办公室关于印发〈醴陵市人民政府机构改革方案的实施意见〉的通知》

醴陵市人民政府

【市人民政府的决定、意见、通知】 1 月 26 日《醴陵市人民政府关于给醴陵市公安局交警大队集体记三等功的决定》

3 月 4 日《醴陵市人民政府关于对官庄乡非法矿山进行整治的通知》

3 月 12 日《醴陵市人民政府关于认真做好第六次全国人口普查工作的通知》、《醴陵市人民政府关于进一步加强城市基础设施配套费征管的通知》

3 月 15 日《醴陵市人民政府关于印发醴陵市森林防火责任追究暂行办法的通知》

3 月 16 日《醴陵市人民政府关于进一步完善乡镇、街道办事处财税管理体制的通知》

4 月 23 日《醴陵市人民政府关于公布醴陵市区域(片)划分结果和征地补偿标准的通知》

5 月 7 日《醴陵市人民政府关于变更国有土地使用权类型的通知》

5 月 20 日《醴陵市人民政府关于加强教育督导工作的意见》

6月11日《醴陵市人民政府关于印发醴陵市“五小行业”专项整治实施方案》的通知

7月30日《醴陵市人民政府关于加强农产品质量安全监管工作的意见》

8月17日《醴陵市人民政府关于进一步加强全市安全生产工作的决定》

10月11日《醴陵市人民政府关于印发醴陵市构筑社会消防安全“防火墙”工程(2010-2012)实施方案》的通知

10月12日《醴陵市人民政府关于公布醴陵市第三批县级非物质文化遗产名录项目的通知》

10月18日《醴陵市人民政府关于给予钟国建等同志记三等功奖励的决定》

10月21日《醴陵市人民政府关于做好第一次全市水利普查工作的通知》

11月8日《醴陵市人民政府关于印发醴陵市国家建设项目审计监督办法的通知》、《醴陵市人民政府关于进一步加强审计工作的意见》

11月22日《醴陵市人民政府关于督促株洲市烟草公司醴陵烟草分公司分摊我市企业所得税税款入库的通知》

12月13日《醴陵市人民政府关于印发醴陵市国有资产管理办法的通知》、《醴陵市人民政府关于印发醴陵市国有资产处置办法的通知》

12月15日《醴陵市人民政府关于将渌江南岸二期棚户区改造工程项目用地按国有出让土地划拨给市国有资产投资经营公司的通知》

12月30日《醴陵市人民政府关于将珊田广场等五宗国有出让土地调拨给市城市建设投资开发有限公司的通知》、《醴陵市人民政府关于将湘东粮油物流中心国有出让土地划拨给城市建设投资开发有限公司的通知》

醴陵市人民政府办公室

【市人民政府办公室的决定、意见、通知】 1月7日《醴陵市人民政府办公室关于印发醴陵市预拌混凝土管理办法(试行)的通知》

1月28日《醴陵市人民政府办公室关于做好2010年义务植树工作的通知》

3月15日《醴陵市人民政府办公室关于印发新农村建设一事一议资金管理办法的通知》

4月6日《醴陵市人民政府办公室关于进一步加强税费统征工作的通知》

4月7日《醴陵市人民政府办公室关于印发醴陵市打击非法生产经营烟花爆竹“110”行动工作方案的通知》

4月8日《醴陵市人民政府办公室关于印发醴陵市2010年安全生产责任目标管理考核办法的通知》

4月16日《醴陵市人民政府办公室关于下达2010年全市劳动和社会保障工作目标任务的通知》

5月19日《醴陵市人民政府办公室关于印发醴陵市2009年度生猪调出大县奖励资金使用实施方案的通知》

6月17日《醴陵市人民政府办公室关于印发开展“规范程序年”活动方案的通知》、《醴陵市人民政府办公室关于印发2010年政府法制工作要点的通知》

6月22日《醴陵市人民政府办公室关于印发醴陵市促进就业小额担保贷款实施办法的通知》

7月16日《醴陵市人民政府办公室转发〈株洲市人民政府办公室关于印发株洲市破损污损褪色或者不合规格国旗回收处理办法的通知〉的通知》

8月3日《醴陵市人民政府办公室关于支持国家统计局醴陵调查队加强统计调查工作有关事项的通知》

8月18日《醴陵市人民政府办公室关于印发醴陵市粮食应急预案的通知》、《醴陵市人民政府办公室关于印发醴陵市限时禁止使用实心粘土砖工作实施方案的通知》

8月31日《醴陵市人民政府办公室关于印发醴陵市新型农村合作医疗门诊统筹补偿实施办法(试行)的通知》

9月1日《醴陵市人民政府办公室关于切实做好规范性文件清理工作的通知》

9月9日《醴陵市人民政府办公室关于转发市农业局2010年全市秋冬农业生产指导意见的通知》

9月13日《醴陵市人民政府办公室关于做好2010年城镇退役士兵和转业士官安置工作的通知》

9月15日《醴陵市人民政府办公室关于印发醴陵市市政工程实施管理办法的通知》

10月20日《醴陵市人民政府办公室关于印发醴陵市城市容貌规定的通知》

10月28日《醴陵市人民政府办公室关于印发关于加快发展休闲农业的意见的通知》

11月2日《醴陵市人民政府办公室关于转发〈株洲市人民政府关于印发株洲市残疾人扶助实施办法的通知〉的通知》

11月19日《醴陵市人民政府办公室关于加强中小企业信用体系建设促进中小企业发展的意见》、《醴陵市人民政府办公室关于印发醴陵市创建省级金融安全区工作方案的通知》

12月22日《醴陵市人民政府办公室关于编制2011年度国有建设用地供应计划的通知》

12月31日《醴陵市人民政府办公室关于规范非税收入缓减免审批程序的通知》、《醴陵市人民政府办公室关于转发〈湖南省人民政府办公室关于印发非税收入执行工作责任制规定的通知〉的通知》

(黎　婷)

《醴陵年鉴(2010)》卷勘误表

表30

序号	页	误	正	备注
1	P98页左倒21行	张先华(2009.2止)	张有余(2009.2止)	
2	P191左倒17行	2009年,加实现中间业务收入1182万元,	2009年,实现中间业务收入1182万元,	
3	彩1页倒2行(文字)	市委常委、常务副市长易顶峰	市委常委、副市长易顶峰	
4	彩79页	书记　孙文建	书记　孙云建	

(汪建平)